Frankreich
für Feinschmecker

exclusiv
DuMont

In der vorderen Umschlagklappe: Karte von Nord- und Mittelfrankreich

In der hinteren Umschlagklappe: Karte von Mittel- und Südfrankreich

Patricia Wells

FRANKREICH für FEINSCHMECKER

Ein kulinarischer Führer

Ausgesuchte Schlemmerlokale und ihre besten
Originalrezepte, Bistros, Cafés, Teesalons,
Feinkost- und Spezialitätenläden, Märkte, Museen

Mitarbeit: Jane Sigal und Susan Herrman Loomis
Fotos: Joseph Kugielsky

DuMont Buchverlag Köln

Abbildung Umschlagvorderseite: Pierre Hussenot

CIP-Titelaufnahme der Deutschen Bibliothek

Wells, Patricia:
Frankreich für Feinschmecker : e. kulinar. Führer ; ausgesuchte
Schlemmerlokale u. ihre besten Originalrezepte ; Bistros,
Cafés, Teesalons, Feinkost- u. Spezialitätenläden, Märkte,
Museen / Patricia Wells. Mitarb.: Jane Sigal u. Susan
Herrmann Loomis. Fotos: Joseph Kugielsky. [Aus d. Amerikan.
von Brunhild u. Rolf Seeler]. – Köln : DuMont, 1988
   (Richtig reisen)
   Einheitssacht.: Foodlover's guide to France ⟨dt.⟩
   ISBN 3-7701-2213-5

Das Rezept *Le Succès de Bernachon* erschien erstmals in »La Passion du Chocolat« (Flammarion, Paris, 1985), das Rezept für *Salade de Lapereau à l'Auberge de l'Ill* in »Les Recettes de l'
Auberge de l'Ill« (Flammarion, Paris, 1982). Beide werden mit Erlaubnis des Originalverlags
nachgedruckt. Eine Version des *Berawecka* erschien erstmals in Elizabeth Schneider Colchies
»Ready When You Are« (Crown, New York, 1982) und ist mit Erlaubnis der Autorin abge-
druckt.
Teile dieses Buches sind bereits in *The New York Times,* der *International Herald Tribune* und
im *Travel & Leisure Magazine* erschienen.

Aus dem Amerikanischen von Brunhild und Rolf Seeler
Karten: DuMont Buchverlag

© 1987 by Patricia Wells und Workman Publishing Company Inc., New York
© 1987 der Fotos by Joseph Kugielsky
Alle Rechte vorbehalten
© 1988 der deutschen Ausgabe: DuMont Buchverlag, Köln
Satz und Druck: Rasch, Bramsche
Buchbinderische Verarbeitung: Bramscher Buchbinder Betriebe

Printed in Germany   ISBN 3-7701-2213-5

INHALT

Frische Pfirsiche gefällig?

Eine kulinarische Reise

In den letzten beiden Jahren bin ich, in Hochgeschwindigkeitszügen ebenso wie auf langsamen Gebirgsstraßen, 50 000 Kilometer kreuz und quer durch Frankreich gereist, habe Hunderte von Männern und Frauen interviewt und mit ihnen über die elementaren Gesetze der gastronomischen Tradition meines Gastlandes diskutiert. Mit Ziegenhaltern im Loire-Tal sprach ich, mit bretonischen Crêpe-Bäckern, mit Roquefort-Herstellern und Frankreichs besten Köchen, mit Muschel- und Hummerfischern, mit Schneckenzüchtern, geradezu fanatischen Brotbäckern und Weinbauern, mit Spezialisten, die Käse reifen lassen, aus Walnüssen Öl pressen oder aus dem Meer Salz gewinnen. Auf dieser langen Inspektionstour habe ich an der Seite von Experten vieles gelernt: Ich habe ein 135-Kilo-Schwein verarbeitet, *foie gras* konserviert, in eiskalter Erde nach schwarzen Trüffeln geschürft, habe eßbare von giftigen Pilzen zu unterscheiden gelernt. Und in den Hafenstädten entlang Frankreichs beider Meeresküsten erhob ich mich zu nachtschlafener Zeit, um dabei zu sein, wenn die Fischer bei Sonnenaufgang mit ihren Netzen voller Makrelen, Sardinen oder frischem weißem Thunfisch vom Fang heimkehrten.

Wo immer ich auch hinreiste, stets war ich auf der Suche nach dem Besten, nach dem Echten, Authentischen, und so gelangte ich geradezu regelmäßig an die ›kleinen Leute‹, an selbständig arbeitende Bauern und Produzenten, an die noch handwerklich ausgerichteten Zwergbetriebe. Wie von selbst ergab es sich daher, daß ich eine Menge Zeit in Dörfern verbrachte, die nicht einmal groß genug waren, um eine eigene Postleitzahl zu besitzen, und daß ich mit Franzosen ins Gespräch kam, die weit entfernt lebten vom aufregenden Paris und vom Zauberglanz der großen Küchen Frankreichs. Auf all diesen Reisen versuchte ich, eine Antwort auf zwei grundlegende Fragen zu finden:

Zunächst interessierte mich, wie Frankreich es, inmitten dieser heute so gleichförmigen Welt, fertiggebracht hat, sich als der unangefochtene Schöpfer, Gestalter und Bewahrer der westlichen Kochkunst zu behaupten, dabei doch ständig herausgefordert von anderen kulinarischen Regionen – namentlich Italien blickt auf eine reiche gastronomische Tradition zurück, der Speisezettel dieses sinnenfrohen Landes kann sich wahrlich sehen lassen. Selbst Elemente amerikanischer Kochweisen beginnen sich auf vielerlei Art bemerkbar zu machen. Gleichwohl setzt die französische Cuisine nach wie vor Maßstäbe, an denen sich alle anderen Küchen messen und mit denen sie unweigerlich verglichen werden.

Die zweite Frage galt dem Fortbestand dieser Tradition: Kann das alles so weitergehen wie bisher? Schon in den rund zehn Jahren, die ich nun in Frankreich lebe und umherreise, habe ich miterlebt, wie ganze Ladenketten gesichtsloser Supermärkte kleine Geschäfte an die Wand drückten, Geschäfte, deren Ware doch allemal frischer und einladender war. Ich konnte beobachten, wie sich ein Trend für Käsesorten entwickelte, die einem gewöhnlichen Schmelzkäse gegenüber geschmacklich nichts voraus hatten, und ich trauerte um manche *traiteurs* und *charcuteries* in meinem Viertel, die modischen Schnellimbißstätten weichen mußten. Im Zuge meiner sorgfältigen Recherchen und bei der sich anschließenden Dokumentation zur Gastronomie des zeitgenössischen Frankreich habe ich mich bemüht, durch Dutzende gezielter Fragen den beiden Grundphänomenen auf die Spur zu kommen.

In vielerlei Hinsicht reizte mich dieses Buchprojekt deshalb, weil mich als im Herausarbeiten von Fakten geschulte Journalistin die beständige Feststellung frustriert hatte, daß so vieles von dem ›sattsam Bekannten‹ um die französische Gastronomie schlichtweg der Phantasie entsprungen ist. Ich war fest entschlossen, nicht der Versuchung der Mythenbildung zu erliegen, sondern danach zu streben, den Leser jenseits aller Vergangenheitsromantik über die tatsächlichen heutigen Gegebenheiten zu unterrichten.

Bei dieser Gegenwartsbetonung ging ich von der Prämisse aus, daß die Ursprünge einer jeden Küche in den Eßtraditionen des Landes selbst zu finden sind und nur vordergründig in den eleganten Restaurants, ja daß Felder und Weinberge bei der Traditions- und Geschmackspflege eine wichtigere Rolle spielen als der großartigste Küchenchef. Ich könnte nicht behaupten, auf meine Fragen endgültige Antworten gefunden zu haben; dennoch bin ich zu gewissen Anhaltspunkten und Schlüssen gelangt, habe lebendige Eindrücke verarbeitet und mir selbstverständlich eine entsprechende Meinung gebildet. Sehr rasch wurde ich gewahr, daß – bei aller Erschöpfung, die ich selbst empfand, wenn ich, in aller Herrgottsfrühe aufgestanden, den ihren Fang anlandenden Fischern entgegenging oder einen Bäcker ausfragte, der die erste Ladung Brot in den Ofen schob – all diese Leute wahrscheinlich länger und körperlich viel angestrengter arbeiteten, als ich das je könnte. Und mehr als das: Diese Menschen würden am nächsten Tag und auch am Tag danach und das nächste Jahr und die nächsten zehn Jahre hindurch mit ungebrochener Hingabe wieder und wieder an die Arbeit gehen. Und wenn es einen Leitgedanken gab, den ich, vom Elsaß bis zur Bretagne und von der Gascogne bis zur Provence immer wieder zu hören bekam, dann waren es diese drei simplen Sätze: »Wir zählen die Stunden nicht. Wir lieben unsere Arbeit. Wir glauben an ihren Sinn.« Das lag daran, daß meine Gesprächspartner eben die kleinen Leute waren – diese Männer und Frauen, die eigenhändig Trauben pflücken, Oliven einlegen, Pflaumen trocknen, den Brotteig kneten, die Würste räuchern, Käse zum Reifen bringen, kurz all das machen, was wir in unseren Vorstellungen von Gastronomie mit dem Namen Frankreichs verbinden.

Die meisten Menschen, mit denen ich sprach, fassen ihr Engagement im Nahrungsbereich nicht als ›Job‹ auf. Für sie ist es eine Leidenschaft, die irgendwo zwischen tiefer Hingabe und religiösem Eifer angesiedelt ist. Dabei fällt mir der Fischrestaurateur ein, der mir erzählte, jede Nacht träume er von Fisch, und der Tag für Tag fünf Stunden auf dem Markt von Cannes verbringt, um genau das zu finden, was er seinen Gästen vorsetzen möchte. Oder ich denke an die Käserei in Beaufort, deren Eigentümer es ablehnt, seine Kühe künstlich befruchten zu lassen, weil er fest davon überzeugt ist, daß nur befriedigte Kühe wirklich gute Milch geben. (Er war aber auch nicht wenig stolz auf seinen Bullen.) All diesen Leuten geht es nicht primär ums Geld, denn tatsächlich verdienen sie nicht viel; oder etwa ums Prestige, auch davon bringt die Arbeit auf dem Land wenig ein. Was sie motiviert, ist eine unermüdliche Begeisterung für das, was sie tun, sowie eine jahrhundertealte Tradition.

Ich wüßte nicht zu sagen, ob diese Art der Faszination, des Respekts und der Pflege von Fachwissen für immer weiterbestehen wird – industriell verarbeitete Nahrungsmittel bahnen sich auch in Frankreich ihren Weg in den Markt und sorgen für die Verwirrung, wenn nicht gar die Zerstörung des Geschmacksempfindens. Und der Absatz von massenfabrizierten Fertiggerichten wächst in dem Maße, wie sich – leider muß ich das sagen – die französische Gesellschaft amerikanisiert.

Natürlich habe ich auch erlebt, daß sich Besuche bei den ›kleinen Leuten‹ als unergiebig erwiesen. Die gute Absicht und die harte Arbeit allein sind, in Kombination mit qualitativ schlechtem Mehl, außerstande, gutes Brot hervorzubringen. Käse, der aus abgepumpter, gekühlter, zentrifugierter und dann wieder erhitzter Milch hervorgegangen ist, kann einfach nicht so köstlich werden wie das mit melkwarmer Milch erzeugte Produkt. Und selbst der aus herrlich frischer Milch gewonnene Käse wird keinen vollendeten Geschmack entfalten können, wenn man ihm keine gebührende Zeit zum Reifen läßt.

Ungeachtet dieser negativen Faktoren ist die regionale Küche lebendig wie eh und je und erfreut sich sogar erneuter Beliebtheit. Überall im Lande florieren die echten Provinzlokale, während ihre protzig aufgemachten Konkurrenten mit ihrer Einheitskost um Kundschaft buhlen müssen. Immer noch gibt es in Savoyen Restaurants, die eine unverfälschte *friture* von kleinen fangfrischen Fischen aus den Alpenseen auf den Tisch bringen. An der spanisch-französischen Grenze nahe Céret findet man ein Lokal, in dem nach wie vor die klassische *cargolade* serviert wird, ein herzhaftes, aus Schnecken, Schweinswürsten, Lammfleisch und Blutwurst

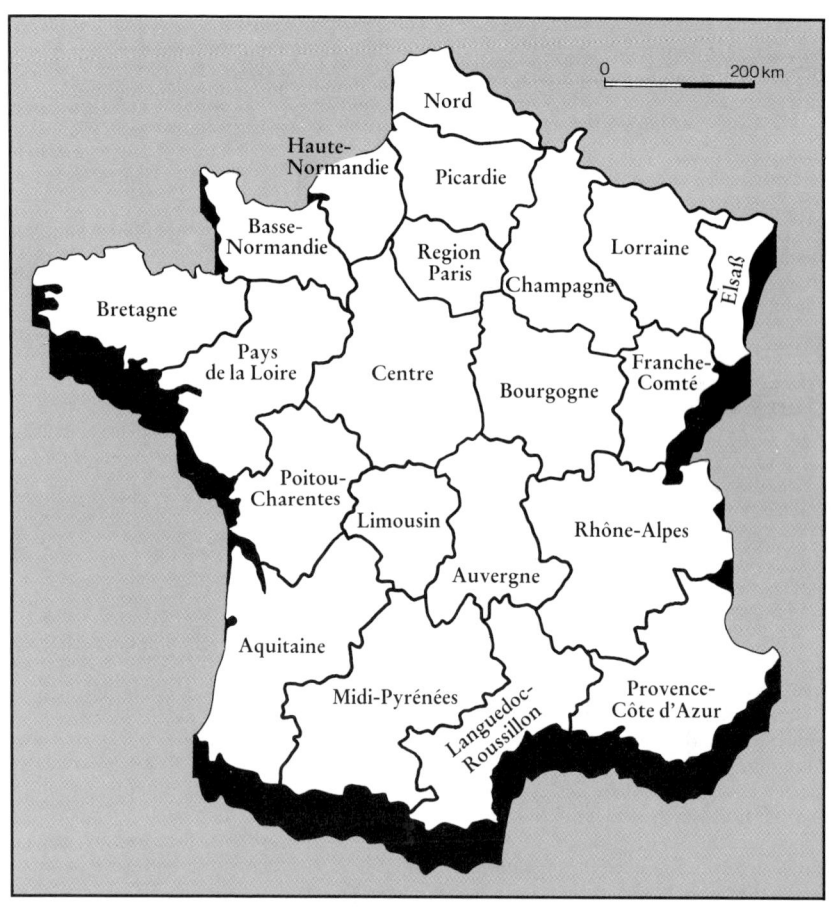

zusammengestelltes, am offenen Rebenholzfeuer gegrilltes Gericht. Auf den Märkten der Normandie zappeln gerade aus dem Netz gekommene Garnelen in den Kübeln der Fischhändler und werden in den umliegenden großen Brasserien *à la minute* zubereitet. Wie ehedem kann man sich auch in der Provence an unvergleichlichem Schmorbraten, in der Bretagne an köstlichem Hummer, in der Gascogne an Gänseherzen satt essen. An großen regionalen Gerichten mangelt es nicht – höchstens an Zeit und an dem Gespür, die richtigen Plätze ausfindig zu machen.

Ein anderer ermutigender Aspekt ist die Tatsache, daß das geschichtliche Erbe der Gastronomie noch nicht vergessen ist. Die *tarte Tatin* im HÔTEL TATIN in Lamotte-Beuvron zu kosten, mag keine spezielle Reise wert sein, aber gelobt zu werden verdient sie schon. Und wenn Sie wirklich zum Essen dorthin fahren, können Sie an Ort und Stelle auch gleich jenen Herd bewundern, wo die erfinderischen Schwestern zum ersten Mal ihre wundervolle Apfeltorte auf den Kopf gestellt haben sollen. Ich hätte auch nichts dagegen, selbst so ein Omelett hinzuzaubern zu können, wie ich es bei LA MÈRE POULARD auf dem Mont-Saint-Michel probieren durfte, wo Damen in langen Roben jene altehrwürdige und von den Touristen so sehr geschätzte Speise in langstieligen Pfannen überm Eichenholzfeuer entstehen lassen. Die französische Küche ist tra-

11

ditionell der Qualität verpflichtet, und die Achtung der Franzosen vor Qualität und Tradition wird das ihre dazu tun, das gastronomische Erbe des Landes noch auf lange Zeit zu behüten. Was nicht heißen soll, daß sich diese Gastronomie unversehrt erhalten wird. Auf meinen Reisen durch Frankreich bin ich nicht wenige Male enttäuscht worden und habe erlebt, wie der Schein trügen kann. Das mag schon eine so geringfügig erscheinende Beobachtung gewesen sein wie die Tatsache, daß das Gros der im Périgord konservierten Trüffel von der ›anderen Seite‹ Frankreichs, nämlich aus der nördlichen Provence, stammt. Dies ist nur eines von vielen Beispielen, die insgesamt zu einer grundsätzlichen enttäuschenden Entdeckung führten.

Viele der Erzeugnisse, die den Ruf der französischen Küche begründeten, kommen nicht aus Frankreich. Was hat es mit der *foie gras* auf sich, über die man in mit Michelin-Sternen dekorierten Restaurants so in Entzücken gerät? Nun, mit 75prozentiger Wahrscheinlichkeit stammt sie aus Ungarn, Polen oder Israel. Kommen aus Jugoslawien. Der Hecht, aus dem Ihre *quenelles* zubereitet sind? Aus Kanada. Was sind das für Senfkörner in Ihrem Originalglas aus Dijon? Kansas heißt ihre Heimat. Dem Problem der Ursprungsechtheit ist nur schwer beizukommen. War die Ware besser, als sie aus Frankreich selbst kam? Zweifellos. Je näher zur Quelle ein Nahrungsmittel verarbeitet wird, desto besser ist es. Aber um wieviel besser? Um diese Frage zu beantworten, reicht meine zehnjährige Erfahrung nicht aus. Das Thema ist auch nicht ganz unkompliziert. In einem Restaurant in der Bretagne machte ich keinen Hehl aus meiner Enttäuschung, als mir die Chefin offenbarte, die meisten ihrer Kammuscheln kämen aus irischen Gewässern, und auch die dargebotenen Hummer hätten Frankreich bisher nur von ferne gesehen. Ihre einzige Erklärung war, daß man die Dinge nicht überspitzen solle. »Warum den Leuten ihre Illusionen nehmen?«

Kammuscheln aus Irland, Miesmuscheln aus Holland, Oliven aus Spanien mögen die französische Küche nicht gerade ruinieren oder ihre Traditionen zunichte machen, und doch bringt die bestehende Wirtschaftsordnung die regionale Gastronomie um manche ihrer Eigenheiten. Schafzüchter in den Pyrenäen sehen sich außerstande, gegen die britischen Lammerzeuger zu konkurrieren und geben ihre Weideflächen auf. Die Olivenbauern in der Drôme können nicht Frostschäden, die die Produktion auf Jahre hinaus versiegen lassen, und gleichzeitig die preisgünstigeren Einfuhren aus Spanien verkraften. Ohne jeden Zweifel hat die im Gemeinsamen Markt verwirklichte wirtschaftliche Zusammenarbeit den Lebensstandard Westeuropas auf der ganzen Linie erhöht. Aber die Agrarpolitik der EG führt zu einer ständigen und irreversiblen Industrialisierung bäuerlicher Produktionsformen. Die unweigerliche Folge wird sein, daß der Preisunterschied zwischen einem Freilandhuhn aus der Bresse und dem entsprechenden Erzeugnis der Massenhaltung für eine Verdrängung der Bresse-Bauern, die hartnäckigsten ausgenommen, vom Markt sorgen wird. Ein unerträglicher Gedanke: ein *poulet de Bresse* mit dem Seltenheitswert von Kaviar und ebenso unerschwinglich. Im Kern jedoch haben die Ergebnisse all dieser Nachforschungen meinen Optimismus nicht geschmälert. Ob die nächste Generation freilich noch Gelegenheit haben wird, Bergbauern im Cantal ihre Kühe mit der Hand melken und in Steinhäuschen ohne Elektrizität und fließendes Wasser leben zu sehen, möchte ich bezweifeln. Auch werden uns keine Tante Yvette und keine Tante Paulette mehr ihre *poulet au vinaigre* oder *daube provençale* vorsetzen, und doch werden sich Menschen finden, die einmal in ihre Fußstapfen treten. Mit Sicherheit wird die Tiefkühlware in den Supermärkten in Zukunft einen noch breiteren Raum einnehmen, wird jener als Drive-in aufgezogene Baguette-Verkauf, wie ich ihn in Avignon sah, seine Nachahmer finden, und fraglos haben sich auch die Burger-Eßlokale auf Dauer hierzulande festgesetzt. Aber ein großer Teil der wirklich authentischen und engagierten Vertreter der Eßkultur, denen ich in den letzten beiden Jahren begegnet bin, wird noch die Schwelle zum nächsten Jahrhundert überschreiten, und ich bin davon überzeugt, daß so passionierte Männer wie der Bäcker Lionel Poilâne und der Schokoladenhersteller Maurice Bernachon in Lyon nicht nur selbst das Banner der Gastronomie eine ganz Zeitlang hochhalten, sondern auch Nachfolger inspirieren werden, die das Werk ihrer Lehrmeister mit dem gleichen Elan fortsetzen.

Essen gehen
in Frankreich

Dies ist ein persönlicher Ratgeber. Immer wenn ich zu entscheiden hatte, ob ein Restaurant oder eine andere gastronomische Einrichtung in dieses Buch aufgenommen werden sollte oder nicht, stellte ich mir die Frage: Würde ich wieder dorthin gehen? Fiel die Antwort negativ aus, wurde das Objekt von der Optionsliste gestrichen. Das bedeutet, daß alle hier besprochenen Lokalitäten von mir selbst besucht und ausgewählt worden sind, und jede einzelne von ihnen darf als Empfehlung gelten. Viele wohlbekannte Restaurants sind in diesem Band nicht aufgeführt; das geschah jedoch in den meisten Fällen ganz bewußt.

Bei der Auswahl der zum Essen empfohlenen Plätze in den verschiedenen Regionen habe ich mich bemüht, eine Kombination von Restaurants zusammenzustellen, die in möglichst ausgewogener Weise die unterschiedlichen Arten zu speisen, die einzelnen Preisstufen und die Eigenheiten des Ambiente wiedergibt, angefangen von kleinen Imbißlokalen bis zu den großen Restaurants für besondere Gelegenheiten. Von dieser Methode erhoffe ich mir, daß der Leser, der mit diesem Buch in der Hand eine bestimmte Region für einige Tage bereist, am Ende seines Streifzugs eine wirklich repräsentative Auswahl des gastronomischen Angebots jener Gegend kennengelernt hat.

Die in diesem Führer aufgelisteten Etablissements sind ihrer Verschiedenartigkeit wegen nicht leicht zu klassifizieren. Während sich die gastronomischen Einheiten von Paris leicht in Cafés, Bistros, Brasserien und Restaurants einteilen lassen, sind in Frankreichs Provinzen die Restaurationsbetriebe dem Lokalkolorit und den örtlichen Gebräuchen entsprechend geprägt. Hinzu kommt, daß die meisten der hier erfaßten Objekte Familienbetriebe sind; sie reflektieren die persönliche Ausstrahlung des Chefs oder der Chefin und ihres familiären Anhangs. Wir finden im Baskenland in Holzschuppen betriebene Fischkneipen, in der Normandie einen besonderen Typ von ländlicher Café-Bar und im Elsaß gar eine Werkskantine, die, sobald die Angestellten gegessen haben, dem Publikum offensteht.

Restaurants

Grundsätzlich sind in diesem Buch fünf Arten von Restaurants wiedergegeben:

Ferme-Auberges (Bauernhöfe mit Gästebewirtung): Die Mahlzeiten werden im Haus der Familie eingenommen; gewöhnlich sind auch Zimmer zum Übernachten verfügbar. Für eine Mahlzeit ist mit 100 Francs pro Person zu rechnen.

Regionale Imbißstuben: Sie schließen den Straßenverkauf mit ein (wie bei der *socca* in Nizza und der überall auf den Märkten der Provence von Pizza-Wagen herunter verkauften Schnellkost, die man aus der Hand ißt) sowie zwanglos aufgezogene Gaststuben in der Art der *crêperie* in der Bretagne oder der *flammekueche* im Elsaß. Etwa 50 Francs pro Person sind hier anzusetzen.

Familienbetriebene Kleingaststätten: Als ländliches Pendant zum Großstadt-Bistro finden wir hier gewöhnlich ein legeres Lokal mit recht breit gefächertem regionalem Speisezettel. Restaurants dieser Kategorie bewegen sich zwischen extrem einfach aufgemachten Gaststätten mit rohen Holztischen und Papiertischdecken und solchen, wo Leinentücher und frische Blumen die Regel sind. Wie in den Bistros der großen Städte ist das Essen hier gewöhnlich relativ billig, und es werden mehrere Menüs zu gestaffelten Preisen angeboten. Die Weine entstammen dem regionalen Anbau und bewegen sich preislich im allgemeinen auf einer vernünftigen Basis. Man kann hier von einem Rechnungsbetrag pro Person ausgehen, der irgendwo zwischen 75 und 200 Francs liegt.

Brasserien: Sie haben gewöhnlich in den Großstädten ihren Platz, weshalb man beispielsweise außerhalb von Paris nur wenige findet. Die in Kleinstädten und auf dem Lande existierenden Brasserien bieten normalerweise, wie auch sonst üblich, Bier vom Faß an und servieren kalte Fisch- und Muschelmarinaden. Die Öffnungszeiten sind ziemlich flexibel, abends schließt man spät. Auch in Brasserien kommt der Gast – mit etwa 200 Francs pro Person – preiswert weg.

Restaurants: Hier ist die Preisskala sehr gespreizt, und die Betriebe können von Stil und Ausstattung her außerordentlich stark voneinander abweichen. Restaurants auf dem Lande präsentieren sich mal als urgemütliche Hütten, mal als große elegante *châteaux*. Entsprechend mag die Kost bodenständig regional oder aber ausgesprochen feine Küche sein. Und gleichermaßen entscheidet die Preiskategorie darüber, ob es sich um alle Tage geöffnete Lokale mit laufender Kundschaft oder um Restaurants handelt, wo man für festliche Angelegenheiten reservieren läßt. Dementsprechend können sich die Ausgaben von 200 bis 600 Francs pro Kopf bewegen.

Reservierungen

Zwei Regeln habe ich mir hierbei zum Gesetz gemacht: Erstens lasse ich grundsätzlich immer eine Reservierung vornehmen, und zweitens mache ich eine solche telefonisch rückgängig, falls ich verhindert bin. Viele Gäste – Amerikaner im besonderen – haben die Angewohnheit, für eine bestimmte Mahlzeit gleichzeitig in mehreren Restaurants vorzubuchen, damit sie in letzter Minute entscheiden können, wo sie wirklich hingehen wollen. Das mag angehen, wenn es sich um große Lokale mit starkem Andrang handelt. Doch die meisten französischen Restaurants sind kleinere Familienbetriebe, und jeder Stuhl sieht pro Essen nur einen Gast. Was bedeutet, daß ein vorher reservierter und dann unbesetzter Tisch höchstwahrscheinlich den ganzen Abend über leerstehen bleibt. Französische Restaurateure bezeichnen dies als ein zunehmendes Problem. Wer auf Reisen ist, sieht sich oft nicht in der Lage, zur vorgemerkten Stunde einzutreffen. In solchen Fällen gehört es sich, die Reservierung telefonisch entsprechend zu korrigieren oder aber zu annullieren.

Tischzeiten

Planen Sie viel Zeit für ein Essen in Frankreich ein. Obwohl sich auch hier einiges geändert hat – mehr und mehr Gaststätten warten mit einem gewöhnlich aus einem einzelnen Hauptgericht bestehenden *menu rapide* auf –, können Sie davon ausgehen, daß Sie bei einem ausgiebigen Mittag- oder Abendessen zwischen einer und drei Stunden am Tisch verbringen werden. Sollten Sie unter Zeitdruck stehen und nur eine halbe bis eine Stunde für eine Mahlzeit erübrigen können, sei Ihnen geraten, eine Café, eine Teestube, ein Wein-Bistro oder eine Brasserie aufzusuchen, aber gestatten Sie es sich nicht, in einem ernstzunehmenden Restaurant die Speisenfolge im Galopp zu absolvieren. Außerhalb von Paris liegen die Tischzeiten im allgemeinen früher als in der Hauptstadt. Ein Mittagessen beginnt dort in der Regel um 12 oder um 12.30 Uhr, und abends bittet man oft schon ab 19 Uhr zu Tisch. Für jedes in diesem Führer bezeichnete Restaurant sind die Uhrzeiten angegeben, bis zu denen mittags und abends Bestellungen entgegengenommen werden. Falls Sie sich außerhalb der etablierten Tischzeiten, also früher oder später, einzufinden wünschen, empfiehlt sich ein vorheriger klärender Telefonanruf.

Rechnungen und Trinkgelder

Wenn es an das Begleichen der Rechnung geht, sollten Sie in Frankreich eigentlich nur eines wissen: Man braucht nie mehr als die ausgewiesene Endsumme zu bezahlen. Der als *service* bezeichnete Betrag, also das Bedienungsgeld, macht, je nach Restaurantkategorie, zwischen 12 und 15 Prozent der Rechnungssumme aus, wobei die auf der Speisekarte verzeichneten Einzelpreise den *service* einschließen können oder auch nicht. In der dem Gast vorgelegten Gesamtrechnung jedenfalls ist die Bedienung stets mit eingeschlossen. Findet sich die Anmerkung *service compris* (oft auch als kleingedruckte Abkürzung – *s. c.* – am unteren Rand) auf der Karte, dann bedeutet dies, daß der Preis eines jeden Gerichts den *service* von 12 bis 15 Prozent von vornherein mit enthält. Lautet der Vermerk *service non compris* oder *service en sus,* so wird der Bedienungsaufschlag der Rechnungssume am Ende zugerechnet. In jedem Falle ist der unter dem Strich erscheinende Betrag der, den Sie entrichten müsen. Es gibt keine Etikette, durch die Sie sich gedrängt fühlen müßten, mehr zu bezahlen. Wenn Sie das Essen aber als einen bemerkenswerten Genuß und die Aufmerksamkeiten des *maître d'hôtel* und des *sommelier,* des Weinkellners, als besonders wohltuend empfunden haben und sich in angeregter Geberlaune befinden, mögen Sie als Anerkennung bis zu 5 Prozent der Gesamtsumme spendieren. Ähnliches gilt für die *additions* in Cafés, Teestuben und Bars: Die Bedienung ist eingerechnet, doch Sie sollten gegebenenfalls ein paar Extra-Francs als Trinkgeld zurücklassen.

Kreditkarten

Eine wachsende Anzahl von gastronomischen Betrieben in Frankreich akzeptiert Kreditkarten. Wenn Sie alleine auf diese Zahlungsweise angewiesen sind, ist es angezigt, sich bereits bei der Reservierung den vorgesehenen Zahlungsmodus bestätigen zu lassen. Wollen Sie die Rechnungssumme zwichen sich und einer anderen Person oder einem anderen Paar aufteilen und beide Seiten wünschen, mit Kreditkarten zu bezahlen, so werden die meisten Restaurants damit einverstanden sein, daß der Betrag gesplittet wird. Sollten Sie jedoch ein zusätzliches Trinkgeld für die Kellner und den *sommelier* vorgesehen haben, so gebietet es die Höflichkeit, dieses in bar zu hinterlassen. Im Zuge der schwankenden Wechselkurse bin ich in zunehmendem Maße auf Restaurants gestoßen, die keine Travellerschecks mehr annehmen.

Speiseräume für geschlossene Gesellschaften

Viele Restaurants bieten separate Speiseräume, kleine wie große, für Gesellschaften zwischen acht und mehreren hundert Personen an. Manche dieser Räume sind ausgesprochen elegant und geschmackvoll eingerichtet. Andere wiederum wirken recht öde und ungemütlich und vielleicht weniger ansprechend als der große, allen Gästen zugängliche Speiseraum. Es ist daher ratsam, sich ein solches ›Séparée‹ vorher anzuschauen, bevor man Pläne macht.

Das getrennte Speisen hat Vor- und Nachteile. Man ist in einem solchen Raum mehr unter sich, und wenn man ein Festessen organisieren will, so fällt das in diesem Falle leichter, weil man die Menüfolge im voraus besprechen und die passenden Weine dazu schon aussuchen kann. Der Hauptnachteil besteht darin, daß man Wochen im voraus planen muß und daß es guter Französisch-Kenntnisse bedarf, um die entsprechenden Arrangements zu treffen. Gäste in separaten Räumen sollten auch nicht vergessen, daß ihnen viel von der Atmosphäre und dem anregenden ›Theater‹ entgeht, das sich im eigentlichen Lokal abspielt. Für reservierte Gesellschaftsräume werden keine gesonderten Kosten in Rechnung gestellt, und vielfach fallen die Gesamtausgaben für ein Essen niedriger aus, als dies bei Einzelbestellungen von der regulären Speisekarte der Fall gewesen wäre. Welche Lokale über Gesellschaftsräume verfügen, ist bei den Restaurantbesprechungen jeweils mit angegeben.

Die Bestellung

Wenn Sie am Tisch Platz nehmen, sollten Sie, noch vor der Bestellung, eine Reihe von Dingen beherzigen. Die Fragen, die ich mir selbst zunächst einmal immer stelle, lauten: Was von dem Angebotenen verspricht frisch zu sein? Was entspricht der gegenwärtigen Jahreszeit? Welche Gerichte sind typisch für die Region? Es läge mir fern, in Lyon etwa eine *choucroute*, in der Normandie eine *bouillabaisse* oder in der Provence ein *cassoulet* zu ordern. Beim Besuch einer bestimmten Zone kann es übrigens nie etwas schaden, sich ein wenig auf den lokalen Märkten umzusehen. Dann entdeckt man im voraus den landfrischen Spargel, die Erdbeeren aus der Frühernte oder den gerade angelandeten Fisch. Bei den Restaurantbesprechungen und beim Herausstellen der jeweiligen Spezialitäten habe ich mich bemüht, dem Leser nahezubringen, welche Speisen sozusagen der Stolz des Hauses sind und welche ich persönlich am meisten schätzte. Wer vor allem die Frische der Zutaten im Auge hat, tut gut daran, sich, falls erhältlich, den *plat du jour,* das tägliche Spezialgericht, vorzunehmen, es sei denn, es entspricht von vornherein nicht seiner Geschmacksrichtung.

Butter

Die meisten Restaurants, die kleineren Lokale jedoch selten, stellen von selbst Butter auf den Tisch. Wenn Sie sie vermissen, verlangen Sie einfach danach. Nur in den allerkleinsten Cafés wird man sie Ihnen gesondert in Rechnung stellen. Da die Franzosen gewöhnlich ihr Brot nicht mit Butter bestreichen, bieten die Restaurants sie ihren Gästen auch nicht routinemäßig an – es sei denn, Sie bestellen einen Gang, zu dem gebuttertes Brot einfach dazugehört, wie *charcuterie* oder Käse. Fast immer ist die Butter in Frankreich ungesalzen; nur die Bretagne macht hierin eine Ausnahme.

Kaffee, Tee, Süßstoff

Die Franzosen haben ihre ganz besonderen Kaffeesitten. Viele von ihnen beginnen den Tag mit einem *café au lait* – meist viel heiße Milch mit wenig Kaffee. Während des übrigen Tages trinken sie entweder schwarzen (gewöhnlich gesüßten) Kaffee oder *café-crème* (Kaffee mit dampferhitzter Milch). Doch wird nach Mahlzeiten immer nur schwarzer Kaffee genommen. Die meisten Restaurants reichen auf Wunsch Sahne oder Milch zu Tee oder Kaffee. Kaffee wird in Frankreich stets ganz am Schluß einer Mahlzeit (also nicht beim Nachtisch) getrunken; man serviert ihn beinahe wie einen gesonderten Gang. In den feineren Restaurants kommen manchmal Schokolade und/oder *petits fours* mit dem Kaffee. Fast immer kann man in Restaurants – nicht jedoch in den dörflichen Cafés – auch koffeinfreien Kaffee frischgebrüht (also nicht als Pulverkaffee) erhalten. Verlangen Sie einfach einen *déca,* einen *décaféiné* oder einen *faux café.* Schwarzer Tee oder Kräutertees (unter der Bezeichnung *infusions* bekannt) werden fast durchweg mit entsprechenden Beuteln gebrüht. Trotzdem kann man in den besseren Restaurants ausgezeichnete frische Kräuterauszüge bekommen; die Blätter sind dann gerade erst im Garten gepflückt. Süßstoff halten die wenigsten Restaurants bereit; die kleinen Täfelchen sind aber fast in jeder Apotheke erhältlich. Die bekanntesten Marken sind Canderel, Aspartam, Pouss'Suc.

Fisch, Fleisch, Geflügel

Beinahe ausnahmslos ergibt sich ein besserer Geschmack, wenn Fisch mit Gräten oder Fleisch mit Knochen zubereitet wird. Sollte es Ihnen schwerfallen, die Gräten herauszulösen, fragen Sie, ob das betreffende Fischgericht grätenfrei *(sans arêtes)* ist und, falls nicht, ob der Kellner es entgräten (»*Veuillez enlever les arêtes*«) und dann vorlegen kann. Der Franzose liebt es, Fleisch und einige Geflügelarten (besonders Ente) so zu essen, daß das Koch- oder Bratgut innen noch rosa und saftig ist. Wenn Sie das nicht mögen, weisen Sie ausdrücklich darauf hin, daß Sie Ihr Fleisch *bien cuit* (gut durchgebraten) wünschen. Seien Sie jedoch darauf gefaßt, daß der Kellner bei Ihrem Ansinnen leicht zurückzuckt (für rosa gegartes Fleisch lautet die Order *saignant*, für halb durchgekochte oder -gebratene Stücke *à point*).

Pfeffer und Salz

Es gibt Küchenchefs, die sich in ihrer Ehre getroffen fühlen, wenn Gäste ihre Kreationen nachwürzen, und das kann der Grund dafür sein, daß Pfeffer und Salz auf den Tischen fehlen. Sie können jedoch nach beidem verlangen. Indessen, kosten Sie in jedem Falle erst die Speisen, bevor Sie sich des Streuers oder der Pfeffermühle bedienen.

Wasser

Weil die Franzosen so gerne Mineralwasser trinken, fragt sich der Besucher oft, ob das vielleicht daran liegt, daß man Leitungswasser nicht mehr unbedenklich genießen kann? Doch das kann man ganz beruhigt. Unsere gallischen Nachbarn lieben einfach den Geschmack, die sprudelnde Lebendigkeit und/oder die gesunden Eigenschaften von Mineral- oder Quellwasser. In allen Restaurants kann man aber auch, ohne dafür zu bezahlen, normales Wasser bekommen *(une carafe d'eau)*. Mineralwasser mit Kohlensäure *(gazeuse)* oder ohne *(plate)* wird in Rechnung gestellt. Falls Sie Perrier verlangen, wundern Sie sich bitte nicht, wenn es nur in kleinen Fläschchen gebracht wird. Den Franzosen ist Perrier zu kohlensäurehaltig, um zum Essen getrunken zu werden, und die meisten Restaurants führen daher nur die kleinen, als Aperitif oder zum Mixen genommenen Flaschen.

Wein und Spirituosen

Dies ist eine Domäne, bei der ich Ihnen entschieden dazu rate, einer bewährten Regel zu folgen: es nämlich in Frankreich den Franzosen gleichzutun. Die meisten Franzosen nehmen vor den Mahlzeiten keine harten Getränke zu sich, und die wenigsten Restaurants verfügen über eine regelrechte Bar. Falls Sie daran gewöhnt sind, vor dem Essen einen Cocktail zu nehmen, sollten Sie Ihre Trinksitten während eines Frankreich-Besuchs ändern. Harte Drinks machen Ihren Gaumen taub für die nachfolgenden Genüsse, und wenn Sie vor dem Essen einen Martini-Cocktail oder einen Whisky bestellen würden, käme das bei dem betreffenden Kellner oder beim Restaurantchef schlecht an. Beinahe alle Restaurants offerieren einen alkoholschwächeren Hauscocktail – das ist sehr oft ein *Kir,* eine Mischung von entweder Weißwein oder Champagner mit *crême de cassis* (Likör aus schwarzen Johannisbeeren). Ich selbst mag die meisten dieser Mischgetränke nicht (die übrigens auch teuer sind und den Rechnungsbetrag spürbar in die Höhe treiben können) und erbitte zusammen mit dem *menu* regelmäßig die Weinkarte. Dann bestelle ich gewöhnlich einen Weißwein, den ich als Aperitif trinke und der dann die weitere Mahlzeit oder doch wenigstens den ersten Gang begleitet.

Die Auswahl der Weine

Fast alles, was ich heute über Weine weiß, verdanke ich dem unermüdlichen Verkosten in Restaurants. Ich studiere die Weinkarte, halte mich auf dem laufenden über die Preise, merke mir besonders gelungene Kombinationen von Speisen und Getränken und bin stets begierig, eine neue oder mir noch unbekannte Sorte Wein zu probieren. Beim Durchstreifen der verschiedenen Regionen Frankreichs macht es immer wieder Spaß, selbst in den bescheidensten Gasthäusern eine Auswahl lokaler Weine vorzufinden. Und obwohl die Preise dort nicht unbedingt niedriger sind als anderswo im Lande, stößt man dabei gewöhnlich auf eine Neuentdeckung.

Wenn Sie sich bei Weinen nicht wirklich sehr gut auskennen, nehmen Sie die Hilfe des *sommelier* in Anspruch. Geben Sie ihm eine ungefähre Idee von Ihrer geschmacklichen Präferenz und der Preisstufe, die Ihnen vorschwebt. Das setzt natürlich voraus, daß keine Sprachbarriere besteht. Sollte es da Schwierigkeiten geben, fragen Sie am besten nach einem *vin de la maison,* einem Wein des Hauses. Sind Sie jedoch ein Weinkenner, dann werden Sie die Karte studieren wollen. Lassen Sie aber nicht zu, daß man Sie drängt oder zu einer raschen Entscheidung (die nicht immer einfach ist) nötigt. Ich selbst enge meine Wahl dabei oft auf zwei oder drei Weine der gleichen Preiskategorie ein und bitte dann den *sommelier* um ein sozusagen letztinstanzliches Urteil.

Gleiche Weine können von Lokal zu Lokal drastische Preisunterschiede aufweisen: Manche Restaurants verfügen über ausgedehnte alte Weinkeller, andere beginnen erst, Bestände anzulegen. Ich schätze Wein sehr und betrachte ihn als wesentlichen Bestandteil eines jeden Essens. Speise ich in einem Bistro oder in einer Brasserie, so bestelle ich oft den offen in einer Karaffe oder auch in einer geschlossenen Flasche servierten Hauswein. Obwohl es mitunter schwierig sein kann, ein solches Preislimit einzuhalten, versuche ich im allgemeinen, nicht mehr als 200 bis 250 Francs pro Flasche auszugeben. In Frankreich gilt als Daumenregel, daß etwa ein Drittel der Rechnungssumme der Ausgabe für den Wein entsprechen sollte. Wenn Sie also, sagen wir, für ein Essen zu zweit 400 Francs zu bezahlen haben, dann würden etwa 135 Francs auf den Wein entfallen.

Leserkommentare

Alle Kommentare und Vorschläge zu diesem Buch sind willkommen und werden von mir, wenn irgend möglich, persönlich beantwortet werden. Hinweise solcher Art mögen bitte gerichtet werden an: Patricia Wells, c/o DuMont Buchverlag, Postfach 100468, 5000 Köln 1.

Wie man dieses Buch liest

Das nachfolgende Schema zeigt, wie man die einzelnen Positionen eines im Text aufgeführten Ortes oder gastronomischen Betriebes zu lesen hat.

Beuvron-en-Auge *(Calvados)*
Caen 31 km, Paris 224 km, Pont-l'Evêque 32 km

(Ortsname) (Name des betreffenden Departements)

(Entfernungen zu den nächsten größeren Ortschaften und nach Paris in Kilometern)

RESTAURANTS — (Art des gastronomischen Betriebs)

Le Pavé d'Auge — (Eigenname)

Beuvron-en-Auge,
14430 Dozulé — (Adresse. In diesem Falle: Ortsname, Postleitzahl, Postauslieferungsstelle)

Ø 31792671 — (Telefonnummer)

Bestellungen werden bis
13.45 Uhr und 21 Uhr — (Uhrzeit, bis zu der, jeweils mittags und abends, Gäste Bestellungen aufgeben können)
entgegengenommen

Geschlossen: Montag- und
Dienstagmittag; Mitte Januar — (Wöchentliche Ruhetage und Urlaubsschließungen)
bis Ende Februar

Kreditkarten: AE, V — (Verwendbare Kreditkarten; siehe Abkürzungsverzeichnis)

Man spricht etwas Englisch — (Vom Personal spricht jemand ein wenig Englisch)

125- und 220-Francs-Menüs,
à la carte ungefähr 250 Francs — (Menüs zu festen Preisen, in denen Wein und Bedienung nicht immer eingeschlossen sind. Durchschnittspreis eines Menüs à la carte einschließlich Wein und Bedienung)

Spezialitäten: — (Vom Hause empfohlene Spezialitäten)
Fisch und *poulet Vallée d'Auge* (Hähnchen mit Sahne und Cidre)

Alphabetische Reihenfolge

In jedem Kapitel sind die besprochenen Lokalitäten innerhalb ihrer Gattungen (Restaurant, Käsehersteller, Bäckerei etc.) und diese wiederum nach Ortschaften zusammengefaßt. Die Auflistung der Ortschaften geschieht in alphabetischer Reihenfolge.

Märkte

Der Besuch eines Obst- und Gemüsemarktes unter freiem Himmel ist für mich ein wesentlicher Schlüssel zum Verständnis eines bestimmten Landesgebietes. Ich habe daher in diesem Buch versucht, die innerhalb einer jeden Region wichtigen Märkte aufzureihen. Um dem unterwegs befindlichen Leser die Suche zu erleichtern, sind die Märkte im Text an zwei verschiedenen Stellen erfaßt. Einmal enthält der einleitende Text für jede Region eine Zusammenstellung der von Tag zu Tag an allen Orten, die der Reisende berühren mag, stattfindenden Wochenmärkte; dabei sind die Plätze mit dem lebhaftesten Marktgeschehen durch ein Sternchen markiert. Zum zweiten sind die Märkte auch unter der dazugehörigen Ortsbezeichnung immer dann noch einmal aufgeführt, wenn am gleichen Ort befindliche andere Lokalitäten (Restaurants, Käseläden o. ä.) besprochen werden. Dabei sind Markttage, Öffnungszeiten, Standort und Spezialitäten genannt.

Messen und Volksfeste

Die entsprechenden Veranstaltungen wurden selektiv erfaßt. Ich habe versucht, nur diejenigen zu benennen, die unmittelbar etwas mit der Gastronomie zu tun haben oder bei denen man in der Regel Regionalspeisen zu kosten bekommt. Da in den meisten Fällen die Veranstaltungsdaten von Jahr zu Jahr schwanken, habe ich auf die Angabe exakter Daten verzichten müsen. Sie können sich aber an Ort und Stelle mit der *Office de Tourisme*, dem *Syndicat d'Initiative* oder der *Mairie*, der Bürgermeisterei, in Verbindung setzen, um Genaueres zu erfahren.

Ein Département, was ist das?

Das französische Staatsgebiet gliedert sich in 95 *départements*, Verwaltungsbezirke, die ihren eigenen Gebietsnamen haben und, einer groben alphabetischen Ordnung folgend, numeriert sind; das beginnt mit Ain (01) und endet mit Val d'Oise (95). Die beiden ersten Ziffern der Postleitzahlen und die beiden letzten der Autokennzeichen stimmen mit der Kennzahl der Départements überein. So lautet beispielsweise die Postleitzahl für Bourg-en-Bresse, die Hauptstadt des Départements Ain, 01000; die beiden letzten Stellen der Autonummern dieses Departements lesen sich: 01.

21

Mehrere Départements sind jeweils zu einem größeren Verwaltungsgebiet, einer Region, zusammengefaßt. Die Region Bretagne beispielsweise umschließt auf diese Weise vier Départements, nämlich: Finistère (29), Côtes-du-Nord (22), Morbihan (56) und Ille-et-Vilaine (35). In diesem Führer habe ich mich in etwa an die durch die Regionen vorgegebene Gebietseinteilung gehalten. Da es bei unserer Thematik jedoch um Gastronomie und Reisen und nicht um administrative Belange geht, brauchen wir es mit den Grenzlinien nicht so genau zu nehmen.

GLOSSAR DER GASTRONO-MISCHEN EINRICHTUNGEN

Affineur: Käsespezialist, der den Reifeprozeß steuert
Bistro à Vin: Wein-Bistro
Boulangerie: Bäckerei
Charcuterie: Laden für (meist geräucherte und luftgetrocknete) Wurstwaren, Schinken sowie *pâtés* und *terrines*
Chocolaterie: Schokoladen- bzw. Pralinengeschäft mit eigener Herstellung
Confiserie: Süßwarengeschäft
Eaux-de-Vie: Branntweine
Ecole de Cuisine: Kochseminar
Ecole de Vin: Weinseminar
Ferme-Auberge: Bauernhof mit Gästebewirtung
Fromager: Käsehersteller; Käsehändler
Fromager-Affineur: Käsehersteller, der auch den Reifeprozeß überwacht
Fromagerie: Käseladen
Librairie: Buchhandlung
Marché: Markt
Pâtisserie: Feinbäckerei, Konditorei
Potager: Küchengarten
Pour la Maison: Haushaltswaren
Salon de Thé: Teestube
Vigneron: Winzer
Vin, Bière, Alcool: Wein-, Bier- und Spirituosenhandlung

Wann man reisen sollte

Die Franzosen nehmen, wie eh und je, allesamt ihren Urlaub zur gleichen Zeit, was bedeutet, daß man über Ostern und in den Monaten Juli und August stets und überall, auf Fernstraßen wie in Hotels und Restaurants, mit viel Betrieb rechnen muß. Reservierungen, die übrigens zu jeder Jahreszeit ratsam sind, werden in diesen Perioden unumgänglich. Unter dem

Stichwort »Beste Reisezeit« ist die jeweils empfohlene Besuchszeit für die betreffende Region angegeben.

Französische Feiertage

Feiertage, und es gibt deren nicht wenige, sind den Franzosen heilig. Wenn Sie in solchen Feiertagsperioden verreisen wollen, buchen Sie auf jeden Fall lange genug im voraus, denn halb Frankreich wird unterwegs sein, und Sie müssen sich auch an den den meisten Feiertagen dicht vorausgehenden oder nachfolgenden Wochenenden auf volle Straßen und überfüllte Züge gefaßt machen. Zu den offiziellen französischen Feiertagen gehören: Silvester; *Pâques* (Ostersonntag); *Ascension* (Christi Himmelfahrt); *Pentecôte* (Pfingsten); 1. Mai; 14. Juli (Sturm auf die Bastille; französischer Nationalfeiertag); 15. August (Mariae Himmelfahrt); 1. November (Allerheiligen); 11. November (Tag des französischen Sieges im Ersten Weltkrieg); 25. Dezember (erster Weihnachtsfeiertag). Denken Sie auch daran, daß im Februar zwei Wochen Schulferien sind; viele gastronomische Betriebe schließen für diese Zeit.

Abkürzungen

Für Kreditkarten werden folgende Abkürzungen verwandt:
  AE: American Express
  DC: Diners Club
  EC: Eurocard oder MasterCard
  V: Visa oder Carte Bleue
Für Gewichte und Hohlmaße werden in den Rezepten folgende Abkürzungen verwandt:
  g: Gramm
  kg: Kilogramm
  l: Liter
  ml: Milliliter
  El: Eßlöffel
  Tl: Teelöffel

Zu den Rezepten

Wie die Aufnahme von Restaurants, Läden und anderen Lokalitäten in dieses Buch folgt auch die Auswahl der Rezepte ganz persönlichen Kriterien. Meine Aufmerksamkeit richtete sich vor allem auf Zubereitungsarten, die die Eigenheiten jeder Region und des die betreffende Spezialität pflegenden Hauses wiedergeben, wobei auch Kosten, Zeitaufwand und die Verfügbarkeit der Zutaten in Betracht gezogen wurden. In jedem Falle kann der Leser davon ausgehen, daß ich die empfohlenen Rezepte in Frankreich mit französischen Ingredienzen erfolgreich ausprobiert habe.

Grundrezepte für Brotteig, *crème fraîche*, Mürbeteig und Tomatensauce finden Sie innerhalb des Glossars auf den Seiten 479, 485, 501 und 517.

Bretagne

Ein Festessen: Gegrillter Hummer in Cléden-Cap-Sizun

Majestätische Wolkenburgen, doppelte Regenbogen von dramatischer Schönheit und Sonnenuntergänge, die noch den letzten Winkel des Herzens erwärmen, machen die Bretagne zu einem Land, das zugleich würdevollfeierlich und auf eine reizvolle Weise bizarr ist. In die Bretagne fährt man, wenn einen der unwiderstehliche Drang überkommt, am Meer zu sein, einmal alles hinter sich zu lassen und zum Kern der Dinge vorzustoßen.

In einer Zeit, da wir eigentlich nur noch erbärmlich wenig über unsere eigene Nahrung wissen – der wahre Ursprung und der wirkliche Frischegrad unserer Tageskost bleiben uns in den meisten Fällen verborgen –, bedeutet es ein seltenes Vergnügen, in Fischereihäfen wie Guilvinec die Heimkehr der buntbemalten Boote zu erwarten und die Fischer beim Ausladen der Weidenkörbe voller silbriger Sardinen, quirliger rosa Langustinen, schimmernder Rochen und süßfleischiger Krabben zu beobachten; zuzuschauen, wie aus Buchweizenteig pikante, aromatische *galettes* entstehen; am Saume der Guérande-Halbinsel an Haufen von kristallen glitzerndem Meersalz entlangzugondeln; mit kleinen Belon-Austern beladene Platten zu vertilgen, und zwar direkt am Wasser, wo man die Mastparks überschauen kann, in denen sie hochgepäppelt wurden.

So kommt es, daß ich keinen Hummer mehr betrachten kann, ohne an den Hummerfischer zu denken, dem ich im Hafen von Erquy begegnet bin, und daß ich dann jedesmal gerne wüßte, ob es dort wohl einen Sturm gegeben hat oder ob der einsame Mann sich aufs Meer wagen durfte, und wenn, ob seine Augen beim Hochziehen der Reusen vor Freude oder aus Enttäuschung blitzten.

Und wenn ich koche und dabei Salzkörner in Töpfe mit siedendem Wasser streue, kommt mir ganz von selbst Jérome, der *paludier,* in den Sinn, der Arbeiter in den Salinen an der bretonischen Südküste, und ich staune erneut darüber, daß es heutzutage noch Menschen gibt, deren Beruf es ist, der See das Salz abzugewinnen – und natürlich bin ich froh darüber.

Der Sommer ging gerade zu Ende, als ich diese wilde, zerklüftete, weit ins Meer hineinragende Landschaft zum ersten Mal betrat – im Norden der Kanal, im Süden der Golf von Biskaya, voraus im Westen die Unendlichkeit des atlantischen Ozeans.

Auf dieser ersten Reise erlebten mein Mann und ich, zusammen mit unseren Freunden, die Bretagne als ein einwöchiges aufregendes Abenteuer, bei dem Wanderungen entlang der Sandstrände, Dauerläufe über Leuchtturmwege, tagelange Streifzüge durch Konditorläden und Tafelfreuden an den Abenden einander ablösten.

Schon bald fanden wir, daß die Bretagne uns alles zu bieten hatte, was wir uns wünschten: Wir konnten uns dem Genuß gegrillter Hummer oder meeresfrischer Austern hingeben und auf der malerischen Rue Kéréon von Quimper die Antiquitätenläden durchstöbern. Wir durften die Museen erkunden, oder es war uns vergönnt, sollte der Geist einmal zur Ruhe kommen, uns in gemütlichen Cafés einfach nur die Zeit zu vertreiben.

Wir trafen uns am ersten Samstag im September im quicklebendigen Saint-Malo, der Festungsstadt, deren 800 Jahre alte Wälle und deren ewige Strände noch von Touristen wimmelten, alle darauf erpicht, noch etwas Urlaubsstimmung und die letzten Sonnenstrahlen einzufangen, bevor der Sommer in herbstliches Grau überging. Mein Mann und ich waren von unserer Pariser Wohnung aus ans Meer gefahren, aßen in einer *crêperie* über der Smaragdküste *galettes* aus Buchweizenmehl, tranken sprudelnden Cidre und warteten auf unsere Freunde, die mit einer der riesigen zwischen England und Frankreich pendelnden Fähren ankommen sollten. Und dann verbrachten wir gemeinsam sieben unvergeßliche, sonnenerfüllte Tage – sie kamen uns vor wie ein ganzer Monat. Bewußt hielten wir unseren Reiseplan flexibel, markierten nur auf der Karte die Restaurants, die wir abends zu besuchen gedachten, und einigten uns auf improvisierte Mittagsmahle, zusammengestellt aus unterwegs auf den Märkten eingekauften Leckereien.

Die Bretagne ist, geschichtlich betrachtet, ein Gebietsneuling für Frankreich; erst 1532, also später als viele andere Provinzen, wurde sie in den Staatsverband eingegliedert. Auch heute noch fühlen sich die Bewohner dieser Region, die eifersüchtig über ihre Sprache, ihre Sitten, ihre Kultur überhaupt wachen, in erster Linie als Bretonen und dann erst als Franzosen. (Kürzlich fiel mir ein Prospekt für Weihnachtspostkarten in die Hände; die entsprechenden Grüße konnten in Englisch, Französisch, Spanisch, Italienisch oder Bretonisch aufgedruckt werden!)

Auf unserer Rundreise verliebten wir uns in Belle-Ile-en-Mer, wo wir in der Dämmerung unter den kreisenden Lichtkegeln naher Leuchttürme kilometerlang über flache Straßen joggten. Und wenn wir nach dem Lauf etwas verschnauft hatten, labten wir uns, ein leichtes Vorgericht zum Abendessen, in den Hecken am Straßenrand an Brombeeren. Belle-Ile, so stellte sich bald heraus, entsprach weitgehend den Vorstellungen, die ich mir von der ganzen Bretagne gemacht hatte: ganz flach, seltsam verträumt, mit einem leicht wilden, dramatischen Akzent, und dabei doch angenehm freundlich. Keine Fernstraßen, allenfalls ein Supermarkt, eine Handvoll Restaurants und Läden. Ein Platz jedenfalls, wo man zu sich selbst kommen kann, wo man wandert, die Natur erforscht und wo einen die Geheimnisse eines immer noch geheimnisvollen Landes gefangennehmen.

Bei dieser ersten Reise durchstreiften wir – im allgemeinen Gedränge mitgeschoben – Postkarten-Städtchen wie Pont-Aven mit seinen geduckten grauen, von Mohnblumen bekränzten Steinhäusern (dort veranstalteten wir auch unsere eigene *dégustation* mit buttrig-zarten *kouignamann* aus den örtlichen Konditoreien) oder wie Quimper (wo wir den verlockenden Töpferwaren kaum widerstehen konnten), dabei immer aufgelegt zu *un peu de shopping, un peu d'histoire*, wie ein Freund zu sagen pflegte. Wir stießen bis zur Westspitze der bretonischen Küste vor, um im Wind durch die mystische Landschaft an die sturmumtoste Pointe du Raz zu laufen und vor der Statue der Notre-Dame-des-Naufragés (ein der Mutter Gottes geweihtes Denkmal für die Schiffbrüchigen) einige Erinnerungsfotos zu machen.

Was uns immer wieder beeindruckte, waren der sichtbare Einfluß und die Bedeutung der Katholischen Kirche in dieser Region. Beinahe kam es uns vor, als würde an jedem Wochenende in einem anderen Dorf ein *pardon* gefeiert, ein dem Schutzpatron der örtlichen Kirche gewidmetes Fest, überall am Straßenrand begegneten wir Reliquienschreinen und überlebensgroßen Kruzifixen.

Es lockte uns, in die Bretagne zurückzukehren, doch bei späteren Besuchen fiel es uns nicht leicht, die Realitäten des modernen Lebens ohne Enttäuschung hinzunehmen. Noch vor Sonnenaufgang waren wir auf den Beinen, um die mächtig großen, fabrikmäßig eingerichteten Fischkutter in den Hafen von Douarnenez einlaufen zu sehen, wo ebenso verschlafen wie wir

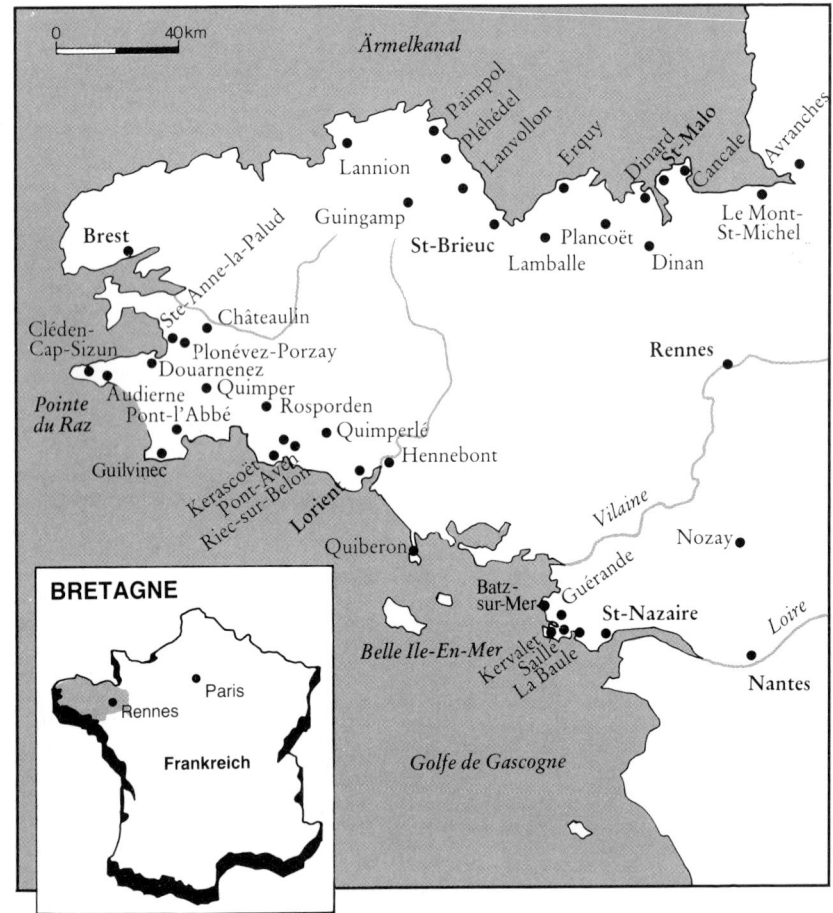

aussehende Händler – genauer gesagt, Groß- oder Zwischenhändler – gleich ganze Partien des glitzernden, holterdiepolter in riesige graue Kunststoffbehälter geschütteten Fischsegens ersteigerten. Viel von diesem Fanggut, so wollte uns scheinen, sah schon recht mitgenommen und angeschlagen aus, und wir fragten uns, in welchem Zustand die Fische wohl am nächsten oder übernächsten Tag sein würden, wenn sie auf den Marktstraßen von Paris zum Verkauf kämen. Wir mußten heftig schlucken bei der Erkenntnis, daß unsere unabhängigen kleinen Küstenfischer hier tatsächlich nur eine Minderheit darstellten.

Wo immer es uns in der Bretagne auch hin verschlug, stets schien es so, als schmiedeten wir bereits Pläne für den nächsten Besuch, um dann wieder in der muschelreichen Saint-Brieuc-Bucht mitzuhelfen, die begehrte *coquille Saint-Jacques* mit dem Schleppnetz zu fangen, die vertrauten Leuchtturmwege von Belle-Ile entlangzurennen und uns noch einmal große weiße Servietten um den Hals zu binden, um uns an frischem, kernig-saftigem Hummer so richtig satt zu essen.

Beste Reisezeit

Zwischen Frühlingsende und Herbstanfang. Für Reisen im Juli und August – wenn also ganz Frankreich unterwegs und, vor allem, so dicht wie möglich am Meer ist – muß man lange genug im voraus buchen. Eine gute Nachricht für Sonnenanbeter: an diesem westlichsten Zipfel Frankreichs geht die Sonne während der langen Sommertage erst gegen elf Uhr abends unter. Beachten Sie bitte, daß eine Reihe von Hotels und Gaststätten außerhalb der Saison, von Mitte Oktober bis Mitte März also, geschlossen ist.

Märkte
(die attraktivsten sind mit einem Sternchen markiert)

Montag: Auray, Brest, Combourg, Concarneau, Douarnenez, Ploërmel, Pontivy, Questembert, Redon, Saint-Malo, Saint-Quay-Portrieux, Vitré (except holidays).
Dienstag: Belle-Ile-en-Mer, *Brest, Dinard, Guilvinec, Guingamp, Hédé, Landerneau, *Locmariaquer, Loctudy, Paimpol, Pont-Aven, Pont l'Abbé, Quintin, Saint-Malo, Saint-Pol-de-Léon, Trinité-sur-Mer, Le-Val-André.
Mittwoch: Brest, Carnac, Landivisiau, Lorient, Montauban, Pont l'Abbé, Quimper, Riec-sur-Belon, Saint-Brieuc, *Saint-Malo, Tréguier, Vannes.
Donnerstag: *Brest, Châteaugiron, Dinan, Dinard, Hennebont, Lamballe, Lannion, Locminé, Malestroit, Névez, *Pont-l'Abbé, La Roche-Bernard, Rosporden, Saint-Aubin-du-Cormier, Saint-Malo, Sarzeau.
Freitag: Belle-Ile-en-Mer, *Brest, Bruz, *Concarneau, Douarnenez, Fouesnant, *Guingamp, Landerneau, Perros-Guirec, *Ploërmel, Pont l'Abbé, Quimperlé, *Saint-Malo, Saint-Quay-Portrieux, *Trinité-sur-Mer.
Samstag: Brest, *Dinard, Dol-de-Bretagne, Erquy, Fougères, Guingamp, *Landerneau, Locmariaquer, *Lorient, Morlaix, *Névez, Plouescat, Pont l'Abbé, Port-Louis, Quiberon, *Quimper, *Rennes, *Saint-Brieuc, *Saint-Malo, Saint-Méen-le-Grand, *Vannes.
Sonntag: Cancale, *Carnac.

Messen und Volksfeste

Dritter Sonntag im Juli: *Fête des Pommiers* (Apfelbaumfest), Fouesnant.
15. August: *Fête de la Mer* (Meer-Fest), Le Croisic.
Dritter Sonntag im August: *Fête des Filets Bleus* (Fest der blauen Fischernetze), Concarneau.
Anfang Oktober: *Fête des Boudins* (Blutwurstmarkt), Nozay.
Mitt Oktober: *Fête des Châtaignes et du Vin Nouveau* (Wein- und Kastanienfest), Nantes.

Batz-sur-Mer *(Loire Atlantique)*

Paris 452 km, Saint-Nazaire 30 km, La Baule 7 km, Nantes 87 km

SPEZIALITÄTEN DER REGION

La Salorge de Guérande
Rue des Marais-Kervalet,
44740 Batz-sur-Mer
☎ 40239299
Geöffnet: 8–12 und
13.30–17.30 Uhr; geschlossen: Samstag, Sonntag und die letzte Dezemberwoche

Spezialität:
Meersalz

Bretonische Küstenszene

Wenn Sie in die Bretagne kommen, versäumen Sie nicht, an den ebenso eigenartigen wie imposanten rechteckigen Becken auf der Guérande-Halbinsel entlangzufahren, wobei der Weg über die Dörfer Batz-sur-Mer, Kervalet, Saillé und Guérande führen sollte. Hier halten die einheimischen *paludiers* von Juni bis Mitte September das in die flachen Betten eingeströmte Meerwasser gefangen, lassen es verdunsten, schaben das zurückbleibende *sel de mer*, das kristallisierte Meersalz, zusammen und türmen es zu riesigen Kegeln auf. Seltener und begehrter noch ist die höher raffinierte, geschmacklich feinere *fleur de sel,* die als gräulichweiße Schicht von der Oberfläche der Evaporationsbecken abgehoben wird. Mit seinem entfernt an Veilchenduft erinnernden Aroma ist dieses das von Frankreichs besten Bäckern und berühmtesten Köchen bevorzugte Salz. An Verkaufsständen am Straßenrand wird das Salz feilgeboten.

Belle-Ile-en-Mer *(Morbihan)*

Quiberon 18 km (Bootsüberfahrt: ½ Stunde)
Markt: Dienstag und Freitag 8–12 Uhr, Place de la République, Le Palais

RESTAURANT

CASTEL-CLARA
Goulphar, Bangor, 56360 Le
Palais, Belle-Ile-en-Mer
✆ 97318421
Bestellungen werden bis
13.30 bzw. 21.30 Uhr entgegengenommen
Geschlossen: Mitte Oktober
bis Mitte März
Kreditkarten: AE, V
Speiseterrasse, separater Speiseraum für geschlossene
Gesellschaften bis 20 Personen
Man spricht Englisch
175-, 195- und 230-Francs-
Menüs, à la carte 260 Francs

Spezialitäten:
Soupe de palourdes à la fleur de thym (Venusmuschelsuppe mit Thymian), *homard grillé* (gegrillter Hummer), *langouste grillé* (gegrillte Languste), *mille-feuille tiède* (warmer Blätterteigkuchen)

Einen der atemberaubendsten Blicke über die bretonische Küste hat man von hier, während man dabei ist, ein Spitzengericht der regionalen Küche zu genießen: das zarte Lammfleisch, das der junge ambitiöse Chef Yves Pérou zubereitet, kommt von der Insel selbst, ebenso wie die Gemüse, die dem eigenen Garten entstammen, den er und seine Frau hegen. Auch die schmackhaften *coquilles Saint-Jacques* (Jakobsmuscheln), Hummer und Austern sind lokaler Provenienz und werden von den 30 oder 40 Fischern gekauft, die immer noch in Belle-Ile zu Hause sind.

Das Essen hier ist einfach und kann doch gelegentlich großartig sein: vollendet gegrillter Hummer; eine leichte, sämige, mit einem Thymianauszug angerichtete Muschelsuppe; köstliches geröstetes Lammfleisch. Als Nachtisch empfiehlt sich der warm servierte, mit üppigen frischen Himbeeren gefüllte Blätterteigkuchen.

Unser tägliches Brot gib uns heute

»Die ihr eigenes Brot buken, kannten sehr wohl seinen Preis. Sorgen und Schweiß. Und auch eine Art Religion. Stets ritzten sie dem Boden eines jeden runden Laibes das Kreuzeszeichen ein. Einige der Älteren hielten es noch mit der Sitte, sich vor dem Anschnitt zu bekreuzigen. Und man mußte sie beim Brotessen beobachten, um zu erkennen, was für ein Ritus das war! Immer rochen sie erst daran, kauten das Brot langsam durch, sogen dann, gedankenvoll, den Geschmack ein. Die Brotkrumen, die auf den Tisch fielen, wurden sorgsam aufgelesen und bis auf den letzten Krümel aus der hohlen Hand gegessen. Für sie war Brot ihr eigener Körper. Ansonsten aber waren sie genügsam.«

Aus: *Le Cheval d'Orgueil* von Pierre-Jakez Hélias

Austern

Ein französisches Sprichwort sagt: »Wer Austern liebt, muß auch die Bretagne lieben.« Dazu möchte ich bemerken, daß auch die umgekehrte These gilt: Ich kann mir nämlich nicht vorstellen, in die Bretagne zu fahren, ohne mich an meeresfrischen Austern satt zu essen.

Die Monate mit ›r‹: Im Gegensatz zur vorherrschenden Meinung ist es keineswegs ungesund, Austern in den Monaten ohne das ominöse ›r‹, also zwischen Mai und August, zu verzehren. Dennoch gibt es gute Gründe dafür, die Eßperiode auf die Monate von September bis April zu beschränken. Während der Sommermonate, wenn die Austern laichen, verlieren sie viel von ihrem kernigen Aroma, weil das Fleisch weich und milchig wird.

Je größer, je besser? Größe hat, und das gilt für alle Arten von Austern, nichts mit der geschmacklichen Qualität zu tun. Ebenso wie der Boden, auf dem der Rebstock gedeiht, letztlich den Charakter des Weines bestimmt, so sind auch die Wassereigenschaften des Meeres mit seinen Zuchtgebieten und der Flußmündungen mit ihren Mastparks, sind Salzgehalt und Temperatur verantwortlich für die Geschmacksqualität der eßreifen Auster. Da sich ihr Preis üblicherweise nach dem Umfang richtet – die größten Exemplare kosten immer am meisten –, macht es sich bezahlt, sich mit den Benjaminen unter den Austern anzufreunden. Zunehmend kommt in Frankreich die *papillon-* oder Schmetterlingsauster in Eßmode. Diese kleine fette *creuse*-Auster mit der gewellten Schale wird in den *claires* (Mastparks) von Marennes – weiter die Küste hinunter in Richtung Bordeaux – kultiviert. Der *papillon* ist kleiner und preiswerter als die meisten *creuses* und besitzt dabei doch die unverfälschte kremige Frische, die seiner Rasse zu eigen ist. *Plates* oder *creuses?* Die flachschaligen Austern, die *plates,* – die bretonische Belon-Spezies ist die bekannteste dieser Art – sind zwar weiterhin die begehrtesten und die teuersten französischen Schalentiere, doch werden sie immer seltener; ein mysteriöser Parasit, zum ersten Male 1978 vor der Küste von Quiberon beobachtet, gefährdet die Bestände. Krankheit und anderes Unheil haben die Produktion von 21000 Tonnen im Jahre 1960 auf gegenwärtig 1500 Tonnen schrumpfen lassen. Das bedeutet, daß es an der Zeit ist, die üppig gedeihende und weniger teure *creuse* zu favorisieren, von der Frankreich jährlich rund 100000 Tonnen erzeugt. Zu den besten Austern dieser Gattung gehören die *spéciales* aus den Mastparks bei La Rochelle und bei Marennes-Oléron (etwas südlich von der Bretagne gelegen), wo sie sich mehrere Monate lang von mikroskopisch kleinen Blaualgen ernähren, dabei eine grünliche Färbung annehmen und zugleich fülliger und schmackhafter werden.

Austern für die Küche: Zum Kochen verwendet man am besten mittelgroße bis große *creuses.* Bei kleinen Austern besteht die Gefahr, daß sie beim Erhitzen auseinanderfallen oder zu stark durchgaren.

Weißwein oder Rotwein? Der weiße *Gros-Plat* und der *Muscadet* sind die traditionellen ›Austernweine‹. Ihr trockenes Bouquet und die feine Säure harmonieren mit dem jodreichen Fleisch der Schalentiere. Aber warum nicht auch einmal mit anderen Weißweinen, wie dem vollmundigen *Cassis,* experimentieren oder mit Rotweinen in der Art des *Saumur-Champigny* oder des *Bandol?*

Lebend oder tot? Um zu prüfen, ob eine Auster wirklich gerade erst aus dem Meer gekommen ist, berühren Sie sacht den Rand mit den Zinken Ihrer Gabel. Wenn sich das Schalenpaar deutlich sichtbar schließt, lebt die Auster noch und ist auf dem Höhepunkt ihrer Frische. Öffnen Sie das Gehäuse selbst, so werden Sie feststellen, daß die Schalen um so mehr Widerstand leisten, je frischer die Auster ist.

Cancale *(Ille-et-Vilaine)*

Avranches 59 km, Dinan 34 km, Le Mont-Saint-Michel 46 km, Paris 396 km
Markt: Sonntag 8–13 Uhr, Rue de la Marine, hinter der Kirche

RESTAURANT

RESTAURANT
DE BRICOURT
1, Rue Duguesclin,
35260 Cancale
✆ 99896476
Bestellungen werden bis
13.30 bzw. 21.30 Uhr entgegengenommen
Geschlossen: Dienstag, Mittwoch und von Dezember bis
Februar
Kreditkarte: V
Speiseterrasse
Man spricht Englisch
84-Francs-Menü von Montag
bis Freitag, à la carte 250
Francs, Reservierung erforderlich

Spezialitäten:
Huîtres plates tièdes (flache
Austern, warm serviert),
homard rôti (gebackener
Hummer)

Mir wird richtig warm ums Herz, wenn ich an das großartige Mittagessen hier an einem verregneten Augusttag
denke. Mein Gaumen begann regelrecht zu tanzen angesichts
der wundervollen Aromen und Geschmackskombinationen,
mit denen Küchenchef Olivier Roellinger aufwartete. Er hat
das Haus seiner Kindheit in dieses bezaubernde elegante
Restaurant verwandelt, in dem nur zehn Tische und ein Garten hinter dem Gebäude den Gästen Platz bieten. Das Dekor
– sehr rosa, mit hübsch gekachelten Kaminen und an Frago-
nard erinnernden Wandgemälden – ist auf gemütliche Weise
luxuriös und umgibt den Besucher mit einer behaglichen,
behütenden Wärme. Jeder Bissen hier offenbart die kulinarische Leidenschaft des Chefs. Ein Salat von geräuchertem
Lachs und allerfrischsten winzigen Kammuscheln; in Kohl-
blätter gewickelte und mit einer Sauce aus frischem Koriander
übergossene Krabbenfleischbällchen; eine spektakuläre
Kombination aus Venusmuscheln, Steinpilzen der ersten
Ernte und in dünne Scheiben geschnittenen und in einer feinen, reich beschickten Schalottensauce gewälzten Kartoffeln
– all das überzeugte mich von dem ungewöhnlichen Talent
dieses Mannes. Seine Desserts sind nicht weniger ansprechend und einfallsreich. Den *gratin d'abricots* werde ich so
schnell nicht vergessen: eine Mischung aus Pflaumen, Mira-
bellen und Aprikosen, gratiniert mit Mandelcreme und serviert mit einer Kugel Eis aus starkem Buchweizenhonig – ein
herrlicher Kontrast von heiß und kalt, mild und herb.

In der Altstadt von Dinan

Cléden-Cap-Sizun *(Finistère)*

Audierne 10 km, Douarnenez 32 km, Paris 601 km, Quimper 45 km

RESTAURANT

L'Etrave
Place de l'Eglise, Cléden-
Cap-Sizun, 29113 Audierne
✆ 98706687
Bestellungen werden bis
13.30 bzw. 20.30 Uhr entge-
gengenommen
Geschlossen: Mittwoch und
von Oktober bis Ostern
Keine Kreditkarten
50-, 108- und 150-Francs-
Menüs, à la carte 200 Francs

Spezialitäten:
Araignée farcie (gefüllte Seespinne), *homard grillé à la
crème* (gegrillter Hummer
mit Sahne), *langoustines grillées* (gegrillte Langustinen)

Man läßt sich's gut gehen bei L'Etrave

Eine meiner stolzesten Entdeckungen in der Region ist diese kleine Dorfgaststätte unweit der sturmumwehten Pointe du Raz und des Hafens von Audierne.

Selbst nach jahrelanger Frankreicherfahrung blieb meine Vorliebe für Maine-Lobster, den Hummer aus Neuengland, noch die gleiche; sein französischer Vetter kam mir immer entweder zu faserig und zäh, einfach zu trocken vor oder aber im Gegenteil zu delikat; jedenfalls konnte ich mich in Anbetracht des allgemein hohen Preises nicht für *homard* begeistern. Ich revidierte meine Meinung erst, als ich vor einigen Jahren zum ersten Mal den hervorragenden gegrillten Hummer von L'Etrave zu kosten bekam. Der *homard à la crème* brutzelt noch, wenn er auf imposanten Platten in den Speiseraum getragen wird (der Küchenchef halbiert den Hummer der Länge nach, überzieht ihn mit Sahne und grillt ihn nur fünf oder sechs Minuten lang bei starker Hitze).

Dem übrigen Speiseangebot sollten Sie keine Beachtung schenken. Aber bestellen Sie eine Flasche des eiskalten *Muscadet*, und genießen Sie den König der Schalentiere!

Dinan *(Côtes-du-Nord)*

Avranches 67 km, Lorient 151 km, Paris 393 km, Rennes 51 km, Saint-Brieuc 58 km, Saint-Malo 29 km

Markt: Donnerstag 9–12 Uhr (im Juli und August bis 15 Uhr), Place Duguesclin und Place du Champ

RESTAURANT

CRÊPERIE DES ARTISANS
6, Rue Petit-Fort,
22100 Dinan
✆ 96394410
Bestellungen werden bis
14.30 bzw. 22.30 Uhr entgegengenommen
Geschlossen: Montag (außer
im Juli und im August) und
von Oktober bis Ostern
Kreditkarte: V
Speiseterrasse
A la carte etwa 50 Francs

Spezialitäten:
Bretonische *crêpes* und
galettes

Bergauf übers Kopfsteinpflaster des malerischen Dinan

Im alten Viertel von Dinan, nicht weit von der Stadtfeste Saint-Malo, bringt Patrick Moncey *crêpes* aus Weizen und *galettes* aus Buchweizenmehl auf den Tisch, die zu den besten der Region gehören: zarte, dünne Pfannküchlein, die man am besten ohne irgend etwas oder mit einer Idee Butter ißt. Dieses zur Hälfte mit Fachwerk verzierte, stilgerechte Haus mit seinen leuchtendblauen Fensterläden, an einer steilen Kopfsteinpflasterstraße inmitten von kleinen Kunstgewerbegeschäften gelegen, ist der rechte Ort für einen an langen Holztischen mit Freunden wie Unbekannten zusammen eingenommenen Imbiß. Hier muß man die ortstypische *lait ribot*, eine Art Buttermilch, versuchen, in die man die *crêpe* oder *galette* mit der Spitze eintunkt, bevor man sie ißt.

33

Dinard *(Ille-et-Vilaine)*

Dinan 22 km, Lamballe 47 km, Paris 413 km, Rennes 72 km
Markt: Dienstag, Donnerstag und Samstag 8.30–13 Uhr (im Juli und im August bis
15.30 Uhr), Place Paul-Crolard

SPEZIALITÄTEN
DER REGION

GÉRARD PERRIER
Résidence les Pins,
35800 Dinard
✆ 99461399

Spezialität:
Fischfang

Gérard Perrier, offenherzig und gesprächig, liebt Boote, die Fischerei und den Umgang mit Leuten, und so hat er alle seine Neigungen unter einen Hut, besser gesagt unter eine Schiffermütze gebracht: Er organisiert Bootsausflüge zum Fischfang für Gäste, die selbst fischen, oder auch für solche, die nur zuschauen wollen. Wie überall in der Bretagne hängt die Zeit des Auslaufens von den Gezeiten ab, aber normalerweise fährt unser Mann gerne morgens gegen acht Uhr los. Sein Boot ist von März bis November im Wasser, die günstigste Jahreszeit für die kleinen Fischfangexpeditionen liegt jedoch zwischen Juni und November. Der Preis für einen Halbtagstrip (4 Stunden) beträgt 500 Francs, die Tagestour (8 Stunden) kostet 800 Francs; darin sind Angelausrüstung, Ölzeug und ein Mittagsimbiß eingeschlossen. Gérard Perrier nimmt maximal sechs Leute ins Boot, wenn aber jeder fischen will, begrenzt er die Teilnehmerzahl lieber auf drei.

Douarnenez *(Finistère)*

Brest 75 km, Châteaulin 26 km, Paris 575 km, Quimper 22 km
Markt: Montag und Freitag 9–16 Uhr, Place de la Résistance

KONDITOREI

LE MOIGNE
86, Avenue de la Gare
29100 Douarnenez
✆ 98740107
Geöffnet: 11.30 Uhr (9.30
Uhr im Juli und im August)
bis 19.30 Uhr; außerhalb der
Saison nur Freitag und Samstag geöffnet

Überall in der Bretagne locken in den gefüllten Schaufenstern der Konditoreien der buttrig-satte Hefekuchen, der als *kouign-amann* bekannt ist, und der beliebte *far breton* (siehe Rezept, Seite 44), ein Behagen versprechender, reichlich mit Eiern und marinierten Pflaumen bedachter Obstkuchen. Allerdings ist das Backwarenangebot von LE MOIGNE das beste und frischste, das ich in der ganzen Region kenne. Die Le Moigne-Erzeugnisse findet man auch donnerstags auf dem Markt von Pont-l'Abbé auf der Place Gambetta.

Erquy *(Côtes-du-Nord)*

Lamballe 23 km, Plancoët 30 km
Markt: Samstag 8–12 Uhr, Place de l'Eglise
Fischmarkt: täglich, die Verkaufszeiten sind von Ebbe und Flut abhängig,
Port d'Erquy

In den Gewässern von Erquy, dem buntbewegten urigen Fischerstädtchen an der Bucht von Saint-Brieuc, gedeihen Kammuscheln, die zu den besten Frankreichs gehören, Miesmuscheln, *praires* (kleine, warzige Venusmuscheln), außerdem die winzigen, *olivettes* genannten Muscheln, *amandes de mer,* ›Meermandeln‹ (wegen ihres haselnußartigen Geschmacks so bezeichnete Muscheln), Seeigel, Seeschnecken sowie Hummer, Steinbutt, Seebarsch, Seezunge und Kabeljau. Welches Vergnügen, hier während der Fangsaison im Hafen herumzubummeln, in einer kleinen Bar einen Teller mit Austern zu schlürfen und dabei die Fischerboote zum Hafen hinein- und hinaustuckern zu sehen.

GATEAU BRETON
Bretonischer Butterkuchen

Einen gâteau breton zu backen, ist ein Kinderspiel, und obwohl er mehr als nahrhaft ist, stellt er eine begehrte Süßspeise für einen Festschmaus dar. Die fette, leicht gesalzene Butter der Bretagne und landfrische Eier mit vollem Dotter haben das ihre dazu getan, diesen Kuchen zu einem der in Frankreich beliebtesten Desserts zu machen.

6 große Eidotter, leicht geschlagen
280 g Mehl
240 g leicht gesalzene Butter, gewürfelt (Zimmertemperatur)
250 g Zucker

1. Den Backofen auf 190° vorheizen. Eine runde Kuchenform von ca. 25 cm ⌀ ausbuttern.
2. Einen Teelöffel Eigelb für die Glasur zurückbehalten.
3. Das Mehl in eine große flache Schüssel geben und in der Mitte eine Mulde formen. Butter, Zucker und das restliche Eigelb in die Mulde schütten und die Zugabe mit den Fingerspitzen geschmeidigrühren. Dann nach und nach mit den Fingern das Mehl einarbeiten. Rasch und ausgiebig durchkneten, bis die Mischung zart wie Plätzchenteig ist.
4. Die Hände mit Mehl bestäuben und den Teig sanft in die ausgebutterte Form drücken. Die Oberfläche mit dem zurückbehaltenen Eigelb bestreichen und mit der Gabel ein Gittermuster einritzen.
5. Im Ofen 20 Minuten backen. Dann die Temperatur auf 175° reduzieren und etwa 30 Minuten lang weiterbacken, bis die Kruste goldbraun ist.
6. Die Form aus dem Ofen nehmen und auf Zimmertemperatur abkühlen lassen, bevor der Kuchen herausgehoben wird. *Gâteau breton* schmeckt am besten, wenn er noch am gleichen Tag gegessen wird, doch hält er sich in einem luftdichten Behälter auch mehrere Tage lang.

Guilvinec *(Finistère)*

Pont-l'Abbé 11 km, Quimper 30 km
Markt: Dienstag 9–12 Uhr, Place de l'Eglise
Fischmarkt: täglich, die Verkaufszeiten richten sich nach Ebbe und Flut,
Port du Guilvinec

Hier muß man sich unter die Einheimischen mischen und in blauen Gummistiefeln und gelbem Ölzeug zur Südwestspitze der Halbinsel aufmachen, zu diesem Fischerhafen, in den jeden Nachmittag um kurz vor fünf Leben kommt, wenn die in grellen Farben bemalten Holzkutter am Molenkopf auftauchen mit ihrer schaukelnden Last von Fisch und Krustentieren. Bis zum Rand sind die Weidenkörbe mit lebenden blaßrosa Langustinen gefüllt. Ein festlicher Moment ist das, nun da die Männer nach des Tages Arbeit behend ihren Fang ausladen, beobachtet von Dutzenden von Zuschauern. Man kann auch bei der Versteigerungsaktion, der *criée*, zugegen sein, die bereits beginnt, während am Kai noch immer ausgeladen wird.

SPEZIALITÄTEN
DER REGION

COOPÉRATIVE DES MARINS

Am Hafen, dicht bei der *criée*, 29115 Guilvinec
✆ 98581031
Geöffnet: 8–12 und 14–18 Uhr, Samstagnachmittag und Sonntag geschlossen
Kreditkarten: V
Auf Wunsch auch Warenversand ins Ausland

Spezialität:
Folkloristische Artikel

Ein großartiger Laden für jede Art von Fischer- und Sportfischerausrüstung und -bekleidung, von geflochtenen Weidenkörben und robustem Angeldraht bis zu dicken bretonischen Wollsweatern, farbigen Gummistiefeln und Ölzeug.

Lachs im Überfluß

»Weil die Bauern den Genuß von Fleisch entschieden bevorzugten, verfinsterte sich ihr Blick bei dem Gedanken an den Fisch, den jeden Freitag, dem Tag der Abstinenz, zu essen sie verurteilt waren. Fisch war die ›Fasten- und Büßerkost‹. Außerdem hielt er die Körperwärme nicht in Gang, wie eine Scheibe Pökelfleisch das getan hätte. Ein Fraß für Arme und Geizkrägen. Es ist noch gar nicht so lange her, daß sich die Landarbeiter an den Ufern der Aulne in ihren Verträgen ausbedungen, ihre Arbeitgeber dürften sie nicht zwingen, mehr als zwei- oder dreimal in der Woche Lachs zu essen. Den Fisch einmal hinunterzuwürgen, dafür hatte der bußfertige Sünder gewiß Gründe, und um den guten Willen zu zeigen, tat er es auch ein zweites Mal; dreimal jedoch, das wäre des Schlechten zuviel gewesen.«

Aus: *Le Cheval d'Orgueil* von Pierre-Jakez Hélias

Hennebont *(Morbihan)*

Concarneau 59 km, Lorient 10 km, Paris 487 km, Quiberon 42 km, Quimperlé 26 km
Markt: Donnerstag (ersatzweise Mittwoch, wenn der Donnerstag ein Feiertag ist)
8.30–12.30 Uhr, Place du Général-de-Gaulle, Place du Maréchal, Rue Trottier

RESTAURANT

CHÂTEAU DE
LOCGUENOLE
56700 Hennebont
✆ 97762904
Bestellungen werden bis
13.30 bzw. 21.30 Uhr ent-
gegengenommen
Geschlossen: Von Mitte
November bis Februar
Kreditkarten: AE, DC, V
Separater Speiseraum für
geschlossene Gesellschaften
von 5 bis 20 Personen
Man spricht Englich
185-, 260- und 340-Francs-
Menüs, à la carte 400 Francs

Spezialitäten:
je nach Jahreszeit

In einem stolzen, wenn auch etwas mitgenommenen *château* am Rande des Flusses Blavet versteht es ein sehr einfallsreicher Küchenchef, aus den lokalen Erzeugnissen etwas Ansprechendes zu machen. Wir versuchten die köstlichen, nur bissengroßen Buchweizen-Pfannkuchen *(petites galettes de sarrasin)*, die hier mit frischem Krabbenfleisch gefüllt sind und in einer leichten Currybutter-Sauce serviert werden, gebratenen Steinbutt mit Artischockenherzen und eine ganze *lotte,* einen Seeteufel, im Stück gebraten, mit einer Speck-Sahne-Sauce überzogen und von kleinen bretonischen Schwenkkartöffelchen begleitet (das Lokal liegt 4 Kilometer südlich von Hennebont an der D 781).

Momente der Stille in einem bretonischen Küstenort

Kerascoët *(Finistère)*

Concarneau 17 km, Paris 536 km, Pont-Aven 12 km, Quimper 39 km

RESTAURANT

CRÊPERIE DES
CHAUMIÈRES
Hameau de Kerascoët,
29139 Névez
Ohne Telefon
Bestellungen werden bis
22.30 Uhr entgegenge-
nommen
Geöffnet: Im Juli und im
August täglich; in der übri-
gen Zeit des Jahres ist das
Lokal geschlossen
Keine Kreditkarten
50 Francs

Spezialitäten:
Crêpes farcies (gefüllte
Crêpes), *soupe de poisson*
(Fischsuppe)

Nehmen Sie Ihren Weg in dieses Märchendorf, ein Weiler nur, mit untadelig sauber restaurierten *chaumières*, strohgedeckten Häuschen, und Sie werden nicht enttäuscht sein. Und dann kosten Sie die deliziösen Crêpes – vielleicht einmal mit Butter oder, bei herzhafterem Appetit, eine *complète* (sie ist mit Schinken, Käse und Ei gefüllt) – und trinken einen Schluck Cidre dazu. Gegenüber der Crêperie, auf der anderen Straßenseite, können Sie den sehr schön wieder hergerichteten Dorfbackofen bewundern.

Paimpol *(Côtes-du-Nord)*

Guingamp 28 km, Lannion 33 km, Paris 496 km, Saint-Brieuc 45 km
Markt: Dienstag 5–12.30 Uhr, Place du Martay, Place Gambetta, Place du Verdun

RESTAURANT

CHÂTEAU DE
COATGUELEN
Pléhedel, 22290 Lanvollon
Ø 96223124
Bestellungen werden bis
13.30 bzw. 21 Uhr (im Juli
und im August bis 21.30
Uhr) entgegengenommen
Geschlossen: Dienstag und
Mittwochmittag sowie von

Eine regelrechte Trouvaille an der nordbretonischen Küste ist das etwa 10 Kilometer vom Fischerdorf Paimpol entfernte CHÂTEAU DE COATGUELEN, ein geschmackvoll eingerichtetes Landschloß, dessen Küchenchef Louis Le Roy einschließlich der gesamten Mannschaft ein lautes Bravo verdient für die Frische der Speisen und die Aufmerksamkeit bis ins Detail. Er selbst backt die köstlichen Weizenbrötchen, die mit der unwiderstehlichen bretonischen Butter serviert werden, hat die leckeren kleinen *creuses du Trieux*-Austern ebenso auf der Karte wie einfache Gerichte von der Art des

der zweiten Januarwoche bis
März
Kreditkarten: AE, DC, V
Separater Speiseraum für
geschlossene Gesellschaften
bis 45 Personen
Man spricht Englisch
130-, 180- und 280-Francs-
Menüs, à la carte ungefähr
320 Francs

Spezialitäten:
*Huîtres chaudes au cidre et
aux poireaux* (warme Austern
mit Cidre und Lauch), *feuilleté de langoustines à la
citronnelle* (Langustinen in
Blätterteig mit Zitronen-
kraut), *papillote de homard
aux algues* (mit Algen in Fett-
papier gebackener Hummer),
*petit canard rôti au miel et au
vinaigre* (gebratene Ente mit
Honig und Essig), *tarte gla-
cée à la menthe* (Pfefferminz-
Eistorte), *soufflé glacé au
Grand Marnier* (Eis-Soufflé
mit Grand Marnier)

gegrillten *rouget* (Seebarbe), mit fritierten Zucchiniblüten als Beilage. Der makellos blau-weiß dekorierte Speisesaal gibt den Blick frei auf Schwimmbecken und Golfplatz (9 Löcher) des Châteaus. Am Tisch könnte der Service der bedienenden Bretoninnen, alle mit frischen, freundlichen Gesichtern, nicht aufmerksamer sein. Wenn sie zu haben ist, sollten Sie sich die rundherum wohltuende *mousse de dorade,* auf der Zunge prickelnden, sahnigen Goldbrassenschaum, zu Gemüte führen oder die *huîtres chaudes au cidre et aux poire- aux,* eine Kombination aus meeresfrischen Austern, aus Lauch und markantem Cidre. Die Portionen sind generös bemessen.

Pont-Aven *(Finistère)*

Concarneau 15 km, Paris 527 km, Quimper 32 km, Quimperlé 17 km
Markt: Dienstag 8.30–13.30 Uhr, Quai Théodore-Botrel (Juli und August),
Place de l'Hôtel-de-Ville (außerhalb der Saison)

RESTAURANTS

RESTAURANT MOULIN DE
ROSMADEC
29123 Pont-Aven
✆ 98060022
Bestellungen werden bis 14
bzw. 21 Uhr entgegengenommen
Geschlossen: Mittwoch,
Sonntagabend außerhalb der

Von allem, was dafür spricht, ein paar Tage in der Bretagne zu verweilen, ist dies vielleicht der wichtigste Grund: Hummer zu essen. Auch wenn sich die meisten von uns den regelmäßigen Genuß dieses Leckerbissens versagen müssen, so sollte doch jedem wenigstens einmal im Leben eine Hummer-Gourmandise erlaubt sein. In dieser bezaubernden alten Mühle mitten im Zentrum von Pont-Aven hatte ich das Glück, einen weiblichen Hummer kosten zu dürfen, dessen in üppiger Menge vorhandenen, kaviarähnli-

Saison sowie die beiden letzten Oktoberwochen und Februar
Keine Kreditkarten
Speiseterrasse
Klimatisiert
Separater Speiseraum für geschlossene Gesellschaften von 15 bis 35 Personen
88- und 200-Francs-Menüs, à la carte 350 Francs

Spezialitäten:
Homard grillé (gegrillter Hummer), *suprème de sole Champagne* (Seezunge in Champagner-Sauce), *crêpes flambées* (flambierte Dessert-Crêpes)

LA TAUPINIÈRE
29123 Pont-Aven
✆ 98060312
Bestellungen werden bis 13.30 bzw. 21.30 Uhr entgegengenommen
Geschlossen: Montagabend (außer im Juli und im August), die zweite Märzwoche sowie Dienstag von Mitte September bis Mitte Oktober
Kreditkarten: AE, DC, EC, V
Klimatisiert
Etwa 300 Francs

Spezialitäten:
Langoustines grillées au feu de bois (über Holzfeuer gegrillte Langustinen), *jambon frais grillé* (frischer gegrillter Schinken)

chen Eier in bezug auf Aroma, Geschmacksintensität und Textur einen reizvollen Kontrast zu dem festen weißen, süßen Fleisch bildeten. Und bei eben dieser Mahlzeit geriet ich auch an die saftig-frischeste Artischocke, die man sich nur wünschen kann. Selbst die gutgemeint vielen Morcheln, die über dem eindrucksvoll großen Artischockenboden aufgehäuft waren, konnten den Gaumen nicht von dem Wohlgeschmack des edlen Gemüses ablenken. Als Nachtisch sei die exquisite warme Apfeltorte empfohlen.

LA TAUPINIÈRE, gleich westlich von Pont-Aven an der Landstraße nach Concarneau gelegen, gehört zu meinen Lieblingsrestaurants in der Bretagne. Es ist gleichzeitig großräumig und doch behaglich, freundlich und unaufdringlich. Mit den schicken Stammgästen und seinem selbstbewußten Dekor fordert es zum Vergleich mit gewissen Restaurants in Kalifornien heraus. Doch wenn man genauer hinsieht, ist es bretonisch durch und durch. Langustinen von beachtlicher Größe werden hier am offenen Holzfeuer gegrillt, bevor man sie den Feinschmeckern vorsetzt, die – elegant bestickte Mako-Servietten vorgebunden – bereits darauf warten, die Scheren zu knacken und den gepanzerten Schwanz nach hinten zu biegen, um das zarte, liebliche Fleisch freizulegen, das man am vorteilhaftesten einfach *nature* ißt, aber vielleicht mit einem Glas Riesling veredelt (eiskalter *Zind-Humbrecht,* Côte-de-Brand, etwa verträgt sich bemerkenswert gut mit dieser Grillspeise). Nicht weniger versessen bin ich in diesem Lokal auf den Thunfisch-Carpaccio (*thon frais mariné au citron vert*) – ein belebender erster Gang, der aus rohem, in Limonensaft mariniertem und mit frischen Korianderblättern bestreutem Thunfisch besteht (siehe Rezept S. 41). Übersehen Sie in diesem Restaurant auch nicht die traditionelle Zusammenstellung aus (wiederum am Holzfeuer) gegrilltem Schinken und weißen Bohnen. Wenn die Qualität der Zutaten je für das Gelingen einer Speise verantwortlich war, dann hierbei!

THON FRAIS MARINE AU CITRON VERT
›LA TAUPINIERE‹
Thunfisch in Limonenmarinade ›La Taupinière‹

Dieses Gericht stammt von einem meiner bevorzugten Lokale in der Bretagne, der anheimelnden LA TAUPINIÈRE *dicht bei Pont-Aven. Der Küchenchef wartet mit einem sehr wohlschmeckenden Carpaccio auf, der aus rohem, in frisch ausgepreßtem Limonensaft gebeiztem Thunfischfleisch besteht. Die Zugabe grün gepflückter Korianderblätter gibt der Lockspeise den genialen Touch.*

500 g Thunfischfilet (dunkelfleischiges Mittelstück, von Bindegewebe befreit)
Eine Handvoll frische Korianderblätter
60 ml frisch ausgepreßter Limonensaft
125 ml extrafeines, kalt gepreßtes Olivenöl
Salz und frisch gemahlener schwarzer Pfeffer nach Geschmack
Keilförmig geschnittene Limonenstücke zur Dekoration

1. Den Thunfisch in eine Kunststoff-Folie hüllen und für 10 Minuten ins Tiefkühlfach legen. Die Korianderblätter waschen und sorgfältig trocknen. Die Hälfte der Blätter in grobe Stücke schneiden, die anderen Korianderblätter für die Garnierung zurückbehalten.

2. Die Marinade zubereiten: Limonensaft, Öl, Salz, Pfeffer und geschnittene Korianderblätter miteinander verrühren.

3. 6 große Teller unter Verwendung eines Tortenpinsels mit der Marinade bestreichen, dann mit Pfeffer und Salz bestreuen und für 15 Minuten in den Kühlschrank stellen.

4. Den Thunfisch aus dem Tiefkühlfach nehmen und in ganz feine (3 mm dicke) Scheiben schneiden. Diese nebeneinander und ohne Überlappungen auf dem kalten Teller ausbreiten. Den Thunfisch ausgiebig mit Pfeffer und Salz würzen und mit der Marinade bestreichen. Vor dem Servieren 30 Minuten lang kaltstellen.

5. Den mit Limonenstücken und ganzen Korianderblättern garnierten und von warmen Toastschnitten begleiteten Thunfisch kalt, aber nicht eiskalt servieren.
Für 6 Personen.

KONDITOREI

PÂTISSERIE KERSALE
Place de l'Hôtel-de-Ville,
29123 Pont-Aven
✆ 98060061
Geöffnet: 7–12 und 14.30–19 Uhr; geschlossen: 3 Wochen im Februar und 2 Wochen im September

Eine geschäftige kleine Konditorei mit wahrhaft köstlichen, buttrigfrischen Hefekuchen *(kouign-amann)*.

Kouign-amann aus der
Pâtisserie Kersale

SPEZIALITÄTEN
DER REGION

Les Sources de l'Aven
9, Place de l'Hôtel-de-Ville,
29123 Pont-Aven
∅ 98060765
Geöffnet: 9–12 und 14–19
Uhr; geschlossen: Mittwoch
von September bis Juni
Keine Kreditkarten

Ein ansprechendes, wenn auch etwas touristisch ausge-
richtetes Spezialitätengeschäft mit einer anständigen
Auswahl regionaler Erzeugnisse; dazu gehören hausgebak-
kene Butterplätzchen und *kouign-amann.*

Pont-l'Abbé *(Finistère)*

Douarnenez 33 km, Paris 568 km, Quimper 20 km
Märkte: Dienstag bis Samstag 9–12 Uhr, Markthalle an der Place de la République;
Donnerstag 9–12 Uhr offener Markt, ebenfalls Place de la République, und Markt der
Gemüsebauern, Place Gambetta

An einem Donnerstag sollten Sie zwischendurch mal einen Abstecher zum Markt der Gemü-sebauern auf der Place Gambetta in Pont-l'Abbé machen. Da kann man immer noch kleinwüchsige Frauen mit grauem Haar, angetan mit schwarzweiß-gepunkteten Röcken, die traditionellen Häkeltücher um die Schultern und auf dem Kopf die als *coiffes* bekannten Trachtenhauben aus weißer Spitze, die Dorfstraßen entlanghumpeln sehen. Geschwätzige *maraîchers* verkaufen frischgeerntete Artischocken direkt von der Rampe ihrer Lastwagen herunter für einen Franc das Stück, und die Hausfrauen des Ortes bieten, die vollen Körbe vor sich, frische, nußartig schmeckende Crêpes oder selbstgemachte Brombeermarmelade an.

KONDITOREI-STAND

Le Moigne
Auf dem Markt der Gemüse-bauern, Place Gambetta, von Ostern bis Allerseelen

Wem der Sinn nach einer morgendlichen Zwischenmahl-zeit steht, der kann sich an diesem Stand mit damp-fendfrischem, von dem Le Moigne-Laden in Douarnenez ›importiertem‹ *kouign-amann* versorgen und in einem nahen Café einen stärkenden *café-crème* dazu trinken.

HAUSHALTSWAREN

Boutique le Minor
3, Quai Saint-Laurent,
29120 Pont-L'Abbé
✆ 98870722
Geöffnet: 9–12 (im Juli und im August bis 12.30) und 14–19 Uhr; geschlossen: Montag (nur außerhalb der Saison)

Ein außergewöhnlich gutes Geschäft für hand- und maschinengestickte Tischwäsche; dazu gehören auch sehr aparte ›Hummerlätzchen‹ zum Umbinden, in geeigneten Fällen ein vollendetes Geschenk.

MUSEUM

Musée Bigouden
Château de Pont-l'Abbé,

Pont-l'Abbé ist die Bezirkshauptstadt des bretonischen Distrikts Bigouden und die Heimat eines sehr ursprüng-

43

29120 Pont-l'Abbé
☎ 98872444
Geöffnet: 9–12 und 14–18.30 Uhr; geschlossen: Oktober bis Mai, Sonntag und an Feiertagen
Eintritt: Rund 4 Francs für Erwachsene, 1 Franc für Kinder unter 16, Studenten und Gruppen

lichen Trachtenbrauchtums mit besonders anmutigen Schöpfungen. Das Museum vermittelt einen unmittelbaren Eindruck hiervon und zeigt auch Modelle typischer Bootsformen der Bretagne.

FAR BRETON AUX PRUNEAUX DE PONT-L'ABBE
Bretonischer Backpflaumenkuchen von Pont-l'Abbé

An einem verregneten Donnerstag im August, als ich mich in das bunte Markttreiben von Pont-l'Abbé begab, kam ich an einem Backwarenstand vorbei, wo drei Verkäuferinnen gerade flink einen mit noch dampfendwarmen far breton *vollgestapelten Transporter entluden. Ich erstand eine Scheibe des Kuchens, begab mich schnurstracks ins nächste Café und genoß ein Frühstück, das zu den besten meiner ganzen Frankreich-Tour gehörte. Kaum wieder zu Hause, machte ich Versuch auf Versuch, bis ich endlich das Aroma dieses duftigen französischen Desserts so hinkriegte, wie ich es in Erinnerung hatte. Da das Rezept die Verwendung von Vanillezucker vorschreibt, muß man daran denken, diese Zutat mehrere Wochen, bevor man den ersten Kuchen backen will, zu bereiten, und zwar in großen Mengen, wobei man pro Tasse Zucker eine geleerte Schote rechnet. Ist man erst einmal so weit, dann läßt sich der beliebte* far breton *in wenigen Minuten zusammenzaubern.*

200 g entkernte Backpflaumen
1 El Rum
Das Mark einer Vanilleschote
70 g ungebleichtes Mehl
½ Tasse Vanillezucker (siehe Fußnote)
5 große Eier
500 ml warme Milch
1 El Butter für die Backform

1. Den Backofen auf 230° vorheizen.
2. Das Vanillemark den Backpflaumen zugeben, mit dem Rum übergießen und mindestens 15 Minuten einziehen lassen (wenn die Zeit es erlaubt, empfiehlt sich eine Verweilzeit von mehreren Stunden).
3. Mehl, Zucker und Eier in eine große Rührschüssel geben und mit dem Schneebesen schlagen, bis die Masse gut durchgemischt ist. Noch während des Schlagens langsam die warme Milch zugießen, dann die rumgetränkten Pflaumen einrühren.
4. Eine feuerfeste Keramikform mit gerader Wand (27 cm ⌀) buttern. Den Teig vorsichtig einlaufen lassen. 10 Minuten backen, die Hitze auf 180° reduzieren und weitere 25 Minuten weiterbacken lassen. Den Kuchen warm oder auf Zimmertemperatur abgekühlt direkt in der Backschüssel servieren.

Fußnote: Vanillezucker bereitet man, indem man in die Zuckerdose leere Vanilleschoten gibt (pro 200 g Zucker eine Schote). Vanillezucker hält sich unbegrenzt, wenn man immer mal wieder eine ›gebrauchte‹ Schote nachschiebt.

Quimper *(Finistère)*

Brest 72 km, Lorient 66 km, Paris 553 km, Rennes 204 km, Saint-Brieuc 130 km
Märkte: Mittwoch und Samstag 8.30–18 Uhr, Markthalle an der Place Laennec;
9–18 Uhr offener Markt am Quai Steir

KONDITOREI

ANDRÉ ROLLAND
13, Rue Kéréon,
29000 Quimper
✆ 98952140
Geöffnet: 8.15–19.15 Uhr;
geschlossen: Sonntag,
Montag und von der letzten
Juni-Woche bis Mitte Juli
Kreditkarte: V

Verlassen Sie Quimper nicht, ohne sich in diesem tadellos sauberen Konditorladen mit Teestube einen *kouign-amann* und dazu einen Kaffee gegönnt zu haben. Beachten Sie auch das alte hölzerne Ladenschild und die Bildhauerarbeiten über der Eingangstür.

HAUSHALTSWAREN

JACQUES BIOLAY
8, Rue Elie-Fréron,
29000 Quimper
✆ 98953384
Geöffnet: 9–12 und 14–19
Uhr; geschlossen: Sonntag
und Montag

Ein Haushaltswarengeschäft für regional typische Artikel. Hier kann man auch in örtlichen Mühlen gemahlenes Buchweizenmehl bekommen (nur im Juli und im August) sowie das entsprechende Gerät, um authentische *galettes* selbst zu machen.

Urlaubsbummel am Hafen entlang

45

Faïencerie Keraluc
14, Rue de Troménie,
29000 Quimper
✆ 98902529
Geöffnet: 9–12 und 14–18
Uhr; geschlossen: Samstag
und Sonntag
Kreditkarte: V
Auf Wunsch wird Ware auch
ins Ausland versandt
Pariser Firmenadresse:
Quimper Faïence
84 Rue Saint-Martin,
75004 Paris
✆ 42719303

Die keramischen Artikel von Quimper – seit 1690 wird hier getöpfert – haben wegen ihrer volkstümlichen, schmückenden Muster einen besonderen Ruf und können an beinahe jeder Straßenecke der Stadt erworben werden. Aber dieser ist der wohl bekannteste Laden, in dem man sich ruhig umschauen und mit etwas Mitnehmenswertem anfreunden kann.

MUSEEN

Faïenceries Quimper
Rue Haute, 29000 Quimper
✆ 98900936
Geöffnet: 9.30–11 und
13.30–16 Uhr, Besucherein-
laß bis 15 Uhr; geschlossen:
Samstag, Sonntag und vom
24. Dezember 11 Uhr bis zur
ersten Januarwoche
Eintritt: 12 Francs für
Erwachsene, Kinder die
Hälfte

Museum und Werkstatt stehen im Zeichen der populä-ren, farbenfrohen Töpferei der Region; Altes und Neues kann hier, Seite an Seite stehend, bewundert werden (das Museum liegt im Stadtviertel von Loc Maria, das man erreicht, wenn man das Zentrum in Richtung Bénodet ver-läßt).

Musée Breton
1, Rue Roi-Gradlon,
29000 Quimper
✆ 98952160
Geöffnet: 9–12 und 14–17
Uhr; geschlossen: Montag,
Dienstag und an Feiertagen
Eintritt: 10 Francs für
Erwachsene, 5 Francs für
Besucher über 60 und unter
18; Kinder unter 11 Jahren
frei

Dieses Museum besticht schon allein durch seine archi-tektonischen Reize. Das sehr schön renovierte Gebäude, früher Bischofspalast, präsentiert auf die gelung-ste Weise eine erstaunliche Kollektion von bretonischen Möbeln und Gebrauchsgegenständen, von Quimper-Töpfe-rei und einheimischen Trachten.

Riec-sur-Belon *(Finistère)*

Concarneau 19 km, Paris 523 km, Quimper 38 km, Quimperlé 13 km
Markt: Mittwoch 8.30–13 Uhr, Place du Docteur-Yves-Loudoux

RESTAURANTS

CHEZ JACKY
29124 Riec-sur-Belon
✆ 98069032
Bestellungen werden bis 15
bzw. 21.30 Uhr (22 Uhr im
Juli und im August) ent-
gegengenommen
Geschlossen: Montag und
von Oktober bis März
Keine Kreditkarten
Separater Speiseraum für
geschlossene Gesellschaften
bis 50 Personen
Man spricht Englisch
Ungefähr 175 Francs

Spezialitäten:
Plateau de fruits de mer
(Platte mit Meeresfrüchten,
roh und zubereitet)

Dies ist die Art von Lokal, wo man die Ärmel hochkrem-
pelt und sich ganz ungezwungen dem Essen hingibt.
Etwas Eigenartiges geht mit Leuten vor sich, die sich inmitten
eines solchen Speiseraumes befinden, wo alles glücklich und
hingebungsvoll – und hier natürlich mit den Händen – ißt: Sie
sind so auf ihre Beschäftigung konzentriert, daß fast kaum
einer redet. Leise rieselt im Hintergrund Jazzmusik aus den
Lautsprechern, während eine schweigende Gästeschar damit
befaßt ist, vielfarbigen Muscheln das köstliche Fleisch abzu-
ringen. Hin und wieder gleitet ein Sonnenstrahl über die
Szene, während vielleicht gerade ein leuchtend blaues oder
gelbes Boot in die Bucht hereinschaukelt, und Dutzende von
zufriedenen Gesichtern glühen für einen Moment auf.

Das Uferrestaurant CHEZ JACKY, als unverzichtbarer
›Markstein‹ in einer Bucht des Flusses Belon verankert, ist ein
beliebter, international bekannter Treffpunkt für Fischesser.
Belon-Austern werden Sie schwerlich irgendwo frischer als
hier bekommen: Nachdem die kostbaren, flachschaligen
Tiere für acht bis zehn Monate im Meer aufgewachsen sind,
kehren sie in die Belonmündung zurück, wo die seichten
Gewässer und das wärmere Gemisch von Süßwasser und See-
wasser dafür sorgen, daß sie ihren charakteristischen lieblich-
sahnigen Geschmack entwickeln. Bis zu drei Jahren können
die Austern in den dort beim Restaurant gelegenen Mastparks verbleiben und dabei größer und gehaltvoller werden.

Den *plateau de fruits de mer,* beladen mit Langustinen,
knackigen *crevettes,* mit vielerlei Muscheln – *palourdes,*
amandes, vernis, Miesmuscheln –, mit Seeschnecken, Belon-
Austern, krummschaligen *creuses* und *araignée de mer,* also
Seespinne, sollten Sie nicht verpassen (das Lokal liegt auf der
rechten Uferseite – *rive droite* – vom Hafen Belon).

CHEZ MÉLANIE
Place de l'Eglise,
29124 Riec-sur-Belon
✆ 98069105
Bestellungen werden bis
13.30 bzw. 21.30 Uhr ent-
gegengenommen
Geschlossen: Dienstag und
November und Dezember

Eines der beliebtesten Hummerlokale in der Bretagne ist
das direkt am Kirchplatz von Riec-sur-Belon gelegene,
geschichtsträchtige und daher ebenso malerische wie anhei-
melnde CHEZ MÉLANIE. Mélanie war es, die den berühmten
französischen Gastronomen Curnonsky in den vierziger Jahren auf einem guten Teil seines Lebensweges begleitete. Hier
in diesem Lokal nahm der Feinschmecker oft seine einzige
tägliche Mahlzeit ein, die zeitweise aus Belon-Austern und
gegrilltem Hummer bestanden haben muß. Sowohl das

Kreditkarten: AE, DC
Separater Speiseraum für
geschlossene Gesellschaften
ab 10 Personen
90-, 180- und 300-Francs-
Menüs, à la carte 275 Francs

Spezialitäten:
Huîtres de Belon (Belon-
Austern), *palourdes farcies*
(gefüllte Venusmuscheln),
homard flambé à l'Armagnac
(mit Armagnac flambierter
Hummer)

Dekor des Lokals wie auch der kulinarische Stil der Cuisine tragen noch die unverfälschten Züge der dreißiger Jahre, und, gleich LA MÈRE POULARD auf dem Mont-Saint-Michel und dem HÔTEL TATIN in Lamotte-Beuvron, gehört CHEZ MÉLANIE zu den markanten Punkten auf der gastronomischen Landkarte Frankreichs, ein Restaurant aus vergangenen Zeiten.

Heutzutage mögen manche Speisen die lebendige Frische und die Inspiration vermissen lassen, die anderen Restaurants in der Bretagne zu eigen sind, aber allein der Speiseraum – in dem einige außergewöhnliche Gemälde davon erzählen, wie mancher Künstler hier seine Zeche bezahlt hat – wirkt wie ein zum Leben erwecktes, der Eßkultur verflossener Jahrzehnte gewidmetes Museum.

Saillé *(Loire-Atlantique)*

La Baule 3 km, Guérande 4 km, Nantes 71,5 km, Rennes 134 km,
Saint-Nazaire 16 km

MUSEUM

MAISON DES PALUDIERS
Rue du Ber, Saillé,
44350 Guérande
✆ 40422228
Geöffnet: 10–12 und 14–19
Uhr (Juli und August); 14–18
Uhr (Mitte Mai bis Juni);
geschlossen: September bis
Mitte Mai
Eintritt: Rund 7 Francs für
Erwachsene, 3 Francs für
Kinder

Ein niedliches Museum mit Geräten und Werkzeugen, alten Stichen und typischen Kleidungsstücken, die einen Einblick in das Leben der *paludiers,* der hier in den Meersalzgewinnungsanlagen arbeitenden Männer, vermitteln. Bildprojektionen erläutern zeitgenössische Evaporations- und Veredelungsmethoden.

Robuste bretonische Bauten und geraniengeschmückte Blumenkästen

Sainte-Anne-la-Palud *(Finistère)*

Brest 66 km, Châteaulin 19 km, Douarnenez 16 km, Paris 570 km, Quimper 25 km

RESTAURANT

HÔTEL DE LA PLAGE
Sainte-Anne-la-Palud,
29127 Plonévez-Porzay
☎ 98925012
Bestellungen werden bis
13.30 bzw. 21 Uhr entgegengenommen
Geschlossen: Mitte Oktober
bis erste Aprilwoche
Kreditkarte: V
Speiseterrasse, separater
Speiseraum für geschlossene
Gesellschaften bis 40 Personen
Man spricht Englisch
160-Francs-Menü von Mon-
tag bis Samstag; 190- und
280-Francs-Menü an Sonn-
und Feiertagen; à la carte
ungefähr 275 Francs

Spezialitäten:
Alle Arten von Fisch, Hummer und Languste

Der enge Strand von Sainte-Anne-la-Palud gehört zu den beängstigend einsamen und doch zugleich zutiefst romantischen Orten, an denen Stimmen zu verkünden scheinen: Jetzt bist du am Ende der Welt angelangt, horch auf! Wir saßen an einem Abend im Speisesaal des in den Sandstrand hineinragenden HÔTEL DE LA PLAGE und tranken Champagner, während eine Sonne von überwältigender Schönheit ihre letzten blutorangefarbenen Strahlen übers Meer schickte. Es bedürfte weiß Gott keiner Gewalt, um mich noch einmal dahinzubringen! An jenem Abend kosteten wir wunderbar festfleischige süße Krabben, Berge von Langustinen (beide waren Teil des *plateau de fruits de mer)* und herrlich gegrillte *langoustes,* was uns erlaubte, das zarte Langustinenfleisch mit dem festeren, kernigeren Fleisch der Languste zu vergleichen.

Wenn in Frankreich jemand launenhaft oder wankelmütig ist, so sagt man, er habe *un coeur d'artichaut,* ein Artischockenherz, und vielleicht ist die Artischocke selbst launenhaft, denn dem Volksmund nach war sie einmal ein hübsches Mädchen, das ein eifersüchtiger Gott in das Gemüse verwandelte.
    Artischocken, und zwar besonders ihre Herzen, sind in Frankreich sehr beliebt. Meist blanchiert oder gedünstet, dienen sie als kleiner, wunderbar nußartig schmeckender Kelch, der Salate oder sämige Saucen aufnehmen kann. Die französischen Bauern im Westzipfel der Bretagne steuern ungefähr acht Prozent zu dem bei, was das Land jährlich an Artischocken verbraucht: 750000 Tonnen; was fehlt, wird aus Italien und Griechenland importiert.

Normandie

Die Normandie, Heimat des Calvados, des Camembert und des Cidre, ist eine Postkartenlandschaft. Sanfte Hügel, so grün, daß es den Augen wehtut. Die sprichwörtlich träge Kuh – schwarz-weiß, braun-weiß, mitunter auch ganz braun – bewegungslos unter einem Apfelbaum, dessen Blüten gerade aufspringen wollen. Die klassischen Milchkannen aus Metall, dicht an dicht, in Wartestellung an der Wegeinfahrt.

Der Landbriefträger, auf einem schütteren Fahrrad durch die Gegend pedalend, gute Nachrichten, schlechte Nachrichten, Rechnungen und Amtliches in schmucke

Frischer Camembert aus Camembert

Fachwerkhäuser überbringend, schnäpselt den angebotenen Calvados und läßt sich zu einem Schwätzchen über den Milchpreis, die Frostschäden oder die Apfelernte herbei.

Als Augen-Weide wird die Normandie Sie nicht enttäuschen. Nehmen Sie getrost Ihre romantischen Vorstellungen mit auf die Reise, und wenn Sie dann auf den zweispurigen Landstraßen dahinfahren (suchen Sie diejenigen heraus, vor deren Kennzahl ein ›D‹ steht, und wählen Sie dann die grün markierten, also landschaftlich besonders schönen Routen), werden Sie alles wie erwartet vor sich ausgebreitet finden. Nichts davon ist Attrappe. Es ist echt, es ist ländlich, es ist erdhaft – und dabei nur 90 Minuten bequemer Fahrt von Paris entfernt.

So hübsch arrangiert sieht das alles aus, daß es einen vergessen lassen kann, wieviel von dem heute produzierten Calvados kaum mehr als fade schmeckendes Feuerwasser ist. Der Camembert, mit Penicillin als ›Reifebeschleuniger‹ besprüht, kommt in einem so jungen und weißen Zustand auf den Markt, daß man den typischen Charakter dieses Käses oft vermißt. Wer denkt auch gerne daran, daß all diese fette, goldene Milch in eine ultrahocherhitzte ausgelaugte Flüssigkeit verwandelt wird? Und was die Küche der Normandie anbelangt, so hat diese nie einen besonderen Ruf gehabt.

Gastronomisch gesprochen, werden Sie ein bißchen schlucken müssen, um die Tatsachen zu verdauen; aber haben Sie Geduld, denken Sie ein wenig um, dann kommt alles wieder ins rechte Lot. Zu den Tatsachen gehört, daß sich hier in den letzten hundert Jahren viel geändert hat. Es gibt kaum noch einen Bäcker, der das typische *pain brié* herstellt, ein kompaktes Weißbrot mit dichter Krume, bis zum Ersten Weltkrieg beinahe das einzige Brot dieser Region. Allenfalls zwei oder drei Bauern lassen sich finden, die noch hausgemachten Camembert nach alter Art erzeugen. Die örtlichen Landwirte finden es zu schwierig, ein Produkt von stets gleichbleibender Güte herzustellen, einen Camembert, der es, was die Zuverlässigkeit seiner Konsistenz anbelangt, mit den standardisierten Rundlingen aus den großen Genossenschaftsbetrieben aufnehmen könnte. Im Pays d'Auge im Hinterland von Deauville erzählt man sich von dem einen Bauern, der nach wie vor seinen würzigen, geschmeidigen *Livarot* zu Hause macht, aber niemand will den Namen dieses Mannes oder seinen Verbleib kennen. Bis vor fünfzig Jahren kam aller *Pont-l'Evêque* direkt vom Bauern; heute gibt es nur noch wenige Landwirte, die aus wirklich ganz frischer Kuhmilch die elastischen, orangefarbenen, duftenden Quadratblöcke entstehen lassen.

Wenn man das alles weiß, überrascht die Feststellung nicht, daß die normannische Küche gegenwärtig auf eine harte Probe gestellt wird. Wer an die traditionelle Kost der Normandie denkt, nennt automatisch Butter, Sahne, Enten und Innereien, wie Kutteln, sowie die aus ihnen gemachte Hartwurst, die *andouillette*. Das ist allerdings nicht gerade die Art von Ernährung, die man sich heute wünscht.

Und doch ist das Gegenwartsbild dieser Region bei weitem nicht so düster wie es scheint. Besucher, die mit der bodenständigen, offenherzigen normannischen Landbevölkerung in Kontakt kommen möchten, haben jede Art von Gelegenheit hierzu. Insgesamt mag die Menge der angebotenen Ware geringer geworden sein, aber immer noch kann man in kleinen Bauernhäusern, die ihren selbstgemachten Cidre und den temperamentvollen Calvados verkaufen, Qualität antreffen; das gilt auch für die Käse- und Brotläden von Städtchen wie Honfleur und Deauville oder abseits der kleinen engen Straßen, wo sich Landwirte in umfunktionierten Scheunen zusammenfinden, um dort ihre Butter und ihre Sahne, Apfelweinessig, Honig, Käse, Hähnchen und *confiture* zu vermarkten. Hier und da werden Sie unterwegs einer kleinen Ziegenherde begegnen, Fremdlinge eigentlich in einer Region, in der die Kuh lange Zeit buchstäblich das Feld beherrschte. Jedenfalls wissen Sie dann, daß zarter frischer Ziegenkäse nicht weit davon entfernt sein kann.

Erfreulicherweise trifft man viel von der echten traditionellen Kost – den kühlen spritzigen, aus Birnen oder Äpfeln gemachten Cidre, den feurigen Apfelschnaps, die blumige Butter von Isigny, die weißgoldene *crème-fraîche*, die Buchweizen- oder *sarrasin-galettes*, die warmen Apfeltorten – in den örtlichen Cafés und Restaurants an. Machen Sie Rast in irgendeiner der zwischen Cherbourg und Honfleur gelegenen Hafenstädte, und laben Sie sich an *fruits de mer* – eine gewaltige Platte voller frischer, nach Meersalz schmeckender Austern, die von Saint-Vaast kommen, kleiner Garnelen, die aus Deauville oder Trouville stammen, oder zinnoberrote Muscheln, die in Villerville aufgewachsen sein mögen. Wo immer Sie auch speisen, lassen Sie noch etwas Platz für den Käse-Gang (oder machen Sie aus Käse, Cidre und Roggenbrotscheiben gleich eine Mahlzeit für sich). Dabei sollten Sie den zarten, kremigen Pont-l'Evêque, die runden Laibe des scharfen Livarot und natürlich den weltberühmten Camembert zu Ihren Favoriten erklären.

In Dörfern wie Beuvron-en-Auge und Städten wie Rouen begegnet man heute jungen Gastronomen, die sich ganz bewußt der Zubereitung von frischer gesunder Kost widmen, nach der uns heute so sehr zumute ist, während gleichzeitig die offenen Märkte immer noch eine Fülle nicht verfremdeter regionaler Produkte bereithalten.

Meinen Lieblingsmarkt in der Normandie habe ich im reizenden Flecken Trouville-sur-Mer entdeckt. Der mittwochs und sonntags stattfindende Straßenverkauf ist von einer wunderbaren Lebendigkeit. Direkt unterhalb der am Ufer des Flüßchens Touques entlang aufgeschlagenen Marktstände laden die Fischer ihren Fang auf die Kais ab. Ganz frische Seezunge, Zwergzunge, Scholle, lebende Muscheln, Austern, Krabben und fingernagelgroße, sich in den Kübeln noch windende Garnelen werden Sie hier finden. Und irgendwo in der langen schmalen Standreihe erspähen Sie vielleicht auch die seltenen weißen Erdbeeren, die es in dieser Region gibt, und dann sowieso Körbe voller Pflückobst (an einem Julitag etwa registrierten wir rote und schwarze Johannisbeeren, Kirschen, Himbeeren, Erdbeeren und Stachelbeeren), ganz zu schweigen von

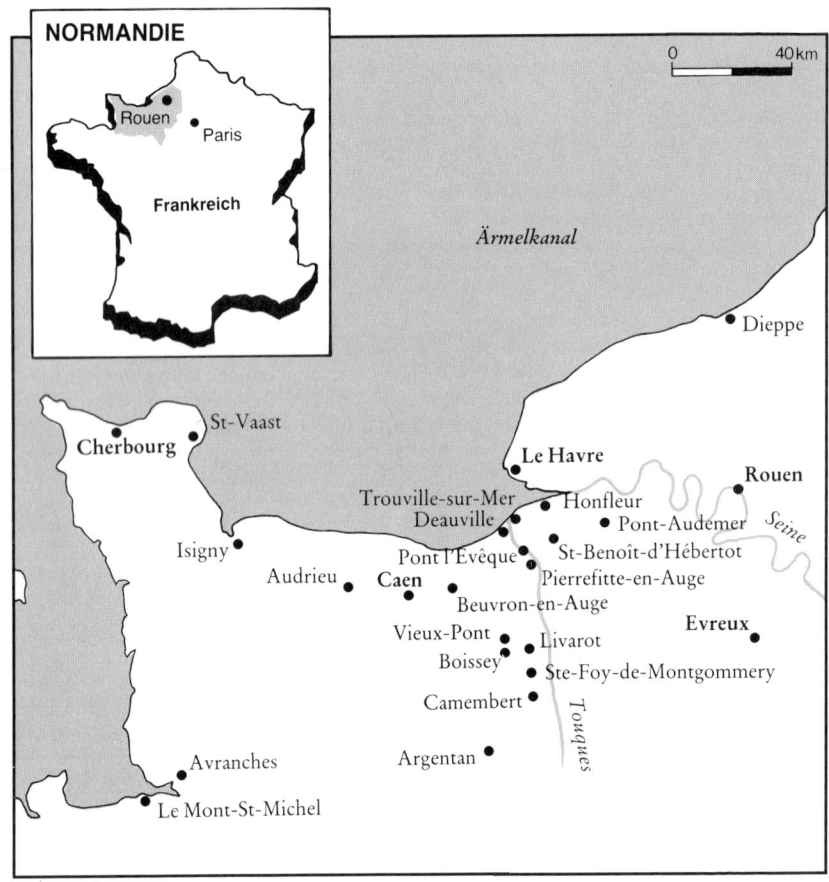

dem *boudin*, der Hausmacherblutwurst, und den frischen Freilandeiern, dem normannischen Bauernkäse, welcher hier in solch überzeugenden Varietäten angeboten wird, daß man hoffen darf, die gastronomische Tradition sei noch nicht ganz in der Massenfertigung aufgegangen.

Noch ein Wort zur Reisezeit: man hat die Normandie »das 21. Arrondissement von Paris« getauft. Vom Frühlingsanfang bis zum Spätherbst verlassen an jedem Wochenende (und das beginnt schon freitagsabends) Tausende und Abertausende von Parisern die Stadt, um über diese Region auszuschwärmen; im Nu füllen sich Hotels und Restaurants. Mitten in der Woche hingegen haben Sie oft alles für sich allein.

Die Auberge les Deux Tonneaux, Pierrefitte-en-Auge ▷

Beste Reisezeit

Wegen seiner Nähe zu Paris ist die Normandie ein das ganze Jahr über touristisch aktives Gebiet. Darüber hinaus gibt es Besucherspitzen: zur Zeit der spektakulären Apfelbaumblüte im Mai und während der Sommermonate, wenn die Strände von Deauville ebenso anziehend wie belebt sind.

Märkte
(die attraktivsten sind mit einem Sternchen markiert)

Montag: Deauville (Juli bis Mitte September), Gisors, Pont-Audemer, Pont-l'Evêque, Saint-Pierre-sur-Dives, *Vimoutiers.
Dienstag: L'Aigle, Bagnoles-de-l'Orne, Balleroy, Beuzeville, Caen, Deauville, Dieppe, Lessay, Rouen, Le Tréport, Villedieu-les-Poêles.
Mittwoch: Cabourg, Caen, Deauville (Juli bis Mitte September), Dieppe, Eu, Granville, Orbec, Rouen, Saint-Hilaire-du-Harcouët, *Trouville-sur-Mer, Vernon, *Yvetot.
Donnerstag: Alençon, Bellême, Caen, Conches-en-Ouche, Coutances, Deauville (Juli bis Mitte September), Dieppe, Etretat, La Ferté-Macé, Forges-les-Eaux, Houlgate, Livarot, Lyons-la-Forêt, Rouen.
Freitag: *Caen, Deauville, *Eu, Gisors, Pont-Audemer, *Rouen, Valognes, Vimoutiers.
Samstag: *Alençon, Les Andelys, Avranches, *Bagnoles-de-l'Orne, Bayeux, Caen, Caudebec-en-Caux, Deauville (Juli bis Mitte September), *Dieppe, *Dives-sur-Mer, Domfront, Falaise, Fécamp, *Granville, Honfleur, Louviers, Mortagne-au-Perche, Mortain, Neufchâtel-en-Bray, *Orbec, *Rouen, Saint-Lôᐸ, Saint-Sever, *Le Tréport, Yvetot.
Sonntag: *Caen, Deauville (Juli bis Mitte September), Pont-d'Ouilly, *Rouen, *Trouville-sur-Mer.
Von Oktober (oder November) **bis April** jeweils am ersten Sonntag des Monats: *Marché aux Pommes* (Äpfelmarkt), Sainte-Opportune-la-Mare.

Messen und Volksfeste

Letztes Wochenende im März: *Foire au Boudin* (Blutwurstmarkt), Mortagne-au-Perche.

1. Mai: *Concours National des Meilleures Tripes* (Nationaler Kaldaunen-Wettbewerb), Longny-au-Perche.

Im Mai: *Foire aux Moules* (Muschelmesse), Le Tréport.

Christi-Himmelfahrt-Wochenende: *Grande Fête Normande* (Festival der Normandie), Etretat.

Sonntag unmittelbar vor und nach dem 30. Mai: *Fête de Jeanne d'Arc* (Fest der Jungfrau von Orleans), Rouen.

Letztes Wochenende im Mai: *Foire aux Cerises* (Kirschenfest), Vernon.

Im Juni: *Fête du Cidre* (Cidre-Fest), Auffay.

Zweites Wochenende im Juli: *Fête du Poiré* (Birnenmostfest), Mantilly.

Letzter Sonntag im Juli: *Fête du Camembert* (Camembert-Fest), Camembert.

Letzter Sonntag im August: *Fête de la Moisson* (Erntefest), Illeville-sur-Monfort.

Zweites Wochenende im September: *Foire Saint-Croix* (traditionelle örtliche Messe), Lessay.

Mitte September: *Foire de l'Agriculture Normandie-Maine* (Landwirtschaftsmesse von Normandie-Maine), Alençon.

Letztes Wochenende im September (in geraden Jahren): *Fête du Cidre* (Cidre-Fest), Caudebec-en-Caux.

Mitte Oktober: *Journées Mycologiques* (Pilzsuchtage), La Ferté-Macé; *Exposition Mycologique* (Pilzschau), Brionne.

Erstes Wochenende im November: *Foire aux Harengs* (Heringsfest), Dieppe.

6. Dezember: *Foire Saint-Nicholas* (Nikolausmesse), Evreux.

Audrieu *(Calvados)*

Caen 15 km, Paris 240 km

RESTAURANT

CHÂTEAU D'AUDRIEU
Audrieu, 14250 Tilly-sur-Seulles
∅ 31802152
Bestellungen werden bis 13.30 bzw. 21.30 Uhr entgegengenommen
Geschlossen: Mittwoch, Donnerstagmittag und von Anfang Januar bis Mitte März

Im stillen, heiteren Landstrich von Audrieu, auf halbem Wege zwischen Caen und Bayeux, trifft man eine ausgezeichnete Wahl, wenn man das CHÂTEAU D'AUDRIEU zum Speisen aussieht. Das in Familienbesitz befindliche, im 18. Jahrhundert entstandene Château wurde im Jahre 1976 zu einem luxuriösen, aber unaufdringlichen Hotel mit Restaurant umgestaltet und gehörte schon bald zur *Relais et Châteaux*-Hotelkette. Der gepflegte eigene Garten liefert die Artischocken und den Schnittlauch mit den purpurnen Spitzen, Erdbeeren und Himbeeren, prächtige Calla und feuerrote Mohnblumen, die alle ihren Weg in Küche oder Speisesaal

Kreditkarte: V
Separater Speiseraum für
geschlossene Gesellschaften
bis zu 50 Personen
Man spricht Englisch
130- (nur mittags an
Wochenenden), 250- und
315-Francs-Menüs, à la carte
350 Francs

finden. Zu seinen Spezialitäten zählt das Haus den *boudin blanc de pied de veau* (Kalbsfuß-Wurst), *chaud-froid d'huitres à la julienne de betteraves* (gegarte, kalt mit Rüben-Julienne servierte Austern) und *salmis de pigeonneau au jus de mûre* (Tauben-Ragout mit Brombeersauce).

Beuvron-en-Auge *(Calvados)*

Caen 31 km, Paris 224 km, Pont-l'Evêque 32 km

RESTAURANT

LE PAVÉ D'AUGE
Beuvron-en-Auge,
14430 Dozulé
☎31792671
Bestellungen werden bis
13.45 bzw. 21 Uhr entgegengenommen
Geschlossen: Montag- und
Dienstagabend sowie von
Mitte Januar bis Februar
Kreditkarten: AE, V
Man spricht etwas Englisch
125- und 220-Francs-Menüs,
à la carte ungefähr 250 Francs

Spezialitäten:
Mehrere Arten von Fisch,
poulet Vallée d'Auge (Hähnchen mit Cidre und Sahne)

Die Chefin gießt die Blumen: Odile Engel vom PAVÉ D'AUGE

Odile Engel, die Chefin des Restaurants LE PAVÉ D'AUGE, gehört zu der kleinen Schar engagierter, ambitiöser Gastronomen, die heute in der Normandie tätig sind. Hier in diesem bezaubernd restaurierten 276-Seelen-Dorf wartet sie in ihrem unter dem Dach einer wiederaufgebauten alten Markthalle beheimateten hübschen Lokal mit einem kulinarischen Konzept auf, das ebenso persönlich wie regionaltypisch, kreativ und dadurch verlockend ist.

Noch in der Dämmerung ist sie morgens auf den Beinen, um im nahen Caen der *criée,* der Frischfischauktion, beizuwohnen. Müssen die Fischer wegen schlechten Wetters, und das kommt nicht selten vor, an Land bleiben, dann ist Madame Engel aus dem Häuschen. »Mir fiel im Moment«, sagt sie, »der Name des Küchenchefs nicht ein, der Selbstmord beging, weil der Fisch nicht rechtzeitig eintraf, aber ich rief einen meiner Lieferanten an und warnte ihn, daß er, wenn er mir nicht ganz schnell etwas Fisch besorgen würde, einen Kunden auf dem Gewissen hätte.«

Das ihre Drohung inspirierende Vorbild war der legendäre Vatel, Maître d'Hôtel du Grand Condé, der im 17. Jahrhundert anläßlich eines Besuches Ludwigs XIV. seinem Leben ein Ende machte, weil der für das Bankett vorgesehene Fisch ausblieb. Glücklicherweise wußte Madame Engels Großhändler ein ähnliches Unglück abzuwenden. Er eilte in die Bretagne, wo es Fisch in Hülle und Fülle gab, so daß die Gäste, dank des Alarms der Hausherrin, in die Lage versetzt wurden, sich an Steinbutt in einer perfekt ausgewogenen Apfelweinessigsauce, an fülligen Miesmuscheln in köstlicher Cidre-Sahne-Sauce, dicken, in einer leichten Tunke aus Butter und Tomatenpüree schwimmenden Saint-Pierre-Filets gütlich zu tun.

Kommen Sie aber nicht mit der Erwartung hierher, klassische, kompliziert aufgebaute Saucen, fotogene Süßspeisen oder handdekoriertes Feingemüse auf dem Teller zu finden. Wie die Chefin erklärt, faßt sie ihre Kost als Hausmacherküche auf, und obwohl das natürlich nichts mit alltäglicher Kocherei zu tun hat, sind ihre Speisen unausgeklügelt und von schlicht-häuslicher Art. Die Stärke des Speiseplans ist Fisch, aber auch das angebotene Fleisch- und Geflügelsortiment, die ein oder zwei Süßspeisen, die es jeden Tag gibt (die ofenfrische Zitronentorte war exquisit), sowie eine gute regionale Käseplatte (den reifen *Pavé d'Auge* sollte man da versuchen) können sich sehen lassen. Daneben gibt es eine ansehnliche Auswahl von echtem Bauern-Calvados. Verkosten Sie den feinaromatischen *David* oder schmecken Sie sich auf einen *Dupont* ein. Wenn Sie Calvados-Destillen in der Region besuchen wollen, erbitten Sie am besten von Monsieur Engel eine *Route de Cidre*-Karte; auf ihr sind die besten Adressen für lokal hergestellten Bauern-Cidre und -Calvados verzeichnet.

Fischkutter erwarten die Flut um auszulaufen

Frische Fische gefällig?

SPIRITUOSEN

MARCEL-JEAN DAVID
Beuvron-en-Auge,
14430 Dozulé
☎ 31792305
Geöffnet: Von Ostern bis
September täglich von
9–19 Uhr
Außerhalb der Saison sollte
man sich durch einen vor-
herigen Telefonanruf der
Möglichkeit eines Besuches
versichern; auf Wunsch auch
Versand ins Ausland

Eine der besten mir bekannten Adressen für den kräftigen, herben Apfelschnaps dieser Gegend, den Calvados, der hier noch auf alte Art, und das heißt über einem langsam brennenden Holzfeuer, destilliert wird (die Brennerei liegt gleich hinter Beuvron-en-Auge in Richtung Nordosten an der D146).

Boissey *(Calvados)*

Caen 40 km, Paris 200 km, Rouen 150 km

KÄSEHERSTELLER

DENIS THÉBAULT
Boissey, 14170 Saint-Pierre-
sur-Dives
☎ 31206400
Geöffnet: 8.30–16.30 Uhr;
geschlossen: Samstag und
Sonntag
Auf Wunsch Versand inner-
halb Frankreichs

Im Jahre 1982 machte sich der junge Denis Thébault daran, eine Käserei wieder instandzusetzen, die mehr als 25 Jahre lang geschlossen gewesen war. Dann begann er, die Kuh-milch von etwa einem Dutzend Bauern aus der Umgebung aufzunehmen und *Livarot* und *Pont-l'Evêque* herzustellen. Den flachen, runden Livarot läßt man auf feuchten, salzwas-sergetränkten Tannenholzbrettern etwa zwei Monate lang in naßkalten Gewölben reifen. Der quadratische Pont-l'Evêque wird in einem Monat zur Reife gebracht (die Käserei befindet sich gleich südlich von Boissey an der D154).

Camembert *(Calvados)*

Argentan 20 km, Livarot 14 km

Fête du Camembert (Camembert-Fest): letzter Sonntag im Juli

KÄSEHERSTELLER

DURAND-LA-HERONNIÈRE
Camembert,
61120 Vimoutiers
✆ 33390808
Geöffnet: täglich 10–12 und
14–18 Uhr

MICHEL DELORME
Camembert,
61120 Vimoutiers
✆ 33391256
Geöffnet: 14–18 Uhr;
geschlossen: Samstag und
Sonntag
Die in Betrieb befindliche
Käserei kann nach Verein-
barung besichtigt werden

Zu den letzten Familien, die noch Bauern-Camembert herstellen, gehört die von Robert Durand, und auch wenn ihre Käse-Variante geschmacklich von anderen Camemberts abweicht (die von mir gekostete Probe war sehr frisch, leicht salzig, mild-aromatisch), ist dieser Bauernhof einen Besuch wert.

Bis 1981 verkauften Andrée und Michel Delorme ihre gesamte Milch an die örtliche Genossenschaft, doch dann schien ihnen die Eigenherstellung von Bauern-Camembert bessere Gewinnmöglichkeiten zu versprechen. Inzwischen transformieren sie ihren täglichen Milchertrag in 120 bis 150 kleine Rundlinge, die in einem nicht sehr großen, nur aus zwei Räumen bestehenden Gebäude hinter dem Haus kulti-viert werden. Ich mochte ihren Camembert – es ist ein ›fetter‹ Käse, und schon so wie er aus der Holzschachtel quillt, wirkt er einfach urig und hausgemacht. Die Delorme-Variante ent-spricht nicht dem klassischen Camembert – ihr fehlt die sanfte Eleganz der heute bekannten Version –, aber sie hat ein durchgehend reines Milcharoma und einen herzhaften Geschmack.

Ein Bauernhaus im Land des
Camembert

Deauville *(Calvados)*

Caen 47 km, Le Havre 75 km, Paris 207 km, Rouen 91 km

Markt: Von Juli bis Mitte September täglich 8–13 Uhr, Place Morny; von Mitte September bis Juni Dienstag und Freitag 8–13 Uhr, Place Morny

SPEZIALITÄTEN DER REGION

La Ferme Normande
Place du Marché,
14800 Deauville
☎ 31881786
Geöffnet: Von Mitte Juni bis Mitte September täglich 9–13 und 15–20 Uhr; außerhalb der Saison täglich 10–14 und von 17–20 Uhr; geschlossen: Sonntagnachmittag und Montag außerhalb der Saison sowie Anfang Januar bis Mitte Februar
Auf Wunsch Versand innerhalb von Frankreich

Suchen Sie diesen mit erlesenen Käsen der Normandie, mit gutem Apfelweinessig und einer ganzen Reihe von Calvados-Marken bestückten Laden auf; er liegt, vom immer wieder sympathischen Deauville-Markt aus, gleich auf der anderen Straßenseite.

Auf dem Markt in Deauville

Honfleur *(Calvados)*

Caen 63 km, Le Havre 57 km, Paris 192 km, Rouen 76 km
Markt: Samstag 8–12 Uhr, Place Sainte-Catherine

RESTAURANT

LA FERME SAINT-SIMEON
14600 Honfleur
✆ 31892361
Bestellungen werden bis 14
bzw. 21.30 Uhr entgegengenommen
Geschlossen: Mitte Novem-
ber bis Mitte März Mitt-
wochmittag (Feiertage ausgenommen)
Kreditkarte: V
Speiseterrasse;
separater Speiseraum für
geschlossene Gesellschaften
bis 60 Personen
Man spricht Englisch
200-Francs-Menü (nur mit-
tags, Sonn- und Feiertage
ausgenommen), à la carte 400
Francs

Spezialitäten:
Fischgerichte; *chausson de
homard Prieur* (Hummer in
der Teigtasche), *sole normande* (Seezunge mit
Muscheln, Garnelen und
Pilzen)

Dieses gediegene, behäbige Hotel-Restaurant hat seine guten und schlechten Zeiten erlebt, doch nichts liebe ich mehr, als an einem warmen Nachmittag im Frühling oder im beginnenden Sommer hier auf der Terrasse zu Mittag zu speisen und dabei das leichte, einfach zubereitete Essen zu genießen, das den Reichtum der ganzen Gegend an Fisch, Muscheln, Geflügel, Obst und Käse in seiner besten Form zur Geltung bringt. Als Vorspeise empfohlen seien marinierte Seeforellen und *bar* (Wolfsbarsch), als Hauptgericht der gegrillte Steinbutt und ein sehr saftiger und delikater Hasenrücken mit eingelegten Schalotten. Etwas Platz sollten Sie noch für den Käse-Gang lassen – hier auf die feinsten Vertreter lokaler Provenienz beschränkt – und dann die warme flockige Apfeltorte, die von einer Portion dicker goldner *crème fraîche* begleitet ist (das Lokal liegt an der D 513 gleich hinter der Ausfahrt von Honfleur).

BÄCKEREI

LA PANETERIE
22, Rue de la République,
14600 Honfleur
✆ 31891870
Geöffnet: 6.30–13 und 14–20
Uhr; geschlossen: Montag

Der Bäcker Louis David ist der meistbekannte *boulanger* weit und breit, nicht nur in Honfleur, sondern wahrscheinlich in der ganzen Normandie. (In einer örtlichen Gaststätte erkundigte ich mich einmal bei dem Kellner, ob das servierte Brot von Monsieur David käme, und er sagte nur lachend: »Das ist so ungefähr das einzige Brot, das Sie in Honfleur finden werden.«) LA PANETERIE, an der Hauptstraße des Dorfes gelegen, ist ein echter Blickfang. Der Meister bietet 18 Arten von Brot, darunter einen aus sieben Getreidesorten hergestellten rustikalen Schrotlaib, zu dem sich sehr gut Käse und Aufschnitt essen lassen, sowie ein leicht malziges dunkles Roggenbrot, das sich mit Gewinn einigen Austern aus den lokalen Gewässern zugesellt. Auch das regionaltypische *pain brié* darf hier natürlich nicht fehlen. Dieses feste hellweiße Brot, mit einer ordentlichen Gabe gesalzener Butter, eignet sich vor allem als Begleitung zu den kleinen Garnelen.

Livarot *(Calvados)*

Caen 47 km, Paris 192 km
Markt: Donnerstag 9–12 Uhr, Place Xavier de Maistre

KÄSEHERSTELLER

Bernard Graindorge
42, Rue du Général-Leclerc,
14140 Livarot
✆ 31635002
Geöffnet: 8.30–12 und
13.30–17.30 Uhr; geschlossen: Samstag und Sonntag

Graindorge, einer der bedeutendsten Käseproduzenten in der Region, gilt in Livarot und in Pont-l'Evêque als *der* Name überhaupt. Wer an einer Besichtigung der Reifekeller interessiert ist, kann das nach entsprechender Voranmeldung tun.

SPEZIALITÄTEN DER REGION

Ferme du Hericourt
3, Rue Marcel-Gambier,
14140 Livarot
✆ 31320040
Geöffnet: 8–19 Uhr;
geschlossen: Sonntagnachmittag und Montag

Dies ist eine der besten Adressen in der Region, um sich mit ausgewählten Molkereiprodukten einzudecken: *Pont-l'Evêque* und Michel Touzés *Pavé d'Auge*, Graindorges *Livarot* und *Camembert* von der Genossenschaft in Isigny sowie andere feine Käse; auch Cidre und lokale Honigsorten kann man hier finden.

Mont-Saint-Michel *(Manche)*

Avranches 22 km, Dinan 54 km, Paris 326 km

RESTAURANT

LA MÈRE POULARD
50116 Le Mont-Saint-Michel
✆ 33601401
Bestellungen werden bis 15
bzw. 21.30 Uhr entgegen-
genommen
Geöffnet: täglich
Kreditkarten: AE, DC, V
Man spricht Englisch
130- und 260-Francs-Menüs,
à la carte 300 Francs

Spezialitäten:
Langouste rose grillée
(gegrillte Languste), *carré
d'agneau* (Lammkarree),
omelette »mère poulard« (in
langstieliger Pfanne über dem
Holzfeuer bereitetes, fülliges
Omelett)

Der Mont-Saint-Michel

Jahrelang glaubte ich, mit gutem Grund den Besuch dieser berühmten wie betriebsamen Hochburg französischer Küchentradition immer wieder hinausgeschoben zu haben, natürlich in der Annahme, es handle sich um eine jener Touristenfallen, in denen Busladungen von Besuchern abgefüttert werden. Wie ich mich doch täuschte! Ich gebe zu, eine Schwäche für alles zu haben, was über offenem Feuer zubereitet wird, und deshalb war dieses schöne Bild, das die jungen, adrett gekleideten Frauen abgeben, wenn sie in langstieligen Pfannen Omeletts überm Holzfeuer backen, auch nicht ganz einfach wegzuwischen. Jedenfalls verliebte ich mich regelrecht in diese direkt am Fuße des Mont-Saint-Michel gelegene geräumige, saubere Landgaststätte. Ich besuchte sie an einem Abend im späten August, und da war der Speisesaal gefüllt mit lauter gutgekleideten Paaren, die alle aus dem gleichen Grund hierhergekommen waren wie ich: um sich ein bißchen in die Vergangenheit zurückzuträumen und teilzunaben an MÈRE POULARDS kulinarisch reicher Geschichte. Der gastronomische Ruf der Hausmutter – die 1931 im Alter von 80 Jahren starb – gründete sich auf ein einziges Menü, das stets Omelett, Schinken, gebratene Seezunge, Lamm mit Kartoffeln, Brathähnchen mit Salat sowie das Dessert umfaßte. Aber das Omelett ist es – dieser sahnige, fast wie ein Soufflé aufgehende Pfannkuchen mit der goldenen Haut –, das uns immer wiederkommen läßt. Zur Essenszeit kann man den Omelettbäckerinnen sogar von der Straße aus bei der Arbeit zuschauen, das rhythmische Aufschlagen der Eier vernehmen, deren Inhalt in blanke Kupferschüsseln gleitet, und dabei feststellen, daß keinerlei Geheimnis dieses köstliche Gericht umweht. Aber auch das zarte, von nahen Weiden stammende Lamm, das mit kleinen weißen Bohnen serviert wird, genossen wir hier sehr (siehe Rezept Seite 64).

Pierrefitte-en-Auge *(Calvados)*

Caen 45 km, Deauville 14 km, Paris 175 km, Pont-l'Evêque 5 km

CAFÉ

AUBERGE LES DEUX TONNEAUX
Pierrefitte-en-Auge,
14130 Pont-l'Evêque
✆ 31640931
Mahlzeiten und Imbisse werden serviert 12.30–19.30 Uhr (bis 20 Uhr von Mai bis August)
Geschlossen: Montag und im September
Kreditkarte: V
Garten zum Speisen, separater Speiseraum für geschlossene Gesellschaften bis 45 Personen
35 Francs pro Imbiß, 100 Francs pro Mahlzeit

Spezialitäten:
Schinken, *rillettes*, Omeletts, Käse, Cidre, *poulet de ferme rôti*, (Brathähnchen vom Bauernhof für drei Personen, muß einen Tag im voraus bestellt werden), *tripes à la mode de Caen* (Rinderkaldaunen, zusammen mit Karotten, Zwiebeln, Lauch und Gewürzen in Wasser, Cidre und Calvados gekocht)

Am liebsten besuche ich die Normandie im späten Frühjahr, wenn Birnen- und Apfelbäume in voller Blüte stehen. Dann gondelt man in bukolischer Stimmung durch die Landschaft, und hier an diesem wirklich ganz ländlichen *café-tabac* mit dem vielversprechenden Namen LES DEUX TONNEAUX (Die zwei Fässer), einem abseits der Straße gelegenen, strohgedeckten Gasthaus, nimmt man sich immer gerne Zeit für eine Imbißpause.

Das dicht bei der Stadt mit dem Markennamen Pont-l'Evêque gelegene Dorf Pierrefitte-en-Auge besitzt alles, was sich der Besucher um diese Jahreszeit nur wünschen kann: einen überwältigenden Blick, Kühe, Obstbäume, Kirche und winzigen Friedhof und auch einen glücklichen Hahn, dem offenbar keine Stunde schlägt, denn er kräht Tag und Nacht.

In LES DEUX TONNEAUX sind Vorhänge und Wachstuchtischdecken in rot-weißem Karomuster gehalten, und der hausgemachte Cidre kommt direkt aus dem gewaltigen, in die Wand hinter der Bar eingelassenen Faß. Die papierdünn gebackenen Crêpes sind ordentlich, besonders wenn man sie bissenweise in den Calvados tunkt (man erreicht dieses Lokal von Pont-l'Evêque aus über die D48 in Richtung Lisieux; man fährt über den nach etwa 3 Kilometern kommenden kleinen See noch einen Kilometer hinaus und nimmt die rechts abgehende Straße nach LES DEUX TONNEAUX.)

GIGOT AUX CHEVRIERS ›LE MONT-SAINT-MICHEL‹
Lammkeule mit kleinen weißen Bohnen ›Le Mont-Saint-Michel‹

Gigot, *Lamm- oder Hammelkeule, gehört zweifellos zum besten Fleisch auf dem französischen Speisezettel. Ob dazu besser ein Kartoffelauflauf mit seiner feinen Kruste oder eine kräftige Portion herzhafter Bohnen paßt, ist reine Geschmacksache. Die nachstehend wiedergegebene Version, bald nach einem erinnerungswürdigen Besuch im berühmten* LA MÈRE POULARD *vom Mont-Saint-Michel ausprobiert, gehört zu meinen bevorzugten Wintergerichten. Die traditionelle Bohnenbeilage zu* gigot aux chevriers *besteht aus den kleinen getrockneten grünlichen* chevriers *oder* flageolets, *aber ersatzweise lassen sich auch andere weiße Bohnen verwenden.*

Bohnen:
500 g getrocknete *flageolets* oder andere weiße Bohnen
2 Lorbeerblätter
1 mittelgroße Zwiebel, geschält
1 Tl frische Thymianblätter
1 Tl Salz

Tomaten-Zwiebel-Sauce:
3 El (50 g) Butter
2 mittelgroße Zwiebeln (ca. 250 g), grob gehackt
8 Knoblauchzehen, quer in dünne Scheiben geschnitten
10 mittelgroße Tomaten (ca. 1 kg), gehäutet, entkernt und grob geschnitten
1 Tl frische Thymianblätter
Salz und frisch gemahlener schwarzer Pfeffer nach Geschmack

Lamm:
1 Lammkeule mit Schenkelknochen (3–3,5 kg)
Salz und frisch gemahlener Pfeffer nach Geschmack
6 Knoblauchzehen
Eine kleine Handvoll frische Thymianblätter

1. Zubereitung der Bohnen: sorgfältig waschen und eventuell noch anhaftende Sandkörner entfernen. Die Bohnen in einen schweren großen Kochtopf füllen, mit kochendem Wasser bedecken und 1 Stunde ruhen lassen. Das Wasser abgießen und die Bohnen mit frischem Wasser erneut bedecken. Bei mittlerer Hitze leise köcheln lassen und wiederholt abschäumen. Falls erforderlich, Wasser nachfüllen. Wenn die Oberfläche schaumfrei ist, Lorbeerblätter, Zwiebel und Thymian zugeben und etwa 30 Minuten kochen. Das Salz einrühren, und die Bohnen bei zugedecktem Topf weiterkochend garen. Die Garzeit hängt nicht zuletzt vom Frischegrad der Bohnen ab; frische Bohnen werden rascher gar als andere. Gewöhnlich beträgt die Kochzeit insgesamt etwa 1½ Stunden. Das Wasser abgießen, die Bohnen abtropfen lassen und zugedeckt zur Seite stellen.

2. In der Zwischenzeit die Tomaten-Zwiebel-Sauce zubereiten: Dazu 2 Eßlöffel der Butter in einer großen, tiefen Bratpfanne bei kleiner Hitze schmelzen lassen. Zwiebeln und Knoblauch zugeben und umrühren, bis die Zwiebelstückchen ganz von der Butterschmelze eingehüllt sind. Zugedeckt und unter häufigem Schwenken der Pfanne 30 Minuten leise schmoren lassen. Die Zwiebeln sollten am Ende zart und von blaßgoldener Farbe sein.

3. Die Tomaten und den Thymian einrühren. Die Hitze auf mittlere Stärke bringen und das Ganze etwa 10 Minuten ohne Deckel weiterschmoren lassen, bis die Zutaten gut miteinander vermischt und die Tomaten weich geworden sind, ohne verkocht zu sein. Abschmecken und zur Seite stellen.

4. Während Bohnen und Sauce gekocht werden, das Lamm zubereiten. (Die Bohnen können mehrere Stunden im voraus gekocht und zur Anrichtzeit wieder aufgewärmt werden.)

5. Den Backofen auf 200° vorheizen.

6. Die Lammkeule von überflüssigem Fett befreien, jedoch eine dünne Fettschicht drauflassen. Mit Pfeffer und Salz würzen und in eine große Bratform legen. Nicht zugedeckt 1 Stunde braten lassen oder bis das in die dickste Partie eingebrachte Fleischthermometer 45° anzeigt. (Wünscht man das

Lamm gut durchgegart, ist eine Bratzeit von weiteren 30 bis 40 Minuten erforderlich.) Unterdessen Knoblauch und Thymian kleinschneiden und miteinander vermischen. Gleichmäßig über den Braten streuen, 10 Minuten bevor dieser aus dem Ofen genommen wird. Die fertige heiße Keule 20 Minuten ruhen lassen, bevor man sie anschneidet. Vom Bratensaft das Fett abschöpfen.

7. Die Tomaten-Zwiebel-Sauce unter die Bohnen rühren. Abschmecken, gegebenenfalls nachwürzen und noch einmal 10 Minuten leise kochen lassen, damit die Aromastoffe gut durchziehen. Unmittelbar vor dem Auftragen den Bratensaft und den restlichen Eßlöffel Butter in die Bohnen einrühren. Die Keule aufschneiden und mit den Bohnen servieren. Für 8 bis 10 Personen.

Pont-Audemer *(Calvados)*

Caen 74 km, Le Havre 48 km, Paris 168 km, Rouen 52 km
Markt: Montag und Freitag 8.30–17 Uhr, Rue de la République

KÄSELADEN

JOLLIT
7, Rue Gambetta, 27500 Pont Audemer
✆ 32410498
Geöffnet: 8.45–12.30 und 14.15–19.30 Uhr; geschlossen: Sonntagnachmittag und Dienstag

Einer der am meisten geschätzten Käseladen in der Normandie. Er führt in der unmittelbaren Umgebung erzeugte Kuhmilch- und Ziegenkäse; *Pont-l'Evêque, Livarot, Camembert* und *Neufchâtel* gehören dazu.

Trouville-sur-Mer:
Brasserie LES VAPEURS

Camembert in Vollendung

Camembert, 24. April – Bis zu den 50er Jahren wurde so gut wie aller französischer Käse aus Rohmilch gewonnen. Heute stellt man rund 95 Prozent der über 200 Käsesorten des Landes aus haltbarerer, aber auch weniger wohlschmeckender pasteurisierter, also keimfrei gemachter Milch her.

Von den in Frankreich jährlich produzierten 160 000 Tonnen Camembert werden nunmehr weniger als 5 Prozent auf Basis frischgemolkener Milch erzeugt, und diese entstehen fast alle von Hand in kleinen *laiteries,* dörflichen Molkereien; nur eine ganz unbedeutende Menge stammt direkt von zwei oder drei Bauernhöfen in Camembert, dem Ort, nach dem Frankreichs bekanntester Käse benannt ist. Die anderen 95 Prozent, als deren Ausgangsprodukt pasteurisierte Milch dient, kommen buchstäblich aus der Maschine.

Aber hat die Art der verarbeiteten Milch wirklich etwas zu bedeuten? Zweifellos. Gastronomisch gesehen lassen sich aus roher Milch gemachter und aus pasteurisierter Milch erzeugter Käse überhaupt nicht miteinander vergleichen. Denn es sind die Bakterien in der Milch – die gleichen Bakterien, die während des Pasteurisierungsprozesses durch die Hitze zerstört werden –, welche dem Käse viel von seinem typischen Geschmack zu erlangen helfen und welche ihm erlauben, sich im Laufe der Zeit zu entwickeln, zu reifen, sein Aroma auszubauen. Jede Art von Käse, die auf pasteurisierte Milch zurückgeht, ist – und das gilt auch für den Camembert – von Anfang an dazu verurteilt, qualitativ auf der Strecke zu bleiben. Wie immer man ihn behandelt – pfleglich oder achtlos –, das Endprodukt wird ein nichtssagender Käse sein, der absolut langweilig, von ermüdender Gleichmäßigkeit und von einer Textur ist, die sich mit halbtrockenem Mörtel vergleichen läßt. Französische Ernährungskritiker sprechen sogar schon vom »Industriegeschmack« des Käses, was so viel heißt wie: gar kein Geschmack.

Aber wieso kann solcher Käse dann überhaupt Anklang finden? Nun, die Gründe sind praktischer und ökonomischer Art. Aus der Sicht des Verbrauchers stellt der industriell erzeugte Käse die preiswertere Alternative dar; auch ist er überall erhältlich, und er ist lagerfähiger. In einigen Ländern kann man überhaupt nur solchen Standardkäse bekommen. Seltsamerweise findet geschmacksarmer Käse sogar Anklang bei Konsumenten. In den letzten Jahren war bei den Franzosen eine deutliche Neigung zu milderen, weniger ausgeprägten Käsesorten zu beobachten. Dabei kann man sich fragen, wie diese Entwicklung begann: mit der Marktschwemme von industriell erzeugtem Käse oder mit einer Änderung des Verbraucherverhaltens?

Ein junger Käsehersteller sagte mir neulich: »Ich habe die Pariser in den letzten fünf Jahren, was ihre Geschmackspräferenz bei Käse anbelangt, eine drastische Kehrtwendung machen sehen. Die Leute verlangen jetzt fettärmeren, weniger ausgereiften, milderen Käse. Wenn ich heute versuchen würde, mit der gleichen Ware nach Paris zu gehen wie vor fünf Jahren, würde sie mir niemand abnehmen.«

Aus der Sicht des Produzenten stellt sich die von pasteurisierter Milch ausgehende Erzeugung einfacher – und eindeutig weniger riskant – dar. Keimfrei gemachte Milch hält sich länger, ist zu jeder Jahreszeit in beliebigen Mengen verfügbar und bietet sich daher für eine industrielle Fertigung – und die Fünftagewoche – geradezu an. Darüber hinaus erfordert auch der einmal hergestellte Käse viel weniger Aufmerksamkeit, die tägliche Wartung entfällt fast ganz, und das in den Laden kommende Endprodukt ist von zuverlässiger Gleichmäßigkeit.

Ganz anders sieht es bei der Erzeugung von Käse aus roher Milch im bäuerlichen Kleinbetrieb aus. Hier müssen von vornherein die jahreszeitlichen Schwankungen, was die Quantität, die Qualität und den Fettgehalt der Milch angeht, in Betracht gezogen werden, denn solche Unwägbarkeiten bedingen unterschiedliche Produkteigenschaften bezüglich Aussehen, Textur und Aroma; ein Rohmilchkäse kann daher auch keine hundertprozentig konstanten Charakteristika aufweisen, obwohl gerade er bei der Reifung konstanter, täglicher Pflege und folglich auch einer Siebentagewoche bedarf.

Mit dem Transport von der Molkerei zum Supermarkt oder zur *fromagerie* beginnt ein neues Stadium, während dem sich der Unterschied zwischen einem Rohmilch- und einem Lagermilchkäse weiter akzentuiert. Sobald der empfindliche, unstabile Bauern-Camembert den Markt erreicht, beträgt seine Lebenszeit nur noch acht oder neun Tage. Liegt er zu lange herum, trocknet er aus, nimmt eine stumpfe rotbraune Färbung an, sackt in der Mitte ein und verbreitet einen stechenden Ammoniakgeruch.

Um einen aus pasteurisierter Milch entstandenen Käse totzukriegen, bedarf es hingegen außerordentlicher Anstrengungen und geradezu gezielter Unaufmerksamkeit. So ein Lagermilch-Camembert kann, fast ohne sich zu verändern, fünf oder sechs Wochen im Ladenregal verbringen und verlangt, außer einem gekühlten Liegeplatz, keinerlei Betreuung.

Aber nehmen wir einmal an, jemand wolle eines edlen, aus stallfrischer Milch gewonnenen, perfekten Camembert habhaft werden: Wie stellt er das an?

In den meisten Fällen wird Ihnen der Händler nicht erlauben, das Ziel Ihrer Wünsche in ausgepacktem nacktem Zustand zu betasten, daran zu riechen, es also echt in Augenschein zu nehmen. Sie müssen sich infolgedessen weitgehend auf den Händler oder den *affineur* verlassen, der den heranreifenden Käse in Gewahrsam genommen hat, nachdem er den Bauernhof verließ. Ein ordentlich gemachter, reifer Camembert füllt seine Schachtel bequem bis zum Rand aus. Er hat ein frisches, angenehm duftendes, von Ammoniakgerüchen freies, pilziges Aroma. Die Rinde sollte etwas uneben, überwiegend weiß und in den Falten leicht rostrot sein. Die Gaumenprobe müßte einen durchgehend frischen, unkomplizierten, milden – doch niemals faden – Geschmack ergeben.

Wenn Sie einen reifen Camembert anschneiden, sollte er nicht still und heimlich nach allen Seiten auseinanderlaufen; genauswenig sollte die Schnittwunde ihn gedehnt, aber unüberhörbar aufseufzen lassen. Camembert *coulant*, also welcher, der ›läuft‹, deutet auf einen unsachgemäßen Trockenprozeß während der Reifezeit hin; ein solcher Käse hat zu viel Wasser gespeichert, und das regt die Milchfermente zu übermäßiger Gärung an.

Und was nun genau sucht der Käsefachmann, wenn er in seiner Reifekammer herumkramt, hier ein wenig stakst, dort ein wenig drückt, um den Camembert *fait à coeur* dingfest zu machen? Camembert reift von außen nach innen. Der Käse ist dann voll entwickelt und am besten zum Verzehr geeignet, wenn er in der Mitte genau so weich ist wie außenherum. Weist er, bei ansonsten ansprechendem Äußeren, eine auffällig unebene Oberfläche auf, dann zeigt das, daß der Käse ungleichmäßig gereift ist und wahrscheinlich niemals einen perfekten Zustand erreichen wird.

Der meiste Camembert wird einen Stich zu jung verkauft und benötigt zu Hause noch ein paar Tage der Nachreife. Das geschieht am besten, indem man den Käse in seinem Behältnis läßt, ein feuchtes Tuch darumschlägt und ihn bis zu drei Tagen an einer kühlen Stelle (jedoch nicht im Kühlschrank) aufbewahrt. Der Käse sollte täglich geprüft und, wenn er seinen vollen Reifegrad erreicht hat, gleich gegessen werden, vorzugsweise mit knusspriggebackener *baguette* und einem Glas jungem *Côtes-du-Rhône*. Ein einmal angeschnittener Camembert reift nicht mehr weiter, kann aber, gut eingepackt und in den Kühlschrank gelegt, noch bis zu eineinhalb Tage lang aufbewahrt werden. Einige Rohmilch-Camembert-Marken, nach denen Ausschau zu halten sich lohnt, sind unter anderem *Moulin de Carel*, *Lanquetot* und *Camembert Normand* von der Coopérative d'Isigny.

Pont-l'Evêque *(Calvados)*

Caen 48 km, Deauville 11 km
Markt: Montag 10–12.30 Uhr, Place Foch

BÄCKEREI/ KONDITOREI

MICHEL THOMAS
61, Rue Saint-Michel,
14130 Pont-l'Evêque
✆ 31640408
Geöffnet: 8–20 Uhr;
geschlossen: Dienstag und
einen Monat im Jahr

Falls Sie gerade am Markttag in Pont-l'Evêque sind, sollten Sie sich die ergötzliche preisgekrönte Brioche von Michel Thomas nicht entgehen lassen.

Rouen *(Seine-Maritime)*

Caen 124 km, Le Havre 88 km, Paris 139 km
Märkte: Dienstag bis Sonntag 7–13 Uhr, Place du Vieux Marché; Freitag 8–12 Uhr,
Place Saint-Marc; Samstag 8–17 Uhr, Place Saint-Marc; Sonntag 8–13 Uhr,
Place Saint-Marc
Fête de Jeanne d'Arc (Fest der Jungfrau von Orleans): Sonntag unmittelbar vor oder
nach dem 30. Mai

RESTAURANTS

RESTAURANT GILL
60, Rue Saint-Nicolas,
76000 Rouen
✆ 35711614
Bestellungen werden bis
13.45 bzw. 21.45 Uhr entgegengenommen
Geschlossen: Sonntag, Montagmittag, vom späten
August bis Mitte September
sowie zwei Wochen im
Winter
Kreditkarten: AE, DC, V
Man spricht Englisch
260-Francs-Menü, à la carte
350 Francs

Zu der kleinen Auswahl französischer Küchenchefs, die man im Auge behalten muß, gehört heute Gilles Tournadre, ein brillanter Gastronom, der weiß was er will und der sich schon Anfang der 80er Jahre viele Anhänger schuf, als er noch im bezaubernden Château d'Audrieu unweit Caen das Zepter schwang. 1985 dann eröffnete er, inmitten der hübsch angelegten Fußgängerzone von Rouen, sein eigenes Restaurant. Der kleine, in den Tönen Blaßrosa, Blau und Braun gehaltene und den Zeitgeschmack betonende Speiseraum wirkt ebenso modisch wie seriös, der gut eingespielte Service ist zuvorkommend und professionell.

Geschmacklich und visuell wirken die bei GILL genossenen Speisen, und zwar Gang für Gang, bei mir immer noch lange Zeit nach. Wann zuletzt, möchte ich fragen, haben Sie eine Seezunge gegessen, die Sie vom Gusto her einigermaßen überzeugte? Könnten Sie von Ihrem letzten Essen in einem

Spezialitäten:
Ravioles de langoustines
(Langustinen-Ravioli), *nage de rougets aux asperges et aux huîtres* (Meerbarbe mit Spargel und Austern), *pied de porc aux lentilles* (Schweinsfuß mit Linsen), *pigeon à la rouennaise* (Bluttaube, mit ihrer eigenen Leber gefüllt)

Restaurant oder überhaupt von irgendeinem auswärts genossenen Mahl sagen, jeder einzelne Bissen hätte von Anfang bis Ende Ihre Geschmacksnerven in Erregung versetzt?

Tournadres besondere Begabung liegt darin, nicht nur das Auge das eigenwillig konturierte Minzenblatt auf der erdbeergefüllten Blätterteigtorte wahrnehmen, sondern auch den Gaumen die herbe Frische dieser Zugabe delektieren zu lassen. Unter den Händen des Chefs wird aus dem prosaischsten Gericht – einem *panaché de poissons* (Platte mit verschiedenen Fischen) etwa oder einem einfachen *blanc-manger* (Mandel-Crème) – eine wahrhafte Geschmackssinfonie.

Das Beste daran ist, daß dem Küchenmeister all dies gelingt, ohne gleich ein ganzes Gewürzregal leerzuräumen oder den Gast mit Saucen zu bombardieren; es gelingt einfach mit der Frische der Zutaten. Sein *panaché de poissons*, mit dem leuchtend orangefarbenen Lachs, der muschelweißen *lotte*, der Seezunge und der *barbue* (Glattbutt) mit ihrem alabasterfarbenen Fleisch und dem rotglänzenden *rouget* ein wahrhaftes Farbenspiel, ist schon vom Anblick her atemberaubend schön. Kostet man aber erst diesen meeresfrischen, absolut schonend zubereiteten Fisch, dann offenbart sich ein Hochgenuß.

Selbst seine *ravioles de langoustines*-Platte – ein Gericht, das vor Jahren durch Joël Robuchon vom Pariser Restaurant JAMIN Berühmtheit erlangte – war exzeptionell. Hierbei sind die großen, aus vollendetem Pastateig geformten Ravioli mit saftigen, zarten Happen von Langustinen gefüllt.

Ich bestellte, und das kam beinahe einer Herausforderung gleich, den *blanc-manger*. Wenn diese klassische Kinderspeise, so sagte ich mir, in der Lage wäre, meinen Gaumen zu kitzeln, dann wollte ich mich endgültig zu Tournadres Jüngern rechnen. Und genau das trat ein: Anstelle des faden, nur müde nach Mandeln schmeckenden Puddings, den wir alle so gut kennen, wurde ein Dessert aufgetragen, das aus purer Mandelessenz zu bestehen schien und mit Sahne bedeckt, mit Erdbeeren, Himbeeren und roten Johannisbeeren besetzt und von einem wunderbar aromatischen Erdbeerpüree umgeben war.

BERTRAND WARIN
7–9, Rue de la Pie,
76000 Rouen
☎ 35892669
Bestellungen werden bis 14 bzw. 22 Uhr entgegengenommen
Geschlossen: Sonntagabend, Montag, zwei Wochen über Weihnachten/Neujahr und den ganzen August

In einer der von der Place du Vieux-Marché aus strahlenförmig abgehenden Straßen liegt BERTRAND WARIN versteckt, ein kleines elegantes Restaurant, so recht geeignet für ein ausgedehntes sonntägliches Abendessen, wenn man von einem Wochende auf dem Lande in die Stadt zurückkehrt.

Doch auf die Uhr dürfen Sie nicht schauen, wenn Sie dieses Lokal betreten, denn die Bedienung ist zwar freundlich und zuvorkommend, aber außerordentlich langsam. Immerhin verdienen von den mehr als ein Dutzend Gerichten, die ich hier ausprobierte, nahezu alle Anerkennung; vor allem waren sie einfallsreich und sorgfältig zubereitet, lediglich einige Speisen litten unter einer Überdosis an Salz.

Kreditkarten: AE, DC, V
Man spricht Englisch
105- und 260-Francs-Menüs,
à la carte 350 Francs

Spezialitäten:
je nach Jahreszeit

Zu den herausragenden Leistungen der Küche gehören hier die *rougets en habit vert,* (in Lauchstreifen gewickelte, auf einem Salatbett servierte kleine ganze Meerbarben, eine Vorspeise); die *salade de langoustines et de mangue* (ein üppiger Salat von Langustinen und Mango mit einer reichlichen Portion frischen Blattgemüses) und die *enveloppe de saumon aux huîtres* (ein ›Sandwich‹ aus dicken Scheiben frischen Lachses mit einer Füllung warmer Austern). Sowohl die *courgettes en fleurs aux girolles* (gefüllte Zucchiniblüten mit Pfifferlingen) als auch die *noisettes d'agneau à l'estragon* (Lammnüßchen mit Estragon-Sauce) waren fachgerecht zubereitet, aber leider deutlich übersalzen.

Die Desserts sind überdurchschnittlich und einfallsreich. Die kulinarisch ausgefallenen *beignets de melon,* in Teig getauchte und kurzgebackene Melonenstücke, aßen sich erstaunlich leicht und waren keine Spur fettig; die *trois tartelettes* stellen, im Vergleich zum Routine-Obsttörtchen klassischer Art, eine angenehme Abwechslung dar – Küchenchef und Konditor Warin präsentiert hier ein auf feinen Mürbeteigböden arrangiertes Trio von Himbeeren, Zitronen und Kiwi. Ich weiß nicht, wie er es anstellte, aber es war dies das erste Mal, daß ich Kiwi nicht als langweilig schmeckend empfand.

Der freundliche, harmonische Rahmen dieses im Cottage-Stil restaurierten Lokals erinnert einen auf Schritt und Tritt daran, daß man sich in der Normandie befindet. Durch einen Hof betritt man den kleinen, mit Holzbalken, Spiegeln und ansprechenden Gemälden auf einfache, aber effektvolle Weise wohnlich gemachten Speiseraum, von dessen Tischen aus man direkt in den hübschen Garten blicken kann.

Frische Miesmuscheln von der normanischen Küste

Am Hafen von Trouville-sur-Mer: Ein Fischer bereitet seine Netze für den Fang vor

Saint-Benoît-d'Hébertot *(Calvados)*

Honfleur 16 km, Pont-l-Evêque 9 km

SPEZIALITÄTEN DER REGION

Pierre Lecesne
Saint-Benoît-d'Hébertot,
14130 Pont l'Evêque
✆ 31640347
Geöffnet: täglich 8–12 und
14–18 Uhr
Auf Wunsch Versand ins
Ausland

Spezialität:
Calvados

Dieser Bauernhof ist nur einer von vielen, die ihre eigenen Erzeugnisse direkt von der Scheune oder am Straßenrand aufgeschlagenen Ständen aus verkaufen. Pierre Lecesne und seine Frau Christiane keltern noch eigenen Cidre und brennen ihren Calvados, und alles geht gleich an der Quelle weg. Sie produzieren sogar auf ihrem von 30–40jährigen Apfelbäumen bestandenen, sanft dahinfließenden 30 Hektar großen Gelände eine ganze Skala von Cidre; sie reicht vom *doux* (ca. 2 Prozent Alkohol) über den *brut* (ca. 4 Prozent) bis zum kräftigen *cidre bouché*, einem kühlen, spritzigen ›Sechsprozenter‹, der stärker ist als Bier, aber weniger Alkohol als Wein enthält und der einem an einem warmen Sommertag so angenehm durch die Kehle fließt. »Wir hielten mal Kühe und hatten eine Milchwirtschaft,« erzählte Madame Lecesne eines Tages, während sie gerade neue Flaschen etikettierte. »Aber ich muß schon sagen, dies hier macht mir mehr Spaß. Wir kommen täglich häufiger mit anderen Leuten zusammen, und außerdem pflücke ich viel lieber Äpfel als daß ich Kühe melke!«

Sainte-Foy-de-Montgommery *(Calvados)*

Caen 50 km, Deauville 50 km, Livarot 4 km, Paris 185 km

SPEZIALITÄTEN DER REGION

Marc de Lesdain
Sainte-Foy-de-Montgommery, 14140 Livarot
✆ 31635307
Geöffnet: täglich 9–19 Uhr
Auf Wunsch Versand innerhalb von Frankreich

Spezialitäten:
Calvados und Cidre

Eine gute Adresse für Bauern-Cidre und selbstgebrannten Spitzen-Calvados.

GIGOT D'AGNEAU A LA BOULANGERE
Lammkeule ›Bäckerin‹

Dies ist ein unkompliziertes und im Verhältnis zum Arbeitsaufwand dankbares Gericht, das ich zur Herbst- und Winterzeit gerne meinen Gästen vorsetze, schon aus dem Grund, weil es auf den Menükarten der Restaurants nur selten zu finden ist. Es ist die Art von abgerundetem Mahl ohne Vorspeisen, wie es die französischen Dorfbewohnerinnen früher zu ihrem Bäcker brachten, zur Frau des Bäckers, genauer gesagt – daher der Name –, auf daß die Keule im Gemeindebackofen ihre herrlichen Säfte dem Kartoffelgratin mitteilte. Stellen Sie, wenn Sie sich selbst an die Zubereitung machen, nur sicher, daß die Auflaufform bequem sowohl die vorgesehene Kartoffelmenge als auch das Lamm aufnehmen kann. Gesellen Sie dem Gericht einen soliden Rotwein von der Art eines Côtes-du-Rhône-Villages *oder eines* Châteauneuf-du-Pape *bei.*

2 kg (etwa 8 mittelgroße) Kartoffeln, geschält und in sehr dünne Scheiben geschnitten
2 Tl Salz und eine zusätzliche Dosis zum Abschmecken
1 l Milch
Frisch gemahlener schwarzer Pfeffer nach Geschmack
Eine Handvoll frische Petersilie
6 große Knoblauchzehen
1 Lammkeule mit Schenkelknochen (3 bis 3,5 kg)

1. Den Backofen auf 200° vorheizen.
2. Die Kartoffeln, 2 Teelöffel Salz und die Milch in einen großen Kochtopf geben. Über etwas stärkerer als mittlerer Hitze und unter gelegentlichem Umrühren – um das Ansetzen der Kartoffeln zu verhindern – zum Kochen bringen. Die Hitze auf mittlere Stärke reduzieren und die Kartoffeln, wiederum ab und zu umrührend, weichkochen; das dauert etwa 15 Minuten. Mit Pfeffer würzen. Den Topf vom Feuer nehmen und zur Seite stellen.
3. Zwischenzeitlich schon die *persillade* herrichten; dazu die Petersilie und den Knoblauch kleinhacken und miteinander vermischen.
4. Mit der Hälfte der *persillade* den Boden einer (ca. 40 × 25 × 5 cm) großen Auflaufform bestreuen. Die Kartoffelmasse mit dem Löffel in die Form einfüllen und mit der übrigen *persillade* bestreuen.
5. Überflüssiges (aber nicht das ganze) Fett von der Keule entfernen, diese mit Pfeffer und Salz würzen und auf die Kartoffeln legen.
6. Nicht zugedeckt 1 Stunde braten lassen oder bis das in die dickste Partie eingebrachte Fleischthermometer 45° anzeigt. (Wünscht man das Lamm gut durchgegart, ist eine Bratzeit von weiteren 30 bis 40 Minuten erforderlich. Achten Sie in diesem Falle aber darauf, daß die Kartoffeln rechtzeitig herausgenommen werden, damit sie nicht überkocht sind. Halten Sie sie warm, während das Lamm noch brät.) Die Keule nicht auf die andere Seite drehen.
7. Das Gericht aus dem Ofen nehmen und 20 Minuten ruhen lassen, bevor es serviert wird.
8. Die Keule in dünne Scheiben schneiden und auf vorgewärmten Tellern oder auf einer Servierplatte arrangieren und die gratinierten Kartoffeln danebenlegen.
Für 8 bis 10 Personen.

Trouville-sur-Mer *(Calvados)*

Caen 43 km, Le Havre 74 km, Paris 206 km, Pont-l'Evêque 11 km
Markt: Mittwoch und Sonntag 9–13 Uhr, Boulevard Fernand-Moureaux

BRASSERIE

BRASSERIE LES VAPEURS
160, Boulevard Fernand-
Moureaux,
14360 Trouville-sur-Mer
✆ 31881524
Durchgehender Service von
12 Uhr mittags bis Mitter-
nacht
Geschlossen: Januar sowie
Dienstagabend und Mittwoch
von Mitte November bis
Anfang Dezember
Kreditkarte: V
Terrasse auf dem Bürgersteig
Man spricht Englisch
150 Francs

Spezialitäten:
Moules (Miesmuscheln),
crevettes grises (Krabben),
sole (Seezunge), *raie*
(Rochen)

A m Hafen von Trouville, direkt gegenüber dem
Fischmarkt, liegt eine herrliche Art-Déco-Brasserie, die
man »die Brasserie Lipp der Normandie« nennt. Wäre ich
Gérard Bazire, der Eigentümer von LES VAPEURS, würde ich
das als Beleidigung auffassen. Das Essen bei LES VAPEURS ist
unvergleichlich viel besser.

Ein Plätzchen wie dieses trifft man selten an. Zwar ist LES
VAPEURS nur eine einfache Brasserie, doch der Inhaber kümmert sich, von den Blumen bis zu den duftendfrischen *baguettes,* von der Weinbestückung bis zur lustig-bunten Speisekarte, einfach um alles.

Diese ist eine der wenigen mir bekannten Stellen, wo man
wirklich fangfrische Garnelen bekommt – man sieht sie, noch
lebend, gleich auf dem Markt gegenüber. Hier werden die
kleinen *crevettes grises,* die Sandgarnelen, kurz gekocht und
dann mit Meersalz und reichlich mit grobkörnigem schwarzem Pfeffer bestreut. Die Garnelen kommen kochendheiß
auf den Tisch und bieten sich geradezu dazu an, mit Norman-
die-Butter, jenen schmackhaften *baguettes* und einigen
Schlucken eisgekühlten *Muscadets* (besonders zu empfehlen:
Muscadet-sur-Lie) verzehrt zu werden. Das Fisch- und
Schalentierangebot, von Jahreszeit und täglichem Fangergeb-

73

nis abhängig, variiert natürlich, aber schon wenn man eine meist zu bekommene gegrillte Seezunge, so frisch und so appetitlich, vor sich hat, könnte man meinen, der Küchenchef habe eine neue Spezies entdeckt, und selbst der ansonsten weniger geschätzte *carrelet* wird hier zu einem Schollengericht, das Chef Bazire zu neuen Höhen führt.

Ein ausgezeichnetes Käsesortiment regionalen Ursprungs, von dem nur der feine Camembert der Marke *Lanquetot* und der *Lepeudrie Pont-L'Evêque* aus dem nahen Tourgeville erwähnt seien, rundet das Eßerlebnis ab.

Die mit unbewegtem Gesicht bedienenden Kellnerinnen mögen Ihnen den Aufenthalt in diesem Lokal ein wenig schwer machen. Aber hier lassen sich vom Tisch aus so vortrefflich Leute beobachten, daß die Geschäftsleitung dafür beinahe Eintritt verlangen könnte. LES VAPEURS ist ein Ort, den man regelmäßig wieder ansteuern möchte, um all diese verführerisch aussehenden Speisen der Reihe nach auszuprobieren – die Austernplatten, die holzgegrillten Steaks mit goldgelben *frites*, sogar die einfachen Omeletts –, kurz alles, was man die Gäste an den Nachbartischen so genießerisch zum Munde führen sieht.

Vieux-Pont *(Calvados)*

Caen 40 km, Deauville 60 km, Livarot 11 km

KÄSEHERSTELLER

MICHEL TOUZÉ
Vieux-Pont, 14140 Livarot
☎ 31207867
Geöffnet: 8–12 Uhr;
geschlossen: Sonntag

Sofern Sie die Zeit erübrigen und die nötige Energie aufbringen können, lohnt es sich, über eine ziemlich gewundene D-Landstraße zum verschlafenen Nest Vieux-Pont vorzudringen, wo Sie Michel und Térèse Touzé Morgen für Morgen 80 buntscheckige normannische Kühe melken und Liter um Liter Milch in hausgemachten *Pont-l'Evêque* verwandeln sehen können. In einem weißgetünchten, makellos sauberen Holzschuppen veredeln Monsieur Touzé und sein Assistent Patrick Bove die frischgewonnene Milch zu karreeförmigen, teigzartem *Pont-l'Evêque* und zu dem weniger bekannten *Pavé d'Auge*. Drei Liter Milch benötigt man, so erklärt der Eigentümer, um einen einzigen *Pont-l'Evêque* auszuformen, sechs Liter für den großen *Pavé d'Auge*. »Fast unseren gesamten Käse verkaufen wir an Ort und Stelle«, lautet die stolze Feststellung. »Die Leute kommen mit der Kühltasche hierhergefahren und decken sich ein für die ganze Familie und die Nachbarschaft noch dazu. Es gibt genug Nachfrage hier, und außerdem kostet es ein Vermögen, den Käse nach Paris zu schaffen.«

KÄSE DER NORMANDIE

1. Livarot: Zu dicken runden Scheiben ausgeformter, elastischer, würziger, ziemlich scharfer Kuhmilchkäse. Dieser Käse mit der naßbehandelten Rinde wird im allgemeinen aus Rohmilch gewonnen. Die besten Exemplare reifen in sehr feuchten kühlen Gewölben während eines Zeitraums von mindestens einem Monat, wobei sich der Käse mit einem schimmernden, dicken rotgoldenen Belag überzieht.

2. Brillat-Savarin: Dieser nach französischen Maßstäben ›neue‹, hochfette (75 Prozent) geschmeidige Kuhmilchkäse wurde in den dreißiger Jahren von dem Käsehändler Henri Androuët entwickelt. Der üppige Rundling besitzt eine weiße Rinde und ein mildes, ausgesprochen buttriges Aroma.

3. Pave d'Auge: Ein schwerer, satter, ockerfarbener, viereckig geformter Kuhmilchkäse, der in feuchten Kellern reift, wo er regelmäßig mit Salzwasser gewaschen wird, was ihm Weiche und Feuchtigkeit verleiht. Pavé d'Auge hoher Qualität besitzt ein pikantes und scharfes Aroma.

4. Camembert de Normandie: Die besten dieser elastischen fruchtig-duftenden Weichkäse werden in kleinen Käsereien aus roher Kuhmilch hergestellt und mindestens drei Wochen reifen lassen. Man achte bei dem Camembert auf eine leuchtend rostfarbene Rinde. Der Käse kommt in einer für seine Art typischen Holzschachtel zum Verkauf, die schon 1880 als marktgerechte Idee eingeführt wurde, als es darum ging, Reisenden und Soldaten die Mitnahme des Käses über größere Entfernungen zu ermöglichen. Versionen dieses Käses, die schneeweiß sind und – statt ›Camembert de Normandie‹ – nur einfach ›Camembert‹ heißen, sollte man nicht kaufen.

5. Pont L'Evêque: Ein sehr zarter Kuhmilchkäse von ausgeprägtem Aroma. Spitzenqualitäten werden aus melkfrischer, im saftigen Weideland an den Ufern des Flusses Touques gewonnener Milch erzeugt. Der Käse entwickelt in seiner mindestens zweiwöchigen Reifezeit einen markanten pilzigwürzigen Geschmack.

CHAMPAGNE PICARDIE UND DER NORDEN

Wenn ich an die Champagne denke, gleiten vor meinem geistigen Auge sanft geschwungene Felder mit goldenem Weizen vorüber, kommen mir wieder die gemächlich verbrachten Wochenenden auf dem Lande, das zeitlose Pilzesuchen in dämmrigfeuchten Wäldern in den Sinn, unsere Besuche auf Zehenspitzen in ehrfurchtgebietenden Steindomen und dann auch genüßlich langsame Mahlzeiten mit Familienangehörigen und Freunden.

Die Picardie und der Norden wiederum – ein flaches, geschlossenes Landgebiet mit vierkantigen, geduckten roten Backsteinhäusern – erinnern mich, und das ist kein Wunder, an Belgien und damit auch gleich an Haufen dampfender Muscheln und an Krüge mit schaumgekröntem Bier.

Ein Gruß aus dem grünen Norden: knackiger Salat und saftige Karotten

Beide Gebiete sind wahre Fundstätten für Käse: Aus dem Norden kommen all diese farbenfrohen derben, würzig-scharfen Kuhmilchkäse, die einen wünschen lassen, an einem grauen Wintertag zusammengerollt am Kamin zu liegen, einen deftigen *Maroilles* mit Landbrot zu verspeisen und dazu Bier oder vielleicht sogar Genever zu schlürfen. Die delikateren Milchabkömmlinge aus der Champagne hingegen – der sanfte *Chaource* oder der *Brie* mit seinem zarten Schmelz – erinnern ihr geographisches Ebenbild in der freundlichen, anmutigen Landschaft gefunden zu haben, aus der sie kommen.

Welches Ziel man auch immer ansteuert in der Champagne oder im Norden, kein Ort ist weiter als ein paar Autostunden von Paris entfernt, und das legt natürlich Tagesausflüge mit konzentriertem Programm nahe.

An einem Sonntag im Dezember bestiegen wir den Zug nach Lille, um uns die Stadt anzuschauen und während der jährlichen *Grande Braderie* ein wenig herumzuschlendern; an diesem Bummeltag entrümpeln die Leute ihre Mansarden und verkaufen Überflüssiges an rasch zusammengebastelten Ständen auf der Straße. Wir kauften für ein Spottgeld farbenfrohe handgestrickte Kinderpullover, durchstöberten ein wenig die im Freien operierenden Buchantiquariate der Innenstadt und stürzten uns dann auf das Spezialgericht des Tages: Muscheln mit Pommes frites – so ungefähr das einzige an Eßbarem, was man am ersten Septembersonntag in Lille bekommen kann. Als die Dämmerung hereinbrach, lagen Berge von Muschelschalen an den Straßenrändern, während der Flohmarkt bis spät in die Nacht hinein immer noch weiterging.

Zum Norden gehören natürlich vor allem die Küstenstädte Boulogne-sur-Mer, Le Touquet und Calais, die, dank ihrer Nähe zur britischen Insel, heutzutage englischer sind als manche Teile von England selbst. Allerorten hört man Leute Englisch sprechen, und es könnte durchaus sein, daß die über den Kanal kommenden Tagesausflügler in den Restaurants und auf den Märkten die Mehrheit stellen.

Meine Lieblingsstadt in der Picardie ist Amiens, bekannt vor allem durch seine überwältigende gotische Kathedrale und die *hortillonnages,* das von einem Netz von Kanälen durchzogene, dem Obst- und Gemüseanbau dienende Feuchtland am Nordostende der Stadt. An einem Nachmittag durchstreiften wir das alte Viertel um die Kathedrale herum, dort wurde gerade der am Ufer der Somme gelegene Marktplatz restauriert. In den schmalen Gassen gingen die Hühner spazieren, während besonnen arbeitende Handwerker dabei waren, die bescheidenen kleinen Backsteinhäuser wieder herzurichten, die nur ein Zimmer breit und allenfalls zwei kleine Räume tief zu sein schienen.

Wir unternahmen einen Streifzug durch die *hortillonnages* – via Rue de Verdun mit dem Auto, über den Chemin de Halage zu Fuß – und sahen den Gärtnern dabei zu, wie sie in friedlicher Arbeit ihre Beete für den Winter vorbereiteten.

Jeder, der Spaß am Gartenbau hat, muß auch an diesen *hortillonnages* Gefallen finden; sie bilden eines der beeindruckendsten und zugleich verlockendsten Mikroklimate, die ich kenne, einen Landstrich, der Wandervögel zum Verbleiben einlädt – Sperlinge und Drosseln, Reiher und Wildenten –, mit Kanälen voller Aale und Hechte, mit Uferpflanzen wie Wasserlilien und Iris und dann natürlich diesen flachgestreckten grünüberzogenen Rabatten mit Blumenkohl und Lauch und Frühlingserbsen und Sauerampfer und vielem anderem mehr. Welch erbaulicher Flecken Land, einen Katzensprung nur vom Zentrum Amiens' mit seinen 130000 Einwohnern entfernt.

Bis zur Geburtsstunde der Eisenbahn – als vom Süden Frankreichs heranrollende Ware mit dem lokal erzeugten Obst und Gemüse zu konkurrieren begann – versorgten diese romantischen ›schwimmenden Gärten‹ ganz Amiens mit tagesfrischen Rettichen, Karotten, Äpfeln, Birnen, alles mit dem Boot zum *marché d'eau,* dem Markt am Wasser, an der Place Parmentier nahe der Kathedrale gebracht.

Heute, traurig aber wahr, stirbt die *hortillonnage*-Kultur aus: Weniger als 16 vollbetriebene Gartenbauanlagen sind verblieben, wobei man allerdings zugeben muß, daß es praktischere Wege der Landbewirtschaftung gibt. Viele Grundstücke sind zur Anlage von Pflanzungen aufgekauft worden, und heute werden dort Obst und Blumen für den Großmarkt kultiviert.

Die Kathedrale von Amiens steht auf einem ehemaligen Artischockenfeld. Ein Bauer schenkte es einst der Kirche, um den gewaltigen Bau zu ermöglichen. Vielleicht stellt jener unter der Dachrinne von Notre-Dame hervortretende Wasserspeier diesen Bauern dar: eine aus Stein gemeißelte primitive Figur, gebeugt unter der Last schwerer Weidenkörbe, aus denen die frische, für den Markt bestimmte Gartenernte quillt.

Beste Reisezeit

Die Region zeigt sich in der Zeit von Ostern bis Oktober von ihrer lebhaftesten und schönsten Seite, obwohl es sich lohnt, wichtige Städte wie Reims und Lille auch unabhängig von der Jahreszeit zu besuchen.

Märkte
(die attraktivsten sind mit einem Sternchen markiert)

Montag: Chaource, Monthermé, Montmirail, Verzenay.
Dienstag: Chaource, Charleville-Mézières, La Ferté-sous-Jouarre, Lille, Montmirail, Rocroi (mit Ausnahme des dem ersten Montag eines Monats folgenden Dienstags), Vertus.

Mittwoch: Arras, Boulogne-sur-Mer, Calais, Châlons-sur-Marne, Chaource, *Coulom-miers, Fère-en-Tardenois, Fumay, Lille, Montmirail, Reims, Sedan, Soissons.
Donnerstag: *Abbeville, Amiens, Avize, Calais, Chaource, *Charleville-Mézières, Laon, Lille, Montmirail, Rethel, Saint-Dizier, Le Touquet-Paris-Plage, Vitry-le-François.
Freitag: Avesnes-sur-Helpe, Ay, Chaource, La Ferté-sous-Jouarre, Langres, Lille, Montmirail, Le Quesnoy, Reims.
Samstag: Abbeville, *Amiens, *Arras, *Boulogne-sur-Mer, *Calais, *Châlons-sur-Marne, Chaource, *Charleville-Mézières, Coulommiers, Epernay, Laon, *Meaux, Montmirail, Reims, *Saint-Dizier, *Sedan, Sézanne, *Soissons, *Le Touquet-Paris-Plage, *Troyes.
Sonntag: Calais, Chaource, Coulommiers, *Lille, Montmirail, *Reims, Troyes.

Messen und Volksfeste

Sonntag vor Ostern: *Foire Internationale aux Vins et aux Fromages* (Internationale Wein- und Käsemesse), Coulommiers.
Zweiter Sonntag im April: *Foire du Printemps* (traditionelle lokale Frühjahrsmesse), Bapaume.
Letzter Sonntag im April: *Foire au Cresson* (Brunnenkressenmesse), Lécluse.
Im Mai: *Fête des Crustacés* (Krustentier-Fest), Wimereux.
Pfingsten: *Foire à la Sardine* (Sardinenmesse), Prez-sous-Lafauche.
Dritter Sonntag im Juni: *Fête des Fraises* (Erdbeerfest), Verlinghem.
Letzter Sonntag im Juni bis zum darauffolgenden Freitag: *Fête des Fraises* (Erdbeerfest), Samer.
Erster Sonntag im Juli: *Fête des Myrtilles* (Heidelbeerfest), Les Mazures.
Erster Sonntag nach dem 5. Juli: *Fête de Gayant* (Fest der Riesen), Douai.
Die letzten beiden Juliwochen: *Fête du Poisson* (Fisch-Fest), Boulogne-sur-Mer.
Im August: *Fête de la Moule* (Muschel-Fest), Wimereux.
Sonntag vor dem 15. August: *Fête de la Flamiche* (Käsetorten-Fest), Maroilles.
Letzter Sonntag im August: *Foire à l'Ail* (Knoblauchmesse), Locon.
Erster Sonntag im September: *Foire à l'Ail* (Knoblauchmesse), Arleux; *Fête de l'Andouille* (Kaldaunenwurstmarkt), Aire-sur-la-Lys; *Foire aux Fromages* (Käsemesse), La Capelle; *Foire à la Mirabelle* (Mirabellenmesse), Prez-sous-Lafauche.
Erster Sonntag und Montag im September: *La Grande Braderie* (Flohmarkt auf allen Straßen; traditionelle Festessen: Muscheln mit Pommes frites), Lille.
Anfang September: *Kermesse de la Bêtise* (traditionelle Kirmes mit scherzhaften Einlagen), Cambrai.
Zweiter Sonntag im September: *Foire aux Aulx* (Knoblauchmesse). Bapaume; *Foire aux Oignons* (Zwiebelmesse), Nouvion-le-Comte.
Letztes Wochenende im September: *Salon du Champignon* (Pilzschau), Sainte-Menehould.
Letzter Sonntag im September: *Foire Saint-Michel* (Wurstmarkt), Fumay.
Erster Sonntag im Oktober: *Foire aux Pommes* (Apfelmesse), Neuilly-Saint-Front.
Anfang Oktober: *Fête du Houblon* (Hopfen-Fest), Steenvoorde.
Mitte Oktober: *Fête de la Pomme et du Cidre* (Apfel- und Cidre-Fest), Saint-Augustin.
Dritter Oktobersonntag in geraden Jahren: *Foire aux Fromages* (Käsemesse), Chaource.
Letzter Sonntag im November: *Fête des Oignons* (Zwiebel-Fest), Nogent-l'Artaud.
Wochenende vor Weihnachten: *Fête de la Dinde* (Truthahn-Fest), Licques.

Amiens *(Somme)*

Lille 115 km, Paris 148 km, Reims 156 km

Märkte: Donnerstag und Samstag 7 Uhr bis Sonnenuntergang, Place du Marché; Samstag 7–12 Uhr, Place Parmentier

Bootsrundfahrt durch die *hortillonnages:* Einstündige Besichtigung (mit Führer); Interessenten wenden sich bitte an die *Embarcadère le Week-end,* 54 Boulevard Beauvillé, ✆ 22 92 12 18, 80000 Amiens; Rundfahrten finden von April bis Mitte September statt.

RESTAURANT

RESTAURANT DU PRÉ PORUS
95, Rue Voyelle, 80000 Amiens
✆ 22462503
Bestellungen werden bis 14 bzw. 22 Uhr entgegengenommen
Geschlossen: Montagabend, Dienstag sowie im Februar
Kreditkarten: AE, V
Speiseterrasse; separater Speiseraum für geschlossene Gesellschaften von 15 bis 200 Personen
75-, 95- und 140-Francs-Menüs, à la carte 130 Francs

Wenn Sie die Kathedrale von Amiens besichtigt und Ihre Rundfahrt durch die *hortillonnages* – die ›schwimmenden Gärten‹ entlang der Kanäle – beendet haben, empfehle ich Ihnen, das Mittagessen in dieser *guinguette,* einem Ausflugslokal, einzunehmen. In dem geräumigen, etwas altertümlichen Uferrestaurant werden Sie eine zwanglose Atmosphäre vorfinden. Das Essen hier ist einfach und entspricht ganz dem regionalen Küchenzettel, bei schönem Wetter werden Sie auch draußen auf der Terrasse von der freundlichen Bedienung versorgt. Einen Versuch ist die Lokalspeise *flamiche aux poireaux* wert, eine mit Lauch, Sahne und Käse gefüllte Gemüsetorte, oder die *ficelle picarde,* eine dünne, um eine Scheibe Schinken gewickelte Crêpe mit einer Käse-Sahne-Sauce obenauf. Köstlich war hier auch der *coq à la bière* mit seinem angenehmen Geschmack nach Bierhefe (das Lokal liegt gleich östlich von Amiens zur Linken der Rue de Verdun).

Boulogne-sur-Mer *(Pas-de-Calais)*

Amiens 123 km, Calais 34 km, Lille 115 km, Paris 243 km
Markt: Mittwoch und Samstag 7–12.30 Uhr, Place Dalton
Fête du Poisson (Fisch-Fest): während der letzten beiden Juliwochen

KÄSELADEN

PHILIPPE OLIVIER
43–45, Rue Thiers,
62200 Boulogne-sur-Mer
✆ 21319474

Philippe Olivier, *artisan-affineur* seines Zeichens, ist ein sehr versierter Käsefachmann, gibt sich mit großer Leidenschaft seinem Metier hin und betreibt eines der imposantesten Käsegeschäfte in ganz Frankreich. Ich wünschte, es

Geöffnet: 8.30–12.30 und 14.30–19.30 Uhr; geschlossen: Montag
Auf Wunsch Versand innerhalb Europas

gäbe mehr Käsehändler vom Schlage Monsieur Oliviers: Er arbeitet mit zäher Geduld daran, seine Kunden zu informieren, sie zu erziehen, was ebenso in seinem regelmäßigen Rundschreiben wie durch die Hinweisschilder, Erläuterungen und andere Entscheidungshilfen in seinem Laden zum Ausdruck kommt, wo der Käufer sich mehr als 200 verschiedenen Käsevarianten gegenübersieht. Mir gefällt auch die Idee, gleiche Sorten in den verschiedenen Stadien ihrer Reife vorzustellen, wobei der Experte seine Kunden stets für die schon weiter fortgeschrittenen Exemplare mit intensiverem Aroma und ausgeprägterem Geschmacksprofil zu interessieren sucht. Das lange, schmale Ladenlokal hat etwas so Verlockendes an sich und stimmt einen gleich so festlich, daß man am liebsten ›von jedem einen‹ kaufen möchte. Weniger halte ich von so bemühten Kombinationen wie einem Camembert mit Calvados oder dem mit Schichten von Bleu verfremdeten Brie.

Fère-en-Tardenois *(Aisne)*

Paris 110 km, Reims 45 km
Markt: Mittwoch 8–12 Uhr, Place Aristide-Briand

RESTAURANT

HOSTELLERIE DU CHÂTEAU
02130 Fère-en-Tardenois
✆ 23822113
Bestellungen werden bis 14 bzw. 21 Uhr entgegengenommen
Geschlossen: Von Silvester (nach dem Mittagessen) bis Februar
Kreditkarten: AE, DC, V
Separater Speiseraum für geschlossene Gesellschaften bis 20 Personen
Man spricht Englisch
250- (wochentags) und 380-Francs-Menüs, à la carte 300 Francs

Spezialitäten:
je nach Jahreszeit

Viel von den Freuden des Reisens in Frankreich kreist um die Vorstellung romantischer Wochenenden mit kleinen Gelagen auf dem Lande, und zu meinen eigenen Lieblingsexkursionen gehört die kurze Fahrt zu diesem prunkvollen Château, in dem sich ganz von selbst so etwas wie ein gesteigertes Lebensgefühl einstellt. Nehmen Sie in dem reichgetäfelten Speiseraum an einem Fenster Platz, dann erblicken Sie auf der einen Seite frischgepflügte hügelige Felder, auf der anderen wohlgestaltete Gärten. Rosafarbene Damasttischdecken und einzelne in Kristallschalen schwimmende rosa Rosen kommunizieren auf elegante Weise miteinander, und ebenso dezent ist der Service: Man bedient Sie mit der gebührenden Aufmerksamkeit, aber wenn Sie mit dem schönen Blick und Ihrer Tischbegleitung alleingelassen werden wollen, wird das vom Personal sehr wohl respektiert; man drängt Sie nicht. Das Speisenangebot wechselt regelmäßig, aber zu den Gerichten, die mir am meisten zusagten, haben hier immer *foie de canard chaud à la croque au sel* (sautierte Entenleber im Spinatblattmantel, serviert mit grobem Salz, grobgemahlenem schwarzem Pfeffer und feingehackten Kräutern zum Selbstwürzen) und die *tartare de loup et saumon* (feine, mit Lachsschichten durchzogene Wolfsbarsch-Scheiben) gehört.

SOUPE DES HORTILLONS
Gartengemüsesuppe

Zu den eindrucksvollsten Exkursionen, die man in Frankreich unternehmen kann, gehört ein Streifzug durch die hortillonnages, *das am Rande von Amiens gelegene malerische Gartenbauland, das von einem Netz von Kanälen durchzogen ist, wodurch inselähnliche Anbauflächen entstehen. Hier ziehen die Gemüsebauern, die* hortillons, *alle Arten von Grünzeug, das sich so gut zur Zusammenstellung für eine frische, magenwärmende Suppe eignet. Die Zubereitung ist zeitraubend, denn das Feinschneiden der Zutaten erfordert einige Geduld. Wie immer hängt der Erfolg von der Frische der Ingredienzen ab, frisch geriebenem Käse bester Qualität und vielen gartenfrischen Kräutern. Achten Sie darauf, daß die fertige Suppe kochendheiß in vorgewärmten Schalen aufgetragen wird. Lassen Sie sich nicht dazu verleiten, die Bohnen oder die Erbsen in der Suppe mitzukochen. Nur wenn diese Hülsenfrüchte getrennt blanchiert und dann abgeschreckt werden, bleiben sie so herrlich grün und schmackhaft und kontrastieren im Aussehen, im ›Biß‹ und im Aroma so angenehm zu den anderen Gemüsen dieser Suppe.*

3 Lauchstangen (den weißen und hellgrünen Teil), sorgfältig vom Sand befreit und trockengetupft
3 Stangen Staudensellerie
3 mittelgroße Karotten, geschält
3 mittelgroße weiße Rüben, geschält
8 mittelgroße Kartoffeln, geschält
45 g Butter
2,5 l Wasser
Salz nach Geschmack
Frisch gemahlener schwarzer Pfeffer nach Geschmack
250 g frische grüne Bohnen, geputzt und in 2 cm lange Stücke geschnitten
250 g frische oder tiefgefrorene Zuckererbsen
Eine gute Handvoll frische Kräuter, vorzugsweise Kerbel, Estragon, Petersilie und Basilikum, feingehackt
125 g frisch geriebener Parmesan
8 Scheiben helles Bauernbrot, getoastet

1. Lauch, Sellerie, Karotten, Rüben und Kartoffeln in 2 cm dicke Würfel schneiden.
2. Die Butter in einem großen Kochtopf mit schwerem Boden auf kleiner Hitze zum Schmelzen bringen. Lauch, Sellerie, Karotten und Rüben hinzugeben und zugedeckt etwa 20 Minuten bei sehr mäßiger Hitze weichdünsten. Von Zeit zu Zeit umrühren, damit nichts anbrennt oder Farbe annimmt. Wasser und Salz hinzufügen und zum Kochen bringen. Die Hitze reduzieren und bedeckt 10 Minuten köcheln lassen. Die Kartoffeln dazugeben und weitere 10 Minuten köcheln lassen, bis sie gar, aber noch nicht zerfallen sind. Abschmecken und nach Belieben pfeffern und salzen.
3. In der Zwischenzeit die grünen Bohnen und die Erbsen in getrennten Töpfen in kochendes Salzwasser geben und 2 bis 3 Minuten blanchieren, bis sie gerade etwas weich sind. Das Wasser abgießen und beide Gemüse unter fließendem kaltem Wasser abschrecken.
4. Die Suppe und dann die Erbsen und Bohnen in vorgewärmte Suppenschalen schöpfen, mit den frischen Kräutern und dem frisch geriebenen Parmesan bestreuen und zusammen mit dem – getrennt gereichten – Brot servieren.
Für 8 Personen.

Fontenelle *(Aisne)*

Cambrai 58 km, Maroilles 16 km

KÄSEHERSTELLER

ETABLISSEMENTS
DUCORNET
Fontenelle, 02170 Le Nou-
vion-en-Thiérache
✆ 23970501
Geöffnet: 8–12 und
13.30–17.30 Uhr; geschlossen: Samstag, die letzte
Dezemberwoche, eine Woche
zu Ostern, die Woche, in der
der 14. Juli, und die, in der
der 15. August liegt

Markttag in der Champagne

B ereits seit 1830 widmet sich die Familie Ducornet der
Kultivierung des *Maroilles,* eines lokalen Käses mit oran-
gegoldener Rinde, der von den Bauernhöfen des flachen
malerischen Umlandes kommt. Die Bauern liefern ihre aus
frischer Kuhmilch gemachten weißen Käselaibe an, wenn sie
etwa eine Woche alt sind. Dann sorgt Roland Ducornet – ein
engagierter Fachmann – dafür, daß die jungen Käse sachgemäß gewaschen, gewendet, mit Salz bestrichen und in den aus
Natursteinen und Ziegeln gemauerten und mit Quellwasser
feucht gehaltenen Gewölben zum Leben erweckt werden.
Auch *Dauphin,* den delphinförmig gestalteten Käse, bringt
man hier zur Reife; desgleichen die mit Pfeffer und Estragon
aromatisierte *Boulette d'Avesnes,* die aus übriggebliebenen
Maroilles ›zweiter Wahl‹ hergestellt und zu Kegeln geformt
wird; und schließlich *Vieux Lille,* einen ähnlich wie den
Maroilles behandelten, doch stärker gesalzenen und dann in
sehr kalten, naßgehaltenen Kellern auf Holzregalen ›gezüch-
teten‹ Käse (er wird alle zwei Wochen mit einer Salzlösung
bestrichen und darf sich volle sechs Monate entwickeln, bis er
buchstäblich ›stinkend‹ reif ist – ein derber, strenger, am
Gaumen prickelnder Käse). Beachten Sie bitte, daß dieser
Betrieb kein Käseladen, sondern eine nur der *affinage* dienende Anlage ist; trotzdem kann man auch direkt von Monsieur Ducornet Käse kaufen.

83

Lille *(Nord)*

Amiens 115 km, Arras 52 km, Boulonge-sur-Mer 115 km, Paris 219 km
Ausgewählte Märkte: Mittwoch, Freitag und Sonntag 8–14 Uhr, Marché Wazemmes, Place du Concert; Dienstag, Donnerstag und Sonntag 8–14 Uhr, Place de la Nouvelle-Aventure
La Grande Braderie (Flohmarkt auf allen Straßen der Stadt; traditionelles Festessen: Muscheln mit Pommes frites); erster Sonntag und Montag im September

RESTAURANT

A L'HUITRIÈRE
3, Rue des Chats-Bossus,
59000 Lille
⌀ 20554341
Bestellungen werden bis 14.30 bzw. 21.30 Uhr entgegengenommen
Geschlossen: Sonntagabend und die letzte Juliwoche bis in den August hinein
Kreditkarten: AE, DC, V
Klimatisiert
Separater Speiseraum für geschlossene Gesellschaften von 10 bis 40 Personen
Man spricht Englisch

Das alte Lille, die immer wieder lebendige Stadt, wartet mit zahlreichen Ladenfronten aus vergangenen Zeiten auf, und hier, in der ›Katzenbuckelstraße‹, bietet dieser mit einem Restaurant kombinierte Fischladen eines der besten Speiseangebote am Ort. Man betritt, etwas verblüfft, ein mit blauem und goldenem Mosaik im Art-Déco-Stil ausgestattetes Fischgeschäft und gelangt dann in einen behaglich-warmen, gutbürgerlichen Speiseraum, in dem flottgekleidete Gäste sich über Platten mit Colchester-Austern, die allerköstlichsten frischgeschmorten Sardinen (nie wieder danach werden Sie welche aus der Büchse essen wollen!), Berge von fleischigen gedämpften Muscheln, fangfrischen Petersfisch (Heringskönig) und, in den Herbst- und Wintermonaten, zartgebratene Wildente hermachen.

Maroilles *(Nord)*

Amiens 80 km, Lille 100 km
Markt: Dienstag 9–13 Uhr, Place de l'Eglise
Fête de la Flamiche (Käsetorten-Fest); Sonntag vor dem 15. August

KÄSEHERSTELLER

FERME DU VERGER
PILOTE
59550 Maroilles
⌀ 27847110
Geöffnet: 9–20 Uhr;
geschlossen: nur am ersten Weihnachtsfeiertag
Kreditkarte: V

Der Verger-Pilote-Bauernhof ist eine der eigenartigsten Kombinationen, die ich kenne. In diesem Musterbetrieb für Obstanbau, in dem übrigens gute Arbeit geleistet wird, kann der Maroilles-Käseliebhaber gleich alles zusammen haben. Ein sehr gelungener *Maroilles* kommt hier aus den der Reifung dienenden Steinkellern, die man, wie auch die Käserei, besichtigen kann (der Hof liegt westlich von Maroilles gleich hinter dem Ort an der D 959).

TARTE AUX MAROILLES
Maroilles-Käsetorte

An einem sonnigen Nachmittag im Spätsommer, als ich durch den Ort Maroilles fuhr, ließ ich mich von den Schildern Tarte au Maroilles *locken. Aber kaum hatte ich ein Café betreten und selbige bestellt, bereute ich auch schon meinen Entschluß. Der pappige Fladen, den der Inhaber aus dem Mikrowellenherd zog, schmeckte wie aufgewärmter Karton. Etwas später an diesem Tag gab mir ein Maroilles-Käsehersteller das Originalrezept. Wenn man sich die Liste der Zutaten anschaut, sieht das nach einer außergewöhnlich üppigen Speise aus; was aber dabei herauskommt, ist tatsächlich eine sehr leckere, elegante kleine Torte. Ich schaue gern dabei zu, wie der brioche-artige Teig aufgeht und ein hübsches Kissen für die goldbraune, duftende Käseauflage bildet. Eine Maroilles-Käsetorte, mit Brunnenkresse-Salat serviert, gibt ein gutes zweites Frühstück oder ein leichtes Mittagessen ab. Wenn Sie, um dieses Rezept nachzumachen, keinen Maroilles zur Verfügung haben, so läßt sich auch eine gleiche Menge von reifem* Véritable Chaumes *oder extrascharfem* Cheddar *verwenden.*

Teig:
125 ml lauwarme Milch
2½ Tl Trockenhefe
280 bis 315 g Mehl
½ Tl Salz
90 g Butter
(Raumtemperatur)

Füllung:
ca. 250 g reifer *Maroilles*
oder reifer *Véritable
Chaumes* oder extra-
scharfer *Cheddar*
1 großes Ei
1 großes Eigelb
125 ml *crème fraîche* oder
saure Sahne
30 g Butter
Salz und frisch gemahle-
ner schwarzer Pfeffer
nach Geschmack
Frisch gemahlene Mus-
katnuß nach Geschmack

1. Teigbereitung: Milch, Hefe und 60 g des Mehls in einer großen Schüssel gründlich miteinander verrühren. Dann 5 Minuten stehenlassen, damit sich die Hefe entwickeln kann.
2. Das restliche Mehl, das Salz sowie die Eier dazurühren und gründlich durchmischen. Nach und nach die Butter einarbeiten. Den Teig dann auf eine bemehlte Unterlage geben und etwa 5 Minuten durchkneten, bis er geschmeidig ist. Falls erforderlich, noch etwas Mehl hinzufügen. Der Teig sollte weich sein und noch ganz leicht kleben.
3. Den Teig in eine große Schüssel legen, zudecken und bei Raumtemperatur gehen lassen, bis er sein doppeltes Volumen erreicht hat; das dauert etwa 1½ Stunden.
4. Den Backofen auf 190° vorheizen. Eine runde Keramik-Backform von 27 cm Ø reichlich mit Butter ausstreichen.
5. Den aufgegangenen Teig herunterdrücken und dann den Boden der Backform damit auslegen, nicht aber die Wand der Form, wie man es für eine normale Torte tun würde.
6. Füllung: Die Käserinde, falls sie besonders hart ist, entfernen. Sonst den Käse in dünne Scheiben schneiden und gleichmäßig auf dem Teig verteilen (wenn *Véritable Chaumes* verwendet wird, muß die Rinde auf jeden Fall entfernt werden).
7. Ei, Eigelb und *crème fraîches* in einer kleinen Schüssel gründlich miteinander verrühren. Diese Mischung über den Käse gießen und zum Rand des Teigs hin auseinanderstreichen.
8. Die Oberfläche dicht mit Butterflöckchen besetzen und großzügig mit Salz, Pfeffer und Mukatnuß bestreuen.
9. Etwa 35 Minuten backen bis die Oberfläche braun und blasig ist. Die Torte keilförmig aufschneiden und servieren.

Besichtigung der großen Champagner-Kellereien

Unter den Städten Reims, Ay und Epernay liegen die ausgedehnten, alten Champagner-Lagerkeller, wo Hunderttausende von Flaschen Weißwein monatelang schräggestellt und gedreht werden, dann jahrelang ruhen müssen, bevor sie eines Tages als der Welt bester Schaumwein an die Oberfläche kommen. Die großen Champagner-Kellereien bieten Führungen durch ihre Lager an. Da die Besucher dabei in feuchtkalte Gewölbe kommen, wo sie längere Strecken laufen und Treppen steigen müssen, empfiehlt sich die Mitnahme eines Pullovers und das Tragen bequemer Schuhe. Die Besichtigungen sind frei.

Bollinger, 4, Boulevard Maréchal-de-Lattre, 51160 Ay. ⌀ 26552131. Besichtigung: Montag bis Freitag, mit Voranmeldung.

De Castellane, 57, Rue de Verdun, 51200 Epernay, ⌀ 26501234. Besichtigung: Montag bis Freitag, mit Voranmeldung. Geschlossen: im August.

Charles Heidsieck Henriot, 3, Place des Droits-de-l'Homme, 51100 Reims. ⌀ 26850327. Besichtigung mit Voranmeldung. Geschlossen: August.

Heidsieck Monopole, 83, Rue Coquebert, 51100 Reims. ⌀ 26073934. Besichtigung mit Voranmeldung. Geschlossen: im August.

Lanson, 12, Boulevard Lundy, 51100 Reims, ⌀ 26403626. Besichtigung: Montag bis Freitag, mit Voranmeldung.

Laurent-Perrier, 8, Avenue de Champagne, 51150 Tours-sur-Marne. ⌀ 26589122. Besichtigung: Montag bis Freitag, mit Voranmeldung. Geschlossen: im August.

Mercier, 75, Avenue de Champagne, 51200 Epernay. ⌀ 26547111. Besichtigung: Montag bis Freitag 10–12.30 und 14–17.30 Uhr; Samstag 9.30–12 und 14–18 Uhr; Sonn- und Feiertag 9.30–12.30 und 14.30–17.30 Uhr. Geschlossen: November bis zum Sonntag vor Ostern. Mercier bietet die Besichtigung der weitläufigen Kellerei per Zug an.

Moët et Chandon, 20, Avenue de Champagne, 51200 Epernay. ⌀ 26541111. Besichtigung: Montag bis Freitag 10–12.30 und 14–17.30 Uhr; Samstag 9.30–12 und 14–18 Uhr; Sonn- und Feiertag 9.30–12.30 und 14.30–17.30. Geschlossen: November bis zum Sonntag vor Ostern.

Mumm, 29, Rue du Champ-de-Mars, 51100 Reims. ⌀ 26402273. Besichtigung: Montag bis Freitag 9–11 und 14–17 Uhr.

Perrier-Jouët, 28, Avenue de Champagne, 51200 Epernay. ⌀ 26552053. Besichtigung: Montag bis Freitag, mit Voranmeldung.

Piper-Heidsieck, 51, Boulevard Henri-Vanier, 51100 Reims. ⌀ 26850194. Besichtigung: 11. April bis 11. November täglich 9.30–11.30 und 14–17.30 Uhr. Geschlossen: Vom 12. November bis 10. April Samstag und Sonntag. Piper-Heidsieck bietet die Besichtigung der weitläufigen Kellerei per Zug. Voranmeldung erwünscht.

Pol Roger, 1, Rue Henri-Lelarge, 51200 Epernay. ⌀ 26554195. Besichtigung: Montag bis Freitag, mit Voranmeldung.

Pommery, 5, Place Général-Gourard, 51100 Reims. ⌀ 26050501. Besichtigung: Montag bis Freitag 9–11 und 14–17 Uhr; Samstag und Sonntag 10–11 und 14–17 Uhr.

Louis Roederer, 21, Boulevard Lundy, 51100 Reims. ⌀ 26404211. Besichtigung: Montag bis Freitag, mit Voranmeldung.

Taittinger, 9, Place Saint-Nicaise, 51100 Reims. ⌀ 26854535. Besichtigung: März bis November täglich von 9–11 und von 14–17 Uhr. Geschlossen: Samstag von Dezember bis Februar.

Veuve Clicquot, 1, Place des Droits de l'Homme, 51100 Reims. ⌀ 26852408. Besichtigung: 9–11 und 14–17 Uhr. August: Besichtigung mit Voranmeldung möglich. Geschlossen: November bis Ostern.

Montreuil-sur-Mer *(Pas-de-Calais)*

Boulogne-sur-Mer 38 km, Lille 112 km, Paris 206 km
Markt: Samstag 9–12.30 Uhr, Grand Place

RESTAURANT

CHÂTEAU DE MONTREUIL
4, Chaussée Capucins,
62170 Montreuil-sur Mer
℡ 21815304
Bestellungen werden bis 14
bzw. 21.30 Uhr (22.30 Uhr
an Samstagen) entgegen-
genommen
Geschlossen: Donnerstagmittag (ausgenommen im Juli
und im August), und von
Mitte Dezember bis Januar
Kreditkarten: AE, DC,
EC, V
Speiseterrasse;
separate Speiseräume für
geschlossene Gesellschaften
(16 und 22 Personen)
Man spricht Englisch
220-Francs-Menü (nur mit-
tags), à la carte 300 Francs

Spezialitäten:
*Mousseline d'huîtres à la
ciboulette* (Austern-Creme
mit Schnittlauch), *pavé de
saumon à l'huile d'olive
vierge* (in Olivenöl erster
Pressung gesottener Lachs),
canette de Barbarie aux épices
(mit Gewürzen zubereitetes
Barbarie-Entchen)

Dieses großzügige Landgut ist ein Hort des guten Essens, und zwar mit des besten, das man im Norden Frank-reichs finden kann. Der Hausherr Christian Germain und seine Frau Lindsay, eine Engländerin, haben in die Relais- und Château-Eleganz das Behagliche ihrer persönlichen Atmosphäre eingebracht. An einem warmen Abend im Früh-herbst saß ich in dem gemütlichen Speisezimmer und labte mich an einem der besten Gerichte meines Lebens: einem ganz einfachen Brathähnchen vom Land mit einer ordentli-chen Portion sautierter Waldpilze, dazu ein Glas vom voll-mundigen roten *Bandol*. Der Käsespezialist Philippe Olivier mit seinem feinen Sortiment gehört hier übrigens zu den Hauslieferanten.

Aus Rohmilch hergestellter Brie

Reims *(Marne)*

Château-Thierry 58 km, Epernay 27 km, Lille 208 km, Paris 142 km
Märkte: Sonntag 8–12.30 Uhr, Avenue Jean-Jaurès; Mittwoch, Freitag und Samstag
6–13 Uhr, Markthalle, 50, Rue de Mars
Flohmarkt: Erster Sonntag im Monat (außer August) von 8–17 Uhr,
Place du Boulingrin

RESTAURANT

GÉRARD BOYER
(Les Crayères)
64, Boulevard Vasnier,
51100 Henri-Reims
✆ 26828080
Bestellungen werden bis 14
bzw. 21 Uhr entgegen-
genommen
Geschlossen: Montag, Diens-
tagmittag und von der letzten
Dezemberwoche bis Mitte
Januar
Kreditkarten: AE, V
Speiseterrasse
Klimatisiert
Separater Speiseraum für
geschlossene Gesellschaften
bis 25 Personen
Man spricht Englisch
Ungefähr 550 Francs

Spezialitäten:
je nach Jahreszeit; *petit chou
farci aux langoustines* (mit
Langustinen gefülltes Kohl-
köpfchen), *suprême de
canard rouennais aux poires
et au gingembre* (Blutenten-
brust mit Birnen und Ingwer)

Küchenchef Gérard Boyer

Vornehm-zurückhaltend und bescheiden-diskret, das
sind die richtigen Worte, um Gérard und Elyane Boyers
restauriertes Château zu beschreiben, das im Stil des 18. Jahrhunderts errichtet ist und im Herzen der Champagne liegt.
Das gastliche Haus am Rande von Reims erreicht man mit
dem Auto in eineinhalb Stunden von Paris aus, gerade die
richtige Entfernung für eine Spritztour oder einen etwas ent-
spannteren Ausflug mit Übernachtung. Das Schloß, im Jahre
1900 ursprünglich von der Familie Pommery, den bekannten
Champagner-Herstellern, erbaut, wurde außerordentlich
geschmackvoll renoviert und ausgestattet, so daß die Gäste
einerseits in einem Stück französischer Vergangenheit
schwelgen, andererseits den Komfort des 20. Jahrhunderts
nicht zu entbehren brauchen. In diesem glanzvollen, graziö-
sen Bau, der inmitten eines gewaltigen, dichtbestandenen
Parkes thront – Bäume aus aller Welt geben sich hier ein
Stelldichein – darf man ganz ungezwungen einhergehen.
Schauen Sie sich im Freien ein wenig genauer um, dann werden Sie in Stein gehauene cherubinische Gestalten mit paus-
bäckigen fröhlichen Gesichtern entdecken, schöne Rosen
und, wie könnte es anders sein, dicht mit *Pinot-Noir-* und
Pinot-Chardonnay-Trauben besetzte Weinstöcke: Trauben,

aus denen der Champagner gemacht wird, der die Welt verzauberte. Die Weinliste des Restaurants bietet 122 verschiedene Champagner, nach Sorten, Alter, Größe und Preis variierend.

Der kulinarische Stil – Speisen, die gepflegt, aber nicht überfeinert, einfach, doch nicht simpel, leicht und dabei keineswegs schwach im Aroma sind – entspricht ganz dem Charakter des Schlosses. Der Speiseraum ist eigentlich eine in gedämpften Creme- und Terrakotta-Tönen gehaltene dreiteilige Zimmerfolge, wobei die holzgetäfelte Partie den wohl exquisitesten Geschmack verrät; von hier aus fällt der Blick auf einen rotundenähnlichen Wintergarten, der der Terrasse und dem sauber gehegten Park gegenüberliegt. Überall begegnet man großen Spiegeln und mamornen Kaminsimsen, silbernen Kandelabern, chinesischen Ingwergefäßen und frischen Blumen. Zu den Gerichten, die ich hier im Laufe der Jahre am meisten schätzen gelernt habe, gehören Boyers *fricassée de champignons sauvages* (ein einfaches, aber vorzügliches Pilzragout, aus verschiedenen Sorten zusammengestellt, könnerhaft sautiert und mit einem Schuß Sahne veredelt); sein flockigleichter, köstlich gegrillter *Saint-Pierre,* der auf geschmorten roten Zwiebeln serviert wird (siehe Rezept Seite 90), und die außerordentlich feinaromatische, einschmeichelnde, mit Safran und Sahne leicht akzentuierte Muschelsuppe (siehe Rezept Seite 91). Daß zu jeder Mahlzeit ein alle Geschmackssinne fesselnder Käse-Gang gehört – eine Aus-

Bei Boyer:
schloßherrliche Eleganz

wahl der besten, ausschließlich aus Rohmilch gewonnenen regionalen Sorten –, ist selbstverständlich. Der cremige, fast fruchtig schmeckende *Chaource* mit seiner gekräuselten, weißen Schneestaubrinde ist hier vertreten, der orangegelbe *Langres,* geformt wie ein eingesunkener Krater, aber gleichwohl aktiv mit seinem feurig-würzigen Aroma, der kräftige *Maroilles,* auf feinen Nußgeschmack abgestimmt, und dann natürlich *Brie,* von rotbrauner Haut und blumiger Harmonie. Das ganze Mahl hindurch begleitet hervorragendes Landbrot aus Sauerteig die einzelnen Gänge; es wird nach Chef Boyers Rezept von einem örtlichen Bäcker hergestellt.

FILET DE SAINT-PIERRE AUX OIGNONS CONFITS ET AU BEURRE DE TOMATES
Filet vom Petersfisch mit Zwiebelgemüse und Tomatenbutter

Diese Rezept steht für eine leichte, geschmackserhaltende Art der Fischzubereitung und kann mit jeder Sorte Fischfilet ausgeführt werden. Küchenchef Gérard Boyer aus Reims setzt weißen Saint-Pierre, Petersfisch, für die Zubereitung ein. Ein großer Teil der Arbeit läßt sich bei diesem Rezept im voraus erledigen.

Zwiebeln:
4 mittelgroße rote Zwiebeln, zerkleinert
310 ml Rotwein, vorzugsweise *Côtes-du Rhône*
60 ml Sherry-Weinessig bester Qualität
185 ml Wasser
Salz und frisch gemahlener schwarzer Pfeffer nach Geschmack
1 Tl milder Honig
1 Tl Butter

Tomatenbutter:
10 mittelgroße Tomaten, entkernt und in Viertel geschnitten
15 g Butter
1 Tl extrafeines, kalt gepreßtes Olivenöl

1 kg Petersfisch

1. Zubereitung der Zwiebeln: Zwiebeln, Wein, Essig, Wasser, Salz und Pfeffer in einen großen Topf geben. Bei kleiner Hitze unter gelegentlichem Rühren so lange simmern lassen, bis die gesamte Flüssigkeit absorbiert ist und die Zwiebeln sehr weich und süß sind; das dauert etwa 45 Minuten. Den Honig und dann die Butter einrühren und abschmecken (dies kann bis zu einem Tag im voraus erledigt werden). Kaltstellen und unmittelbar vor dem Servieren wieder erhitzen.
2. Zubereitung der Tomatenbutter: Die Tomaten im Küchenmixer pürieren. Das Püree durch ein feinmaschiges Sieb drücken, und nur den Saft und das passierte Fruchtfleisch aufbewahren. In einen kleinen Topf geben und auf mittlerer Hitze bis auf ein Drittel der Menge reduzieren. Die Butter dazugeben und rühren, bis sie vollständig aufgenommen worden ist. Mit Salz und Pfeffer abschmecken und warmhalten.
3. Den Elektrogrill vorheizen.
4. Den Fisch salzen, pfeffern und mit dem Öl beträufeln, dann etwa 4 Minuten auf jeder Seite grillen bis er noch etwas elastisch, also keinesfalls weich oder zu fest ist.
5. Das Zwiebelgemüse erhitzen und auf 4 vorgewärmte Teller schöpfen. Die warme Tomatenbutter um die Zwiebeln gießen und den Fisch darauf anrichten. Sofort servieren. Für 4 Personen.

SOUPE DE MOULES AU SAFRAN ›GÉRARD BOYER‹
Muschelsuppe mit Safran ›Gérard Boyer‹

Dieses von Küchenchef Gérard Boyer in Reims stammende Rezept stellt eine jener angenehm überraschenden Kreationen dar, die sich vom Namen her nicht sehr aufregend anhören, dafür aber um so besser schmecken. Für alle, die ein Essen gerne mit einer eleganten Suppe einleiten, ist dies ein ganz besonders leckeres Entrée.

Garnierung:
1 Orange
2 Stangen Lauch, nur der weiße Teil, in Julienne-Streifen geschnitten
2 Karotten, geschält und in Julienne-Streifen geschnitten
1 Stange Staudensellerie, in Julienne-Streifen geschnitten

Suppe:
2 kg Miesmuscheln
2 Schalotten, gehackt
1 Stange Lauch, nur der weiße Teil, gut gewaschen und vom Sand befreit, trockengetupft und gehackt
165 ml trockener Weißwein
125 ml *crème fraîche* oder saure Sahne, vorzugsweise nicht ultrahocherhitzt
90 g Butter
Eine gute Prise Safranfäden
Salz und frisch gemahlener schwarzer Pfeffer nach Geschmack

1. Garnierung: Die Orange schälen und darauf achten, daß nur der orangefarbene Teil verwandt wird. Die Schale in feine Julienne-Streifen schneiden.
2. Die Schale in einen kleinen Topf mit kochendem Wasser geben. Sobald das Wasser wieder kocht, die Schale herausnehmen. Diesen Vorgang mit einem anderen Topf kochenden Wassers wiederholen. Die Schale unter fließendem kaltem Wasser abschrecken, auf einer Lage Küchenpapier abtropfen lassen und beiseite stellen.
3. Die feingeschnittenen Gemüse in einen großen Topf mit kochendem Wasser schütten, wieder zum Kochen bringen und dann sofort abgießen. Unter fließendem kalten Wasser abschrecken und gut abtropfen lassen. Beiseite stellen. (Die Orangeschale und die Gemüse können einige Stunden im voraus zubereitet werden. Bedeckt halten, damit sie feucht bleiben.)
4. Suppe: Die Muscheln gründlich bürsten und mehrmals in frischem Wasser waschen. Die Bärte entfernen (dies darf nicht im voraus geschehen, da die Muscheln sonst verderben).
5. Schalotten, Lauch und den Wein in einem 6 l fassenden Topf bei starker Hitze zum Kochen bringen. Die Muscheln hineingeben und etwa 5 Minuten kochen, bis sie sich öffnen. Vom Feuer nehmen, abgießen (den Sud aufbewahren) und die Muscheln abkühlen lassen.
6. Die Muscheln, sobald sie kühl genug zum Anfassen sind, aus den Schalen lösen und beiseite stellen. Alle nicht geöffneten Muscheln wegwerfen.
7. Den Muschelsud in einen mittelgroßen Topf gießen und bei mittlerer Hitze auf die Hälfte reduzieren. Die *crème fraîche* hinzufügen und noch etwas weiter reduzieren. Die Butter löffelweise unterrühren, bis sie vollkommen aufgenommen ist. Die Orangenschale, Gemüse und Muscheln dazugeben. Mit Safran, Salz und Pfeffer abschmecken. Sofort in vorgewärmten flachen Suppenschalen servieren.
Für 8 Personen.

CHAMPAGNER

1. Moët et Chandon: Der größte Champagner-Produzent und zugleich immer noch eines der renommiertesten Häuser. Die bekannteste Marke des Sortiments ist der Jahrgangs-Champagner *Dom Perignon*.

2. Krug Grande Cuvée: Eine der kleinsten Kellereien. Der hier ausgebaute Champagner ist von besonderem Adel und zeichnet sich durch ein blütenleichtes, elegantes, entfernt an Vanille anklingendes Aroma aus. Die Krug-Champagner sind länger gelagert als die meisten anderen Provenienzen, was ihnen eine raffiniert-feinsinnige Note verleiht.

3. Roederer Cristal 1981: Wer den klassischen, vollmundigen, schäumenden Champagner liebt, möge sich an den berühmten *Cristal* oder den hellen *Cristal Rosé* halten.

4. Billecart Salmon Brut Rosé: Das dieser edle, aromatische *rosé* leicht salmfarben schimmert, ist, so vermute ich, reiner Zufall. Er gehört zu den deliziösesten und fruchtigsten Champagnern, die ich kenne, besitzt eine sehr reiche, feine Perlung und verabschiedet sich im Nachgeschmack mit einer angedeuteten Himbeer-Erdbeer-Nuance.

5. Laurent Perrier: Eine große, sehr bekannte Kellerei mit einer ansehnlichen Produktion gutgemachter Champagner, die zu den preisgünstigsten gehören, die man finden kann. Wenn Sie aber etwas mehr auszugeben bereit sind. leisten Sie sich die vornehme, kultivierte *cuvée Grande Siècle*.

6. Bollinger: Der Name Bollinger steht für Prestige, Klasse und bewährte Güte. Besonders empfehlenswert ist die luxuriöse *cuvée Tradition*, ein klassischer, komplexer Champagner mit viel Charakter, so recht dazu geeignet, erinnerungswürdige Ereignisse noch lange nach dem letzten Schluck im Gedächtnis fortleben zu lassen.

7. J. Lassalle: Die Marke Jules Lassalle ist mein persönlicher Favorit, einer der wenigen Champagner, die von einer einzelnen Person hergestellt werden (der Produzent verarbeitet seine Trauben im Keller des eigenen Hauses). Diese kleine unabhängige Firma bietet eine Reihe sehr gefälliger, klassischer Champagner – von der reifen *cuvée Angeline* bis zum vollaromatischen *brut rosé* – an.

KÄSE AUS DER CHAMPAGNE UND DEM NORDEN

1. Maroilles: Dicke, elastische quadratische Stücke Kuhmilchkäse, saftig, mit strengem Bouquet und betont scharfem Geschmack. Durch die zweimonatige Naßlagerung in Reifekellern nimmt die Rinde eine schimmernde, leicht ziegelrote Färbung an. Bei der traditionellen Herstellung wurde der Maroilles auf kleinen Bauernhöfen aus Rohmilch aufgebaut und dann zu den als Sammelstellen fungierenden Reifekellern gebracht, wo professionelle *affineurs* die Behandlung übernahmen.

2. Chaource: Dieser schon seit dem 14. Jahrhundert bekannte, sanfte, fruchtige Kuhmilchkäse mit der zylindrischen Form verströmt einen leichten, an Pilze und Sahne erinnernden Duft. Die 50 Prozent Fettgehalt sorgen für eine buttrige Konsistenz.

3. Boulette d'Avesnes: Ein rotleuchtender, konisch geformter Käse, der aus – vom Äußeren her – mangelhaften Maroilles gemacht wird: die mit dem Reifen der Stücke beschäftigten Experten sondern junge, mit Dellen oder Knicken behaftete Maroilles aus, verkneten sie mit Pfeffer und Estragon und formen sie zu Kegeln aus. Die Bestäubung mit rotem Paprika gibt diesen Käsen ihr typisches Ausshen, bevor man sie, in Folie eingewickelt, zwei Monate reifen läßt. Der Geschmack verlangt nach einem starken Begleitgetränk wie Bier oder Gin.

4. Rollot: Ein aromatischer, würziger, dem Maroilles ähnlicher Kuhmilchkäse mit glänzender, weicher ockergelber Rinde. Der gewaschene zarte Käse wird zu kleinen Zylindern gerollt oder, häufiger noch, in die volkstümliche Herzform gebracht.

5. Brie de Melun: Ähnlich wie der Brie de Meaux aussehend, aber kleiner, muß jeder Brie de Melun genannte Käse vorschriftsmäßig aus roher Kuhmilch hergestellt und mindestens einen Monat auf der Strohmatte gereift sein. Die besten Exemplare dieser Art zeichnen sich durch ein ausgeprägt erdiges Aroma, ein sehr fruchtiges Bouquet und einer rostfarbene Rinde aus.

6. Brie de Meaux: Dieser flachgeformte Kuhmilchkäse, der, wenn er den Höhepunkt seiner Qualität erreicht, leicht nach Haselnuß schmeckt, ist seit Urzeiten als ›König der Käse‹ angesehen worden. Brie aller Art und in vielerlei Form findet man auf der ganzen Welt, doch nur der im Bereich von Meaux aus roher Kuhmilch gewonnene Brie darf sich Brie de Meaux nennen.

Elsaß

Das Elsaß, die schmale rebenreiche Ebene zwischen Rhein und Vogesen, Heimat von Brezeln und Sauerkraut, Weißwein und gaumenfreudigen Volksfesten, gehört zu Frankreichs vergnüglichsten Regionen, ein Ländchen, in dem die Leute offenbar verstehen, es sich gutgehen zu lassen.

Ungleich der verwickelten Geschichte dieses Grenzgebiets, in dem Invasionen und Besetzungen mehr die Regel als die Ausnahme waren, haftet der elsässischen Kochkunst nichts Verwickeltes an. In ihr finden die deftige deutsche Küche und die subtile Cuisine Frankreichs zueinander. Versetzt in diese erdverbundene Gegend,

S'Bretschtelle Eck, wo Brezel und Bretzel dasselbe ist

bedeutet das: bodenständige, der Kälte trotzende, Herz und Magen wärmende Bauernkost, deren Hauptelement Kartoffeln, frisches wie gepökeltes Schweinefleisch, Roggenbrot mit Kümmel, Kohl, wilde Beeren und blaßgoldene Weine bilden. Aber deshalb sollte niemand glauben, der elsässischen Küche fehle es an kulinarischem Gespür, an Raffinement und Feinsinnigkeit. Nur wenige Weine in der Welt können es mit dem Gewürztraminier aufnehmen; die Obstbranntweine der Region, die *eaux-de-vie*, suchen ihresgleichen; und ich kenne nur wenige regionale Desserts von so geschmacklicher Eleganz wie die großartige *tarte au fromage blanc*, die elsässische Käsetorte.

In all den Frankreich-Jahren sind wir, den Sinn meist aufs Essen, auf den Wein und die Folklore gerichtet, immer wieder ins Elsaß zurückgekehrt. Herbstliche Reisen führten uns durch namhafte Weinorte, durch Bilderbuchstädtchen wie Eguisheim, Riquewihr und Ribeauvillé, vorbei an alten Häusern mit steilen Dächern, an geraniengeschmückten Fenstern.

Etwas Gemütliches, Bequemes, Hemdsärmeliges geht von den meisten Lokalen im Elsaß aus, die hier *Winstub* oder *Taverne* heißen oder auch Restaurant sein können, wo man sich, zusammen mit anderen Gästen, zum gemeinsamen Schwelgen auf langen Bänken hinter schweren Holztischen niederläßt.

Auch weil es ein Land der Brotliebhaber ist, habe ich eine Schwäche fürs Elsaß. Hier ist man stolz darauf, Brot und Kuchen noch zu Hause zu backen anstatt den Bedarf, wie größtenteils im übrigen Frankreich, im Laden zu decken. Der häusliche Backofen, in weiten Teilen des Landes längst stillgelegt, herrscht hier immer noch vor – wenngleich der Elsässer Ofen, verschieden von den anderenorts üblichen massiven Steinkonstruktionen, wie ein langer, schmaler metallener Tunnel aussieht; hauptsächlich der dünnkrustige, aus Sahne, Schinken und Zwiebeln bestehende Kuchen, unterschiedlich *flammekueche* oder *tarte flambée* genannt, kommt aus dieser Backröhre.

Die weitaus beste Zeit, um das Elsaß zu besuchen, ist der Spätsommer während der Ernteperiode, wenn Dörfer wie Krautergersheim und Munster, Plobsheim und Mutzig, im Blau des Himmels und in herbstlicher Pracht sich wiegend, die alljährlichen Gaben der Natur feiern und den jungen Wein, das frische Sauerkraut, rote Johannisbeeren und Blutwurst hochleben lassen. Sogar der Rüben wird im Elsaß festlich gedacht.

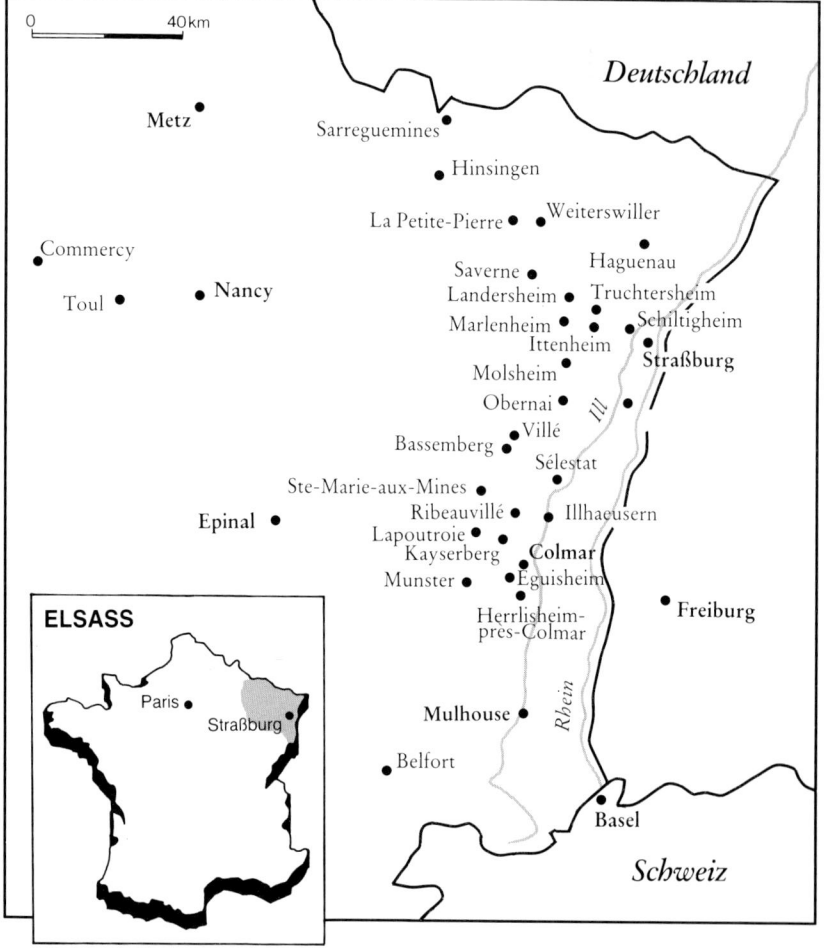

Beste Reisezeit

Vom späten Frühjahr bis zum Spätherbst präsentiert sich das Elsaß im landschaftlich schönsten und folkloristisch festlichsten Gewand.

Märkte:
(die attraktivsten sind mit einem Sternchen markiert)

Montag: Benfeld, Commercy, Kaysersberg, Molsheim.
Dienstag: *Bar-le-Duc, Guebwiller, Haguenau, Lunéville, Metz, Mulhouse, Munster, Nancy, Ribeauvillé, Sélestat, Strasbourg.
Mittwoch: Brumath, Duttlenheim, Epinal, Metz, Nancy, Soufflenheim, Strasbourg, Vittel.
Donnerstag: Altkirch, Bar-le-Duc, Colmar, Erstein, *Gérardmer, Lunéville, Metz, Mulhouse, Nancy, Obernai, Saverne, Schiltigheim, Wissembourg.
Freitag: Baccarat, Commercy, Guebwiller, *Haguenau, Lapoutroie, Metz, Mutzig Nancy, Niederbronn-les-Bains, Plobsheim, Riquewihr, Rosheim, *Strasbourg, Turckheim, Verdun.
Samstag: Bar-le-Duc, Barr, *Colmar, *Epinal, Gérardmer, *Lunéville, *Metz, *Mulhouse, *Munster, *Nancy, Pfaffenhoffen, Ribeauvillé, Rouffach, *Strasbourg, Thann, *Vittel, *Wissembourg.

Messen und Volksfeste

Dritter Montag im Februar: *Foire aux Andouilles* (Kaldaunenwurstmarkt), Le Val-d'Ajol.
Dritter Sonntag im März: *Foire aux Harengs* (Heringsmesse), Rupt-sur-Moselle.
Ostersonntag und -montag: *Foire Annuelle du Pâté Lorrain* (Jährliche Messe für Pâté aus Lothringen), Châtenois.
Der dem 20. April nächste Sonntag: *Fête des Jonquilles* (Osterglocken-Fest), Gérardmer.
Letztes Wochenende im April: *Foire aux Grenouilles* (Frosch-Messe), Vittel.
Ende April oder Anfang Mai: *Fête de l'Escargot* (Schneckenfest) Osenbach.
Letztes Wochenende im April und Anfang Mai: *Foire de Printemps* (Frühjahrsmesse), Straßburg.
Mai: *Fête de la Quiche* (Quiche-Fest), Mirecourt.
1. Mai: *Fête du Printemps et Foire Régionale aux Vins* (Frühlingsfest und Regionale Weinmesse), Molsheim.
Zweites Wochenende im Mai: *Foire aux Escargots* (Schnecken-Messe), Martigny-les-Bains.
Pfingstmontag: *Foire* (Internationales Folklore-Fest), Wissembourg.
Dritter Sonntag im Mai: *Foire Gastronomique* (Gastronomie-Messe), Bulgnéville.
Zweiter Sonntag im Juni: *Foire à la Chipolata* (Chipolata-Wurstmarkt), Lamarche; *Fête du Kugelhopf* (Gugelhupf-Fest), Ribeauvillé.
Mitte Juni: *Fête de la Cerise* (Kirschenfest), Westhoffen; *Fête de la Truite et de la Glace Plombières,* (Forellen- und Eis-Fest), Plombières-les-Bains.
21. Juni: *Marché au Pain d'Epices* (Honigkuchen-Markt), Gertwiller; *Procession de la Fête-Dieu* (Fronleichnams-Prozession in elsässischer Tracht), Geispolsheim.
Drittes Wochenende im Juni in geraden Jahren: *Foire à la Quiche Lorraine* (Quiche-Lorraine-Messe), Dombasle-sur-Meurthe.
Dritter oder vierter Sonntag im Juni: *Festival de la Rose* (Rosenfestival), Saverne.

Letztes Wochenende im Juni: *Foire à la Frite* (Pommes-Frites-Messe), Girancourt.

Letztes Wochenende im Juni und erstes Wochenende im Juli: *Fête de la Tarte au Fromage* (Käsekuchen-Fest), Orbey.

Anfang Juli: *Fête de la Griotte* (Schattenmorellen-Fest), Uffholtz.

Erster Sonntag im Juli: *Fête du Fromage Blanc et des Traditions Rurales* (Frischkäse- und Folklore-Fest), Sarrebourg.

Um das letzte Wochenende im Juli: *Foire aux Vins et Fête Folklorique* (Weinmesse und Folklore-Fest), Ribeauvillé.

Letzter Samstag im Juli: *Fête de la Poitrine Farcie* (Fest der gefüllten Kalbsbrust), Thann.

August: *Fête de la Truite* (Forellen-Fest), Andlau.

Erster Samstag im August: Fête de la Myrtille (Heidelbeerfest), Dabo.

5. August: *Foire aux Vins et Representations Folkloriques* (Weinmesse und Folklore-Festival), Colmar.

Zweiter Sonntag im August: *Corso Fleuri et Foire aux Vins* (Blumenkorso und Weinmesse), Sélestat.

Mitte August: *Messti* (örtliches Volksfest und Weinmesse), Gertwiller.

Etwa um das letzte Wochenende im August: *Kilbes* (Weinmesse), Gueberschwihr.

Um den 25. August: *Fête de la Mirabelle* (Mirabellenfest), Darney.

Letzte Woche im August: *Fête du Houblon et Semaine Gatronomique* (Hopfenfest und Gastronomische Woche), Haguenau.

Letzter Sonntag im August: *Fête du Sucre* (Zucker-Fest), Erstein; *Fête du Maïs* (Mais-Fest), Bossendorf.

Ende August oder Anfang September: *Fête de la Mirabelle* (Mirabellenfest), Metz.

Erste drei Tage im September: *Journées de la Choucroute* (Sauerkrautmarkt), Colmar.

Erster Sonntag im September: *Fête des Ménétriers* (Fest der Dorfmusikanten), Ribeauvillé; *Fontaine de la Bière* (Bier-Fest), Mutzig.

Erste drei Samstage im September: *Fête de la Choucroute* (Sauerkraut-Fest), Geispolsheim.

Mitte September: *Fête de la Groseille* (Rote-Johannisbeeren-Fest), Bar-le-Duc.

Letzter Sonntag im September: *Foire aux Oignons* (Zwiebelmesse), Brumath.

Letztes Wochenende im September und erster Samstag im Oktober: *Fête à la Choucroute* (Sauerkraut-Fest), Krautergersheim.

Letztes Wochenende im September und erstes Wochenende im Oktober oder die ersten beiden Wochenenden im Oktober: *Journées d'Octobre* (Oktobermarkt), Mulhouse.

Erster Sonntag im Oktober: *Fête de la Planchette Paysanne* (Lebensmittel-Schau), Plobsheim.

Fête des Vendanges (Weinlese-Fest), Barr.

Zweiter Sonntag im Oktober: *Grande Fête du Raisin* (Trauben-Fest), Molsheim.

Foire au Boudin (Blutwurstmarkt), Monthureux.

Dritter Sonntag im Oktober: *Fête des Vendanges* (Weinlese-Fest), Obernai und Marlenheim; *Messti* (örtliches Volksfest), Merkwiller.

Anfang Oktober: *Fête de la Tourte* (Pasteten-Fest), Munster.

Erster und zweiter Samstagabend im November: *Fête du Navet* (Rettich-Fest), Lipsheim.

Um den 14. Dezember: *Fête de la Sainte-Odile* (Fest der heiligen Odilie), Obernai.

Bassemberg *(Bas-Rhin)*

Sainte-Marie-aux-Mines 32 km, Sélestat 17 km

SPIRITUOSEN

DISTILLERIE MASSENEZ
067 Dieffenbach Val,
Bassemberg, 67220 Villé
✆ 88856286
Geöffnet: 8–12 und 14–17.30
Uhr; geschlossen. Samstagnachmittag und Sonntag

Massenez ist einer der geachtetsten Namen, wo es um *eau-de-vie,* den klaren Obstbranntwein, geht. Speziell auf *framboise* (Himbeer), *poire* (birne), *mirabelle* und *kirsch* sei Ihre Aufmerksamkeit gelenkt.

Commercy *(Meuse)*

Metz 71 km, Paris 259 km, Toul 32 km
Markt: Montag 9–12.30 Uhr, Place Charles de Gaulle

KONDITOREI

MAISON GROJEAN
8, Place Charles de Gaulle,
55200 Commercy
✆ 29912516
Geöffnet: Dienstag bis Samstag 8.45–12 und 14–19 Uhr;
Sonntag 9.30–12 und 14–18
Uhr; geschlossen: Montag

Diese ist die vielleicht größte *madeleine*-Bäckerei von ganz Frankreich. *Madeleines* oder Magdalenenkuchen sind die ovalen, muschelgerippten, zitronig schmeckenden Teeküchlein, die durch Marcel Proust Berühmtheit erlangten (siehe Seite 119).

Idylle am Ill

Eguisheim *(Haut-Rhin)*

Belfort 71 km, Colmar 7 km, Mulhouse 39 km, Paris 448 km

RESTAURANT

CAVEAU D'EGUISHEIM
3, Place du Château-Saint-Léon, 68420 Eguisheim
✆ 89410889
Bestellungen werden bis 14 bzw. 21 Uhr entgegengenommen; doch serviert man während des ganzen Nachmittags *foire gras,* Schinken und Zwiebelkuchen
Geschlossen: Mittwochabend, Donnerstag, die ersten zehn Tage im Juli sowie von Mitte Januar bis Februar
Kreditkarten: AE, DC, V
Separater Speiseraum für geschlossene Gesellschaften bis 8 Personen
Man spricht etwas Englisch
105- und 160-Francs-Menüs, à la carte 200 Francs

Spezialitäten:

Choucroute (Sauerkraut mit verschiedenen Sorten Wurst, Speck, Schweineschwarten, geräuchertem und gepökeltem Fleisch und Kartoffeln), *tarte à l'oignon* (Zwiebelkuchen), *baeckeoffe* (mit Wein, Zwiebeln und Kartoffeln zubereitetes Rinder-, Lamm- und Schweineragout); Wild zu den entsprechenden Jahreszeiten

Der CAVEAU ist ein geselliger, freundlicher Ort mit nackten Holzdielen und einfachen Wirtshausstühlen, und an den Tischen findet man sonntags die ortsansässigen Familien zum Festschmaus versammelt. Diese Schenke gehört zu meinen Lieblingsplätzen, wenn es darum geht, im Elsaß an einem Wintersonntag zu Mittag zu essen. Am besten lassen Sie sich einen Tisch reservieren, von dem aus Sie auf die anmutige Dorfkirche und die Fenster mit den geraniengefüllten Blumenkästen schauen können, und dann bestellen Sie die als üppiger Haufen servierte *choucroute,* die hier in klassisch guter Zubereitungsform – mit Schweinshachse, Straßburger Würstchen, Colmarer Räucherwurst, mild geräuchertem Speck und einer ordentlichen Scheibe Schweinefleisch – dampfend aus der Küche kommt. Die Fleischstücke sind pyramidenförmig über dem Sauerkraut aufgeschichtet, was so viel bedeutet wie: ein Gericht zum Sattwerden.

Falls Sie Sauerkraut nicht gerne mögen, sollten Sie den herzhaften *baeckeoffe* versuchen, der hier mit sehr schmackhaften elsässischen Kartoffeln und handfesten Portionen Rind- und Schweinefleisch in der traditionellen handbemalten Steingutterine aufgetragen wird, in der er auch gebacken wurde. Zu solch stämmigem Essen sollten Sie einen *Léon Beyer's Riesling* trinken, einen gefälligen Wein mit viel Charakter. Zum Nachtisch-Angebot gehören, außer einer ziemlich klebrigen, wenig appetitlichen Heidelbeertorte *(tarte aux myrtilles),* ein sehr süßer Elsässer Hefekuchen – ein Gugelhupf, hier *kugelhopf* genannt –, dessen rumgetränkter Teig von einer hohen Schlagsahnehaube bedeckt ist.

Der Duft reifer Melonen erfüllt die sommerlichen Märkte

Hinsingen *(Bas-Rhin)*

Paris 406 km, Sarreguemines 22 km, Straßburg 90 km

RESTAURANT

LA GRANGE DU PAYSAN
8, Rue Principale,
67260 Hinsingen
✆ 88009183
Bestellungen werden bis 14
bzw. 22 Uhr entgegengenommen; an der Getränkebar
kann man jedoch den ganzen
Tag Bier, Wein und kleine
Imbisse bekommen
Geschlossen: Montag
Kreditkarte: V
Speiseveranda;
separate Speiseräume für
geschlossene Gesellschaften
von 15, 20 und 45 Personen
Man spricht Englisch
60- und 178-France-Menüs,
à la carte 100 Francs

Spezialitäten:
Elsässer Gerichte und
Erzeugnisse vom Bauernhof;
flammekueche, der regionale
Käse-Zwiebel-Kuchen, wird
mittwochs-, freitags- und
samstagsabends sowie den
ganzen Sonntag über serviert;
porcelet dans le four, im Ofen
gebackenes Ferkel, kann man
samstagsabends und sonntagsmittags bestellen.

Im Herzen des Elsaß und mitten auf dem Land, eine runde Autostunde nordwestlich von Straßburg, trifft man ein wirklich ungewöhnliches, wunderbar gemütliches Restaurants an, wo so gut wie alles, was im Kochtopf, im Backofen oder direkt auf dem Teller landet – von der schaumigfrischen Sahne bis zum Weizenmehl im *flammekueche* – direkt von dem dazugehörigen bescheidenen Musterbauernhof kommt. Der geräumige, mit dem vielen Holz und den Balken trotzdem hüttenartig wirkende Speiseraum ist mit antikem Gerät, mit Wagenrädern und einem offenen Natursteinkamin dekoriert. In den wärmeren Monaten des Jahres nimmt eine helle blumengeschmückte Veranda die Gäste auf; sie gibt den Blick auf die Nachbarhöfe und die Dorfkirche frei.

Was die Küche anbelangt, so werden Sie schwerlich irgendwoanders solch authentisch elsässische Kost vorgesetzt bekommen. Wenn Sie auf einen deliziösen *flammekueche* aus sind, greifen Sie gleich hier zu: eine papierdünne Kruste, allerfrischester *fromage blanc,* dünne Scheiben Speck (weder zu salzig noch zu fett) und eine gut abgestimmte Dosis Zwiebeln. In LA GRANGE DU PAYSAN wird dieser Kuchen auf vorgewärmten Tellern serviert, so daß man ihn noch backwarm verspeisen kann. Als Hauptgericht bietet sich eine wohlschmeckende *poularde au riesling* an, ein in einer feinherben Riesling-Weinsauce gekochtes Freilandhuhn. Obwohl die Eigentümerfamilie Rieger ihren Schinken selbst macht, fand ich diese mit Morcheln zusammengestellte Spezialität eher fade und wie im Laden gekaufte Ware schmeckend.

Das Brot ist hausgebacken, auch der Haus-Riesling ist bemerkenswert gut, und an Wochenenden kann man sich ein ganzes Ferkel wünschen, das frisch aus dem holzgefeuerten Backofen hinterm Haus kommt. Schinken, Wurst und Käse können hier gekauft und mitgenommen werden.

Illhaeusern *(Haut-Rhin)*

Colmar 17 km, Paris 442 km, Sélestat 13 km, Straßburg 60 km

RESTAURANT

Auberge de l'Ill
Rue de Collonges, Illhaeusern, 68150 Ribeauvillé
℃ 89718323
Bestellungen werden bis 14
bzw. 21 Uhr entgegen-
genommen
Geschlossen: Montag und
Dienstag in der Zeit von
November bis März; Mon-
tagabend und Dienstag in der
Zeit von April bis Oktober;
im Februar; die erste Juliwoche
Kreditkarten: AE, DC
Klimatisiert
Separater Speiseraum für
geschlossene Gesellschaften
bis 10 Personen
Man spricht Englisch
270- (mittags an den
Wochentagen), 300-, 370-
und 410-Francs-Menüs,
à la carte 450 Francs

Spezialitäten:
Saumon soufflé (mit Hecht-
Soufflé gefülltes Lachsfilet),
*noisette de chevreuil mousse-
line de grenouilles* (Hirschnüßchen mit Froschschenkel-
Schaum), *feuilleté pigeonne-
aux choux et aux truffes*
(Taube, Kohl und Trüffeln,
in Blätterteig gebacken)

Die Auberge de l'Ill hinter Uferweiden

Unter all den wirklichen großen Restaurants Frankreichs gehört die idyllische, weniger als eine Autostunde von Straßburg entfernte Auberge de l'Ill zu den internationalen und ist dabei doch wohl das Haus mit dem deutlichsten Understatement. Zugleich darf sie zu den gastronomischen Betrieben – hier ein dicht gewobenes Familienunternehmen – gerechnet werden, die am konsequentesten ihre Linie verfolgen, eine Konsequenz, die auf harter Arbeit, Zielstrebigkeit und persönlicher Stärke beruht. Vater und Sohn, Paul und Marc Haeberlin, bilden das Tandem, das ruhig und routiniert in der Küche arbeitet, während Jean-Pierre – Bruder bzw. Onkel – sich als perfekter Gastgeber bewährt.

Wer sich hier hinter dem auf den schmalen Fluß mit den Trauerweiden hinausgehenden Fenster niederläßt, darf sich auf stundenlange kulinarische Verwöhnung einstellen. Wenn man nach Kriterien sucht, die den Ruf eines großen Restaurants begründen, dann braucht man nur einen Blick in die Haeberlinsche Speisekarte zu werfen. Was sofort ins Auge springt, ist die wohlabgestimmte und jedem Gaumen gerecht werdende Auswahl von klassischer und regionaler Kost.

101

Zu den beim letzten Besuch genossenen erlesensten Gerichten gehören eine mit iranischem Kaviar bestreute und von *profiteroles*, kleinen Windbeuteln, besetzte Spargelcremesuppe; ein warmer Salat von delikatem *merlan* (Wittling), angemacht mit einer geschmacklich überraschenden, koriander-aromatisierten Vinaigrette und begleitet von einer kapriziösen Gemüse-Fritüre; und ein ganz vorzügliches Lamm im Teigmantel. Und sollten Sie die *salade de lapereau*, den Kaninchen-Salat, auf der Speisekarte finden, dann lassen Sie sich diese Köstlichkeit nicht entgehen (siehe Rezept Seite 104), und trinken Sie dazu einen weißen Riesling aus dem umfassenden Angebot von Haeberlins lokalen Weinen.

Die Desserts fügen sich nahtlos in die Menüfolge ein. Die *profiteroles* , die ich hier aß, könnten nicht besser sein, und ich bezweifle, ob es viele Konditoren gibt, die sich zutrauen würden, eine Rhabarbertorte nach Art des Hauses Haeberlin hinzuzaubern – schichtweise aufgebaut aus warmem Blätterteig mit vollaromatischem Rhabarber, der über die Ränder tritt und sich in eine mit Sauternes bereitete Sauce ergießt. Allein die Weinliste ist einen Umweg über Illhaeusern – und die normalerweise sechswöchige Vorreservierung – wert.

Ittenheim *(Bas-Rhin)*
Straßburg 13 km

RESTAURANT

HÔTEL AU BŒUF
Ittenheim,
67370 Truchtersheim
✆ 88690142
Bestellungen werden bis
13.45 bzw. 21.15 Uhr
angenommen
Geschlossen: Montag, von
Mitte Juni bis Mitte Juli, die
letzten zehn Dezembertage
und die sich anschließenden
ersten drei Januarwochen
Kreditkarte: EC
Separater Speiseraum für
geschlossene Gesellschaften
bis 80 Personen
Man spricht etwas Englisch

Während meines letzten Besuches im Elsaß habe ich Tage darauf verwendet, die beste *tarte flambée*, den auch als *flammekueche* bekannten, mit Zwiebeln und Speck und Sahne belegten Kuchen (siehe Rezept Seite 114) ausfindig zu machen. Die vom HÔTEL AU BŒUF präsentierte Version – hauchdünner, mit *fromage blanc* beschichteter Teig – machte bei der Bewertung viele Punkte gut, und das gilt auch für die Vorführung: Die Gäste werden freundlich aufgefordert, zur offenen Küche zu kommen, um den jungen Chefs dabei zuzusehen, wie sie den breit ausladenden blubbernden Teig in den Holzofen schieben und wieder herausangeln. Die frischen Kuchen werden auf großen Holzbrettern zum Tisch gebracht, damit man sie in noch ofenwarmem Zustand kosten kann. Es ist dies ein herrlicher zwangloser Ort, viel besucht von jungen Leuten, die einen Kuchen nach dem anderen bestellen, karaffenweise dazu lokale Weine trinken und aus den *tartes flambées* eine ganze Mahlzeit machen.

50-, 75-, 80- und 120-Francs-
Menüs, à la carte 150 Francs

Spezialitäten:
Choucroute garnie (Sauerkraut mit verschiedenen
Arten von Würstchen,
Räucherspeck, Schweine-
fleisch und Kartoffeln), *coq
au pinot noir* (Hähnchen in
Rotweinsauce), *tarte flambée*
(mit Zwiebeln, Speck und
Sahne belegter Kuchen; nur
abends erhältlich), *foie gras
d'oie* (Gänsestopfleber), *potée
alsacienne* (herzhafter Eintopf
aus geräuchertem und gepökeltem Schweinefleisch,
Gemüse und Kartoffeln, nur
auf besondere Bestellung);
Fisch- und Wildspezialitäten
je nach Jahreszeit

Wer aber mehr Appetit entwickelt, der möge sich an die
äußerst verlockenden *choucroute*-Platten halten – wobei man
zwischen einer Version mit sechs und einer mit neun
verschiedenen Wurst- und Fleischsorten wählen kann – oder
sich einem stärkeren *pot-au-feu* zuwenden, der in einer
Abfolge von Tellerfüllungen serviert wird: zunächst setzt
die Kellnerin Ihnen die typische Elsässer Steingutterrine vor,
deren dampfendes Innere aus einer kräftigen Fleischbrühe
besteht, in der Rindfleischstücke, Karotten, leckere Leberknödel und Rüben schwimmen. Dann kommt eine Platte mit
frischem Grünzeug auf den Tisch und dazu eine delikate
céleri remoulade, eine mit Sellerie angemachte Remouladensauce. Man tauche die Bissen ein und genieße.

Kaysersberg *(Haut-Rhin)*

Colmar 11 km, Munster 26 km, Paris 433 km
Markt: Montag 8–12 Uhr, Place Gouraud

BÄCKEREI/ KONDITOREI

Au Péché Mignon
67, Rue du Général de
Gaulle, 68240 Kaysersberg
Geöffnet: 8–18.30 Uhr;
geschlossen: Montag und die
letzte Woche im Januar

Vor Jahren schrieb eine Berufskollegin, die amerikanische
Journalistin Elizabeth Schneider, so begeistert über ein
zu Weihnachten verspeistes Elsässer Früchtebrot, daß ich es
gar nicht abwarten konnte, das Rezept selbst auszuprobieren.
Die als *berawecka* bekannte Spezialität ist besonders in Kaysersberg zu Hause, wird jedoch nur zu den Festtagen gebakken. Von der Art der Zubereitung, wie sie Au Péché
Mignon praktiziert (siehe Rezept Seite 105), bin ich ganz
entzückt.

SALADE DE LAPEREAU ›L'AUBERGE DE L'ILL‹
Kaninchensalat ›Auberge de l'Ill‹

Dieser gepflegte Salat ist im noblen Restaurant der AUBERGE DE L'ILL *zu einem klassischen Gericht geworden. Ich aß es zum allerersten Mal, als meine Besuche an diesem romantischen Plätzchen am Illufer Premiere feierten. Möglicherweise war es sogar das erste Mal, daß ich überhaupt Kaninchen aß, aber es sollte nicht das letzte Mal sein. Ein spritziger kalter Riesling und vielleicht ein wenig gegrilltes Hausmacherbrot begleiten diese Speise vorteilhaft.*

1 frisches Kaninchen (1,125 kg bis 1,350 kg), in serviergerechte Teile geschnitten, Leber und Nieren separiert
Salz und frisch gemahlener schwarzer Pfeffer nach Geschmack
80 g Butter
2 mittelgroße Zwiebeln, in dünne Scheiben geschnitten
2 Karotten, in dünne Scheiben geschnitten
500 ml trockener Weißwein, wie Riesling
3 mittelgroße Tomaten, in Viertel geschnitten
2 Lorbeerblätter, zerdrückt
1 Zweig frischer Thymian
1 Zweig frischer Rosmarin
1 Zweig frische Petersilie
1 Knoblauchzehe, leicht zerdrückt
3 El Sherry-Weinessig bester Qualität
1 ½ El Dijon-Senf
60 ml extrafeines, kalt gepreßtes Olivenöl
1 ganze Trüffel (nach Belieben)
1 kg grüne Salate, vorzugsweise Feldsalat, Endivien und Eichblattsalat

1. Die Kaninchenstücke großzügig salzen und pfeffern. 4 Eßlöffel Butter bei guter Hitze in einer großen tiefen Pfanne schmelzen, bis sie heiß, aber noch nicht rauchend ist. Die Kaninchenteile hinzufügen und auf allen Seiten gründlich anbraten (die Pfanne dabei nicht überladen). Zwiebeln und Karotten dazugeben und von allen Seiten leicht bräunen. Sehr langsam den Wein dazugießen und dann die Tomaten, Lorbeerblätter, frischen Kräuterzweige und den Knoblauch hinzufügen. Die Pfanne zudecken und bei mittlerer Hitze etwa 20 Minuten schmoren lassen, bis das Kaninchen gar ist.
2. Die Kaninchenteile herausnehmen und abkühlen lassen. Dann das Fleisch sorgfältig von den Knochen lösen und in mundgerechte Happen schneiden. Alles zähe oder knorpelige Fleisch entfernen.
3. Den Kochsud durchseihen, so daß Kräuter und Gemüse im Sieb zurückbleiben. Die Flüssigkeit (es müßten etwa 500 ml sein) in einen Kochtopf mit schwerem Boden gießen und bei starker Hitze auf etwa 125 ml reduzieren.
4. Während die Flüssigkeit einkocht, Essig, Senf und Öl miteinander verrühren. Diese Mischung in die noch warme, reduzierte Flüssigkeit geben. (Bis zu diesem Stadium kann das Gericht im voraus zubereitet werden. Wenn die Sauce bereits zubereitet war, bei kleiner Hitze vorsichtig gerade eben erwärmen.) Unmittelbar vor dem Servieren die Trüffel fein schneiden, sie zusammen mit dem eventuell vorhandenem Trüffelsaft in die warme Sauce geben und gut verrühren.
5. Den verbliebenen Eßlöffel Butter in einer kleinen Pfanne bei guter Hitze schmelzen. Kaninchenleber und -nieren hinzugeben und schnell anbraten. Sie sollten innen noch rosig sein. Das dauert etwa 1 Minute. Auf ein Brett legen und in Scheiben schneiden.
6. Die Kaninchenstücke mit ein paar Eßlöffeln der Sauce übergießen. Abschmecken. Den grünen Salat mit der restlichen Sauce vermischen und auf 6 große flache Teller verteilen; die Kaninchenstücke obenauflegen und die Leber- und Nierenscheibchen hinzufügen. Sofort servieren.
Für 6 Personen.

BERAWECKA
Elsässer Birnenbrot

Die mit fruchtig-süßen Trockenbirnen gesättigte berawecka *ist eine Spezialität des Vogesenstädtchens Kaysersberg, wo man sie zu den winterlichen Festtagen backt und dann zu Hause mit einem Glas Kirschbranntwein serviert. Wer sich das Backwerk selbst bereitet, sollte angesichts der vorgeschriebenen Mengen an Früchten und Nüssen nicht verzagen. Wenn Sie beginnen, die Trockenfrüchte in den Teig einzukneten, werden Sie sich zunächst sagen: »Das kann doch niemals alles da reingehen!« Aber kneten Sie ruhig weiter, denn, voilà, es geht!*

190 g getrocknete Birnen, in erbsengroße Stücke geschnitten
130 g Korinthen
90 g getrocknete Feigen, in erbsengroße Stücke geschnitten
80 g entkernte Trockenpflaumen, in erbsengroße Stücke geschnitten
165 ml heißes Wasser
80 ml Kirsch, Birnenschnaps oder Brandy
60 ml Honig
Abgeriebene Schale einer Zitrone
2 ½ Tl Trockenhefe
250 ml warmes Wasser
420 bis 490 g Mehl
1 großes Ei
2 Tl gemahlener Zimt
1 Tl frisch gemahlene Fenchelsamen
1 Tl Salz
70 g unblanchierte Mandeln, grob gehackt
60 g Haselnüsse, grob gehackt
50 g Walnüsse, grob gehackt

Glasur:
1 großes Eigelb
1 Tl Wasser
2 El Butter zum Einfetten des Backblechs

1. Birnen, Korinthen, Feigen und Pflaumen einen Tag, bevor das Brot zubereitet wird, in einer mittelgroßen Schüssel miteinander vermischen. Das heiße Wasser, Kirsch, Honig und Zitronenschale in einer kleinen Schüssel verrühren, bis diese Zutaten gut vermengt sind. Die Flüssigkeit über die Trockenobstmischung gießen und umrühren, so daß alles gut benetzt ist. Mit Plastikfolie abdecken und unter gelegentlichem Rühren etwa 12 Stunden stehenlassen. Der Großteil der Flüssigkeit wird von dem Trockenobst absorbiert.
2. Am folgenden Tag Hefe, Wasser und 140 g Mehl in eine große Schüssel geben, alles gut vermengen und etwa 5 Minuten stehenlassen, damit die Hefe sich entwickeln kann.
3. Das Ei, Zimt Fenchel und Salz in die Hefemischung geben und gründlich verrühren. Allmählich soviel des restlichen Mehls einstreuen, daß ein weicher Teig entsteht. Den Teig auf einer gut bemehlten Fläche durchkneten und von dem verbleibenden Mehl jeweils soviel hinzufügen, daß der Teig nicht klebt. Die Teigmasse, sobald sie elastisch ist, in eine Schüssel legen, zudecken und etwa 1 Stunde gehen lassen, bis sie ihr doppeltes Volumen erreicht hat.
4. In der Zwischenzeit die Früchte in ein Sieb geben und abtropfen lassen; den Sirup aufheben.
5. Den aufgegangenen Teig herunterdrücken. Allmählich die Früchte und Nüsse einarbeiten und falls erforderlich mehr Mehl hinzufügen, damit er nicht klebt. Der Teig wird sehr feucht sein, und die Früchte und Nüsse werden den Teig löcherig machen. Er muß so lange weitergeknetet werden, bis seine Konsistenz wieder ein normales Arbeiten erlaubt.
6. Den Teig teilen und aus jeder der beiden Hälften einen schmalen Laib von etwa 30 cm Länge formen. Bedecken und bis zur Verdoppelung des Volumens etwa eine Stunde gehenlassen.
7. Den Backofen auf 190° vorheizen.
8. Für die Glasur Eigelb, Wasser und den aufgehobenen Fruchtsirup verrühren und mit einem Tortenpinsel sorgfältig auf die Oberfläche und die Seiten der Laibe streichen. Die Laibe auf ein gebuttertes Backblech setzen.
9. Etwa 45 Minuten backen, bis sie gut gebräunt sind. Das Brot auf einem Rost völlig abkühlen lassen. Getoastet, mit Butter und Honig servieren.

Landersheim *(Bas-Rhin)*

Molsheim 22 km, Paris 462 km, Straßburg 25 km

RESTAURANT

AUBERGE DU KOCHERS-
BERG
Landersheim, 67700 Saverne
℡ 88699158
Bestellungen werden bis
13.45 bzw. 21.30 Uhr entge-
gengenommen (mittags wird
der Speiseraum erst um 13
Uhr geöffnet, die Gäste kön-
nen jedoch ab 12.30 Uhr an
der Bar einen Drink nehmen)
Geschlossen: Sonntagabend,
Dienstag, Mittwoch, Mitte
Februar bis Mitte März und
Ende Juli bis Mitte August
Kreditkarten: AE, V
Klimatisiert
Man spricht Englisch
180-, 250- und 310-Francs-
Menüs, à la carte 350 Francs

Spezialitäten:
*Terrine de foie gras, noisettes
de chevreuil aux baies sauvages* (Hirschnüßchen mit
wilden Beeren; in der Jagdsaison), *assiette de poissons
grillés façon Armand Roth*
(Platte mit gegrilltem Fisch)

Hier haben es die Franzosen tatsächlich fertiggebracht, aus einer ehemaligen Jagdhütte ein klassisch wirkendes Restaurant zu machen, das gleichzeitig auch noch als Beleg-schaftskantine dient. Wir befinden uns nämlich im Speisesaal eines bekannten Sportartikelherstellers, einem riesigen, ballsaalähnlichen Raum mit holzverkleideten Decken und Wänden und einer sagenhaften Bar, auf deren Theke unübersehbar ein blau-weißer Zapfhahn aus Keramik thront. Am frühen Mittag nehmen hier die 450 Angestellten der Firma, sich aus Edelstahlgefäßen bedienend, an nackten Holztischen ihre einfache Mahlzeit ein. Punkt 12.30 Uhr werden die Tische mit spitzenbesetzten Decken überzogen, silbernes Besteck wird aufgelegt und das gesamte Küchen- und Bedienungspersonal durch eine neue Mannschaft abgelöst.

Zwar ist das Essen dann alles andere als aufregend (das Beste, was uns hier begegnete, war eine Platte mit mariniertem Lachs, geräuchertem Schellfisch und einer Meerrettichsauce dazu, die nicht von schlechten Eltern war), aber es gibt dennoch einige Besonderheiten, die man sich einfallen lassen hat. Wenn Sie Tee bestellen etwa, kommt der Kellner gleich mit einem ganzen Wagen angerollt und offeriert frisch aufgegossene indische und chinesische Tees und daneben vier verschiedene Kräuterauszüge. Offensichtlich essen viele einfach deshalb hier, weil sie auf diese Weise Zugang zu einem wahrhaft spektakulären Weinangebot haben: in der *cave* lagern rund 80000 Flaschen, 38 verschiedene Riesling-Sorten sind dabei vertreten, und wenn der vierstöckige *eaux-de-vie*-Wagen seine Schätze vorzeigt, dann stehen etwa 50 Obstbranntweine aus dem Elsaß zur Auswahl.

Lapoutroie *(Haut-Rhin)*

Colmar 19 km, Munster 29 km, Paris 225 km, Ribeauvillé 21 km
Markt: Freitag, 8–12 Uhr, Place de la Mairie

RESTAURANT

LES ALISIERS
5, Le Faudé,

LES ALISIERS, eine rustikale *auberge* hoch oben in den Vogesen, erreicht man über schmale, gewundene Ge-

68650 Lapoutroie
✆ 89475282
Bestellungen werden bis 14 bzw. 21 Uhr entgegengenommen
Geschlossen: Montagabend, Dienstag und Mitte November bis Weihnachten
Kreditkarte: V
Speiseterrasse
Man spricht Englisch
100 Francs

Spezialitäten:
Choucroute (Sauerkraut, verschiedene Arten von Würsten, Räucherspeck, Schweinefleisch und Kartoffeln), *quenelles de foie* (Leberknödel), *jarret de porc braisé* (geschmorte Schweinshaxe)

birgsstraßen, die an Lachsfischern, Wandergruppen und saftigen Weiden mit kräftig aussehenden Kühen vorbeiführen. Und wenn man dann aussteigt, wird man mit klarer Bergluft und echter Hausmacherkost belohnt.

Dieses zum Restaurant umgebaute Bauernhaus empfängt den Gast mit einem freundlichen Speiseraum, unter dessen Deckenbalken ein wärmendes Kaminfeuer brennt, der rechte Platz also, um Ella Degouys hervorragende regionale Küche zu würdigen, und dazu gehören schon einmal gleich die *pommes de terre coiffées au munster fondu*, kleine, mit Munster-Käseschnitzeln und etwas Zwiebeln bestreute Kartöffelchen. Eine Portion ist reichlich und kann als erster Gang zwischen zwei Personen geteilt werden oder auch ein nachfolgendes Gericht komplettieren helfen. Genau so herzhaft frisch ißt sich der *jarret de porc*, eine fleischige Schweinshachse, die, leicht gekocht und dann etwas angebräunt, mit knuspriger Haut auf den Teller kommt.

KÄSEHERSTELLER

JACQUES HAXAIRE
18, Rue du Général Dufieux, 68650 Lapoutroie
✆ 89475076
Geöffnet: 8–12 und 13–18 Uhr

Die meines Wissens untrüglich beste Quelle für feinen Munster, für mich auf immer auch mit der Erinnerung an einen unvergeßlichen Schmaus verbunden. An einem Herbstsonntag traten wir die lange Rückreise vom Elsaß nach Paris an und trafen dort erst spät und entsprechend ausgehungert ein. Doch die Pein ließ sich rasch beheben: Wir machten uns über Haxaires wunderbar reifen Munster her, aßen dazu Roggenbrot mit kerniger Kruste und tranken eisgekühlten Gewürztraminer.

SPIRITUOSEN

GILBERT MICLO DISTILLERIE
68650 Lapoutroie
✆ 89475016
Geöffnet: 8–12 und 14–18 Uhr; geschlossen: Samstag und Sonntag
Auf Wunsch Versand innerhalb von Frankreich

Spezialitäten:
Eaux-de-vie (Obstler)

Eine gute Adresse für feine Obstschnäpse. Zu MICLOS Spezialitäten gehören: *framboise* (Himbeer), *houx* (Stechpalme), *myrtille* (Heidelbeer), *alisier* (nach Bittermandeln schmeckende Beere einer wildwachsenden lokalen Rosazee), *poire Williams* (Williamsbirne), *mirabelle* und *kirsch* (an der östlichen Ausfahrt von Lapoutroie neben der N415 gelegen).

107

Marlenheim *(Bas-Rhin)*

Haguenau 35 km, Molsheim 12 km, Paris 466 km, Straßburg 20 km

Fête des Vendanges (Weinlese-Fest): dritter Sonntag im Oktober

RESTAURANT

HOSTELLERIE DU CERF
30, Rue du Général de
Gaulle, 67520 Marlenheim
✆ 88877373
Bestellungen werden bis 14
bzw. 21.30 Uhr entgegen-
genommen
Geschlossen: Montag, Dienstag und im Januar
Kreditkarten: AE, DC, V
Speiseterrasse;
separater Speiseraum für
geschlossene Gesellschaften
bis 15 bzw. 25 Personen
Man spricht Englisch
160- (mittags an Wochen-
tagen), 220- und 310-Francs-
Menüs, à la carte 300 Francs

Spezialitäten:
Poisson du marché (hier:
frischer Fisch aus der Bretagne), *noisettes de chevreuil
et faisan* (Hirschnüßchen mit
Fasan; in der Jagdsaison)

Die HOSTELLERIE DU CERF, von der Straßburger Innenstadt aus bequem in 15 Minuten zu erreichen, gehört zu
jenen wenigen angenehmen Familienrestaurants, wo man das
Gefühl haben darf, alle kümmerten sich um einen und wo die
authentische regionale Küche zu ihrem Recht kommt.

Sommer und Frühherbst sind die beste Zeit, um hier hin-
auszufahren, denn dann zieren Geranien den mit Steinen
gepflasterten Hof, und vor dem fachwerkgeschmückten alten
Bauernhaus entfalten sich über den im Freien stehenden
Tischen die Sonnenschirme. Und gleichzeitig sprießt in
Robert Hussers Garten überall das frische Grün: Kräuter und
zarte Gemüse, die die Speisen veredeln; auch die in die Küche
wandernden Walnüsse wachsen hier direkt am Haus.

Schwer zu sagen, wer in dieser Familie den besseren Teil
der Arbeit erwischt hat. Vater Robert werkelt im Garten
herum, begrüßt gelegentlich Gäste und führt die Buchhaltung
für Restaurant und Hotel; Sohn Michel besitzt unterdessen in
der Küche die Freiheit, nach Herzenslust und Gaumenfreude
kreativ zu sein.

Im ansprechenden Speiseangebot der Hostellerie begegnen
sich auf gelungene Weise lokale Spezialitäten – alles, vom
allgegenwärtigen Elsässer Preßkopf bis zu Kalbsnieren mit
Spätzle, die hier schon eher kleinen Klößchen ähneln – und
eine interessante Palette von wunderbar frischen Fischen und
Krustentieren, von denen viele von Guilvinec an der bretonischen Küste kommen. Das bedeutet, daß der neugierige Esser
hier beides haben kann: Er darf seinen Neigungen zur urigen
Elsässer Kost frönen, er mag seine Eßlust aber auch mit feinem *rouget*, mit Seezunge, Lachs oder zarten Langustinen
befriedigen. Und das ist es schließlich auch, was die *nouvelle
cuisine* im Sinne hatte.

Ein typisches Mahl hier könnte zum Beispiel mit einem
leckeren Vorspeisen-Duo, zwei echt Elsässer Appetithappen
beginnen: bissengroßen *flammekueche* (hier auf sehr
schmackhaftem Blätterteigboden) und Äpfel mit *boudin noir*
(Blutwurst) in einer hauchdünnen Brioche-Teigtasche.

Versäumen Sie nicht, die *salade de presskoph grand-père
Wagner* zu bestellen, ein nach dem Großvater Robert Hussers benanntes traditionelles Familiengericht; er war es, der
die HOSTELLERIE DU CERF ins Leben rief. Eine bessere
Abstimmung zwischen regionaler Küche und *nouvelle cuisine* als bei dieser Speise kann man sich kaum vorstellen. Die

frische Preßkopfsülze ist in kleine Würfel geschnitten, die wie ein Stilleben auf einem Bett von bitter-würzigem Löwenzahn arrangiert sind; garniert ist der Teller mit knuspriggebratenem Speck, mit Zuckertomaten, einem perfekt pochierten Ei; eine Vinaigrette, die es in sich hat, gibt dem Ganzen den letzten Pfiff (siehe Rezept Seite 110).

Als Hauptgang kann man gar nicht genug die *darnes de saumon aux lentilles et lardons à la crème de raifort* empfehlen. Das ist wirklich ein Gericht, das rundum zufrieden macht: mit Speck garnierte Lachsfilets auf einem mit Meerrettich-Sahnesauce getränkten Linsenbett (siehe Rezept Seite 111).

Gleichermaßen eindrucksvoll ist das Dessert-Angebot mit einer duftigen *tarte aux pommes* (Apfelkuchen mit dünnem Boden und einem Klacks Schlagsahne obenauf) und mit der Spezialität des Hauses: in feine Crêpes gehüllte, kräftige Branntweinkirschen mit *fromage blanc*-Eiscreme und Himbeer-Püree.

Obernai *(Bas-Rhin)*

Colmar 45 km, Molsheim 10 km, Paris 486 km, Sélestat 23 km, Straßburg 30 km
Markt: Donnerstag 8–12 Uhr, Grande Place
Flohmarkt: Himmelfahrts-Wochenende und Wochenende des 1. November, Salle de Fêtes d'Obernai
Fête des Vendanges (Weinlesefest): dritter Sonntag im Oktober
Fête de la Sainte-Odile (Fest der Heiligen Odilie): um den 14. Dezember

RESTAURANT

LA HALLE AUX BLÉS
Place du Marché,
67210 Obernai
✆ 88955609
Bestellungen werden bis 14.30 bzw. 22 Uhr (23 Uhr im Sommer) entgegengenommen
Geöffnet: täglich
Kreditkarten: AE, V
Speiseterrasse
Man spricht Englisch
150 Francs

Eine alte, restaurierte Getreidemarkthalle, umgewandelt in eine Gaststätte, in der es fröhlich zugeht, auch wenn das Ganze ein wenig kommerziell angehaucht ist; aber so kann der bedachtsame Reisende sich zur Abwechslung auch mal als Tourist fühlen. Jedenfalls kein schlechtes Lokal, um mit einer Gruppe von Freunden hierherzugehen, Preßkopf und *choucroute* zu vertilgen und Karaffen des örtlichen Sylvaners anrollen zu lassen, der sich so süffig trinkt. Und wer abends kommt, kann sich auch an der mit Zwiebeln belegten *tarte flambée* sattessen.

SALADE DE PRESSKOPH ›HOSTELLERIE DU CERF‹
Preßkopf-Salat ›Hostellerie du Cerf‹

Dieses Gericht stellt eine jener sehr gelungenen, von der nouvelle cuisine *inspirierten Interpretationen eines klassischen ersten Ganges der elsässischen Küche dar, eine Kreation des Küchenchefs Robert Husser von der bezaubernden* HOSTELLERIE DU CERF *in Marlenheim. Traditionell wurde der Preßkopf im Elsaß nach der Schweineschlachtung kurz vor Weihnachten zubereitet. Man ißt ihn normalerweise als Vorgericht in Form einer vom Sülzblock abgeschnittenen, mit einer Vinaigrette angemachten Scheibe. Dieses Rezept nun gibt die von Robert Husser erdachte leichtere Version wieder, und das bedeutet: mehr Grünzeug und Frischgemüse als Preßkopf. Was mir daran so gefällt, ist die kombinatorische Vielfalt der Zutaten, ihrer Beschaffenheit und ihrer Farben, und auch der Effekt des von dem Salatbett aufgesaugten pochierten Eies. Die sämige Vinaigrette ist gerade pikant genug, um eine Geschmacksbalance zu der Sülze und dem Speck herzustellen.*

Salat:

200 g Löwenzahn oder gemischte grüne Salatblätter
4 große Schalotten
1 Scheibe (100 g) Sülze
Eine Handvoll frische Kräuter, vorzugsweise Kerbel, Estragon und Schnittlauch, gewiegt
24 Kirschtomaten
125 g Brustspeck

Cremige Vinaigrette:

2 Tl Dijon-Senf
2 Tl frisch gepreßter Zitronensaft
1 El Rotweinessig bester Qualität
2 El *crème fraîche* oder Sauerrahm
3 El extrafeines, kalt gepreßtes Olivenöl
Salz und frisch gemahlener schwarzer Pfeffer nach Geschmack
4 große Eier (Raumtemperatur)
½ Tl Essig
3 El gewiegter frischer Kerbel

1. Den Salat bereiten: Die Blätter entstielen, waschen und trockentupfen. Die Schalotten in Ringe und die Sülze in mundgerechte Würfel schneiden. Salatblätter, Schalotten, Sülze, Kräuter und Tomaten in eine große flache Salatschüssel schichten.

2. Den Speck in mundgerechte Würfel schneiden und in eine große Pfanne geben. Unter häufigem Rühren bei guter Hitze ohne zusätzliches Fett knusprig braten. Auf Küchenpapier abtropfen lassen, dann zum Salat gaben. Das Bratfett wegwerfen.

3. Die Vinaigrette zubereiten: Senf, Zitronensaft und Essig in einer kleinen Schüssel verrühren. Die *crème fraîche* und das Öl hinzufügen und rühren, bis eine Emulsion entstanden ist. Mit Salz und Pfeffer würzen.

4. Die Eier pochieren: 8 cm Wasser und den Essig in einer großen flachen Kasserolle zum Kochen bringen. Die Hitze abstellen, und sofort ein Ei möglichst dicht über der Wasseroberfläche aufschlagen und vorsichtig, so daß es nicht verletzt wird, ins Wasser gleiten lassen. Mit den übrigen Eiern ebenso verfahren. Die Kasserolle sofort mit einem festschließenden Deckel zudecken und diesen erst nach frühestens 3 Minuten wieder abnehmen. Die Eier sind durchgegart, wenn das Eiweiß fest und das Eigelb mit einer dünnen, durchsichtigen Schicht Eiweiß bedeckt ist. Die Eier vorsichtig mit einem Schaumlöffel herausheben und in eine flache Schüssel mit kaltem Wasser gleiten lassen, damit der Kochprozeß unterbrochen wird.

5. Den Salat anmachen und gründlich durchmischen, dann auf 4 großen flachen Tellern so verteilen, daß er ein ziemlich flaches, gleichmäßiges Salatbett bildet. Die pochierten Eier vorsichtig daraufheben, mit Kerbel und frisch gemahlenem Pfeffer bestreuen und servieren.
Für 4 Personen.

DARNES DE SAUMON AUX LENTILLES ET LARDONS A LA CREME DE RAIFORT
Lachsfilets mit Linsen, Speck und Meerrettichsahne

Beim Ausarbeiten einer Route versuche ich gewöhnlich, möglichst viele Gelegenheiten zu Kostproben regionaler Gerichte in meinem Reiseplan unterzubringen; das verschafft mir abschließend einen ziemlich guten Überblick über das gastronomische Gesamtangebot. Deutlich erinnere ich mich, wie mir in der HOSTELLERIE DU CERF *in Marlenheim beim Aufschlagen der Speisekarte der eindrucksvolle Name dieses Gerichts ins Auge sprang. Wer einen solchen Einfall hatte – Lachs, Linsen und beißendscharfen Meerrettich zu kombinieren, drei Dinge auch noch, die ich sehr gerne esse –, durfte hohes Lob erwarten. Und so war dies natürlich auch das erste Gericht, das ich im gemütlichen Restaurant der Familie Husser bestellte. Es erwies sich beileibe nicht als Enttäuschung.*

Linsen:
175 g Linsen
30 g Butter
1 Karotte, geschält
1 Zwiebel
1 Stange Staudensellerie
1 Stange Lauch, gründlich gewaschen
750 ml Hühnerbrühe oder Wasser
250 ml trockener Weißwein, wie Riesling
Salz und frisch gemahlener schwarzer Pfeffer nach Geschmack

Meerrettich-Creme:
185 ml *crème fraîche* oder saure Sahne, vorzugsweise nicht ultrahocherhitzt
3 Eßlöffel geriebener Meerrettich

Lachs:
2 Tl Olivenöl
180 g Brustspeck
500 g Lachsfilet, in 4 rechteckige Portionen geschnitten
Kleingewiegte frische Kräuter zum Garnieren, vorzugsweise Kerbel und glattblättrige Petersilie

1. Karotte, Zwiebel, Sellerie und Lauch sehr kleinschneiden.
2. Die Linsen zubereiten: Die Linsen gründlich waschen und sorgfältig verlesen. Die Butter in einem mittelgroßen Topf bei mäßiger Hitze schmelzen lassen. Die feingeschnittenen Gemüse hineingeben und unter gelegentlichem Rühren zugedeckt 3 bis 4 Minuten weichdünsten. Linsen, Hühnerbrühe und Wein hinzufügen. Zum Kochen bringen, die Hitze reduzieren und unbedeckt etwa 40 Minuten köcheln lassen, bis die Linsen weich sind. Mit Salz und Pfeffer abschmecken und die Linsen warmstellen.
3. Die Meerettich-Creme zubereiten: *Crème fraîche* und Meerrettich in einem kleinen Topf leise köcheln lassen, bis beide Zutaten zu einer homogenen Einheit verschmolzen sind. Warmhalten.
4. Den Speck in mundgerechte Würfel schneiden und in eine große Pfanne geben. Unter häufigem Rühren bei guter Hitze ohne zusätzliches Fett knusprig braten, auf Küchenpapier abtropfen lassen und beiseite stellen. Das Bratfett wegwerfen.
5. Eine gußeiserne Grillpfanne mit Öl einpinseln und bei guter Hitze auf Temperatur bringen. Den Lachs auf beiden Seiten salzen und pfeffern. Den Fisch grillen bis sein Fleisch fest, aber noch elastisch ist; das dauert pro Seite etwa 4 Minuten, je nach Dicke des Fisches. (Der Fisch kann auch unter dem Elektrogrill oder auf einem Holzkohlengrill bereitet werden.)
6. Zum Servieren die Linsen mit einem Schaumlöffel auf 4 vorgewärmte Teller aufteilen. Den Lachs obenauf legen und die Sauce um die Linsen herum schöpfen. Den Lachs mit dem Speck bestreuen und jeden Teller reichlich mit den gewiegten frischen Kräutern garnieren. Sofort auftragen.
Für 4 Personen.

HAUSHALTS-WAREN

DIETRICH
Place du Marché,
67210 Obernai
✆ 88955758
Geöffnet: 8–12 und 14–18
Uhr; geschlossen: Sonntag
Kreditkarte: V

Ein Haushaltswarenladen von altmodischer Großartigkeit, bis zur Decke gefüllt mit typischen Elsässer Tonwaren, hölzernem Gerät und entzückenden Wägelchen, mit denen man Holz im Walde holen – oder Kinder spazierenfahren kann.

Straßburg *(Bas-Rhin)*

Colmar 69 km, Mulhouse 113 km, Obernai 30 km, Paris 488 km, Sélestat 47 km
Märkte: Dienstag und Samstag 8–13 Uhr, Boulevard de la Marne; Mittwoch und Freitag 8–13 Uhr, Marché Sainte-Marguerite, Rue de Molsheim
Flohmarkt: Mittwoch und Samstag 8–18 Uhr, Rue du Vieil-Hôpital
Foire du Printemps (Frühjahrsmesse): Letztes Wochenende im April und Anfang Mai

RESTAURANTS

L'AMI SCHUTZ
1, Ponts-Couverts,
67000 Strasbourg
✆ 88327698
Bestellungen werden bis
14.30 bzw. 22.30 Uhr entgegengenommen
Geschlossen: Sonntagabend
und Montag
Kreditkarte: V
Speiseterrasse
Man spricht Englisch
115-Francs-Menü, à la carte
150 Francs

Spezialitäten:
Elsässische Gerichte

Ein ortstypisches rustikales Speiselokal ohne Ausgefallenheit. Eine herzhafte, bekömmliche *choucroute* erhält man hier, zubereitet mit geräucherten Schweine-Chops, mit Schinkenspeck und Straßburger Würstchen. Lange, mit anderen Gästen geteilte Tische sorgen für eine zwanglose Atmosphäre.

Vergnügliche Zeiten bei
L'AMI SCHUTZ

L'ARSENAL

11, Rue de l'Abreuvoir,
67000 Strasbourg
℗ 88350369
Bestellungen werden bis
14.30 Uhr bzw. Mitternacht
entgegengenommen
Geschlossen: Samstag, Sonntag und Mitte Juli bis Mitte
August
Kreditkarten: AE, EC, V
Separater Speiseraum für
geschlossene Gesellschaften
bis 12 bzw. 18 Personen
Man spricht Englisch
135-Francs-Menüs, à la carte
175 Francs

Ein klassisches Bistro, betriebsam, quirlig und voller wohlgenährter Geschäftsleute. Wenn Sie das viele *choucroute*-Essen ein wenig ermüdet hat, dann finden Sie hier historisch inspirierte Elsässer Küche in erstaunlicher Vielfalt. Zwar liest sich die Speisekarte nur kurz, aber die Gerichte wechseln täglich, und hier kommt alles mal dran. Dazu gehören der ausgezeichnete Schinken in süßsauer Sauce, Wildschweinbraten, *soupe aux cochonailles* (eine herrliche Fleischbrühe mit Blutwurststückchen und Speckwürfeln) und der Heringssalat mit Linsen.

WEINSTUBE

TIRE-BOUCHON

5, Rue des Tailleurs de
Pierres, 67000 Strasbourg
℗ 88324786
Bestellungen werden bis 14
bzw. 23 Uhr entgegengenommen
Geschlossen: Sonntag, Montagmittag, drei Wochen im
Juni und eine Woche Ende
Dezember
Kreditkarten: V
Klimatisiert
Man spricht Englisch
80 Francs

Eine herrlich echte elsässische Weinstube, nur wenige Schritte von Straßburgs berühmtem Münster entfernt. Samstagsmittags läßt sich hier gut einkehren, wenn Sie vielleicht gerade von dem gleich um die Ecke befindlichen Flohmarkt zurückkommen. Lassen Sie sich den weißen Edelwicker über die Zunge laufen, den man hier täglich trinkt, und essen Sie dazu Speck-Omeletts *(omelettes au lard)*, einen mit Schalotten und Vinaigrette angemachten Gruyère-Salat (siehe Rezept Seite 121) und die ausgezeichnete *tarte au fromage*.

Alt-Straßburg mit seinen
Gäßchen

113

FLAMMEKUECHE
Flammenkuchen

Flammekueche *ist eine der köstlichsten Regionalspeisen des Elsaß. Das auch als* tarte flambée *bekannt Backwerk ist einer Pizza ähnlich, hat jedoch eine feinere Teigunterlage und ist auch anders belegt: der sehr dünne Boden wird mit* fromage blanc *und* crème fraîche *bestrichen und dann mit kleinen Speckstückchen und schmalgeschnittenen Zwiebelringen bestreut. In Straßburg und Umgebung geht man* flammekueche *essen wie anderenorts Pizza. Das Gericht eignet sich ebensogut als selbständiger Imbiß wie als Vorspeise innerhalb eines kompletten Menüs, und immer trinkt man ordentlich Elsässer Weißen dazu. Der perfekte Teigboden für* flammekueche *ist so dünn, daß man eine aufgerollte Spitze wie eine Crêpe aus der Hand essen können müßte. Die am besten schmeckenden Flammenkuchen kommen natürlich aus dem Holzofen; dennoch habe ich noch nie jemanden zu Hause im Gas- oder Elektrooofen gebackene* flammekueche *ablehnen sehen!*

1 mittelgroße Zwiebel, in dünne Ringe geschnitten
125 ml Hüttenkäse oder Ricotta (im Mixer verrührt)
125 ml *crème fraîche* oder Sauerrahm
Salz und frisch gemahlener schwarzer Pfeffer nach Geschmack
250 g Brot-Grundteig (siehe Rezept Seite 479)
180 g Brustspeck, streichholzförmig geschnitten

1. Den Backofen auf 230° vorheizen.
2. Zwiebeln, Käse, *crème fraîche,* Salz und Pfeffer miteinander verrühren und 15 Minuten stehenlassen, damit die Zwiebeln weich werden.
3. Den Teig auf einer leicht bemehlten Arbeitsfläche zu einem Boden von 27 cm Ø ausrollen und in eine gefettete Tortenform geben.
4. Die Zwiebelmischung über den ganzen Teig verteilen. Die Oberfläche gleichmäßig mit dem Speck bestreuen und großzügig pfeffern.
5. Den Teig in 15 bis 20 Minuten knusprig backen. Sofort servieren.

TEESALON

CHRISTIAN
10, Rue Mercière,
67000 Strasbourg
✆ 88221270
Geöffnet: Montag bis Freitag
7.30–18.30 Uhr, Samstag
7–17 Uhr; geschlossen:
Sonntag

Schon der Weg zum Tisch ist eine Versuchung, denn um in CHRISTIANS klassischen Teesalon im ersten Stock zu gelangen, muß man seine blitzblanke Konditorei passieren, und da hängt ein betäubender Bitterschokoladenduft in der Luft. Man überquert einen kleinen Hof, steigt die Wendeltreppe hoch und wird von dezenter klassischer Musik, freundlichen Serviererinnen in adrettem Schwarz-Weiß und einer Galerie schmückender Ölgemälde an den Wänden begrüßt. Ein Fensterplatz sichert Ihnen den Blick auf das Münster; der Blickfang in der Teestube jedoch ist die sechsekkige Glasvitrine inmitten des Raumes, in der akkurat gebackene Torten, Kuchen, Törtchen, Petits Fours gleich Juwelen in einem Schaufenster arrangiert sind.

BÄCKEREIEN

S'Bretschtelle Eck
3, Rue de Haguenau,
67300 Schiltigheim
✆ 88834606
Geöffnet: 6.30–12 Uhr;
geschlossen: Sonntag

In der Dunkelheit eines kalten Märzmorgens, es war noch keine sieben Uhr, gerieten wir in diese kleine Brezelbäckerei, gerade als eine Ladung der riesigen Kringel hörbar brutzelnd und an der Kruste aufplatzend, aus dem Ofen kam. Hier, in einem Straßburger Vorort, arbeiten der 31jährige Dominique Pronner und seine Partner, ein kleines Team, das zu den letzten elsässischen Bäckern gehört, die noch Brezeln nach alter Manier backen. Dabei wird der zähe Teig zu dicken Schnüren geknetet und dann über Kreuz geschlungen und in die klassische Form gebracht. Die Brezelrohlinge taucht man in Salzwasser, damit sie nach dem Backen schön aufgebläht und mit glänzender Kruste aus dem glühendheißen Ofen

Das Straßburger Münster

115

EIN ELSÄSSISCHES WINTERMAHL

Straßburg, 25. September – Ein frühes Zeichen des anbrechenden Herbstes sind in den zwischen Rhein und Vogesen verstreuten elsässischen Weindörfern die großen Schilder, die das Eintreffen der *Nouvelle Choucroute* ankündigen. Das bedeutet, daß die erste Welle Sauerkraut aus der neuen Kohlernte, ein wenig hart und ›knirschig‹ noch und von erst zaghafter Säure, den Markt erreicht hat und verarbeitet werden will: garniert mit einem ganzen Aufgebot an gepökeltem und geräuchertem Schweinefleisch, magerem Speck und vielleicht einem halben Dutzend verschiedenen Würsten, dann geschmort und – zusammen mit einem kühlen herben Riesling der örtlichen Lagen – verspeist.

Die korrekte Bezeichnung für dieses Gericht lautet *choucroute garnie à l'alsacienne*, doch überall auf der Welt sagt man einfach *choucroute* dazu. Wie es sich für bodenständige bäuerliche Kost gehört, folgen Zusammenstellung und Zubereitung keinem singulären Standardrezept; nur in einem Punkt sind sich so gut wie alle Köche einig: Eine ordentliche *choucroute* muß mageren, vorzugsweise geräucherten Schinkenspeck, geräucherte oder ungeräucherte Schweinelende oder Schweineschulterstück, einen ganzen Schwung frischer und geräucherter Würste wenigstens dreier verschiedenen Arten und dann natürlich ein anständig gemachtes Sauerkraut enthalten.

Daß *choucroute* hier im Elsaß ihren Ursprung hat, ist nichts weniger als logisch. Alle Zutaten kommen aus der Region selbst, und Kohl, Schweinefleisch und Kartoffeln – kräftige Nahrung, die sich zur Vorratshaltung und als Winterkost eignet – sind von jeher Stammgäste der elsässischen Speisekammern. Schon seit dem Mittelalter genießt das im Elsaß verarbeitete Schweinefleisch einen besonderen Ruf – Schinken, Magerspeck, Schweineschulter und Hachsen –, oft gesalzen, dann leicht angeräuchert und vielfach zu einem einzigen Gericht vereint. An den Hängen der Vogesen räucherten die Bauern gewöhnlich über *sapin* (Tannenholz), unten in der oberrheinischen Tiefebene vorzugsweise über *bois de cerisier* (Kirschbaumholz). Auch heute noch kann man in vielen *charcuteries* auf dem Lande tannenholzgeräucherten Schinken mit seinem ganz eigenen, ausgeprägten Rauchgeschmack finden.

Die beste *choucroute* baut sich, und das ist eine Grundregel, auf dem besten Sauerkraut auf: im Herbst frischgeernteter, feingehobelter Kohl, mit einer schwachen Lake bedeckt und dann zur Gärung für mehrere Wochen in einem kühlen Keller gelagert. Was die Auswahl der Fleischzutaten anbelangt, so sind der Phantasie eigentlich keine Grenzen gesetzt. Heute gibt es *choucroute* mit Schweinshachse und Blutwurst, Schweinsohren, Hirn und Schweineschwanz, Leberknödeln und gekümmeltem Schweinefleisch. Und obwohl man *choucroute* gut das ganze Jahr über essen kann, und das tut man auch, hat dieses Gericht so etwas Kräftiges und Deftiges an sich, daß es eigentlich nach rauher Luft und prasselndem Kaminfeuer verlangt.

Aber wie kann man eine gute *choucroute* von einer mäßigen unterscheiden? Nun, eine *choucroute*, wie sie sein soll, ist bemerkenswert gut verdaulich, nicht zu sauer, auch nicht zu fade, weder glitschig noch talgig. Hat man es wirklich fachgerecht zubereitet, dann ist das Kraut nicht überkocht und ausgetrocknet, und umgekehrt schwimmt es auch nicht in einer sauren Brühe. Alle für eine *choucroute* verwendeten Fleischstücke und Würste sollten zart geräuchert sein und nicht alles andere mit ihrem Rauch erschlagen, und ebenso sollte man bei den Fleischzugaben für Abwechslung sorgen, damit das Essen nicht langweilig wird. Beim Garen der Kartoffeln ist darauf zu achten, daß sie nicht zu Mus verkocht werden. Das bei den meisten Zubereitungsarten größte Problem ist die richtige Abstimmung des Säuregehalts. Oft ist das Sauerkraut so aggressiv, daß es zu Verdauungsstörungen führt, oder es schmeckt so flau, daß man meint, aufgeweichte Papierschnitzel im Mund zu haben. Natürlich wissen Sie längst: zu einer gelungenen *choucroute* gehört ein kühler Elsässer Riesling.

kommen. Tag für Tag (außer sonntags) arbeiten die Männer von nachts um eins bis morgens neun Uhr durch und kneten, rollen, formen und backen in dieser Zeit 4000 Brezeln.

BOULANGERIE CHARLES
WOERLE
10, Rue de la Division Leclerc,
67000 Strasbourg
✆ 88320088
Geöffnet: 6–19 Uhr;
geschlossen: Sonntag

An diesem Laden mit seinen prachtvollen dekorierten Schaufenstern, in denen eine schier unüberschaubare Kollektion von Elsässer Back- und Konditorwaren in allen Größen und Formen Aufmerksamkeit erheischt, kann man einfach nicht vorübergehen, ohne stehenzubleiben. Der Stolz des Hauses ist der hefige *kugelhopf*, ein mandel- und rosinengespickter, mit einem Schuß Obstbranntwein aromatisierter Gugelhupf.

MUSEUM

MUSÉE ALSACIEN
23, Quai Saint-Nicolas,
67000 Strasbourg
✆ 88355536
Geöffnet: April bis Oktober
10–12 und 14–18 Uhr;
November bis März 14–18
Uhr; geschlossen: Dienstag
Eintritt: 6 Francs für
Erwachsene, 4 Francs für
Kinder unter 16 und pro
Person für Gruppen über 25
Personen

Auch wenn Sie kein Dauergast hier sind, sondern das Elsaß nur als Durchreisender besuchen, sollten Sie einen Nachmittag für dieses außergewöhnlich reizvolle, übersichtlich gestaltete Volkskundemuseum unweit des Illufers erübrigen. Das aus dem 18. Jahrhundert stammende restaurierte Fachwerkgebäude beherbergt ein Labyrinth von Räumen, bei deren Durchwanderung man von der Küche zum Weinkeller, vom Schlafzimmer bis in die Gewölbe gelangt, wo die Käse reifen. Praktisches Arbeitsgerät wie auch dekorative Objekte, im Kontext ihres alltäglichen Gebrauchs gezeigt, vermitteln einen guten Einblick in die Kultur des Elsaß. Besonders beachtenswert sind die farbenreich gestalteten Töpferwaren und die phantastische Sammlung von *poêles,* riesigen gußeisernen Öfen, wie man sie heute noch in der ganzen Region findet.

Weiterswiller *(Bas-Rhin)*

Haguenau 32 km, La Petite-Pierre 8 km, Straßburg 51 km

BAUERNHOF

ZUEM DORFWAPPE
3, Rue Principale,
67340 Weiterswiller
✆ 88894819

Wo besser als auf einem bewirtschafteten Bauernhof, wo Hühner, Schweine, Rinder, Schafe selbst gezogen, eigener Käse erzeugt und hausgemachte Brote und Kuchen im Holzofen gebacken werden, könnte man elsässische Kost

117

Nur auf Bestellung drei Tage im voraus für Gruppen von mindestens 5 Personen
Geschlossen: Januar
Separater Speiseraum für geschlossene Gesellschaften von 30 bis 50 Personen
Man spricht Englisch
Nur 60-Francs-Menü

Spezialitäten:
Baeckeoffe (Rinder-, Lamm-, Schweineragout, mit Kartoffeln, Zwiebeln und Wein), *jambon au riesling* (Schinken mit Riesling), *tarte flambée (flammekueche;* nur samstags- und sonntagsabends)

probieren? Seit 1980 ist das gastfreundliche Ehepaar Fernand und Simone Bloch dazu übergegangen, Besucher auf ihren Hof einzuladen und mit ihnen gemeinsam Mahlzeiten einzunehmen. Herzhafte Portionen *baeckeoffe* kommen hier auf den Tisch, *fernkase,* ein junger, wie eine fliegende Untertasse geformter, mit grobgemahlenem Pfeffer bestreuter Käse und ausgezeichneter, mit selbstgemachtem *fromage blanc* und frischgelegten Hühnereiern zubereiteter Käsekuchen.

Tarte flambée vom Bauernhof: Fernand und Simone Bloch präsentieren ihren Holzofenkuchen

Von Madeleines und vergangenen Zeiten

Commercy, 15. April – Irgendwer hat dieses Gebäckstück einmal als den »Kuchen mit dem größten literarischen Ruf« bezeichnet, und, in der Tat, man muß sich fragen, was dieses goldgelbe, weiche, *madeleine* genannte Teeküchlein wäre – ohne Marcel Proust.

Wie konnte ein so einfaches, aus Zucker, Butter, Eiern und Mehl gemischtes, mit einem Hauch Zitrone aromatisiertes Gebilde eine Flut von Erinnerungen – *Auf der Suche nach der verlorenen Zeit* – auslösen? Für Proust begann die Rückerinnerung mit einem Wintertag, als seine Mutter ausschickte, »eines jener dicken ovalen Sandtörtchen (zu) holen, die man *madeleine* nennt und die aussehen, als habe man als Form dafür die gefächerte Schale einer St.-Jakobs-Muschel benutzt.« Und zu diesen *madeleines* trank der Dichter dann *infusions de tilleul*, Lindenblütentee. Und weiter mit Proust: »Gleich darauf führte ich ... einen Löffel Tee mit dem aufgeweichten kleinen Stück *madeleine* darin an die Lippen. In der Sekunde nun, als dieser mit dem Kuchengeschmack gemischte Schluck Tee meinen Gaumen berührte, zuckte ich zusammen und war wie gebannt durch etwas Ungewöhnliches, das sich in mir vollzog. Ein unerhörtes Glücksgefühl, das ganz für sich allein bestand und dessen Grund mir unbekannt blieb, hatte mich durchströmt.«

Fast könnte man die *madeleine* Frankreichs Nationalgebäck nennen, so eine wichtige Rolle hat sie in Landessitten und Geschichte gespielt. Heute wie schon zu Zeiten Prousts um die Jahrhundertwende findet man allüberall die duftenden Magdalenenkuchen in den Konditorläden gleich neben der Registrierkasse. Es ist schwer zu sagen, in welchem Maße Proust diese Eßgewohnheit beeinflußte oder sich von ihr beeinflussen ließ. Wie bei nahezu allen Dingen in Frankreich gibt es eine gewisse Etikette, *madeleines* zu essen, eine Art Ritual. Auch die beste, die frischeste *madeleine* hat einen trockenen, beinahe staubigen Nachgeschmack, wenn man sie alleine für sich ißt. Um dieses Backwerk wirklich auszukosten – an jenem köstlichen Genuß teilzuhaben, der die Sinne überflutet – muß man die *madeleine* in Tee tunken, und da gibt es nichts Besseres als den leicht zitronigen *tilleul*, der die duftende, blumige Essenz des Küchleins freisetzt. Ein Gleiches kann man mit Kaffee einfach nicht erreichen.

Ganz im Gegensatz zu Marcel Prousts lebendigen Erinnerungen ist die Geschichte der *madeleine* in ziemliches Dunkel gehüllt. Die hübsche Legende, die die professionellen *madeleine*-Fabrikanten in Commercy bereithalten, hört sich etwa so an: Bei einem Mittagessen, bei dem König Stanislaus von Lothringen als Gastgeber fungierte, war der Koch gegen Ende der Mahlzeit aus der Küche gestürzt, ohne ein Dessert vorbereitet zu haben. Eine junge Gehilfin rettete die Situation, indem sie einen kleinen Kuchen zum Auftragen vorbereitete, den ihre Großmutter daheim in Commercy gebacken hatte. Der König und seine Gäste waren von diesem Nachtisch so begeistert, daß sie ihm den Namen des Mädchens gaben: Madeleine. Eine andere Version schreibt die Erfindung des Magdalenenkuchens Talleyrands famosem Konditor Avica zu, und eine weitere hält an der Erzählung fest, Maria Lezczynska, die Gattin Ludwigs XV., habe die leckere Speise mit Hilfe ihrer Köchin Madeleine zustandegebracht.

Der Name des berühmten Küchleins ist nach wie vor mit der Stadt Commercy verbunden, wo man eine große Menge der kommerziell hergestellten *madeleines* produziert. Die bekannteste Marke, *A la Cloche Lorraine,* von der MAISON GROJEAN erzeugt und in ansprechende ovale Holzschachteln verpackt, wird in Spezialitätengeschäften überall in Frankreich verkauft. Die Firma, die 1928 mit einem einzigen Arbeiter begann, hat heute 120 Beschäftigte und bringt jährlich rund 120 Millionen *madeleines* auf den Markt.

WEINE AUS DEM ELSASS

1. Muscat (Rolly Gassmann): Ein sauberer, frischer, würziger Muskat, der mit seiner regional eingefärbten Geschmacksnote eine angenehme Abwechslung bietet.

2. Riesling (Trimbach): Riesling gibt einen herrlichen Aperitif ab, macht sich als Begleitgetränk großartig zu vielen Gerichten und eignet sich auch zum Kochen. Die *Trimbach*-Riesling-Abfüllungen, im besonderen die speziellen *cuvées*, besitzen ein schönes volles, kerniges und ausgeprägtes Bouquet. Andere beachtenswerte Riesling-Marken sind *Léon Beyer, Faller-Domaine Weinbach, Hugel* sowie *Zind-Humbrecht.*

3. Gewürztraminer (Hugel): Testen Sie diesen Wein zusammen mit reifem Munster-Käse oder mit warmer *foie gras,* und Sie werden ein himmlisches Geschmackserlebnis haben. Andere Markennamen, auf die zu achten sich lohnt, sind *Zind-Humbrecht, Trimbach* und *Faller-Domaine Weinbach.*

ELSÄSSER KÄSE

Munster: Goldgelbe, geschmeidige, flache, aus Kuh-milch gewonnene Käse, unter denen die *fermiers*, die im Sommer und Frühherbst auf den Bauernhöfen der Voge-sen gemachten Laibe, am meisten geschätzt sind. Mit sei-nem kräftigen, durchdringenden Aroma bildet der Mun-ster die perfekte Entsprechung zum aromatischen Elsäs-ser Gewürztraminer.

SALADE DE GRUYERE
Gruyère-Salat

So gut wie alle Weinstuben und Brasserien im Elsaß haben diesen Salat stets parat. Je nach der Qualität der einzelnen Zutaten kann eine solche salade de gruyère *von banal bis begeisternd schmecken. Wenn Sie selbst an die Zubereitung gehen, setzen Sie auf jeden Fall den besten Schweizer oder französischen Gruyère ein, den Sie bekommen können.*

Vinaigrette:
3 El Rotweinessig bester Qualität
1 El Dijon-Senf
Salz und frisch gemahle-ner Pfeffer nach Geschmack
5 El extrafeines, kalt gepreßtes Olivenöl
Salat:
400 g Gruyère
4 Schalotten, in sehr feine Ringe geschnitten
Feingehackte frische Petersilie zum Garnieren

1. Die Vinaigrette vorbereiten: Essig, Senf, Salz und Pfeffer in einer kleinen Schüssel verrühren. Das Öl dazugeben und rühren, bis eine Emulsion entsteht.
2. Den Käse grob raspeln. Käse und Schalotten in einer mit-telgroßen Schüssel vermengen, dann die Vinaigrette dazugie-ßen und rühren, bis alle Zutaten gut benetzt sind. Bei Raum-temperaturen mindestens 30 Minuten bedeckt stehenlassen, damit die Aromastoffe gut durchziehen können.
3. Vor dem Servieren mit reichlich Petersilie überstreuen, umrühren und auf 4 Salatteller verteilen.
Für 4 Personen.

Sologne und Loire

Die Loire erscheint mir als eine besonders ›feinsinnige‹ Region. Alles hier – die Landschaft, die Architektur, das Essen, nicht zuletzt der Volkscharakter – zeichnet sich durch eine liebenswürdige, kultivierte, sich auch des eigenen Wertes bewußte Note aus. Es ist dies eine Region, in der man sich geborgen, ja geradezu ein bißchen verwöhnt fühlen darf. Von Schlössern, die man besuchen, oder zur nächtlichen Bleibe wählen kann, wimmelt es geradezu in dieser Gegend. Sanft dahinfließende Gewässer, von schmalen, nur in einer Richtung befahrbaren Brücken eingefaßt, betonen noch das romantische Flair dieses Landstrichs.

Mit Mandelcreme gefüllte Torte aus Pithiviers

Selbst dem Essen hier haftet etwas Liebliches und Harmonisches an, etwas, was mich an Osterglocken oder blauen Sommerhimmel erinnert. Köstliche Pilze gedeihen in riesigen Gewölben in der Nähe von Saumur. Rosafleischige Lachse zieht man aus der gewundenen Loire. Schneeweißer Spargel drängt sich im Dunkeln durch feinen Sandboden und durchbricht die Erdkruste, wenn der Tag gerade eben erwacht. Für den Weinbau ungeeignetes Land wird den Ziegen als Weide überlassen, und so gibt es Ziegenkäse in großer Fülle, frischen *chèvre*, zart wie Schaum, federleicht. Wenn Flaum ein Aroma besäße, müßte er nach *chèvre* schmecken. Und auch das Bouquet der Weine – *Sancerre, Savennières, Vouvray* – ist von Natur aus auf die regionalen Speisen eingestimmt.

Von Frühling bis Herbst, wenn die Loire von Fischen wimmelt, verkünden Schilder an den Café-Bars: »*La Friture est Arrivée*«, was bedeutet, daß man kleine, wie geschmolzenes Metall aussehende Fische – *éperlans, goujons, gardons* – gefangen hat; Stinte, Gründlinge und Plötzen, die, in Milch getaucht und in Mehl gewälzt, gebraten und dann auf großen Platten heiß serviert werden. Wenn Frühling und Sommer die ideale Zeit sind, um das lange Uferband und das Hinterland der Loire zu durchstreifen, dann ist der Herbst eine prächtige Jahreszeit für den Besuch der Nachbar-Region – der wild- und pilzreichen Sologne, eines unmittelbar südlich von Orléans gelegenen Gebietes, das auf eine lange Geschichte zurückblickt.

In den ersten neun Monaten des Jahres scheinen Natur und Mensch hier gemeinsam an der gleichen Aufgabe zu arbeiten: Dann werden die dichten Eichen-, Birken- und Nußbaumwälder gehegt, die Weizen- und Hirsefelder gepflegt und sogar die frei wachsenden Brombeerbüsche

geschont, um den Fortbestand des vielen Wildes zu sichern, das diese einsame Gegend bevölkert.

Im Oktober dann kommt neues Leben in die nebelverhangene mysteriöse Landschaft: Überall hört und sieht man den *colvert,* die Stockente mit den grünen Schwanzfedern, den Hasen, der
geschwinder ist als der sprichwörtlich schnelle Fuchs, Wildschweine, Rotwild, Fasanen, Reb-
hühner und Wachteln. Dichte Pilzkolonien – winzige, nach Knoblauch duftende Ritterlinge
(*mousserons),* stämmige Steinpilze *(cèpes)* und zylindrische *coprins chevelus* genannte weiße
Tintlinge – schießen buchstäblich über Nacht aus dem Boden; Heidekraut breitet sich wuchernd
aus und schmeichelt dieser einst ungezähmten wilden Landschaft mit seinem purpurnen
Leuchten.

Die Jagdsaison beginnt am 1. Oktober und zieht sich bis in den Februar hinein. Dann finden
die Besucher der Region die Speisekarte mit Wild- und Pilzgerichten angefüllt, und zwischen
den Mahlzeiten mag es einen zum Wildpark oder zu den Schlössern Chambord und Cheverny
ziehen. Während der *Journées Gastronomiques* in den letzten Oktoberwochen hallen die Sträß-
chen von Romorantin, der Hauptstadt der Sologne, vom Klang der Musikkapellen und den
Schritten kostümierter Tänzer wider, und Profis wie Hobbyköche zeigen, was sie können: vom

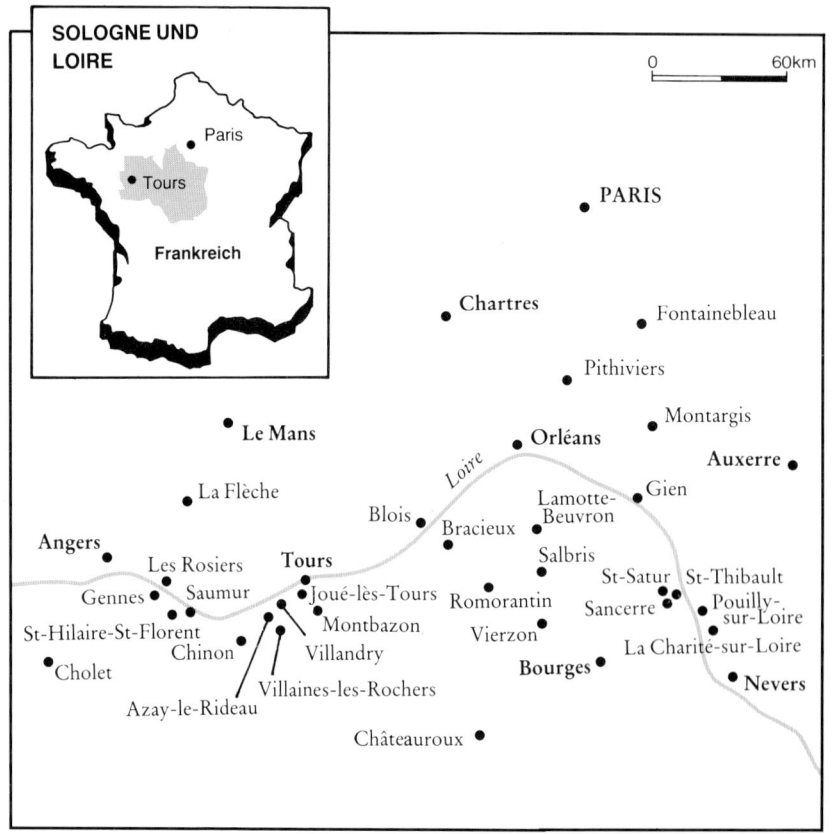

Räuchern einer Wildschweinkeule bis zum kundigen Backen einer *tarte à la citrouille,* einer Kürbistorte.

Während dieser ganzen Saison locken in den Schaufenstern der Konditoreien und *charcuteries* die verführerisch dargebotenen Kürbispasteten und schmackhaften Kürbistorten mit doppelter Kruste, Fasanen- und Hasenterrinen sowie erfindungsreich aus Wildfleisch und Pilzen zusammengestellte Wurstsorten.

Bei einer kürzlichen Reise an die Loire fuhr ich zu dem Weiler Epiré aufs Land hinaus, wo sich einer der wirklich reizvollen Weinkeller der Region im kühlen Fundament unter der ehemaligen Dorfkirche verbirgt. Hier reift der *Château Epiré,* ausschließlich aus der *chenin blanc*-Traube gewonnener weißer *Savennières,* in alten Eichenfässern, wobei der Inhalt eines jeden Fasses einer bestimmten Parzelle des Weinbergs entspricht. Kunden werden von dem stets aufgeräumten Kellermeister Robert Daguers, der die Produktion des *château* seit fast einem halben Jahrhundert überwacht, ermuntert, Weine von einem halben Dutzend Fässern zu verkosten, damit sie eine ihren Vorstellungen entsprechende Auswahl treffen können. Das Ergebnis dieser Probierstunde war, daß ich, wie so viele andere, am Ende mit mehr Kisten Wein losfuhr, als ich eigentlich zu kaufen beabsichtigt hatte. Monate später, als ich diesen gepflegten handgekelterten Rebensaft in kleinen Schlucken genoß, kehrten Eindrücke von jener Reise nach Epiré zurück: Wieder sah ich, als sei es gestern gewesen, das Paar beim Picknick unter einem schattenspendenden Baum unweit der kleinen Kirche vor mir, hörte den anmutigen Ruf des Kuckucks wie damals, als mir der Kellermeister mein Glas füllte, und wiegte mich in dem zufriedenen Gefühl, daß ein winziges Plätzchen des liebenswürdigen alten Frankreichs mich erwartet, sobald ich wieder einmal an die Loire zurückkehre.

Beste Reisezeit

Am schönsten und reizvollsten ist die Loire zwischen Mai und Oktober, hingegen ist die Sologne wegen ihres Wild- und Pilzreichtums ganz besonders im Spätherbst oder auch im Winter zu empfehlen.

Märkte
(die attraktivsten sind mit einem Sternchen markiert)

Montag: Bellegarde, Bonneval, Bourges, Montrichard, Richelieu, Les Rosiers, Sully-sur-Loire, Tours.

Dienstag: Angers, Blois, Bourges, Bourgueil, Loué, Le Mans, *Montbazon, Montreuil-Bellay, Orléans, Sancerre, Thouars, Tours, Valençay.

Mittwoch: *Angers, Azay-le Rideau, *Blois, *Bourges, Fay-aux-Loges, *La Flèche, Fontevraud-l'Abbaye, *Gien, *Joué-lès-Tours, *Loches, Le Mans, *Montargis, *Montoire-sur-le-Loir, *Rochefort-sur-Loire, *Romorantin, Saumur, Tours.

Donnerstag: Angers, Blois, *Bourges, Bracieux, La Chartre-sur-le-Loir, Château-dun, Châtillon-sur-Indre, Chinon, La Ferté-Saint-Aubin, Le Grand-Pressigny, Joué-lès-Tours, Lorris, Le Lude, Le Mans, Meung-sur-Loire, Nogent-sur-Vernisson, Orléans, Saumur, Selles-sur-Cher, Tours.

Freitag: Angers, Bourges, Châteauneuf-sur-Loire, Lamotte-Beuvron, *Le Mans, Montbazon, *Montrichard, *Richelieu, Romorantin, Sainte-Maure-de-Touraine, Saumur, *Thouars, Tours, *Vendôme.

Samstag: *Angers, Aubigny-sur-Nère, Beaugency, *Blois, *Bourges, *Gien, *Joué-lès-Tours, Loches, Le Mans, *Montargis, *Orléans, Pithiviers, Romorantin, Saint-Aignan, Sancerre, Saumur, *Tours.
Sonntag: *Angers, Blois, *Bourges, La Flèche, Joué-lès-Tours, Langeais, Menetou-Salon, *Meung-sur-Loire, *Tours.

Messen und Volksfeste

Erstes Wochenende im April: *Le Pot Bouilli* (Pot-au-Feu-Fest), Savigné-l'Evêque.
1. Mai oder folgendes Wochenende: *Foire aux Fromages* (Käsemesse), Sancerre.
Eine Woche Anfang Mai: *Journées Gastronomiques* (Gastronomische Woche), Châteauroux.
Erste Woche im Mai: *Fête de Jeanne d'Arc* (Fest der Jungfrau von Orléans), Orléans.
Erstes Wochenende im Mai: *Foire aux Andouillettes* (Kaldaunenwurstmarkt), Mennetou-sur-Cher.
Samstag, Pfingstsonntag und -montag: *Foire au Vin* (Weinmesse) Sancerre.
Juni: *Fête à la Friture* (Fest der fritierten Fische), Souzay-Champigny.
Zweiter Sonntag im Juni: *Foire aux Andouilles* (Kaldaunenwurstmarkt), Jargeau.
Drittes Wochenende im Juni: *Fête à la Tomate* (Tomatenfest), Sainte-Gemmes-sur-Loire.
Um den 20. Juli: *Fête des Moissons* (Erntefest), Saint-Denis-d'Orques.
26. Juli (Fest der Heiligen Anna): *Foire à l'Ail et au Basilic* (Knoblauch- und Basilikummesse), Tours.
Dritter Sonntag im Juli: *Foire à l'Ail* (Knoblauchmesse), Bourgueil.
Letzes Wochenende im Juli: *Fête de la Grenouille* (Froschfest), Vendoeuvres.
Letzter Sonntag im Juli: *Fête des Grappes Nouvelles* (Traubenfest), Verdigny.
August: *Marché Médiéval* (mittelalterlicher Markt), Chinon.
Zweiter Sonntag im August: *Fête des Moissons* (Erntefest), Angrie.
21. und 22. August: Caves Ouvertes (Tag der offenen Tür der Weinkellereien), Menetou-Salon.
Letztes Wochenende im August: *Fête de l'Ecrevisse* (Flußkrebs-Fest), Aigurande.
Letzter Sonntag im August: *Journée des Vins de France* (Weinmesse), Sancerre.
Erster Mittwoch im September: *Foire aux Melons* (Melonenmesse), Amboise.
Erster Freitag im September: *Foire aux Oignons* (Zwiebelmesse), Le Mans.
Erstes Wochenende und darauffolgender Montag im September: *Fête du Chausson aux Pommes* (Fest der Apfeltaschen), Saint-Calais.
25., 26., 27. September: *Foire aux Fromages* (Käsemesse), Bruère-Allichamps.
Letztes Wochenende im September: *Fête à la citrouille* (Kürbisfest), Millançay.
10. Oktober: *Exposition de Champignons Sauvages* (Pilzschau), Menetou-Salon
Letztes Wochenende im Oktober: *Journées Gastronomiques* (Gastronomieschau), Romorantin.
Letzter Sonntag im Oktober: *Foire aux Huîtres* (Austernmesse), Sancerre.
Ende Oktober: *Foire aux Pommes* (Apfelmesse), Azay-le-Rideau.

Azay-le-Rideau *(Indre-et-Loire)*

Chinon 21 km, Paris 258 km, Saumur 46 km, Tours 28 km
Markt: Mittwoch 8.30–12.30 Uhr, Place des Halles
Foire aux Pommes (Apfelmesse): Ende Oktober

RESTAURANT

GRAND MONARQUE
Place de la République,
37190 Azay-le-Rideau
☎ 47454008
Bestellungen werden bis 14
bzw. 21 Uhr entgegen-
genommen
Geschlossen: Mitte Novem-
ber bis Februar
Kreditkarten: AE, V
Speiseterrasse; separate Speiseräume für geschlossene
Gesellschaften bis 25 und 60
Personen
Man spricht Englisch
82- bis 190-Francs-Menüs,
à la carte 200 Francs

Nach einer kleinen Wanderung durch die hügeligen Straßen von Azay-le-Rideau kehrt man gerne in diesem
anheimelnden Hotel-Restaurant ein, das seit 1900 in Familienbesitz ist. Hier findet der Fremde die gastliche Atmosphäre der französischen Kleinstadt und einen gesprächigen
Maître-d'Hôtel, der dem ausländischen Besucher gerne ein
Kompliment für sein Französisch macht und ihm hilft, den
ebenso lobenswerten lokalen Weißwein, den *Azay-le-
Rideau,* zu entdecken. Bei schönem Wetter sollte man sich
ein Plätzchen auf der schattigen Terrasse sichern, wo einen
der blaue Himmel, blaue Tischdecken und erquickliche,
wenn auch keineswegs aufregende lokale Speisen erwarten:
frischer grüner, mit einer Walnußöl-Vinaigrette angemachter
Salat, mit einem köstlichen Soufflé überzogener Loire-Lachs,
eine Platte mit Ziegenkäse und außergewöhnlich gute *baguettes.*

Bracieux *(Loir-et-Cher)*

Blois 18 km, Orléans 53 km, Paris 183 km, Romorantin 32 km
Markt: Donnerstag 8–13 Uhr, La Vieille Halle

RESTAURANT

LE RELAIS
1, Avenue de Chambord,
41250 Bracieux
☎ 54464122
Bestellungen werden bis
13.30 bzw. 21 Uhr entgegengenommen
Geschlossen: Dienstagabend,
Mittwoch und von der dritten Dezemberwoche bis zur
ersten Februarwoche
Kreditkarte: V

LE RELAIS ist, und darauf deutet der Name schon hin, eine
prächtige alte Kutscherkneipe, wo die Reisenden früher
einmal Halt machten, um sich die Beine zu vertreten, während die Pferde gewechselt wurden. Heute sind Bernard und
Christine Robin dabei, aus dem Lokal ein tadelloses modernes Restaurant zu machen. Zur einen Seite des Gebäudes
erstreckt sich ein Gehölz mit dem Chambord-Wildreservat,
auf der anderen liegt der sorgsam gepflegte Küchenkräuter-
garten. Der Speisezettel konzentriert sich auf einige der stärksten kulinarischen Attraktionen, die die Sologne zu bieten
hat. Beim letzten Besuch delektierten wir uns an einer Karp-
fen-Terrine, an Wildente mit einer süßsauren Kirschsauce

Speiseterrasse
180- bis 300-Francs-Menüs,
à la carte 300 Francs

Spezialitäten:
Wild (in der Jagdsaison)

und schlossen das Menü mit einer Käseplatte ab, zu der nicht weniger als zehn vollendet gereifte Ziegenkäse gehörten, angefangen vom zerbrechlich feinen jungen Bauern-*chèvre* bis zum charaktervollen *Selles-sur-Cher,* der nur wenige Kilometer entfernt hergestellt wird.

Bis vor wenigen Jahren wurde aus den meisten der in unmittelbarer Nähe gezogenen Trauben Hauswein gekeltert, aber jetzt kann man in LE RELAIS auch den fruchtsäurereichen weißen *Cheverny* kosten. Ein auf der Zunge zerschmelzender *gâteau opéra,* eine Schokoladen-Mokka-Torte, bildet den krönenden Abschluß des Menus.

Gien *(Loiret)*

Auxerre 87 km, Bourges 76 km, Orléans 64 km, Paris 152 km, Vierzon 73 km
Märkte: Mittwoch 8–12.30 Uhr hinter dem Postamt; Samstag 8–12.30 Uhr,
Place de la Victoire

RESTAURANT

HÔTEL DU RIVAGE
1, Quai de Nice, 45500 Gien
✆ 38672053
Bestellungen werden bis 14 bzw. 21.15 Uhr entgegengenommen
Geschlossen: die letzten drei Wochen im Februar und die erste Märzwoche
Kreditkarten: AE, DC, V
Separater Speiseraum für geschlossene Gesellschaften bis 45 Personen
Man spricht Englisch
75- (nur wochentags), 125-, 145- und 235-Francs-Menüs, à la carte 250 Francs

Spezialitäten:
Feuilleté d'escargots au Sancerre (Schnecken mit Sancerre in Blätterteig), *sandre de Loire aux pontes d'asperges* (Loire-Zander mit Spargelspitzen), *ris d'agneau au vinaigre de cidre et miel* (Lammbries mit Cidre-Essig und Honig)

Wer diesen Landstrich der großen Schlösser erkundet, findet in dem gefälligen, sauberen Städtchen Gien den geeigneten Ort für ein angenehmes Mittag- oder Abendessen. Die Quais am langgestreckten Loire-Ufer laden zu einem ausgedehnten, geruhsamen Spaziergang ein, und vom Restaurant des HÔTEL DU RIVAGE aus hat man einen hübschen Blick auf den Fluß. Dieses freundliche, in blauen und malvenfarbenen Tönen gehaltene Lokal sprüht vor Leben und erfreut sich einer stets gutgelaunten Stammkundschaft. Das Essen entspricht der lokalen Küche, ist echt und preiswert, die Kellnerinnen bedienen aufmerksam und entgegenkommend. In feinwürzigem *Sancerre* gekochte Schnecken, mit fruchtigem rotem *Chinon* zubereiteter *coq au vin* erwarten Sie hier, und zur Palette der Meeresfrüchte gehören eine kalte, mit Basilikum abgeschmeckte Muschelsuppe, Seebarsch mit Sauerampfersauce, frischer Lachs mit Morcheln oder auch eine einfache gegrillte Seezunge. Die angebotenen regionalen Käse sind mit Bedacht ausgewählt und besonders appetitlich und frisch.

Was die Weine angeht, so entdeckt man hier örtliche Lagen, die außerhalb dieses Anbaugebietes nur selten auf einer Weinkarte zu finden sind. Sie können in diesem vielseitigen Restaurant als Aperitif auch den feinsten Süßwein des Anjou, den *Bonnezeaux,* verkosten. Eisgekühlt erinnert er mich an kandierte Äpfel oder, noch besser gesagt, an einen mit Honig durchsetzten Granny Smith – nämlich gleichzeitig saftig-süß und herb-säuerlich.

127

HAUSHALTSWAREN

Faïencerie de Gien
78, Place de la Victoire,
45500 Gien
✆ 38670005
Geöffnet: 9.30–11.30 und
14–17.30 Uhr, geschlossen:
Sonntag
Kreditkarte: V

Das einzige Problem dieser Keramikfabrik, die in siloartigen Lagern von der berühmten *faïence de Gien* stammende Töpferwaren zweiter Wahl anbietet, bestünde darin, das Sortiment der Artikel zu beschränken, die man alle gerne mit nach Hause nehmen möchte. Man kann hier mit dem Einkaufswagen nach Belieben durch die Stapelreihen ziehen und unter Dutzenden von farbenfrohen zeitgenössischen Eßservice-Mustern, vielerlei Kacheln und Geschirrteilen auswählen. Die Preise hier sind nicht viel niedriger als in den Läden in der Stadt, aber das Angebot ist erheblich breiter.

Frankreichs edle Knolle: Die rote Rübe

Ich lebte schon eine ganze Zeitlang in Frankreich, bevor mir auffiel, daß man auf den Märkten kaum rohe Rote Rüben zu sehen bekam. Überwiegend werden diese Erdfrüchte in schon gekochtem Zustand direkt vom Marktstand aus verkauft, manchmal noch dampfendheiß, manchmal in dicke Kunststoffolien vakuumverpackt.

Diese Sitte, schon halb tischfertige Rote Rüben anzubieten, geht, so fand ich heraus, bis aufs Jahr 1830 zurück, als man bereits die für Salate bestimmte Rote Bete der Provence in vorgekochtem Zustand auf den Tresen brachte. Gemüsegärtner, die solche Rüben heute anbauen – die meisten von ihnen sind im Loire-Tal zu Hause – berichten von einem Wiederaufleben dieser Gewohnheit nach dem Zweiten Weltkrieg, als es darum ging, Brennstoff zu sparen. Da Rüben lange Kochzeiten haben, war es für die *maraîchers* wirtschaftlicher, die frischgeernteten Knollen gleich en masse in riesigen Bottichen zu sieden und dann eßfertig auf den Markt zu bringen. Hier bot sich zugleich ein gutes Verkaufsargument, denn die gekochte Beete bedarf praktisch keiner weiteren Behandlung. Tatsächlich findet man bis heute Rote Rüben im Rohzustand vorwiegend nur in Reformhäusern.

Roh oder gekocht, Frankreich genießt seine *betteraves rouges* – meist streichholzförmig geschnitten und mit einer Vinaigrette angemacht – und produziert jährlich rund 78 000 Tonnen davon. Ein französischer Hausfrauen-Tip: Um gekochte Rote Rüben für die Salatzubereitung frisch zu halten, besprenge man sie mit etwas Rotweinessig und bewahre sie im Kühlschrank auf. Sollten Sie aber einmal selbst Rote Bete kochen, so schrecken Sie diese, sobald sie vom Herd genommen werden, mit kaltem Wasser ab; sie lassen sich dann leichter abpellen.

Lamotte-Beuvron *(Loir-et-Cher)*

Blois 59 km, Gien 57 km, Orléans 36 km, Paris 167 km, Romorantin 40 km
Markt: Freitag 9–12.30 Uhr, Place de l'Eglise

RESTAURANT

HÔTEL TATIN
5, Avenue de Vierzon,
41600 Lamotte-Beuvron
✆ 54880003
Bestellungen werden bis 14
bzw. 21 Uhr entgegen-
genommen
Geschlossen: Sonntagabend,
Montag und die letzten drei
Wochen im Januar bis zur
dritten Woche im Februar
Kreditkarte: V
Speiseterrasse; separater
Speiseraum für geschlossene
Gesellschaften von 25 bis 30
Personen
Man spricht Englisch
65-, 95- und 125-Francs-
Menüs, à la carte 150 Francs

Spezialitäten: Regionale
Küche, vor allem Wild,
Loire-Fische sowie *tarte
Tatin* (gestürzter Apfel-
kuchen)

Das HÔTEL TATIN ist ein bescheidenes Haus, wo man sich in einem hellen, mit leicht ramponierten Gobelins, Geweihen samt Kopf und frischen Gladiolen dekorierten Speiseraum wiederfindet. Die Menü-Auswahl entspricht dem Speisenplan der schlichten, gemütlichen Restaurants dieser Region. Bestellen Sie mit Bedacht, und Sie werden keine Enttäuschungen erleben. Was sich hier zu essen anbietet, sind einfacher grüner Salat, eine anständige Forelle mit Mandeln und ordentlicher regionaler Ziegenkäse, den man sich von einem recht gut bestückten Wagen herunter servieren lassen kann. Der fruchtige lokale Rotwein, den man hier trinkt, heißt *Saumur-Champigny* und kommt vom Château de Chaintres.

Und wie läßt sich die hier einmal kreierte *tarte Tatin* an? Noch ofenwarm, goldgelb, schön karamelisiert und mit großgeschnittenen Apfelstücken besetzt, ist sie durchaus authentisch, doch fehlt es dem dünnen Teig an Aroma. Was Sie nicht daran hindern sollte, zu diesem berühmten kulinarischen Wallfahrtsort zu pilgern (siehe auch »Die Torte, die zur Legende wurde« Seite 137 sowie das Rezept Seite 130).

TARTE DES DEMOISELLES TATIN
Gestürzter Apfelkuchen ›Tatin‹

Dies ist das einfachste und zur Herstellung der tarte Tatin *wirklich narrensicherste Rezept, das ich kenne. Eine perfekte* tarte Tatin *sollte aus nichts weiter als schön karamelisierten Äpfeln und einem dünnen Teigboden bestehen. Verwenden Sie nur die besten Äpfel dazu wie Reinetten oder Boskop. Sind solche nicht zu bekommen, dann verwenden Sie Jonathan oder Cox Orange mit denen sich, sind sie sachgemäß karamelisiert, auch ein köstlicher Kuchen herstellen läßt. Die Früchte werden dabei so geteilt, daß sie in großen Stücken erhalten bleiben; das macht den rustikalen Charakter dieser* tarte *aus. Eine Backform aus feuerfestem Glas erlaubt Ihnen zu erkennen, ob beim Stürzen Äpfel am Boden haften. Die eingesetzte Apfelmenge erscheint für einen einzigen Kuchen sehr groß, die geschnittenen Stücke zerfallen jedoch durch die Hitze sehr rasch.*

120 g Butter
7 bis 8 Äpfel (etwa
1,25 kg), vorzugsweise
Reinetten oder Boskop,
geschält, geviertelt und
entkernt
200 g Zucker
Mürbeteig (siehe Rezept
Seite 501)

1. Den Backofen auf 220° vorheizen.
2. Die Butter in einer tiefen Kasserolle bei guter Hitze zerlassen. Äpfel und Zucker hinzugeben und alles gut vermengen. Etwa 20 Minuten garen und dabei hin und wieder sorgfältig umrühren, damit Äpfel und Zucker nicht anbrennen. Die Hitze steigern und die Äpfel noch etwa 10 Minuten weitergaren bis sie tief goldbraun sind. Sorgsam darauf achten, daß Äpfel und Zucker nicht anbrennen. (Falls keine Kasserolle zur Verfügung steht, die groß genug ist, um alle Äpfel auf einmal aufzunehmen, können Äpfel, Butter und Zucker auch in zwei Arbeitsgängen gegart werden.)
3. Die Äpfel in eine ungebutterte feuerfeste Glasschüssel von 27 cm Ø schichten.
4. Den Mürbeteig so ausrollen, daß die Teigplatte etwas größer als die Glasschüssel wird; auf die Äpfel legen und den Rand an der Form entlang nach unten hineindrücken.
5. Backen bis die Äpfel brutzeln und der Teig goldbraun ist; das dauert etwa 20 Minuten.
6. Die Torte aus dem Ofen holen und sofort auf eine hitzebeständige Tortenplatte stürzen. Warm oder bei Raumtemperatur servieren.

Montargis *(Loiret)*

Auxerre 79 km, Chartres 118 km, Fontainebleau 51 km, Orléans 71 km, Paris 113 km
Märkte: Mittwoch 8–12 Uhr, Place Girodet; Samstag 8–18 Uhr,
Place de la République

SÜSSWAREN

MAISON DE LA PRASLINE
45, Place Mirabeau,
45200 Montargis
✆ 38986355
Geöffnet: Dienstag bis Samstag 8.30–12.30 und 14–19.30 Uhr; Sonntag und Montag 9.30–12.30 und 14.30–19.30 Uhr
Kreditkarten: AE, V
Auf Wunsch Versand innerhalb von Frankreich

Montargis ist berühmt für seine unwiderstehlich guten gebrannten und mit einem Zuckerguß überzogenen Mandeln. Die begehrten *praslines de Montargis* werden in Konditoreien und Süßwarengeschäften in ganz Frankreich verkauft, aber wo sie, und zwar zu mittelalterlicher Zeit, zum ersten Mal gemacht wurden, das war hier, in der historischen MAISON DE LA PRASLINE, die der im 18. Jahrhundert erbauten Kirche der Madeleine gegenüberliegt. Die *prasline* – oder auch Praline – wurde nach einem gewissen Duc de Plessis-Praslin benannt, einem im 17. Jahrhundert lebenden Verehrer der Damenwelt, der seine Zeit zwischen Boudoirs und Schlachtfeldern aufteilte und seine Avancen mit Zuckermandeln versüßte. Die beschenkten Damen mochten sie offenbar so gerne, daß sie ihnen den Namen des Herzogs gaben, dessen Koch und Konditor sich 1630 in Montargis niederließ. Die elegante Boutique, die man dort heute findet, ist eine rekonstruierte Version des ursprünglichen Süßwarenladens mit einer von dem bekannten französischen Architekten Viollet-le-Duc geschaffenen Innenausstattung.

Lauch, oder *poireau*, stellt mit seinem lieblichen Wurzelaroma, in dem sich Zwiebel und Knoblauch zu begegnen scheinen, eine ständige Versuchung für den Gaumen dar. Das grün-weiße Stangengemüse erscheint jahrein, jahraus auf den französischen Märkten, ist jedoch in den Monaten von Oktober bis April, wenn das Gros der jährlich geernteten, meist von der Loire und aus dem Norden kommenden 230000 Tonnen verzehrt wird, am meisten geschätzt. Weil dieses preiswerte, als Suppengemüse wie als Kuchenbelag universell eingesetzte Grünzeug, wenigstens der Form nach, dem kostspieligeren Spargel ähnelt, wird es in Frankreich *l'asperge du pauvre* – Spargel des kleinen Mannes – genannt. Gleichwohl besitzt Lauch eine über das Küchenregime hinausgehende Macht, *faire le poireau* heißt: jemanden versetzen, weil man ihn wie eine Lauchstange stehen läßt, und wenn man selbst zu einem Rendezvous zu spät erscheint und den anderen ›sich die Beine in den Bauch stehen‹ läßt, so heißt das *poireauter*.

Montbazon *(Indre-et-Loire)*

Chinon 41 km, Paris 247 km, Saumur 67 km, Tours 13 km
Märkte: Dienstag 8–12 Uhr, Place de la Mairie; Freitag 15–20 Uhr, Place des Anciens Combattants

RESTAURANT

Château d'Artigny
37250 Montbazon
☎ 47262424
Bestellungen werden bis
14.15 bzw. 21.15 Uhr ent-
gegengenommen
Geschlossen: Dezember bis
erste Woche im Januar
Kreditkarte: V
Separater Speiseraum für
geschlossene Gesellschaften
von 8 bis 30 Personen
Man spricht Englisch
210- und 255-Francs-Menüs,
à la carte 350 Francs

Der romantische Chic des Château d'Artigny

Spezialitäten:
*Soupe de queues de bœuf aux
légumes du pot* (Ochsen-
schwanzsuppe mit Gemüse),
*noix de Saint-Jacques au
citron vert* (mit Limonen
zubereitete Jakobsmuscheln),
*brouet de poissons de rivière
au Vouvray* (Flußfische in
Vouvray), *aile de raie aux
coquillages* (Rochen mit
Muscheln), *filet de bœuf au
vin de Chinon* (Rinderfilet in
Chinon)

An einer Stelle vereinigen sich die vornehmsten Eigenschaften der liebenswürdigen Loire: im stolzen, eleganten Château d'Artigny. Wenn Sie im Scheine der untergehenden Sonne die lange schattige Schloßauffahrt hinaufkommen, wird Ihnen mit einem Mal bewußt, daß dieser Ort, gäbe es ihn nicht wirklich, in der Phantasie einer jeden romantischen Seele fortleben müßte, die die Schlösser an der Loire besucht hat. Selbst wenn Sie hier nicht über Nacht bleiben, sollten Sie sich in der Rotunde des großen, zentralgelegenen Speiseraumes einen Tisch reservieren lassen und hoffen, daß der nächtliche Himmel klar und voller funkelnder Sterne sei. Ich würde gerne wissen, wie viele Heiratsanträge an diesen Tischen gemacht, wie viele festliche Ereignisse hier gefeiert worden sind. An einem Abend sah ich ein gutaussehendes französisches Paar mittleren Alters in meiner Nähe sitzen. Beide trugen Rosa – sie ein schlichtes Futteralkleid in leuchtendem Rosé, er ein blaßrosa Hemd. Zufällig schaute ich gerade zu ihnen hinüber, als sie mit ihren Gläsern anstießen, in denen himbeerfarbene Cocktails schimmerten. Im gleichen Augenblick brach die Sonne durch die Scheiben des Bogenfensters und sprühte rosen- und orangefarbenes Licht durch den Raum. Man brauchte gar nicht zu hören, was die beiden miteinander sprachen – ihre Freude und festtägliche Stimmung überstrahlte die ganze Szene.

Das CHÂTEAU D'ARTIGNY zu erleben, ist eine Erfahrung besonderer Art: die landschaftliche Lage, der Service, die Räumlichkeiten könnten kaum besser sein, und das Essen ist, wie die Franzosen sagen, *correct*. Nichts also, um darüber begeistert nach Hause zu berichten, aber auch keine Küche, die Sie so leicht enttäuscht. Gerichte, die ich hier besonders genossen habe, sind unter anderem die Kaviar-Ravioli – trotz der Pluralform eine einzelne, mit Kaviar gefüllte, in einer sehr feinen Sauce schwimmende und von Langustinen- und Seezungenbissen umgebene Teigtasche – und das nach einem alten Rezept gemachte *épigramme d'agneau*, ein reines Lammgericht, bestehend aus Nüßchen, kleinen panierten Chops, Bries und Zunge. Eine so komplexe Speise scheint auch in das Ambiente zu passen, scheint das angemessene Essen für ein inmitten eines immensen Parks gelegenes Schloß zu sein. Die Weinkarte präsentiert sich als eindrucksvoller Band, der nicht nur eine breite Palette von mehrere Dekaden umspannenden Bordeaux-Weinen dokumentiert, sondern so ungefähr auch jede Marke und Lage enthält, die Sie im Loire-Gebiet antreffen könne. Ein großartiger Weißer, den zu versuchen sich lohnt, ist Gaston Huets *Vouvray*, ein Wein mit viel Finesse, der sich sowohl als Aperitif als auch zum Essen gut trinken läßt (das CHÂTEAU D'ARTIGNY findet man, indem man von Montbazon auf der D17 zwei Kilometer in Richtung Azay-le-Rideau fährt. Dann folgt man dem dort stehenden Hinweisschild).

POIRES MARINEES AU CITRON
Birnen in Zitronensaft

Nur wenige Gerichte sind zugleich so einfach und köstlich wie diese Mischung aus ganz besonders reifen, nur mit einer Prise Zucker in Zitronen- oder Limonensaft eingelegten Birnen. Diese Speise aufzutragen ist immer ein großer Schlager, und deshalb halte ich davon gerne einen Vorrat für Überraschungsgäste. Zum ersten Male kostete ich dieses Dessert als Gast in einem Privathaus in der Nähe von Valençay, dem Ort, von dem der gleichnamige, kreidige, wie eine abgestumpfte Pyramide aussehende Ziegenkäse herkommt. Diese Birnen-Delikatesse würde natürlich mit einer Haube cremig-frischen Ziegenkäses einfach herrlich schmecken müssen, aber ein Klacks Schlagsahne ist kein schlechter Ersatz.

6 feste reife Birnen, geschält, in Achtel geschnitten und vom Kerngehäuse befreit
250 ml frisch ausgepreßter Zitronen- oder Limonensaft (oder soviel, daß er die Birnen bedeckt)
2 El – oder nach Geschmack – Zucker

Die Birnen mit dem Zitronen- oder Limonensaft sowie dem Zucker in einer flachen, 1,5 l fassenden Schüssel vermengen. Bedeckt für 24 Stunden in den Kühlschrank stellen. Erst unmittelbar vor dem Servieren aus dem Kühlschrank nehmen.
Für 4 bis 6 Personen.

Pithiviers *(Loiret)*

Chartres 75 km, Fontainebleau 45 km, Montargis 45 km, Orléans 43 km, Paris 82 km
Markt: Samstag von 9–18 Uhr, Place des Halles

KONDITOREI

A la Renommée
5, Mail Ouest,
45300 Pithiviers
✆ 38300024
Geöffnet: 6.30–20 Uhr;
geschlossen: Mittwoch, zwei
Wochen im Februar und drei
Wochen im September

Pithiviers, frisch aus dem Ofen

Wer von Paris aus ins Loire-Tal fährt, mag wohl gerne einen kleinen Abstecher zum gastronomisch interessanten, historischen Ort Pithiviers machen, wo die gleichnamige, mit Mandelcreme gefüllte Blätterteigtorte ihre Heimat hat. Aber hier gibt es noch ein anderes typisches und sogar ausgefalleneres Backwerk: *pâté d'alouette*, Lerchenpastete, eine im Aroma etwas herbe, aber gleichwohl deliziöse Pastete, die nicht jedermanns Geschmack sein mag. In diesem Gebiet ist die Lerche zu Hause, und so weit man hier zurückdenken kann, haben die örtlichen Bäcker diesen Vogel zur *pâté*-Zubereitung verwandt. Dabei wird das ganze Tier, mit Knochen, Kopf und allem, mit einer Fleisch-Farce oder sogar mit *foie gras* oder Trüffeln gefüllt, in Teig gehüllt und gebacken. Die Pastete mit ihrem ganz eigenen, leichten Wildgeschmack ist ein Hochgenuß. Doch seit 1982 ist der Lerchenfang verboten – die Vögel wurden im offenen Gelände mit riesigen Netzen eingefangen –, und so ist das Angebot äußerst knapp. Der Konditormeister von A la Renommée wollte sich nicht genauer darüber auslassen, woher man heute die Lerchen bezieht, aber er gab zu verstehen, daß die Versorgung immer weiter zurückgeht. Sollten Sie also keine Lerchenpastete bekommen können, dann halten Sie sich am besten an die süße *pithiviers;* sie steht in Übergröße auf dem Ladentisch und wird portionsweise in breite Stücke geschnitten, solange sie warm ist. Bei der üppigen Mandelcreme-Füllung mag man an das mit Hilfe von ›Geschmacksverstärkern‹ Bittermandelaroma vortäuschende Backwerk, das man sonstwo findet, gar nicht denken.

Romorantin *(Loir-et-Cher)*

Blois 41 km, Châteauroux 67 km, Orléans 68 km, Paris 199 km, Tours 90 km,
Vierzon 33 km

Märkte: Mittwoch 8–18 Uhr, Place de la Paix, Place du Général de Gaulle, Rue de
l'Ecu; Freitag 8–13 Uhr, Cité des Favignolles; Samstag 8–13 Uhr,
Place du Général de Gaulle

Journées Gastronomiques (Gastronomieschau): letztes Wochenende im Oktober

RESTAURANT

GRAND HÔTEL DU LION
D'OR
69, Rue Georges Clémen-
ceau, 41200 Romorantin
☏ 54760028
Bestellungen werden bis 14
bzw. 21 Uhr entgegen-
genommen
Geschlossen: Januar bis Mitte
Februar
Kreditkarten: AE, V
Separater Speiseraum für
geschlossene Gesellschaften
bis 30 Personen
Man spricht Englisch
87- (nur wochentags), 140-
und 380-Francs-Menüs,
à la carte 450 Francs

Spezialitäten:
je nach Jahreszeit

Die Romantik der Loire scheint auch das GRAND HÔTEL DU LION D'OR nicht unberührt gelassen zu haben. Vor einigen Jahren kam Didier Clément hierher, um die Regie der

Küchenchef Didier Clément,
gerade vom Markt zurück

135

Küche zu übernehmen, und bald entspannen sich zarte Bande zwischen ihm und Marie-Christine, der Tochter des Eigentümers. Sie heirateten und besiegelten damit nicht nur ihr privates Glück, sondern sicherten auch den Fortbestand der kulinarischen Tradition des Hauses, das einmal als Relais, als Station für den Postpferdewechsel begann. Im Frühling wartet der Küchenchef mit Zubereitungen von dickem weißen Spargel auf, der zum besten der ganzen Region gehört; im Herbst und Winter verspricht die Speisekarte wahre Gelage von kräftigen Wildgerichten und feinen Pilztellern.

Schon von dem Augenblick an, da man das reizend eingerichtete Restaurant betritt, fühlt man sich in fürsorglichen Händen. Marie-Christines Mutter, Madame Barrat, hat vielleicht eine etwas rauhe Schale, aber ein weiches Herz, wenn sie, manchmal mehr bestimmend als empfehlend, dem Gast ein bestimmtes Gericht oder den Genuß eines speziellen Weines nahelegt. Dabei läuft man wohl keine Gefahr, fehlgeleitet zu werden. Wenn sie also zur Einleitung den Spinatsalat ihres Schwiegersohnes zu bestellen vorschlägt, dann *girolles* (Pfifferlinge), kleine *rougets* (Meerbarben), die von einem Netz umhüllte Tauben-*crépinette* in Cidre-Essig oder einen sorgsam gelagerten Jahrgangs-Vouvray, so folgen Sie ihrem Rat, und Sie werden das LION D'OR mit zufriedener Miene verlassen.

KONDITOREI

RAYMOND CARRÉ
38, Rue Georges Clémenceau, 41200 Romorantin
℘ 54761237
Geöffnet: 8–12.45 und 14.30–19.15 Uhr; geschlossen: Montag, zwei Wochen im Februar und drei Wochen im Juli

Im Land der *tarte Tatin* habe ich einen der besten gestürzten Apfelkuchen, an die ich mich entsinnen kann, in diesem kleinen Laden im bezaubernden Romorantin gefunden.

Die Torte, die zur Legende wurde

Lamotte-Beuvron, 22. Mai – Wie, so fragt man sich, wird eine Speise zur Legende? Im Falle des französischen Apfelkuchens, der als *la tarte des Demoiselles Tatin* seinen Siegeszug um die Welt antrat, führt die Spur in dieses unbedeutende Provinznest zurück, ein 4400-Seelen-Dorf inmitten der bewaldeten Jagdregion der Sologne.

Hier steht, dem Bahnhof gegenüber, ein robustes, stuckverziertes Gebäude, mit dem Namen HÔTEL TATIN, und an dieser Stelle sollen Stephanie und Caroline Tatin die karamel-überzogene, gestürzte Apfeltorte aus der Taufe gehoben haben, die ihren Familiennamen trägt.

Fest steht, daß die beiden Schwestern irgendwann in den fünfziger Jahren des vorigen Jahrhunderts von ihrem benachbarten Dorf nach Lamotte-Beuvron umsiedelten und das HÔTEL TERMINUS TATIN bauten, das bald zur Raststätte für Jäger und Zwischenstation für Reisende wurde, die zwischen Orléans und Vierzon unterwegs waren. Bis 1907 blieben die Schwestern hier, dann verkauften sie das Hotel und ließen den Ruhm ihres urigen Apfelku-chens an der Stätte seiner Entstehung zurück.

Die eigentliche Legende ist nicht zu belegen, doch gleichwohl amüsant: Eines Tages bereitete die jüngere der beiden Schwestern, die als Köchin fungierende Caroline, einen Apfelkuchen zu. Sie hatte die Äpfel in Butter und Zucker gegart, und in ihrer Eile schüttete sie das Gemisch in eine teiglose Kuchenform. Überhaupt keine Lust verspürend, den Kunst-fehler rückgängig zu machen, entschloß sie sich zur Improvisation. Sie breitete den Teig über den Äpfeln aus, schob die rohe Masse in den Ofen, und als der fertige Kuchen heraus-kam, kippte sie ihn aus der Form. *Voilà, la tarte renversée*, die Kreation war vollbracht.

Manch ein Historiker auf dem Gebiete der Gastronomie wird hier allerdings einwenden, brave Hausfrauen in ganz Frankreich hätten schon lange vorher *tartes renversées* gemacht; nichtsdestoweniger wurde die Schöpfung erst berühmt, nachdem die Schwestern Tatin ihrem Apfelkuchen einen richtigen Namen gegeben hatten. Der gefeierte französische Gastronom Curnonsky trat sogar eigens eine Zugreise von Paris nach Lamotte-Beuvron an, um die berühmte Torte zu kosten. Ob diese Probe zu seiner Zufriedenheit ausfiel, ist nicht bekannt.

Wie dem auch sei, das HÔTEL TATIN lebt munter weiter, und auch der blaugekachelte, mit Kohle und Holz befeuerte Ofen existiert noch, in dem die Schwestern ihre Kuchen backten. Heute läßt Küchenchef Gilles Caillé, der das Hotel 1968 erwarb, täglich etwa zehn der Sturzkuchen in einem herkömmlichen Gasbackofen entstehen.

Als Mitglied der örtlichen Gastronomen-Gilde – *La Confrérie des Lichonneaux de Tarte Tatin* –, die den Ruf des süßen Erbes beschützt, bereitet Monsieur Caillé seinen Kuchen gemäß den Richtlinien dieser Vereinigung zu. »Eine *tarte Tatin* ist Butter, Zucker, Äpfel, Teig und jede Menge know-how«, sagt er und fügt hinzu, daß dieser Kuchen im Idealfall mit Frankreichs bestem Kochapfel, der *reine des reinettes*, gemacht werden sollte. Abweichend von der üblichen Regel, nach der die Äpfel in einer Butter-Zucker-Schmelze auf dem Herd vorgegart werden, vermengt Monsieur Caillé Äpfel, Butter und Zucker in einer verzinnten Kupferform. Er bedeckt die Mixtur mit einer dünnen Schicht süßen Mürbeteigs und backt die Torte bis sie karamelisiert und goldbraun ist.

Les Rosiers *(Maine-et-Loire)*

Angers 30 km, Cholet 62 km, La Flèche 44 km, Paris 288 km, Saumur 15 km
Markt: Montag 8–12 Uhr, Place du Mail

RESTAURANT

JEANNE DE LAVAL
54, Rue Nationale, Les
Rosiers, 49350 Gennes
✆ 41518017
Bestellungen werden bis 14
bzw. 21.30 Uhr entgegen-
genommen
Geschlossen: Montag (außer
an Feiertagen) und Januar bis
Mitte Februar
Kreditkarten: AE, DC, V
Speiseterrasse; separater Spei-
seraum für geschlossene
Gesellschaften von 15 bis 20
Personen
Man spricht Englisch
150- und 300-Francs-Menüs,
à la carte 350-400 Francs

Spezialitäten:
*Poissons de la Loire au beurre
blanc* (Loire-Fisch in einer
mit Weißwein und Schalotten
bereiteten Buttersauce), *poularde de Loué à l'estragon*
(junges Masthuhn mit Estragon), *foie gras de canard*
(Entenstopfleber)

Loire-Lachs gehört heute in Frankreich zu den größten
Delikatessen. Es fällt schwer, sich einen Lachsreichtum
vorzustellen, der hier einmal so groß war, daß die Arbeiter
der Region davor geschützt werden mußten, den saftigen,
fettreichen, schmackhaften Fisch zu jeder Mahlzeit vorgesetzt zu bekommen. Falls Sie Glück haben, kommen Sie in
der altmodisch-charmanten AUBERGE JEANNE DE LAVAL an
einem Tag an, da Lachs serviert wird. Wenn Sie dann auf dem
Weg zur blumengeschmückten Terrasse den vom Zahn der
Zeit etwas angenagten, doch mitnichten schäbigen Speiseraum passieren, würden Sie wetten, daß die Zeit hier in den
fünfziger Jahren stehengeblieben ist. In diesem Ambiente
fällt es auch nicht schwer sich einzubilden, die ganze *nouvelle
cuisine* sei noch gar nicht erfunden. Während hurtige Kellnerinnen mit freundlichen Gesichtern unentwegt umherhu-
schen, dröhnt aus der Küche nebenan die Stimme des Chefs,
Michel Augereau.

Was hier angeboten wird, könnte traditioneller nicht sein.
In den Herbst- und Wintermonaten ziehen Gerichte wie
gebratener Fasan und Hasenragout in die Speisekarte ein;
Loire-Lachs ist gewöhnlich von Mitte Februar bis Ende Juni
zu haben; und im Frühjahr dominieren Spargel mit holländi-
scher Sauce und Loire-Zander mit einer exzellenten *beurre
blanc.*

Saint-Thibault *(Cher)*

Bourges 41 km, Pouilly-sur-Loire 13 km, Sancerre 5 km

RESTAURANT

L'ETOILE
2, Quai de la Loire, Saint-
Thibault, 18300 Sancerre

L'ETOILE, das überwachsene Veranda-Restaurant am
Loire-Ufer, typisiert so richtig die unbefangene Atmosphäre der erfrischend natürlichen Umgebung von Sancerre,

✆ 48541215
Bestellungen werden bis 14
bzw. 21 Uhr entgegen-
genommen
Geschlossen: Mittwoch und
Mitte November bis Februar
Keine Kreditkarten
Speiseterrasse; separater Spei-
seraum für geschlossene
Gesellschaften von 25 bis 30
Personen
Man spricht etwas Englisch
75-, 105- und 150-Francs
(nur sonntags)-Menüs,
à la carte 220 Francs.

Spezialitäten:
Matelote d'anguilles (Matrosengericht von Aal), *andouillette grillée au Sancerre*
(gebratene Kaldaunenwurst
in *Sancerre*)

dem Ort, wo der stets beliebte trockene weiße ›Steinwein‹ der
Loire herkommt. Das Restaurant offeriert vielerlei Fisch-
und Fleischgerichte, die auf dem Holzkohlengrill im großen
Speiseraum zubereitet werden; daneben bietet sich eine kleine
Speiseterrasse für den Sommer und Herbst an. Der zum
Hauswein erkorene *Sancerre* ist herb und *correct*, und es ist
gewiß nicht das Schlechteste, hier einen in den Nachmittag
hinein verlängerten Mittag damit zu verbringen, sich an einer
gegrillten Seezunge zu laben und Wein dazu zu schlürfen.
Auf dem Käsebrett kommt eine durchaus abwechslungsreiche Kollektion an: Dazu gehören Ziegenkäse, von denen
einige frisch und mild, einige *demi-sec* und nur mäßig scharf,
andere wiederum bröcklig-trocken, streng und so hart sind,
daß man sich die Zähne daran ausbeißen kann. Der *Sancerre*
und der lokale Ziegenkäse lassen den Gaumen das gleiche
empfinden: Sie sind trocken, bringen den Gast dazu, neugie-
rig den Mund zu spitzen und geben sich im Nachgeschmack
dennoch überraschend angenehm, wenn auch eigen – sie
schmecken nämlich nach Stroh!

Korbflechterei, eine
Spezialität im Loire-Tal

Sancerre *(Cher)*

Bourges 46 km, La Charité-sur-Loire 26 km, Paris 199 km, Salbris 75 km,
Vierzon 71 km

Markt: Dienstag und Samstag 8.30–12 Uhr, Place de la Maire

Foire aux Fromages (Käsemesse): 1. Mai oder darauffolgendes Wochende. *Foire au Vin* (Weinmesse): Pfingstsamstag, Pfingstsonntag und Pfingstmontag. *Journées des Vins de France* (Weinmesse): letzter Sonntag im August. *Foire aux Huîtres* (Austernfest): letzter Sonntag im Oktober

RESTAURANT

AUBERGE ALPHONSE
MELLOT
16, Nouvelle Place,
18300 Sancerre
✆ 48542053
Bestellungen werden durch-
gehend 12–19.30 Uhr ent-
gegengenommen
Geschlossen: Mittwoch und
Mitte Dezember bis Mitte
Januar
Kreditkarten: EC, V
Speiseveranda
Man spricht Englisch
65-Francs-Menü, à la carte
90 Francs

Inmitten des berühmten Weindorfes ein bescheidenes Plätzchen, wo man Alphonse Mellots ausgezeichneten *Sancerre* kosten und dazu den örtlich hergestellten Ziegenkäse *Crottin de Chavignol* und ein ordentliches Schinkenomelett essen kann.

Saumur *(Maine-et-Loire)*

Angers 45 km, Cholet 66 km, La Flèche 31 km, Le Mans 94 km, Paris 293 km,
Tours 66 km

Märkte: Mittwoch 8–13 Uhr, Place du Clos-Grolleau; Donnerstag 8–13 Uhr, Avenue du Général de Gaulle; Freitag 8–13 Uhr, Quartier du Chemin-Vert, Samstag 7–13.30 Uhr, Place Saint-Pierre

MUSEUM

MUSÉE DU CHAMPIGNON
Saint-Hilaire-Saint-Florent,
49400 Saumur
✆ 41503155

Zwischen Tafelfreuden, Schloßbesichtigung und den Besuchen von Weinbergen erscheint eine Exkursion durch die faszinierenden Kellergewölbe im Loire-Tal angebracht, wo Myriaden von Pilzen ihrer kulinarischen Bestim-

Geöffnet: täglich 10–12 und 14–18 Uhr von März bis Mitte November
Eintritt: 13 Francs; etwa 9 Francs für Kinder unter 14 Jahren und 10 Francs für Gruppen über 25 Personen

mung entgegendämmern. Fährt man die Uferböschungen entlang, dann fällt einem die Vielzahl der höhlenwohnungsartigen Gemächer auf, die in das poröse Vulkangestein gehauen sind. Diese Kavernen entstanden, als man gewaltige Steinblöcke aus den Felsgebirgen löste, um damit die großen Kathedralen und die Schlösser an der Loire zu bauen. Die fehlenden Quader hinterließen feuchte, kühle Hohlräume, die ideale Weinkeller und später Pilzgewölbe abgaben. In Louis Bouchards lebendem Pilzmuseum beispielsweise kann man leicht eine ganze Stunde damit zubringen, durch die ausgedehnten unterirdischen Anlagen zu wandern, immer an Beeten mit *champignons de Paris* entlang, die sich in unterschiedlichen Entwicklungsstadien befinden. Augenblicklich laufen hier auch Versuche zur Kultivierung des zerbrechlich zarten, an den Rändern gefiederten *pleurote*, des Austernseitlings.

Am Ende des Rundgangs haben die Besucher Gelegenheit, Pilze in frischem, in getrocknetem oder konserviertem Zustand zu kaufen, ebenso lokale Weine (man findet das Champignon-Museum am linken Loire-Ufer, wenn man von Saumur aus die D751 5 Kilometer in westlicher Richtung entlangfährt).

Tours *(Indre-et-Loire)*

Angers 106 km, Chartes 140 km, Le Mans 82 km, Orléans 112 km, Paris 234 km
Märkte: Montag, Dienstag, Freitag und Sonntag 7–9.30 Uhr, Mittwoch und Samstag 7.30–11.30 Uhr, Marché des Halles; Donnerstag und Sonntag, 8–12.30 Uhr, Place Velpeau
Foire à l'Ail et au Basilic (Knoblauch- und Basilikummesse): 26. Juli
Flohmarkt: Mittwoch und Samstag, 7–17 Uhr, Place des Victoires

Sollten Sie an einem Mittwoch oder Samstag zufällig in Tours sein, lassen Sie sich den kleinen, aber sehenswerten Flohmarkt auf der Place des Victoires nicht entgehen; das ist nur ein paar Häuserblocks von der großen Markthalle und ganz in der Nähe des Flußufers. Hier können Sie immer damit rechnen, eine ordentliche Auswahl an Korbwaren, Porzellan und Keramik vorzufinden. Immerhin ist es angebracht, sich am frühen Morgen auf die Beine zu machen. *Vieux Tours*, die restaurierte Altstadt, liegt nur wenige Häuserreihen weiter östlich. Werfen Sie vor allem auch einen Blick in die Antiquitätenläden der Rue de la Scellerie und der Rue de Cygne.

Villaines-Les-Rochers *(Indre-et-Loire)*

Azay-le-Rideau 5 km, Chinon 26 km, Tours 28 km

HAUSHALTSWAREN

LA VANNERIE DE VILLAI-
NES-LES-ROCHERS
Villaines-les-Rochers,
37190 Azay-le-Rideau
∅ 47454303
Geöffnet: Montag bis Sams-
tag 9–12 und 14–19 Uhr; an
Sonn- und Feiertagen von
Ostern bis September 10–12
und 14–19 Uhr; Sonn- und
Feiertag von Oktober bis
Ostern 14–19 Uhr; geschlos-
sen: Weihnachten und Neu-
jahr
Auf Wunsch Versand auch
ins Ausland

Schon seit 1849 arbeiten die Ortsbewohner in einer Korb-
flechter-Genossenschaft zusammen, der inzwischen fast
90 Familien angehören. Sogar ein begeisterter Balzac hat die
Flechter in einem seiner Werke verewigt. Sie entwerfen und
erzeugen nicht nur Korbwaren in einer enormen Typenvielfalt, sie ziehen in ihrem ruhigen, abgelegenen Weiler auch
systematisch Weidenbüsche auf und trocknen das wider-
standsfähige Rohr, bevor sie es selbst verarbeiten. Wer hier
im Spätfrühling durchkommt, findet an den Straßenrändern
Haufen goldgelben Rohrs gestapelt – in den Wintermonaten
geschnitten, bis etwa Mai in Wasser gelegt, um es biegsam zu
machen, dann abgerindet und zum Trocknen ausgelegt. Das
ganze Jahr über dürfen Besucher den Flechtern bei ihrer
Arbeit zuschauen. Hier werden die selbstgezogenen und füg-
sam gemachten Weidenruten zu allen Arten von Flechtwerk
verarbeitet, von kleinen, mit Leinen ausgelegten Körbchen
zum Aufgehen des Sauerteigs bis zu geräumigen Kinderwa-
gen.

Villandry *(Indre-et-Loire)*

Azay-le-Rideau 10 km, Chinon 31 km, Paris 252 km, Saumur 52 km, Tours 20 km

SEHENS-
WÜRDIGKEIT

CHÂTEAU DE VILLANDRY
Villandry,
37300 Joué-lès-Tours
∅ 47500209
Der Schloßgarten ist täglich
9–17 Uhr geöffnet (das Schloß
ist von Mitte November bis
Mitte März geschlossen)
Eintritt: 15 Francs; 10 Francs
für Kinder unter 10 Jahren und
für Gruppen von mehr als 20
Personen
Besondere Sehenswürdigkeit:
Der Küchengarten

Dieser Schloßgarten mit seiner üppigen Vegetation gehört
zu den großartigsten in Frankreich. Wenn sie die Gartenanlage, die Obst-, Gemüse- und Blumenbeete, die das aus
dem 16. Jahrhundert stammende Château de Villandry umschließen, erst einmal besichtigt haben, werden Sie eine unwiderstehliche Lust verspüren, nach Hause zu fahren und unentwegt zu pflanzen. Sechs festangestellte Gärtner pflegen die
präzise abgezirkelten Flächen, auf denen violette Artischok-
ken, purpurner Kohl, zinnoberrote Rosen leuchten, und in
diesem Labyrinth winziger Gärtchen darf sich der Besucher
frei bewegen. Auch das Schloß – weniger interessant als die
Gärten selbst – ist zu besichtigen. Wer die Gärten in ihrer
paradiesischsten Form sehen will, sollte im August oder September hierherkommen.

TARTE A LA CITROUILLE DE MOLLANÇAY
Millançay-Kürbiskuchen

Erst als ich in Frankreich lebte, wurde mir bewußt, welche Mengen an Kürbis die Franzosen verbrauchen: für süße, mit ganzen Mandeln besetzte Kuchen, in Suppen (zusammen mit Tomaten), für Gratins (vermischt mit geriebenem Käse) und in bestimmten Brotsorten (mit Maismehl versetzt). Die kolossale, im Herbst und Winter gepflückte Frucht kommt in vielerlei Größen und Formen auf den Markt, wobei sich die Farbe des Fleisches zwischen einem blassen Orange und dem leuchtenden Rot einer untergehenden Sonne bewegen kann. In Frankreich wird Kürbis stets scheibenweise verkauft, und jede Sorte trägt ihren eigenen Namen. Sie werden also die eßbaren Angehörigen der Cucurbitazeen-Familie als courge, *als* citrouille, potimarron *und* potiron *angeboten finden. Das Rezept für diesen mit Mandeln aromatisierten Kürbiskuchen stammt von Millançay, einem Dorf in der Sologne, wo man jedes Jahr im Herbst die* Fête à la Citrouille *begeht.*

1 Keil (etwa 1 kg) frischer Kürbis
140 g ganze Mandeln
3 große Eier
80 ml *crème fraîche* oder saure Sahne, vorzugsweise nicht ultrahocherhitzt
165 g hellbrauner Zucker
1 El frisch gepreßter Zitronensaft
Mürbeteig (siehe Rezept Seite 501)

1. Den Backofen auf 220° vorheizen.
2. Alle Kerne und Fasern vom Kürbis entfernen und ihn in etwa 8 gleiche Teile schneiden. Die ungeschälten Kürbisstücke in einen Dampfkochtopf setzen, der groß genug ist, um sie alle aufzunehmen. Bedecken und über kochendem Wasser etwa 15 Minuten garen, bis das Kürbisfleisch weich ist. Die Kürbisse abtropfen und abkühlen lassen, bis sie angefaßt werden können. Dann die Schale abschneiden und wegwerfen. Die Kürbisscheiben in einer Küchenmaschine pürieren. Das sollte 500 ml Püree ergeben (das Püree kann im voraus zubereitet und kaltgestellt oder tiefgefroren werden).
3. 70 g der Mandeln in der Küchenmaschine grob hacken. Das Kürbispüree, Eier, *crème fraîche*, Zucker und Zitronensaft hinzufügen und gut durchmischen.
4. Den Teig ausrollen und behutsam in eine Kuchenform von 27 cm ∅ geben. Die Füllung auf den Teig schöpfen und etwa 45 Minuten backen, bis ein in die Mitte des Kuchens eingestochenes Messer sich sauber wieder herausziehen läßt.
5. Während die Torte noch warm ist, die restlichen Mandeln mit den Spitzen nach unten an den Rand der Kruste stecken. Bei Raumtemperatur, vorzugsweise 2 oder 3 Stunden nach dem Backen, servieren.

KÄSE AUS DER SOLOGNE UND VON DER LOIRE

1. Selles-sur-Cher: Ein runder Vollfetter aus Ziegenmilch, der zwischen zehn Tagen und drei Wochen (oder sogar noch mehr) Reifezeit hinter sich hat. Er ist am besten, wenn er rohe Ziegenmilch zur Grundlage hat; dann besitzt er eine graublau-gesprenkelte Rinde, zeigt sich von innen sanft und makellos weiß und offenbart ein elegantes, leichtes, entfernt an Haselnuß erinnerndes Aroma. Manchmal wird dieser Käse mit Holzkohle bestäubt, was die ursprünglich weiße Rinde im Laufe der Reifung blau werden läßt. Der lokale *Sauvignon blanc* macht sich ausgezeichnet dazu.

2. Pouligny-Saint-Pierre: Auf der fetten, schmackhaften Milch von Ziegen der alpinen Rasse baut sich dieser äußerst feinkörnige elfenbeinfarbene Käse mit der leicht graugesprenkelten Rinde auf, ein Käse, der zugleich nobel und derb ist. Pouligny-Saint-Pierre wird in kleinen Molkereien und Bauernhöfen aus roher oder pasteurisierter Ziegenvollmilch erzeugt.

3. Sainte-Maure Fermier: Die weiche, gestreckt zylindrische Form ist typisch für diesen Käse, der mit einem durch seine Mittelachse laufenden Strohhalm als Markenzeichen in den Handel kommt. Er zeichnet sich durch einen sehr delikaten ›ziegigen‹ Geschmack aus, besitzt – in Spitzenqualität aus roher Ziegenvollmilch gemacht – ein sehr abgerundetes sattes Aroma, ist von gleichmäßiger Textur und weist eine gesprenkelte Rinde von natürlicher Blaufärbung auf.

4. Crottin de Chavignol: Dieser kleine flachgedrückte Ball kann sich rühmen, einer der bekanntesten und beliebtesten Ziegenkäse Frankreichs zu sein. Auf dem Markt erscheint er in vielen Reifestadien: zart und frisch zum Beispiel, so wird er gegrillt oder in Öl und Kräuter eingelegt; oder sehr reif schon, und dann hart und brüchig. Wörtlich übersetzt heißt *crottin* Pferdeapfel, und so sieht der ausgereifte trockene Crottin de Chavignol auch aus. Zu einem solchen betagten Exemplar paßt ein lokaler weißer *Sancerre*.

SOLOGNE- UND LOIRE-WEINE

❶ ❷ ❸ ❹ ❺ ❻ ❼

1. Chinon (Charles Joguet): Diesen anspruchsvollen Roten muß man liegenlassen, damit er Gelegenheit bekommt zu zeigen, was an Würze und mineralischer Fülle in ihm steckt. Eine andere reputierliche Marke, und zudem eine, die man oft sieht, ist *Couly-Dutheil;* der *Clos d'Olive* und der *Clos de l'Echo* dieser Kellerei sind besonders gepflegt.

2. Vouvray sec le Haut Lieu (Domaine Huet): Vouvray ist ein vielen unbekannter Weißwein, und das ist schade, denn ein goldener trockener Vouvray bietet sich zum Beispiel als perfekter Begleiter zu Loire-Lachs an. Auch der Vouvray von Prince Poniatowski sowie der von Gilles Champion verdienen Aufmerksamkeit.

3. Bonnezeaux (Chateau de Fesles): Dieser aromastarke süße Weiße treibt mit dem Gaumen ein regelrechtes Gaukelspiel, indem er abwechselnd honigartige und apfelsaure Geschmackswellen anrollen läßt. Als Aperitif oder zum Dessert.

4. Savennières (Château d'Espiré): Seiner feinen Fruchtsäure wegen finde ich diesen großartigen Weißwein geradezu unwiderstehlich. Sie werden auch oft auf eine andere bewährte Sorte dieser Marke stoßen: Madame A. Joly's *Château de la Roche aux Moines, Coulée de Serrant.*

5. Quarts de Chaume (Domaine Baumard): Ein Wein von so lieblicher Süße, daß er mit seinen das Bouquet überlagernden Honig- und Aprikosennuancen schon geradezu lecker mundet: ein perfektes Pendant zu der so sehr geschätzten *tarte Tatin*. Die produzierten Mengen dieses edlen, schweren Weines halten sich allerdings in engen Grenzen.

6. Sancerre Chavignol (Vincent Delaporte): Ein trockener, erdiger Weißer mit viel Charakter, der sich hervorragend zum weißen Flußfisch, zum Lachs und Geflügel sowie dem Ziegenkäse der Loire trinken läßt. Beachten Sie auch den Sancerre *rosé* und, bei guten Jahrgängen, den federleichten Sancerre *rouge*. Andere bekannte Marken sind: *Alphonse Mellot, Lucien Crochet* und *Vacheron*.

7. Pouilly Fumé (Dagnueneau): Dieser trockene Weißwein – in seinem Anbaugebiet als *blanc fumé* bekannt – hat sehr vielseitige Eigenschaften. Mit seinem ›abgehangenen‹ Räucheraroma macht er sich ebensogut als Aperitif wie als Begleitgetränk zum Flußfisch der Region. Gönnen Sie auch dem berühmtesten unter den Pouilly Fumés, dem *Château de Nozet's la Doucette*, einen Versuch.

Ile de France

Aus historischer Sicht stellt sich die Ile de France als Brotkorb, als Gemüsegarten, Jagdgrund und auch als Milchquelle der Metropole dar. Zwar hat die intensive Urbanisierung der Randgebiete zu erheblichen Umwälzungen in der Landwirtschaft geführt und damit auch die Anzahl der die Pariser Küchen beliefernden *maraîchers,* der Gemüsebauern, reduziert, doch auch heute noch kann man sich rings um Paris in kürzester Zeit auf Landstraßen wiederfinden, die durch ausgedehnte flache, gelbwogende Getreidefelder, dichte grüne, von Rotwild und Enten bevölkerte Wälder führen, vorbei an Bauernhöfen und Molkereien, die die Stadt mit Milchprodukten, Geflügel, Gemüse und Obst versorgen.

Im CAZAUDEHORE: A votre santé!

Wahr ist, daß die berühmten *champignons de Paris* – einst in Kellergewölben an der Pariser Peripherie gezüchtet – inzwischen vorwiegend von der Loire kommen, daß der Spargel, der Argenteuil berühmt machte, heute mit größerer Wahrscheinlichkeit in provenzalischem Boden gediehen ist; aber noch immer kann man an den Herkunftsschildern erkennen, welche nicht unbeträchtlichen Mengen an Karotten, Roten Rüben, Kohl und Brunnenkresse unmittelbar der Ile de France entstammen.

Die Namen zahlreicher französischer Nahrungsmittel und Speisen weisen nach wie vor auf Städte und Dörfer hin, die einmal der Ursprung erlesener Produkte gewesen sind: Crème Chantilly, Montmorency-Kirschen, Crécy-Karotten. Man braucht nur einen Blick auf den Messekalender im Gastronomiebereich zu werfen, um zu erkennen, daß Arpajon noch immer stolz ist auf seine Bohnen, Montlhéry seinen Tomaten treu blieb, Mantes-la-Jolie unbeirrt die Zwiebel feiert.

Der massiven Ausbreitung des Stadtgebiets zum Trotz erreicht man von Paris aus im Nu freies Land und findet sich etwa unweit des Waldes von Fontainebleau an einem Wirtshaustisch im reizenden Barbizon wieder, dem Örtchen, das im 19. Jahrhundert einer ganze Kunstrichtung, der ›Schule von Barbizon‹, seinen Namen gab, zu der so bekannte Maler wie Millet, Corot und Théodore Rousseau gehörten; oder im Château von Rambouillet, wo man Marie Antoinettes Milchhäuschen in Form eines Rundtempels inspirieren kann; im Château von Vaux-le-Vicomte, dessen unglaubliche Küchen dem Besucher die Sprache verschlagen; oder auch einfach im nahen Versailles mit seinem herrlichen Obst- und Gemüsemarkt.

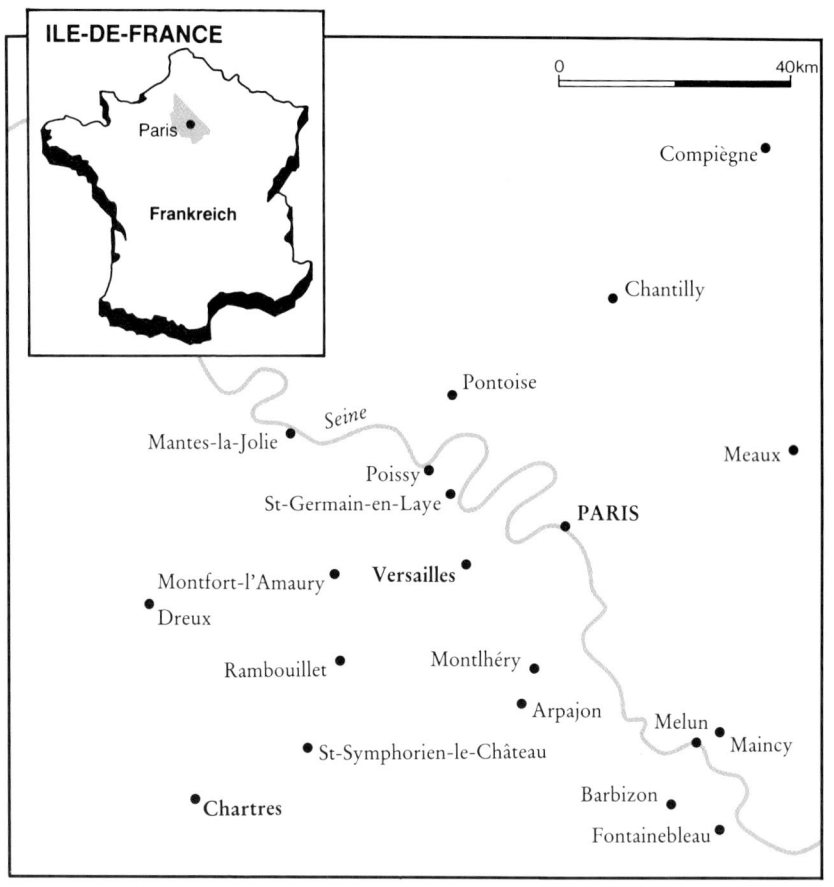

ILE-DE-FRANCE

Paris

Frankreich

0   40km

Compiègne •

• Chantilly

Pontoise •

Seine

Mantes-la-Jolie •

Poissy •

St-Germain-en-Laye •

Meaux •

PARIS •

Montfort-l'Amaury •

Versailles •

• Dreux

Rambouillet •

Montlhéry •

• Arpajon

Melun •

• Maincy

• St-Symphorien-le-Château

Barbizon •

• **Chartres**

Fontainebleau •

Beste Reisezeit

Wegen der Nähe zu Paris herrscht im Gebiet der Ile de France eigentlich das ganze Jahr über lebhaftes Treiben, dennoch ist die schönste Zeit dort zwischen Ostern und Oktober.

Märkte
(die attraktivsten sind mit einem Sternchen markiert)

Montag: Dreux, Egreville, *Méry-sur-Oise, Mounthéry.
Dienstag: Boussy-Saint-Antoine, Brie-Comte-Robert, Chartres, Chatou, Chennevières-sur-Marne, Clamart, Croissy-sur-Seine, Dreux, Enghien-les-Bains, Fontainebleau, Join-ville-le-Pont, Jouy-en-Josas, *Jouy-le-Châtel, Marly-le-Roi, Meudon, *Moret-sur-Loing,

Poissy, La Roche-Guyon (im Sommer), *Rueil-Malmaison, Saint-Germain-en-Laye, Senlis, Versailles.

Mittwoch: Beauvais, Bièvres, Bougival, Brou, Chantilly, Chartres, *Chatou, Clamart, Compiègne, *Coulommiers, Dourdan, Dreux, Maisons-Laffitte, Mantes-la-Jolie, Mennecy, Meudon, *Nangis, Rambouillet.

Donnerstag: Auvers-sur-Oise, Boussy-Saint-Antoine, Chatou, Enghien-les-Bains, Grigny, Joinville-le-Pont, Marcoussis, Milly-la-Forêt, Montfort-l'Amaury, Monthéry, Poissy, Rambouillet, Versailles.

Freitag: Arpajon, Brie-Comte-Robert, Chatou, *Chennevières-sur-Marne, Croissy-sur-Seine, Dreux, Fontainebleau, Illiers-Combray, Jouy-en-Josas, Jouy-le-Châtel, *Marly-le-Roi, Méréville, Méry-sur-Oise, Meudon, Moret-sur-Loing, Pierrefonds, Poissy, Rambouillet, La Roche-Guyon (im Sommer), Rueil-Mailmaison, Saint-Germain-en-Laye, Senlis, Senonches, Versailles.

Samstag: *Beauvais, *Bièvres, Bougival, Champs-sur-Marne, *Chantilly, *Chartres, *Chatou, Clamart, Compiègne, Coulommiers, *Dourdan, Ecouen, *Enghien-les-Bains, Etampes, *Joinville-le-Pont, *Maisons-Laffitte, Mantes-la-Jolie, *Meaux, Mennecy, Meudon, Nangis, Poissy, Provins, *Rambouillet, La Roche-Guyon, *Rueil-Malmaison, Versailles.

Sonntag: *Auvers-sur-Oise, Boussy-Saint-Antoine, Boutigny-sur-Essonne, Brie-Comte-Robert, Chatou, Clamart, Coulommiers, *Dreux, Fontainebleau, Grigny, *Joinville-le-Pont, *Marcoussis, Marly-le-Roi, *Meudon, *Poissy, Rambouillet, Saint-Germain-en-Laye, Saint-Mammès, Thoiry, Versailles.

Messen und Volksfeste

Letztes Wochenende im Januar in geraden Jahren: *Fête de Saint-Paul* (Weinfest), Provins.
Letzte Woche im Februar und erste Woche im März: *Foire au Jambon* (Flohmarkt), Chatou.
Sonntag vor Ostern: *Foire aux Fromages* (Käsemesse), Coulommiers.
1. Mai: *Fête du Muguet* (Maiglöckchen-Fest), Compiègne.
Dritter Sonntag im Juni: *Fête de la Fraise* (Erdbeer-Fest), Marcoussis.
Mitte Juli: *Fête de la Moisson* (Erntefest), Guiry-en-Vexin.
Letzter Sonntag im August: *Fête de la Moisson* (Erntefest), Provins.
Anfang September: Fête de la Chasse (Jagdfest), Viarmes.
Zweites Wochenende im September: *Foire à la Tomate* (Tomatenmesse), Montlhéry.
Drittes Wochenende im September: *Foire aux Haricots* (Grüne-Bohnen-Messe), Arpajon.
Letzte zwei Wochen im September: *Fête du Pâté à la Carmen* (traditionelles Volksfest), Montesson.
Mitte Oktober: *Fête de la Pomme et du Cidre* (Apfel- und Cidre-Fest), Saint-Augustin.
Zweiter Sonntag im November: *Salon de la Gastronomie* (Gastronomie-Schau), Senlis.
Erster Mittwoch im Dezember: *Foire aux Oignons* (Zwiebelmesse), Mantes-la-Jolie.
Zweiter Montag im Dezember: *Concours à la Volaille Grasse* (Mastgeflügel-Wettbewerb), Egreville.

Auf der Speiseterrasse im ESTURGEON ▷

Barbizon *(Seine-et-Marne)*
Fontainebleau 10 km, Melun 11 km, Paris 55 km

RESTAURANTS

HOSTELLERIE
DU BAS-BREAU
22, Rue Grande,
77630 Barbizon
✆ 60664005
Bestellungen werden bis 14
bzw. 22 Uhr entgegen-
genommen
Geschlossen: Januar bis Mitte
Februar
Kreditkarten: AE, EC, V
Speiseterrasse; separater Speiseraum für geschlossene
Gesellschaften bis 80
Personen
Man spricht Englisch
240- und 280-Francs-Menüs
mittags (nur an Wochen-
tagen), à la carte 450 Francs

Spezialitäten:
Wild (gewöhnlich von
Oktober bis Februar)

Bevor die letzten Blätter fallen und der Herbst endgültig in den Winter übergeht, folge ich prinzipiell der Gewohnheit, wenigstens einen Sonntagnachmittag in Barbizon zu verbringen, dem bezaubernden Dorf, in dem die empfindsamen Landschaftsmaler der gleichnamigen Schule, zu Hause waren. Hier, im BAS-BREAU, in dem einst Robert Louis Stevenson lebte und schrieb, finden Sie immer ein prasselndes Kaminfeuer und eine aufgeweckte Bedienung vor und sowieso während der ganzen Jagdsaison eine frappierende Auswahl frischsten Wildbrets, das aus allen Teilen Europas kommt. Zwei Speisen haben es mir besonders angetan: eine *pâté chaud de grouse*, eine schwere, warme, zarten Wildgeschmack abgebende Pastete von schottischem Moorhuhn im Teigmantel, mit einer klaren braunen Sauce serviert, und die *escalopes de foie gras chaud aux épinards*, nur eben überbrühte Spinatblätter, die mit ganz kurz angebratenen *foie gras*-Scheiben besetzt sind. Von den als Nachtisch gereichten – überzuckerten – Soufflés war ich hingegen weniger begeistert.

AU GRAND VENEUR

63, Rue Gabriel-Séailles,
77630 Barbizon
℘ 60664044
Bestellungen werden bis
14 bzw. 21.30 Uhr
entgegengenommen
Geschlossen: Mittwoch-
abend, Donnerstag und Ende
Juli und August
Kreditkarten: AE, DC, V
Speiseterrasse; separater Speiseraum für geschlossene
Gesellschaften bis 60 Personen
Etwa 350 Francs

Spezialitäten:
Grillade (Geflügel, Fleisch
und Wild, am offenen Feuer
gegrillt oder gebraten). Wild
ist gewöhnlich von Oktober
bis Februar zu bekommen;
dann findet man vor allem
Rebhuhn, Fasan, Wildbret
und Wildschwein auf der
Speisekarte

Ich habe Freunde, die mittags nach Barbizon rausfahren, um im AU GRAND VENEUR zu essen, und die erst spät in der Dunkelheit nach Paris zurückkehren. Wenn man nämlich erst einmal in dem geräumigen, im Jagdhausstil gehaltenen Restaurant sitzt, das auf den Wald von Fontainebleau blickt, verliert man leicht das Zeitgefühl.

Die Spezialität des Hauses ist *grillade* – Fleisch, Geflügel und Wild, gegrillt oder gebraten an einem gewaltigen, den Speiseraum beherrschenden offenen Kamin –, und obwohl hierbei mehr die Quantität als die Qualität im Vordergrund steht, kenne ich keinen Gast, der es nicht genossen hätte, hier zu sein. Die Bedienung ist ausgesprochen freundlich, und Kinder sind allzeit willkommen. Läßt sich auch das Wetter freundlich an, dann kann man hinterher noch ein wenig den Wald durchstreifen (das Lokal liegt an der N7).

Chantilly *(Oise)*

Compiègne 44 km, Meaux 48 km, Paris 50 km
Markt: Mittwoch und Samstag 8–12.30 Uhr, Place Honère-Vallon

RESTAURANT

LE RELAIS CONDÉ

42, Avenue du Maréchal
Joffre, 60500 Chantilly
℘ 44570575
Bestellungen werden bis
14.30 bzw. 22 Uhr entgegen-
genommen
Geschlossen Montag und im
Januar
Kreditkarten: AE, DC, V
Speiseterrasse; separater Spei-
seraum für geschlossene

Dieses heitere, behagliche Lokal könnte direkt einem Szenenbild von »Hänsel und Gretel« entnommen sein. Der in einer ehemaligen Kapelle installierte, in Pink und Rosé ausgemalte Speiseraum besitzt einen massiven Natursteinkamin, und unter einer gewölbten Balkendecke nehmen die Gäste in bequemen Polsterstühlen mit hohen Rückenlehnen Platz. Der vielseitige Speiseplan folgt einer klassischen Grundlinie und enthält gegrillte Nieren mit Senf, Kalbsbries mit Morcheln und ein gut besetztes Fischangebot. Am besten schmeckt die zusammen mit frischer Pasta in einer leichten, mit Sahne veredelten Fischbrühe servierte pochierte Seezunge.

Gesellschaften bis 30 Personen
Man spricht Englisch
150-Francs-Menü, à la carte
250 Francs

Spezialitäten:
Goujonnettes de sole aux pâtes fraîches (Seezunge mit frischer Pasta), *ris de veau* (Kalbsbries), *foie gras maison* (hausgemachte Entenstopfleber)

Wo geschäftlich verhandelt wird, wird auch geschäftig gegessen

Maincy *(Seine-et-Marne)*

Fontainebleau 17 km, Melon 6 km, Paris 54 km

SEHENSWÜRDIG-KEIT

CHÂTEAU VAUX-LE-VICOMTE
77950 Maincy
✆ 60669709
Geöffnet: täglich 10–18 Uhr von April bis Oktober; 14–17 Uhr nur Samstag und Sonntag von November bis März; geschlossen: Dezember und Januar
Eintritt: 38 Francs für Erwachsene, 32 Francs für Kinder

Wer in die Gegend kommt, sollte sich dieses prächtige Schloß anschauen, das zu den Glanzleistungen der französischen Baukunst des 17. Jahrhunderts gehört. Die kunstvoll gearbeitete Küche hat es mir vor allem angetan. Sie vermittelt eine leise Vorstellung von der Kochkunst und dem hochgezüchteten Lebensstil vergangener Zeiten. Bis 1956 war diese im letzten Jahrhundert eingerichtete Küche in Betrieb.

151

Montfort-L'Amaury *(Yvelines)*

Paris 48 km, Rambouillet 19 km, Versailles 28 km
Markt: Donnerstag 8–13 Uhr, Place du Palais

RESTAURANT

LES PRÉJUGÉS
18, Place Robert-Brault,
78490 Montfort-l'Amaury
✆ 34869265
Bestellungen werden bis 14
(14.30 im Sommer) bzw. 22
(22.30 im Sommer) Uhr entgegengenommen
Geschlossen: Dienstag und
Januar bis Mitte Februar
Kreditkarten: AE, DC, V
Speiseterrasse; separate
Speiseräume für geschlossene
Gesellschaften von 12 und 20
Personen
Man spricht Englisch
180,–, 250- (nur mittags) und
350-Francs-Menüs,
à la carte 450 Francs

Spezialitäten:
*Escalope de foie gras au gin-
gembre (foie gras* mit Ingwer), *pot-au-feu au foie gras*
(Suppentopf mit *foie gras*),
*saumon sauce au fumet
d'huîtres* (Lachs in Austern-
brühe), *gibier en saison*
(Wildbret der Saison)

LES PRÉJUGÉS, in einem wunderschön restaurierten Haus
mit sorgsam gepflegtem Garten gelegen, ist ein Traum
von einer romantischen Landgaststätte. Der luxuriöse, aber
alles andere als unpersönliche Speiseraum ist von Blumen und
klassischer Musik erfüllt. Mit Kennerschaft sind Speise- und
Weinkarte zusammengestellt. Ich labte mich an *pot-au-feu* in
einer ungewöhnlichen Zubereitungsform: Die fette Entenleber zog langsam dahinschmelzend, in den kräftigen Eintopf
ein. Der warme Räucherlachs mit Gewürztraminer-Sauce
(siehe Rezept Seite 154) stand nicht dahinter zurück. Die
Desserts sind frisch und verraten kulinarischen Esprit.
Heiße, mit Rosinen und Mandeln gefüllte Crêpes und ein
köstliches, von einer Vanilleeis-Haube gekröntes *sablé-*
Mangotörtchen standen auf unserem Programm. Der Wein,
mit dem man sich – falls noch auf der Karte zu finden – hier
anfreunden sollte, ist ein roter Bordeaux: *Château Potensac.*

Markteinkauf in Versailles

152

Poissy *(Yvelines)*

Paris 38 km, Rambouillet 48 km, Saint-Germain-en-Laye 7 km

Märkte: Dienstag, Freitag und Sonntag 8.30–12.30 Uhr, Place de la République;
Donnerstag und Samstag 8.30–12.30 Avenue Blanche-de-Castille

RESTAURANT

L'Esturgeon
6, Cours du 14 Juillet,
78300 Poissy
✆ 39650004
Bestellungen werden bis 14
bzw. 21.30 Uhr entgegen-
genommen
Geschlossen: Donnerstag und
im August
Kreditkarten: AE, DC, V
Speiseveranda; separater Speiseraum für geschlossene
Gesellschaften von 12 bis 15
Personen
Man spricht etwas Englisch
280 Francs

Spezialitäten:
Coulibiac (Kulibiak: in Brioche-Teig gebackene Lachs-
pastete), *saumon à l'aneth*
(Lachs mit Dill), *bar beurre
blanc* (Wolfsbarsch mit heller
Buttersauce), *coquilles Saint-
Jacques* (Jakobsmuscheln),
filet de sandre (Zanderfilet),
caneton aux cerises (Jungente
mit Kirschen), *carré d'agneau
gratin dauphin* (Lammkarree
mit Kartoffelauflauf auf die
Art der Dauphiné), *tarte
Tatin* (gestürzter Apfel-
kuchen), *crêpes flambées*
(flambierte Crêpes)

Esturgeon, Stör, wird im L'Esturgeon nicht mehr serviert, seit der fette Flußbewohner die Seine nicht mehr
frequentiert. Aber früher war das durchaus der Fall, und so
erinnert dieses etwas nostalgisch anmutende Uferrestaurant
an einen Riesenstör, den man am 22. Juli 1839 aus den Gewässern von Poissy zog. Was indessen hier heute auf den Tisch
kommt, ist ein guter Kulibiak aus Lachs, ein klassisches russi-
sches Gericht, das in kaum einem Restaurant zu finden ist.
Jean Soulat, der Küchenchef, bereitet den Kulibiak nach
einem Rezept, das sein Vater in den dreißiger Jahren von
einem russischen Koch erhielt, und seit dieser Zeit ist *coulibiac* eine Spezialität des Hauses. Diese ausgefallene Speise,
bei der Lachsfleisch in Fischmousse gepackt und mit einem
Brioche-Teigmantel umgeben wird, richtet man mit einer
klassischen hellen Buttersauce an. Mit seinen gegensätzlichen
Paarungen von buttrig und herb, fest und geschmeidig, krustig und feucht wird dieses Gericht zu einem reizvollen
Geschmackserlebnis. Ein einfacher grüner Salat oder ein
Hummersalat lassen sich mit dem Kulibiak gut zu einer Mahlzeit kombinieren, und wenn Sie dann noch *vacherin* bestellen, die altmodische Meringentorte – hier mit Schokoladeneis
gefüllt und frischer Schlagsahne dekoriert –, dann rundet sich
das Ganze zu einem gelungenen Essen ab. Des sonntags ist
der Speiseraum – genau genommen, eine die Seine überblik-
kende Veranda – von französischen Familien okkupiert, die,
immer noch mal einen Kaffee oder Cognac nachbestellend,
aus dem Mittagessen ein den Tag ausfüllendes Erlebnis
machen.

SAUMON FUME TIEDE AU GEWÜRZTRAMINER ›LES PREJUGES‹
Warmer Räucherlachs mit Gewürztraminer-Sauce

Als ich dieses Gericht zuerst auf der Speisekarte von LES PRÉJUGÉS *erspähte, war mir sofort klar, daß ich es versuchen mußte. Ich mag den bouquetreichen Elsässer Gewürztraminer sehr, und die Idee, ihn mit warmem Räucherlachs zu kombinieren, erschien mir einfach genial. Die Zugabe von sautierten Waldpilzen (am liebsten nehme ich Pfifferlinge oder Ritterlinge) verleiht dieser Speise noch eine ganz besondere Note. Vergessen Sie nicht, zu diesem Essen einen eisgekühlten Gewürztraminer zu kredenzen.*

4 mittelgroße Karotten, geschält und in etwa 1½ cm dicke Scheiben geschnitten
1 El Butter
1 Tl Zucker
Salz und frisch gemahlener schwarzer Pfeffer nach Geschmack
400 g gemischte Waldpilze, vorsichtig gewaschen und trockengetupft
2 El extrafeines, kalt gepreßtes Olivenöl
2 ganze Knoblauchzehen, geschält
4 Scheiben geräucherter Lachs bester Qualität von je etwa 100 g

Gewürztraminer Sauce:
4 Schalotten, gehackt
45 g Butter
350 ml Gewürztraminer
2 Lorbeerblätter
Abgeriebene Schale einer Zitrone
2 Zweige frischer Dill, gewiegt

1. Die Karotten in Salzwasser kochen, bis sie weich sind, aber noch Biß haben. Abgießen, unter fließendem kaltem Wasser abschrecken und erneut gut abtropfen lassen. Die Karottenscheiben mit dem Eßlöffel Butter, dem Zucker und Salz 3 bis 4 Minuten sautieren. Abschmecken. Abdecken und warmhalten.

2. Wenn die Pilze groß sind, diese in mundgerechte Happen schneiden. Das Öl in einer mittleren Pfanne erhitzen bis es heiß ist, aber noch nicht den Rauchpunkt erreicht hat. Die Pilze, Knoblauch, Salz und Pfeffer hinzugeben und unter ständigem Rühren 3 Minuten sautieren. Die Knoblauchzehen herausnehmen und abschmecken. Bedecken und warmhalten.

3. Je eine Scheibe Lachs auf einen feuerfesten Teller legen (die Scheibe zusammenfalten, falls sie zu lang sein sollte). Die Pilze und Karotten zu vier gleichen Portionen auf die 4 Teller verteilen.

4. Die Sauce zubereiten: Die Schalotten mit 1 Eßlöffel der Butter in eine kleine schwere Pfanne geben und bei kleiner Hitze 3 bis 4 Minuten glasig dünsten. Den Gewürztraminer hineingießen, dann die Lorbeerblätter und die geriebene Zitronenschale dazugeben. Zum Kochen bringen und auf 125 ml reduzieren. Die Hitze zurücknehmen und die restlichen 2 Eßlöffel Butter unterrühren, bis sie vollkommen aufgenommen sind. Mit Salz und Pfeffer abschmecken. Die Sauce bedecken und warmhalten.

5. Während der Saucenzubereitung den Elektrogrill vorheizen.

6. Die Teller nur so lange unter den Grill stellen, daß der Lachs eben gerade durchgegart und das Gericht gut erhitzt ist, das dauert etwa 1 Minute. Den Dill in die Sauce rühren, abschmecken und die Sauce über den Lachs schöpfen. Sofort mit frisch getoastetem hellem Landbrot servieren
Für 4 Personen.

Saint-Germain-en-Laye *(Yvelines)*

Paris 17 km, Pontoise 20 km, Rambouillet 47 km, Versailles 23 km
Markt: Dienstag, Freitag und Sonntag 8–14 Uhr, Place du Marché

RESTAURANT

CAZAUDEHORE
1, Avenue Président Kennedy, 78100 Saint-Germain-en-Laye
✆ 34519380
Bestellungen werden bis 13.30 bzw. 21.30–22 Uhr entgegengenommen
Geschlossen: Montag
Kreditkarten: V
Speiseterrasse; separater Speiseraum für geschlossene Gesellschaften von 10 bis 30 Personen
Man spricht Englisch
300 Francs

Spezialitäten: Baskische Gerichte; *foie de canard* (Entenstopfleber), *magret de canard* (Mastentenbrust)

Die freundliche, blumengeschmückte Terrasse des CAZAUDEHORE am Waldrand des alten Städtchens Saint-Germain-en-Laye ist der ideale Platz für ein in aller Ruhe genossenes Sonntagsessen. Sportliche Besucher können vom Bahnhof aus die Strecke zu Fuß zurücklegen; der halbstündige Spazierweg führt am Wald entlang und verspricht die Begegnung mit Singvögeln und wilden Blumen. Die offene Speiseterrasse gehört zu den schönsten der Region, aber man kann auch in dem eleganten, gewählt rustikal ausgestatteten Restaurant im Inneren des Hauses essen, wo den Gast ein zuvorkommender Service mit geschultem Personal erwartet. Das CAZAUDEHORE bietet einige baskische Spezialitäten an, zu denen auch die *piperade* gehört (sie wird hier mit Paprika, Landschinken, *chipolata*-Würsten und Rührei gemacht); die anderen Speisen halten an klassischen Vorbildern fest und sind *correct*. Was mir hier besonders zusagte, waren der pochierte Lachs auf einem Bett von frischem, kurz überbrühtem Blattspinat und das mit feinen Butterplätzchen servierte duftige Cassis-Sorbet.

Saint-Symphorien-le-Château *(Eure-et-Loir)*

Chartres 25 km, Dreux 60 km, Paris 68 km

RESTAURANT

CHÂTEAU D'ESCLIMONT
2870 Saint-Symphorien-le-Château
✆ 37311515 oder 37315806
Bestellungen werden bis 14 bzw. 21 Uhr entgegengenommen
Geöffnet: täglich
Kreditkarten: V
Separate Speiseräume für geschlossene Gesellschaften

An einem sonnigen kalten Samstag im Winter fuhren mein Mann und ich zu diesem verwunschenen Schloß hinaus, das gerade eine Autostunde südwestlich von Paris liegt. Als wir an unserem Tisch am Fenster Platz nahmen, von wo aus man den romantischen Schwanenteich überblickt, setzte gerade ein Hubschrauber auf, dem ein junges Paar entstieg. Die Mienen der beiden waren entschieden blasiert und schienen die Selbstverständlichkeit zu signalisieren, mit der man mal eben zum Dejeuner ›helikoptert‹.

Dieses in Privatbesitz befindliche Schloß hat, inmitten eines baumbestandenen Parks thronend, eine märchenhafte

155

von 10 bis 200 Personen
Man spricht Englisch
225- und 410-Francs-Menüs,
à la carte 400 Francs

Lage und umgibt den Besucher mit dem Glanz vergangener Tage. Das Essen hingegen ist mehr für zaghafte Gemüter bestimmt (ich habe seinen Geschmack *gout de château* getauft) und könnte etwas mehr Pep vertragen. Gefallen fanden wir an den kleinen, aus frischem Lachs gebildeten Förmchen, die mit einer Lachsmousse gefüllt waren sowie an dem großzügig bemessenen Hasenragout, aber ganz allgemein fehlte es dem Essen hier deutlich an Würze.

Versailles *(Yvelines)*

Chartres 73 km, Fontainebleau 78 km, Paris 23 km
Märkte: Dienstag, Freitag und Sonntag 8–12 Uhr, Markthalle, Place Notre Dame; Donnerstag 8–12 Uhr Straßenmarkt, Place Saint-Louis. Flohmarkt: Samstag und Sonntag 9–19 Uhr, Passage de la Geôle nahe Place Notre-Dame

RESTAURANTS

ROTISSERIE DE LA BOULE D'OR
25, Rue du Maréchal Foch, 78000 Versailles
✆ 39502297
Bestellungen werden bis 15 bzw. 22 Uhr entgegengenommen
Geschlossen: Sonntagabend und Montag
Kreditkarten: AE, DC, EC, V
Man spricht Englisch
145- (nur wochentags) und 200-Francs- (nur an Wochenenden und Feiertagen) Menüs, 100-Franc-Mittagsmenü Dienstag bis Samstag, à la carte 300 Francs

Spezialitäten:
Authentische klassische französische Gerichte, deren Ursprung von der Gegenwart bis ins 18. Jahrhundert zurückreicht; Spezialitäten aus dem Jura; *agneau de lait* (Milchlamm, von Mitte Januar bis April)

Der Kulturgeschichte, Fachrichtung Gastronomie, verpflichtete Esser sollten es nicht versäumen, LA BOULE D'OR zu besuchen, das 1674 gegründet und als älteste Gaststube von Versailles ausgewiesene Restaurant. Gleichwohl war es in der Regierungszeit des Sonnenkönigs nur eines von 400 Gasthäusern des Örtchens. Heute ist die ›Goldkugel‹ ein kulinarisches Museum in vollem Betrieb: Dutzende von sorgfältig zubereiteten klassischen Speisen – manche von ihnen mit dem Geburtsjahr 1983 – passieren hier Revue. Sehr empfehlen kann ich LA BOULE D'OR für ein sonntägliches Mittagsmahl mit anschließendem Spaziergang im Schloßpark.

Königskuchen und Kuchenkönige

Alljährlich im Januar füllen sich in ganz Frankreich die Schaufenster der Konditoreien mit verlockenden goldgelben *galettes des rois*, Dreikönigskuchen, auf daß der Dreikönigstag am 6. Januar feierlich begangen werde. Die edelsten dieser rundgeformten, zartkrumigen Kuchen werden aus feinem Blätterteig gemacht, sind mit *frangipane*, Mandelcreme, gefüllt und bergen im Inneren einen kleinen, oft das Jesuskind darstellenden Talisman aus Gold oder Porzellan. Die *galettes des rois* tragen stets eine goldene oder silberne Papierkrone, mit der der Glückliche als ›König des Tages‹ gekrönt wird, der das Amulett in seinem Kuchenstück findet.

Diese uralte Volkssitte soll auf die Römer zurückgehen, die einen ›Festkönig‹ durch das Los bestimmten. Etwa im 14. Jahrhundert muß sich diese Auslosungspraxis in der christlichen Tradition Frankreichs etabliert haben. Die Spur führt zu einer Gruppe von Priestern in Ostfrankreich zurück, die zu jedem Dreikönigsfest einen Kantor wählten. Sie pflegten zu diesem Behufe eine Münze in einen Laib Brot einzubacken, und wer immer das Geld in seinem Stück Brot fand, wurde zum Kantor bestimmt. Dorfbewohner übernahmen diese Sitte und bald wurde das frugale Brot durch eine mit Butter und Eiern gesättigte Brioche ersetzt. Schließlich verbreitete sich dieses Brauchtum über ganz Frankreich, wobei die *galette des rois* in Südfrankreich immer noch mit Brioche-Teig, im Norden dagegen mit Blätterteig gebacken wird.

Der Sagengehalt dieser Tradition wurde im 16. Jahrhundert noch durch einen zwischen den Bäckern und Konditoren Frankreichs ausgebrochenen Rechtsstreit erweitert. Beide Parteien beanspruchten das Exklusivrecht zur Herstellung und zum Verkauf des glücksbringenden Kuchens. Am Ende gewannen die Konditoren, doch um die Bäcker zu beschwichtigen, verlieh König Franz I. ihnen ein anderes Recht. Die stets unternehmungslustigen *boulangers* stellten weiterhin ihr Amulette-gefülltes Backwerk zum Dreikönigstag her – doch verkauften sie es nicht. Sie verschenkten es. Eine *fève*, eine Puffbohne – jetzt zur *fève des rois* geadelt – ersetzte die Figurine, und wer die Bohne in seiner Schnitte fand, hatte die Verpflichtung, beim gleichen Bäcker eine andere *galette* zu erstehen und sie jemandem zu schenken. Auf diese Weise gewannen die Bäcker an Popularität, und am Ende erhielten auch sie das Recht, den Dreikönigskuchen in seiner traditionellen Aufmachung zu verkaufen.

Es fehlt nicht an Geschichten, die von geizigen Fressern erzählen, welche lieber die Bohne hinunterwürgten als eine *galette* für andere Leute zu kaufen. Aber die Bäcker ließen sich auch dazu etwas einfallen: sie arbeiteten in jede *galette* nicht nur eine, sondern mehrere Bohnen ein, so daß jeder, der davon aß, eine *fève* finden mußte. Die Bohne, die zählte, wurde vorher schwarz gebrannt, es gab also immer einen König, einen *roi de fête*. Zur Krönungsfeier erhoben die Anwesenden ihre Gläser und riefen: »Vive le roi! Le roi boit!« (Es lebe der König! Der König trinkt!), während der Bohnenkönig gleichzeitig ein riesiges Glas Wein hinunterstürzen mußte.

Auch in Familien wurde die *fête des rois* gefeiert, und dabei bewahrte man eine Scheibe Kuchen entweder für die Jungfrau Maria oder für im Augenblick abwesende Angehörige auf. Dann wurde der abgeschnittene Kuchen, jetzt ein Omen für das Befinden des Abwesenden, beim Älterwerden beobachtet: setzte sich Schimmel an, dann wähnte man die betreffende Person ernstlich krank; färbte sich der Kuchen gelb, so stand es sehr schlimm um sie.

Zur Zeit der Französischen Revolution, im Jahre 1789, hatte man das Gefühl, der *fête des rois* hafte zu viel religiöser Geruch, wenn nicht gar etwas Staatsbürgerfeindliches an. So wurde das Fest politisch umgerüstet und lebte fortan als *fête de bon voisinage*, Fest der guten Nachbarschaft, weiter, und der brave Dreikönigskuchen verwandelte sich in die *galette de l'égalité*. Das Porzellanjesulein wich einem *bonnet phrygien*, der roten Jakobinermütze, die Marianne auf dem Kopf trägt – Freiheitssymbol und Emblem der Französischen Republik.

LE POTAGER DU ROY
1, Rue du Maréchal Joffre,
7800 Versailles
✆ 39503534
Bestellungen werden bis
13.45 bzw. 21.45 entgegengenommen
Geschlossen: Sonntag und
Montag
Kreditkarte: V
Klimatisiert
Man spricht Englisch
90- und 130-Francs-Menüs,
à la carte 250 Francs

Spezialitäten:
je nach Jahreszeit; *poissons
crus marinés* (gebeizter roher
Fisch)

LE POTAGER DU ROY gehört, legt man das Preis-Leistungs-Verhältnis zugrunde, mit zu den besten Restauranttips für Versailles. Kein Wunder also, daß es dort, ob Mittag oder Abend, praktisch immer voll ist. Das Speisenangebot reicht von traditioneller Kost – *foie gras, filet de bœuf*, Rinderfilet, *jarret de veau*, Kalbshachse, und *œufs à la neige*, Schnee-Eiern, bis hin zu moderneren Kreationen. Wir hatten uns bei unserem letzten Besuch für einen leichten Salat aus marinierten Sardinen entschieden, ferner für einen frischen kalten Pastasalat in einer cremigen, aber dennoch leichten Zucchinisauce und für eine delikate *charlotte d'aubergines* (eine mit ordentlichen Batzen würzigen Lamms versehene Auberginencharlotte.) Das orange und braune Dekor des Speisesaals wirkt vielleicht nicht gerade aufheiternd, aber der Service ist flink und freundlich.

Auf dem Markt von Versailles

BRASSERIE DU THÉÂTRE
15, Rue des Réservoirs,
7800 Versailles
☎ 39500321
Bestellungen werden bis 15
bzw. 1.30 entgegen-
genommen
Geschlossen: 25. Dezember
Kreditkarte: V
Speiseterrasse
Man spricht Englisch
250 Francs

Spezialitäten
Choucroute (Sauerkraut, garniert mit mehreren Wurstar-
ten, Speck, Schweinefleisch
und Kartoffeln); gegrilltes
Fleisch

Mittags gehe ich in Versailles am liebsten in die charmante, im Stil der Jahrhundertwende gehaltene BRAS-
SERIE DU THÉÂTRE, in der klassische Bistro-Kost zur Wahl
steht: *choucroute* und *cassoulet*, Heringssalate und *céleri
remoulade* sowie ein wahres Aufgebot von Tagesspezialitäten
wie Lamm mit Bohnen oder auch einfach gegrillte Seezunge.
Dieses besonders von Stammgästen frequentierte Lokal wird
gern als das ›LIPP von Versailles‹ bezeichnet, und es ist ganz
klar, warum: Das Mobilar scheint geradewegs einem Film zu
entstammen, zu dessen Besetzung ein Roger Moore ähneln-
der Maitre d'Hotel, stattlich und gutaussehend, ebenso
gehört wie die schlanken Kellner mit den dunklen *moustaches*
und den weißen Schürzen, die ihnen bis zu den Fußspitzen
reichen. Reiseposter, antike Emaille-Werbetafeln und Fotos
mit den Autogrammen berühmter Persönlichkeiten zieren
die Wände, und an der Tür zum Speiseraum entbietet eine
Riesenvase voller frischer Blumen dem Gast einen leuchtenden Willkommensgruß.

SEHENSWÜRDIG-
KEITEN UND
SPEZIALITÄTEN
DER REGION

POTAGER DU ROY
4, Rue Hardy,
78000 Versailles
Verkauf von Obst und
Gemüse Dienstag und Freitag
8.30–11.30 Uhr; Verkauf von
Topfpflanzen, Blumen und
Kräutern Montag bis Freitag
8.30–11.30 Uhr. Führungen
(auf Französisch) durch die
königlichen Obst-, Gemüse-
und Blumengärten für Gruppen ab 20 Personen können
über das Office du Tourisme,
7, Rue des Réservoirs,
☎ 39503622, organisiert
werden

Wer jemals eine Karotte gesät oder eine Tulpenzwiebel
gesetzt hat, wer beobachten konnte, wie – einem Wunder gleich – aus den weißen Blüten eines Apfel- oder Birn-
baums reife Früchte wurden, der muß einfach begeistert sein
von den königlichen Obst-, Gemüse- und Blumengärten (die
leider nur für Gruppen und nach Voranmeldung geöffnet
sind). Dem Aussehen dieser wunderbaren, in sich geschlossenen Gartenanlage nach zu urteilen, hat man am Hofe Ludwigs XIV. wahrhaft fürstlich gespeist. Da versorgten Ge-
wächshäuser die Hoheiten im Dezember mit Spargel und im
März mit Blumenkohl, mit Erdbeeren im April und mit reifen
Melonen jeweils pünktlich im Juni. Feigenbäume in Kübeln
umstanden in der wärmeren Jahreszeit die Gärtnerhäuser,
und aus den ausgedehnten Obstplantagen kamen Äpfel und
Birnen für die königliche Tafel.
   Heute sind die Gärten einer staatlichen Landwirtschafts-
schule angeschlossen, zu der große Treibhausanlagen, Blu-
men- und Gemüse-Versuchspflanzungen und scheinbar nicht
endenwollende Reihen von Spalierobst gehören; bei manchen
Sorten gar wollen gleich sechs Zweige aus einem Stamm sprießen. Einige dieser dicken, knorrigen Exemplare sind über
hundert Jahre alt.

KÄSE DER ILE DE FRANCE

1. Fougeru: Ein im wesentlichen wie Coulommiers aufgebauter Kuhmilchkäse, jedoch unter einer *fougère,* einem dekorativen Farnzweig, gereift.

2. Fontainebleau: Ein weißer, cremiger und saftiger Dessertkäse, aus frischer Kuhmilch hergestellt und in kleinen weißen, mit Mull ausgeschlagenen Behältnissen verkauft; ein Käse von elegantem Geschmack und köstlich mit frischen Erdbeeren, Himbeeren oder Heidelbeeren.

3. Coulommiers: Dieser ›kleine Bruder des Brie‹ – so wird er genannt – ist nur etwa halb so groß wie der Brie de Meaux, wird aus Kuhmilch gewonnen und besticht durch seine blumige Frische. Der fette Rundling gehört zu meinen Lieblingskäsen, besonders wenn er in einem fortgeschrittenen Zustand der Reife ein leichtes Mandelaroma entwickelt. Man muß schon suchen, aber immerhin, man findet sie noch, die direkt vom Bauernhof kommenden frischen Coulommiers, die dann in Käsegeschäften und auf dem Markt des gleichnamigen charmanten Städtchens der Ile de France angeboten werden. Am Sonntag vor Ostern wird hier übrigens alljährlich eine internationale Käsemesse abgehalten.

Burgund

Burgund ist eine Region, in der man sich gleich zu Hause fühlt. Ort für Ort, von einem verschlafenen Dörfchen zum andern, tauchen vertraute Namen auf, so daß selbst unbekanntes Gelände hier rasch zur freundlichen Landschaft wird. Gedanklich sehe ich die Bourgogne immer als ein Gebiet vor mir, das aus zwei verschiedenen Teilen besteht: der nördlichen ›sanften‹ Bourgogne, dem flachen bis leicht gewellten Landstrich, der, behutsam und gemächlich, nur eine Autostunde südlich von Paris beginnt, sich über die Kalksteinhöhen des Chablis erstreckt und am Fuße des zerklüfteten Waldgebirges Morvan mit seinen dichten Eichen-, Buchen- und Tannengehölzen endet; und der

Küchenchefin Edith Remoissenet-Cordier, Le Petit Truc

südlich und östlich davon gelegenen ›herzhaften‹ Bourgogne, dem Land der Charolais-Rinder und der saftig-grünen Weinberge, dem Streifen also, der sich von Dijon bis südlich von Mâcon an der Saône entlangzieht.

Wohin man auch seine Schritte lenkt, stets ist es ein erregendes Erlebnis, ja, wie eine Wiederbegegnung mit alten Freunden, Städte wie Gevrey-Chambertin oder Meursault, Dijon oder Epoisses zu betreten, deren Namen sich wie Markenzeichen lesen. Mag der betreffende Ort groß oder klein sein: Was einem das Gefühl gibt, nicht einfach irgendwo, sondern auf bedeutsamem Boden zu stehen, das sind Prestige und Anziehungskraft von Weinen und anderen Regionalprodukten, die den Namen dieser Orte tragen.

Der Weingarten Burgund ist ein Fleckchen Erde, wo ornamentale Eisentore vor wohlbehüteten sauberen Weingärten Kunde geben von stolzem Besitztum. Es ist die Heimat von Bilderbuchdörfchen mit eng sich aneinanderschmiegenden Häusern, erlesenen Rebensäften, schwerduftender purpurner *crème de cassis,* von beißend scharfem Senf und einer ansprechenden Palette sehr feiner, zartschmeckender Ziegen- und Kuhmilchkäse, angefangen von dem wenig bekannten *Mönchskäse* der Abbaye de Cîteaux bis zum festen, zylinderförmigen *Charolais* aus reiner Ziegenmilch.

Und doch läßt einen die kulinarische Bourgogne mitunter im Stich. Vergeblich habe ich nach einer wirklich eßbaren *pochouse* – ein Ragout aus allen Flußfischen der Region – Ausschau gehalten; was immer Ähnliches ich fand, war zu grätig und zu dürftig, um als gastronomisches Ereignis gewertet zu werden. Und überhaupt mußte ich mich schon sehr anstrengen, um in den kleinen Bistros auf dem Lande authentische Regionalkost auf den Teller zu bekommen.

Doch irgendwie zieht es mich immer wieder in die Bourgogne zurück. Dafür sorgen schon so herausragende Frauen wie die engagierte Käsespezialistin Simone Porcheret in Dijon, oder Edith Remoissenet-Cordier, die Küchenchefin des Le Petit Truc bei Beaune, die genau die Art von Restaurant mit gepflegter häuslicher Küche leitet, wie ich es selbst gerne einmal besitzen möchte.

Beste Reisezeit

Burgund ist wegen seiner Beliebtheit, der Nähe zu Paris und der vielen behaglichen Restaurants das ganze Jahr hindurch eine Reise wert. Die schönsten Monate sind jedoch von Ende Mai, wenn die Weinberge grün zu werden beginnen, bis zur Weinlese Mitte bis Ende September.

Märkte
(die attraktivsten sind mit einem Sternchen markiert)

Montag: Saint-Florentin, *Sens.
Dienstag: *Auxerre, Blanzy, Bléneau, Chalon-sur-Saône, Corbigny (zweiter Dienstag jeden Monats), Dijon, Gevrey-Chambertin, Marcigny, Prémery, Saint-Honoré-les-Bains, Villeneuve-sur-Yonne.
Mittwoch: Autun, Chalon-sur-Saône, Charolles, Cosne-sur-Loire, Guérigny, Joigny, Noyers, Saint-Sauveur-en-Puisaye.
Donnerstag: Arnay-le-Duc, Avallon, Chagny, Châtillon-sur-Seine (zweiter Donnerstag eines jeden Monats), Donzy, Givry, Pougues-les-Eaux, *Saint-Honoré-les-Bains, Saulieu.
Freitag: *Autun, *Auxerre, Auxonne, *Chalon-sur-Saône, Chaufailles, Decize, *Dijon, *Guérigny, Langres, Meursault, Montbard, Nuits-Saint-Georges, Paray-le-Monial, Pouilly-sur-Loire, Saint-Fargeau, Sens, *Villeneuve-sur-Yonne.
Samstag: Auxerre, *Avallon, *Beaune, Bourbon-Lancy, La Charité-sur-Loire, Château-Chinon, Châtillon-sur-Seine, Clamecy, Cluny, Dijon, *Donzy, *Joigny, Mâcon, Nevers, *Prémery, Saint-Honoré-les-Bains, *Saulieu, Seignelay, Tournus.
Sonntag: Chablis, *Chagny, Chalon-sur-Saône, Cosne-sur-Loire, *Dijon.

Messen und Volksfeste

30. Juni: *Foire aux Cerises* (Kirschenmesse), Escolives-Sainte-Camille.
Erster Sonntag im August: *Fête de l'Andouillette et du Vin Blanc* (Kaldaunenwurstmarkt und Weißweinfest), Clamecy.
Zweiter Sonntag im August: *Fête des Myrtilles* (Heidelbeerfest), Glux-en-Glenne.
Ein Samstagnachmittag Mitte August: *Fête de la Moisson* (Erntefest), Saint-Père-sous-Vézelay.
Erste Woche im September: *Festival International de Folklore et Fête de la Vigne* (Internationales Folklore- und Weinfest), Dijon.
14. September: *Foire aux Melons et aux Oignons* (Melonen- und Zwiebelmesse), Joigny.
Letzter Sonntag im Oktober: *Foire aux Marrons* (Kastanienmesse), Saint-Léger-sous-Beuvray.
Die ersten beiden Wochen im November: *Foire Internationale Gastronomique* (Internationale Gastronomiemesse), Dijon.

Arnay-le-Duc *(Côte d'Or)*

Autun 28 km, Beaune 34 km, Chagny 40 km, Dijon 57 km,
Paris 287 km, Saulieu 28 km
Markt: Donnerstag 8–13 Uhr, Place de la Poste

MUSEUM

MAISON REGIONALE DES
ARTS DE LA TABLE
15, Rue Saint-Jacques, 21230
Arnay-le-Duc
✆ 80901159
Geöffnet: nur von Ostern bis
Mitte Oktober 10–12 und
14–18 Uhr; geschlossen: von
Ostermontag bis Mai und
von September bis Mitte
Oktober
Eintritt: 10 Francs; 5 Francs
pro Person für Gruppen ab
10 Personen

Dieses übersichtlich gestaltete Regionalmuseum ist der Gastronomie in ihren vielseitigen Aspekten gewidmet. Bei unserem Besuch stand das Ei mit all seinen Erscheinungsformen – im Brauchtum, in der Kunst, in Religion und Geschichte und natürlich auch in der Kochkunst – im Mittelpunkt einer Sonderschau. Mit Verstand und Humor waren hier Exponate zusammengestellt, die vom geflochtenen Eierkörbchen bis zum Hühnerkäfig, von der Schokoladengußform bis zu so ausgefallenen Gerätschaften wie einem antiken Metallkorb reichten, in dem man Eier überm Holzfeuer garte! Zu sehen waren auch ganze Kollektionen von alten und modernen Schneebesen, Omelettpfannen und Hunderte von dekorativen Eierbechern. Ein wertvoller Hinweis aus dem Volksmund: wer am *Vendredi Saint,* am Karfreitag, Eier sammelt, kann diese aufheben, solange er will, ohne daß sie jemals verderben. Ein Beweisstück hatte das Museum schon zur Hand, denn da war ein vom Karfreitag 1957 stammendes Ei ausgestellt, völlig intakt und ohne wahrnehmbaren Geruch (wenigstens solange es da unter Glas stand).

Beaune *(Côte d'Or)*

Autun 48 km, Auxerre 131 km, Chalon-sur-Saône 30 km, Dijon 45 km, Paris 313 km
Markt: Samstag 8–13 Uhr, Place de la Halle

RESTAURANT

LE PETIT TRUC
Place de l'Eglise, Vignoles,
21200 Beaune
✆ 80220176
Bestellungen werden bis
13 bzw. 21 Uhr entgegengenommen
Geschlossen: Montag, Dienstag, zwei Wochen im Februar

LE PETIT TRUC gehört zu jenen Restaurants, denen es beschieden ist, kontroverse Meinungen entstehen zu lassen. Im Laufe der Jahre habe ich Freunde, von deren Geschmackssinn ich sehr viel halte, mit außerordentlich unterschiedlichen Urteilen von dieser dicht bei Beaune gelegenen Landgaststätte zurückkommen sehen.

Anscheinend fanden meine Besuche immer dann statt, wenn die Küchenchefin Edith Remoissener-Cordier ihren guten Tag hatte, denn von der *salade paysanne au lard* (zarter

164

und zwei Wochen im August
Keine Kreditkarten
Speiseterrasse im Sommer
Reservierung unerläßlich
175-Francs-Menü, à la carte
etwa 250 Francs

Spezialitäten:
Terrine de veau au Chablis
(mit Chablis aromatisierte
Kalbsterrine), *poulet au
vinaigre* (Essig-Hähnchen),
tarte tiède au chocolat
(warme Schokoladentorte)

Chicoree, köstliche Speckwürfel, gekochte Kartoffelscheiben, kleingeschnittene, frische Kräuter) bis zum schmackhaften, kernigen *petit salé aux pommes de terre à la crème* (frisch gepökeltes Schweinefleisch mit Kartoffeln und Sahne) war hier immer alles gut und so echt nach Hausfrauenart zubereitet, wie man es sich überhaupt nur wünschen konnte.

Nur schwer kann man sich in diesem Lokal dem Zauber des Dekors entziehen. Der Speiseraum – ursprünglich das nach vorn gelegene Besuchszimmer des alten, aus Stein gebauten *presbytère*, eines Pfarrhauses – verfügt über eine eindrucksvolle Feuerstelle in seiner Mitte, und die langen Refektoriumstische sind mit Spitzendeckchen, Tischläufern, blinkenden Messingleuchtern und frischen Blumen geschmückt. Beginnen dann während der Mahlzeit noch die Kirchenglocken zu läuten, dann ist das alles so sympathisch altmodisch, wie man es sich überhaupt nur vorstellen kann. Telefonische Tischbestellung ist unbedingt nötig, denn die Chefin des Hauses nimmt nicht mehr als 20 Gäste pro Mahlzeit an.

Dieses Restaurant findet man, indem man von Beaune aus auf der D 973 nach Osten in Richtung Seurre fährt. Sobald man kurz hinter Beaune über die Autobahnbrücke kommt, gilt es aufzupassen, denn man muß die erste Straße links abbiegen, und an der Ecke gibt es nur ein winziges Schild mit der Aufschrift PETIT TRUC. Nach etwa 2 Kilometern erreicht man Vignoles, oft auch Vignolles geschrieben. Das Restaurant ist nicht als solches bezeichnet, doch werden Sie es als das hübsche Pfarrhaus neben der Kirche erkennen.

WURSTWAREN

ROGER BATTEAULT
4, Rue Monge, 21200 Beaune
✆ 80222304
Geöffnet: Dienstag bis Samstag 8–12.30 und 14.30–19
Uhr; sonntags im August und September 9–12 Uhr;
geschlossen: sonntags außerhalb der Saison, montags und
während der Schulferien im Februar

Man kann nicht durch die Bourgogne reisen, ohne *jambon persillé* zu kosten, den gekochten, gewürfelten und mit Petersilienaspik überzogenen Schinken, der aus weißen Porzellanschalen serviert wird. Und die hausgemachte luftgetrocknete Schweinswurst *rosette artisanale* dürfen Sie sich hier auch nicht entgehen lassen. In diesem Laden sind die Spitzenprodukte von Fallot vorrätig: Ganzkornsenf und aromatisierter Senf, Essig, Sherry-Essig und Kapern. Samstagsmorgens reicht die Schlange der an dieser kleinen *charcuterie* anstehenden Kunden bis in die Rue Monge hinein. Der Laden liegt gleich vom Marktplatz aus die Straße hoch.

SPEZIALITÄTEN DER REGION

FALLOT ET COMPAGNIE
31, Rue du Faubourg Bretonnière, 21200 Beaune
✆ 80221002

Einige der besten – und schärfsten – Senfsorten werden nicht in Dijon, sondern in Beaune hergestellt, wo Sie mitten in der Stadt eine im besten Sinne handwerklich arbeitende *moutarderie* finden.

165

Geöffnet: 8–11.30 und
13.30–18.00 Uhr (17 Uhr am
Freitag); geschlossen: Sams-
tag, Sonntag und im August
Auf Wunsch Versand ins
Ausland

Vertretung in Paris:
JARDIN EN L'ILE
8, Rue Jean-du-Bellay,
75004 Paris
℡ 43260863

OMELETTE PAYSANNE ›LA BOUZEROTTE‹
Bauernomelett ›La Bouzerotte‹

Erstmalig gelangte ich vor einigen Jahren durch einen befreundeten Weinhändler, Kermit Lynch, ins LA BOUZEROTTE *– ein bescheidenes kleines Restaurant an der Landstraße –, als ich ihn auf einer Einkaufsreise begleitete. Nach einem mit Weinproben ausgefüllten Vormittag war dieses Lokal genau richtig, und ebenso das deftige, mit Schinken, Zwiebeln und Kartoffeln gemachte Omelett.*

125 g Brustspeck ohne
Schwarte, in 4 × 2,5 cm
große Stücke geschnitten
2 mittelgroße Zwiebeln,
grob gehackt
30 g Butter
2 kleine Kartoffeln,
geschält und in dünne
Scheiben geschnitten
6 große Eier, leicht
geschlagen

1. Den Speck und die Zwiebeln in eine Pfanne von 25–30 cm Durchmesser mit Antihaft-Beschichtung geben. Bei guter Hitze unter häufigem Rühren braten, bis der Speck knusprig ist und die Zwiebeln gar sind.
2. Zwiebeln und Speck aus der Pfanne nehmen und beiseite stellen.
3. Die Butter in dieselbe Pfanne geben und bei guter Hitze heiß werden, aber nicht rauchen lassen. Die Kartoffeln hinzufügen und erst auf der einen, dann auf der anderen Seite gleichmäßig bräunen. Die Kartoffeln sodann möglichst ebenmäßig auf dem Boden der Pfanne verteilen.
4. Zwiebeln und Speck vorsichtig so über das Kartoffelarrangement geben, daß diese Schicht unversehrt bleibt. Dann sorgsam die Eier darüber gießen und die Pfanne dabei von einer Seite zur anderen kippen, damit die Eier bis zum Boden der Pfanne fließen können. Wenn die Unterseite des Omeletts zu stocken beginnt, die Ränder mit einer Gabel behutsam anheben und zur Mitte hin falten. Das Omelett mit Hilfe einer großen, umgekehrt auf die Pfanne gelegten Platte stürzen und sofort mit selbstgebackenem getoastetem Brot servieren.
Für 4 Personen.

Bouze-les-Beaune *(Côte d'Or)*

Autun 55 km, Beaune 7 km, Dijon 46 km

RESTAURANT

LA BOUZEROTTE
Bouze-lès-Beaune,
21200 Beaune
✆ 80260137
Bestellungen werden bis
13.30 bzw. 21 Uhr entgegen-
genommen
Geschlossen: Montag,
Dienstag und im August
Keine Kreditkarten
Etwa 100 Francs

Spezialitäten:
Einfache Hausmannskost,
Salate, Omeletts und Torten

Wenn Sie zur LA BOUZEROTTE hochfahren, einem bescheidenen Speiselokal im Herzen des Landes, aus dem *cassis* und *framboise* kommen, kann es sehr gut möglich sein, daß Sie in dem neben der Straße gelegenen Gärtchen den Küchenchef gerade beim Ernten des Grünzeugs finden, das Sie zu Mittag verspeisen werden. Die Innenausstattung des Lokals darf man allenfalls als brauchbar bezeichnen, die Speisen jedoch sind ein Traum für alle, die sich nach ganz ursprünglicher französischer Kost sehnen: ein knackiger, mit frischgemachten Croutons und siedendheißen *lardons* (Speckstückchen) bestreuter Salat (hier natürlich *salade Bouzerotte* genannt), ein strammes Omelett, mit dicken, knusprig gebräunten Kartoffelscheiben und *lardons* gefüllt (siehe Rezept Seite 166), und eine sehr anständige Käseplatte, auf der auch ein feiner lokaler *chèvre* nicht fehlt. Zum Nachtisch mag der Küchenchef gerade eben eine duftende Himbeertorte zubereitet haben oder eine andere Obstschleckerei.

Chagny *(Saône-et-Loire)*

Autun 43 km, Beaune 15 km, Chalon-sur-Saône 17 km, Paris 328 km
Markt: Donnerstag und Sonntag 8–13.30 Uhr, Place de la Mairie, Rue du Bourg,
Rue du Théâtre, Place du Théâtre

RESTAURANT

LAMELOISE
36, Place d'Armes,
71150 Chagny
✆ 85870885
Bestellungen werden bis
13.30 bzw. 21.30 Uhr
entgegengenommen
Geschlossen: Mittwoch,
Donnerstagmittag und von
der letzten Dezemberwoche
bis zur dritten Januarwoche
Kreditkarte: V

Das gedämpft-erhabene Ambiente im LAMELOISE, einem aus dem 15. Jahrhundert stammenden, Stück für Stück erweiterten Gebäude, entbehrt nicht eines gewissen Humors. Die Inneneinrichtung ist, mit den Balkendecken und dicken Polstersesseln, sowohl burgundisch-schwer als auch zeitgenössisch-leicht, wobei weiße Effekte an den Wänden und auf allen Tischen Leinendecken und sorgfältig arrangierte Blumen für entsprechende Aufhellungen sorgen. In strengem Gegensatz zu diesem Dekor erscheint Jacques Lameloise als derjenige unter den großen Küchenchefs Frankreichs, der vielleicht am wenigsten von sich dahermacht. Er betrachtet sich selbst gerne als einfachen Geschäftsmann, als Zimmer-

167

Ein klimatisierter Speiseraum; separater Speiseraum für geschlossene Gesellschaften bis zu 25 Personen
Man spricht Englisch
230- und 370-Francs-Menüs, à la carte 450 Francs.

Spezialitäten:
Ravioli d'escargots (mit Schnecken gefüllte Ravioli), *pigeon de Bresse en vessie* (in der Schweinsblase pochierte Bresse-Taube), *assiette du chocolatier* (Dessertmischung feiner Schokoladen)

mann, Klempner oder Maurer, der Erfolg hat, weil er seine Kunden zufriedenstellt, so daß sie wiederkommen. Er ist kein Intellektueller, und selbstkritisch behauptet er von sich, in seinem Leben vielleicht drei Bücher gelesen zu haben – Kochbücher.

Doch Monsieur Lameloises Küche verrät ein Gespür und eine Raffinesse, die weit über seine bescheidene Selbstdarstellung hinausgehen: ein kleines Stückchen *foie gras,* einfach nur angebraten, mit Essig besprüht und einer Spur frischen Schnittlauchs bestreut; dralle *escargots,* in Pastateig gewikkelt, zu maultaschengroßen Ravioli zurechtgedrückt und dann in einer mit Knoblauch gewürzten herkömmlichen Bouillon gekocht; Langustinen, Spargel und Kerbel, mit einem *soupçon,* einem Hauch korallenfarbener Sahne benetzt. Und schließlich die *pièce de résistance,* das Hauptgericht: dickfleischige, saftige Taubenbrust, üppig mit feingehackten Trüffeln bedeckt und mit ein klein wenig von dem duftenden Sud serviert. All das schließt nicht aus, daß auch hier gelegentlich mal ein Lapsus passiert: Ich entsinne mich an eine Mahlzeit, bei der die *foie gras* etwas teigig war und die Langustinen in leicht glitschigem Zustand auf den Tisch kamen. Die Käseplatte von Lameloise kommt einer Huldigung gegenüber dem Käsereichtum Burgunds gleich: der *Epoisses* ist zu einer Fülle herangereift, wie man sie bei keinem vergleichbaren Käse außerhalb der Region finden wird; den superben *fromage blanc* reicht man mit einer Prise Zucker und Sahne.

Die Weinkarte wirklich zu studieren, käme einer ausgiebigen Abendlektüre gleich, und nicht weniger eindrucksvoll ist der Wein-Service selbst. Zwei Spitzengewächse, die der 1980 zum *Meilleur Sommelier de France* ernannte Georges Pertuiset ganz besonders empfiehlt, sind der *Chassagne-Montrachet* von Delagrange-Bachelet und der *Volnay, Clos des Duc,* Domaine Marquis d'Angerville. Andere beachtenswerte Weine der Region: *Meursault* von François Jobart; der *Chevalier Montrachet* der Domaine Leflaive; der *Chorey-lès-Beaune* der Domaine Tollot-Beaut und der *Vosne-Romanée* von Henri Jayer.

Dijon: die Rue de la Liberté

Chalon-sur-Saône *(Saône-et-Loire)*

Dijon 68 km, Mâcon 58 km, Paris 337 km

Märkte: Dienstag 8–12 Uhr, La Cité des Aubépins; Mittwoch 8–12 Uhr, Les Prés Saint-Jean; Donnerstag 8–12 Uhr, La Cité du Stade; Freitag und Sonntag 8–12 Uhr, Place Saint-Vincent

HAUSHALTS-WAREN

LES IMPITOYABLES
8, Impasse de la Tranchée,
71108 Chalon-sur-Saône
✆ 85481781
Geöffnet: 9–17 Uhr;
geschlossen: Samstag, Sonntag, Montag und im August

Man nennt die riesigen, hohen Tulpengläser *les impitoyables* (die Unerbittlichen), weil sie eventuelle Mängel eines Weines schonungslos offenlegen. Die geräumige Tiefe des Glases erlaubt es, den Wein heftig zu schwenken, ohne etwas davon zu verschütten, und läßt ihm auch viel Luft zum Atmen, während die deutlich verjüngte Öffnung das Bouquet zu bewahren hilft. Ich persönlich finde, daß es eine ziemlich linkische Bewegung erfordert, aus diesen Gläsern zu trinken (denn tatsächlich muß man sein *impitoyable* weit hochheben und den Kopf zurückbeugen, um auch nur ein Schlückchen abzubekommen).

Dijon *(Cote d'Or)*

Auxerre 149 km, Beaune 45 km, Paris 312 km

Markt: Dienstag, Freitag und Samstag 8–12.30 Uhr in den vier Straßen, die die Markthalle umgeben: Rue Bannelier, Rue Quentin, Rue C.-Ramey, Rue Odebert

Festival International de Folklore et Fête de Vigne
(Internationales Folklore- und Weinfest): erste Woche im September

Foire Internationale Gastronomique (Internationale Gastronomiemesse):
erste zwei Wochen im November

Die Stadt Dijon ist voller Leben, und dazu gehört auch ein betriebsamer, ausgezeichnet bestückter Obst- und Gemüsemarkt, der in einer Halle im Stadtzentrum untergebracht ist. Der geschäftigste Tag ist der Freitag; dann kommen die Bauern von den umliegenden Dörfern mit Hühnern und Pilzen, frischem Spargel und vielerlei feinen Gemüsen hierher.

RESTAURANT

RESTAURANT JEAN-PIERRE BILLOUX
14, Place Darcy, 21000 Dijon
✆ 80301100

Im Januar 1986 traf der talentierte, zuvorkommend freundliche Jean-Pierre Billoux eine weise Entscheidung. Er versammelte alles um sich, was er hatte, seine Mitarbeiter, das Kupfergeschirr und die Weinflaschen aus seinem Keller und

Bestellungen werden bis
14 bzw. 21.30 Uhr
entgegengenommen
Geschlossen: Sonntagabend
und Montag
Kreditkarten: AE, DC, V
Speiseterrasse für die Mittags-
mahlzeiten
Klimatisiert
Separater Speiseraum für
geschlossene Gesellschaften
bis 15 Personen
Man spricht Englisch
200- und 335-Francs-Menüs,
à la carte 300 Francs

Spezialitäten:
je nach Jahreszeit

verließ das stille burgundische Dörfchen Digoin, um sich in das Lichtermeer Dijons zu begeben. In seinem neuen Lokal in der Stadt ist es Monsieur Biloux gelungen, eine zugleich luxuriöse und ungezwungene Atmosphäre zu schaffen. Das angrenzende HÔTEL DE LA CLOCHE mag dem Besucher als gepflegte (wenngleich relativ teuere) Bleibe dienen, und da man unter drei Speiseräumen die Auswahl hat, besteht auch bei einem mehrtägigen Aufenthalt die Möglichkeit zum Szenenwechsel.

Zum Mittagessen finden sich die Gäste in einem geräumigen, mit Spiegeln und Topfpflanzen dekorierten Saal wieder, das Abendessen nimmt man eine Etage tiefer unter der Gewölbedecke des hübsch ausgestatteten Weinkellers ein. Entschließt sich die Sonne dazu, den Tag zu erhellen, dann steht auch noch eine geschlossene Gartenterrasse für formlose Essen zur Verfügung.

Küchenchef Biloux' Cuisine ist originell, ja fast intellektuel zu nennen, und dabei doch in keiner Weise gekünstelt. Zu den besten Eßerfahrungen, die ich hier machte, gehören ein aus pochiertem Junggemüse bestehendes Salatvorgericht – ganz schlanke Lauchstangen, grüne Bohnen, Zwergkarotten, Zuckertomaten und zarte Spargel badeten da in einer köstlichen Vinaigrette; dann im Ofen gebackene Lachsfilets, angerichtet mit einer auf dezente Weise eindringlichen Anchovissauce; ferner Bries auf einem perfekt abgeschmeckten, sahnigen Linsenbett; und schließlich, recht ungewöhnlich, sautierte Kammuscheln in Rotweinsauce.

Eine solche Speisenpalette mag sich übertrieben kompliziert anhören, aber das ist sie gar nicht, denn jedes Gericht steht für sich selbst. Auch die hausgebackenen Brötchen mit der schönen Kruste und die von der örtlichen Lieferantin Simone Porcheret kommenden exquisiten Käse sollte man zu kosten nicht versäumen. Nicht zuletzt tragen die zuvorkommende Bedienung und ein umfassendes Weinangebot dazu bei, dieses Restaurant zu einem der attraktivsten Orte kulinarischer Verwöhnung in Burgund zu machen.

KONDITOREI

MULOT ET PETITJEAN
13, Place Bossuet,
21000 Dijon
Auch 16, Rue de la Liberté,
21000 Dijon
✆ 80300710
Geöffnet: täglich 9–12 und
14–19 Uhr
Auf Wunsch Versand ins
Ausland

*P*ain d'épice, Gewürzbrot, ist schon seit langem eine Spezialität Dijons, und dieser Laden ist eine authentische Quelle für das Manna, das, entzückend altmodisch verpackt, in den Geschäften von MULOT ET PETITJEAN in allen nur erdenklichen Formen zum Verkauf kommt: mit Marmelade gefüllt, von Schokolade überzogen, in einen zarten Zuckerschmelz gehüllt, mit Nüssen vermengt, einfach, als Laibe oder kleine Küchlein. Auch Nougat, kandierte Orangenscheiben, *crème de cassis* und die Senfsorten der Marken MAILLE und FALLOT gehören zum Angebot.

BÄCKEREI

AU PAIN D'AUTREFOIS
47, Rue du Bourg,
21000 Dijon
✆ 80304792
Geöffnet: 8–12.30 und 15–19
Uhr; geschlossen: Sonntag,
Montag, zwei Wochen im
Februar und zwei Wochen im
Juli

Wer sich bei Simone Porcheret mit Käse eingedeckt hat, dem sei zur Komplettierung des Picknicks noch ein Besuch in diesem dekorativen kleinen Laden empfohlen. Alles hier offerierte Brot kommt aus dem Holzofen.

Simone Porcheret,
eine Käsehändlerin nach Maß

KÄSELADEN

SIMONE PORCHERET
14, Rue Bannelier,
21000 Dijon
✆ 80302105
Geöffnet: 8–12.30 und
15–19 Uhr; geschlossen:
Sonntag und Montag-
nachmittag
Auf Wunsch Versand inner-
halb von Europa

Simone Porcherets kleiner Käseladen in der Nähe des Zentralmarktes von Dijon ähnelt einem musterhaften Museum: hölzerne Butterformen, keramische Abtropfschalen für den Käsebruch, Holzfässer zum Buttern und verzierte Brotlaibe teilen sich den kompakten, duftgeschwängerten Raum mit den feinsten und gepflegtesten Käsen der Region. Madame Porcheret, attraktiv und freundlich, empfiehlt einen exzellenten *Charolais*, strahlt vor Stolz über ihren *Reblochon*, sucht unter den Ziegenkäsen aller Größen und Reifestufen genau den aus, den man haben will, vom sahnig-frischen bis zum kurzgereiften, vom *coulant*, dem also schon in Bewegung geratenen, bis zum total ausgehärteten, gefleckten Exemplar. Sie versteht ihr Geschäft, und wenn es um die *affinage*, die Kunst der Käsereifung geht, hat sie ihre eigenen festen Ansichten: »Ich mag meinen Käse schön reif, aber nicht zu weit entwickelt oder bitter. Wenn der Käse überreif ist, verdirbt man den Geschmack unseres Burgunder damit.« Der Käseduft ist hier besonders intensiv, denn der Laden geht direkt in einen der Reifungsräume über.

171

WURSTWAREN

La Boucherie
Nouvelle
27, Rue Pasteur, 21000 Dijon
✆ 80663710
Geöffnet: 7.30–12.45 und
15–19.45 Uhr; geschlossen:
Donnerstagnachmittag,
Sonntag und im August

Eine lohnende Adresse, und was den preisgekrönten *jambon persillé* (kalter, gekochter, gewürfelter Schinken in Petersilienaspik) anbelangt, durchaus einen Umweg wert.

SPIRITUOSEN

Là Cour aux Vins
3, Rue Jeannin, 21000 Dijon
✆ 80678514
Geöffnet: 9–12.30 und 14–19
Uhr; geschlossen: Sonntag
und Montagmorgen;
täglich geöffnet für Weinproben in Gruppen (mit Voranmeldung)
Kreditkarten: AE, DC, V

Die speziellen Probiergläser für Wein, *les impitoyables*, und Lucien Jacobs vortreffliche *crème de cassis* und *crème de framboise* kann man hier finden.

Kir

Die süße, fruchtige, farbenfrohe Mischung aus Weißwein und *crème de cassis* (schwarzem Johannesbeerlikör) ist in der Bourgogne schon sehr lange als Aperitif unter der einfachen Bezeichnung *vin blanc cassis* bekannt. Doch das Getränk erwarb sich in den vierziger Jahren zusätzliche Aufmerksamkeit, als der Bürgermeister von Dijon, der Kanonikus Kir, dem beliebten Appetitanreger seinen Namen lieh: Man erzählt sich, die Verkäufe des Johannisbeerlikörs hätten damals stagniert, weshalb das publizitätsbewußte Stadtoberhaupt zu allen offiziellen Anlässen habe ›Kir‹ servieren lassen, inzwischen eine bis heute fortdauernde Tradition. Das klassische Rezept schreibt eine Mischung vor, in die ein Drittel Cassis und zwei Drittel *Aligoté* ein burgundischer Weißer, eingehen. Allerdings haben die meisten Cafés und Restaurants den Aperitif ein wenig aufgehellt, indem sie den Einsatz des teureren Cassis auf ein Viertel reduzieren. Eine populäre Variante ist der *Kir royal,* ein mit Champagner aufgefrischter Kir.

HAUSHALTSWAREN

ANDRE GRILLOT

4, Place François-Rude,
21000 Dijon
℘ 80301897
Geöffnet: 9–12 und 14–19
Uhr; geschlossen: Sonntag
und vier Wochen im Laufe
des Jahres

Ein toller kleiner Eisenwarenladen, der sich auf *articles de cave et cadeaux* (Zubehör für Weinkeller und Geschenke) spezialisiert hat. Alles, was man braucht, um – und sei es auch nur vorgeblich – Wein herzustellen, von Etiketten und Korken bis zu kleinen Weinessigfässern, kann man hier erstehen.

Der berühmte Senfladen
GREY-POUPON

SPEZIALITÄTEN DER REGION

GREY-POUPON

32, Rue de la Liberté,
21000 Dijon
℘ 80304102
Geöffnet: 9.15–12 und
14.15–19 Uhr; geschlossen:
Sonn- und Feiertage
Kreditkarten: EC, V
In den Monaten Dezember
bis Mai auf Wunsch Versand
ins Ausland

Spezialitäten:
Alle Arten von Senf sowie
antike Senftöpfe

SAISON DES HALLES

26, Rue Odebert,
21000 Dijon
℘ 80304598
Geöffnet: 6–12.30 und
15–19.30 Uhr; geschlossen:
Montag

Dijon ist die unbestrittene internationale Senf-Metropole, und es besitzt außerdem einen der ganz wenigen Läden in der Welt, die ausschließlich Senf und unmittelbar dazugehörige Artikel führen.

Der sich wie ein Juweliergeschäft gebende Eckladen von GREY-POUPON bietet nicht nur Senf in allen Variationen an, sondern lockt den Käufer auch mit wunderschön handbemalten Senfkrügen aus Porzellan, Reproduktionen der vielen antiken Senfgefäße, die den Laden zieren und die Museumswert haben. Die Krüge eignen sich hervorragend als Geschenk oder Souvenir und sind so hübsch, daß man gleich beginnen möchte, damit eine Kollektion aufzubauen (siehe auch »Die Sauce mit dem *Goût du diable*«, Seite 174).

Eine nahe der Markthalle gelegene Gemüsehandlung mit hervorragend frischem Obst und Gemüse sowie saftigen Küchenkräutern.

173

Die Sauce mit dem *Goût du Diable*

Dijon, 30. April – Mit seiner unnachgiebigen Schärfe, die einem die Tränen in die Augen treibt, ist Senf der König aller französischen Würzen. Dabei kann man sich nur schwer vorstellen, daß eine so alltägliche Küchenzutat, eine einfache Mischung aus gemahlenen Senfkörnern und Essig oder leicht fermentiertem Wein, die in ganz gewöhnlichen, wiederverwendbaren Bechergefäßen durch die Regale der Supermärkte zum Verbraucher wandert, eine so noble Vergangenheit haben könnte.

König Ludwig XI., der sich häufig selbst, und zwar mit sehr kurzer Vorankündigung, zum Abendessen einlud, reiste nie, ohne einen Krug Senf eigener Machart in der Equipage mitzuführen. Die Herzöge von Burgund, glühende Verfechter der Tugenden ihrer *moutarde de Dijon*, zogen in keine Schlacht, bei der der Nachschub an Senf nicht sichergestellt gewesen wäre. Selbst Papst Johannes XXII., der als leidenschaftlicher Senfliebhaber beschrieben wird, bestellte am Hof zu Avignon einen Getreuen zum persönlichen *moutardier*.

Senf zu essen war im Frankreich des 18. und 19. Jahrhunderts eine solche Manie, daß ein Chronist nicht weniger als 93 Sorten zählte, zu denen mit Kapuzinerkresse, mit Rosen, Anchovis, Knoblauch und sogar mit Trüffeln gemachte Varietäten gehörten. Aber auch damals schon war die Konkurrenz in der Branche stark, und die Anbieter mußten sich ständig neue Marktnischen ausdenken. So verfiel ein Hersteller auf die Idee, speziellen ›Herrensenf‹ in mehreren Geschmacksnoten feilzubieten (vorwiegend robust und streng) und das zarte Geschlecht mit ›Damensenf‹ (delikater und milder) zu locken. Bis weit ins 19. Jahrhundert hinein kaufte man Senf, nicht anders als Brot oder Kaffee, täglich frisch. Dafür gab es spezielle Senfläden, die den Käufern die lose Ware in die mitgebrachten Gefäße füllten. Alexandre Dumas berichtet, daß die einzigen Leute, die man morgens um neun oder abends um sechs in Paris auf der Straße zu sehen bekam, Kinder waren, welche man ausgeschickt hatte, für einen Centime Senf zu holen. Auch heute noch kann man in der Senf-Metropole Dijon im Laden von Grey-Poupon die kostbare Würze wie anno dazumal erstehen. Dutzende von farbigen, handbemalten Senfkrügen schmücken die Wände dieser museumsartigen *boutique*, mit der dem sämig-zarten blaßgelben Gewürz, von dem die Franzosen sagen, es habe einen *goût du diable*, einen teuflischen Geschmack, ein lebendiges Denkmal gesetzt ist.

Die Tradition Dijons als Kapitale des Senfs reicht lange zurück und ist weitgehend der geographischen Lage der Stadt zu verdanken. Zur Zeit der römischen Herrschaft in Gallien war Dijon ein wichtiger Umschlagplatz an der Gewürzstraße, und die Bevölkerung gewöhnte sich an pikante Kost. Als die Gewürztransporte dann ihre Route änderten, sahen sich die *Dijonnais* nach einem Ersatz um.

Wilder Senf wuchs in Hülle und Fülle in der Gegend, und so begann man, getrocknete Senfkörner mit *verjus* – dem angegorenen Saft unreifer, saurer Trauben – zu versetzen, wodurch der uns als *moutarde à l'ancienne* bekannte Körnersenf entstand. Dieser *verjus* war es, der das in Dijon gewonnene Produkt von allen anderen Senfvarianten unterschied.

Heutzutage sieht man auf den Feldern, die einst dem Anbau des Ackersenfes dienten, eine verwandte Pflanze, die goldgelbe *colza*, den Raps, blühen. Die Produktion von Rüböl erschien den Bauern lukrativer, denn Senfkörner kann man inzwischen zu günstigen Bedingungen importieren. Die besten kommen aus Kanada und werden nicht mehr mit *verjus*, sondern entweder mit Essig oder leicht gärendem Wein verarbeitet.

Die Stadt Dijon gab zwar der berühmten *moutarde de Dijon* den Namen (und produziert noch immer rund 70 Prozent des in Frankreich erzeugten Senfs), doch bezieht sich die Bezeichnung heute nicht mehr auf den Ursprung, sondern auf die typische Geschmackseigenart dieser scharfen, sämigen Würze. Es ist also ganz legal, *moutarde de Dijon* anderenorts herzustellen, und tatsächlich gilt als eine der besten Adressen für Dijon-Senf zum Beispiel die kleine, handwerklich ausgerichtete *moutarderie* von Edmond Fallot unweit Beaune. Hier wird Senf noch auf alte Art in riesigen, auf volkstümliche Weise senfgelb mit roten Banderolen angestrichenen Eichenfässern gemacht: Man mazeriert die dunkelbraunen Senfkörner in Weißweinessig (oder leicht gegorenem Weißwein), Wasser und Salz und zermahlt den Ansatz zwischen extrahartem Feuerstein zu einer Paste.

Will man eine scharfe, geschmeidige, sahnig-gelbe Qualität erzielen, dann werden die Körnerschalen durch Zentrifugation abgeschieden. Beim milderen Ganzkorn-Senf läßt man die Schalen drin. Was dem fertigen Produkt seine hübsche Farbe verleiht, ist der hellgelbe Staub unter der Schale. Da diese Färbung jedoch verblaßt, sobald Luft an den Senf kommt, wird sein Aussehen durch eine Prise Kurkuma, also Gelbwurz, geschönt.

Aber was ist es, das dem Senf seine Schärfe gibt? Es ist das flüchtige Allyl-Senföl, welches beim Feinmahlen der Körner frei wird. Dunkle Körner – genaugenommen ist es ein dunkles Rotbraun – ergeben einen scharfen, helle Körner einen milden Senf. Fallot, der eine ganze Reihe von französischen Spitzenrestaurants – GEORGES BLANC, TROISGROS und TOUR D'ARGENT gehören dazu – beliefert, verkauft die gleiche Ware an die Supermarkt-Kette FRANPRIX in Paris. Senf dieser Marke kann man auch in Spezialitätengeschäften überall in Beaune und Dijon sowie in den Duty Free Shops des Charles-de-Gaulle-Flughafens in Paris finden.

Roger Désarmenien, der liebenswürdige Direktor der Firma Fallot, steht dem Senfverbraucher mit einigen Ratschlägen bei: Senf verdirbt nicht; sobald ein Behältnis geöffnet ist, beginnt der Inhalt jedoch zunehmend sein scharfes Aroma zu verlieren; der Kauf von kleinen Verpackungseinheiten ist daher empfehlenswert. Wird Senf zum Kochen eingesetzt und eine scharfaromatische Wirkung gewünscht, dann sollte man ein neues Behältnis anbrechen und die Speise erst im letztmöglichen Moment würzen, denn unter dem Einfluß von Hitze verflüchtigt sich der *goût du diable*.

MUSEUM

MUSÉE DES BEAUX ARTS
Place de la Sainte-Chapelle,
21000 Dijon
✆ 80303111
Geöffnet: 10–18 Uhr (Sonntag: 10–12.30 und 14–18 Uhr); geschlossen: Dienstag, Feiertage und die erste Woche im Mai
Eintritt: Etwa 8 Francs; für Gruppen ab 20 Personen die Hälfte

Das Erdgeschoß des Museums beherbergt eine der sagenhaftesten Küchen, denen man überhaupt je begegnen kann: die aus dem 15. Jahrhundert stammenden Küchengemächer aus dem ursprünglichen Palast der Herzöge von Burgund; allein die sechs gewaltigen offenen Feuerstellen flößen Respekt ein.

Nach dem Mittagessen steht man nicht so schnell auf

Echevronne *(Côte d'Or)*

Aloxe-Corton 5 km, Côrgoloin 6 km, Dijon 35 km, Nuits-Saint-Georges 13 km

WINZER

LUCIEN JACOB
Echevronne,
21420 Savigny-lès-Beaune
✆ 80215215
Geöffnet:
nach Voranmeldung
Auf Wunsch Versand innerhalb von Europa

Wie entsteht eine *crème de cassis* der Spitzenklasse? Schwarze Johannisbeeren bester Qualität (vorzugsweise der Sorte *noir de Bourgogne*), sorgfältiges Abernten und die richtige Dosierung der Zuckermenge, darauf kommt es an. Die Familie Jacob, auch Erzeuger von Savigny-Wein, besitzt gleich außerhalb von Beaune eine 24 Hektar große Anbaufläche für schwarze Johannisbeeren.Die reifen Früchte werden im Juli geerntet, in Alkohol mazeriert und dann leicht gesüßt. So entsteht ein brillantes, duftiges Getränk, das man mit Weißwein mischen oder zum Beispiel über frische Pfirsiche gießen kann. *Crème de cassis* ist ein heikles Produkt, weshalb man bei JACOB empfiehlt, es innerhalb eines Jahres, vom Abfülldatum an gerechnet, zu verbrauchen. Eine einmal geöffnete Flasche sollte im Kühlschrank aufbewahrt und nach spätestens einem Monat geleert werden.

Egriselles-le-Bocage *(Yonne)*

Joigny 28 km, Villeneuve-sur-Yonne 11 km

KÄSEHERSTELLER

JACQUES LANGLOIS
Les Régipaux, Egriselles-le-
Bocage, 89500 Villeneuve-
sur-Yonne
✆ 86860148
Geöffnet: 10–12 und 15–17
Uhr; geschlossen: Mittwoch
und von November bis März
Vertretung in Paris: FROMA-
GERIE MARIE-ANNE CANTIN
12 Rue du Champ de Mars,
75007 Paris
✆ 45504394

Etwa eine Autostunde südlich von Paris liegt der Weiler Les Régipaux, den man leicht überfahren kann, wenn man nicht sehr aufpaßt. Hier ist die Familie Langlois zu Hause, auf deren Bauernhof 60 rehbraune Bergziegen die Milch zur Herstellung einiger der frischsten und einfachsten Ziegenkäse der ganzen Gegend liefern. Tag für Tag lassen die beiden Eigentümer Jacques und Claude Langlois rund 150 Liter Ziegenmilch zu blütenweißen, tellerförmigen Käselaiben gerinnen. »Nichts ist einfacher, und es gibt dabei keinerlei Geheimnis«, erklärt Monsieur Langlois bei einem Rundgang durch die *laiterie.* »Man muß nur den Säuregrad der Milch kennen und auf Sauberkeit bedacht sein.« Der zarte, junge Käse reift nur drei oder vier Tage. Jede Woche einmal packt man bei Langlois den kleinen Lastwagen behutsam mit *chèvre frais* voll und fährt nach Paris, um die rund 20 über die ganze Stadt verteilten *fromageries,* die regelmäßige Abnehmer sind, zu beliefern. In Les Régipaux ist man auf organisierte Reisegruppen nicht eingestellt, willkommen sind aber jederzeit Einzelbesucher, die dann auch direkt auf dem Bauernhof Käse kaufen können.

Epoisses *(Côte d'Or)*

Joigny 85 km, Saulieu 36 km

KÄSEHERSTELLER

FROMAGERIE BERTHAUT
Place Champ de Foire,
21460 Epoisses
✆ 80964444
Geöffnet: 9–12 und 15–18
Uhr; geschlossen: Sonntag
Kreditkarten: V
Vertretung in Paris:
ALAIN DUBOIS
80, Rue de Tocqueville,
75017 Paris
✆ 42271138

Epoisses ist eines von einem Dutzend französischer Dörfer, deren Ruf bei weitem größer ist als der Ort selbst. Dieser bescheidene, verträumte Flecken, der knapp 600 Einwohner zählt, ist in der ganzen Welt bekannt: von hier kommt der rostfarbene runde Kuhmilchkäse, der, während eines langsamen Reifeprozesses täglich mit dem burgundischen Tresterbranntwein *Marc de Bourgogne* bestrichen, wegen seiner geschmeidigen, buttrigen Konsistenz so sehr geschätzt wird. Die Familie Berthaut erzeugt ihren klassischen, vollendet aufgebauten *Epoisses* aus regionaler Rohmilch. Schon seit die Zisterziensermönche als Vegetarier im 16. Jahrhundert mit der Herstellung begannen, wird dieser Käse im

Dorf gemacht; lediglich der durch den Militärdienst während der beiden Weltkriege entstandene Personalmangel brachte die Produktion jahrzehntelang fast zum Erliegen. Die manuell erfolgende lokale Fertigung des *Epoisses* wurde 1946 wieder aufgenommen; auf Betreiben von Freunden und Familienangehörigen machte sich Robert Berthaut daran, den temperamentvollen kleinen Käse wieder zum Leben zu erwecken, den alle aus ihrer Kindheit noch in Erinnerung hatten. Dabei konnte er nur sein eigenes Gedächtnis zu Hilfe nehmen – als Junge pflegte er seiner Tante zuzuschauen, wie sie die Zubereitung der Milch handhabe und die für den Hausverbrauch bestimmten Käse reifen ließ –, doch es dauerte nicht lange, da ging seine gesamte Milcherzeugung, dann auch die der Nachbarn und schließlich die Milch des ganzen Dorfes in die Produktion des wieder auferstandenen *Epoisses*. »Unsere Bevölkerung ist heute genau so groß wie vor Jahrhunderten, und wir erzeugen auch täglich noch ungefähr die gleiche Anzahl von Laiben, also etwa 1500«, erklärt Monsieur Berthaut bei einer Führung durch die blitzsaubere Käserei. Interessanterweise läßt sich der echte, klassische *Epoisses* – und das hatten viele Käsehersteller versucht – nicht aus pasteurisierter Milch gewinnen. Er reift dann einfach nicht richtig, weil die Bakterien, die dem Rohmilchkäse Leben und Aroma einflößen, beim Pasteurisiervorgang abgetötet werden. Die Familie Berthaut bietet ihren leicht scharf schmeckenden, etwa fünf Wochen gereiften *Epoisses* neben anderen Käsen ihrer *laiterie* – dem jüngeren, frischen (aber sehr zahmen) *Epoisses blanc* und dem mit Asche bestäubten *Aisy Cendré* – an Ort und Stelle an.

Gevrey-Chambertin *(Côte d'Or)*

Beaune 27 km, Dijon 12 km, Paris 313 km
Markt: Dienstag 7.30–12 Uhr, Place du Marché, Avenue de Nierstein

RESTAURANT

LES MILLESIMES
25, Rue de l'Eglise,
21220 Gevrey-Chambertin
✆ 80518424
Bestellungen werden bis
13.30 bzw. 21 Uhr entgegengenommen
Geschlossen: Mittwochmittag
und Dienstag
Kreditkarten: AE, DC, V
Klimatisiert

Wein, Wein und nochmals Wein sowie herrliches Brot und prachtvoller Käse werden inmitten einer freundlichen Atmosphäre in diesem Lokal serviert, das aus einem alten Weinkeller, in dem früher gekeltert wurde, im Zentrum dieses sympathischen, lebendigen burgundischen Städtchens entstanden ist. Weniger begeistern kann ich mich für das eigentliche Essen, und im nachhinein erscheint mir der gegrillte Steinbutt nur fade, der Langustinen-Salat war ganz alltäglich und die Heidelbeertorte zu wenig ausgebacken. Indessen, über die Weinkarte werden Sie in Verzückung geraten (Seite auf Seite sind da Burgunderweine aufgelistet), und die Käse-

250-Francs-Menü,
à la carte etwa 400 Francs

Spezialitäten:
Ris de veau braisés (geschmortes Kalbsbries), *carré d'agneau rôti* (gebratenes Lammkarree), *galette de truffes et foie gras* (mit Trüffeln und *foie gras* gemachter Blätterteigkuchen)

platte muß Sie einfach begeistern. Achten Sie bitte darauf, die gebotene Auswahl zum Ergötzen Ihres Gaumes in dieser Reihenfolge zu kosten: zunächst den milden *Abbaye de Cîteaux*, dann den würzigen *Langres*, den wunderbar gereiften *Ami du Chambertin* und zum Abschluß den urwüchsigen *Epoisses*. Dazu köstliches Brot, Walnüsse und, nicht ganz unwichtig, eine lächelnde Bedienung. Versäumen Sie auch nicht, sich den mustergültigen Weinkeller zeigen zu lassen.

KÄSEHERSTELLER

LAITERIE DE LA CÔTE
14, Rue de la Maladière, Brochon, 21220 Gevrey-Chambertin
✆ 80524555
Geöffnet: 8–12 und 15.30–18.30 Uhr; geschlossen: Mittwoch und Sonntag

Diese anspruchslose kleine Molkerei mit *épicerie* im Randbezirk von Gevrey-Chambertin versorgt fast alle Restaurants und Käseläden der Gegend mit Ware. Die beste Wahl trifft man hier mit dem *Ami du Chambertin* (einem sehr angenehm schmeckenden, wie der *Epoisses* mit *Marc de Bourgogne* aromatisierten Kuhmilchkäse), dem *Saint-Vincent* (der ebenfalls dem *Epoisses* ähnelt, aber etwas länger reift und dadurch strenger schmeckt) und dann natürlich dem *Epoisses* selbst.

Der Gemeindebackofen in Fixey

SEHENSWÜRDIG-KEIT

FOUR BANAL DE FIXEY

Im winzigen Weiler Fixey (an der D122 vier Kilometer nördlich von Gevrey-Chambertin gelegen) findet man am Straßenrand einen sehr hübsch restaurierten, als *four banal* bekannten Gemeindebackofen, den die Ortsbewohner zur Zeit der Weinernte im frühen September mit Holz hochheizen, um bei einem Brotbackfest die Ernte zu feiern.

179

Joigny *(Yonne)*

Auxerre 27 km, Dijon 168 km, Paris 148 km
Markt: Mittwoch und Samstag 8–12 Uhr, Place du Marché
Foire aux Melons et aux Oignons (Zwiebel- und Melonenmesse): 14. September

RESTAURANT

LA CÔTE SAINT-JACQUES
14, Faubourg de Paris,
89300 Joigny
℡ 86620970
Bestellungen werden bis 14
bzw. 21.30 Uhr entgegen-
genommen; geschlossen:
letzte drei Januarwochen
Kreditkarten: AE, DC, V
Man spricht Englisch
Etwa 500 Francs

Spezialitäten:
je nach Jahreszeit

Seit 1952, als Marie Lorain ihre in einem soliden Backstein-haus am Yonneufer im nördlichen Burgund eingerichtete Pension eröffnete, wurde LA CÔTE SAINT-JACQUES als Fami-lienunternehmen betrieben. Die Eigentümerin hatte es sich jedoch kaum träumen lassen, daß ihr Sohn Michel, dessen Frau und die Enkelkinder diese *maison bourgeoise* in einen Hotel-Restaurant-Komplex verwandeln würden, der heute zu den begehrtesten Etablissements dieser Art in Frankreich gehört. Michel und sein Sohn Jean-Michel versehen den Kü-chendienst, Michels Frau Jacqueline kümmert sich um die wachsenden Weinbestände der *cave.* Tochter Catherine ver-waltet das Ressort Buchhaltung und Rechnungswesen, und Jean-Michels Frau Brigitte ist für die Hotel- und Restaurant-rezeption zuständig.

Wie viele andere in der Restaurantküche arbeitende Vater-und-Sohn-Gespanne scheinen auch Michel und Jean-Michel klar abgegrenzte Verantwortungsbereiche zu haben. Wäh-rend der Vater sich auf der Geschmackslinie der ›sanften‹, schwach gewürzten Speisen bewegt, die den Gaumen nicht attackieren, gilt Jean-Michels Schöpferfreude mehr so selbst-bewußten Gerichten wie seinem beliebten Curry-Lachs und dem unkomplizierten, aber sehr gelungenen Gazpacho, der, selbst eiskalt, mit kurz gegrillten Garnelen und kleinen Ku-geln *crème de courgette* serviert wird (siehe Rezept Seite 181).

Auf der Speisekarte ist viel Bewegung, aber wenn Sie einer habhaft werden können, bestellen Sie den überragenden *bar au beurre de truffes,* den Michel Lorain, in einer Kombina-tion aus ganz frischem, sorgfältig gegartem Wolfsbarsch und reiner Trüffelessenz, zu einem geradezu sündhaft eleganten Gericht gemacht hat.

Jacquelines Weinkeller hält eine generöse Auswahl lokaler Chablis-Lagen bereit, unter denen auch einer ihrer Favoriten, der *Chablis ›les Clos‹* von der Domaine Pinson in Chablis, nicht fehlt.

Schokoladenliebhabern sei empfohlen, noch etwas Platz zu lassen für Jean-Michels auf einem einzigen Teller zusammen-gestelltes dreifaches Dessert: eine Kugel Schokoladeneis, eine mehrschichtige Schokoladentorte und ein Schokoladensouf-flé, dazu eine satte *crème anglaise,* eine mit Vanille und Ei zubereitete englische Creme.

LE GAZPACHO DE CREVETTE A LA CREME DE COURGETTE
Gazpacho mit Garnelen und Zucchinimousse

Dieses Gericht ist eine Schöpfung des Küchenchefs Jean-Michel Lorain von LA CÔTE SAINT-JACQUES *in Joigny. Sehr reizvoll finde ich daran die Farben- und Geschmackskomposition sowie die Mischung der verschiedenen Zutaten. Das säuerliche Aroma des Gazpacho, die sahnigen Zucchini und dann die saftigen, salzigen Garnelen sorgen für eine ausgezeichnete Suppe von ungewöhnlichem Geschmack. Stellen Sie sicher, daß sowohl der Gazpacho selbst als auch die Serviergefäße beim Auftragen eisgekühlt sind, damit der Kontrast zu den heißen Krustentieren herauskommt. Wenn möglich, grillen Sie sie am offenen Feuer, dann wird der Rauch eine zusätzliche Geschmacksdimension beisteuern.*

Gazpacho:
1 Knoblauchzehe
5 mittelgroße Tomaten, entkernt und geviertelt
1 kleine rote Paprika, von Stilansätzen und Samenkörnern mit Zwischenwänden befreit
1 kleine Gurke, geschält, die (leicht bitteren) Ecken abgeschnitten und der Länge nach geviertelt
1 mittelgroße Zwiebel, geschält und geviertelt
2 El Rotweinessig bester Qualität
Salz und frisch gemahlener schwarzer Pfeffer nach Geschmack

Zucchinimousse:
1 mittelgroßer Zucchino
60 ml saure Sahne, vorzugsweise nicht ultrahocherhitzt
20 große Garnelen oder Shrimps, geschält und vom Darmstrang befreit
1 El extrafeines, kalt gepreßtes Olivenöl

1. Den Gazpacho zubereiten: Den Knoblauch in der Küchenmaschine hacken. Die restlichen Zutaten hinzufügen und in der Maschine so lange verquirlen, bis ein nicht zu dünnes Püree entstanden ist. Mit Salz und Pfeffer abschmecken und bis zum Servieren in den Kühlschrank stellen. Der Gazpacho sollte noch am Tag der Zubereitung serviert werden.

2. Unmittelbar vor dem Servieren die Zucchinimousse bereiten: Einen kleinen Topf mit Wasser zum Kochen bringen. Den Zucchino im Mixbecher der Küchenmaschine feinhakken, dann ein paar Minuten in dem kochenden Wasser blanchieren, abgießen, unter fließendem kaltem Wasser abschrekken und trockentupfen. Die dicke Sahne steifschlagen und die Zucchinimasse unterheben. Mit Salz und Pfeffer abschmecken.

3. Die Shrimps mit Öl einpinseln und unter dem Elektrogrill oder in der Grillpfanne garen (pro Seite etwa 2 Minuten).

4. Zum Servieren den Gazpacho in 4 flache vorgekühlte Suppenschalen füllen. Die Shrimps kreisförmig auf der Suppe anordnen. Die Zucchinimousse mit Hilfe eines Melonenportionierers oder eines Torten-Spritzbeutels mit großer runder Spitze zu Bällchen formen und zwischen die Shrimps setzen. Sofort auftragen. Sollte Zucchinimousse übrigbleiben, diese getrennt in einer kleinen Schüssel reichen.
Für 4 Personen.

KOCHSEMINAR

CHÂTEAU DU FEY
Villecien, 89300 Joigny

Anne Willan, Gründerin und Präsidentin der angesehenen Pariser Kochschule LA VARENNE, hat die Tore – und die

Küchen – ihres aus dem 17. Jahrhundert stammenden, großzügig eingerichteten CHÂTEAU DU FEY geöffnet, das nur etwa 1½ Autostunden südlich von Paris liegt. Die einwöchigen Seminare beinhalten einen praktischen Kochkurs, eine Exkursion in die Weinberge des Chablis und Abendessen in den beiden großen Restaurants der Region: L'ESPÉRANCE in Saint-Père-sous-Vézelay und LA CÔTE SAINT-JACQUES in Joigny. Zusätzliche Ausflüge können für Ehepartner arrangiert werden, die selbst nicht an den eigentlichen Kochkursen teilnehmen wollen. Im April und im Mai fungieren verschiedene Persönlichkeiten aus dem gastronomischen Leben auch noch als Gastdozenten.

Nuits-Saint-Georges *(Côte d'Or)*

Beaune 17 km, Chalon-sur-Saône 45 km, Dijon 22 km
Markt: Freitag 8–12 Uhr, Place de Verdun

SPIRITUOSEN

VEDRENNE
Rue Fagon, 21700 Nuits-Saint-Georges
✆ 80611555
Geöffnet: 8.30–12.30 und 14.30–19 Uhr; geschlossen: Sonntag und Montag

Dies ist die Einkaufsquelle für eine der meistbekannten und geschätztesten *crème de cassis*-Marken, burgundischen schwarzen Johannisbeerlikör.

Saint-Léger-Vauban *(Yonne)*

Quarré-les-Tombes 10 km, Vézelay 34 km

KÄSEHERSTELLER

ABBAYE SAINTE-MARIE DE LA PIERRE-QUI-VIRE
89830 Saint-Léger-Vauban
✆ 86322123
Geöffnet: täglich 8–12 und 14–17 Uhr
Vertretung in Paris:
ANDROUET
41 Rue d'Amsterdam, 75008 Paris
✆ 45504394

Jahrelang verknüpfte ich den als *Pierre-Qui-Vire* bekannten delikaten weißen Kuhmilchkäse mit ganz eigenen romantischen Vorstellungen. War es die seltsame Namensgebung – »der Stein, der sich bewegt«, so würde die Übersetzung lauten –, welche so anziehend wirkte, oder die Tatsache, daß diese einfachen, manuell hergestellten Rundlinge von einer Gruppe Benediktinermönche in einem entfernten Winkel des Waldgebirges Morvan aus der Käsewanne gehoben wurden? Die Abtei gehört zu jenen einsamen, versteckten Plätzen, die man nur mit Zielstrebigkeit, im konkreten Falle über eine sich durch den dichten Wald schlängelnde Straße, erreicht; jeden-

Ein Zisterziensermönch mit
seinem Käse

falls ist das keine ganz alltägliche Wegstrecke. Wenn Sie aber
Sinn haben für einen bukolisch gelegenen Flecken und Sie
Ihre Nase unwiderstehlich zu diesem frischen, scharfduftenden Käse hinführt, der aus der kompakten, biologisch-dyna-
misch betriebenen Landwirtschaft der Mönche hervorgeht,
dann sind Sie hier richtig. Der Bauernhof der Abtei ist dem
Publikum nicht zugänglich; Bruder Charles, der Käsespezialist, ist also nicht in der Lage, Sie herumzuführen, doch kann
man den *Pierre-Qui-Vire* in dem kleinen Empfangsraum in
der Nähe des Klosterbuchladens, der *librairie*, erstehen (Gewicht und Preis sind Ehrensache).

Etwa sechs der 100 Mönche arbeiten regelmäßig in der
Landwirtschaft und betreuen eine Herde von 36 Kühen. Aus
der frischen Rohmilch wird eine ganze Reihe sehr junger,
sauber schmeckender Käse, darunter auch die kleinen kugel-
förmigen, mit Kräutern gesprenkelten *boulettes*, hergestellt.
Bei der begrenzten Produktion der Abtei ist der Vorrat immer schnell erschöpft; wer möchte, kann sich also telefonisch
seiner Kaufmöglichkeiten vergewissern, bevor er die Reise
auf sich nimmt.

Saint-Nicolas-lès-Cîteaux *(Côte d'Or)*

Dijon 27 km, Nuits-Saint-Georges 13 km, Seurre 20 km

KÄSEHERSTELLER

ABBAYE DE CÎTEAUX
Saint-Nicolas-lès-Cîteaux,
21700 Nuits-Saint-Georges
✆ 80611153
Geöffnet: Montag bis Samstag 9.30–12 und 14.30–18 Uhr; Sonntag 8.30–10.15 und 14.30–18 Uhr

Der seit der Jahrhundertwende von den Zisterziensermönchen in Cîteaux (nur 23 km südlich von Dijon) hergestellte sahnige Kuhmilchkäse ist wahrhaftig einen Umweg wert, denn das ist die einzige Möglichkeit, um sich diesen *Cîteaux,* der geschmacklich stark an einen gut gereiften *Reblochon* erinnert, zu Gemüte zu führen.

Fast die gesamte, etwa zwei Monate lang gereifte Produktion wird direkt in dem kleinen Klosterladen verkauft. Uns bediente ein gesprächiger, netter Mönch, der sein Alter mit 81 angab. *»Je suis un vieux moine«* (Ich bin ein alter Mönch), strahlte er, während er bedächtig zwei Käselaibe in das hellblau-weiße Papier wickelte. Und wenn Sie schon dort sind, sollten Sie gleich auch noch den köstlich honigartigen und nicht zu süßen Kandis probieren (nehmen Sie von Dijon aus die D 966 in Richtung Seurre, die Abtei liegt 4 km östlich von Saint-Nicolas-lès-Cîteaux und ist gut ausgeschildert).

Saint-Père-sous-Vézelay *(Yonne)*

Auxerre 54 km, Avallon 18 km, Paris 230 km, Vézelay 3 km
Fête de la Moisson (Erntefest): ein Sonntag im August

RESTAURANT

L'ESPÉRANCE
Saint-Père-sous-Vézelay,
89450 Vézelay
✆ 86332045
Bestellungen werden bis 14.30 bzw. 21.30 Uhr entgegengenommen
Geschlossen: Mittwochmittag, Dienstag und die letzten drei Wochen im Januar bis zur ersten Woche im Februar
Kreditkarten: AE, DC, V
Klimatisiert
Separater Speiseraum für geschlossene Gesellschaften

Hier, in dem am Bergrand gelegenen romantischen Vézelay, das noch die Spuren des letzten Jahrhunderts trägt, haben Marc und Françoise Meneau ein geräumiges Privathaus in ein heiteres, stimmiges Gartenrestaurant mit Hotel verwandelt, unübersehbar vom persönlichen Stil der Eigentümer geprägt.

Küchenchef Meneau, ein engagierter, immer zum Lächeln bereiter junger Mann, pflegt eine phantasievolle moderne Kochweise, was nicht dem Begehren widerspricht, seine Cuisine immer einfacher, essentieller werden zu lassen und dabei beinahe ganz auf Saucen – nicht aber auf Aroma – zu verzichten. Es macht ihm Spaß, den Gaumen mit geradezu schockierenden, aber erstaunlich gut ankommenden Einfällen zu überraschen, wie etwa einer Vorspeise, die aus grünen, mit Trüffelspänen gefüllten und bestreuten Oliven besteht; bei

bis 20 Personen
Man spricht Englisch
200-, 300- und 400-Francs-
Menüs, à la carte 550 Francs

Spezialitäten:
*Ambroisie de volaille au foie
gras* (Geflügel-›Götterspeise‹
mit *foie gras*), *salmis de
pigeon à la Conti* (Tauben-
Ragout), Desserts

einem gleichermaßen originellen, wenn auch ein wenig konventionelleren Gericht kombiniert der Meister warme, sautierte *foie gras*-Scheiben mit einer *galette de maïs*, einem flachen, aus Maismehl gebackenen Blätterteigkuchen.

Die hier verarbeiteten Milchprodukte werden frisch vom Bauernhof des Cousins auf der anderen Straßenseite geliefert, und was die hauseigene Bäckerei anbelangt, so kommt täglich ein ausgezeichnetes Fünfkornbrot aus Meneaus Ofen (siehe Rezept Seite 187).

Die Dessert-Karte ist ein solcher Traum für Schokoladenliebhaber, daß ihnen möglicher- oder notwendigerweise das himmlische Obstkompott (siehe Rezept Seite 188) entgehen wird. Auch die Weinkarte, die einen in alle Regionen Frankreichs entführt, hat einiges aufzuweisen. Was mir an diesem Restaurant, und zwar gerade bei Tageslicht, besonders gut gefällt, ist die gewächshausähnliche Speiseveranda.

Marc Meneau von L'ESPÉRANCE
begrüßt seine Gäste

Saulieu *(Côte d'Or)*

Autun 41 km, Avallon 39 km, Beaune 76 km, Dijon 73 km, Paris 250 km
Markt: Donnerstag und Samstag 8–13 Uhr, Place Monge, vor dem Postamt

RESTAURANT

CÔTE D'OR
2, Rue Argentine,
21210 Saulieu
∅ 80640766
Bestellungen werden bis
14.30 bzw. 22 Uhr entgegengenommen

Im CÔTE D'OR machte ich im Laufe der Jahre sehr unterschiedliche Erfahrungen, und vielen meiner Freunde und Leser ging es ebenso. Das größte Problem besteht darin, daß Bernhard Loiseaus *cuisine légère* nicht leicht zu verstehen ist. Er propagiert ein Minimum an Butter und Sahne und setzt vornehmlich auf Gemüsebasis aufgebaute Saucen in leuchtendfrischen Farben ein, pflegt also eine sehr persönliche Art

185

Geschlossen: Mitte November bis zur ersten Dezemberwoche und die ersten beiden Wochen im März
Kreditkarten: AE, DC, V
Separater Speiseraum für geschlossene Gesellschaften bis 25 Personen
Man spricht Englisch
230-Francs-Mittagsmenü; 260- und 380-Francs-Abendmenüs; vegetarisches Probiermenü zu 250 Francs, à la carte etwa 500 Francs

Spezialitäten:
Cuisine légère (leichte Küche)

des Kochens, bei der man, offen gesagt, nicht eben aus dem Häuschen gerät. Und ich glaube auch, daß, selbst wenn das Problem Schlankheit, Fitness und Grazie eigentlich alle angeht, sich nun niemand ausgerechnet in einem renommierten Restaurant zügeln und Mäßigung auferlegen will.

Dies vorausgeschickt, kann ich jedoch nicht umhin, Loiseaus kreativem Bemühen Anerkennung zu zollen. Und da er noch jung ist, hat er ohnehin noch reichlich Zeit, seiner Auffassung vom Kochen eine endgültige Form zu geben.

Bei unserem letzten Essen hier gab es jedenfalls einige wirklich sehr ordentliche Gerichte, darunter eine Platte üppiger Froschschenkel, leicht gebraten und gleich mit den Fingern zu essen, denn dazu wurde ein würziges Knoblauchpüree zum Dippen gereicht; eine Blumenkohlcreme, die er *velouté de chou-fleur caramélisé* nennt, und eine Portion köstlicher, denkbar frischer *coquilles St. Jacques* in einer delikaten, mit Seeigelrogen aromatisierten Sauce.

Ich versuchte auch das vegetarische Probier-Menü, aber als ehemalige Vegetarierin, die dieser Ernährungsform auch heute noch viel Sympathie abgewinnt, fand ich die Gerichte irgendwie zu monoton. Nach dem Verspeisen der klitzekleinen Selleriescheibchen, die in einer Rote-Bete-Sauce schwammen, fühlte ich mich jedenfalls nicht angeregt und erfrischt, sondern eher etwas ratlos, und bei der an sich hübschen Kombination von bleistiftdünnen *poireaux* (Lauch) mit Kartoffelscheiben, das Ganze von frischen schwarzen Trüffeln durchsetzt, hatte ich einfach das Gefühl, daß irgend etwas fehlte.

Der Käsewagen erwies sich als kleines Ärgernis (ein *Epoisses,* der nicht gut gereift, sondern innen noch ganz kreidig war; ein örtlicher frischer Ziegenkäse, der sich schlicht als fade erwies, und ein so geschmackloser *Vacherin,* daß man hätte meinen können, er sei aus entrahmter Milch gemacht).

Ziemlich verbotene Preise gelten hier immer noch für Weine, obwohl ich zum Beispiel den preiswerten weißen Burgunder *Aligoté* aus dem Hause de Villaine empfehlen kann, wie auch den wunderbar ausgewogenen *Corton Les Bressandes,* der zwar teuer ist, bei dem aber jeder Schluck zum Erlebnis wird.

BÄCKEREI

BOULANGERIE DECHAUME
42, Rue du Marché,
21210 Saulieu
✆ 80641872
Geöffnet: 6–21 Uhr;
geschlossen: Dienstag, Mitte Oktober bis Mitte November, die letzte April- und die erste Maiwoche

Nicht nur gutes Sauerteig-Landbrot gibt's bei Jean Dechaume und seiner Frau Odette, sondern auch ein delikates Roggenbrot, und selbst das eher selten zu findende regionaltypische *pain cordon* fehlt nicht im Angebot. Ein dünner Teigzopf ziert dieses Standard-*pain de campagne;* das veredelt zwar nicht seinen Geschmack, verleiht aber gleichwohl einen besonderen Touch.

PAIN AUX CINQ CEREALES ›MARC MENEAU‹
Fünfkornbrot ›Marc Meneau‹

Dieses schwere, gesunde Krustenbrot, das wir zum Toasten, für kleine Zwischenmahlzeiten und als Begleitung zu Käse und Salat nehmen, geht uns zu Hause nie aus. Es stellt eine Abwandlung des Brotes dar, das Küchenchef Marc Meneau in seinem Restaurant L'ESPÉ- RANCE in Saint-Père-sous-Vézelay auf den Tisch bringt. Die Reformhäuser in Frankreich bieten ein Fünfkornbrot an, das mit Roggen, Weizen, Gerste, Reis und Haferflocken gebak- ken ist. Da man an Roggen- und Reisflocken nicht immer so ohne weiteres herankommt, habe ich das Rezept geringfügig geändert. Das Brot ist leicht zuzubereiten und verlangt wenig Knetarbeit.

Vorteig:
500 ml lauwarmes Wasser
2½ Tl Trockenhefe
280 g Mehl

Getreidemischung:
215 g grobes gelbes Mais- mehl oder Polenta
200 g Gerstenflocken
200 g Haferflocken (keine Schnellkoch-Sorte)
1 El Salz
500 ml heißes Wasser

Mehlmischung:
230 g Vollkorn-Weizen- mehl
140 g Mehl
2 Tl Butter zum Einfetten der Brotform

1. Den Vorteig zubereiten: Wasser, Hefe und Mehl in eine große Schüssel geben und 1 bis 2 Minuten rühren (ich zähle dabei immer ganz gern bis 100). Mit einem Tuch bedecken und bei Raumtemperatur 1 Stunde gehen lassen.
2. Die Getreidemischung vorbereiten: Maismehl, Gersten- und Haferflocken, Salz und Wasser in eine zweite große Schüssel geben und rühren, bis das Wasser vollkommen auf- gesaugt worden ist. Mit einem Tuch bedecken und bei Raum- temperatur eine Stunde stehenlassen.
3. Den Teig herunterdrücken und dann die Getreidemi- schung dazugeben. Langsam das Vollkorn-Weizenmehl ein- arbeiten und dabei jedes Mal gut durchkneten. In kleinen Dosen auch jeweils das Weizenmehl hinzufügen und dabei gut durchwalken. Der Teig sollte ziemlich klebrig und nicht zu fest oder trocken werden. Dazu wird normalerweise die angegebene Menge auch wirklich benötigt (140 g), mehr aber nicht. Noch 5 Minuten gut durchkneten, dann mit einem Tuch bedecken und bei Raumtemperatur etwa 2½ Stunden aufgehen lassen, bis der Teig sein Volumen verdoppelt hat.
4. Den Teig herunterdrücken, in 2 gleiche Teile teilen und daraus Brotlaibe formen. Diese Laibe in zwei gebutterte 23 × 12 cm große Brotformen setzen. Mit einem Tuch abdecken und bei Raumtemperatur etwa 2 Stunden gehen lassen, bis sie ihr Volumen verdoppelt haben.
5. Den Backofen auf 190° vorheizen.
6. Die Laibe in etwa 50 Minuten goldbraun backen. Wird eine besonders knusprige Kruste gewünscht, das Brot, sobald es gebacken ist, aus den Formen nehmen und dann weitere 5 Minuten im Ofen backen. Aus dem Ofen nehmen und vor dem Anschneiden gründlich abkühlen lassen.

KÄSEHERSTELLER

LAITERIE OVERNEY
6, Rue des Fours,
21210 Saulieu
☎ 80640788
Geöffnet: 8.30–12 und 14–19
Uhr; geschlossen: Sonntag
und Montag
Auf Wunsch Versand
innerhalb von Frankreich

Wahre Künstler ihres Metiers, betreiben die Overneys einen mit allen nur denkbaren Käsesorten aus ganz Frankreich vollgepfropften Laden; darüber hinaus aber machen sie selbst auch eigene, wahrhaft feine Käse, wie einen *Epoisses,* der hier in ganz verschiedenen Reifegraden, von der frischen, weißen Version bis hin zu einer mit *Marc de Bourgogne* gereiften Spezialität, erhältlich ist; dann den vollsahnigen *Brillat-Savarin* und eine neue Kreation, nämlich einen Kuhmilchkäse, der in seiner fünfwöchigen Reifezeit mit dem lokalen weißen *Chablis* bestrichen wird.

POIRES ET FIGUES CHAUDES A LA CANNELLE ›L'ESPERANCE‹
Warme Birnen und Feigen mit Zimt ›l'Espérance‹

Diese Süßspeise kostete ich erstmalig im Restaurant L'ESPÉRANCE *in Saint-Père-sous-Vézelay, und ich kann mir niemanden vorstellen, dem diese Zusammenstellung aus Eis und heißen Früchten nicht gleichermaßen mundete. Es ist möglich, daß die reifen Früchte beim Kochprozeß auseinanderfallen, aber das tut der köstlichen Speise keinen Abbruch.*

30 g Butter
4 feste reife Birnen,
geschält, von den Kerngehäusen befreit und in
Achtel oder Sechzehntel,
je nach Größe,
geschnitten
8 frische Feigen, der
Länge nach halbiert
50 g Zucker
60 ml Wasser
2 Zimtstangen
500 g Vanilleeis

1. Die Butter bei guter Hitze in einem großen Tiegel zergehen lassen. Birnen, Feigen und den Zucker dazugeben und vorsichtig rühren, so daß das Obst von der Butter und dem Zucker umhüllt wird. Unter sanftem Schütteln der Pfanne nur wenige Minuten garen, bis der Zucker eine goldene Färbung anzunehmen beginnt. Das Wasser und den Zimt hinzufügen, auf Mittelhitze reduzieren und etwa 15 Minuten unbedeckt kochen lassen, bis die Birnen weich zu werden beginnen. Den Tiegel dabei von Zeit zu Zeit schütteln, damit die Früchte nicht ansetzen. Die Zimtstangen herausnehmen. (Das Obst kann ein paar Stunden im voraus zubereitet und in den Kühlschrank gestellt werden. In diesem Falle unmittelbar vor dem Servieren wieder erwärmen).
2. Zum Servieren jeden Teller in der Mitte mit 4 Feigenhälften dekorieren, sie mit den Birnenscheiben und mit einer großzügig bemessenen Portion Eis umgeben; verbleibende Sauce auf das Eis löffeln und sofort servieren.
Für 4 Personen.

KÄSE AUS BURGUND

1. Epoisses:
Ein schön ausgereifter Epoisses ist schwer zu finden, ein Exemplar in seiner Hochform ist jedoch ein seltener Genuß. In diesem Top-Zustand läuft der würzige Epoisses so stark, daß er auf einem Teller serviert werden muß, um seine überschwengliche Fülle zu bändigen. Der gleiche Käse in noch jungem und durch ein mildes Aroma gekennzeichneten Zustand heißt *Epoisses blanc*. Ihm verwandt ist der ebenfalls beachtenswerte *Ami du Chambertin*.

2. Montrachet: Der elegante, gepflegte Ziegenkäse Montrachet stellt sich als stumpfer, hübsch in ein Kastanien- oder Traubenblatt gewickelter Zylinder dar, der in kühlen, gut gelüfteten Kellern behutsam heranreift. Der beste Montrachet wird aus roher Ziegenmilch gemacht, entwickelt unter der Blatthülle eine bläulich schimmernde Rinde und ist immer von fester, feuchter Konsistenz; er zeichnet sich durch einen feinsinnigen Geschmack aus.

3. Langres: Die Heimat des lustig aussehenden, orangefarbenen Käses, dessen Form an einen eingesunkenen Krater erinnert, ist der Marktflecken Langres. Dieser dem Epoisses ähnliche, aber etwas pikantere, geschmeidige, leicht auseinanderlaufende Kuhmilchkäse erreicht seine beste Qualität *au lait cru*, also mit regionaler Rohmilch zubereitet.

4. Charolais:
Das Charolais, ein Weidegebiet in Burgund, leiht seinen Namen nicht nur den begehrten Rindern der Region, sondern auch einem stolz aufragenden, turmförmigen Käse, der manchmal aus Kuh-, manchmal aus Ziegenmilch und mitunter aus einer Mischung von beiden hergestellt wird. Meine persönliche Vorliebe gilt dem reinen Ziegenkäse, und zwar sowohl in seiner frischen Form als auch in ausgereiftem Zustand.

5. Soumaintrain: In diesen sahnig-weichen Kuhmilchkäse, der von dem Städtchen Soumaintrain kommt, habe ich mich gleich nach meiner ersten Ankunft in Frankreich verliebt, und seitdem geht er mir zu Hause nicht mehr aus. Ebenso wie die verwandten Sorten *Pierre-Qui-Vire* und *Saint-Florentin* verfügt dieser große, flachgeformte Rundkäse über eine zarte, angenehm leicht laufende Konsistenz, die von einer goldgelben Rinde zusammengehalten wird.

6. Chevre Frais: Vom Frühling bis zum Herbst, wenn die Ziegen im Freien grasen und sich an frischen Gräsern, Kräutern und wilden Blumen sattessen, könnte ein Käseliebhaber, ohne daß ihm der Vorrat je ausginge, sich allüberall von *chèvre* ernähren. Denn *chèvre frais* ist die generische Bezeichnung für frischen Ziegenkäse, wie man ihn in den verschiedensten Größen in ganz Frankreich antrifft.

189

BURGUNDERWEINE

1. Vosne-Romanée (Henri Jayer): Mit ihrem vollmundigen, kräftigen, abgerundeten Geschmack gehören die Rotweine aus dem Hause Henri Jayer zu den am meisten geschätzten Burgundern von heute. Diese ungefilterten, in Eichenfässern wohlausgebauten Weine enttäuschen selten und sind häufig auf den besten Weinkarten zu finden.

2. Nuits-Saint-Georges les Cailles (Robert Chevillon): Wenn ich in meinen privaten Weinkeller hinuntergehe, zähle ich oftmals die verbliebenen Flaschen von Robert Chevillons Nuits Saint-Georges, wobei ich im Geiste schon alles abziehe, was für besondere, noch bevorstehende Festessen reserviert ist. Würzige, gehaltvolle, edle Rote, nach denen Ausschau zu halten sich wirklich lohnt.

3. Chablis Grand Cru (François Raveneau): Viele Weinkenner bezeichnen diesen Chablis als den großartigsten seiner Art. Die *crus* von Raveneau sind naturbelassen, in Eichenfässern gereift und dürfen sich einer intensiveren Blume rühmen als die meisten anderen Chablis, die mit ihrem oft leicht wässrigen Geschmack nicht das halten, was sie versprechen. Die Marke *Dauvissar* gehört ebenfalls zu den Chablis, die man im Auge behalten soll.

4. Aligoté de Bouzerone (De Villaine): Leider halten allzu viele Leute den Aligoté für einen Wein, der ›veredelt‹ zu werden verlangt, etwa indem man ihn mit *cassis* zu einem Kir mixt. Tun Sie das dem prickelnden Weißen von de Villaine mit seinem Anflug von Haselnußaroma nicht an. Wer ihn kauft, ist damit fast immer gut bedient.

5. Meursault (François Jobard): Mag François Jobard selbst auch ein schüchterner, scheuer Mensch sein, so läßt er doch seine Weine für sich sprechen, saubere, großzügige, aromatisch ausgewogene Meursaults von scheinbar immer gleichem Alter. *Michelot* und *Comte Lafon* sind gleichfalls beachtenswerte Marken dieser Sorte.

6   7   8   9   10

6. Chevalier Montrachet (Leflaive): Erstmals versuchte ich die eleganten, kraftvollen Weißen von Leflaive im Restaurant TAILLEVENT in Paris, und jetzt lasse ich keine Gelegenheit mehr vorübergehen, diese öligen Weine mit dem Mandelbouquet zu kosten. Andere beachtenswerte Etiketten von Leflaive sind *Batard Montrachet* und *Puligny Montrachet*.

7. Pommard (Domaine Lejeune): Die Domaine Lejeune hält ein traditionelles Sortiment kräftiger Rotweine bereit: dunkelfarbig und konzentriert, von großer Geschmacksfülle und leicht berauschend, die Art von herbem Stoff, die man ›kauen‹ muß. Der Pommard wird auf altherkömmliche Weise gemacht: die Trauben werden nicht entstielt und unterliegen einem lange dauernden Fermentationsprozeß; das ergibt einen aromatischen, gerbstoffreichen Wein von satter Färbung und langer Lebensdauer.

8. Beaune Clos des Mouches (Drouhin): Dieser tanninreiche, würzige Rotwein besitzt große Aromatiefe und gehört zu Joseph Drouhins ausgefeiltesten Gewächsen. Auch den Beaune der *Domaine Tollot-Beaut* sollte man sich merken.

9. Volnay Coss de la Bousse d'Or (Domaine de la Pousse d'Or): Der Volney gehört zu den Weinen, die alleine schon vom Klang des Namens her angenehme Fülle versprechen. Ein vornehmer, samtiger Roter präsentiert sich hier, der sich für besondere Festessen empfiehlt. Der Clos de la Bousse d'Or kann mit seinem reichen Bouquet und seiner fruchtigen Säure überragend sein. Auch die entsprechenden Weine von *Comte Lafon* und *Marquis d'Angerville* sollte man im Visier behalten.

10. Creme de Cassis (Trenel & Fils): Eine der bewährtesten Marken, wo es um die Herstellung des fruchtigen, fast berauschenden schwarzen Johannisbeerlikörs geht, der die grundlegende Komponente des beliebten Aperitifs Kir, einer Spezialität Dijons, bildet.

Lyon

Gastronomisch gesehen ist Lyon voller Gegensätze. Wer sich auf einen Streifzug durch Frankreichs zweitgrößte Stadt begibt und, vom abgewetzten Bistro in einer Hintergasse bis zum kulinarischen Tempel mit drei Sternen, von der verräucherten Bahnhofsgaststätte bis zum flotten, modischen Café einmal die verschiedensten Lokale besucht, wird dabei auch ganze Dekaden durchwandern, wird hier noch einen Geschmack vom alten, dort eine Kostprobe vom neuen Frankreich mitbekommen. In mancher Hinsicht wirkt das heutige Lyon auf uns, wie man sich das Paris der dreißiger Jahre vorstellt – was einen Besucher kürzlich zu der Feststellung veranlaßte: »Das richtige Paris habe ich zum letzten

Madame Camille im CAFÉ BIDON 5

Mal in Lyon gesehen.« Das soll nicht heißen, daß die Stadt zwischen Rhône und Saône nicht ihren gemessenen Anteil an ärgerlichen Hochbauten hätte, die ebensowenig zu übersehen sind wie der Burger-Schnellimbiß, der sich an der Place Bellecour etabliert hat. Dennoch verfügt Lyon über eine Unzahl von Cafés und Bistros mit ganz eigenem Gepräge und mit einer Atmosphäre, die nicht so schnell vergehen wird. Viele gastronomische Betriebe haben nur zögernd modernisiert und bescheren uns damit einen erfreulichen Reichtum an ›alteingesessenen‹ Lokalen, wo man noch die echte regionale Küche pflegt. Und auch die Preise sind erfreulich antiquiert.

Wenn ich nach Lyon fahre, lasse ich *amuse-gueules* und *petits fours,* gestärkte Tischdecken und überzüchtetes kulinarisches Raffinement gerne hinter mir. Hier scheint es vielmehr angebracht, bequeme Treter anzuziehen, die Ärmel hochzukrempeln, beim Essen ›abzuschalten‹ und einfach nur zu genießen. Denn im Kern ihres Wesens ist Lyon eine Arbeiterstadt, wo man mit Hingabe die Hausmannskost pflegt. Und entgegen anderslautenden Gerüchten trifft man hier auch noch eine Nachhut von vorgestrigen hausbackenen *mères lyonnaises* an, die einen liebevoll füttern, immer ein wenig raunzen und vor allem vorschreiben, was man und was man nicht zu essen hat.

Wer ein Restaurant in Lyon aufsucht, muß sich gegebenenfalls zunächst mit gewissen traditionellen Eßgewohnheiten und Tischsitten vertraut machen wie der Art der Speisenfolge oder dem Besteckwechsel nach jedem Gang. Kein Grund zur Verwirrung. Tun Sie einfach so, als ob Sie bei Ihrer französischen Großmutter zu Gast wären, und sowohl Ihr Gaumen als auch Ihr

Portemonnaie werden eine solche Speisung als sehr wohltuend empfinden. Womit alle heiklen Esser aufgefordert seien, sich ohne Umstände zu Tisch zu begeben!

Beste Reisezeit: In Lyon herrscht das ganze Jahr über Betrieb; angesichts der herzhaften Kost ziehe ich die kühleren Herbst- und Wintermonate jedoch vor.

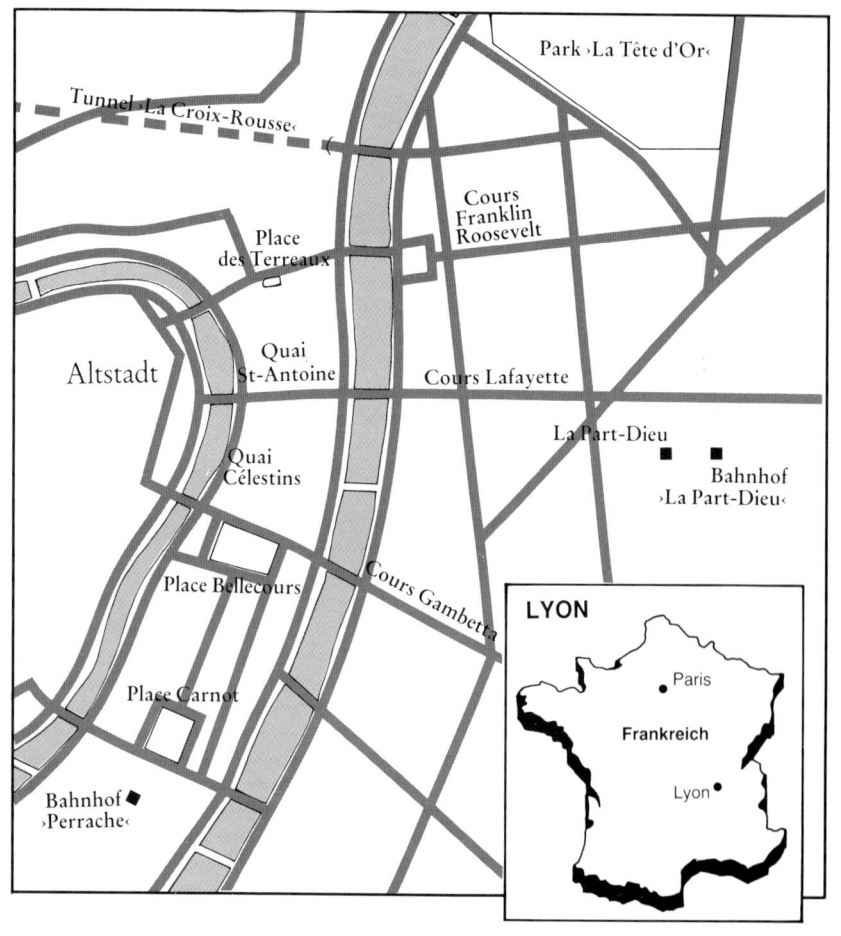

MÄRKTE

MARCHÉ DU QUAI SAINT-ANTOINE UND QUAI CÉLESTINS

Vom Pont Alphonse-Juin
zum Pont Bonaparte,
69002 Lyon
Geöffnet: 8–12 Uhr;
geschlossen: Montag

Wer in Lyon einen Hauch von Landleben verspüren will, sollte zwischen Dienstag und Sonntag einmal über den Markt am Quai Saint-Antoine schlendern, wo die Bauern aus der Umgebung ihr frischgeerntetes Obst und Gemüse verkaufen. Einige regionale Spezialitäten, auf die es sich lohnt, sein Augenmerk zu richten: bitterer Winterlöwenzahn, bekannt als *pissenlits* oder *groins d'âne, rattes de Grenoble*, bissengroße weiße Kartöffelchen, die sich zum Füllen mit Schnecken oder Kaviar gut eignen, der *courge muscade* genannte leuchtend orangefarbene Kürbis, und im Frühling frische Forellen und winzige *goujons* (Gründlinge) zum Fritieren.

LES HALLES DE LYON

102, Cours Lafayette,
69003 Lyon
Geöffnet: Dienstag bis Samstag 7–12.30 und 15–19 Uhr;
Sonntag 7–12.30 Uhr;
geschlossen: Montag

Zu diesem größten Markt der Stadt können die Reisenden unmittelbar gelangen: Die riesigen und modernen Markthallen sind im gigantisch anmutenden Part-Dieu-Komplex untergebracht, zu dem auch ein Bahnhof gehört, der die zwischen Paris und Marseille verkehrenden TGV-Züge aufnimmt. Die Markthalle selbst ähnelt zwar einem seelenlosen Einkaufszentrum, aber wenn man genauer hinschaut, entdeckt man eines der besten Warenangebote, die in Frankreich zu finden sind. Die Käsehändler bieten zahlreiche außerhalb der Region unbekannte Spezialitäten an (darunter die *Arômes à la Gène*, runde, in *Marc*-Fässern gereifte Kuhmilchkäse mit einem Überzug von leicht modrig schmeckenden, vom Keltern übriggebliebenen Traubenschalen; die Fischhändler warten mit frischen Fängen aus den Binnenseen der Umgebung auf, dazu gehören *feret* und *omble chevalier* (Saibling) aus dem Lac d'Annecy in Savoyen; in den schmukken *charcuteries* sind, Reihe an Reihe, kleine und große, geräucherte und luftgetrocknete Würste ausgelegt, die allerdings aus allen Teilen Frankreichs kommen.

RESTAURANTS

BISTRO DE LYON

64, Rue Mercière,
69002 Lyon
✆ 78370062
Bestellungen werden bis
14.30 bzw. 1.30 Uhr
entgegengenommen
Geöffnet: täglich
Kreditkarte: V
Speiseterrasse (im Sommer)
Klimatisiert

Das BISTRO DE LYON ist *das* Lokal, um einen Spätimbiß einzunehmen. In der dichtgedrängten Atmosphäre muß man eine Viertelstunde oder noch länger anstehen, um eher mäßiges Bistro-Essen zu bekommen, aber die Gelegenheit, hier Leute zu beobachten und sich das Dekor anzuschauen – keramischen Wand- und Deckenschmuck im Stil der Belle Epoque, den antiken Serviertresen aus schwerem Holz, die Marmortische –, sind es wert, diesem museumsartigen Bistro einen gezielten Besuch abzustatten. Immerhin ist das Brot gut, der Beaujolais trinkbar und der *chèvre*-Salat mit Gurken recht zufriedenstellend.

Die Abendbedienung spricht
Englisch
160 Francs

Spezialitäten:
Saladier lyonnais (Salatplatte
mit grünem Salat, weichgekochtem Ei, *croutons*, Schinkenspeck und Hering), *salade
de tomates et basilic* (Toma-
ten-Basilikum-Salat), *saucisson chaud* (heiße Lyoner luftgetrocknete Schweinswürst-
chen), *gras-double* (mit Zwiebeln und Weißwein angerich-
teter, gebratener Pansen),
chariot de desserts (Desserts
vom Wagen)

Im GRAND CAFÉ DES NÉGOCIANTS

CAFÉ DES FÉDÉRATIONS
8, Rue du Major-Martin,
69001 Lyon
✆ 78282600
Bestellungen werden bis 14
bzw. 22 Uhr entgegenge-
nommen
Geschlossen: Samstag, Sonntag und im August
Kreditkarten: AE, DC
100-Francs-Menü

Spezialitäten:
Charcuteries lyonnaises (Aufschnitt, Wurst, Terrinen, *pâtés* nach Lyoner Art), *tablier
de sapeur* (marinierte, panierte und dann gegrillte Kaldaunen), *boudin aux pommes*
(Schweineblutwurst mit Brat-
äpfeln), *quenelles* (Fischklößchen), *andouille* (kalte
geräucherte Kaldaunen-
wurst), *Saint-Marcellin*-Käse

Dieses lebhafte, ulkige Lokal, in dem immer Betrieb
herrscht, gilt als der letzte Knüller – *bouchon* – von
Lyon: Enorme Würste hängen von der Decke, der Boden ist
mit schützendem Sägemehl bestreut, Zeitungen baumeln an
den Handtuchhaltern neben der Bar, das schwarze Wandtele-
fon gehört eigentlich ins Postmuseum, und die Gerichte sind
auf ein nicht mehr ganz neues Stück Karton gekritzelt, das im
Fenster thront.

Dafür ist das Essen dann wunderbar urig, und zwischendurch läßt sich die patente Françoise mal sehen (eine stets zu
Späßen aufgelegte schnoddrige Blondine, die weiß, was sie
will) und der recht adrette *bistrotier,* der schlanke, leicht er-
graute Raymond Fulchiron, dessen amüsante Gespräche mit
den allgegenwärtigen Stammgästen für Stimmung sorgen.

Für alle mit der Lyoner Etikette nicht Vertrauten mag das
CAFÉ DES FÉDÉRATIONS eine ideale Lehrstätte sein. So bekommt der Besucher eine geschriebene Speisekarte in die
Hand, aber das ist eigentlich nur eine Formalität. Vielmehr
wird Monsieur Fulchiron an Ihren Tisch kommen und berichten, was er an diesem Tag wirklich hat und zum Auftakt
empfiehlt, und dann weiter, mit dem fortschreitenden Essen,
Gang für Gang seine Vorschläge machen.

In dem kleinen Café sitzen die Stammgäste auf den langen,
mit rotem Kunststoff überzogenen Bänken auf Tuchfühlung,
und alles bedient sich aus dem traditionellen *pot* mit Haus-
Beaujolais, einem wohlschmeckenden *Morgon* der Kellerei
André Gauthier. Einmal wurde uns, als wir erst wenige Minuten saßen, eine imposante Edelstahlplatte mit saftigen, gut
gewürzten *saucissons chauds de Lyon* gereicht, die mit gekochten Kartoffeln und Sträußchen von Brunnenkresse garniert waren. Bevor wir noch die aufgeschnittenen Schweinswürste richtig auf dem Teller hatten und den ersten Bissen tun
konnten, erschien schon eine riesige Salatschüssel, gefüllt mit
den für die kalte Jahreszeit typischen *pissenlits,* Löwenzahn-
blättern, unter die Stücke von salzigem Schinkenspeck und
weichgekochten Eiern gemischt waren. Neben den traditionellen Kaldaunen-Zubereitungen, wie *andouillettes* und *tablier de sapeur,* gab es eine sanft gekochte *blanquette de veau,*

Mittagsschwatz beim Essen
im CAFÉ DES FÉDÉRATIONS

Ein Lächeln und ein Gruß aus
Lyon von Françoise und
Raymond Fulchiron

das klassische weiße Kalbsragout, zu dem sich jede französische Hausfrau beglückwünscht hätte, und eine Platte *boudin aux pommes,* eine fein gewürzte, gegrillte Wurst im dampfendheißen Apfelmantel (der Küchenchef bediente sich der festfleischigen Wintersorte *Canada Gris*).

Käse ist hier ein absolutes Muß. Schon bein Eintreten ins Café erspäht man hinter der Theke die *Saint-Marcellin*-Käse in verschiedenen Stadien ihrer Reife.

Tag für Tag hat Monsieur Fulchiron auch eine frische Obsttorte zur Hand – meist Äpfel oder Birnen in einer dicken Mürbeteigkruste –, und da können nur wenige widerstehen.

LA GRILLE
106, Rue Sébastien-Gryphe,
69007 Lyon
✆ 78724658
Bestellungen werden bis
13.45 bzw. 21.15 Uhr
entgegengenommen
Geschlossen: Samstag, Sonntag, an Feiertagen und im
August
Keine Kreditkarten
Zwei kleine Räume für geschlossene Gesellschaften
96-Francs-Menü, à la carte
150 Francs

Es müßte einem gewiß schwerfallen, sich in LA GRILLE, wo einfach gekocht und großzügig serviert wird, nicht wohlzufühlen. Die gesamte Familie Bernaud – Marinette am Herd, Ehemann Marcel und die beiden Söhne Joël und Pascal im Speiseraum – stehen im Dienste des chaletartigen Bistro, in dem ein Stück Vergangenheit und die gute alte Lyoner Küche konserviert sind.

Marcel, die weißen Hosenträger über den Brustkasten gespannt, genießt seine Rolle, wenn er in seinen klappernden marineblauen Holzpantinen den Raum durchmißt und mit Stentorstimme *»Archicomplet! Archicomplet!«* ruft – was bedeutet, daß es mehr als voll ist –, sobald jemand ahnungslos eintritt und in Richtung Küche wandert, ohne einen Tisch reserviert zu haben. Rufen Sie also vorher an, und man wird Sie mit offenen Armen empfangen und an einem der gut 35

Spezialitäten:
Foie de veau à la lyonnaise (Kalbsleber mit Zwiebeln und gehackter Petersilie), *sabodet* (aus Schweine- und Rindfleisch, Kopffleisch und Schwarte vom Schwein gemachte Wurst), *loup aux herbes* (Wolfsbarsch mit Kräutern), *entrecôte* (Rostbraten)

Tische Platz nehmen lassen. Erstbesucher dürfen sich schnell zu Hause fühlen und werden im Handumdrehen zu Stammgästen, und egal, ob man nun mit einem Bärenhunger hier ankommt oder einfach nur mal mit Salat, einem Omelett und einem Glas Wein über die Runden kommen will, stets ist man willkommen.

Marinettes zaghafte Vogelstimme hört man von Zeit zu Zeit, wenn sie hinter ihren Kochtöpfen hervorkommt und durch das Milchglasfenster guckt, das den Speiseraum von der vollgestopften Küche trennt.

In diesem Restaurant findet man die rustikalen *sabodets*, die, stundenlang in leise wallendem Beaujolais gesimmert, zusammen mit Marinettes duftigen *pommes boulangère*, einem herrlichen, langsam in Hühnerbrühe mit einem Schuß Weißwein gegarten Kartoffelauflauf, serviert werden. Das zurückhaltende Kartoffelaroma bildet eine ideale Ergänzung zu der deftigen, stark gewürzten Landwurst, die gleich nach der traditionellen Schweineschlachtung in den kalten Wintermonaten auf den Teller kommt.

Weiterhin gibt es den klassischen, reich beschickten *saladier lyonnais* (siehe Rezept Seite 219), heute eine bunte Mischung aus *mâche* (Feldsalat), *trévise* (Radicchio), Kopfsalat, weichgekochtem Ei und ausgebratenem Schinkenspeckwürfeln, alles angemacht mit einer Vinaigrette und von zarten Herings- und Anchovisfilets eskortiert.

Und dann bietet LA GRILLE natürlich eine ganze Litanei von Hausgerichten, wie sie Frauen wie Marinette gerne für ihre Familie kochen: *ris de veau à la moutarde à l'ancienne* (Kalbsbries mit Ganzkornsenf), in Weißwein marinierte Makrele, ofenheiße Weinbergschnecken, *foie de veau*, Kalbsleber, mit murmelgroßen Zwiebeln garniert.

Liebhaber von Schokoladencreme sollten rechtzeitig ein kaloreienreiches Dessert in ihr Menü einplanen: die ganze Schüssel mit dunkler, sämiger und angenehmerweise nicht zu süßer *mousse au chocolat* landet vor Ihnen, und man wird sie nicht eher wieder wegnehmen, bis Sie darum bitten.

Marinette arbeitet mit einem Assistenten, dem jungen Gilles Dodal, der eine ausgezeichnete Obsttorte zu machen versteht: er überzieht einen flockig-leichten Teigboden mit einer dünnen Schicht Apfelmus und besetzt ihn, je nach Lust und Laune oder Jahreszeit, mit Apfel- oder Birnenscheiben oder dicken Pflaumen oder auch einer Kombination aus diesen Früchten.

Dies ist Marcel und Marinettes drittes Lyoner Restaurant in 26 Jahren. Sie betrachten das Lokal – kleiner und weniger strapaziös als die anderen zuvor – als die letzte Stufe, bevor sie sich selbst einmal zurückziehen. Im Laufe der Jahre hatten sie, von Alain Delon bis François Truffaut, alle nur denkbaren Gäste, und so wird das Telefon wohl auch in Zukunft nicht stillstehen.

LÉON DE LYON
1, Rue Pleney, 69001 Lyon
℡ 78281133
Bestellungen werden bis 14
bzw. 22 Uhr entgegen-
genommen
Geschlossen: Sonntag, Mon-
tagmittag und zwischen
Weihnachten und Neujahr
Kreditkarte: V
Klimatisiert
Separate Speiseräume für
geschlossene Gesellschaften
von 6, 12 und 25 Personen
Man spricht Englisch
160-Francs-Menü, ohne
Bedienung, à la carte 350
Francs

Spezialitäten:
Sowohl klassische Lyoner
Gerichte als auch zeitgenössi-
sche Küche

LÉON DE LYON, eines der ältesten Speiselokale der Stadt – und vielleicht das bekannteste unter den traditionsreichen Etablissements – ist ein Restaurant, dem es in besonderer Weise gelungen ist, ganze Zeitspannen zu überbrücken. Heute leitet der 36 Jahre alte Jean-Paul Lacombe das Familienrestaurant mit einem Gespür und einem Sinn für die Vergangenheit, die sein Alter Lügen strafen. »Ich möchte nicht, daß mein Restaurant irgendeinem anderen auf der Welt gleicht«, bekennt der aufgeweckte Chef freimütig.

Wenn Monsieur Lacombe nicht kochen würde, wäre er gewiß Antiquitätenhändler geworden; über die Jahre hat er eine beachtliche Sammlung kulinarischer Gebrauchsgegenstände zusammengetragen – polierte Kupferformen, Pfeffer- und Salzstreuer aus Porzellan – sowie Erinnernswertes aus der gastronomischen Werbung und Gemälde mit kulinarischen Motiven, all das in den Speisezimmern des Restaurants kunstvoll zur Schau gestellt. Das charmante zweistöckige Restaurant ist in eine schmale Straße nahe dem Markt am Quai Saint-Antoine eingezwängt und huldigt sowohl der regionalen Küche wie es auch zeitgemäße Gerichte anbietet. Wer also herzhafte Portionen der kräftigen Lyoner Schweinswurst, grüne Essiglinsen und in Fett schwimmende Kartoffeln verzehren will, findet sich Seite an Seite mit anderen Gästen, die sich an weniger traditionelle Speisen halten.

Man könnte das LÉON DE LYON ohne weiteres als Luxus-Bistro bezeichnen. Mit ihren marineblauen Hemden und den Drillichschürzen sind die sauberen freundlichen Kellner zwar eher unförmlich gekleidet, aber ihr geschultes Auftreten und ihre Umsicht beim Bedienen stehen dem Flair eines Maître d'Hôtel im Smoking in nichts nach.

Monsieur Lacombe, seine Mutter und seine Schwester arbeiten als Trio zusammen und sorgen für einen gut ausbalancierten Speisenplan mit vielen frischen Zutaten. In der kalten Jahreszeit erscheinen viele Lyoner Spezialitäten auf der Speisekarte, die man außerhalb der Region nur selten zu Gesicht bekommt, dazu gehören gratinierte, sahnige *cardons* (artischockenähnliche Karden) und *crosnes* (Knollenziest, auch als ›chinesische Artischocke‹ bezeichnet), außerdem landfrische, saftige Perlhühner sowie Wild. Im Frühling, und zwar gewöhnlich von Mitte März bis Mitte Juni, bietet die Küche eine echte *friture de goujons* an, Gründlinge, die frisch aus den Bergseen kommen und fritiert werden.

Was die moderne Linie des Küchenfahrplans anbelangt, so ist diese durch leichte, kombinationsreiche Kost gekennzeichnet. Typisch hierfür ist ein von gebratenen Kartoffelscheiben gekrönter Feldsalat (siehe hierzu das Salatrezept Seite 201); auch die in Spinatblätter gewickelten, mit einem Klecks Sahne bedeckten Austern gehören hierher oder die filetierten *rougets* (Meerbarben), die mit einer eleganten Sauce kommen, in der auch die ausgeprägt aromatische Leber dieses Mittelmeerfischs verarbeitet ist.

Was immer man auch ißt, für den Käse-Gang sollte man noch etwas Platz lassen. Zur gebotenen Auswahl – Lieferant ist Renée Richard, der Stadt bekanntester Käsehändler – gehören perfekt gereifte Spezialitäten der Region, insbesondere der goldgelbe sahnige Kuhmilchkäse *Saint-Marcellin*. Dem Weinkenner schlägt das Herz höher, wenn er die breite Skala der hier erhältlichen Burgunder sieht oder einige andere Gewächse entdeckt – einen weißen *Beaujolais* etwa oder einen acht Jahre alten *Moulin-à-Vent*, der als der älteste und beste der *cru-Beaujolais* gilt –, die kaum sonstwo auf einer Karte erscheinen. Ein gastronomisches Erlebnis ist keiner dieser beiden Weine, aber es macht trotzdem Spaß, sie bei dieser einmaligen Gelegenheit zu verkosten. Was Sie sich auf keinen Fall entgehen lassen dürfen, ist der Kir des Hauses: eine ungewöhnliche, samtzarte Mischung aus Beaujolais und schwarzem Johannisbeerlikör.

CHEZ LILY ET GABY
76, Rue Mazenod,
69003 Lyon
✆ 78604798
Bestellungen werden bis 13 bzw. 21.30 Uhr entgegengenommen
Geschlossen: Sonntagmittag und Samstag von Pfingsten bis Allerheiligen, Samstag von Oktober bis Mai und im August
Keine Kreditkarten
Man spricht Spanisch
86-Francs-Menü, nur mittags, einschließlich Wein, Kaffee und Bedienung; à la carte, abends, 125 Francs

Was, so muß man sich fragen, kann man für 86 Francs in Frankreich heute schon groß kaufen: zwei Kinokarten... ein Pfund kolumbianischen Kaffee von Héliard... ein kurzes Ferngespräch nach Übersee. Doch für die gleichen 86 Francs kann man sich ein Mittagessen CHEZ LILY ET GABY leisten: vielleicht Wurst oder *quiche*, Speckkuchen, zum Auftakt und dann den köstlichsten *gratin dauphinois* (Kartoffelauflauf), der Ihrem Gaumen je begegnet ist (siehe Rezept Seite 203), ein Paar dicker, saftiger, in der Pfanne gebratener Lamm-Chops, anschließend so viel Käse wie Sie mögen und schließlich einen *choux-chantilly* in Sondergröße, ein eindrucksvolles, aus Brandteig gemachtes und mit frischer Schlagsahne aus der Spritztüte gefülltes Backwerk.

Lily mit den langsamen, etwas zögernden Bewegungen wird Sie gleich richtig einschätzen und entsprechend entscheiden, was Sie essen sollten (»Ich habe noch eine Scheibe *quiche* übrig, die ist für Sie«, verfügt sie kurzerhand), während der kräftige Gaby, angetan mit einer langen blauen Schürze, die Entscheidungspausen mit seinen kleinen Dienstleistungen ausfüllt, Körbe mit Brot anbringt, Karaffen mit Wasser und Wein auf die Tische stellt und dabei besondere Anstrengungen unternimmt, mit den in dem eng besetzten Speiseraum verteilten weiblichen Gästen ein wenig ins Gespräch zu kommen. Die Einrichtung des Lokals entspricht dem Standard der fünfziger Jahre: schwere Spitzengardinen, Tische mit Papierdecken, an den Wänden ein billiger Abklatsch von Kunst und Speisekarten aus Großmutters Zeiten. Fragt man Gaby, wie lange sie das nun schon machen, so sagt er: »Zehn Jahre.« Aber er hat kaum richtig ausgesprochen, da korrigiert ihn Lily bereits: »Nein-nein, so lange leben wir jetzt zusammen. Das Restaurant haben wir seit acht Jahren.« Jedenfalls sieht es so aus, als würden die beiden noch

SALADE VERTE, COURONNE DE POMMES DE TERRE CROUSTILLANTES ›LEON DE LYON‹

Grüner Salat mit knusprigen Kartoffelscheiben ›Léon de Lyon‹

Jean-Paul Lacombe gehört zu Frankreichs talentiertesten jungen Küchenchefs, und dieser ganz einfache, als bekömmliche Vorspeise geeignete Salat zeigt, wie geschickt im LÉON DE LYON *herkömmliche und moderne Elemente der Kochkunst zusammengeführt werden. Monsieur Lacombe nennt dieses Gericht seine Antwort auf die Vorliebe seiner Landsleute für grünen Salat und pommes frites, und so sieht diese Antwort aus: nur grüner Salat, gekrönt von ganz knusprigen, goldbraun gebackenen dünnen Kartoffelscheiben. Mir gefällt der Kontrast zwischen den zarten, flachen Blättern des Grünzeugs und der spröden Kartoffelkrone, die besser schmeckt als alle je gegessenen Kartoffelchips. Beinahe tut es einem leid, diese schöne grün-goldene Kombination mit der Gabel anzustechen. Zur Zubereitung eignen sich alle schmal- und flachblättrigen Salatsorten, wie Feldsalat, Brunnenkresse, Spinat oder Löwenzahn. Erwünscht ist eine einzige Sorte von einem ›gefügigen‹ grünen Blattgemüse, das sich flachlegen läßt, damit der Schmuck der Kartoffelkrone zur Geltung kommt. Widerspenstige Sorten wie krause Endivie oder Salatmischungen sind hingegen ungeeignet für dieses Gericht.*

45 g Butter
2 kleine gleichmäßig geformte, ovale Kartoffeln
1 El Rotweinessig bester Qualität
Salz und frisch gemahlener schwarzer Pfeffer nach Geschmack
60 ml extrafeines, kalt gepreßtes Olivenöl
500 g kleinblättriger grüner Salat

1. Die Butter schmelzen. Mit einem Tortenpinsel um den Boden von 4 runden Backformen von 15 cm ∅ mit der Hälfte der Butter je einen Ring streichen. Etwa 10 Minuten, bis die Butter hart geworden ist, in den Kühlschrank stellen.

2. Die Kartoffeln schälen und kreuzweise in hauchdünne Scheiben schneiden. Die Kartoffelscheiben so auf jedem Ring gehärteter Butter arrangieren, daß sie sich überlappen; die Scheiben dabei fest andrücken. Falls erforderlich, zwei Schichten übereinanderlegen, damit die Kartoffeln aufgebraucht werden. Die Scheiben mit der restlichen zerlassenen Butter einpinseln und eine halbe Stunde in den Kühlschrank stellen.

3. Den Backofen auf 220° vorheizen.

4. Die Kartoffelringe etwa 15 Minuten backen bis sie knusprig und braun sind.

5. Während die Kartoffeln backen, in einer großen Schüssel Essig, Salz und Pfeffer verrühren. Das Öl dazugießen und rühren, bis eine Emulsion entsteht. Abschmecken. Die Salatblätter hinzugeben und durchmischen.

6. Den Salat auf 4 große Teller verteilen, ihn ausbreiten und dabei etwas andrücken, so daß die Schicht möglichst flach ist. Die Kartoffeln mit einem Spachtel oder Messer von den Backformen lösen. Die Formen jeweils schräg über den Salat halten und den Kartoffelring behutsam daraufgleiten lassen. Sofort servieren.
Für 4 Personen.

eine Weile weitermachen und uns Gelegenheit geben, ihren berühmten *saucisson brioché* (in eierreichem Brioche-Teig gebackene Wurst), ihr *poulet à la crème* (Hähnchen in Sahnesauce) noch recht oft zu genießen und uns über die zweite oder gar dritte Portion Kartoffelauflauf herzumachen, von dem die französischen Restaurantkritiker übereinstimmend sagen, es sei der beste in Lyon.

PAUL BOCUSE
50, Quai de la Plage, 69660
Collonges-au-Mont-d'Or
✆ 78220140
Telex: 375382
Bestellungen werden bis
13.30 bzw. 21.30 Uhr
entgegengenommen
Geöffnet: täglich
Kreditkarten: AE, DC, V
Klimatisiert
Separate Speiseräume für
geschlossene Gesellschaften
von 20 und 50 Personen
Man spricht Englisch
315-, 395-, 425- und 465-
Francs-Menüs, à la carte 560
bis 650 Francs

Das Restaurant PAUL BOCUSE könnte gut ›Tour d'Argent der französischen Provinz‹ genannt werden. Dank seiner enormen Energie und seines nicht zu bremsenden Ego ist Monsieur Bocuse heute der profilierteste Küchenchef der Welt, und sein an der Peripherie von Lyon gelegenes Restaurant ist zum internationalen Mekka der französischen Gastronomie geworden. Das bedeutet von lauten Wallfahrern, sprich Touristen, besetzte Tische, zwischen den einzelnen Gängen zuckende Blitzlichter, so daß sich mancher Gast fragen mag, wo die Schau endet und das Essen beginnt. Dabei ist der Küchenchef, ob er nun leibhaftig erscheint oder nicht, im Geiste immer dabei: Er blickt von den Kochbüchern, die an der Verkaufsboutique aufgereiht sind; übergroße Porträts des Hausherrn füllen die Wände, und alle Papierserviettenringe tragen sein farbiges Konterfei. Aber in einem wichtigen Punkt wird er oft verkannt, denn Chef Bocuse offeriert die einfachsten, unverfälschtesten regionalen Speisen aller großen Restaurants Frankreichs.

Gute Stimmung
bei Paul Bocuse

GRATIN DAUPHINOIS ›CHEZ LILY ET GABY‹
Kartoffelauflauf ›Chez Lily et Gaby‹

Noch nie ist mir jemand begegnet, der Kartoffelauflauf nicht mag. Ich kenne aber auch kaum ein anderes klassisches Gericht, das so viele Variationen erlaubt. Vielleicht besteht diese lukullische Vielfalt, damit Gratin-Liebhaber an jedem Tag der Woche eine andere Spielart der köstlichen Speise auf ihrer Zunge zergehen lassen können. Das nachstehende Rezept stammt vom Lyoner CHEZ LILY ET GABY. Als die Köchin, Lily Légroz, mir das Rezept zusandte, schrieb sie hinzu: »Genaugenommen gibt es gar kein richtiges Rezept, denn alles hängt einmal von dem gewissen Etwas des Kochs und zum andern von der Qualität der Zutaten ab.« Womit alles gesagt wäre.

1 Knoblauchzehe, geschält und halbiert
Etwa 1,5 kg mehlig kochende Kartoffeln, geschält und in sehr dünne Scheiben geschnitten
750 ml Milch
2 große Eier, leicht geschlagen
1½ Tl Salz
Frisch gemahlener schwarzer Pfeffer nach Geschmack
100 g geriebener Gruyère
125 g *crème fraîche* oder saure Sahne, vorzugsweise nicht ultra-hocherhitzt

1. Den Backofen auf 190° vorheizen.
2. Die Innenseite einer feuerfesten ovalen Auflaufform (etwa 36 × 23 × 5 cm) mit dem Knoblauch ausreiben. Die Kartoffeln in einer gleichmäßigen Lage in der Schüssel verteilen.
3. Milch, Eier und Salz verrühren und über die Kartoffeln gießen. Großzügig mit Pfeffer bestreuen.
4. In den Ofen schieben und hin und wieder die sich an der Oberfläche bildende Kruste abheben und vorsichtig in die Kartoffelmasse drücken bis das Gratin in etwa 55 Minuten goldgelb ist.
5. Das Gratin aus dem Ofen holen, mit dem geriebenen Käse bestreuen, dann mit der *crème fraîche* bestreichen und wieder zurück in den Ofen schieben. Etwa 15 Minuten backen, bis die Oberfläche sehr krustig und goldfarben ist.
Für 6 bis 8 Personen.

Spezialitäten: *Soupe de truffes* (Trüffelsuppe), *loup en croûte* (Wolfsbarsch im Teigmantel), *volaille en vessie* (in der Schweinsblase pochiertes Geflügel)

Wenn Ihnen der Sinn nach gebratenem Landhähnchen ohne schmückendes kulinarisches Beiwerk steht (es wird an einer riesigen Feuerstelle an der Stirnseite des Speiseraums perfekt zubereitet), nach überbackenen Kartoffeln und einem Schluck Beaujolais, dann wird bei der Bestellung niemand die Nase rümpfen. Und bringen Sie ruhig Ihr Kind mit, es wird hoheitsvoll behandelt und mit einer den *jeunes gourmands* gewidmeten Speisekarte beehrt werden.

Einige der Gerichte mögen zu üppig sein (der Kartoffelauflauf beispielsweise ist so sahnig, daß er anderenorts glatt auf der Dessert-Karte erscheinen könnte), und auch die Anmutung dieser Kultstätte mag manchen gleich wieder umkehren lassen, doch wenn es um unkomplizierte Kochkunst und kultivierten Service geht, gibt es an Bocuse nichts zu mäkeln.

CHEZ ROSE

4, Rue Rabelais, 69003 Lyon
✆ 78605725
Bestellungen werden bis 14
bzw. 21.30 entgegengenom-
men; geschlossen: Sonn- und
Feiertage und im August
Kreditkarte: V
Klimatisiert
Separate Speiseräume für
geschlossene Gesellschaften
von 6, 8 und 16 Personen
Man spricht Englisch
90-, 110- und 140-Francs-
Menüs, à la carte 200 Francs

Spezialitäten:
Lyoner Küche

Ein gut geführter Familienbetrieb, in dem sich Vater Marcel Astic um die Bar und Sohn Gérard um die Küche
kümmert, während Marie-Thérèse mit sanftem Gemüt und
eiserner Faust regiert. CHEZ ROSE ist ein Restaurant ohne
Firlefanz (nur gekachelte Böden und saubere gelbe Tischdek-
ken), und das humorige Treiben, das scheinbar jede Organisation vermissen läßt, sorgt dafür, daß sich die Gäste hier
sogleich pudelwohl fühlen. Dies ist ein Lokal für ›Tranchie-
rer‹, für gute Esser also, in einer Stadt der guten Esser, was
man daran erkennt, daß viele ernsthafte Gourmets bewußt
alleine speisen, auf daß nichts sie von ihren guten Bissen
ablenke. Ganz ›nach der Art von Lyon‹ erscheint, wenn man
im CHEZ ROSE ein Gericht bestellt, gleich noch ein anderes
auf dem Tisch – ›nur zum Probieren‹. Für wenig Geld kann
man sich hier wirklich sattessen und dabei dicke Scheiben
Lyoner Wurst, üppige *quenelles, coq au vin*, Käse und Nachtisch vertilgen. Wer keinen solchen Heißhunger verspürt, ist
mit einer einfachen *fricassée de poulet* gut bedient, die, mit
Tomaten, Knoblauch und *cèpes* (Steinpilzen) angereichert,
eine ordentliche Winterkost abgibt.

CHEZ TANTE PAULETTE

2, Rue Chavanne,
69001 Lyon
✆ 78283134
Bestellungen werden bis 14
bzw. 21.30 Uhr entgegen-
genommen
Geschlossen: Samstagabend,
Sonntag und zwei Wochen
im August
Keine Kreditkarten
Separater Speiseraum für
geschlossene Gesellschaften
bis 10 Personen
80-Francs-Menü,
à la carte 120 Francs

Spezialitäten:
Poulet à l'ail (Knoblauch-
Hähnchen), *bouillabaisse de
poulet* (in Olivenöl und
Ricard geschmortes, mit einer
sämigen, würzigen Knob-
lauchsauce und *croûtons*
serviertes Hähnchen),
pintade au choux
(Perlhuhn mit Kohl)

Jahrelang stellte ich mir vor, irgendwo auf dem Land müßte
es gewiß eine Küchenchefin mit einem Restaurant geben,
das es mit dem berühmten Pariser L'AMI LOUIS aufnehmen
könnte. Mit CHEZ TANTE PAULETTE, einer zigarrenkisten-
großen, seit vier Jahrzehnten in einer kleinen gekrümmten
Straße unweit der Place des Terreaux verborgenen Gaststätte,
habe ich dieses Lokal gefunden. Die Einrichtung entspricht
ganz dem schmucklosen Stil der dreißiger Jahre: eine in die
Eingangspassage gequetschte Kupfertheke, ein paar Tische
im Erdgeschoß, und im ersten Stock ein Speiseraum, dessen
Tische von breiten Fensterbögen eingerahmt werden. Der
Name der Chefin lautet Marie-Louise Auteli, aber sie nennt
sich Paulette und könnte ebensogut ›Königin des Knoblauchs‹ getauft werden.

Falls Sie als Knoblauchesser das Gefühl haben, noch nie auf
Ihre Kosten gekommen zu sein, sollten Sie an diesem Ort
ernsthaft Ihre Ausdauer bis zur Toleranzschwelle auf die
Probe stellen. Rufen Sie vorher an und lassen Sie wissen, daß
Sie *poulet à l'ail* (siehe Rezept Seite 205) zu bestellen gedenken. Das Gericht ist für zwei Personen bemessen und verlangt, daß Sie hungrig an den Tisch kommen. Fragt man Paulette nach ihrem Alter, dann antwortet sie: »*37 ans dans le
désordre*«, was so viel heißt, daß sie 73 Jahre auf dem Buckel
hat. Seit sie im Winter gefallen ist und ihr eine Kniegelenkent-
zündung zu schaffen macht, hat sie sich eine langsamere
Gangart angewöhnt, aber noch immer macht es ihr Spaß,
zwischendurch mit Kunden am Tresen zu stehen, Pastis zu
schlürfen und zu rauchen.

POULET A L'AIL ›CHEZ TANTE PAULETTE‹
Knoblauch-Hähnchen ›Chez Tante Paulette‹

Ein mit 40 Knoblauchzehen zubereitetes Hähnchen ist ein ziemlich herkömmliches französisches Essen, aber ich hatte es noch nie in einem Restaurant gekostet, bevor ich CHEZ TANTE PAULETTE in Lyon besuchte. Verlegen gestehe ich, daß meine Freundin und ich damals die ganze Platte leerputzten. Nun, ich tröste mich mit dem Gedanken, das Hähnchen sei klein gewesen! Was den Knoblauch anbetrifft, so ist die eingesetzte Menge in Wirklichkeit nicht so gewaltig, wie sie erscheinen mag, denn die Zehen saugen den Wein und den Cognac ein und werden beim Kochen recht mild. Sie genießen dieses Gericht noch mehr, wenn Sie die gebräunten Zehen in die Finger nehmen und das zarte Knoblauchfleisch aus der Schale saugen. Auf jeden Fall lohnt es die Mühe, für dieses Essen wirklich frischen, großen, fleischigen Knoblauch aufzutreiben. Und wenn Sie das Knollengewächs wirklich lieben, brauchen Sie sich keinen Zwang anzutun und die Anzahl der Zehen auf 40 zu limitieren. Das fertige Gericht, eine Farbenharmonie in Goldbraun-Tönen, ist an sich schon eine Augenweide. Begleiten Sie es mit einem einfachen grünen Salat und einem kräftigen Rotwein.

3 El extrafeines, kalt gepreßtes Olivenöl
15 g Butter
1 Masthähnchen (1,5–2 kg), in serviergerechte Stücke geschnitten
Salz und frisch gemahlener schwarzer Pfeffer nach Geschmack
Etwa 40 große Knoblauchzehen, ungeschält
250 ml trockener Weißwein, beispielsweise Riesling
8 Scheiben Baguette
1 Knoblauchzehe, geschält
2 El Cognac
Frisch gehackte Petersilie zum Garnieren

1. Öl und Butter in einer tiefen Pfanne von 30 cm ⌀ bei starker Hitze heiß werden lassen. (Falls keine genügend große Pfanne zur Verfügung steht, um alle Hähnchenteile auf einmal aufzunehmen, können Hähnchen, Öl und Butter zu gleichen Teilen in zwei Pfannen gebraten werden). Das Hähnchen großzügig salzen und pfeffern. Wenn die Öl-Butter-Mischung heiß ist, aber noch nicht den Rauchpunkt erreicht hat, die Hähnchenteile dazugeben und von beiden Seiten jeweils etwa 5 Minuten braten, bis die Haut gleichmäßig goldbraun ist. Die Hitzeeinstellung sorgfältig kontrollieren, damit die Haut nicht einreißt.
2. Auf gute Mittelhitze herunterschalten. Die ungeschälten Knoblauchzehen so dazugeben, daß sie in einer Schicht auf dem Boden der Pfanne unter den Hähnchenteilen liegen. Etwa 10 Minuten unter häufigem Schütteln der Pfanne sautieren, bis die Knoblauchhaut leicht gebräunt ist. Vorsichtig mit dem Wein ablöschen und dabei allen braunen Bratensatz von der Pfanne lösen. Unbedeckt etwa 10 Minuten weiterbraten, bis das Hähnchen durch ist.
3. In der Zwischenzeit das Brot auf beiden Seiten toasten. Die geschälte Knoblauchzehe aufschneiden und beide Toastseiten reichlich damit einreiben.
4. Den Cognac bei guter Hitze etwa 20 bis 30 Sekunden in einem sehr kleinen Töpfchen erhitzen, anzünden und unter Schütteln der Pfanne brennend über die Hähnchenteile gießen. Unter Schütteln der Pfanne noch 2 bis 3 Minuten braten.
5. Zum Servieren den Toast auf eine große vorgewärmte Platte legen, dann das Hähnchen mit dem Knoblauch darauf verteilen und die Sauce darübergießen. Mit Petersilie bestreuen und sofort servieren.
Für 4 Personen.

Ein Lächeln von Tante
Paulette

Ihr *poulet à l'ail* hat eine Ode verdient: nichts weiter als
zartes Masthähnchen vom Land, serviergerecht geteilt und
mit Butter, Öl und mindestens 40 ganzen, ungeschälten
Knoblauchzehen gebraten. Das Gericht brutzelt in der offenen Pfanne vor sich hin, bis Paulette das Hähnchen im letzten
Moment mit Cognac flambiert und einem Schuß Weißwein
ablöscht. Aber es ist die Art von Zubereitung, die man selbst
hundertmal ausprobieren muß, um sie richtig hinzukriegen.
Bei ihr gelingt das immer.

Zuvor wird die Küchenchefin Sie mit Salat traktieren, ein-
fachem, frisch angemachtem Grünzeug, das mit rohen Knob-
lauchscheibchen, Schinkenspeckwürfeln und handgroßen,
mit noch mehr Knoblauch eingeriebenen *croûtons* belegt ist.
Sie werden aus dicken Flaschen mit schwerem Boden dünnen, namenlosen Rotwein in Ihr Glas gießen, sich von dem
wunderbar gereiften, scharfduftenden *Saint-Marcellin* (der
so schön läuft, daß er in einer Schüssel gereicht werden muß)
gewiß noch einmal nachnehmen und hoffen, Paulette habe an
diesem Tag die Zeit gefunden, ihr Dessert zu machen, den
exquisiten *quatre-quarts*, eine mit frisch gekochten Birnen
besetzte Sandtorte.

La Voûte (Chez Léa)
11, Place Antonin-Gourju,
69002 Lyon
✆ 78420133
Bestellungen werden bis 14
bzw. 21.30 Uhr entgegen-
genommen
Geschlossen: Sonntag und
drei Wochen im Juli
Kreditkarten: AE, DC

Eines der am meisten und stets wieder anheimelnden
Restaurants von Lyon ist La Voûte (Chez Léa), das
gleich an der Place Bellecour in einer längs zum Quai des
Célestins verlaufenden Seitenstraße liegt. Die imposante Léa,
eine von Lyons nie zur Berühmtheit gelangten Küchenchefinnen, hat das Restaurant vor einigen Jahren verkauft, aber
die Küche ist noch genau so gut, wenn nicht sogar besser.

Der junge Chef Philippe Rabatel wartet mit einigen der
herrlichsten Salate auf, die man in der Stadt bekommen kann.
Einen köstlich angemachten *pissenlits*-Salat mit frischgeröste-

POULET AU VIEUX VINAIGRE ›CHEZ LEA‹
Essig-Hähnchen ›Chez Léa‹

Es gibt Tage, an denen man in den Speisekarten selbst der einfachsten Restaurants nur auf kompliziert zusammengesetzte Gerichte stößt, nach denen der Gaumen gar nicht verlangt. Bei solchen Gelegenheiten hofft man, der Küchenchef habe noch einen verlockenden ›Klassiker‹ in petto wie diesen hier. Ich habe dieses Rezept nach einem sehr gelungenen Abendessen in LA VOÛTE (CHEZ LÉA) *entsprechend den aus meinem Geschmacksgedächtnis abgerufenen Daten nachgekocht.*

3 El extrafeines, kalt gepreßtes Olivenöl
15 g Butter
1 Masthähnchen (1,5–2 kg), in serviergerechte Teile geschnitten
Salz und frisch gemahlener schwarzer Pfeffer nach Geschmack
4 Schalotten, fein gehackt
250 ml Rotweinessig bester Qualität
250 ml *crème fraîche* oder saure Sahne, vorzugsweise nicht ultrahocherhitzt
Gehackte frische Petersilie zum Garnieren

1. Öl und Butter in einer tiefen Pfanne von 30 cm ⌀ bei guter Hitze heiß werden lassen. (Falls keine genügend große Pfanne zur Verfügung steht, um alle Hähnchenteile auf einmal aufzunehmen, können Fleisch, Öl und Butter zu gleichen Teilen in zwei Pfannen gebraten werden.) Das Hähnchen großzügig salzen und pfeffern. Wenn die Öl-Butter-Mischung heiß ist, aber noch nicht den Rauchpunkt erreicht hat, die Hähnchenteile dazugeben und etwa 12 Minuten auf jeder Seite braten, bis es gleichmäßig goldbraun ist und den gewünschten Garungsgrad erreicht hat. Die Hitzeeinstellung sorgfältig kontrollieren, damit die Haut nicht einreißt.
2. Hähnchenteile auf eine vorgewärmte Servierplatte legen, lose mit Alufolie bedecken und warmhalten.
3. Die Schalotten in das restliche Öl geben und bei guter Hitze leicht anbräunen. Den Essig langsam dazugießen, zum Kochen bringen und auf die Hälfte reduzieren. Die *crème fraîche* hinzugeben und etwa 4 Minuten wallen lassen, bis die Mischung gut vermengt und haselnußbraun ist. Die Sauce über das Hähnchen gießen, mit Petersilie bestreuen und sofort servieren.
Für 4 Personen.

Klimatisiert
Separate Speiseräume für geschlossene Gesellschaften von 15 und 30 Personen
Man spricht Englisch.
80-, 100- und 120-Francs-Menüs, à la carte 130 Francs

Spezialitäten:
Poulet au vieux vinaigre (Essig-Hähnchen), *saucisson chaud au mâcon* (heiße Lyoner Würstchen in Mâconnais-Wein), *tablier de sapeur* (marinierte Kaldaunen, paniert und gegrillt), *quenelle*

ten *croûtons* und weichgekochtem Ei gibt es da und einen exzellenten einfachen gemischten grünen Salat, der mit einer Mixtur aus gehackten Kräutern bestreut und einer der köstlichsten Vinaigrettes, die man sich vorstellen kann, aromatisiert ist. Vom Spätwinter bis zum Frühjahr (etwa Februar bis Mai) überrascht Monsieur Rabatel seine Gäste mit *chevreau*, Ziegenlammbraten, einem nur zu dieser Jahreszeit erhältlichen Gericht, das man aber auch dann auf kaum einer Speisekarte findet. Das kernige, saftige, schmackhafte Fleisch sagt gewiß jedem zu, der für etwas deftige, eindringliche Geschmacksrichtungen zu haben ist. Dabei steht ein ganzes Potpourri von Begleitspeisen zur Auswahl: knusprige *pommes paillassons*, das typische Lyoner Makkaroni-Gratin oder Artischockenböden mit Pilzmousse.

Wer sich mehr an traditionelle Kost halten will, der wird von dem meisterlich gemachten *poulet au vieux vinaigre*

lyonnaise aux écrevisses (Fischklößchen mit Flußkrebsen), *pommes paillasson* (in der Pfanne gebackene Julienne-Kartoffeln)

begeistert sein: zartes Hähnchen der Spitzenklasse, mit den besten Sorten Weinessig zubereitet (siehe Rezept Seite 207).

Nur einmal enttäuschte uns hier die Apfeltorte, die unter zu vielen Wiederaufwärmungen gelitten hatte, aber die mehrschichtige üppige Schokoladentorte war ein perfekter Abschluß.

CAFES

BIDON 5
44, Rue Mercière, 69002 Lyon
☎ 78422169
Geöffnet: 5–20 Uhr; geschlossen: Sonntagnachmittag und Montag
Man spricht Englisch, wenn Madame Camilles Nichten anwesend sind

Madame Camille, die rothaarige *patronne* dieser kleinen Imbißstube, eines typisch Lyoner *mâchon,* ist mütterlich und liebenswürdig zu allen, die hierherkommen. Man respektiert sie als die inoffizielle ›Anführerin‹ der hiesigen Küchenchefs, mit denen sie sich auf ein nettes Gespräch versteht, wenn sie hier frühmorgens ihre *mâchons,* kleine Gabelbissen, zu sich nehmen. Würstchen, Käse, Brot und Wein gibt es den ganzen Tag, doch die meisten kommen dann nur noch auf eine Tasse Kaffee oder den beliebten weißen Burgunder *Aligoté.* Wenn Chef Bocuse nach seinen Markteinkäufen auf den nahen Quais hereinschaut, bestellt er sich einen dicken schwarzen *express* und einen *citron pressé chaud,* heißen Zitronensaft. Man beachte auch das Bild an der hinteren Wand: Es hält eine Szene aus dem Trans-Sahara-Rennen fest, bei dem BIDON 5 eine der improvisierten Raststätten entlang der Route war.

Erfrischungspause im BIDON 5

CINTRA BAR
43, Rue de la Bourse,
69002 Lyon
✆ 78425408
Geöffnet: 9–21.30 Uhr;
geschlossen: Sonn- und
Feiertage

CAFÉ GAMBS
4, Rue Président Carnot,
69002 Lyon
✆ 78928978
Geöffnet: 8–23 Uhr; geschlossen: Sonntag und zwei
Wochen im August
Kreditkarten: AE, DC, V
Terrasse auf dem Trottoir
(im Sommer)
Man spricht Englisch

BRASSERIE GEORGES
30, Cours Verdun,
69002 Lyon
✆ 78371578
Geöffnet: 7 Uhr bis Mitternacht; geschlossen: 1. Mai

Ein klassisches Café im englischen Stil, wo ein gußeiserner Holzofen die schicke, wohlbetuchte Gästeschar wärmt – Damen im Pelz, Herren im Maßanzug –, also die Art von Lokal, wo man sich mit einem Glas Cognac in eine Ecke zurückzieht, das tägliche Kreuzworträtsel vornimmt, einen Roman zu Ende liest oder sich die letzten Zeitungsnachrichten einverleibt.

Das CAFE GAMBS ist das neueste Café in der Stadt und einfach ›klasse‹ – ein absoluter Gegensatz also zu Treffs wie BIDON 5 oder BRASSERIE GEORGES. Das moderne blitzsaubere Schickeria-Café öffnet morgens um acht für Kaffeegäste (der hier gereichte dicke schwarze Kaffee gehört zum besten der Stadt) und verwandelt sich mittags in ein komplettes Restaurant. Es ist genau der Platz, wo man sich, nach der Haute Couture und der Haute Coiffure gestylt, mit der Lektüre von »Elle« und »Vogue« die Zeit vertreibt. Nicht versäumen sollte man hier, sich im Waschraum die zum Abfluß umfunktionierte schräge Marmorplatte anzuschauen.

Von einem französischen Restaurantkritiker stammt die Idee, die im Schatten des modernisierten Bahnhofs Perrache liegende BRASSERIE GEORGES mit einem Wartesaal zu vergleichen, in dessen gestriger Atmosphäre sich die Kellner wie Balzacsche Romanfiguren bewegen. Alles an diesem 1836 eröffneten und heute von Neonlicht erfüllten Gebilde ist groß. Die Decken sind so hoch, daß vier aufeinandergestellte Männer nicht an sie heranreichen würden. Mindestens 400 Gäste müssen hier Platz haben, schätze ich. Jedenfalls ein phantastisches Lokal, um ein wenig die Einheimischen zu beäugen, angefangen von den im Kreis sitzenden älteren Damen, die drauflosplappern, während sie ihren Kräutertee trinken, bis zum einsamen Zigarrenraucher, der aussieht wie die französische Ausgabe von Groucho Marx.

Dem Betrachter sollten hier aber auch die fabulösen (restaurierten) elsässischen Deckenmalereien nicht entgehen, in denen Ernte- und Festszenen aus dem Landleben eingefangen sind.

GRAND CAFÉ DES
NÉGOCIANTS
1, Place Francisque Régaud,
69002 Lyon
✆ 78425005
Geöffnet: 7–1 Uhr;
geschlossen: Sonntag
Kreditkarte: V
Terrasse auf dem Trottoir
Piano-Bar

Es müßte mehr französische Städte mit Plätzen wie dem GRAND CAFÉ DES NÉGOCIANTS geben. Den ganzen Tag über dient das geräumige, immer geschäftige und jetzt 110 Jahre alte Lokal als traditionelles Café. Wenn es Abend wird jedoch, steigt ein Pianist ins Schaufenster, setzt sich an das große schwarzglänzende Klavier und spielt unentwegt aus seinem Repertoire, während die Gäste sich hingebungsvoll den frischen, erfrischenden *plateaux de fruits de mer* widmen, die solche Leckerbissen wie nach Meersalz schmeckende Austern, rohe Muscheln, Krabben, Seeigel, Garnelen und Seeschnecken aufweisen. Zu hoffen wäre, daß Ihr Besuch auf einen Tag fällt, an dem das Roggenbrot von Marius Petit, einem der besseren Bäcker, geliefert wurde.

VAL D'ISÈRE
64, Rue Bonnel, 69003 Lyon
✆ 78710939
Geöffnet: 7–20 Uhr; geschlossen: Sonntag und im Juli

An jedem beliebigen Tag der Woche werden Sie hier gegen neun Uhr morgens die Küchenchefs der Stadt um einen Tisch versammelt und die Köpfe zusammenstecken sehen, wenn sie, nach dem Durchkämmen des Marktes weiter die Straße hinunter, eine Kaffeepause einlegen. Es ist ein Erlebnis zu beobachten, wie der Doyen des kleinen gastronomischen Korps, Paul Bocuse, hofhält, während Kollegen und Kellner ihm ihre Reverenz erweisen.

TEESALON

SALTER'S TEA SHOP
24, Rue Saint-Jean,
69005 Lyon
✆ 78929173
Geöffnet: Dienstag bis Samstag 12–22 Uhr; Sonntag
12–14.30 Uhr; geschlossen:
Montag und im August

Ein prima gemachter englischer Teesalon, wo die großen Tassen aus schönen alten Porzellankannen gefüllt werden, die man sogar in dem kleinen Laden kaufen kann. SALTER'S erinnert mich an ein altmodisches Empfangszimmer mit Damenklatsch, heißem Tee und Zuckerwerk. Bei einem Altstadtbummel durch Lyon läßt sich hier gut einkehren.

KONDITOREI

LA MICHE AU VIEUX FOUR
153, Avenue de Saxe,
69003 Lyon
✆ 78623555
Geöffnet: 7.30–12.30 und
15–19.15 Uhr; geschlossen:
Sonntag

Aus dem Holzofen dieser Konditorei kommt ein wunderbar kräftiges, köstlich mundendes Walnußbrot und eine ausgezeichnete *galette de montagne au beurre*, ein regionaltypischer Brotkuchen, mit Zitrone, Zucker und Sahne beschichtet und goldbraun ausgebacken (siehe Rezept Seite 228). Man beachte die Theke: ein alter *pétrin*, ein Backtrog, hat hier eine neue Bestimmung gefunden.

Im GRAND CAFÉ DES
NÉGOCIANTS

BÄCKEREIEN

LUC MANO
92, Grande Rue de la
Guillotière, 69007 Lyon
✆ 78692547
Geöffnet: Dienstag bis Samstag 7–19.30 Uhr; Sonntag
7–12 Uhr; geschlossen: Sonntagnachmittag, Montag, eine
Woche im Januar und zwei
Wochen im Sommer

Ein Paradies für Brotliebhaber, die neue Geschmackserfahrungen machen wollen: Das *pain d'algues* – ein wahrhaftig ungewöhnliches, in einem fahlen Grün sich präsentierendes Algenbrot – schmeckt einfach herrlich. Ich kann mir richtig vorstellen, mit einem Bündel frischgerupfter Algen aus dem Meer zu kommen und mich gleich an die Arbeit zu machen! Monsieur Luc Mano bäckt sein Algenbrot freitags, samstags und sonntags, und man schnuppert dann den angenehm frischen, recht starken, aber unaufdringlichen Tanggeruch. Ergötzlich ist auch das *pain de campagne au levain*, mit dichter Krume und einem Aroma, das weniger säuerlich als beim Algenbrot wirkt; großartig ist auch die Kruste.

MARIUS PETIT
9, Rue Lanterne, 69001 Lyon
✆ 78283669
Geöffnet: 6.30–20 Uhr;
im Sommer unregelmäßige
Öffnungszeiten; geschlossen:
Sonntag

Marius und Simone Petit bilden ein tolles Gespann: Er betreut die Öfen und bäckt die hierzulande populären *couronnes*, Hefekränze aus Sauerteig, während sie den kleinen Laden in Schwung hält, der in einer alten Gasse in der Nähe der Place des Terreaux liegt. Einer Geschmacksprobe unterziehen müssen Sie hier auch Monsieur Petits überragendes Roggenbrot, das hin und wieder im GRAND CAFÉ DES NÉGOCIANTS in den Brotkörben landet, sowie das außergewöhnliche *pain aux oignons* (siehe Rezept Seite 213).

Von Januar bis Mitte März kommen die Leute aus der ganzen Umgebung, um seiner krossen, leckeren *bugnes*, flacher, kranzförmiger Krapfen, die Lyons Osterzeit versüßen, habhaft zu werden.

KÄSELÄDEN

LA BERGERIE
108, Rue Bossuet,
69006 Lyon
✆ 78248404
Geöffnet: 8.30–12.30 und
15.30–19.30 Uhr; geschlossen: Sonntag und drei
Wochen im August

Ein wohltuend freundlicher Käseladen: Folgen Sie nur den hier erteilten Ratschlägen, dann wissen Sie, was gut ist und der Jahreszeit entspricht. Wir durften einen fabelhaften *Abondance* kosten, einen festen, nußartigen Kuhmilchkäse aus Savoyen, der ein unglaublich frisches, Landluft evozierendes Rohmilcharoma besitzt.

ELENORE MARECHALE
Les Halles de Lyon
102, Cours Lafayette,
69003 Lyon
✆ 78623677
Geöffnet: Dienstag bis Sonntagmorgen 7–12.30 und
15–19 Uhr; geschlossen:
Sonntagnachmittag und
Montag

Eine herrliche Auswahl von Käsen, die aus allen Teilen Frankreichs kommen und hier in hübschen Weidenkörben wie kleine Kostbarkeiten zur Schau gestellt werden. Beachtlich ist vor allem auch das von der Insel Korsika kommende Käsesortiment.

RENÉE RICHARD
Les Halles de Lyon
102, Cours Lafayette,
69003 Lyon
✆ 78623078
Geöffnet: Dienstag bis
Sonntagmorgen 7–12.30
und 15–19 Uhr; geschlossen:
Sonntagnachmittag
und Montag

Mit ihrer starken persönlichen Ausstrahlung gehört Renée Richard zu Lyons meistbekannten Figuren der kulinarischen Szene, und ihre fachkundige Selektion von aus ganz Frankreich kommenden wohlreifen Käsen steht in hohem Ansehen. Zusammen mit ihrer ebenfalls sehr versierten Tochter gleichen Vornamens beliefert sie viele der besten Restaurants im ganzen Lande mit ihrer Ware. Unbedingt versuchen muß man hier: den kräftigen, cremigen *Saint-Marcellin*, gut gereifte Versionen sowohl des französischen wie auch des Schweizer *Vacherin* und den *Reblochon* aus dem Hochgebirge. Den Damen wird es ein Vergnügen sein, dem Besucher Käse als Reiseproviant einzupacken.

WURSTWAREN

BOBOSSE (RENÉ BESSON)
66, Rue Bonnel, 69003 Lyon
✆ 78626610
Geöffnet: 7–12 Uhr;
geschlossen: Sonntag und
Montag
Auf Wunsch Versand
innerhalb von Europa

Lyons erste Adresse, wenn es um *charcuterie* geht, vor allem wegen des ausgiebigen *boudin* (Blutwurst), der Schweinesülze und des prächtigen – wenn auch nicht jedem Geschmack gerecht werdenden – *sabodet*, einer aus Schweine- und Rindfleisch, Schweinskopf und Schwarte gemachten groben, kräftigen Wurst.
(Vertretung in Paris: BOUCHERIE LAMARTINE
172, Avenue Victor Hugo, Paris 16, ✆ 47278229)

PAIN AUX OIGNONS ›MARIUS PETIT‹
Zwiebelbrot ›Marius Petit‹

Marius Petit gilt als einer der besten Bäcker Lyons und bietet eine verführerische Palette von, wie die Franzosen sagen, pains de fantaisie an. Er bäckt große kernige Laibe wie auch kleine Brötchen, denen Zwiebeln, Walnüsse oder auch schwarze Oliven einen besonderen Geschmack geben. Monsieur Petit, der bereits seit 1940 seinen Brotteig knetet, hat sich die Herstellung der ›Phantasie-Brote‹ einfallen lassen, um erfolgreicher gegen Brotfabriken und Großbäckereien konkurrieren zu können. Er selbst ißt sein Zwiebelbrot gerne zu choucroute, dem traditionellen Elsässer Sauerkrautgericht. Ich mag es am liebsten getoastet zu Ziegenkäse und einem Glas Weißwein.

500 ml lauwarmes Wasser
2½ Tl Trockenhefe
500 bis 600 g Mehl
1½ Tl Salz
2 El extrafeines, kalt
gepreßtes Olivenöl
5 mittelgroße Zwiebeln,
in dünne Scheiben
geschnitten

1. Wasser, Hefe und etwas Mehl in einer Schüssel verrühren; 5 Minuten stehenlassen, damit die Hefe sich entwickeln kann.
2. Das Salz dazugeben und dann tassenweise das restliche Mehl so lange untermischen, bis der Teig zu steif zum Rühren wird. Den Teig auf eine leicht bemehlte Platte legen und zu kneten beginnen. Falls erforderlich, noch Mehl hinzufügen, damit der Teig nicht zu sehr klebt. Er sollte geschmeidig und nicht zu fest sein. Etwa 10 Minuten kneten, bis der Teig seidig-glatt ist (dies kann auch mit dem Knetwerk einer Küchenmaschine geschehen).
3. Den Teig in eine Schüssel legen, bedecken und bei Raumtemperatur etwa 1 Stunde gehen lassen, bis er sein Volumen verdoppelt hat.
4. In der Zwischenzeit die Zwiebelmischung zubereiten. Das Öl bei mäßiger Hitze in einer großen Pfanne erhitzen. Die Zwiebeln hinzufügen, gut rühren, bis sie alle mit Öl überzogen sind, abdecken und unter gelegentlichem Umrühren etwa 20 Minuten weichdünsten. Die Zwiebeln sollten etwas andikken und leicht goldgelb sein. Abkühlen lassen.
5. Den Backofen auf 220° vorheizen.
6. Den Teig niederdrücken und die Zwiebelmischung so einkneten, daß sie gleichmäßig verteilt ist. Aus dem Teig eine Kugel formen. Ein bemehltes großes Küchenhandtuch in eine flache runde Schüssel oder in einen Korb legen und den Teig in das Handtuch betten. Das Tuch lose über dem Teig zusammenfalten. Erneut gehen lassen, bis er in etwa 1 Stunde das doppelte Volumen erreicht hat.
7. Den Laib mit der Oberseite nach unten auf ein mehlbestäubtes Backblech legen. Mehrmals einschneiden, damit sich das Brot während des Backvorgangs gleichmäßig ausdehnen kann. In etwa 45 bis 50 Minuten goldbraun backen.

REYNON
13, Rue des Archers,
69002 Lyon
✆ 78373908
Geöffnet: 8.30–12.30 und
15–19.30 Uhr; geschlossen:
Sonntag, Montag, die letzten
drei Wochen im Juli und eine
Woche im Februar
Auf Wunsch Versand
innerhalb von Frankreich

Lyon ist eine Stadt der Wurstesser, und eine der ältesten und traditionsreichsten *charcuteries* ist das unweit der Place Bellecourt gelegene REYNON. Spezialitäten aller Art – mit frischen Trüffeln und Morcheln angereicherte Wurst mit Simmern in Weißwein, luftgetrocknete *rosette* für Picknicks und Imbisse und anderes mehr – sind in den Schaufenstern dieses Familienbetriebs aufgereiht. Auch den deftigen *sabodet*, in Beaujolais zu sieden, gibt es hier sowie fein abgeschmeckte, handgemachte *quenelles,* die flockig-leichten Hechtklößchen, die zu den Lyoner Leibspeisen gehören.

Die Geschichte einer Sünde

Butter, Eier und Zucker bilden ein sündhaftes Trio, wie jeder weiß, aber wer sich Leckereien mit diesen Zutaten heutzutage einverleibt, läuft wenigstens nicht mehr Gefahr, exkommuniziert zu werden. Das war nicht immer so: Im Jahre 1873, während der Fastenzeit, lag das Seelenheil unzähliger Lyoner Konditoren und süßmäuliger Krapfenesser schicksalhaft in der Hand des Erzbischofs. Offenbar hatte man das Originalrezept für das eigentlich nur aus Mehl und Wasser hergestellte – und entsprechend langweilig schmeckende – Fastengebäck, die *bugne,* geschönt. Einfallsreichen Konditormeistern war die Idee gekommen, aus dem ursprünglich mageren Teig nun ein Backwerk von geradezu frivoler Opulenz zu kreiren, und die Kunden rissen sich darum. Angesichts einer in solchem Ausmaße von der Exkommunikation bedrohten Gemeinde entschloß sich der Oberhirte denn doch dazu, Nachsicht walten zu lassen.

Heute sind die *bugnes* in der Gegend von Lyon ein klassischer vorösterlicher Leckerbissen. Doch seien Sie auf der Hut, denn wenn die *bugnes* nicht von geschickten Händen gemacht sind, erweisen sie sich als Plombenzieher, womit sie zeitgenössische Nascher noch für die Sünden der Väter bestrafen.

SÜSSWAREN

BERNACHON
42, Cours Franklin Roosevelt, 69006 Lyon
✆ 78243798
Geöffnet: Dienstag bis Samstag 8–19 Uhr; Sonntag 8–17 Uhr; geschlossen: Montag
Auf Wunsch Versand ins Ausland

Maurice und Jean-Jacques Bernachon machen die beste Schokolade der Welt, und es wäre eine Schande, bei einem Besuch in Lyon an diesen Köstlichkeiten vorbeizugehen, ohne sie nicht wenigstens einmal versucht zu haben. Die kürzlich erweiterten Geschäftsräume im vornehmen 6. Arrondissement muten wie ein Schokoladenmuseum an. Nur die allerfeinsten frischen Kakaobohnen werden hier verarbeitet. Kosten Sie auf jeden Fall die halbbitteren *palets d'or,* die meiner Meinung nach edelsten Schöpfungen des Hauses.

LE SUCCES DE BERNACHON
Bernachons Mandel-Meringue mit Schokoladencreme

Wenn ich sie nicht im Original haben kann – die frischen Schokoladen von Bernachon –, dann bin ich auch mit einer selbstgebackenen Schokoladentorte nach Art des Hauses Bernachon in Lyon nicht unzufrieden. Le Succès ist eine klassische französische Meringue, die durch die Zugabe von Mandelpulver eine kuchenartige Textur erhält. Bei der hier wiedergegebenen Version von Bernachon füllt und überzieht man die Torte mit einer satten Schokoladencreme. Die Zubereitung sollte möglichst einen Tag vor dem Servieren geschehen.

Schokoladencreme:
500 ml *crème fraîche* oder süße Sahne, vorzugsweise nicht ultrahocherhitzt
300 g extrafeine Zartbitter-Schokolade, in kleine Stücke gebrochen

Meringuemasse:
180 g ganze unblanchierte Mandeln
180 g Zucker
Butter und Mehl für die Backbleche
6 große Eiweiß
2 El ungesüßtes durchgesiebtes Kakaopulver zum Garnieren

1. Die Schokoladencreme zubereiten: Die *crème fraîche* in einem mittelgroßen Tiegel bei guter Hitze zum Kochen bringen. Vom Feuer nehmen, sobald sie zu kochen beginnt und stückweise die Schokolade hinzufügen. So lange rühren, bis die Schokolade vollkommen geschmolzen ist. Beiseite stellen und abkühlen lassen, dann bedeckt für mindestens 3 Stunden in den Kühlschrank stellen.

2. Die Meringuemasse vorbereiten: Von dem Zucker 2 Eßlöffel zurückbehalten. Den Rest mit den Mandeln in einen Mixer geben und zu einem mittelfeinen Pulver zermahlen.

3. Den Backofen auf 175° vorheizen.

4. 2 Backbleche buttern und mit Mehl bestäuben, dabei auf jedem einen Kreis von 20 cm Durchmesser markieren.

5. Die Eiweiß steif-, aber nicht trockenschlagen. Sobald die Masse anfängt festzuwerden, den Zucker langsam einrieseln lassen. Der Schnee sollte sehr steif werden. Das Mandelpulver unterheben.

6. Die Meringuemasse durch die große Tülle eines Spritzbeutels so auf die Backbleche spritzen, daß 2 runde Platten von je 18 cm ⌀ entstehen. Dabei in der Mitte beginnen und spiralförmig nach außen arbeiten. Etwa 15 Minuten oder bis die Masse gerade zu bräunen beginnt im Ofen lassen.

7. Die Meringueplatten aus dem Ofen holen, vom Blech lösen und vollkommen auskühlen lassen, bevor man sie auf eine Arbeitsfläche legt.

8. Die Torte zusammensetzen: Die Schokoladencreme muß unbedingt weich genug sein, um sich gut verstreichen zu lassen. (Vorsichtig anwärmen, um sie geschmeidig zu machen.) Eine der beiden Tortenschichten, mit der glatten Seite nach oben, auf eine Tortenplatte legen. Mit der Hälfte der Schokoladencreme bestreichen. Die andere Schicht darauflegen und an der Oberfläche und den Seiten mit der restlichen Schokoladencreme überziehen. Für 12 Stunden in den Kühlschrank stellen.

9. Die Torte 30 Minuten vor dem Servieren aus dem Kühlschrank nehmen, mit Kakaopulver bestäuben und auftragen. Für 10 bis 12 Personen.

Schokolade – von meisterlicher Hand

Lyon, 7. Februar – Bernachons Schokoladen sind so ausgeprägt und füllig im Geschmack, daß ihr Genuß der Aufforderung gleichkommt, sie Bissen für Bissen auszukosten, so wie ein gut gereifter, sorgsam ausgebauter Bordeaux danach verlangt, prüfend in kleinen Schlucken getrunken und nicht einfach hinuntergekippt zu werden.

Ein Besuch in Bernachons schokoladenfarbenem, nostalgisch aufgemachtem Geschäft an Lyons elegantem Cours Franklin Roosevelt gestaltet sich zum überwältigenden Sinnenerlebnis. Mit all der Sorgfalt und dem feinen Gespür, das die Franzosen instinktiv allem zukommen lassen, was sie schätzen und hochachten, sind hier die Schokoladen wie kostbare Exponate zur Schau gestellt. Und das die Luft schwängernde Aroma, ein Duftgemisch von Bitterschokolade, süßer Butter, karamelisiertem Zucker, Vanille und gebrannten Nüssen, ist so überwältigend, daß hier auch der Stärkste schwach werden muß.

Doch was zeichnet die Schokoladen von Bernachon vor den Erzeugnissen von Hunderten von anderen Herstellern auf der Welt aus? Es ist ganz einfach die Liebe zur Perfektion, eine Art von Hingabe, die anderen verlorengegangen ist oder die sie vielleicht niemals besaßen. Maurice Bernachon und sein Sohn Jean-Jacques, die eine der wenigen, weltweit heute noch existierenden, ehemals aus ureigensten Mitteln aufgebauten Schokoladenproduktionen betreiben, legen das entscheidende Gewicht auf die Qualität der Zutaten. Gerne vergleichen sie die Kunst des *chocolatier* mit der Wissenschaft eines Weinherstellers.

Während die Mehrheit der Schokoladenfabrikanten sich damit zufriedengibt, die Masse oder *couverture,* also den ›Grundteig‹ der nachfolgenden kunstvollen Fertigung, von Vorlieferanten zu kaufen, haben die Bernachons nach wie vor den gesamten Herstellungsprozeß in der Hand und setzen nur die feinsten und frischsten Ingredienzen für ihre klassischen *crème fraîche*-gefüllten Trüffel und die mehr als 40 anderen Varietäten von Hand gemachter Schokoladen, Pralinen, Bonbons und Konditorwaren ein.

Das beginnt mit der Spitzenqualität der *fèvres,* die von Venezuela, Ekuador, Trinidad und Madagaskar kommen: Kakaobohnen, die nur einen kleinen Prozentsatz der Weltproduktion ausmachen und die wegen ihres reichen und spezifisch nußartigen Aromas geschätzt sind. Weiter setzen die Bernachons die schlanken, starkduftenden Vanilleschoten von der Insel Réunion ein, besorgen sich ihre Kakaobutter aus Holland, beziehen die Pistazien aus Sizilien, Walnüsse aus der Dauphiné, Haselnüsse aus dem Piemont und wählen von den Anbaugebieten zwischen der Provence und dem spanischen Hügelland die besten süßen und bitteren Mandeln für ihre Spezialitäten aus. Die erkorene Butter ist natürlich die liebliche *beurre des Charentes,* die Sahne unverfälschten Lyoner Geblüts. Bevor die Schokoladenkunstwerke die neugestaltete Verkaufsboutique von Bernachon erreichen, gehen sie in den sauberen, hellen, sich nach hinten labyrinthisch verlierenden Konfektionsräumen durch die Hände von vielleicht einem Dutzend Arbeitern und Arbeiterinnen.

Alles beginnt bei den Bohnen: kaum größer als Kaffeebohnen, erreichen sie Lyon in leicht feuchtem, fast geruchlosem, gelbbraunem Zustand und schmecken unglaublich bitter, obwohl man sie bereits im Ursprungsland im Freien hat fermentieren lassen, um ihnen einen Teil ihrer natürlichen Strenge zu nehmen.

Jean-Jacques röstet die Bohnen, während sie sich noch in ihrer dünnen Schale befinden, etwa 20–30 Minuten lang, nicht ohne alle zwei bis drei Minuten den Vorgang zu überprüfen. Im Verlaufe des Röstprozesses verlieren die Bohnen ihre Restfeuchtigkeit und nehmen eine dunkle schokoladenbraune Färbung an. Die äußeren Schalen beginnen abzufallen, während sich Kakaobohnenstückchen bilden, die aussehen wie Schokoladensplitter. Obwohl die Bohnen auch jetzt noch bitter und ungenießbar säurehaltig sind, hat das frische, berauschende Aroma seiner Bitterschokolade begonnen, die Luft zu erfüllen. Die Bohnen bestehen zu etwa 50 Prozent aus Kakaobutter, einem vegetabilischen Fett, und zu 50 Prozent aus dem Fruchtfleisch, das im Verlaufe der weiteren Veredlung zu Kakao wird.

Die Schalen saugt man ab und wirft sie weg, und nun ist der Moment gekommen, die Bohnen untereinander zu mischen, eine bestimmte Geschmacksnote einzustellen, kurz, das zu machen, was Maurice gerne das »Aufrollen unseres Spezialrezepts« nennt.

Die geschmacksintensiven venezolanischen Bohnen werden also mit den feineren Bohnen von Trinidad und Madagaskar, sodann mit Zucker, Vanille und schließlich einer zusätzlichen Dosis wertvoller Kakaobutter vermengt, die der Textur und dem Schmelz des Endproduktes zugute kommen soll. Sodann preßt man das Gemisch langsam zwischen Stahlwalzen, die aussehen wie eine altmodische Wäschewringmaschine – *broyage* wird dieser Prozeß genannt. Die Schokoladenmasse tritt als papierdünnes, breites Band aus, brüchig und trocken.

Endlich haben wir eine Substanz, die nach Schokolade schmeckt. Doch muß sie zu einer streichfähigen Masse ausgeknetet werden, und nun beginnt das, was man *conchage* nennt. Drei Tage hintereinander wird die Mixtur bis zum Schmelzpunkt erwärmt und dann, vom Bernachon-Team pausenlos überwacht, 10–12 Stunden lang durchgewalkt. »Hier sehen Sie«, kommentiert Maurice den Vorgang, »warum dies eine aussterbende Kunst ist. Niemand mehr will sich so eine Arbeit aufhalsen. Teure Kakaobutter läßt sich durch billige synthetische Buttersorten ersetzen, und wenn man Sojalecithin beimengt, kann man sich die ganze *conchage* sparen.«

Anschließend wird die dicke, glänzendbraune Flüssigkeit in große Edelstahlbehälter gegossen, um über Nacht abkühlen zu können, und nun endlich darf die Zubereitung der verschiedenen Schokoladenpräparationen beginnen. Die abgekühlte Schokolade, zu Blocks geformt, wird eingewickelt und verstaut. Man entnimmt sie dem Vorratslager nach Maßgabe der für den Verkauf jeweils herzustellenden Schokoladenwaren.

Jean-Jacques führt seine Besucher durch eine Abfolge winziger Konfektionsräume und dabei auch vorbei an einem Mann, der mit heftigen Bewegungen eine Mandel-Zucker-Masse in einer gewaltigen Kupferschale schlägt. Er setzt seine kleine weiße Mütze zurecht, dreht die Flamme herunter und saugt mit einem tiefen Atemzug den Duft der Pralinenfüllung ein.

Maurice wirft einen Blick auf die Mannschaft der jungen Arbeiter und bemerkt zu den unvermeidlichen Veränderungen, die die Zeit mit sich brachte: »Früher war es so, daß die jungen Leute hierherkamen und mehrere Jahre bei uns arbeiteten, um, wie sie hofften, eine gewisse Kunstfertigkeit zu erwerben und eines Tages einen eigenen Laden aufzumachen. Heute kommen sie hierher, arbeiten ein bißchen, gelangen zu dem Ergebnis, daß das keine sehr glanzvolle Existenz ist und ihnen auch nicht genügend Freizeit läßt, und so gehen sie wieder. Das Lehrlingssystem ist so gut wie tot.«

Die Firma, die insgesamt 49 Beschäftigte hat, wird noch weitgehend wie ein französisches Familienunternehmen in früheren Zeiten geführt. Viele der im Verkauf oder in der Fertigung arbeitenden jungen Mädchen wohnen in Zimmern über dem Betrieb und nehmen ihre Mahlzeiten in der Firmenkantine ein. Sogar einen eigenen Koch unterhalten die Bernachons, um den Angestellten den Aufwand an Zeit und Geld zu ersparen, der mit dem Auswärtsessen verbunden ist.

Später kehrt Maurice in sein mit Computern und Zeilendruckern besetztes Büro zurück, und angesichts des Kontrastes zu den überlieferten Herstellungsmethoden kann er sich kaum ein Lachen verkneifen: »Glücklicherweise haben sie noch keinen Computer erfunden, der Schokolade zu machen imstande ist, die unserer gleich käme«, sagt er und beißt in ein *palet d'or,* Bitterschokolade mit einer Bitterschokoladen-Sahne-Füllung.

Eßbare Juwelen von Maurice
Bernachon

SPIRITUOSEN

MALLEVAL
11, Rue Emile-Zola,
69002 Lyon
℡ 78420207
Geöffnet: Montag 14–19
Uhr; Dienstag bis Samstag
8.30–12 und 14–19 Uhr;
geschlossen: Montagmorgen
und Sonntag
Auf Wunsch Versand ins
Ausland

Ein ausgesprochen eleganter Wein- und Spirituosenladen
mit einer reichen Auswahl. Auf die gepflegten *eaux-de-
vie* von Jean Danflou sollte man hier sein besonderes Augenmerk richten.

SALADIER LYONNAIS
Lyoner Salatplatte

Lyon besitzt eine eigene Version der famosen salade niçoise, *und hier ist sie. Aber ebenso wie die Spezialität aus Nizza kennt der* saladier lyonnais *viele Spielarten der Zubereitung: mit* croutons *oder ohne, mit Schinkenspeck oder ohne Schinkenspeck, und das gleiche gilt für Hering und Anchovis. Fast immer kommt ein ganzes Ei – nicht hart- und nicht weichgekocht – dazu. Wenn man keinen Löwenzahn bekommen kann, läßt sich auch krause Endivie verwenden oder eine beispielsweise aus Feldsalat und Radicchio gemachte Mischung. Sehr wichtig ist, daß die in Öl eingelegten Heringe und Anchovis von bester Qualität sind. Mit einem Glas Rotwein dazu – Beaujolais natürlich! – gibt dieser komplette Salat ein durchaus eigenständiges Mahl ab.*

4 große Eier
(Raumtemperatur)
4 Scheiben Landbrot,
vorzugsweise selbst-
gebacken
2 Knoblauchzehen,
halbiert
170 g Brustspeck ohne
Schwarte, in 4 × 2,5 cm
große Stücke geschnitten

Salatsauce:
2 El Rotweinessig bester
Qualität
1½ Tl Dijon-Senf
Salz und frisch gemah-
lener schwarzer Pfeffer
nach Geschmack
5 El extrafeines, kalt
gepreßtes Olivenöl
400 g Löwenzahn, krause
Endivie oder gemischte
grüne Blattsalate, gewa-
schen, trockengetupft
und in Stückchen gezupft
Eine Handvoll frische
Kräuter, vorzugsweise
Kerbel, Estragon,
Petersilie, gewiegt
8 in Öl eingelegte
Heringfilets
(nach Belieben)
8 in Öl eingelegte Ancho-
visfilets (nach Belieben)

1. Die Eier in einer Lage in den Topf geben und etwa 15 mm hoch mit kaltem Wasser auffüllen. Unbedeckt bei guter Hitze so lange auf dem Feuer lassen, bis die ersten großen Blasen regelmäßig vom Topfboden aufzusteigen beginnen. Die Hitze so reduzieren, daß das Wasser leise simmert, aber nie kocht (etwa 6 Minuten). Abgießen und den Garprozeß beenden, indem der Topf mit kaltem Wasser gefüllt wird. Die Eier abpellen, sobald sie kühl sind.

2. Das Brot unter den Elektrogrill schieben und darauf achten, daß es nicht anbrennt. Großzügig von beiden Seiten mit Knoblauch einreiben, solange es noch warm ist. Dann in 2,5 × 1,25 cm große Stücke schneiden.

3. Den Speck in eine große Pfanne geben und ohne zusätzliches Fett unter häufigem Rühren bei guter Hitze knusprig braten. Auf Küchenpapier abtropfen lassen und beiseite stellen. Das Bratfett wegwerfen.

4. Die Salatsauce vorbereiten: Essig, Senf, Salz und Pfeffer in einer kleinen Schüssel verrühren. Das Öl hinzufügen und rühren, bis eine Emulsion entsteht.

5. Die Salate, Kräuter, *croûtons* und den Speck in eine große Salatschüssel geben, die Salatsauce dazugießen und gründlich durchmischen. Nochmals abschmecken.

6. Den angemachten Salat auf 4 großen Salattellern verteilen. An die Seite jedes Tellers ein ganzes Ei legen.

7. Hering- und Anchovisfilets können auf einer Platte getrennt dazu gereicht werden.

Für 4 Personen.

KÄSE AUS LYON

1. Rigotte de Condrieu: Der nach dem Weindorf Condrieu im Rhônetal – von dieser Lage kommt einer der ungewöhnlichsten Weißweine Frankreichs – benannte, als kleiner Zylinder ausgeformte Kuhmilchkäse verbringt in trockenen Kellern nur eine Reifezeit von etwa ein bis zwei Wochen und entwickelt dabei einen angenehmen, zarten Geschmack und ein milchiges Aroma. Der orangerote Flor der Rinde ist das Resultat der Bestreuung des Käselaibs mit Anatto, dem rötlich-gelben Mark, das die Samen des Anatto-Baumes umgibt.

2. Arôme à la Gêne: *Arôme* ist die generische Bezeichnung für eine Reihe von Käsearten, die – wie *Rigotte, Saint-Marcellin, Pélardon* und *Picodon* – in der Gegend von Lyon zu Hause sind und die man zum Aromatisieren in *gêne* oder *marc* eintaucht, also in aus Traubentrester gemachten Branntwein. Die besten Versionen empfehlen sich durch ihre würzige Schärfe und das durchdringende Milcharoma sowie eine leicht alkoholische Geschmacksnote; sie können aus Kuh- oder Ziegenmilch oder einer entsprechenden Mischung hergestellt sein.

3. Saint-Marcellin. Ursprünglich auf den Bauernhöfen aus roher Ziegenmilch hergestellt, wird dieser in der Gegend von Lyon so beliebte Käse heute überwiegend in kleinen Molkereien aus Kuhmilch gewonnen. Der nach dem savoyanischen Dorf Saint-Marcellin benannte und als frischer Bruch zu einer dicken runden Scheibe ausgeformte Käse gibt sich im ersten Reifestadium schon wunderbar mild und sanft und ist zunächst noch weißkörnig und duftiglocker; im zarten Alter beginnt sich die dünne Rinde orangegelb zu flecken; hat der Käse seinen besten Reifezustand erreicht, zerläuft er so leicht, daß man ihn auf einem schützenden Teller reichen muß.

WEIN AUS LYON

Fleurie (Ferraud): Wenn es um Beaujolais geht, wird die Wahl zur Qual, denn es gibt ebenso guten wie schlechten und natürlich auch solchen, über den sich weder das eine noch das andere sagen läßt. Verlassen kann man sich jedenfalls immer auf das Etikett von Pierre Ferraud, das dem eleganten, erlesenen Beaujolais mit dem vertrauten rötlich-violetten Schimmer vorbehalten ist.

Jura/Rhône-Alpen

Die Region Jura/Rhône-Alpen – ein ausgedehntes Gebiet, das sich vom Rhônetal im Westen bis zu den Gebirgszügen des Jura im Osten erstreckt und dabei Savoyen, die Bresse, die Walnußhaine von Grenoble und die beiderseits der gewundenen Rhône steil aufragenden Weinberge umschließt –, diese Region war das Land meiner frühen Entdeckungen. Ich glaube, gerade hier in einer Welt der Dorfbacköfen, der bäuerlichen Käsereien, der Bresse-Geflügelzüchter und selbständigen Wurstmacher – wurden mir die Augen geöffnet für die natürlichen Reichtümer des ländlichen Frankreich. Immer wieder war

Paul Koeberlé in Villars-les-Dombes

ich freudig bewegt, ja gerührt vom Entgegenkommen der Leute, denen ich begegnete, fühlte meine Mühe belohnt, wenn sich Tür und Tor öffneten und ich damit auch Einblick in das Leben dieser Menschen gewann, die darum ringen, bestimmte Traditionen nicht untergehen zu lassen. Es gab erhebende Zeiten, da einzelne Interviews sich zu tagelangen Gesprächen auswuchsen, und anstatt, wie geplant, mittags wieder auf Achse zu sein, fand ich mich beim Essen mit Käseherstellern wieder, und man diskutierte über Molkereigenossenschaften oder etwa die sachgemäße Fütterung von Bullen.

Doch ebenso wie ich zur Zeugin lebendiger Traditionspflege wurde, konnte ich auch beobachten, daß andere Menschen Mythenbildung betrieben. Niemand wollte sich zum Thema solch regionaler französischer Spezialitäten wie Froschschenkel, Weinbergschnecken, Flußkrebse oder frische Morcheln äußern – auf Frankreichs Fluren, in Wäldern und Gewässern inzwischen zu Raritäten geworden. Und so kommen Froschschenkel inzwischen aus Jugoslawien, Flußkrebse aus der Türkei, lebende Schnecken aus Griechenland, Morcheln aus Italien und werden doch samt und sonders als authentische Spezies französischer kulinarischer Tradition auf den Tisch gebracht.

Später, als ich meine Rezeptsammlung noch einmal durchsah, wurde ich gewahr, daß die Jura/Rhône-Alpen-Region doch einen unauslöschlichen Eindruck hinterlassen hat, denn aus Sahne und Zucker gemachte Bressane-Torten und Morteau-Räucherwürste gehören inzwischen zum Standardrepertoire meiner Familie, und ich kann auch keine Scheibe vom nußartigen *Beaufort* essen, ohne mich zu fragen, ob die Milch für den Käse vielleicht von Jules Roux-Daigues Kühen stammt.

Beste Reisezeit

Die schönste Zeit liegt, wie so oft in Frankreich, zwischen Ostern und Oktober; durch die ausgezeichneten Wanderwege und Langlaufloipen im Jura sowie die Pisten für Abfahrtsläufer in der Alpenregion ist dieses Gebiet jedoch im Winter genauso gefragt.

Märkte

(die attraktivsten sind mit einem Sternchen markiert)

Montag: Besançon, Bessenay (Juni und Juli), La Clusaz, Oyonnax, Poligny, Poncin, Saint-Etienne, Seyssel.

Dienstag: *Annecy, Arbois, Belfort, Besançon, Bessenay (Juni und Juli), Divonne-les-Bains, Dole, *Evian-les-Bains, Gray, Grenoble, Lure, Montbéliard, Morteau, *Roanne, Romans-sur-Isère, Saint-Etienne, Valence, Villars-les-Dombes.

Mittwoch: Aix-les Bains, *Ambérieu-en-Bugey, Audincourt, *Belfort, Besançon, Bessenay (Juni und Juli), *Bourg-en-Bresse, Grenoble, Maîche, Meximieux, Montbeliard, Saint-Etienne, Valdoie.

Donnerstag: Aime, Annecy, Baume-les-Dames, Belfort, Besançon, Bessenay (Juni und Juli), Dole, Grenoble, *Lons-le-Saunier, *Pontarlier, Saint-Claude, Saint-Etienne, Salins-les-Bains, Thonon-les-Bains, Valence, Vésoul, Vonnas.

Freitag: Ambérieu-en-Bugey, Annecy, *Arbois, Belfort, Besançon, Bessenay (Juni und Juli), *Divonne-les-Bains, Evian-les-Bains, *Gray, *Grenoble, Megève, Oyonnax, Poligny, Port-sur-Saône, *Roanne, Romans-sur-Isère, Saint-Etienne.

Samstag: *Aix-les-Bains, Ambérieu-en-Bugey, *Annecy, *Andincourt, Belfort, Belley, Besançon, Bessenay (Juni und Juli), Bourg-en-Bresse, Chamonix, Champagnole, *Dole, Ferney-Voltaire, Gex, *Grenoble, Lons-le-Saunier, *Maîche, Mandeure, *Montbéliard, Morez, *Morteau, Nantua, *Oyonnax, Pontarlier, Roanne, Romans-sur-Isère, Ronchamp, Le Russey, Saint-Claude, Saint-Etienne, Salins-les-Bains, Thônes, Valdoie, Valence.

Sonntag: Annecy, *Belfort, Bessenay (Juni und Juli), *Grenoble, Roanne, Romans-sur-Isère, Saint-Etienne, Villard-de-Lans.

Messen und Volksfeste

Ende Januar und Anfang Februar: *Semaines Gastronomiques* (Gastronomische Wochen), Les Arcs.

Eine Woche im März: *Semaine Régionale de la Cuisine* (Regionale Kochkunstwoche) Les Arcs.

Sonntag vor Ostern: *Fête du Vieux Four* (Brotofen-Fest), Catton-Grammont.

Ostersonntag: *Fête du Vieux Four* (Brotofen-Fest), Vongnes.

Muttertag: *Fête du Vieux Four* (Brotofen-Fest), Marignieu.

Pfingstsonntag und -montag: *Fête des Gentianes* (Enzianfest), Le Russey.

Dritter Sonntag im Mai: *Fête du Fromage* (Käsefest), Chambost-Allières.

Vierter Sonntag im Mai in geraden Jahren: *Fête des Bigarreaux* (Glaskirschen-Fest), Bessenay.

Erster oder zweiter Sonntag im Juni: *Fête du Vieux Four* (Brotofen-Fest), Parves.

13. Juni: *Fête du Vieux Four* (Brotofen-Fest), Belmont.

24. Juni: *Fête du Vieux Four* (Brotofen-Fest), Fougerolles.

Juli: *Fête des Moissons* (Erntefest), Fressinières.

Erster Sonntag im Juli: *Fête des Cerises* (Kirschfest), Fougerolles.

Wochenende vor dem 14. Juli: *Fête des Brimbelles* (Heidelbeerfest), Giromagny.

Dritter Sonntag im Juli: *Fête du Vieux Four* (Brotofen-Fest), Saint-Champ.

22. Juli: *Fête de la Vigne et du Vin* (Reben- und Weinfest), Arbois.

27. Juli: *Fête de l'Olivier* (Olivenfest), Les Vans.

Letztes Wochenende im Juli: *Fête du Comté* (Käsefest), Poligny; *Fête des Airelles* (Heidelbeerfest), Duerne.

Erste zwei Wochen im August: *Fête du Reblochon* (Käsefest), La Clusaz.

Erster Sonntag im August: *Fête du Vieux Four* (Brotofen-Fest), Crest-Voland; *Fête de l'Alpage* (Almfest), Le Grand-Bornand.

Mitte August: *Fête de l'Alpage* (Almfest), Les Gets; *Fête des Myrtilles* (Heidelbeerfest), Sauvain.

Zweiter Sonntag im August: *Journée des Produits Régionaux* (Regionale Spezialitätenmesse), Morteau.

Sonntag nach dem 15. August: *Fête du Pain* (Brotfest), Cordon.

Dritter Sonntag im August: *Fête des Alpages* (Almfest), Châtel; *Fête de la Cancoillotte* (Käsefest), Loulans-les-Forges.

29. August: *Fête et Foire aux Oignons* (Zwiebelfest und -messe), Tournon-sur-Rhône.

Letztes Wochenende im August: *Fête de la Bière* (Bierfest), Morvillars.

Letzter Sonntag im August: *Fête de la Batteuse* (Gastronomie- und Folklorefest), Meys.

Erstes Wochenende im September: *Fête du Poulet et de l'Agriculture* (Hähnchen- und Landwirtschaftsfest), Saint-Trivier-de-Courtes.

Zweiter Sonntag im September: *Fête du Miel* (Honigfest), Chambost-Allières.

Drei Tage um den 13. September: *Foire de Beaucroissant* (traditionelles Volksfest), Beaucroissant.

Mitte September: *Foire du Vin et de la Gastronomie* (Wein- und Gastronomiemesse), Belfort.

Dritter Sonntag im September: *Fête du Vieux Four* (Brotofen-Fest), Flaxieu.

Letzter Sonntag im September: *Foire au Boudin* (Blutwurstmarkt), Curis-au-Mont-d'Or.

Erster Sonntag im Oktober: *Fête du Vin Cuit* (Aperitifwein-Fest), Saint-Trivier-de-Courtes.

Ende Oktober/Anfang November: *Salon de la Gastronomie et des Produits Régionaux* (Gastronomie- und regionale Spezialitätenschau), Bourg-en-Bresse.

11. November: *Journée de la Pomme* (Tag des Apfels), Pélussin.

Um das letzte Wochenende im November: *Salon de la Gastronomie* (Gastronomiemesse), Le Coteau.

Das letzte (oder das unmittelbar davor- oder danachliegende) Wochenende im November: *Foire au Miel* (Honigmesse), Saint-Cyr-au-Mont-d'Or.

8. Dezember: *Rôtie Monstre de Châtaignes* (Kastanienröstfest), Annonay.

Dritter Sonntag im Dezember: *Les Trois Glorieuses* (Geflügelzucht-Wettbewerb und Geflügelschau), Bourg-en-Bresse.

Aime *(Savoie)*

Albertville 38 km, Bourg-Saint-Maurice 13 km, Chambéry 85 km, Moûtiers 11 km, Paris 612 km

Markt: Donnerstag 8–12 Uhr, Place de l'Eglise

KÄSEHERSTELLER

COOPÉRATIVE AFFINAGE
BEAUFORT
Avenue de Tarentaise,
73210 Aime
✆ 79556168
Geöffnet 9–12 und
14.30–18.30 Uhr; geschlossen: Sonntagnachmittag und Mittwoch
Auf Wunsch Versand innerhalb von Frankreich

Beaufort, ein derber Kuhmilchkäse mit dem Duft von Gebirgskräutern und -blumen, gehört zu Frankreichs edelsten Käsen. Geduldig baut er in den Reifungsräumen der regionalen Molkereigenossenschaften sein Aroma aus, und das kann bis zu zwei Jahren dauern. Diese Genossenschaft in Aime hat einige der feinsten Spezialitäten zu bieten: Fragen Sie auf jeden Fall nach einem ausgereiften *Beaufort d'été* oder *Beaufort d'alpage*, dann sind Sie ganz sicher, einen Käse zu bekommen, der in der besten Melkperiode, also von Mitte Juni bis Ende September, auf der Alm aus Rohmilch gewonnen wurde. In dieser Zeit weiden die Kühe hoch oben in den Bergen und ernähren sich von gesundem Gras und wilden Kräutern und Blumen.

Schon auf dem Feld beginnt die Vorbereitung zur Herstellung des *Beaufort*-Käses

Ambérieu-en-Bugey *(Ain)*

Bourg-en-Bresse 30 km, Lyon 53 km, Paris 457 km
Märkte: Mittwoch und Samstag 8–12 Uhr, Place du Champ de Mars;
Freitag 8–12 Uhr, Place de la Gare

BÄCKEREI

JACQUES GRATTARD
30, Rue Amédée-Bonnet,
01500 Ambérieu-en-Bugey
✆ 74380189
Geöffnet: 7.30–12.30 und
14–19.30 Uhr; geschlossen:
Montag, zwei Wochen im
Februar und vier Wochen im
September und Oktober

Als ich an einem Sonntagmorgen an dieser Dorfbäckerei vorbeifuhr, sah ich einen Mann mit einem der herrlichsten Landbrote, die ich je gesehen hatte, aus dem Laden kommen. Sofort hielt ich an, parkte den Wagen und begab mich schnurstracks in diesen ganz ungewöhnlich aussehenden Laden, in dem man indessen ein außerordentlich gutes Brot feilhält. Von dem hier erstandenen Sauerteiglaib mit der borkigen Kruste futterten wir dann den größten Teil der Woche. Hätte ich nur Hunderte solcher Brote wie dieses auf meinen Rundreisen durch Frankreich gefunden! Es schmeckt durch und durch würzig, Monsieur Grattard bäckt jedoch täglich nur ein paar Dutzend Laibe seines *pain de campagne au levain;* kommen Sie also früh, wenn das Brot noch warm vom Holzofen ist.

Annecy *(Haute-Savoie)*

Genf 43 km, Lyon 137 km, Paris 533 km
Märkte: Dienstag, Freitag und Sonntag 8–12 Uhr, Rue Sainte-Claire;
Donnerstag 8–12 Uhr, Avenue de France; Samstag 8–12 Uhr, Boulevard Taine

Niemand, der durch diese Region kommt, sollte den Rue Sainte-Claire-Markt verpassen, der sich durch die Straßen der Altstadt von Annecy windet, gewiß eine der reizendsten Städte von ganz Frankreich. Besonders in den Sommermonaten, wenn die Blumen ihre ganze

Sommerzauber in Annecy

Blütenpracht entfalten, lohnt es sich, seine Schritte durch die engen Gassen zu lenken und in den Cafés am Ufer des mitten durch die Stadt laufenden Flüßchens Thiou eine Pause einzulegen. Auf dem Markt werden Sie eine überragende Auswahl an lokalen Wurst- und Käsesorten finden, und dazu gehören *à point* gereifter *Reblochon*, zweijähriger *Beaufort d'alpage* und mit die besten *Saint-Marcellin*-Exemplare, die mir je unter die Augen gekommen sind. Mit ihrer goldgelben Rinde und dem sahnig verlaufenden Innern scheinen sie zu sagen: »Nimm mich mit, es ist soweit!«

Arbois *(Jura)*

Dôle 35 km, Lons-le-Saunier 38 km
Markt: Dienstag und Freitag 8.30–12 Uhr, Place du Champ-de-Mars
Fête de la Vigne et du Vin (Reben- und Weinfest): 22. Juli

WEINBISTRO

LA FINETTE
22, Avenue Pasteur,
39600 Arbois
✆ 84660678
Bestellungen werden bis 22 Uhr entgegengenommen
Geöffnet: täglich
Kreditkarte: V
Klimatisiert
Separate Speiseräume für geschlossene Gesellschaften können auf Wunsch zur Verfügung gestellt werden
Man spricht etwas Englisch in der Hochsaison
45- bis 120-Francs-Menüs, à la carte etwa 100 Francs

LA FINETTE ist eine dörfliche Weinstube mit Restaurant, in der immer Leben herrscht und wo man die lokalen, von verschiedenen Winzern gelieferten weißen, roten und rosé Arbois-Weine zu trinken bekommt. Daß dabei die angesehenen Maire-Lagen dominieren, ist nicht verwunderlich, denn LA FINETTE gehört Henri Maire, dem König unter den hiesigen Weinproduzenten. Zu jedem dieser Tropfen paßt das ausgiebige Käsefondue oder die gleichfalls empfehlenswerte Schweinswurst, die mit magenwärmenden roten Linsen serviert wird. Um den November herum stellt man den Gästen Körbe mit frischen Walnüssen hin, die zu dem kostbaren *vin de paille* gegessen werden, einem strohfarbenen, mindestens sechs Jahre gelagerten und dann abgefüllten Wein, von dem man sagt, er halte sich ewig.

KÄSEHERSTELLER

COOPÉRATIVE LAITIÈRE ET FROMAGÈRE
Rue des Fossés, 39600 Arbois
✆ 84660971
Geöffnet: täglich 7–12 und 17.30–20 Uhr

Einer der vielen Plätze im Jura, wo man den Prozeß der Käseherstellung sehen und den guten lokalen *Comté* kaufen kann.

GALETTE BRESSANE
Sahnefladen aus der Bresse

Dieser Kuchen, der sich seiner Köstlichkeit wegen geradezu anbietet und trotzdem so unglaublich leicht zu machen ist, fehlt in so gut wie keiner Konditorei im Raume von Bourgen-Bresse. Dieses Rezept stammt von der Konditorei des Dorfes Villard-les-Dombes, wo die Familie Koeberlé seit drei Generationen am Ofen steht. Für den Kuchen nimmt man hier einen Brioche-Teig. Wenn die Ortsbewohner jedoch im Gemeindebackofen Brot backen, benutzen sie die Gelegenheit, um von dem übriggebliebenen Brotteig einen Sahne-Zucker-Fladen zu machen, der am Backtag als Dessert dient. Im Nachbarort, dem mitteralterlichen Dorf Pérouges, bereitet man einen ganz ähnlichen flachen Kuchen mit einer Butter- und Zuckerauflage, in dessen Teig geriebene Zitronenschale eingeknetet wird. Ob man für diesen Fladen Brioche- oder Brotteig einsetzt, ist eine Frage des persönlichen Geschmacks. Ich selbst ziehe den Brotteig vor – er ist einfach rustikaler.

Schale einer Zitrone, abgerieben
250 g Brot-Grundteig, der zweimal gegangen ist (siehe Rezept Seite 479)
125 ml *crème fraîche* oder Sauerrahm
100 g Zucker

1. Den Backofen auf 230° vorheizen.
2. Die Zitronenschale in den Brotteig einkneten. Den Teig ausrollen, so daß er in eine Kuchenform von 27 cm Ø paßt, und vorsichtig in die Form heben.
3. Die *crème fraîche* gleichmäßig bis an den Rand des Teigs verstreichen. Mit Zucker bestreuen.
4. Etwa 25 Minuten backen, bis der Kuchen aufgegangen und goldbraun ist. Aus dem Ofen holen, etwa 3 Minuten ruhen lassen (damit die *crème fraîche* und der Zucker fest werden und der Kuchen sich besser schneiden läßt) und servieren.

In einer Käserei im Jura wird *Comté* gemacht

Bourg-en-Bresse *(Ain)*

Annecy 119 km, Chambéry 110 km, Lyon 62 km, Paris 413 km, Roanne 118 km
Markt: Mittwoch und Samstag 8.30–12 Uhr, Champ de Foire
Salon de la Gastronomie et des Produits Régionaux (Gastronomie- und regionale
Spezialitätenschau): Ende Oktober/Anfang November
Les Trois Glorieuses (Geflügelzucht-Wettbewerb und Geflügelschau):
Dritter Sonntag im November

RESTAURANT

LE FRANÇAIS
7, Avenue Alsace-Lorraine
01000 Bourg-en-Bresse
✆ 74225514
Bestellungen werden bis 14
bzw. 22 Uhr entgegen-
genommen
Geschlossen: Samstagabend,
Sonntag, im August und in
der Weihnachtswoche
Kreditkarten: AE, V
Speiseterrasse
Man spricht Englisch
70-, 100- und 130-Francs-
Menüs, à la carte 150 Francs

Spezialitäten: *Grenouilles*
(Froschschenkel), *volaille à la
crème et morilles*
(Masthähnchen mit Sahne
und Morcheln), *quenelles*
(Fischklößchen), Fisch

Dieses kleinstädtische Restaurant, eines jener herrlichen
antiquierten Denkmäler der Eßkultur, besitzt genau die
Art von Authentizität, die ich auf Reisen anzutreffen liebe.
Eine solide, legere *clientèle* findet sich hier ein – Geschäftsleute etwa, die sich mit der Zeitung, einem Bresse-Hähnchen
und einer Flasche Burgunder in der Ecke niederlassen –, und
das unkomplizierte Essen ist wohltuend und hat etwas Ver-
trautes. Für erstaunlich wenig Geld bekommt man hier eine
riesige Portion Salat, sehr schmackhaftes gebratenes *poulet de
Bresse*, Kartoffelauflauf und eine anständige Käseplatte.

SÜSSWAREN

CHOCOLATERIE MONET
14, Rue Bichat,
01000 Bourg-en-Bresse
✆ 74234742
Geöffnet: 9–12 und 14–19
Uhr; geschlossen; Sonntag
und Montag
Kreditkarte: V
Auf Wunsch Versand ins
Ausland

Dieses Juwel von einem Laden gehört zum Pflichtpro-
gramm für Schokoladenfreunde: Der junge Jean-
Claude Charpentier ist einer der wenigen Schokoladenfabrikanten in Frankreich, die ihre eigene *couverture* herstellen.
Er röstet die Kakaobohnen, stimmt die Mischung auf das
gewünschte Aroma ab und verarbeitet sie zu einer geschmeidigen konzentrierten Grundmasse. Kosten Sie vor allem die
mit Schokolade überzogene *pâte d'amandes au gingembre*
(Mandelpastete, mit Ingwer gewürzt) und eine Leckerei, die
mit seiner unglaublich guten Frucht-*ganache* gemacht ist.

Champagnole *(Jura)*

Dôle 60 km, Genf 89 km, Lons-le-Saunier 34 km, Paris 426 km
Markt: Samstag 8–12 Uhr, Place Camille-Prost

WURSTWAREN

RELAIS DE FUME
18, Avenue de la République,
39300 Champagnole
∅ 84520091
Geöffnet 7–12 und 14–19
Uhr; geschlossen: Sonntagnachmittag, Montag und im
September
Kreditkarte: V

Dieser Laden mit seiner verlockenden Auswahl an *saucis-son sec* (luftgetrocknete Schweinswurst), *saucisse de Morteau* (geräucherter Schweinswurst), Fleischterrinen und anderen lokalen Erzeugnissen ist ein Traum für passionierte Wurstesser. Der größte Teil der Waren ist wegen der Hygiene und aus Haltbarkeitsgründen vakuumverpackt. Die Folien-umhüllungen nehmen dem Angebot etwas von seiner ursprünglichen Anziehungskraft, aber gerade für Reisende und Ausflügler ist dies eine hervorragende Quelle, um sich einzudecken.

TARTE À L'OIGNON DE CATTON-GRAMMONT
Zwiebelkuchen von Catton-Grammont

An einem sonnigen Sonntagnachmittag im frühen Mai besuchten wir auf einer Rundfahrt die alten Gemeindebacköfen in der Nähe von Bourg-en-Bresse. Dabei stießen wir auf ein Pla-kat, das ein just an diesem Tag in Catton-Grammont stattfindendes Brot-Kuchen-Fest ankündigte, und sofort rasten wir wie die Wilden zu diesem Dorf. Wir kamen gerade in dem Augenblick an, als die Kuchen – auf großen rechteckigen Blechen gebacken und dann zum Abkühlen auf eine alte Holztür gelegt – aus dem Ofen geangelt wurden.

45 g Butter
5 mittelgroße Zwiebeln,
in dünne Ringe
geschnitten
250 g Brot-Grundteig
(siehe Rezept Seite 479)
1 großes Ei
2 El *crème fraîche* oder
Sauerrahm
30 g Walnüsse, fein
gemahlen
1 El Walnußöl
Salz und frisch gemah-
lener schwarzer Pfeffer
nach Geschmack

1. Den Backofen auf 230° vorheizen.
2. Die Butter bei mäßiger Hitze in einer großen Pfanne zer-gehen lassen. Die Zwiebeln hinzufügen und rühren, bis sie gut mit Butter überzogen sind. Bedecken und unter gelegent-lichem Rühren etwa 20 Minuten garen, bis die Zwiebeln weich, sämig und goldgelb sind. Vom Feuer nehmen und 5 Minuten abkühlen lassen.
3. Den Brotteig ausrollen und eine Form von 27 cm ∅ damit auslegen.
4. Eier, *crème fraîche*, Walnüsse und Walnußöl in die Zwie-beln rühren. Mit Salz und Pfeffer würzen. Diese Mischung gleichmäßig bis zum Rand auf dem Brotteig verteilen.
5. Backen bis die Torte aufgegangen und goldbraun ist; das dauert etwa 25 Minuten.
Sofort servieren.

Chapelle-des-Bois *(Doubs)*

Morbier 13 km, Mouthe 19 km

KÄSEHERSTELLER

ANTOINETTE BURRI
Combe-des-Cives, Chapelle-des-Bois, 25240 Mouthe
✆ 81692206
Geöffnet: täglich 8–12 für Besichtigungen und bis 19 Uhr für den Verkauf

Wem es um authentischen, handgemachten *Morbier* geht, jenen seltsam aussehenden Kuhmilchkäse, durch dessen Mitte ein schwarzer Streifen läuft, der begibt sich am besten zu Antoinette Burris direkt am Bauernhof neben der Straße aufgestelltem Verkaufsstand (siehe auch den Essay »Morbier, mit einer Prise Asche«, Seite 234).

Chaux-des-Croteney *(Jura)*

Champagnole 14 km

KÄSEHERSTELLER

GILBERT BANDERIER
Chaux-des-Crotenay, 39150 Saint-Laurent-en-Grandvaux
✆ 84515175
Geöffnet: 7–12.30 und 14–20 Uhr; geschlossen: Sonntagnachmittag

Eine gute Adresse an der *Route de Comté*. In dieser kleinen Molkereigenossenschaft kann man sehen, wie eine ganze Batterie lokaler Käse hergestellt wird. Lassen Sie sich vor allem die Sorten *Comté, Morbier, Vacherin* und *Raclette* nicht entgehen. Auch Butter wird hier in kleineren Mengen erzeugt.

Chézery-Forens *(Ain)*

Bourg-en-Bresse 88 km, Gex 40 km, Paris 148 km

KÄSEHERSTELLER

FROMAGERIE DE L'ABBAYE
01410 Chézery-Forens
✆ 50569167
Geöffnet: täglich 7–12 und 19–20 Uhr

Obwohl der als *Bleu de Gex* bekanntgewordene zarte, liebliche, blaugeäderte Kuhmilchkäse seit mehr als 450 Jahren in Frankreich hergestellt wird, gibt es heute nur noch fünf Molkereien, die diese Spezialität zu machen fortfahren. André und Suzanne Gros, die den *Bleu de Gex* seit über drei Jahrzehnten von Hand erzeugen und in ihrem kleinen Betrieb etwa einen Monat reifen lassen, bringen es auf ungefähr 45 Rundlinge pro Tag. Ich empfehle die Exemplare mit der längeren Reifezeit; sie haben mehr Pep.

231

Poulet de Bresse – Ein kurzes, aber verwöhntes Hühnerleben

Louhans, 20. September – Wenn die Franzosen von ihnen reden, dann sagen sie *poulet,* halten ehrfurchtsvoll inne und ergänzen erst dann – *de Bresse.* Kein Wunder, denn in einem Land, wo Herkunftsschilder und Namenszüge einfach alles bedeuten, ist das *poulet de Bresse* unbestritten ›König aller Hähnchen‹ und ›Hähnchen der Könige‹ gleichermaßen von französischen Bäuerinnen wie von den Küchenchefs der Drei-Sterne-Restaurants in den Himmel gehoben.

Hier, auf dem ›Bauernhof Frankreichs‹, einem Landstrich der fruchtbaren Ebenen und sonnigen Hügel, schaffen Boden und Klima ideale Lebensbedingungen für Galliens edelste Geflügelsorte, deren äußere Kennzeichen ein korallenroter Kamm, schneeweiße Federn und glänzende blaue Beine sind – eine lebende Trikolore.

Ungleich den aus der Massentierhaltung kommenden Vögeln, die, fließbandmäßig zerlegt und kunststoffverpackt die Regale der Supermärkte füllen, wächst das Freilandgeflügel der Bresse unter der persönlichen Obhut des Bauern auf, wird mit Körnern gemästet und erreicht den Markt mit verläßlichen Zeugnissen seiner noblen Herkunft. Federvieh, das die Stammesbezeichnung ›Bresse‹ führen darf – die Region, in der es seit Jahrhunderten gezüchtet wird – kommt mit einem blau-weiß-roten Gütesiegel, das den Namen, und einem metallenen Fußring, der die Kennummer des Züchters trägt, zum Verkauf.

In Frankreich wird jährlich eine Milliarde Hühner produziert, doch nur eine Million hiervon darf die Ursprungsbezeichnung ›Bresse‹ führen. Auf den kleinen, friedlichen Gehöften, wo es aufwächst, erfreut sich das Geflügel der Bresse drei Monate lang eines unbeschwerten Lebens auf dem Bauernhof: es hat freien Auslauf, pickt Würmer aus dem Boden, verspeist Insekten und die Körner abgeernteter Felder. Die Tiere trinken das saubere Quellwasser, das aus den schneebedeckten Jurabergen im Norden zu Tale strömt und bringen die letzten 15 Tage vor der Schlachtung in einer *salle de finition,* einer kleinen Scheune, zu, wo die bereits drallen Hühner, jetzt mit Vollmilch und hellem Getreide gefüttert, noch draller werden. So tragen viele Faktoren dazu bei, prächtiges Geflügel von saftigem, delikatem Geschmack entstehen zu lassen, das, füllig und dabei noch buchstäblich ohne Fett, pro Stück 2 Kilo wiegt, eine schöne alabasterfarbene Haut und festes, aber zartes, im wahrsten Sinne des Wortes milchig-weißes Fleisch besitzt.

Der Ruf der Bresse ist jahrhundertealt, und von König Heinrich IV. bis zu Brillat-Savarin haben alle Kenner von der makellosen Güte des Bresse-Geflügels geschwärmt. Aber erst seit 1957 ist dieser Warenkategorie behördlicherseits ein ›Stammbaum‹ zuerkannt worden, also eine *appellation,* wie sie etwa die französischen Qualitätsweine kennzeichnen. Bis dahin konnte jede beliebige *poule* der Region, unabhängig von Rasse, Alter, Fütterung und Zuchtbedingungen, mit dem Bresse-Etikett auf den Markt kommen. Heute werden die Kriterien der Aufzucht streng kontrolliert. Eine von Georges Blanc geleitete Regierungskommission wacht, buchstabengetreu das Gesetz befolgend, über die Einhaltung der Zucht- und Mastvorschriften. Der (mehrere Berufsgruppen umfassende) Geflügelzüchterverband der Bresse wählt sogar die Erzeuger aus, die berechtigt sind, ihre Ware mit dem begehrten Gütesiegel auszuzeichnen.

Robert Gauthier, seit 1963 Produzent von *poulet de Bresse,* ist ein typischer Vertreter dieser Gattung. Durch die Bestimmung des Gremiums und nach dem Willen des Gesetzes ist sein landwirtschaftlicher Betrieb auf die Erzeugung von Bresse-Küken und (jeweils an den Feiertagen) von Truthähnen beschränkt. Die Gauthiersche Geflügelfarm mutet wie eine Postkartenidylle aus vergangenen Zeiten an. Das Leben auf dem Hof kennt keine Eile, und das legt sogleich die Vermutung nahe, diese Atmosphäre der Ruhe und Gelassenheit – und nicht nur eben der Futterplan selbst – habe etwas mit dem üppigen Gedeihen der Tiere zu tun. Obwohl der Umfang seiner Geflügelhaltung auf 450 Stück Federvieh pro Zuchtperiode limitiert ist, lohnt sich das Ganze, denn Monsieur Gauthier erlöst am Markt für jedes Hähnchen das Dreifache von dem, was er für ein aus der Intensivhaltung kommendes Exemplar bekäme. Einige seiner Nachbarn sind auf Poularden spezialisiert, die, wenn sie nach fünf Monaten geschlachtet werden, über 2 Kilo wiegen. Wieder andere widmen sich der Aufzucht von Kapaunen, die die letzten vier Wochen ihrer sechsmonatigen Lebenszeit bei Körnerkost und Milch im Mastraum verbringen. Für einen Kapaun aus der Bresse, hochgeschätzt als Festtagsspeise, muß man bis zu 800 Francs hinblättern – wenn man ihn überhaupt bekommt.

Das rassentypische Merkmal der blauen Beine schützt den Erzeuger ebenso wie den Verbraucher. Aber Qualitätsbetrügereien sind nicht leicht zu erkennen. Da Bresse-Geflügel in Restaurants logischerweise ohne Etiketten und Anhänger auf den Tisch kommen muß, bleibt einem nichts anderes übrig, als der Geschäftsleitung zu vertrauen, wenn *poulet de Bresse* auf der Speisekarte steht. Schwindeleien sind nicht gerade an der Tagesordnung, wie man hört; immerhin werden jedes Jahr ein halbes Dutzend Vergehen dieser Art aufgedeckt und mit Geldstrafen bis zu 2500 Francs geahndet. Außerdem stellt man die betroffenen Händler oder Gastronomen durch entsprechende Aushänge auf Märkten oder in Restaurants und durch Bekanntmachung in Zeitungen öffentlich bloß. Allerdings endet die Rechtszuständigkeit der Kommission an Frankreichs Grenzen; Bresse-Geflügel wird aber in viele Nachbarländer exportiert.

Und was soll man nun von all den Bresse-Tauben halten, die ständig auf den französischen Speisekarten erscheinen? Nun, das ist eine andere Geschichte. »Wenn eine Taube zufällig auf unserem Gebiet landet und dort gefangen wird, gilt sie als Bresse-Taube«, erklärt ein Sprecher des Verbandes lachend. In Wirklichkeit sind solche Beutetiere wild und nicht zahm, meint er, und jedenfalls ganz bestimmt nicht den geltenden Zuchtbestimmungen entsprechend aufgewachsen, obwohl sie mit dem offiziellen Trikolore-Etikett auf dem Markt erscheinen.

LA FINETTE, Arbois

Morbier, mit einer Prise Asche

Combe-des-Cives, 15. Januar – Den meisten ist er einfach als der ›französische Käse mit dem komischen Streifen in der Mitte‹ bekannt. Sein richtiger Name ist *Morbier*, und am authentischsten wird dieser geschmeidige, leicht scharfe Kuhmilchkäse 11 Kilometer nördlich des gleichnamigen Bergdörfchens im Jura erzeugt.

Über eine schmale, sanftgeschwungene Straße – phantastische Skipisten und Wanderpfade liegen hier zu beiden Seiten – fährt man bis kurz hinter den Weiler Chapelle-des-Bois, der nur 165 Einwohner zählt. Hier, in einer Gruppe von Gehöften, die als Combe-des-Cives bekannt sind, leben die letzten beiden Hersteller des echten Morbier; eine Frau und ein Mann. Ihren Käse, Butter und Milch verkaufen sie von an der Straße gelegenen Scheunen aus. Die beiden Unentwegten, Nachbarn schon seit langer Zeit, machen ihren Rohmilchkäse noch auf die althergebrachte Art, also im offenen Kupferkessel über einem Fichten- und Tannenholzfeuer.

Es ist noch nicht einmal 8 Uhr morgens, doch Antoinette Burri, Mutter von elf Kindern, ist bereits seit 5.45 Uhr auf den Beinen. Zur Begrüßung der Besucher kommt sie aus dem feucht-kühlen Reifungsraum, der unter der rauchigen, rot-weiß gekachelten Käserei liegt, nach oben. Noch bevor es hell wurde, hatte sie begonnen, ihre 75 radrunden 5-Kilo-Käse zu wenden – das geschieht einmal am Tag – und sie mit grobem Meersalz leicht zu ›waschen‹. Der Morbier entwickelt sich in etwa drei Monaten auf feuchtgehaltenen Tannenholzbrettern zur vollen Reife. Im benachbarten Stall ist Antoinettes Mann, dem ein Radio und der verspielte Haushund Gesellschaft leisten, damit beschäftigt, die braun-weiß gefleckten Montbéliard-Kühe zu melken, deren schmackhafte Milch besonders begehrt ist. Die Tagesproduktion wird etwa 100 Liter betragen; das reicht gerade aus, um die Bäuerin zwei Räder dieses charakteristischen, scharfen, leicht salzig schmeckenden Landkäses machen zu lassen. Ihr hellglänzender Kupferkessel hängt an einem langen, unter der Kaminhutze befestigten Eisenhaken. Wie vieles auf dem Lande, das mehreren Zwecken zugleich dient, wird auch der Rauchfang doppelt genutzt: er ist mit hausgemachten Schweinswürsten und Schinken aus eigener Schlachtung bestückt; die täglich entfachten Feuer besorgen den nötigen Rauch. Inzwischen hat sich der Kessel mit geronnener Milch gefüllt: Antoinette Burri hat die entrahmte Milch vom letzten Abend (aus dem Rahm wird Butter gemacht) und die frischgemolkene Vollmilch vom Morgen zusammen erwärmt und Lab zugesetzt.

In eine fußknöchellange Schürze gehüllt, fährt sie, beim Licht einer einzigen nackten Birne, nun fort, die weizenfarbene Masse mit rhythmischen, methodischen Bewegungen zu bearbeiten, während das Feuer knistert und knackt und Asche durch den Raum wirbelt. Mit einem flexiblen Metallband schneidet sie den weichen Quark wie Pudding in Würfel, umklammert mit beiden Händen den Griff eines riesigen Schneebesens aus Metall und rührt und rührt – gut 20 Minuten lang, während das Feuer langsam weiterbrennt und den Kesselinhalt auf eine lauwarme Temperatur (37°) bringt. Die Bäuerin gräbt ihre kräftigen Finger in die dampfende Masse und preßt den quarkigen Bruch in der Hand zusammen, so daß die trübe Molke herausquillt. »Es ist soweit«, verkündet sie, und augenblicklich erscheint, als liefe hier ein Uhrwerk ab, ihr stämmiger Sohn Bernard auf der Bildfläche, um zu helfen. Er arbeitet flink, bindet sich ein großes Tuch serviettenartig um den Hals und wickelt das untere Ende um das biegsame Metallband. Dann läßt er das sackförmig gehaltene Tuch in den Kessel gleiten und zieht eine Ladung Bruch heraus, von dem er die Molke abtropfen läßt. Mutter und Sohn arbeiten geräuschlos im Duett. Sie drücken den frischen Käseteig in große Holzformen, wobei die Molke aus den Löchern spritzt und von der schrägen hölzernen Arbeitsplatte zu Boden tropft. Ein liebliches Milcharoma steigt auf, vermischt sich mit dem Rauch und schlägt sich als Dunst auf den Fensterscheiben nieder.

Sobald die Formen etwa zur Hälfte gefüllt sind, blickt Bernard auf. »Wir werden Ihnen jetzt das Geheimnis des schwarzen Streifens zeigen«, sagt er verheißungsvoll. Er befeuchtet seine Hände mit Molke, preßt die Handteller gegen den rußgeschwärzten Kessel und überträgt die feine Tannen- und Fichtenholzasche auf die Oberfläche der in den Formen sitzenden Rohkäse.

Die Entstehungsgeschichte dieses schwarzen Streifens führt uns bis ins frühe 19. Jahrhundert zurück, als man den Morbier, im Gegensatz zu heute, in zwei Arbeitsgängen herstellte. Damals wurde die Milch gleich nach dem Melken, also zweimal am Tag, gekocht. Um den frischen, die Formen nur halb ausfüllenden Bruch vom Abend zu schützen, bedeckte man seine Oberfläche mit Asche. Am nächsten Morgen wurden die Formen zu Ende gefüllt, der Käse gepreßt und dann ließ man ihn reifen genau wie es heute geschieht. Andere Käsehersteller arbeiten nach der gleichen Methode wie Antoinette Burri, benutzen aber elektrisch beheizte Kupferkessel.

Heute gibt es zwei Gattungen von Morbier – die eine wird durch den echten, kräftig schmeckenden, aus der Rohmilch der Bergkühe gemachten Käse vertreten, der volle drei Monate gereift ist; die andere bilden die auf Basis von pasteurisierter Milch industriell erzeugten Käse, die sich durch ihren faden und banalen Geschmack zu erkennen geben.

Wer nach authentischem Morbier Ausschau hält, muß auf eine blaßgoldene Färbung achten und darauf, daß der Käse blasenförmige Einschlüsse sowie ein paar Risse und Sprünge aufweist. Man genießt diesen Käse am besten so, daß man die grau-rosa Rinde entfernt, ihn in dünne Scheiben schneidet und ein Stück frisches Landbrot dazu ißt. Als begleitender Wein eignet sich der lokale weiße oder rote *Arbois.*

Wer in die Bergregion des Jura kommt, kann an jeder beliebigen der insgesamt 380 als Kleinbetriebe arbeitenden *fruitières*, Molkereigenossenschaften, haltmachen, sich die Käseherstellung anschauen, Kostproben nehmen und Käse, Sahne, Butter und manchmal auch Joghurt kaufen. Diese Käsereien sind leicht zu finden, denn im Jura kommt man alle paar Kilometer an einem *Route de Comté*-Schild vorbei, das den Weg zur nächsten *fruitière* weist. Die Betriebe arbeiten an allen 365 Tagen des Jahres und haben im allgemeinen von 9 bis 12 und von 18 bis 20 Uhr geöffnet. Den besten Morbier findet man in der Region des gleichnamigen Ortes. Zu Antoinette Burris Laden neben der Straße findet man, wenn man von Morbier (56 Kilometer nordwestlich von Genf) aus auf der D 18 bis Les Mortes nach Norden fährt und dann die D 46 nach Chapelle-des-Bois und Combe-des-Cives nimmt.

Chindrieux *(Savoie)*

Bourg-en-Bresse 92 km, Chambéry 33 km, Paris 506 km

RESTAURANT

RELAIS DE CHAUTAGNE
73310 Chindrieux
℘ 79542027
Bestellungen werden bis
13.30 bzw. 21 Uhr (18 Uhr
außerhalb der Saison)
entgegengenommen

Eine der großen kulinarischen Hochzeiten der Region, eine wahrhaft glückliche Verbindung sind savoyischer Weißwein und das *friture* genannte Gericht eingegangen, das aus kleinen, in Eierkuchenteig gewälzten, fritierten und glühendheiß auf den Tisch kommenden Süßwasserfischen besteht. Heutzutage ist es so gut wie unmöglich, irgendwo in Frankreich noch eine echte *friture* zu bekommen. Meist

Geschlossen: Montag (außer im Juli und August) und vom 27. Dezember bis Mitte Februar
Klimatisiert
Separate Speiseräume für geschlossene Gesellschaften von 20 und 45 Personen
70-, 95- und 125-Francs-Menüs, à la carte 100 Francs

Spezialitäten: *Fritures du lac* (fritierte kleine Fische von den Bergseen; von April bis Dezember), *cuisses de grenouille à la provençale* (mit Knoblauch und Olivenöl gebratene Froschschenkel)

stammt der angebotene Fisch nicht mal aus der gleichen Gegend, ist tiefgefroren – und dann womöglich noch in ranzigem Öl gesotten, ein fatales Mahl.

Wann immer ich ins französische Seengebiet komme, versuche ich, eine wirklich gut gemachte *friture* aufzutreiben. Als himmlische Speise zubereitet fand ich sie im RELAIS DE CHAUTAGNE, einem in dem Dörfchen Chindrieux gleich an der Straße gelegenen Restaurant mit Café-Bar. Die Gasträume flirren vor Lokalkolorit: Treffpunkt der örtlichen Geschäftsleute, der ansässigen Familien, der Drachenflieger, die man von den nahen Bergen herunterschweben sehen kann. Und als wir uns gerade in unsere *friture* vertieften, fehlte nicht einmal die aus dem Radio hinter der Bar schmetternde Stimme von Edith Piaf.

Die Fischchen werden jeden Morgen mit dem Netz im nahegelegenen Lac du Bourget gefangen. Je nach Jahreszeit schwankt das Fangergebnis von *goujons* (Gründlingen) bis *perchettes* (Bärschlingen oder Egli, wie sie in der Schweiz und am Bodensee genannt werden). Die *perchettes,* die wir vorgesetzt bekamen, waren nicht nur frisch und knusprig, sondern auch ganz locker und zart, vor allem in keiner Weise durchfettet. Und wenn es noch eines Qualitätsbeweises bedurft hätte: Sie waren wunderbar verdaulich. Zu diesem Gericht macht sich übrigens sehr gut der Hauswein *Roussette de Savoie* (er kommt von Ambroise Bollard aus dem nahen Brison-Saint-Innocent).

Courchevel 1850 *(Savoie)*

Chambéry 97 km, Moûtiers 24 km, Paris 621 km

SPEZIALITÄTEN DER REGION

CHEZ MA COUSINE
73120 Courchevel 1850
☎ 79082168
Geöffnet: 10–13 und 16–20 Uhr; geschlossen: Dienstagnachmittag, Mittwochmorgen und von Mai bis Mitte Dezember
Auf Wunsch Versand innerhalb von Frankreich

Dieser phantastische kleine Laden inmitten eines der bekanntesten französischen Wintersportorte beherbergt nicht nur Würste 30 verschiedener lokaler Sorten, sondern auch den Sommer-*Beaufort* von den Hochalmen, den einer meiner bevorzugten Käseproduzenten, Jules Roux-Daigue, liefert.

Fourcatier-et-Maison-Neuve *(Doubs)*

Champagnole 45 km, Morteau 57 km

BAUERNHOF

LE POÊLE
Fourcatier-et-Maison-Neuve,
25370 Les Hôpitaux-Neufs
✆ 81499099
Bestellungen werden bis 21
bzw. 22 Uhr (für Fondue)
entgegengenommen
Geschlossen: Dienstag im Juli
und August; Dienstag und
Mittwoch von September
bis Juni
Keine Kreditkarten
Speiseterrasse
Man spricht Englisch
65 Francs

Spezialitäten: *Truite au serpolet* (Forelle mit Feldthymian), *saucisse de montagne grillée aux herbes* (auf Bergbauernhöfen luftgetrocknete Wurst, mit Kräutern gegrillt), *jambon fumé gratiné* (gratinierter geräucherter Schinken).

In diesem restaurierten Bauernhaus aus dem 14. Jahrhundert heißt die Familie Sembely ihre Gäste willkommen und läßt sie den in der riesigen Räucherkammer – von den Einheimischen *tuyé* genannt – über Wacholder und Kiefernholz geräucherten Schinken kosten. Ihr mit dem örtlichen *Comté*-Käse gemachtes Fondue, dazu einen spritzigen Weißwein, oder die in den Bergen luftgetrocknete Grillwurst mit leckeren Bratkartoffeln sind auch keine schlechte Wahl. Das frische Brot mit der schönen Kruste, das zu allen Mahlzeiten gereicht wird, kommt vom örtlichen Bäcker.

Einkauf auf dem Markt

Iguerande *(Saône-et-Loire)*

Charolles 46 km, La Clayette 27 km, Paray-le-Monial 37 km

SPEZIALITÄTEN
DER REGION

JEAN LEBLANC
71340 Iguerande
✆ 85840783
Geöffnet: 8.30–19 Uhr;
geschlossen: Sonntag
Auf Wunsch Versand ins
Ausland

Jean Leblanc beliefert die großen französischen Küchenchefs mit seinem Haselnuß- und Walnußöl. Wenn Sie ranzig schmeckender Nußöle anderer Provenienz überdrüssig sind, halten Sie sich an Leblanc, seine Öle gehören zu den frischesten und besten (das Geschäft befindet sich gegenüber vom Postamt in Iguerande).

Métabief *(Doubs)*

Champagnole 45 km, Morteau 51 km

KÄSEHERSTELLER

RICHARD SANCEY
Métabief,
25370 Les Hôpitaux-Neufs
✆ 81491271
Geöffnet: 10–12 und
16–18 Uhr; geschlossen:
Sonntag

Versuchen Sie, diese *fromagerie* in der Zeit zwischen September und März zu besichtigen, dann können Sie zuschauen, wie die Gruppe der jungen Käsereiarbeiter den Bruch des satten *Vacherin Mont d'Or*, eines der cremigsten, geschmacklich ausgeprägtesten, schärfsten französischen Käse, zubereitet. Ausgangsprodukt ist die frische Rohmilch der Montbéliard-Kühe, die in mindestens 700 Meter Höhe leben und sich in der reinen Bergluft von bestem Wiesenfutter ernähren. Der fertige Käse besitzt eine charakteristische Kraterform, und ein Kiefernholzband umschlingt die blumig-frische orangefarbene Rinde; in einer spezifischen Kiefernholzschachtel saß er schon, während er reifte. In den Wintermonaten wird der *Mont d'Or*, zusammen mit *Comté*, *Morbier*, Joghurt und *fromage blanc*, direkt ab Molkerei verkauft.

Morteau *(Doubs)*

Belfort 89 km, Besançon 67 km, Montbéliard 71 km, Paris 477 km
Markt: Dienstag und Samstag 8.30–12 Uhr, Place de l'Hôtel de Ville
Journée des Produits Régionaux (regionale Spezialitäten-Messe):
zweiter Sonntag im August

WURSTWAREN

ADRIEN BOUHERET
26, Rue Fauche,
25500 Morteau
✆ 81671035
Geöffnet: 7.30–12 und
14.30–19 Uhr; geschlossen:
Donnerstagnachmittag und
Sonntag

Adrien Bouheret ist einer der selten zu findenden ländlichen Wursthersteller – er repräsentiert die vierte *charcutier*-Generation seiner Familie –, der seine aromatischen Morteau-Würste und -Schinken in der eigenen Wurstküche zubereitet und an Ort und Stelle räuchert. Die aus bestem Schulterfleisch vom Schwein gemachte, mit Meersalz gewürzte und dann von Monsieur Bouheret in leichtem Rauch vollendete feste *Jésus de Morteau* gehört, besonders wenn sie mit kleinen neuen Kartoffeln in trockenem Weißwein gekocht ist, zu meinen Lieblingsspeisen (siehe Rezept Seite 256). In den Wintermonaten bietet sich auch die *saucisse de choux*, eine mit Schinken, Kohl und Kümmel gemachte Wurst, für einen lohnenden Versuch an.

SPEZIALITÄTEN
DER REGION

La Fruitière
40, Grande-Rue,
25500 Morteau
℡ 81670705
Geöffnet: 8–12 und 14–19
Uhr; geschlossen: Sonntag
und Montagmorgen
Kreditkarte: V

In diesem von den herrlichsten Gerüchen erfüllten Laden ist die ganze Fülle des Jura eingefangen: geräucherte Würste, vollreife Käse, Honig und wilde Morcheln.

Würste und Schinken
aus dem Jura

Ordonnaz *(Ain)*
Ambérieu-en-Bugey 31 km, Lyon 84 km

BAUERNHOF

Ferme Auberge René
Laracine
01510 Ordonnaz
℡ 74364238
Bestellungen werden bis
13 bzw. 20 Uhr entgegen-
genommen

Ob der Besuch eines Restaurants einen Umweg wert ist oder nicht, hängt von den eigenen Wunschvorstellungen ab. Es hängt aber auch davon ab, was der Umweg selbst zu werden verspricht. Wen immer es nach einem sehr ordentlichen ländlichen savoyischen Mahl gelüstet – und dazu gehören luftgetrockneter Schinken, Brot aus dem Dorfbackofen, ein unvergleichlich guter Kartoffelauflauf, gemacht aus

239

Geschlossen: Mitte Dezember bis Mitte Januar
Keine Kreditkarten
Speiseterrasse; separater Speiseraum für geschlossene Gesellschaften bis zu 28 Personen
Nur feste Menüs: 43-Francs-Menü mittags, 65-Francs-Menü abends (etwa 80 Francs einschließlich Wein und Bedienung)

Spezialitäten:
Gratin dauphinois (Kartoffelauflauf), *jambon de pays* (Landschinken), *fromage blanc à la creme* (frischer Weißkäse mit Sahne vom Bauernhof), *tarte à la crème* (Sahnekuchen).

selbstgezogenen, in melkfrischer Milch und Sahne gegarten Kartoffeln, Perlhuhn mit einem Berg frischer Pilze –, der wird die Fahrt zur FERME AUBERGE RENÉ LARACINE nicht als Umweg, sondern als ein Vergnügen empfinden. Und wenn die Rechnung kommt, kann sich das Vergnügen nur noch steigern, denn für eine aus mehreren Gängen bestehende Mahlzeit hat man nicht mehr als 80 Francs pro Person zu entrichten.

Den verträumten, aus einer Handvoll eng aneinanderliegender Gebäude bestehenden Flecken Ordonnaz erreicht man über die nordwestlich von Belley verlaufende *route départementale* 32, die, sich an den steilen Berghängen hochwindend, an blühenden Matten (im Frühling und beginnenden Sommer) mit einer unendlichen Vielfalt formenreicher Wildblumen vorbeiführt. Die *Ferme-Auberge* ist leicht auszumachen: achten Sie nur auf das *Chambre d'Hôte*-Schild am Straßenrand. Diese *auberge* hat ihre eigene Saison mit der sich vom Frühsommer bis zum Herbstbeginn erstreckenden Wanderzeit. Dann machen sich die Gäste vor oder nach einer der von Michèle Laracine bereiteten reichhaltigen Mahlzeiten – in der wärmeren Jahreszeit auf der hübschen kleinen Terrasse serviert – in die Wälder auf (die offizielle Wanderroute GR 59 führt durch Ordonnaz).

Wenn Sie an einem Freitag oder einem Samstagmorgen hier eintreffen, kann es gut sein, daß Sie Madame Laracine gerade beim Anheizen des Holzofens antreffen. Sie gehört zu den letzten Einwohnern von Ordonnaz, die den aus Steinquadern bogenförmig gebauten Backofen benutzen. Etwa zehn Laibe Brot und die doppelte Anzahl *tartes au sucre* bäckt sie hier wöchentlich, runde flache, mit Zucker und Sahne bedeckte Kuchen aus Brioche-Teig. Daß die einzelnen Gänge einer Mahlzeit hier typischerweise auf selbsterzeugten Produkten aufbauen, ergibt sich aus der Bewirtschaftung des Betriebes, aber wer leichtere Kost wünscht, kann hier auch auf einen Salat, ein Omelett und ein Glas Wein herkommen.

Pfirsiche aus dem Rhônetal gefällig?

Pérouges *(Ain)*

Bourg-en-Bresse 37 km, Lyon 39 km

TEESALON

HOSTELLERIE DU VIEUX
PÉROUGES
Place du Tilleul, Pérouges,
01800 Meximieux
✆ 74610088
Geöffnet: 14–18 Uhr;
geschlossen: Februar bis
November Mittwoch und
Donnerstag; Dezember und
Januar Sonntag, sowie eine
nicht festgelegte Zeit im
November und Dezember

Pérouges ist ein restauriertes Künstlerdorf mit einem Hauch Disneyland, und die HOSTELLERIE DU VIEUX PÉROUGES paßt ganz in diesen Rahmen: Kellnerinnen in Trachtenkleidung, nackte Holztische, geraniengefüllte Blumenkästen auf den Fensterbänken. Als wir hier einkehrten, erwies sich die berühmte *galette de Pérouges*, ein mit Zucker und Sahne überzogener Blätterteigkuchen, als ein wenig enttäuschend – der Teig war zäh und die Auflage ziemlich dürftig. Aber gehen Sie trotzdem hin, und sei es auch nur dem historischen Ambiente zuliebe, und ziehen Sie Schuhe mit flachen Absätzen an, damit Sie gut über das Kopfsteinpflaster dieses idyllischen Örtchens kommen. Gleich vor dem Restaurant steht eine riesige Linde, ein *arbre de liberté*, gepflanzt im 18. Jahrhundert, um die Revolution und den Freiheitsgedanken zu feiern.

Plasne *(Jura)*

Dôle 37 km, Lons-le-Saunier 28 km, Paris 403 km, Poligny 1 km

KÄSEHERSTELLER

FROMAGERIE DE PLASNE
Plasne, 39800 Poligny
✆ 84371403
Geöffnet: täglich
6–12.30 Uhr

Seit seinem 16. Lebensjahr ist Gabriel Guyot Morgen für Morgen vor 6 Uhr auf den Beinen, um als Hersteller von *Comté*-Käse eine Arbeit zu beginnen, die an keinem der 365 Tage des Jahres ruht. Jetzt assistiert von seiner Frau Monique, fungiert Monsieur Guyot als Produzent einer aus 15 Landwirten bestehenden Genossenschaft. Alle Mitglieder liefern morgens die frischgemolkene Milch ab, die sich dann in fruchtigen, nußartigen *Comté* in Form von eindrucksvollen 45-Kilo-Rädern verwandelt. Man kann sich den Herstellungsprozeß anschauen, wenn man zuvor eine entsprechende telefonische Verabredung trifft.

MARJOLAINE ›PERE BISE‹
Schokoladentorte ›Père Bise‹

Diese Schokoladentorte gehört zu den umwerfendsten Desserts, die ich kenne. Obwohl die Anweisungen für die Zubereitung angsterregend umfangreich erscheinen, ergibt sich in der Praxis, daß man die Vorbereitungsarbeit über mehrere Tage verteilen und mit dem Aufbau der Torte bis zu dem Tag vorm Anschnitt warten kann. Erstmalig versuchte ich dieses Dessert vor einigen Jahren in der AUBERGE DU PÈRE BISE *in Talloires, und inzwischen habe ich das Rezept neunmal durchgearbeitet und dabei zu der nachstehenden Version gefunden.*

Krokantpulver:
Pflanzenöl für das Back-
blech
140 g ganze Mandeln
140 g Puderzucker

Schokoladencreme:
500 ml *crème fraîche* oder
Sauerrahm
425 g Zartbitterschoko-
lade sehr guter Qualität,
in Stücke gebrochen

Konditor-Creme:
8 große Eigelb
200 g Streuzucker
70 g Mehl
625 ml Milch
300 g Butter

Kuchen:
130 g Haselnüsse
150 g Zucker
10 große Eiweiß
35 g Mehl

Rumcreme:
500 ml (etwa 2 Tassen)
Konditor-Creme
1 El Vanilleextrakt
1 El Rum

Krokant-Creme:
500 ml (etwa 2 Tassen)
Konditor-Creme
280 g Krokantpulver
(s. o.)

1. Das Krokantpulver vorbereiten: Den Backofen auf 150° vorheizen. Ein Backblech mit feinem Pflanzenöl einfetten. Die Mandeln auf einem anderen Backblech verteilen und rösten, bis sie zu duften und leicht zu bräunen beginnen; das dauert etwa 10 Minuten. Abkühlen lassen.

2. Die Mandeln und den Zucker in einen Topf mit schwerem Boden geben. Bei mittlerer Hitze rühren, bis der Zucker zu schmelzen beginnt. Die Mixtur wird nun mehrere Stadien durchlaufen, von einer trockenen Mischung bis hin zu einer Masse, bei der Zucker kleine erbsengroße Blasen wirft. Weiter rühren, bis aller an den Mandeln klebender Zucker geschmolzen und die Mischung dunkelbraun und sirupartig ist und die Mandeln platzende Geräusche machen. Das Ganze wird etwa 5 Minuten dauern.

3. Die Mischung rasch auf das geölte Backblech gießen, wo sie aushärtet und zu Mandelkrokant wird. Die Masse abkühlen lassen und dann in Stücke brechen. Im Mahlwerk einer Küchenmaschine oder im Mixer zu feinen Pulver zermahlen. (Krokantpulver kann im voraus zubereitet und in einem luftdichten Behältnis kaltgestellt oder tiefgefroren werden.)

4. Die Schokoladencreme zubereiten: Die *crème fraîche* in einem mittelgroßen Tiegel zum Kochen bringen. Vom Feuer nehmen und die Schokolade stückweise unterrühren, bis sie völlig geschmolzen und von der Sahne aufgenommen worden ist. Abkühlen und eindicken lassen. Die Creme sollte die Konsistenz einer dicken, aber streichfähigen Glasur haben.

5. Konditor-Creme vorbereiten: Mit dem Schneebesen oder einem Elektromixer die Eigelb schlagen, bis sie blaßgelb und dick sind. Behutsam das Mehl einrühren. Die Milch in einem großen Topf mit schwerem Boden zum Kochen bringen. Ein Drittel der heißen Milch in die Eigelbmischung rühren, sodann diese Masse in die restliche Milch gießen. Bei guter Hitze unter ständigem Rühren etwa 2 Minuten andicken lassen. In eine Schüssel gießen und abkühlen lassen.

6. Die Butter kräftig verrühren, bis sie weich und cremig ist. Wenn die Konditor-Creme vollständig abgekühlt ist, die weiche Butter unterrühren.

7. Den Kuchen zubereiten: Den Backofen auf 150° vorheizen.

2 rechteckige Formen von etwa 36 × 26 × 3 cm Größe reichlich buttern. Mit Pergamentpapier auslegen, und das Papier ebenfalls buttern sowie mit Mehl bestäuben.

8. Die Haselnüsse auf einem Backblech verteilen und etwa 10 Minuten rösten, bis sie zu duften und hellbraun zu werden beginnen. Aus dem Ofen nehmen und die Nüsse in einem Küchenhandtuch aus Baumwolle rubbeln, damit möglichst viel Haut abgeht. Abkühlen lassen und dann mit 50 g Zucker in einer Küchenmaschine oder mit dem Mahlwerk eines Handmixers mahlen.

9. Die Eiweiß mit einem Schneebesen oder Elektromixer schlagen, bis sie steif zu werden beginnen. Allmählich den restlichen Zucker dazugeben. Weiterschlagen, bis ein steifer aber nicht trockener Eischnee entstanden ist. Das Mehl und die Haselnußmischung unterheben. Die Masse gleichmäßig in den vorbereiteten Formen verteilen. 25 bis 30 Minuten gut braun backen.

10. Die Kuchen aus dem Ofen holen und zum Abkühlen mit der Papierseite nach oben auf Tortengitter stürzen. Die Kuchen einige Minuten mit einem feuchten Tuch abdecken, und, während sie noch warm sind, das Pergamentpapier ablösen. Jeden Kuchen der Länge nach in zwei Hälften schneiden.

11. Die *marjolaine* mindestens 24 Stunden, aber nicht länger als 3 Tage vor dem Servieren zusammensetzen: Die Konditor-Creme in zwei Portionen teilen. Zur Rumcreme-Zubereitung den Vanillextrakt und den Rum in eine der Konditor-Creme-Portionen rühren. Zur Krokantcreme-Zubereitung das Krokantpulver in die restliche Konditor-Creme einrühren. (Die Krokantcreme erst unmittelbar vor dem Zusammensetzen des Kuchens zubereiten, da sie sonst an Aroma verliert.) Die Schokoladen- und auch die Konditor-Creme sollten sehr kalt, aber streichfähig sein.

12. Eine Kuchenhälfte auf eine große rechteckige Servierplatte legen. Die Hälfte der Schokoladencreme darauf verstreichen. Etwa 10 Minuten im Kühlschrank festwerden lassen. Eine weitere Kuchenhälfte auf die Schokoladencreme legen. Diese Kuchenhälfte mit der gesamten Rumcreme bestreichen und etwa 15 Minuten im Kühlschrank festwerden lassen. Eine dritte Kuchenhälfte auf die Rumcreme legen; mit der gesamten Krokantcreme bestreichen und etwa 15 Minuten im Kühlschrank festwerden lassen. Die vierte Kuchenhälfte auf die Krokantcreme legen. Den Kuchen auf der Oberfläche und an den Seiten mit der restlichen Schokoladencreme glasieren. Unbedeckt 15 Minuten in den Kühlschrank stellen, dann mit Plastikfolie abdecken. Vor dem Servieren 1 bis 3 Tage im Kühlschrank lassen.

13. Den Kuchen vor dem Servieren etwa 15 Minuten bei Raumtemperatur stehenlassen, dann in dünne Scheiben schneiden. Für 16 bis 20 Personen.

Poligny *(Jura)*

Dôle 37 km, Lons-le-Saunier 28 km, Paris 403 km
Markt: Montag und Freitag 8–12 Uhr, Place Nationale
Fête du Comté (Käsefest): letztes Wochenende im Juli

KÄSELADEN

ARNAUD FRÈRES
15, Place Nationale,
39800 Poligny
✆ 84371350
Geöffnet: 8–12.30 und
14.30–19 Uhr;
geschlossen: Sonntag und
Dienstagnachmittag
Kreditkarte: V
Auf Wunsch Versand inner-
halb von Frankreich

Ein großartiger Laden, um sich mit allem einzudecken, was der Jura zu bieten hat: Wurst, Schinken, Käse und Wein. Zu den speziellen hier angebotenen Käsesorten gehören *Comté, Morbier, Bleu de Gex* und in den Wintermonaten *Vacherin du Mont-d'Or*.

Comté, pfleglich gereift

KÄSEHERSTELLER

ARNAUD FRÈRES
Avenue de la Gare,
39800 Poligny
✆ 84371423
Geöffnet: 7–12 und
13.30–18.30 Uhr;
geschlossen: Samstag

Wer gerne sehen möchte, wie die riesigen *Comté*-Käse-räder gesalzen und gewendet werden, während sie bis zu sechs Monaten in den Reifungsräumen ruhen, der sollte vorher hier anrufen, um einen Besuch zu vereinbaren; Sie kommen zu einem der versiertesten und qualitätsbewußte-sten Käseproduzenten der ganzen Gegend. Die Erzeugnisse können auch an Ort und Stelle gekauft werden.

MUSEUM

MAISON DU COMTÉ
Avenue de la Résistance,
39800 Poligny
✆ 84372351

Das seit Juli 1985 geöffnete Museum ist der Geschichte der *Comté*-Herstellung gewidmet und präsentiert antike Gerätschaften, eine Fotoausstellung und eine 20 Minu-ten dauernde Dia-Schau. Über das Museum lassen sich auch

Geöffnet: Juli bis Mitte August 9–12 und 14–18 Uhr; außerhalb der Saison nach Vereinbarung Eintritt: 6 Francs für Erwachsene, 4 Francs für Kinder

Besuche bei Molkereigenossenschaften arrangieren, die *Comté* erzeugen.

Roanne *(Loire)*

Lyon 86 km, Paris 390 km

Ausgewählte Märkte: Dienstag und Freitag 7.30–12.30 Uhr, Hôtel-de-Ville und Place du Marché

RESTAURANT

RESTAURANT TROISGROS
Place de la Gare,
42300 Roanne
✆ 77716697
Bestellungen werden bis 13.30 bzw. 21.30 Uhr entgegengenommen
Geschlossen: Dienstag, Mittwochmittag, im Januar und zwei Wochen im August
Kreditkarten: AE, DC, EC, V
Speiseterrasse; separater Speiseraum für geschlossene Gesellschaften bis zu 18 Personen
Man spricht Englisch
210-, 325- und 390-Francs-Menüs, à la carte 500 Francs

Spezialitäten:
Escalope de saumon à l'oseille (Lachsschnitzel mit Sauerampfer), *le grand dessert* (reiche Auswahl vom Dessertwagen)

An einem warmen Julitag fuhr ich von Lyon aus im Bummelzug zu diesem entlegenen Flecken, um im Restaurant an der Place de la Gare zu Mittag zu essen. Ich setzte mich zu den Einheimischen, die paarweise oder als Großfamilie, mit Kindern und mit Hunden kamen. Fast kein Geschäftsmann ließ sich sehen, vielmehr hatte es den Anschein, als seien die meisten Leute aus einem besonderen Anlaß hierhergekommen, und während eines ausgedehnten, sich langsam dahinziehenden Mahles durften sich die Kinder ihren Spielzeugautos und -eisenbahnen widmen. Man bestellte die Speisen, die für die Franzosen wesentliche Komponenten eines Festschmauses sind, und so kam bald eine wahre Parade von Platten und Tellern, gefüllt mit schottischem Lachs, Bresse-Tauben, bretonischem Hummer und *foie gras* aus den Landes angetanzt. Der überschlanke *sommelier*, humorig, aber korrekt, kredenzte vorwiegend die lokalen Hausweine – als Weißen den schmeichelnden *Saint-Véran*, als Roten einen erschwinglichen *Beaujolais* –, und die einzige Sprache, die ich hier immerzu hörte, war Französisch. Ich erwähne das alles, weil diese ganze Atmosphäre keineswegs dem üblichen Szenarium in einem französischen Restaurant der Spitzenklasse entspricht, aber bei TROISGROS, einem der anheimelndsten unter den ›großen‹ Etablissements des Landes, ist das alles ganz normal.

Im TROISGROS, dem immer noch unprätentiösen, redlichen Familienlokal, geht alles weiter seinen gewohnten Gang, obwohl einer der wichtigsten Männer, Jean Troisgros, 1983 verstorben ist. Jeans Bruder und Partner, Pierre, arbeitet seitdem mit Sohn Michel zusammen, und das Zweier-Team hat eine Art von Cuisine geschaffen, wie sie vor nicht allzu langer Zeit von den Gralshütern der klassischen französischen Küche noch mit einem Tabu belegt worden wäre.

Ungeachtet der familiären Stimmung in diesem Restaurant, das der tristen Bahnstation gegenüberliegt, gehört das hier servierte Essen zum besten internationalen Speisenangebot, das man in Frankreich finden kann. Auf ihren Reisen in alle Welt suchen die Troisgros-Chefs Zutaten aus, die nicht unbedingt zur französischen Eßtradition gehören. So lassen sie eine Kochkunst entstehen, die die klassische Linie sowohl respektiert als auch neu interpretiert. Was man hier heute auf der Speisekarte findet, ist daher möglicherweise eine makellos frische, durch und durch schmackhafte Bresse-Taube, der ein raffiniert abgestimmtes Zucchini-Chutney (siehe Rezept auf dieser Seite) als Sauce beigegeben ist, köstliche federleichte *rouleaux de crabe* (eine gelungene Nachempfindung der chinesischen Frühlingsrollen), von farbenfrohen Zucchiniblüten umhüllt und – als überraschende Wiederentdeckung einer klassischen Kinderspeise – Vanillecreme, hier mit Jasmintee aromatisiert und von einer ›orangenhäutigen‹ Meringue gekrönt.

CHUTNEY DE COURGETTES ›PIERRE ET MICHEL TROISGROS‹
Zucchini-Chutney ›Pierre et Michel Troisgros‹

Diese wunderbare, duftig-frische Gemüsebeilage ist bezeichnend dafür, wie sich in der französischen Küche heute eine neue Auffassung durchzusetzen beginnt. Noch vor Jahren wäre es völlig undenkbar gewesen, daß ein renommiertes französisches Restaurant ein Gericht mit der sehr britischen Bezeichnung Chutney auf die Speisekarte zu setzen wagt. Und die ganzen schwarzen Pfefferkörner und frischen Ingwerschnipsel hätten alles nur noch schlimmer gemacht. Das sieht man heute zum Glück etwas lockerer, und der Familie Troisgros kommt eine führende Rolle dabei zu. Dort wird dieses Gericht zu jeder Jahreszeit serviert, mal zu gegrilltem Lamm, mal zu gerösteter Taube.

2 Zitronen
3 mittelgroße Zucchini, geschält und in 2,5 cm große Stücke geschnitten
2 mittelgroße Zwiebeln, in dünne Scheiben geschnitten
185 ml trockener Weißwein, wie Riesling
2 Tl Zucker
24 ganze schwarze Pfefferkörner, geschrotet
1 walnußgroßes Stück frischer Ingwer, gewiegt
Salz nach Geschmack

1. Die Schale und weiße Haut von den Zitronen abschälen und entfernen. Die Zitronen in dünne Scheiben schneiden und die Kerne herausnehmen.
2. Alle Zutaten in einem kleinen Topf bei mittlerer Hitze 1 Stunde bedeckt schmoren lassen. Von Zeit zu Zeit umrühren, damit nichts anbrennt. Das Chutney sollte die Konsistenz einer Marmelade haben.
3. Als Beilage zu gegrilltem Fleisch, Fisch oder gegrilltem Geflügel servieren. Das Chutney kann warm wie auch kalt gegessen werden.
Für 4 Personen.

Traditionalisten brauchen sich indessen nicht zu grämen. Man kann hier noch jederzeit hereinkommen und eine simple gegrillte Seezunge bestellen; und die Aprikosentorte, die ich hier aß, hätte jede Großmutter vor Neid erblassen lassen. Sollte aber alles andere nicht ziehen, dann bleibt da noch das übrigens beliebteste Gericht des Hauses, ›Dauerrenner‹ seit nahezu drei Jahrzehnten: Lachs mit Sauerampfer.

Romans-sur-Isère *(Drôme)*

Grenoble 81 km, Paris 562 km, Saint-Etienne 93 km, Valence 18 km
Markt: Dienstag, Freitag und Sonntag 8–12 Uhr, Place Maurice Faure

KONDITOREI

PIERRE MOURIER
39, Rue Jacquemart,
26100 Romans-sur-Isère
✆ 75023229
Geöffnet: 6.30–19.30;
geschlossen: Montag

In alten Zeiten, als jedermann in der Gegend noch sein eigenes Brot buk, pflegten die Hausfrauen eine Handvoll – eine *poignée* – Teig zurückzubehalten, als Krone zurechtzukneten und mit dieser im Ofen mitgebackenen Überraschung den Kindern eine Freude zu machen. Nach und nach setzte man dem Teig ein wenig Butter zu, dann Eier, schließlich Zucker, und endlich war sie da – die *pogne*. Später begannen die selbständigen Bäckereien diese regionale Spezialität zur Osterzeit anzubieten. Das Städtchen Romans-sur-Isère gilt als die *pogne*-Hauptstadt Frankreichs, und Pierre Mourier ist einer der besten mir bekannten Bäcker für diese Spezialität. Seine mit Orangenblütenwasser aromatisierte Version der Leckerei ist das ganze Jahr über zu bekommen.

Les Rousses *(Jura)*

Genf 47 km, Gex 30 km, Paris 469 km, Saint-Claude 33 km

KÄSEHERSTELLER

COOPÉRATIVE FROMA-
GÈRE LES ROUSSES
137, Rue Pasteur,
39220 Les Rousses
✆ 84600273
Geöffnet: 8–12 und
15–19.30 Uhr; geschlossen:
Sonntagnachmittag

Wenn Sie ein Frühaufsteher sind, kriechen Sie um fünf aus den Federn, um in dieser kleinen, von Dampfschwaden erfüllten Molkerei mit zuzuschauen, wie Käse entstehen. Zehn ortsansässige Landwirte sind in dieser Molkereigenossenschaft zusammengeschlossen. Aus ihren gemeinsamen Milcherträgen produzieren sie den köstlichen Rohmilch-*Comté*, *Morbier* und *Raclette* sowie ihre eigene *crème fraîche*, *fromage blanc* und Joghurt. Zweimal pro Woche wird hier eine kleine Partie Frischmilch-Butter nach alter Manier im Holzfaß erzeugt.

Die Tradition der Holzbacköfen

Die Tradition der holzbefeuerten Gemeindebacköfen ist in Frankreich am stärksten im Rhônetal verwurzelt, und da wiederum im Bugey, dem an Weinbergen reichen Gebiet, das auf halbem Wege zwischen dem Beaujolais und Savoyen liegt. Mit der Ausbreitung der *boulangerie* modernen Stils sind viele dieser alten Öfen seit den 50er Jahren unbenutzt geblieben, doch damals war ein einziger Dorfbackofen in der Lage, eine Ortschaft von 400 Einwohnern bequem mit Brot zu versorgen. Heute stehen diese Öfen großenteils still und werden nur noch einmal jährlich zum Brotofen-Fest in Betrieb genommen (siehe Seite 254 f.).

Nachfolgend sind die Orte mit Gemeindebacköfen aufgeführt, die man sich im Rahmen einer selbst unternommenen, in wenigen Stunden leicht zu bewältigenden Rundfahrt anschauen kann. Man beginnt die Tour am besten in Nivollet-Montgriffon, 32 Kilometer südöstlich von Bourg-en-Bresse.

MONTGRIFFON: Ein bißchen abseits der Route, doch ist das architektonisch interessante Backhaus einen Umweg wert. Es gehört zu den schönsten im Bugey und ist von den nur 25 Einwohnern dieses Fleckchens restauriert worden. Man beachte die bienenkorbartig gewölbte Rückseite des Baus und den riesigen *arbre de liberté,* eine im Gedenken an die Französische Revolution gepflanzte Linde.

BELMONT: Ein Backhaus mit gewölbter Decke.

OUCHE: Ein von Efeu überwuchertes Backhaus, eines der gepflegtesten auf dieser Tour. Bemerkenswert sind die *fagots,* das sauber gebündelte Rebenschnittholz in der Ecke.

CEYZERIEU: Ein Backhaus mit Steinplatten-Fußboden, Rundbogentür und dem klassischen Anbau, einem Waschhaus.

CATTON-GRAMMONT: An jedem Palmsonntag bereiten die Frauen des Dorfes Hunderte von riesigen, rechteckig geformten Kuchen aus Sauerteig. Die Männer holen die brutzelndheißen Zwiebel- und Apfelkuchen aus dem Ofen, stapeln sie auf einer alten Holztür und verkaufen sie für etwa 10 Francs pro Schnitte. Dorfbewohner und Besucher belagern den Stand des ortsansässigen Winzers, der *Roussette* und *Mondeuse* ausschenkt, und erörtern, das Weinglas in der einen, ein Stück Zwiebelkuchen in der anderen Hand, die architektonischen Vorzüge ihrer Holzbacköfen.

VONGNES: Nicht nur ein Backofen, sondern auch Weinberge und Alain Nambotins Bäckerei mit Café erwarten den Besucher hier. Er wird sich freuen, einen Laib Brot anzubieten, den er in dem backsteinverzierten Ofen selbst gemacht hat.

FLAXIEU: Maurice und Paule Bal sind hier zu Hause und auch der Winzer Camille Crussy, der einen preisgekrönten *vin de Bugey* macht.

MARIGNIEU: Ein Backhaus.

SAINT-CHAMP: Wieder ein Holzbackofen. Von Chemillieu kommend, kann man entlang der Landstraße die als Zäune fungierenden Weinstöcke bewundern.

PARVES: Der kleine Ofen liegt abseits am Straßenrand. Im Innern finden Sie eine alte Tafel, auf der die Dorfbewohner die den einzelnen Familien zugeordneten Backtage vermerkten.

SORBIER: Das südöstlich von Parves an der D 107 gelegene Dörfchen erscheint nicht auf der Michelin-Karte. Der wunderschön restaurierte Holzbackofen von Sorbier mit seinen Kletterrosen am Eingang ist eines der meistfotografierten Objekte auf dieser kleinen Rundreise. Reizvoll sind die abwechselnd mit grauen und gelben Steinen errichteten Wände, das abgestufte Dach und das zur Schau gestellte Backgerät, zu dem auch eine *pelle* gehört, ein Holzschieber, um die Brote in den Ofen zu praktizieren und wieder herauszuholen.

CHEMILLIEU: Zwischen dem Backhaus (erbaut 1825) und dem Waschhaus auf der gegenüberliegenden Straßenseite gehen die Hühner spazieren.

Saint-Etienne *(Loire)*

Lyon 63 km, Paris 516 km, Valence 93 km
Märkte: Montag, Mittwoch, Freitag und Samstag 7–13 Uhr, Place Jacquard;
Dienstag und Sonntag 7–13 Uhr, Place Carnot;
Dienstag, Donnerstag und Sonntag 7–13 Uhr, Place Bellevue

RESTAURANT

GABRIELLE ET PIERRE
GAGNAIRE
3, Rue Georges-Teissier,
42000 Saint-Etienne
✆ 77375793
Bestellungen werden bis 14
bzw. 21.30 Uhr entgegen-
genommen
Geschlossen: Sonntag, Montag, eine Woche im Februar,
drei Wochen im August und
die Woche vor Weihnachten
Kreditkarten: AE, DC, V
Separater Speiseraum für
geschlossene Gesellschaften
bis zu 12 Personen
Man spricht Englisch
170-, 280- und 400-Francs-
Menüs, à la carte 400 Francs

Spezialitäten:
je nach Jahreszeit

Hätte mir noch vor kurzem jemand gesagt, ich würde wegen eines einzigen Essens die ganze Strecke bis Saint-Etienne, der trübseligen Industriestadt im Zentralmassiv, hinunterfahren, wäre mir das absurd erschienen. Aber etliche Mahlzeiten später muß ich rückhaltlos gestehen, daß ein Besuch bei Gabrielle und Pierre Gagnaire eine besondere Anstrengung wert ist. Alles an dem schlanken, blonden Gagnaire und seiner patenten, praktischen Frau Gabrielle ist erfrischend originell, um nicht zu sagen unorthodox. Das kolonialspanische Dekor, die komplex kombinierten Speisen, selbst die Organisation des Arbeitsablaufs in der Küche lassen erkennen, daß die zielbewußten Gagnaires eine ganz bestimmte Vorstellung von der Art haben, wie dieses Restaurant zu führen ist. Sie scheinen sich im klaren darüber zu sein, daß das Publikum von heute ausgefallene, die Geschmackssinne erregende Speisen erwartet, zusammengestellt von einem Küchenchef, der einen ganz persönlichen kulinarischen Stil hat. Also wartet Gagnaire mit *brandade* (Stockfisch-Püree) mit Kartoffelbrei auf, mit viel Wildbret im Winter, Flußfisch aus den örtlichen Gewässern im Sommer und unzähligen Arten von Gratin. Er macht sogar Kartoffelchips und hat ein Schokoladen-Soufflé im Programm, das so reichlich dotiert und sahnig ist, daß er es eine ›Suppe‹ nennt.

Wenn man einen Blick auf die Speisekarte wirft und sich die komplexen Benennungen ansieht, mit denen einige Gerichte erläutert sind, so fragt man sich schon einmal, wie der Gaumen wohl reagieren werde. Aber dann versucht man die ganz frischen bretonischen Langustinen, die gebraten und von einer hauchdünnen, mit Zimt aromatisierten *beurre blanc*-Glasur überzogen serviert werden; oder den mehrstöckigen ›Heldensandwich‹, in dem sich Kalbsbries, *foie gras* und Taubenbrust begegnen und der mit einem Schalotten-*confit* und einem Häufchen warmen, süßsauren Kohls auf den Tisch kommt – und man sagt: »Genauso und nicht anders muß das sein.« Wahrscheinlich würden die meisten Küchenchefs bei dem Versuch scheitern, es Pierre Gagnaire gleichzutun. Aber er versteht es, mit seinen wohlüberlegten Kompositionen den Gaumen auf eine neue Weise zu kitzeln, und das verschafft ihm Erfolg.

Eine kleine Vorwarnung: Bei den Gagnaires sollte man die geschriebene Speisekarte nur als eine Art Rahmenentwurf für das ansehen, was dann wirklich entsteht. Die Kochweise des Chefs ist absolut spontan, und selten macht er zweimal das gleiche Gericht. Was Sie also als Garnierung oder Überzug auf Ihrem Teller finden, kann in drastischer Weise von dem abweichen, was die Speisekarte verkündet.

Saint-Laurent-en-Grandvaux *(Jura)*

Champagnole 22 km, Lons-le-Saunier 46 km, Paris 448 km

SPEZIALITÄTEN DER REGION

MICHEL REBOUILLAT
La Savine, 39150 Saint-Laurent-en-Grandvaux
✆ 84608278
Geöffnet: täglich 8–19 Uhr
Kreditkarte: V
Auf Wunsch Versand
innerhalb von Frankreich

Ein sehr gutes Spezialitätengeschäft der Jura-Region. Die örtlich erzeugte *charcuterie*, zu der hier auch köstlicher Räucherschinken und hausgeräucherte Forelle gehören, ist Spitzenklasse.

Talloires *(Haute-Savoie)*

Albertville 33 km, Annecy 13 km, Paris 545 km

RESTAURANT

AUBERGE DU PÈRE BISE
Talloires,
74290 Veyrier-du-Lac
✆ 50607201
Bestellungen werden bis 14 bzw. 21 Uhr entgegen-genommen
Geschlossen: Mitte Oktober bis Anfang Mai am Dienstag, Ende April bis Anfang Mai am Mittwoch und Mitte Dezember bis Januar
Kreditkarten: AE, DC, EC, V

Ich schwimme ein wenig gegen den Strom, wenn ich, die landläufige Meinung über Père Bise ignorierend, eine Verehrerin seiner Auberge geblieben bin, lange nachdem viele seiner früheren Stammgäste ihm die Freundschaft gekündigt haben. Für mich ist und bleibt dieses landhausähnliche Restaurant am Ufer des märchenhaft schönen Sees von Annecy eines der romantischsten Speiselokale von ganz Frankreich. Doch bei meinem letzten Abendessen in der Auberge hatte ich das Gefühl, bei einem Freund zu weilen, der, dickbäuchig geworden, sich gehen ließ, der einfach den Kontakt mit der Wirklichkeit verloren hatte. Mir kam es so vor, als hätte man irgendwann um 1954 herum hier die Küchentür von innen zugemacht und seitdem niemanden mehr hinausgelassen. Irgendwie war der Reiz weg, es gab

Separater Speiseraum für geschlossene Gesellschaften bis zu 25 Personen
Man spricht Englisch
300-, 400- und 500-Francs-Menüs, à la carte 500 bis 700 Francs.

Spezialitäten:
Truite saumonée façon François (marinierte Lachsforelle mit Ingwer-Mayonnaise), *blanquette de homard breton* (Ragout von bretonischem Hummer), *poularde de Bresse* (Masthuhn aus der Bresse)

nichts Stimulierendes mehr, und das Essen erwies sich, im übertragenen wie im konkreten Sinne, als müde und abgestanden.

Der größte Schock war ausgerechnet die famose *marjolaine,* diese ansonsten unglaublich intensive, überragend köstliche Schokoladen-Schichttorte, die meiner Meinung nach alle anderen Desserts in den Schatten stellt (siehe Rezept Seite 242). Als der Dessertwagen seine Runde machte, wurde mir ein übriggebliebenes, ausgetrocknetes Endstück von Torte präsentiert, die letzte Schnitte einer wer weiß wann gemachten *marjolaine.* Und doch weiß ich, daß ich, so wie ich an diesem Flecken hänge, hierher zurückkommen werde, und zwar in der Hoffnung, daß sich die Küchentür wieder geöffnet und inzwischen ein wenig frischen Wind hereingelassen hat.

Valence *(Drôme)*

Grenoble 99 km, Lyon 99 km, Paris 560 km
Märkte: Dienstag 6–12 Uhr, Place Saint-Jean; Donnerstag und Samstag 6–12 Uhr, Place des Clercs

RESTAURANT

JACQUES PIC
285, Avenue Victor-Hugo,
26000 Valence
✆ 75441532
Bestellungen werden bis 13.30 bzw. 21.30 Uhr entgegengenommen
Geschlossen: Sonntagabend, Mittwoch, zehn Tage im Februar, drei Wochen im April und im August
Kreditkarten: AE, DC
Speiseterrasse
Klimatisiert
Separater Speiseraum für geschlossene Gesellschaften bis zu 20 Personen
Man spricht Englisch
380- und 450-Francs-Menüs, à la carte 500 Francs

Nach wie vor ist Jacques Pics Speiselokal, im ansonsten ziemlich langweiligen Valence gelegen, eines der provinziellsten unter den ›großen‹ französischen Restaurants. Gewiß, man sieht mal einen oder zwei Tische von japanischen Geschäftsleuten besetzt, und hier und da mögen einige Amerikaner, Deutsche oder Schweizer aufkreuzen, aber im Grunde genommen ist das Lokal eine Angelegenheit der Einheimischen, ein Platz, wo man eine *fête* feiert, Geburtstage, Jubiläen oder auch einfach nur das Glück, hier und jetzt zu leben. Was mir gefällt, ist die gemütliche Atmosphäre, dafür nehme ich sogar die recht massive *bourgeois*-Einrichtung in Kauf. Mein jüngstes Mahl war ein wahres Fest. Von dem ersten Gang, allerfrischstem, üppigem Spargel in einer warmen *hollandaise* und reich mit Kaviar garniert, kann ich nur im Superlativ sprechen. Das Wechselspiel der Geschmackseindrücke zwischen heiß und kalt, von Salz und Butter war einfach ein Genuß. Und nicht weniger gut ließ sich der *blanc de turbot aux morilles* an, wobei der meeresfrische Steinbutt sandwichartig aufgeklappt und mit wilden Morcheln von den Fluren der Region gefüllt war; und das sahnige *nougat glacé* (siehe Rezept Seite 252) schmeckte mir besser als jede Eiscreme.

Spezialitäten:
Blanc de turbot aux morilles (Steinbutt mit Morcheln), *homard rôti aux truffes* (gebratener Hummer mit Trüffeln), *nougat glacé* (gefrorenes Nougat)

Monsieur Pics Weinkarte liest sich wie eine dionysische Bibel. Wenn Sie aber als Weißen den *Condrieu* von Georges Vernay und als Roten die *Hermitage* aus dem Hause Chave wählen, liegen Sie auf jeden Fall richtig. Eine gute Nachricht noch für Liebhaber von Kräutertees: Pic bereitet herrliche Aufgüsse aus frischgepflückten Kräutern, wozu auch eine magenfreundliche *verveine menthe* gehört, ein mit Minze versetzter Eisenkraut-Tee.

NOUGAT GLACE ›JACQUES PIC‹
Gefrorenes Nougat ›Jacques Pic‹

Für meinen Geschmack ist dieses Dessert besser – und auch einen Stich eleganter – als jede selbstgemachte Eiscreme. Erstmals hatte ich bei Jacques Pic in Valence die Gelegenheit, mich mit dieser Leckerei anzufreunden, dann fand ich sie aber auch in zahlreichen anderen Restaurants der Provence und der Côte-d'Azur. Das nougat glacé *ist gerade im Sommer eine unheimlich verlockende Süßspeise, die einem auch insofern entgegenkommt, als sie sich schon einen Tag im voraus zubereiten läßt. Was die kandierten Früchte anbelangt, so sollte man sich die Mühe machen, ein gutes Süßwarengeschäft mit qualitativ hochwertigem Angebot ausfindig zu machen und auf aromalose Massenware zu verzichten.*

45 g ganze Mandeln
45 g Haselnüsse
1 Vanilleschote, geteilt
4 große Eier, leicht geschlagen
60 g Butter (Raumtemperatur)
100 g Zucker
125 g kandierte Früchte, vorzugsweise Orangenschale und Kirschen, grob gehackt
500 ml süße Sahne, vorzugsweise nicht ultrahocherhitzt

1. Den Backofen auf 150° vorheizen.
2. Mandeln und Haselnüsse getrennt auf 2 kleinen Backblechen verteilen und etwa 10 Minuten rösten bis sie hellbraun sind und zu duften beginnen. Die Bleche aus dem Ofen nehmen, und die noch warmen Haselnüsse in einem Küchentuch aus Baumwolle kräftig rubbeln, damit möglichst viel Haut entfernt wird. Beiseite stellen und abkühlen lassen.
3. Die feinen Samenkörner aus der Vanilleschote kratzen und sie zusammen mit Eiern, Butter und Zucker in einen mittelgroßen Topf geben. Bei mittlerer Hitze unter ständigem Rühren so lange kochen, bis die Eier zu stocken beginnen. Sie werden wie cremige Rühreier aussehen, das ist aber kein Grund zur Beunruhigung. Den Topf vom Feuer nehmen und die Mischung sofort in eine große Rührschüssel geben und abkühlen lassen. Sodann die Mandeln, Haselnüsse und kandierten Früchte unterrühren. Beiseite stellen.
4. Die Sahne in einer zweiten großen Rührschüssel steifschlagen und sie dann in die Nuß- und Fruchtmasse ziehen.
5. Diese Mischung in eine rechteckige 25 × 12 cm große Kastenform mit Antihaftbeschichtung oder eine normale Kastenform, die mit Pergamentpapier ausgelegt wurde, füllen. Mit Plastikfolie abdecken und etwa 4 Stunden durchgefrieren.
6. Zum Servieren die Masse aus der Form nehmen, in gleichmäßige Scheiben schneiden und auf geeisten Desserttellern auftragen.
Für 8 Personen.

GOURMANDISE GLACEE AUX FRUITS ROUGES ›GEORGES BLANC‹

Meringue mit Sorbet und roten Beeren ›Georges Blanc‹

Dieses Dessert präsentiert sich mit seinen leuchtend frischen Beeren und der federleichten Meringue wie eine sommerliche Botschaft. Georges Blanc verwendet rote Johannisbeeren anstelle der Himbeeren, aber die süße Schlemmerei kommt auch mit Erdbeeren oder Himbeeren oder einer Mischung aus beiden Beerensorten voll zur Geltung.

Meringuemasse:
Butter und Mehl für die
Backbleche
5 große Eiweiß
1 Prise Salz
145 g Streuzucker
140 g Puderzucker,
durchgesiebt

Füllung:
250 ml Milch
1 Vanilleschote, der
Länge nach geteilt
3 große Eigelb
100 g Zucker
1 El Mehl

Fruchtpüree:
250 g Himbeeren
70 g (oder nach
Geschmack) Puderzucker
Saft einer Zitrone
(oder nach Geschmack)
500 g kleine, frische
Erdbeeren, gewaschen
und entstielt
Etwa 500 ml Himbeer-
sorbet bester Qualität

1. Den Backofen auf 120° vorheizen. 2 Backbleche einfetten und mit Mehl bestäuben.
2. Die Meringuemasse zubereiten: Die Eiweiß mit dem Salz in einer großen Schüssel zu einem steifen, aber nicht trockenen Schnee schlagen. 3 Eßlöffel Streuzucker einrieseln lassen und weiter schlagen bis der Schnee glänzend ist und sich auftürmen läßt. Den übrigen Streuzucker sowie den Puderzucker vorsichtig unterheben und gründlich einarbeiten.
3. Die Meringuemasse in eine Spritztüte mit runder Tülle füllen und 12 Kringel von etwa 10 cm Durchmesser im Abstand von gut 1 cm auf das Backblech spritzen. Die Oberseite der Meringuekringel vorsichtig mit einem Spachtel glätten, so daß flache Scheiben entstehen. Die Baisers etwa 1 Stunde hellgelb backen, bis sie sich auf Fingerdruck fest anfühlen. Aus dem Ofen ziehen und abkühlen lassen.
4. Die Füllung zubereiten: Die Milch mit der Vanilleschote in einem mittelgroßen Tiegel bei guter Hitze zum Kochen bringen. Den Tiegel vom Feuer nehmen, bedecken und 5 Minuten abdampfen lassen. Die Vanilleschote entfernen. Die Eigelb und den Zucker in einer mittelgroßen Schüssel verrühren, bis die Masse dick und hellgelb ist. Sodann das Mehl und anschließend die Milch unterrühren. Diese Mischung wieder in den Tiegel gießen und bei mittlerer Hitze unter ständigem Rühren zum Kochen bringen. 2 Minuten durchkochen, vom Feuer nehmen, in eine Schüssel gießen und zum Abkühlen beiseite stellen.
5. Das Fruchtpüree bereiten: Die Himbeeren in der Küchenmaschine pürieren. Nach Geschmack Puderzucker und Zitronensaft hinzufügen.
6. Die abgekühlte Füllung umrühren, damit sie streichfähig wird und dann gleichmäßig bis zum Rand auf 6 abgekühlte Meringue-Scheiben streichen. Die Füllung sorgfältig mit Erdbeeren bedecken. Das Sorbet gleichmäßig auf den restlichen 6 Meringue-Scheiben so verteilen, daß am Rand jeweils etwa 3 mm freibleiben. Die Hälften mit der Füllung und den Erdbeeren rasch auf die Sorbet-Hälften legen, jeweils mit dem Himbeerpüree umgeben und sofort servieren.
Für 6 Personen.

Brot aus dem Holzbackofen

Flaxieu, 13. März – Maurice Bal klopft sich einen Mehlfleck von der dicken Wollmütze und holt mit rhythmischem Schwung und ausladenden, fegenden Bewegungen die vor Hitze knisternden runden Sauerteigbrote aus dem Holzofen. Mit seiner Frau Pauline Seite an Seite arbeitend, plaziert er, hastig und nervös, ein Dutzend dickkrustiger, duftender Laibe zum Abkühlen auf die mit Strohmatten bedeckten Steinbänke. Keine Bewegung ist zu viel, wenn die beiden jetzt geschwind den backsteingeränderten Ofen erneut füllen, diesmal mit rustikalen Brotkuchen, welche erst im letzten Moment mit Zwiebeln, Äpfeln, gezuckerten saftziehenden Pflaumen oder auch zerstoßenen Walnüssen belegt werden.

Es ist 9 Uhr morgens, und ein grauer, von Nieselregen erfüllter Tag hängt über dem Bugey, einem entlegenen Flecken des Departement Ain in Südostfrankreich. Zum ersten Mal seit 5 Uhr früh, als sich das Ehepaar Bal noch im Dunkeln erhob, entsteht nun eine Atempause, erscheint ein Lächeln auf den Gesichtern, kommt man dazu, ein wenig über das eigene Leben und das Ritual des Backens in dieser stillen Region am Rande von Savoyen zu plaudern. Hier in Flaxieu – einer Gemeinde von zehn Familien – sind Maurice und Paule die beiden letzten Einwohner, die die stimmungsvolle Tradition des Backens im Dorfbackofen weiter pflegen, eine Tradition, die in vielen Teilen Frankreichs, vorwiegend jedoch in den an die Schweiz angrenzenden Regionen, zu Hause ist. Seit 1940 – einige Kriegsjahre ausgenommen, als es keinen Weizen gab – sind die beiden dem Brauch gefolgt, der Teil ihrer Kindheit und Teil des Lebens vieler Franzosen vor ihnen war.

Bis zur Jahrhundertwende gab es nur wenige Dörfer, in denen ein selbständiger Bäcker hätte existieren können, also taten sich die Einwohner zusammen und errichteten ein großes Backhaus, einen *four banal,* zur gemeinsamen Benutzung. Diese klotzigen Ofenbauten, aus grobbehauenem, grauem Stein errichtet und groß wie ein Werkzeugschuppen, wurden als einmalige Einzelstücke unweigerlich in der Dorfmitte plaziert, wobei die große Brennkammer in einem der schmalen Enden Platz fand. Fast immer wurde dabei das Dorfwaschhaus, der *lavoir,* aus Bequemlichkeitsgründen direkt an das Backhaus angebaut, damit sich die Dorffrauen während des Backvorgangs am Rubbelbrett betätigen konnten. Nach jeder *fournée,* wenn das Brot aus dem Ofen war, wurde die Restwärme genutzt, um die Äpfel, Birnen und Walnüsse der letzten Ernte zu dörren.

Viele der im Gebiet des Bugey verstreuten Backhäuser hat man verfallen lassen, aber einige der architektonisch interessanteren Spezies sind liebevoll restauriert worden und erstrahlen nun im Glanz ihrer erneuerten grauen Schieferdächer. Dabei haben in mehreren Gemeinden die jährlich veranstalteten Brotfeste dazu beigetragen, die nötigen Mittel aufzubringen (siehe hierzu: »Die Tradition der Holzbacköfen«, Seite 249). In Flaxieu heizt die Familie Bal den Gemeindebackofen fast auf den Tag genau alle drei Wochen an, um das Backwerk für den Familienbedarf herzustellen. Traditionsgemäß bereitet Madame Bal als Hausfrau den Teig; Monsieur Bal betreut den Ofen, indem er die Kammer am Abend zuvor mit sauber gebündelten *sarments de vigne* güllt, dem beim letzten Schneiden der Jacquère- und Chardonnay-Reben – aus ihren Trauben wird der löbliche weiße *vin de Bugey* gemacht – angefallenen Astholz.

Seit Jahrzehnten nun backt das Ehepaar Bal gemeimsam Brot, doch immer noch ist das Klima reichlich gespannt dabei. Der rotbackige Bauer, ein boshaftes Glitzern in seinen dunklen Augen, wandert unruhig zwischen Backhaus und Küche hin und her und treibt seine Frau mit ärgerlichen Gesten zur Eile an; er fürchtet, der Teig werde nicht rechtzeitig fertig, bis der Ofen seine Backtemperatur erreicht haben wird. Die Bäuerin hingegen fühlt sich zu Unrecht getadelt: wenn er so viel redet, sagt sie, wird er den Ofen gar nicht heiß genug bekommen, um all den Teig aufzunehmen, der nun in dicken, überall in der Küche gestapelten Strohkörben – jeder ein Stilleben für sich – ruht.

Heutzutage knetet Madame den Teig in ihrem zuverlässigen, aus Holz gebauten, nach dem Krieg elektrifizierten Mischer, einem faßähnlichen Apparat von der Größe einer kompakten Waschmaschine. Aber sie erinnert sich noch – übrigens ohne einen Anflug von Nostalgie – an die Tage, als sie den zähflüssigen, klebrigen Teig Stunden um Stunden in ihrem riesigen Holztrog mit den Händen durchwalken mußte.

Wie schon immer, wird hier das Brot aus weißem Mehl bereitet. Doch streut die Bäuerin, einem bis auf die Tage ihrer Kindheit zurückgehenden Brauch folgend, Roggen und Kleie in die mit Tuch ausgeschlagenen Körbe, bevor sie die zum Aufgehen bestimmten matschigen Teigklumpen hineinplumpsen läßt. Ihre kleinen zerfurchten Hände sind mit Teigkrumen bedeckt, als sie sich jetzt in dem vollgestopften Raum von einer Seite zur anderen bewegt. Während sie den Teig fertigmacht, begibt sich ihr Mann auf dem kürzesten, etwa drei Minuten dauernden Weg zum Backhaus. In Zeiten, da im Dorf noch allesamt ihr Brot selbst buken, pflegte Monsieur Bal das Gemäuer des Ofens vom vorherigen Backtag des Nachbarn her warm vorzufinden. Jetzt jedoch steht der Ofen kalte drei Wochen lang still und benötigt eine lange, langsame Anheizphase, um die für Brote und Kuchen erforderliche Backtemperatur zu erreichen. Das zieht sich heute über mehr als drei Stunden hin. Monsieur Bal speist die lodernden Flammen, die an die gewölbte Decke der Ofenkammer schlagen, während Rauchschwaden durch die Türöffnung, quer durchs Backhaus und durch den über dem Eingang thronenden Schornstein ins Freie ziehen.

Wenn das wilde Geflacker zusammengefallen und zu konzentrierter roter Glut geworden ist, wenn der aus Backsteinen gemauerte Bogen über dem Ofen eine gleichmäßige, reinweiße Färbung angenommen hat, ist es soweit. Mit einem langstieligen Metallschieber befördert Monsieur Bal die Schlacke an die Rückwand der Kammer, einen Teil behält er zurück und häuft ihn als Schutz gegen während des Backens auftretende Zugluft hinter die Tür.

Er vergewissert sich, daß seine Frau auf dem Weg ist, nimmt den selbstgemachten Reisigbesen zur Hand, taucht ihn in den nahen Brunnen und beginnt damit das Innere des Ofens auszufegen. Diese Praxis dient einem doppelten Zweck: einmal soll der Boden der Kammer von der Asche gesäubert werden, zum zweiten will man damit für die nötige Dampfentwicklung sorgen, wenn die Brotlaibe zu backen beginnen.

Jetzt sieht man Madame Bal mit einer selbstgemachten Handkarre herankommen, auf der die mittlerweile aufgegangenen Teiglaibe abenteuerlich hoch gestapelt sind. Über ihre bedruckte Schürze mit dem Blumenmuster hat sie eine weiße Schürze gebunden, die ihr bis zu den Fußknöcheln reicht. Die zerkratzte grüne Schüssel in ihrer Hand enthält ein duftendes Gemisch aus gehackten Zwiebeln, Walnüssen und selbstgepreßtem Walnußöl, Belag für einen einzigen prächtigen Kuchen.

Ihr Mann rückt die Laibe im Ofen dicht zusammen, damit sie einander beim Aufgehen berühren. Später, wenn sie herausgenommen werden, wird man die ›zusammengebackenen‹ Rinden voneinander lösen müssen. Solche Brote, sagt man in Frankreich, haben sich geküßt, und das bringt Glück. Zwischen dem Ehepaar Bal fällt kein einziges Wort, doch der Beobachter spürt die Erleichterung, die beide überkommt, als sich die behenden Bäcker zur Feier einer wiederum gelungenen *fournée* vor dem Backhaus von Flaxieu in Positur stellen.

Villars-les-Dombes *(Ain)*

Bourg-en-Bresse 28 km, Lyon 34 km, Paris 433 km
Markt: Dienstag 8.30–12 Uhr, Place de la Mairie

KONDITOREI

PAUL KOEBERLÉ
Rue du Commerce,
01330 Villars-les-Dombes
✆ 74980376
Geöffnet: 8–12 und 14–19
Uhr; geschlossen: Montag
und Ende Januar bis Mitte
Februar

Der unverwüstliche, aufgeschlossene und vergnügte Paul Koeberlé macht einen der besten Brotkuchen der ganzen Gegend: eine auf einem lockeren Brioche-Boden ruhende Zucker-Sahne-Auflage. Er nennt seine Spezialität *galette des Dombes;* anderenorts ist sie, mit gewissen Abweichungen hinsichtlich Teig und Belag, als *galette bressane* (siehe Rezept Seite 228) und als *galette de Pérouges* bekannt.

LE ›JESUS‹ DE MORTEAU AU VIN BLANC
In Weißwein gekochte geräucherte Schweinswürste

Diese feine Mischung aus festfleischiger geräucherter Schweinswurst und Kartoffeln ergibt ein ideales Herbst- und Wintergericht, kann im Nu zubereitet werden und stellt, mit grünem Salat und vielleicht einer Linsenbeilage serviert, ein komplettes Abendessen dar. Was den Ursprung seiner Namensgebung anbelangt, so lautet die am wahrscheinlichsten klingende Erklärung, daß die Bezeichnung Jésus *auf die Sitte zurückgeht, diese immer aus dem besten Fleisch gemachte Wurst zu Weihnachten auf den Tisch zu bringen. Man stelle einen trockenen Weißwein, etwa einen Riesling, dazu.*

15 g Butter
500 g frische geräucherte
Schweinswurst oder
4 geräucherte Land-
würstchen
500 g kleine neue Kartof-
feln, gewaschen, aber
nicht geschält
1 mittelgroße Zwiebel,
grob gehackt
2 Knoblauchzehen
750 ml trockener Weiß-
wein, wie Riesling
1 El Tomatenmark
1 Zweig frischer Thymian
oder ¼ Tl getrockneter
1 Lorbeerblatt
Eine knappe Handvoll
frische Petersilie, gehackt

1. Die Butter bei mittlerer Hitze in einer mittelgroßen Kasserolle zergehen lassen. Die Wurst hinzufügen und von allen Seiten langsam anbraten. Die Wurst nicht anstechen. Die restlichen Zutaten (die Hälfte der Petersilie zum Garnieren aufheben) dazugeben, umrühren und zum Kochen bringen. Die Hitze sofort reduzieren, abdecken, dabei aber einen kleinen Spalt offenlassen. Gelegentlich kontrollieren, damit die Kartoffeln nicht zerkochen. Etwa 1 Stunde köcheln lassen.
2. Die gegarten Würste mit den Kartoffeln in eine feuerfeste Schüssel legen.
3. Die Kochflüssigkeit durchsieben und in die Kasserolle zurückgießen. Bei starker Hitze etwa 5 Minuten leicht einkochen lassen.
4. Zum Servieren die Würste in dicke Scheiben schneiden und zusammen mit den ganzen Kartoffeln auf vorgewärmte flache Teller oder eine große Servierplatte legen. Die Sauce darüber schöpfen, mit der Petersilie bestreuen und sofort auftragen.
Für 4 Personen.

Vongnes *(Ain)*

Flaxieu 2 km, Ouche 7 km
Fête du Vieux Four (Brotofenfest): Ostersamstag

BÄCKEREI-CAFÉ

ALAIN NAMBOTIN
Vongnes, 01350 Culoz
✆ 79879320
Geschlossen: Montag,
Dienstag, Mittwoch und im
Februar
Die Bäckerei ist geöffnet:
Donnerstag 14–19 Uhr;
Freitag 7–20 Uhr und Sams-
tag 7–12 Uhr im Sommer
Die Bar ist geöffnet:
Freitag- und Samstagabend
bis Mitternacht

Diese ungewöhnliche Symbiose von Bäckerei und Café-Bar erlaubt Ihnen, sowohl Alain Nambotins (im selbst-gebauten Ofen gebackenes) Brot als auch die örtliche Spe-zialität – *diots,* in Rotwein gekochte Schweinswürste – im gleichen Lokal zu kosten (Monsieur Nambotin bringt sein Brot auch zu dem samstagsmorgens stattfindenden Markt in Belley).

Vonnas *(Ain)*

Bourg-en-Bresse 24 km, Lyon 66 km, Mâcon 19 km, Paris 412 km
Markt: Donnerstag 8–12 Uhr, Place Ferdinand und Place du Marché

RESTAURANT

GEORGES BLANC
(LA MÈRE BLANC)
01540 Vonnas
✆ 74500010
Bestellungen werden bis 14
bzw. 21.30 Uhr entgegen-
genommen
Geschlossen: Mittwoch,
Donnerstagnachmittag und
nach Neujahr bis zur ersten
Februarwoche
Kreditkarten: AE, DC, V
Speiseterrasse, separater
Speiseraum für geschlossene
Gesellschaften bis zu
30 Personen

Georges Blanc, der jungenhaft aussehende Küchenchef, übernahm 1973 das Erbe seiner Mutter, um eine vier Generationen alte Tradition fortzusetzen, und leitet heute eines der kontroversesten ›großen‹ Restaurants Frankreichs. Im Laufe der Jahre hat er den einstmals bescheidenen Fami-lienbetrieb in diesem 250-Seelen-Dorf in ein luxuriöses Hotel-Restaurant mit Schwimmbecken und Hubschrauber-landeplatz für eilige Esser verwandelt. Viele Leute schreckt die aufwendige Fassade ab, aber ich selbst habe die Palette der Speisen hier immer als eine gelungene Mischung von moder-ner und traditioneller Kost empfunden und gegen ein Essen in einem sehr schönen blumengeschmückten Ambiente auch nicht das geringste einzuwenden.

Indessen bin ich vermutlich ein Traditionalist geblieben, denn immer wenn ich Georges Blancs Restaurant frequen-tiere, genieße ich nach wie vor die Gerichte, die LA MÈRE

257

Man spricht Englisch
260- und 390-Francs-Menüs,
à la carte 500 Francs.

Spezialitäten:
Cuisine moderne et cuisine de tradition régionale (moderne und traditionelle regionale Küche)

BLANC einst berühmt machten: Froschschenkel, Schnecken, Masthähnchen aus der Bresse. Was mir innerhalb der *nouvelle cuisine* Georges Blancs zusagte, waren seine *salade tiède de cuisses de grenouilles à la ciboulette,* einen mit einer Spur Butter und Schalotten, Sahne und Limonensaft zubereiteten, mit Schnittlauch und Estragon bestreuten Froschschenkelsalat, sowie die herzhafte *cassolette d'escargots,* fette Weinbergschnecken in einer aus Sahne, Knoblauch, Schalotten und Butter gemachten und mit frischen Waldpilzen und gewürfelten Tomaten besetzten Sauce.

Restaurantchef Blanc begann seine gastronomische Karriere im Konditoreifach, und so widmet er der süßen Seite seines Metiers mehr Aufmerksamkeit als der Durchschnitt seiner Kollegen: besondere Beachtung verdienen seine Schokoladendesserts und hier wiederum die *mousse au chocolat,* die feinen Schokoladentrüffeln, die schlemmerhaften Schokoladentorten sowie seine Meringue mit Sorbet und roten Beeren (siehe Rezept Seite 253).

Der Tag der Murmeltiere

Manche bezeichnen es als Legende, andere als einen alten Brauch, aber vom Bürgermeister in La Chapelle-en-Valgaudemiar (184 Einwohner) bis hin zum Fremdenverkehrsamt des Departemets Hautes-Alpes gibt es niemanden, der Ihnen nicht etwas über die Tradition des Omelett-Festes in Les Andrieux erzählen könnte. Nach allem was man hört, feierte dieser winzige versteckte Weiler in den Alpen, den geschlagene 100 Tage im Jahr kein Sonnenstrahl erreicht, die Rückkehr der Sonne alljährlich mit einem großen Fest. Im morgendlichen Dunkel des 10. Februar (oder des 11. oder 12., je nachdem, wer die Geschichte erzählt) bildete das Aufschlagen der Eier für die Omeletts in den Häusern von Les Andrieux den Auftakt zu den späteren Festivitäten. Um zehn Uhr versammelten sich die Einwohner auf dem Dorfplatz, um zu tanzen und ihre goldenen Omeletts der hinter den Bergen kauernden Sonne darzubieten. Genau zur Mittagszeit erschien sie dann unfehlbar am Himmel, und die Dorfbewohner, von ihrem Murmeltierdasein erlöst, kehrten im hellen Tageslicht in ihre Häuser zurück, um die von der Sonne geadelten Eierkuchen zu verschmausen.

WEINE AUS DEM JURA UND DER RHÔNE-ALPEN-REGION

1. Vin de Savoie Chignin (Quenard): Dies ist eine Art von Wein, wie sie Weinkritiker oft mit der Bemerkung ›amüsant‹ zur Seite schieben. Ich würde mich jedoch nie über Raymond Quénards Chignin-Bergeron lustig machen, einen eleganten, aus der *roussanne*-Traube gemachten Weißen, die gleiche Traube, aus der der weiße Hermitage entsteht.

2. Vin de Paille: Ein süßer, beinahe schon sirupartiger starker Dessertwein, gekeltert aus Trauben, die auf Strohmatten getrocknet wurden. Die teuere Kuriosität sollte man auch mal zu Toast und einer Scheibe *foie gras* probieren.

3. Vin Jaune (Rolet): Diesen sherryähnlichen Weißen aus dem Jura ziehe ich allem anderen vor, wenn es um ein Begleitgetränk zu einem vollreifen, fruchtigen *Comté* geht. Am bekanntesten ist der *Château-Chalon.*

4. Hermitage (Chave): Mein Weinkeller ist gut bestückt mit rotem und weißem Hermitage der Kellerei Chave. Sie werden dieses Gewächs häufig auf den Weinkarten überall im Lande finden. Die vollen, gut ausgebauten, eleganten Weine von Chave,
die gleich nördlich von Valence erzeugt werden, sind immer eine lohnende Erwerbung und enttäuschen selten.

5. Cornas (Clape): August Clape ist der bekannteste Hersteller des Cornas, eines leuchtendroten, ausgeprägt fruchtigen, gerbstoffreichen, überzeugenden Weines, der aus dem nördlichen Rhônetal kommt. Im allgemeinen nicht teuer ausgezeichnet, wird er auf Weinkarten dennoch oft übersehen.

6. Côte-Rôtie (Rostaing): Ebenso kultiviert und gepflegt wie voll und würzig, gehört dieser Côte-Rôtie von René Rostaing zu meinen Lieblingsmarken. Er harmoniert wunderbar mit Wildgerichten und Braten.

7. Côte-Rôtie (Guigal): Kennt man einen Wein, hinter dem Sammler wie Connaisseurs mehr her sind? Viele Restaurantchefs und *sommeliers* halten die Zugkraft des Namens Guigal für etwas übertrieben, aber Tatsache ist, daß diese vor allem zu Grillfleisch und winterzeitgemäßen *daubes*, Schmorbraten, passenden *crus* auf den Weinkarten ganz Frankreichs erscheinen.

KÄSE AUS DEM JURA UND DER RHÔNE-ALPEN-REGION

1. Beaufort: Unter den Hunderten von Käsen, die in Frankreich erzeugt werden, gehört der Beaufort zu meinen Lieblingssorten: Der beste Beaufort wird im Sommer auf den Almhütten gemacht und reift dann bis zu zwei Jahren in feuchten Gemächern. Dabei wird der Käseteig zu gewaltigen, nach innen gewölbten Rädern ausgeformt, die jeweils 60 kg wiegen. Beaufort besitzt, ähnlich wie trockener Parmesan, eine angenehm körnige Konsistenz. Das fruchtige Aroma ist nußartig, beinahe buttrig, mit einer Nuance von alpinen Wildblumen. Suchen Sie beim Kauf des Beaufort nicht nach Löchern im Käse (er hat keine), und lassen Sie sich nicht von kleinen Querrissen irritieren. Diese sind ganz normal.

2. Tomme de Savoie: Von diesem Käse, dem man überall in Savoyen begegnet, gibt es Dutzende verschiedener Arten. Die dikken Käselaibe, aus Kuh- oder Ziegenmilch gemacht, besitzen eine wellige, graue bis hellgelbe Rinde. Je nachdem, ob der *tomme* aus Vollmilch oder aus Magermilch gemacht wurde, kann der Fettgehalt zwischen 0 und 45 Prozent betragen. Oft ist dieser Käse auch mit Kräutern oder schwarzem Pfeffer aromatisiert. Die marktgängige übliche Bezeichnung lautet *Tomme de Savoie*, doch wird der Käse auch unter einer ganzen Reihe anderer Namen verkauft.

3. Tamié: Dieser auch als *Trappiste de Tamié* bekannte Kuhmilchkäse, der die Form einer dicken Scheibe hat, wird im Trappistenkloster von Tamié in Savoyen hergestellt. Der an seiner blau-weißen Verpackung erkennbare Käse ähnelt in seiner zarten, elastischen Struktur dem *Reblochon*.

4. Reblochon: Dieser altbewährte, schon seit dem 14. Jahrhundert bekannte sahnigmilde Käse wird aus der rohen Vollmilch der Kuh erzeugt und zeichnet sich durch einen ziemlich ausgeprägten leicht haselnußartigen Modergeschmack aus. Die flachen Reblochon-Scheiben sind von einer orangeroten Rinde mit elfenbeinweißem Flaum umgeben. In ihrem besten Zustand ist das fette Innere geschmeidig-elastisch. Der Käse wird sowohl auf den Bauernhöfen selbst als auch in kleinen Molkereien hergestellt. Er lagert in kalten Räumen und ist in vier bis fünf Wochen reif. Kosten Sie ihn mit einem *Roussette de Savoie*, dem fruchtigen Weißwein Savoyens.

Alpen / Côte d'Azur

Dieses sonnige Eckchen Frankreichs, das sich von der Mittelmeerküste bis zu den Alpen erstreckt, ist ein liebliches Land, erfüllt von Lavendelduft, übersät mit knorrigen Olivenbäumen und getüpfelt mit Bergdörfern, auf deren Plätzen kleine Brunnen rauschen. Es ist vielleicht die einzige Zone in Frankreich, wo die Leute, wenn es – wie selten auch immer – regnet, freudig auf die Straße laufen, um dem Himmel für das unerwartete Naß zu danken.

Die Region, die die glitzernde Fassade von Städten wie Nizza, Cannes, Saint-Tropez und den Nobeltourismus der ›Côte‹ mit dem Überbau der stillen, unberührten Alpes de Haute-Provence umfängt, scheint den blauen Himmel für sich gepachtet zu haben: In den Sommermonaten darf dieses Gebiet fast 1800 Sonnenstunden für sich in Anspruch nehmen, während Paris mit weniger als 1300 auskommen muß.

Serge Philippin und Adrien Sordello im Restaurant de Bacon bei Antibes

Bei unserem ersten Besuch näherten wir uns den Alpes de Haute-Provence von Westen her und begannen die Reise an einem überwältigend schönen Tag Ende Juni. Schon vorher hatte ich den Gipfel des Mont Ventoux zum offiziellen Startpunkt ausersehen, denn von diesem die ganze Provence beherrschenden Berg aus würde man die Landschaft und die Dörfer überschauen können, durch die wir anschließend kämen: Sault, Forcalquier, Banon, Sisteron. Wir schwebten förmlich den Berg empor und glitten, uns an den knospenden wilden Blumen erfreuend, wie auf Schwingen durch die Haarnadelkurven. Am Himmel war keine Wolke, und der Tag versprach sengend heiß zu werden. Schnell gelangten wir wieder den Berg hinunter und passierten kurz vor Sault einen mit Blumen bepflanzten Streifen Feld, der in solch prächtigem dunklem Purpur leuchtete, wie ich es noch nie zuvor gesehen hatte. War das eine besondere Art von Lavendel, fragten wir uns? Aber nein, was wir da vor uns hatten, war Ysop, ein duftendes, minzenähnliches Distelgewächs, und nur eine der mannigfaltigen Medizinalpflanzen, denen die Franzosen universelle Heilkräfte zuschreiben. (Ysop läßt sich übrigens auch wunderbar in der Küche verwenden: man kann ihn Salaten beigeben, eine Pasta damit bestreuen oder, mit Aprikosen gemischt, eine schmackhafte Torte daraus bereiten.) Obwohl wir vorhatten, bis Banon durchzufahren – wo wir, direkt an der Quelle, den gleichnamigen würzigen Ziegenkäse anzutreffen hofften –, hielten wir in dem Bergdörfchen Sault kurz an, denn dort war gerade ein buntes Markttreiben im Gange.

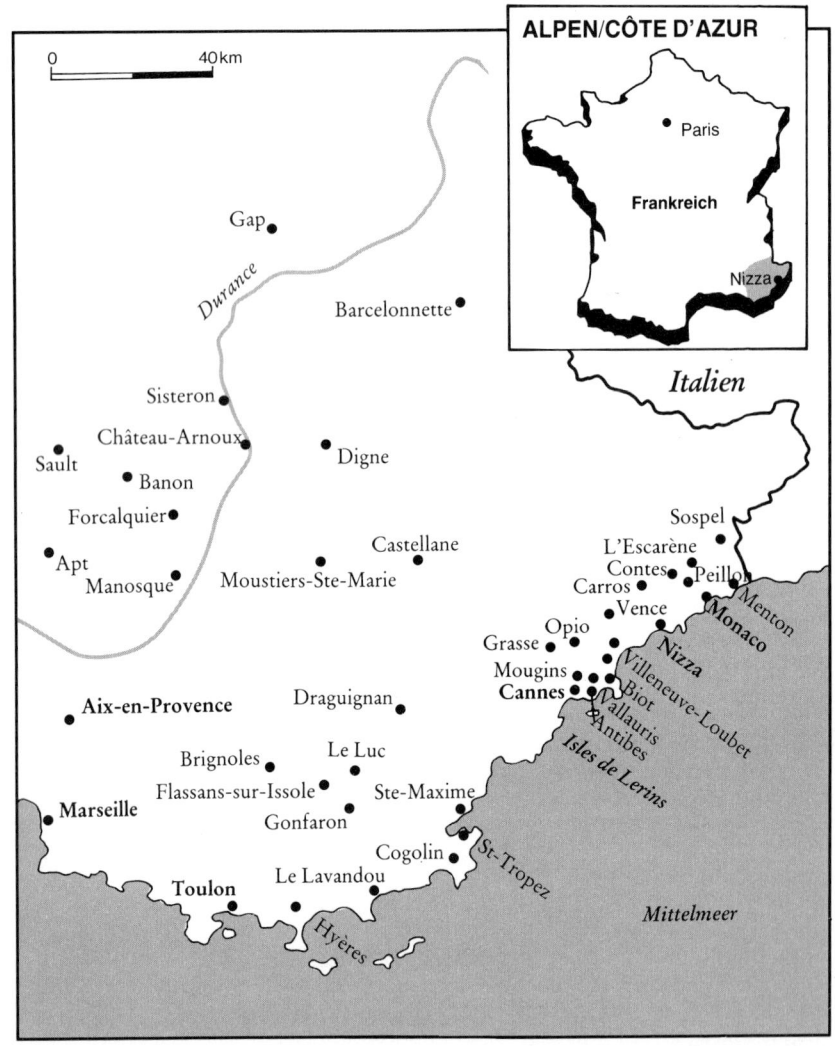

Die Szene, die sich uns bot, hätte vor 100 Jahren spielen können: Vor einer eilig zusammengebastelten *quincaillerie,* einem Stand mit Eisenwaren und Haushaltsartikeln, stand ein hagerer
bärtiger Mann und pries Schlangenöl an – nein, nicht ganz, aber das orangefarbene Salz, das er
verhökerte, sollte ähnliche Eigenschaften besitzen: Hühneraugenschmerzen und Augenleiden
lindern, Kreislaufschwäche und Krampfadern heilen, Warzen vertreiben. Nicht weit entfernt
hatten einige Bauern Klapptische aufgebaut und verkauften Erdbeeren, Erbsen und Kräuter, die
sie auf dem Streifen Land gezogen hatten, welcher sich vom Mont Ventoux zu Tale zieht.

So bewegten wir uns tagelang weiter, von Bergdorf zu Bergdorf, von Stadt zu Stadt, von
Markt zu Markt, und nahmen dabei Geist und Charakter dieser stillen Landschaft in uns auf.

Hier kann man sich ohne festen Plan von einem Ort zum andern treiben lassen und allein mit der Beobachtung des Alltagslebens angenehm die Zeit verbringen.

In Sisteron, das sich in Stufen an den zerklüfteten Berghang klammert, belohnte uns der Blick von der 500 Jahre alten Zitadelle über das Flußtal der Durance für den eineinhalbstündigen Aufstieg.

Wir kamen mit sehr unterschiedlichen Einheimischen ins Gespräch – mit Bauern, Bäckern, Restaurantbesitzern, einem Mann, der seit fünf Jahrzehnten Olivenöl preßt, einem Ehepaar, das von der Taubenzucht lebt, und einem anderen, das sich gar der Aufgabe verschrieben hat, der originären Herstellungsmethode für authentischen *Banon* auf die Spur zu kommen – jenem mit *eau-de-vie* getauften Käse, der, in getrocknete Kastanienblätter gehüllt, sein ganzes erstes Lebensjahr im Reifekeller verbringt. Was bei diesem Menschenschlag am meisten ins Auge fällt, so erkannte ich bald, ist die Fähigkeit, das tägliche Leben zu akzeptieren, wie es ist, die Kunst, sich an den einfachsten Dingen zu erfreuen. An einem Montagmorgen hatte ich Gelegenheit, auf dem Markt von Forcalquier ein schlankes, dunkelhaariges Mädchen beim Einkauf einer Melone zu beobachten – langsam hob sie eine Frucht nach der anderen zur Nase empor, sog den Duft ein und konzentrierte ihre Sinne auf die Auswahl der süßesten, reifsten – der vollendeten Melone. Zeit spielt hier keine Rolle, nur das Ergebnis: es sollte exzellent sein.

In diesem Landstrich haben die Menschen ihre eigene ›Weltanschauung‹. Und Jean Giono, der Poet, der hier zu Hause ist, hat das in seinem »Rondeur des Jours« wunderbar ausgedrückt. »Alle zivilisierten Leute«, so sagt er, »sehen den Tag mit der Dämmerung beginnen oder etwas später oder auch viel später oder wann immer für sie die Arbeit beginnt; sie verlängern ihn entsprechend ihrer Arbeit, in der Zeit also, die sie ›den ganzen Tag lang‹ nennen; und sie beenden ihn, wenn sie die Augen schließen. Sie sind es, welche sagen, die Tage seien lang. Im Gegenteil, die Tage sind rund.«

Beste Reisezeit

Dieses warme, sonnige Urlaubsgebiet ist das ganze Jahr über wunderschön; besonders lebhaft geht es natürlich zwischen Juni und August dort zu. Die Einheimischen, also die Glücklichen, die ständig dort leben, sehnen schon immer den Herbst, Winter und Frühling herbei, wenn die Alpen und die Côte d'Azur wieder ihnen gehören. Zu beachten ist, daß einige der genannten Etablissements zwischen Spätherbst und Frühjahrsbeginn geschlossen sind.

Märkte
(die attraktivsten sind mit einem Sternchen markiert)

Montag: Beausoleil, *Forcalquier, Menton, Toulon.
Dienstag: *Antibes, Bandol, *Banon, Barjols, Beausoleil, Cannes, Colmars-les-Alpes, Cotignac, Fayence, Grasse, Lorgues, Menton, Mouans-Sartoux, *Nizza, *Roquebrune-sur-Argens, Saint-Tropez, Toulon, Vence.
Mittwoch: Antibes, Aups, Barcelonnette, *Beausoleil, Bormes-les-Mimosas, Brignoles, Cagnes-sur-Mer, Cannes, Castellane, Cogolin, Digne, Draguignan, Grasse, Menton, *Nizza, Riez, *Sanary-sur-Mer, *Sault, *Sisteron, Tende, Toulon, Vallauris, Villefranche-sur-Mer.
Donnerstag: *Antibes, Barjols, Beausoleil, Cannes, Digne, Fayence, Gonfaron, Grasse, Le Lavandou, Menton, *Mouans-Sartoux, *Nizza, Saint-Jeannet, Sospel, Toulon.

Freitag: Beausoleil, *Cagnes-sur-Mer, Cannes, *Colmars-les-Alpes, Flassans-sur-Issole, Grasse, Menton, *Nizza, Roquebrune-sur-Argens, Saint-Etienne-de-Tinée, Solliès-Toucas, Toulon, Valbonne, *Vence,Villefranche-sur-Mer.

Samstag: *Antibes, *Aups, *Barcelonnette, *Barjols, *Beausoleil, *Brignoles, *Cannes, *Castellane, *Digne, *Draguignan, *Fayence, Grasse, Manosque, *Menton, *Nizza, *Riez, *Saint-Tropez, *Sisteron, *Toulon.

Sonntag: Antibes, *Cannes, Menton, *Nizza, Saint-Etienne-de-Tinée, Toulon, *Vallauris.

Messen und Volksfeste

16. Januar (Fest des Heiligen Marcel): *Fête des Tripettes* (traditionelles Volksfest), Barjols.
Mardi Gras (Fastnachtsdienstag): *Fête du Citron* (Zitronenfest), Menton.
Anfang April: *Foire aux Vins* (Weinmesse), Brignoles.
Die ersten beiden Wochenenden im Mai: *Fête des Mais* (Maifest), Nizza.
8. Juni: *Procession aux Limaces* (traditionelles Volksfest), Bouyon.
Letzter Sonntag im Juni oder erster Sonntag im Juli: *Fête de la Saint-Pierre* (Fest des Heiligen Petrus), Menton.
Ein Tag im Juli: *Foire de l'Olive* (Olivenmesse), Draguignan.
Die ersten beiden Augustwochen: *Festival de Haute-Provence*, Forcalquier.
Erster Sonntag im August: *Corso de la Lavande* (Lavendelfest mit Umzug), Digne; *Jasminades* (Jasminfest), Grasse; *Foire aux Vins* (Weinmesse), Vidauban.
Erster Sonntag nach dem 6. August: *Fête du Raisin* (Rebenfest), Fréjus.
Um den 24. August: *Foire à l'Ail* (Knoblauchmesse), Hyères.
Letzter Sonntag im August oder erster Sonntag im September: *Foire Provençale et Fête des Vendanges* (Provenzalische Messe und Weinlesefest), Cogolin.
Erster Sonntag im September : *Fête des Baguettes* (traditionelles Volksfest), Peille.
Erster oder zweiter Sonntag im November: *Fête des Châtaignes* (Kastanienfest), Isola.

Antibes *(Alpes-Maritimes)*

Aix-en-Provence 158 km, Cannes 11 km, Nizza 23 km, Paris 916 km
Markt: Dienstag bis Sonntag 9–12 Uhr, Cours Masséna

RESTAURANT

RESTAURANT DE BACON
Boulevard de Bacon,
06600 Cap d'Antibes
✆ 93615002

Das ehrgeizigste Ziel eines jeden Küchenchefs ist es, sich die frischesten und hochwertigsten Zutaten zu sichern, sie auf einfache und dabei äußerst behutsame Weise zu verarbeiten und die fertigen Speisen in einer Atmosphäre zu prä-

Bestellungen werden bis 14
bzw. 21.30 Uhr entgegengenommen (22.30 Uhr im Juli
und August)
Geschlossen: Sonntagabend,
Montag und Mitte November
bis Januar
Kreditkarten: DC, V
Speiseterrasse
Klimatisiert
Man spricht Englisch
250- und 350-Francs-Menüs
nur mittags, à la carte etwa
500 Francs

Spezialitäten:
Bouillabaisse (provenzalische
Fischsuppe)

sentieren, die zugleich einladend, ansprechend und behaglich ist. Wenn es so leicht wäre, all diese Prämissen zu erfüllen, müßte es von großen Restaurants nur so wimmeln. Das ist nun keineswegs der Fall, aber glücklicherweise gibt es Restaurantbesitzer, die sich eine solche Konzeption zu eigen machen und die den allzu menschlichen Wunsch unterdrük-ken, der Natur mit Kunstfertigkeit nachzuhelfen.

Die Brüder Sordello – Eigentümer des als Familienbetrieb geführten RESTAURANT DE BACON – sind sich der Tatsache bewußt, daß man die Natur nicht wirklich aufbessern kann, um so weniger, wenn es um Fisch geht, der erst vor wenigen Stunden aus dem Wasser kam. Um der frischesten Exemplare aus den örtlichen Fängen habhaft zu werden, schwärmen die Brüder Morgen für Morgen zu den Fischmärkten aus – Adrien nach Cannes, Etienne nach Antibes – und kehren dann gegen zehn Uhr zurück, um zusammen mit Küchenchef Serge Philippin die Tageskarte zusammenzustellen.

An einem guten Tag kann man eine *cigale de mer*, einen Heuschreckenkrebs groß wie ein Hummer, erwischen, klei-nen rosafarbenen *rouget*, der mit frischen Kräutern vom nahen Land gegrillt wird, und eine ganze Kollektion von Mittelmeerfischen mit wenig vertrauten Namen (wie *corb* und *sar, marbre* und *denti*), die mit Fenchel gegrillt, mit Basi-likum gedünstet, mit einer Gemüsegarnitur pochiert oder einfach nur in Pergament gebacken werden. Sobald sich die Mittagsgäste auf der überdachten Terrasse des BACON einfin-

Kaffeehaus-Siesta an der Côte d'Azur

den, von wo aus man über das flimmernde Blau der Baie des Anges und auf die Altstadt von Antibes blickt, werden die frischen Fische wie ein silbrig schimmerndes Stilleben auf einer riesigen viereckigen Platte arrangiert. Die Gäste begutachten die Beute, treffen nach Lust und Laune ihre individuelle Wahl und bestimmen, ob sie ihren Fisch gegrillt, pochiert, gedünstet oder im Ofen gebacken haben wollen.

Die angebotenen Eröffnungsgänge sind ebenso edel wie einfach. Da gibt es etwa einen gemischten grünen Salat, ein *mesclum*, mit Knoblauchcroutons, oder auch einen außerordentlich frischen Salat von rohem Fisch (mit *mérou*, einem riesigen Barsch, gemacht), beträufelt mit frischem Zitronensaft und einer Kräutermischung. Aber der eigentliche Star in diesem Ensemble ist der gebackene *Saint-Pierre*. Bei seiner Zubereitung wird einem deutlich, welch seltenen Luxus gerade die perfekte Einfachheit bescheren kann. Der Fisch als Ganzes wird mit extrafeinem, kalt gepreßtem Olivenöl, Zitronensaft, Zitronenscheiben, frischem Estragon und Tomatenwürfelchen überzogen, in Pergament gewickelt und dann im sehr heißen Ofen ungefähr 25 Minuten gebacken. Am Tisch wird der Saint-Pierre vorsichtig entgrätet und mit dem duftenden Sud serviert (siehe Rezept Seite 267). Zu diesem Mahl sollten Sie als Wein den *Bellet* wählen, der aus dem Hügelland hinter Nizza kommt.

Nicht weniger ansprechend sind die Desserts von BACON, wozu auch ein extravagantes *nougat glacé au coulis de framboises* (gefrorenes, mit Früchten und Nüssen gefülltes Nougat samt einem Himbeerpüree) sowie die frische Himbeertorte gehören.

Banon *(Alpes de Haute-Provence)*

Forcalquier 25 km, Sault 29 km
Markt: Dienstag 7–12.30 Uhr, auf dem *boules*-Hof in der Nähe der Post
(Place de la République)

Banon, das 850-Seelen-Dorf, war bereit zum Empfang. Als wir den Berg hochfuhren, stand die ganze idyllische Szenerie Spalier: die Brunnen und die schmiedeeisernen Balkone, die Läden mit den blauen Jalousien, der von einem eisernen Korb gekrönte Kirchturm. Und dort am Ortsrand trottete, eine *baguette* quer ins Maul geklemmt, durchaus zielbewußt ein Hund dahin. Man konnte sich richtig vorstellen, wie jetzt irgendwo in Banon eine kleine alte Frau fragte, warum er sich wohl so lange herumtriebe. Und da verkauften auch auf dem winzigen Markt, der sich auf der Place de la République zusammendrängte, ein paar Bauersfrauen im Schatten einer alten Kastanie ihren jungen, weißen *Banon*, butterweiche Scheiben Ziegenkäse, jede einzelne eskortiert von einem danebenliegenden Zweiglein *sariette*.

Ich fotografierte eine rundliche Frau mit schweren Brüsten, die eine schöne alte Spitzendecke schützend über ihre selbstgemachten Ziegenkäse geschlagen hatte. »Alle möchten die Spitzendecke kaufen«, sagte sie verlegen. »Und dann sind sie enttäuscht, wenn ich ihnen sage, daß ich nur *chèvre* zu verkaufen habe.« Natürlich gab es auf diesem Markt auch das Brot mit dem Gittermuster, die *fougasse*, und die Holzkäfige mit sich drängelnden Hähnchen, Tauben und Küken. Und weiter sahen wir auf diesem kleinen Platz der Welt größten Pizza-Wagen, breit wie ein überdimensionaler Trailer und mit einem holzbefeuerten Pizzaofen sowie einem Grill zum Braten frischer Landhähnchen ausgestattet.

POISSON EN PAPILLOTE ›RESTAURANT DE BACON‹
In Pergamentpapier gebackener Fisch

Fisch en papillote ist eine der gastronomisch am häufigsten mißbrauchten Zubereitungsarten für Fisch. Sehr oft ist der Fisch nicht mehr wirklich frisch oder zu lange gegart. Als also Adrien Sordello, Miteigentümer des entzückenden RESTAURANT DE BACON *in Cap d'Antibes, den Genuß seines Saint-Pierre en papillote empfahl, war ich ein wenig argwöhnisch. Aber welche Überraschung, als der Kellner später die zerknitterte, dampfende Umhüllung aufschnipselte und einen duftenden, frisch schimmernden, in Kräutern, saftigen Tomatenstückchen, Olivenöl und einem Schuß Zitrone gebadeten Petersfisch freilegte! Ich habe dieses Gericht mit verschiedensten Fischsorten durchprobiert und dabei gefunden, daß man es mit der Backzeit nicht so genau nehmen muß, wie man das vielleicht vermuten könnte. Achten Sie vor allem darauf, daß der Fisch frisch und das Olivenöl von bester Qualität ist.*

1 ganzer Peters- oder Christusfisch, ausgenommen (1,5 bis 2 kg)
Salz und frisch gemahlener schwarzer Pfeffer nach Geschmack
2 mittelgroße Tomaten, gehäutet, von Stielansatz und Kernen befreit, grob gehackt
1 Zitrone, in dünne Scheiben geschnitten
2 El frisch gepreßter Zitronensaft
60 ml extrafeines, kalt gepreßtes Olivenöl
Eine Handvoll frische Kräuter, vorzugsweise Estragon, Schnittlauch, Majoran, Kerbel und glattblättrige Petersilie, gehackt

1. Den Backofen auf 230° vorheizen.
2. Den ganzen Fisch auf einen großen Bogen Backpergament (etwa 60 × 40 cm) legen, innen und außen salzen und pfeffern und dann mit den restlichen Zutaten bestreuen. Den Fisch sorgfältig in das Pergamentpapier einschlagen. Zum Verschließen die drei offenen Seiten umknicken, falten und mit 4 oder 5 Heftklammern sichern.
3. Das Päckchen auf ein großes Backblech legen und 20 Minuten backen.
4. Das Päckchen aus dem Ofen holen und mit einer Schere aufschneiden. Den Fisch etwa 3 Minuten ruhen lassen, damit er sich leichter filetieren läßt. Die Filets auf 4 vorgewärmte Teller verteilen, mehrere Löffel Sauce über jede Portion schöpfen und sofort auftragen.
Für 4 Personen.

Biot *(Alpes-Maritimes)*

Antibes 8 km, Grasse 18 km, Nizza 22 km, Paris 924 km, Vence 19 km

CAFE

CAFÉ DE LA POSTE
24, Rue Saint-Sébastien,
06410 Biot
✆ 93651932
Geöffnet von 7 Uhr bis der
letzte Gast das Lokal verläßt;
geschlossen: Mittwoch

Dieses Café ist ein klassischer Treff: der ›harte Kern‹ der Einheimischen, trendsüchtige Pariser und Touristen, die große Augen machen, alle geben sich ein zwangloses Stelldichein in diesem von der Jahrhundertwende übriggebliebenen Lokal mit der Zinkbar. Treten Sie also aus der blendenden Sonne und an die kühle Theke, und bestellen Sie sich einen *citron pressé*, einen frisch ausgepreßten Zitronensaft.

HAUSHALTSWAREN

FENOUIL
Golfe de Biot, 06410 Biot
✆ 93650946
Geöffnet: täglich von 11 Uhr
bis Sonnenuntergang von
Ostern bis Oktober
Auf Wunsch Versand ins
Ausland

Ein wahres Paradies von farbenfroher antiker *barbotine*-Töpferei. Dazu gehören auch eine Kollektion von mehr als 3000 Spargelplatten 80 verschiedener Modelle, silberne Spargelzangen und Knochenhalter für Lammkeulen. Stundenlang könnte ich mich in diesem Geschäft herumdrücken und dabei die Wunschliste meines Lebens aufstellen.

BOUTIQUE DE LA VERRERIE DE BIOT
3, bis Rue Saint-Sébastien,
06410 Biot
✆ 93650106
Geöffnet: Montag bis Samstag 10–12 und 14.30–18.30;
Sonntag 14.30–18.30 Uhr
Und: VERRERIE DE BIOT
Chemin des Combes,
06410 Biot
✆ 93650300
Geöffnet: Montag bis Samstag 8–18 Uhr (20 Uhr von
Juni bis September); Sonntag
10.30–13 und 14.30–18.30
Uhr (10–13 und 15–19 Uhr
von Juni bis September)
Kreditkarten: AE, V
Auf Wunsch Versand ins
Ausland

Was 1956 einmal als kleine Glasbläserei begann, ist inzwischen zu einem ansehnlichen örtlichen Industriebetrieb geworden. Zum Produktionsprogramm gehören eine ganze Serie mundgeblasener Artikel aus dickem Glas mit Lufteinschlüssen, farbenprächtige Keramik (mit geschmackvollen und weniger geschmackvollen Mustern) sowie dazu passende Tischwäsche. Besucher dürfen in der am Ortsrand gelegenen Fabrik (VERRERIE DE BIOT) den Glasbläsern bei der Arbeit zuschauen.

MUSEUM

Musée d'Histoire
Locale
6, Place de la Chapelle,
06410 Biot
✆ 93651179
Geöffnet: 14.30–18 Uhr
Donnerstag, Samstag und
Sonntag; geschlossen:
November bis Mitte
Dezember
Eintritt: 3 Francs

Für dieses hübsch gemachte Heimatmuseum sollte man zehn Minuten erübrigen können. Nicht nur eine ganze Reihe kostümierter Figuren, die nach der Alltagsmode des 19. Jahrhunderts gekleidet sind, gibt es hier zu sehen, sondern vor allem auch eine aus jener Zeit stammende *cuisine biotoise*, eine für diese Region typische Küche, mit offener Feuerstelle und viel glasiertem Tongeschirr.

Cannes *(Alpes-Maritimes)*

Aix-en-Provence 146 km, Marseille 158 km, Nizza 32 km, Paris 901 km,
Toulon 123 km

Markt: Dienstag bis Sonntag (täglich von Juni bis September) 7–12.30 Uhr, Markthalle (Marché Forville), zwischen den Rues Docteur Gazagnaire und Louis Blanc; Markt unter freiem Himmel: Place du Commandant Maria sowie Place Gambetta

Bei einem Besuch in Cannes verbrachte ich einmal einen ganzen Vormittag auf dem Obst-, Gemüse- und Fischmarkt Forville, um Adrien Sordello, Miteigentümer des Restaurant de Bacon in Cap d'Antibes (siehe Seite 264f.), bei seinem Einkauf zu begleiten. »Fisch ... Fisch ... die ganze Nacht träume ich von Fisch«, lacht der hagere, hochaufgeschossene Monsieur Sordello. Er ist, wie jeden Morgen, hierhergekommen, um den Fisch auszusuchen, der noch am gleichen Tag in seinem Restaurant serviert werden wird. Dem ungeübten Auge will das von einer Handvoll Fischerfrauen sorgfältig ausgebreitete Angebot ziemlich unbedeutend erscheinen. Wir befinden uns gerade in der Hochsaison, aber hier stehen nicht mehr als ein Dutzend Verkaufstische, und was darauf zu sehen ist, wirkt ziemlich kunterbunt: hier mal eine *rascasse* und dort mal ein *mulet*. »Was hier den Preis bestimmt, ist die Seltenheit«, kommentiert Monsieur Sordello die Lage und blättert ein Bündel 500-Francs-Scheine auf.

Die Fänge der Baie de Cannes und der vorgelagerten Iles de Lérins gelten als qualitativ hochwertig, sind aber vom Umfang her begrenzt. Es gibt nicht mehr als 20 oder 30 Boote, die diese Gewässer durchstreifen. Was ein einzelner Fischer an einem erfolgreichen Tag mit nach Hause bringt, sind nicht mehr als 20 Kilo *Saint-Pierre* und vielleicht noch eine gemischte Ausbeute von *rougets* und *merlans*. Schnell begreift man, warum Sordello, der in seinen karierten Bermudas und dem gelben Polohemd aussieht wie ein Tourist, so aufgeregt ist. Die Fische sind so frisch, daß viele von ihnen noch die Flossen bewegen und fast von den Tischen springen. Die Art der Präsentation hier mag primitiv erscheinen, aber sie erfüllt ihren Zweck. Auf jedem der Tische liegen dicke, mit gestoßenem Eis gefüllte Plastikfolien; so bleibt der Fisch kalt, ohne mit dem Eis in Berührung zu kommen. »Schauen Sie sich diesen *mérou* an«, sagt Sordello und wiegt ein großes, zartfleischiges Meermonster in der Hand. »Er ist nie mit Eis in Berührung gekommen, und das wird auch nie der Fall sein.« Eis, so erklärt der Gastronom, mag den Fisch lange frisch aussehen lassen, aber letzten Endes wird es ihm viel von seinem natürlichen Aroma entziehen.

Sordello hüpft von Tisch zu Tisch, redet drauflos, macht seine Späße, handelt ein bißchen und trifft seine Wahl Fisch für Fisch – drei oder vier der bösartig aussehenden *rascasses* von einem Tisch, vier oder fünf glitzernde *Saint-Pierres* von einem anderen. Er schaufelt sich eine Mischung von insgesamt 30 Kilo Fisch für die Fischsuppe dieses Tages zusammen, angelt sich den Kopf eines Seeteufels, um daraus Grundbrühe zu machen und geht dann weiter, um den gesamten Fang eines Fischers an *Saint-Pierres* aufzukaufen. Die Akquisition kostet Sordello fast den ganzen Vormittag, denn die Fischer trudeln morgens zwischen 7 und weit nach 10 recht unregelmäßig ein, und der Restaurantchef möchte der erste sein, der die angelandete Beute in Augenschein nimmt.

RESTAURANT

LA MÈRE BESSON

13, Rue des Frères-Pradignac, 06400 Cannes
✆ 93395924 und 93389401
Bestellungen werden bis 13 bzw. 22 Uhr (23 Uhr von Juni bis September) entgegengenommen
Geschlossen: mittags im Juli und August und Sonntag außer an Feiertagen
Kreditkarten: AE, EC, V
In den warmen Monaten Speiseterrasse auf dem Bürgersteig
Man spricht Englisch
200 Francs

Spezialitäten:

Montag: *estouffade à la provençale* (geschmortes Rindsragout mit Zwiebeln, Knoblauch, Karotten und Orangenschale), Dienstag: *ai'ado* (gefüllte, gebackene Lammschulter), Mittwoch: *piech* (gekochte, mit Gemüse, Reis, Schinken und Kräutern gefüllte Kalbsbrust), Donnerstag: *lapereau farci aux herbes de Provence* (junges, mit Kalbfleisch, Leber und Kräutern gefülltes und in Wein gegartes Kaninchen, Freitag: *ai'oli* (in diesem Fall

Wie könnte man fehlgehen mit einem Lokal, in dem montags Rindsragout, dienstags knoblauchduftendes Lamm, donnerstags ein mit provenzalischen Kräutern farciertes Kaninchen und freitags selbstverständlich *ai'oli* aufgefahren wird! Das ist LA MÈRE BESSON, ein Platz, an dem man in Cannes seit Jahrzehnten sicher vor Anker gehen kann, ein lässig-gemütliches Familienrestaurant, in einer ruhigen Straße nur wenige Schritte vom Hafen entfernt gelegen. Alles hier wird Sie an die Provence erinnern, auch das knackigfrische *lou mesclum* und die stets verläßliche *salade niçoise* (hier mit kleinen Niçois-Oliven, Anchovis, Sellerie, grünen Blattsalaten, rotem und grünem Paprika und Thunfischstückchen zubereitet und mit einer herrlichen Öl-Basilikum-Mischung beträufelt). Die *lottes niçoise* (handtellergroße Seeteufel) kommen, tadellos in der Pfanne gebraten und mit einer ausgiebigen Tomaten-Oliven-Sauce überzogen, auf den Tisch; die sehr feine *estouffade a la provençale* ist von einer gerippten italienischen Pasta begleitet und mit Parmesan bestreut. Was den Wein angeht, so sollten Sie sich hier an den *Bandol* der Domaine Tempier halten, eines der besten Gewächse der Provence.

gekochtes Gemüse mit Stockfisch, Muscheln, Tintenfisch und einer Knoblauch-Mayonnaise), Samstag: *osso bucco* (in Tomaten geschmorte Kalbshaxe)

WEIN-BISTRO

L'ETAGÈRE
22, Rue Victor-Cousin,
06400 Cannes
✆ 93382717
Bestellungen werden bis 23 Uhr (bis Mitternacht im Sommer) entgegengenommen
Geschlossen: Mittag, Sonntag und in den Schulferien zwischen Weihnachten und Neujahr
Kreditkarten: AE, DC, V
In den warmen Monaten Speiseterrasse auf dem Bürgersteig
Separater Speiseraum für geschlossene Gesellschaften bis zu 20 Personen
Man spricht Englisch
150 Francs

Dieses quicklebendige, in einem Gäßchen gleich hinter dem Grand Hotel versteckte Wein-Bistro hat sich den Rebensäften der Provence (130 Weinsorten bietet der aufgekratzte *bistrotier* Harika an), unkomplizierter bodenständiger Kost und dem genüßlichen Zeitvertreib verschrieben. Hier einige Bestellvorschläge: hausgebackenes Brot, Salate mit sahnigem, landfrischem Ziegenkäse, am Holzfeuer gegrilltes Lamm und leckere selbstgemachte Obstdesserts. Versuchen Sie die superfrischen, in Rotwein und Brombeerlikör marinierten Pfirsiche.

EMPORTEZ à la campagne nos Délicieuses Glaces Portatives

Eisproviant fürs Picknick

TEESALON

ROHR
63, Rue d'Antibes,
06400 Cannes
✆ 93390401
und 47, La Croisette,
06400 Cannes
✆ 93380769
Geöffnet: täglich 8.30–12.30 (13 Uhr an Sonn- und Feiertagen) und 15 (16 Uhr an Sonn- und Feiertagen) bis 19 Uhr
Auf Wunsch Versand ins Ausland

Eines Morgens saß ich, nach einem langen frühen Morgenlauf, auf der Terrasse des Teesalons ROHR an der Croisette, labte mich an einem der zartflockigen Croissants, die man hier bekommt, und stärkte mich mit einem dicken schwarzen Kaffee. Welch ein Genuß, so den Tag zu beginnen!

BÄCKEREI

LA PALINE
108, Rue d'Antibes,
06400 Cannes
✆ 93385000
Geöffnet: 7.30–13 und
15.30–19.30 Uhr;
geschlossen: Sonntag

Eine ganz ungewöhnliche Kombination von Bäckerei und Metzgerladen wartet hier mit einem ganz ungewöhnlichen Brot auf, einem der wahrhaft köstlichsten, die ich je in Frankreich zu essen bekommen habe. Jeden Nachmittag gegen vier Uhr kommt ein riesiger langer Laib aus dem Ofen, und die Kunden stellen sich hintereinander an, um von dem schmackhaften, stückweise aufgeschnittenen Sauerteigbrot zu kaufen. Der Ladeninhaber, Jean Pigaglio, zeigt Besuchern gerne seinen alten, unter dem Niveau der Straße liegenden Holzofen. Auch die *gressini* genannten Brotstangen sollten Sie hier versuchen.

KÄSELÄDEN

CRÉMERIE AGNESE
114, Rue d'Antibes,
06400 Cannes
✆ 93385366
Geöffnet: 7.30–12.30 und
15.30–19.30 Uhr; geschlossen: Sonntag, Montagnachmittag und die letzte November- sowie die erste Dezemberwoche

Ein kleiner kunterbunter Käseladen, der von zwei der passioniertesten Käse-Fans der ganzen Gegend in Schwung gehalten wird: Adrien und Marguerite Agnese schnüffeln ganz Frankreich nach den besten Bauernkäsen ab. Zu ihren Beständen gehören unter anderem schön gereifter *Camembert*, *Pont l'Evêque*, *Reblochon* und *Cabécou*.

LA FERME SAVOYARDE
22, Rue Meynadier,
06400 Cannes
✆ 93396368
Geöffnet: Dienstag bis Samstag 7–12.30 (13 Uhr von April bis August) und 15.30–19.30 Uhr; geschlossen: Sonntag (außer Sonntagmorgen von April bis August), Montag und von der zweiten Novemberwoche bis Mitte Dezember

Der meistbekannte Käseladen an der ganzen Côte d'Azur. In dem makellos sauberen Geschäft ist die Luft vom Duft Hunderter mild gereifter Käse erfüllt. Nach schrumpeligen, rissigen Veteranen brauchen Sie deshalb hier gar keine Ausschau zu halten. Aber die jungen frischen Ziegenkäse beispielsweise sind unvergleichlich, und überhaupt ist das Ganze ein Musterbeispiel für Klarheit und Reinlichkeit. Es müßte schwerfallen, mit leeren Händen hinauszugehen. Für die hier fabrizierten Käse hingegen kann ich mich nicht sehr begeistern: Brie mit Trüffeln und Ziegenkäse mit Oliven sind für meinen Geschmack einfach zu gewollt.

Wenn Sie dort sind, nehmen Sie sich die Zeit, durch die Rue Meynadier zu bummeln, eine Fußgängerstraße voller appetitanregender Freßläden; insbesondere die Pasta- und Ravioli-Auslagen lohnt es sich anzusehen.

SÜSSWAREN

BRUNO
50, Rue d'Antibes,
06400 Cannes

Süßwarenladen oder Juweliergeschäft? Das fragt man sich, wenn man vor dem Schaufenster mit den Schalen voller glitzernder kandierter Melonen steht, die einen ins Ladenin-

✆ 93392663
Geöffnet: 8.30–12.30 und
14.30–19.30 Uhr;
geschlossen: Sonntag
Kreditkarten: AE, DC
Auf Wunsch Versand ins
Ausland

MAIFFRET
31, Rue d'Antibes,
06400 Cannes
✆ 93390829
Geöffnet: täglich 9–19.30
Uhr
Kreditkarte: V
Auf Wunsch Versand ins
Ausland

nere locken. Hier habe ich mich in den *gelée de fruits* verliebt,
süße Bissen, die aus reinem Fruchtmark bestehen und in die
Form der entsprechenden Frucht gebracht sind. Da das Mark
nur leicht gesüßt ist, bleibt der erregende pure Obstge-
schmack erhalten.

Ein Prachtstück von Süßwarenladen, spezialisiert auf das
unwiderstehliche *manon* (eine Mischung aus Mandelcreme, Butter und Walnüssen, umgeben von weißer Schokolade) und auf köstliche *caramels liquides* ganz weiche, ›flüssige‹ Karamelbonbons. Besucher dürfen sich die Herstellung
der Schokoladenwaren von Dienstag bis Samstag täglich zwischen 16 und 18 Uhr anschauen.

Made in France

Nichts ist typischer für den Süden Frankreichs als die
dekorativen Souleiado-Stoffe, die farbenfroh
bedruckten Kattune, deren Muster auf volkstümliche
Vorlagen des 18. und 19. Jahrhunderts zurückgehen.
Heute sind diese folkloristischen Textilien mit den flora-
len und geometrischen Mustern als Tischwäsche, Lam-
penschirme, Sonnenschirme, Notizbuch-Einbände,
Strandkleider und als Stoffe meterweise zu haben. Nach-
stehend eine Liste ausgewählter Souleiado-Läden der
Region.
Standardöffnungszeiten: 9.30–12.30 und 14–19 Uhr. Die
meisten Geschäfte sind montagsmorgens und zwei
Wochen im August geschlossen. Kreditkarten: AE, DC,
EC, V. Auf Wunsch Versand ins Ausland.

CANNES
Le Gray-d'Albion, 17, La Croisette

LE LAVANDOU
21, Avenue des Commandos d'Afrique

SAINT-TROPEZ
Avenue Foch

SANARY-SUR-MER
1, Place de la Liberté

SPEZIALITÄTEN
DER REGION

CHEZ CANNOLIVE
16, Rue Vénizelos,
06400 Cannes
✆ 93390819
Geöffnet: 8–12 und 14.30–19
Uhr; geschlossen: Sonntag,
Montagmorgen und die letzten drei Januarwochen
Kreditkarten: EC, V
Auf Wunsch Versand
innerhalb von Europa

Empfehlenswert hier: Die in Salz eingelegten Anchovis aus Collioure, Olivenöl (in diesem Laden wird es wie in alten Zeiten aus bauchigen Fässern abgefüllt), Honig, *santons* und provenzalische Textilien.

Château-Arnoux *(Alpes de Haute-Provence)*

Digne 25 km, Forcalquier 30 km, Manosque 39 km, Paris 717 km, Sault 74 km,
Sisteron 14 km

RESTAURANT

LA BONNE ETAPE
04160 Château-Arnoux
✆ 92640009
Bestellungen werden bis 14
bzw. 21 Uhr entgegen-
genommen
Geschlossen: Sonntagabend,
Montag außerhalb der Saison
und ab Neujahr bis Mitte
Februar
Kreditkarten: AE, DC,
EC, V
Klimatisiert
Separate Speiseräume für
geschlossene Gesellschaften
bis zu 10 bzw. 20 Personen
Man spricht Englisch
180-, 290- und 330 Francs-
Menüs, à la carte 300 Francs

Spezialitäten:

Im Sommer: *fleurs de courgette farcies aux légumes* (mit
Gemüse gefüllte Zucchiniblü-

An mein erstes Essen in LA BONNE ETAPE erinnere ich mich, als sei es gestern gewesen. Selten war ich mit Aro-men und Geschmackseindrücken in Berührung gekommen, die so erregend und unmittelbar erschienen, daß sie beinahe explosiv wirkten! Das Olivenöl, die mit Gemüse farcierten Zucchiniblüten, die Landtaube, der phantastisch reife Banon-Ziegenkäse – das alles waren Offenbarungen. Wieder und wieder bin ich inzwischen in dieses stille, vornehme, aus dem 18. Jahrhundert stammende *relais de poste* (eine ehema-lige Haltestelle für Postkutschen, die die Pferde wechselten) zurückgekehrt, und nur selten enttäuschte mich das Essen, das Pierre und Jany Gleize, Vater und Sohn, auf den Tisch bringen. Zarte Zucchiniblüten – gepflückt genau bei Sonnen-untergang – werden mit einer brillanten Füllung aus Knob-lauch, Minze und Zucchino (siehe Rezept Seite 276) verse-hen. Zu einem ›bunten‹, thymianduftenden Omelett schich-tet man Pilze, Kräuter-, Zucchini- und Tomatenlagen über-einander (siehe Rezept Seite 278). Die gebratene Taube (Lie-ferant ist ein naher Bauernhof) gehört zu den besten, die ich je gekostet habe, und der frische, mit einer *tapenade* (einer fet-ten Paste aus Anchovis, Kapern und in Öl eingelegten Oli-ven) bestrichene Kabeljau ist ein Hauptgericht, das ich die ganze Woche lang Abend für Abend essen könnte. Bitten Sie die Chefs, Ihnen einen einfachen grünen Salat zu machen,

ten), *daube d'agneau en gelée* (Lammragout in Aspik), *agneau de Sisteron* (Lamm aus den in der Nähe gelegenen Bergen von Sisteron), *caneton au miel de lavande et citron* (Jungente mit Lavendelhonig und Zitrone). Im Winter: *mousseline de gibier à plumes au genièvre* (Wildvögel-Schaum mit Wacholderbeeren), *colvert au coriandre* (Wildente mit Koriander), *marcassin poêlé aux pignons de pin et raisins* (Wildschwein mit Pinienkernen und Trauben)

und Sie werden alsbald eine wundersame Blattmischung – auch *pourpier*, der leicht scharfe, etwas knirschige Portulak, fehlt nicht dabei – aus Pierres Garten vor sich sehen. Der Käsewagen wartet mit einem feinen Sortiment lokaler Ziegenkäse auf, darunter der *Banon*, den Pierre mit Weinbrand besprengt, in getrocknete Kastanienblätter wickelt und sechs Monate reifen läßt.

Das Nachtisch-Programm wechselt mit der Jahreszeit, aber die ungewöhnlich gute *tarte au citron et au chocolat* (siehe Rezept Seite 280) gibt hier fast immer eine Vorstellung. Bei dieser Torte überzieht eine wunderbare Mischung aus säuerlicher Zitronenschale und Bitterschokolade den zitronengesprenkelten Teigboden. Die Weinkarte enthält einige günstige Angebote regionaler Lagen, darunter die *Palette* (rot, weiß und rosé) vom Château Simone, den *Cassis* von der Domaine du Paternel und den saftigen *Bandol* der Domaine Tempier.

Cogolin *(Var)*

Hyères 42 km, Le Lavandou 31 km, Paris 870 km, Saint-Tropez 9 km,
Sainte-Maxime 13 km, Toulon 60 km
Märkte: Mittwoch 8–12.30 Uhr, Place des Boules; Samstag 8–12.30 Uhr,
Place de l'Eglise

RESTAURANT

LA FERME DU MAGNAN
83310 Cogolin
℡ 94495754
Bestellungen werden bis 13.30 bzw. 21.30 Uhr (22.30 Uhr von Juni bis September) entgegengenommen
Geöffnet: von Juni bis September nur am Abend; geschlossen: Dienstag; von Oktober bis Mai: geöffnet mittags wie abends Freitag, Samstag, Sonn- und Feiertage; geschlossen: im Februar
Keine Kreditkarten
Speiseterrasse
Vier Menüs von 106 bis 200 Francs, à la carte 200 Francs

Dies ist ein herrliches ländliches Ziel, das man gerne mit der Familie oder mit einer großen Gruppe von Freunden oder Kollegen ansteuert, um einmal einfache Gerichte von A bis Z durchzuessen. Die sich jeweils zu den Mahlzeiten in ein Restaurant verwandelnde Geflügelfarm erinnert mich an große, offene Grillrestaurants am Stadtrand, wo die Leute in netter Gesellschaft hingehen, um ›zu futtern‹. Das auf der *ferme* aufgezogene Geflügel ist eine kulinarische Delikatesse, und auch einige Nebengerichte sind nicht zu verachten: gegrillte *moules* etwa (große, fette Miesmuscheln, die am Holzfeuer einen dezenten Rauchgeschmack annehmen), *lapin à la moutarde* (Kaninchen in Senfsauce) oder *pintadeau* (Perlhuhn, hier mit Pilzen und Räucherspeckwürfeln in Rotwein geschmort). Mit der Bedienung ist es hier ein bißchen Glückssache, und die Nachspeisen kann man so ziemlich vergessen (Anfahrt: Von Cogolin aus auf der N 98 vier Kilometer nach Westen).

FLEURS DE COURGETTES FARCIES SAUCE POMME D'AMOUR ›LA BONNE ETAPE‹

Gefüllte Zucchiniblüten mit Tomatensauce ›La Bonne Etape‹

Jeden Abend im Sommer kommt ein einheimischer Gemüsebauer mit einem Korb voll frisch gepflückter Zucchiniblüten zum Restaurant La Bonne Etape *in Château-Arnoux und liefert seine Ernte ab. Er bevorzugt die männlichen Blüten, weil sie größer sind, und rät im übrigen dazu, sie am späten Vormittag zu pflücken, wenn der Tau abgetrocknet ist, oder aber nach Sonnenuntergang. Falls Sie keine Bezugsquelle für Zucchiniblüten haben, backen Sie die gewürzten Zucchini in einer Auflaufform, und servieren Sie sie mit der duftenden, aromatischen Tomatensauce.*

Tomatensauce:
5 mittelgroße Tomaten
2 El extrafeines, kalt gepreßtes Olivenöl
1 Knoblauchzehe
1 Zitrone
1 El Korianderkerne
Eine Handvoll frische Kräuter, gewiegt
Salz und frisch gemahlener schwarzer Pfeffer

Zucchinifüllung:
3 mittelgroße Zucchini
1 El extrafeines, kalt gepreßtes Olivenöl
4 Knoblauchzehen, gewiegt
3 El frische Weißbrotkrumen
1 großes Ei
Je eine Handvoll frische Minze, frische Petersilie und frisches Basilikum, gewiegt
18 Zucchiniblüten
250 ml Hühnerbrühe, vorzugsweise hausgemacht

1. Die Tomatensauce mindestens 12 Stunden vor dem Servieren zubereiten: Die Tomaten häuten, von Stielansätzen und Kernen befreien und grob hacken. Die Tomaten mit der gehackten Knoblauchzehe, der von Schale und Haut befreiten und zerkleinerten Zitrone, den zerstoßenen Korianderkernen und den Kräutern (vorzugsweise Basilikum, Kerbel und glattblättrige Petersilie) verrühren, würzen und bei Raumtemperatur mindestens 12 Stunden ziehen lassen.
2. Den Backofen auf 175° vorheizen.
3. Die Zucchinifüllung zubereiten: Die Zucchini schälen und in einer Küchenmaschine fein hacken.
4. Das Öl in einer mittelgroßen Pfanne bei guter Hitze heiß werden lassen, Zucchini und Knoblauch hinzufügen und etwa 5 Minuten dünsten, bis fast alle Flüssigkeit verdunstet ist. Die Mischung sollte feucht, aber nicht klitschig sein. Vom Feuer nehmen und die Brotkrumen, Kräuter sowie das Ei einrühren. Mit Salz und Pfeffer abschmecken.
5. Sorgfältig die Stempel von den Zucchiniblüten entfernen, da diese beim Erhitzen bitter werden. Die Blüten mit Hilfe einer Spritztüte oder eines sehr kleinen Löffels mit der Zucchinimischung füllen, sie sodann in eine Auflaufform setzen und die Hühnerbrühe um sie herumgießen. Die Form mit Alufolie abdecken und in etwa 15 Minuten gut durcherhitzen.
6. Während die Blüten im Backofen sind, vorsichtig die Tomatensauce warm werden lassen. Zum Servieren auf 6 vorgewärmte Teller je 3 Zucchiniblüten setzen und die Tomatensauce darüber schöpfen.
Für 6 Personen.

Flassans-sur-Issole *(Var)*

Aix-en-Provence 62 km, Draguignon 45 km, Gonfaron 11 km, Le Luc 11 km,
Marseille 89 km
Markt: Freitag 8–12 Uhr, Place de l'Eglise

RESTAURANT

La Grillade au Feu
de Bois
83340 Le Luc
✆ 94697120
Bestellungen werden bis
14 bzw. 20.30 Uhr (21.30
Uhr im Sommer) entgegen-
genommen
Kreditkarten: AE, DC, V
Speiseterrasse
Separater Speiseraum für
geschlossene Gesellschaften
bis zu 25 Personen
Man spricht Englisch
130-Francs-Menü,
à la carte 200 Francs

Spezialitäten:
Traditionelle provenzalische
Küche, Fisch und wild-
gewachsene Röhrenpilze

Schon wenn man die gewundene Straße zu diesem bezaubernden provenzalischen Hotel-Restaurant hochfährt,
hat man das Gefühl, gleich an einen von der Welt abgeschie-
denen Zufluchtsort zu kommen. Es ist ganz still, nur die
Stimmen der Vögel sind zu hören. Die jungen Eigentümer
geben sich zwanglos und freundlich und machen es einem
leicht, sich gleich zu Hause zu fühlen. Bei schönem Wetter
kann man im Schatten der Feigenbäume auf der Terrasse speisen; ist es kühler, dann nimmt ein großer, mit einigen hübschen Antiquitäten behaglich eingerichteter Speiseraum die
Gäste auf. Das Essen ist traditionell provenzalisch und
schmeckt, im besten Sinne, wie zu Hause. Auf dem Speisezettel stehen zum Beispiel gegrilltes Lamm (aus der Gegend),
das mit einem Kartoffelgratin serviert wird, hervorragend
mundende, mit Kräutern und frischem Käse gefüllte Sardinen, mit Anchovisfilets belegte, gegrillte rote Paprika. Es gibt
hier auch einen ausgezeichneten tiefdunklen, kräftig-herben
Rotwein, der von einem benachbarten Weingarten, der Com-
manderie de Peyrassol, kommt (Anfahrt: von Le Luc aus auf
der N 7 vier Kilometer nach Westen).

Heiße *socca* auf dem Markt
von Nizza

OMELETTE FROIDE DE LEGUMES A LA TAPENADE
›LA BONNE ETAPE‹
Kaltes Gemüseomelett mit Oliven, Anchovis und Kapernsauce

Dies ist ein bemerkenswertes Gericht – bemerkenswert vom Geschmack wie von seinem Aspekt her –, und es ist eines, das ich beim ersten Besuch von vielen, die dann noch folgen sollten, in LA BONNE ETAPE *in Château-Arnoux zu kosten bekam. Das Rezept mag auf den ersten Blick kompliziert erscheinen, tatsächlich aber ist es nicht schwer, diese Speise zuzubereiten. Zum Glück nämlich läßt sich dieses Omelett – das einer schichtweise aufgebauten Gemüse-Pâté ähnlicher ist als einem Pfannkuchen – vor dem Zeitpunkt seiner Fertigstellung vorbereiten. Ich habe die von Küchenchef Jany Gleize stammende Rezeptur insofern vereinfacht, als die sechs Schichten seines Omeletts hier auf drei reduziert sind. Das lebhafte Rot, Gelb und Grün dieser drei Lagen und dazu der Kontrast der pechschwarzen* tapenade *tragen dazu bei, das Gericht zu einem famosen Mittagsmahl oder im Rahmen eines größeren Abendessens zu einem fabelhaften ersten Gang zu machen.*

Tapenade:
100 g in Öl eingelegte
schwarze Oliven, vor-
zugsweise aus Nyons,
entkernt
1 Dose (etwa 60 g)
Anchovisfilets, abgegos-
sen, für einige Minuten
gewässert, wieder
abgegossen und trocken-
getupft
2 Eßlöffel Kapern,
abgespült und abgetropft

Tomatenschicht:
1 El extrafeines, kalt
gepreßtes Olivenöl
4 Schalotten, gewiegt
10 mittelgroße Tomaten,
von Kernen befreit
und geviertelt
Einige Zweige frischer
Oregano oder 1 Tl
getrockneter Oregano
Salz und frisch gemahle-
ner schwarzer Pfeffer
nach Geschmack

Zucchinischicht:
½ Tl extrafeines, kalt
gepreßtes Olivenöl
2 Knoblauchzehen,
gewiegt

1. Die *tapenade* zubereiten: Oliven, Anchovis und Kapern mit einem Elektromixer glatt pürieren. Beiseite stellen. (Die *tapenade* hält sich, gut abgedeckt, im Kühlschrank praktisch unbegrenzt.)

2. Die Tomatenschicht zubereiten: Das Olivenöl bei schwacher Hitze in einer mittelgroßen Pfanne mit Antihaft-Beschichtung heiß werden lassen. Die Schalotten hinzufügen und unter gelegentlichem Rühren glasig dünsten. Die Tomaten in der Küchenmaschine oder mit einem Messer grob hakken. Auf gute Hitze stellen, und Tomaten, Oregano sowie Salz und Pfeffer hinzufügen. (Wird frischer Oregano eingesetzt, diesen erst unmittelbar bevor er in die Pfanne kommt hacken.) Unbedeckt etwa 30 Minuten unter gelegentlichem Rühren dünsten, bis fast alle Flüssigkeit verkocht ist. Abschmecken. Vom Feuer nehmen und die Mischung in ein kleines Sieb geben, damit eventuell vorhandene Restflüssigkeit abtropfen kann.

3. Die Zucchinischicht zubereiten: Das Olivenöl bei schwacher Hitze in einer mittelgroßen Pfanne mit Antihaft-Beschichtung heiß werden lassen. Den Knoblauch hinzufügen und ein oder zwei Minuten sautieren, bis er gerade eben weich wird. Die Zucchini in der Küchenmaschine oder mit einem Messer fein hacken. Auf gute Hitze stellen, die Zucchini sowie nach Geschmack Pfeffer und Salz hineingeben. Unbedeckt etwa 5 Minuten unter gelegentlichem Rühren weich dünsten. Abschmecken. Vom Feuer nehmen und die Mischung in ein kleines Sieb geben, damit eventuell vorhandene Restfüssigkeit abtropfen kann.

4. Den Backofen auf 150° vorheizen.

5. 4 Eier in einer Schüssel verschlagen, so daß Eiweiß und Eigelb sich vermischen. Die Tomatenmasse hinzufügen und alles gut vermengen. Diese Mixtur in eine mittelgroße Pfanne mit Antihaft-Beschichtung geben und bei schwacher Hitze

2 kleine (etwa 300 g)
Zucchini, geputzt und in
grobe Würfel geschnitten
12 große Eier

Kräuterschicht:
Eine Handvoll frische
Kräuter, vorzugsweise
Basilikum, Thymian und
Kerbel, fein gewiegt

Einige El Rotweinessig
bester Qualität

mit einem Schneebesen ständig rühren; Ei, das sich am Pfannenrand absetzt, dabei stets in die Pfanne zurückkratzen. Wenn die Mischung zu stocken beginnt, mit Salz und Pfeffer abschmecken. Nur so lange braten, daß die Masse gleichmäßig dick und geschmeidig ist und weder klumpig wird noch halb flüssig bleibt.

6. Diese Mischung in eine rechteckige 21,5 cm-Brotform mit geraden Wänden und Antihaft-Beschichtung geben und mit einem Spatel glattstreichen, bevor mit der nächsten Lage begonnen wird.

7. Die zweite Schicht auf die gleiche Weise, unter Verwendung von 4 Eiern und den Kräutern, zubereiten. Auf die erste Schicht in der Brotform geben und mit dem Spatel glätten.

8. Die dritte Schicht auf die gleiche Weise, unter Verwendung von 4 Eiern und den Zucchini, zubereiten. Auf die zweite Schicht in der Brotform geben und mit dem Spatel glätten.

9. Die Form mit Alufolie abdecken und etwa 20 Minuten, bis die Masse fest ist, backen. Aus dem Ofen nehmen und auf Raumtemperatur abkühlen lassen.

10. Zum Servieren in 8 gleiche Scheiben schneiden. Jede Scheibe in die Mitte eines flachen Tellers legen, je einen Löffelvoll *tapenade* dazugeben und unmittelbar vor dem Auftragen mit Essig beträufeln.

Für 8 Personen.

Unvergleichlich sind Frankreichs Salate: springlebendige Mischungen von Blättern und Blütensprossen vielerlei Farben und Texturen. Benetzt von einer herrlich pikanten oder auch einer sehr gepflegten sanften Sauce, kann ein solcher Salat die feinsinnigste und ergötzlichste Geschmackskomposition einer Gangfolge sein. Salate sind nicht nur Schöpfungen der Küche, sie selbst haben auch zu Sprachschöpfungen beigetragen: Wenn jemand für Verwirrung und Durcheinander sorgt, dann ist das Ergebnis *une vraie salade,* mit anderen Worten, er hat einen großen Salat angerichtet. Besteht der Verursacher des Kuddelmuddels weiter auf seiner Meinung und versucht er, anderen etwas weiszumachen, dann bringt man ihn mit einem *Cessez de nous raconter vos salades!* zum Schweigen – die anderen wollen sich seinen Salat nicht mehr anhören. Für Konfusionsräte besteht also bei den Franzosen wenig, für die Salathändler hingegen einige Sympathie, denn wenn jemand anderen eine Idee verkauft, dann sagt man nicht ohne Anerkennung: *Il vend sa salade* – er verkauft seinen Salat.

TARTE AU CITRON ET AU CHOCOLAT ›LA BONNE ETAPE‹
Zitronen-Schokoladen-Torte ›La Bonne Etape‹

Würde man die am meisten geschätzten Desserts durch eine weltweite Abstimmung ermitteln, dann stünden, darin bin ich ganz sicher, alle Schokoladen- und Zitronensüßspeisen an erster Stelle. Bei der ungewöhnlichen Zitronentorte, von der hier die Rede ist, kam die Schokoladenbeschichtung eigentlich nur durch einen Zufall zustande. Küchenchef Pierre Gleize beobachtete, daß der nicht mitgebackene Zitronenüberzug in die Kruste einsickerte und den Teig schwammig machte. So zog er zwischen Zitronengarnierung und Teig eine Trennschicht aus Zartbitter-Schokolade ein, und dabei kam diese prachtvolle Torte heraus. Setzen Sie sie erst ganz wenige Stunden vor dem Servieren zusammen. Den Teig mit seiner zitronenduftenden, ›zum Reinbeißen‹ appetitlichen Kruste zuzubereiten, ist ein Kinderspiel.

Teig:
100 g Mehl
25 g Zucker
1 Prise Salz
Abgeriebene Schale
von 1 Zitrone
1 großes Ei
60 g Butter, in Würfeln
(Raumtemperatur)
90 g Zartbitter-Schokolade sehr guter Qualität

Zitronengarnierung:
2 große Eier, Eiweiß und
Eigelb getrennt
100 g Zucker
Abgeriebene Schale
von 1 Zitrone
2 El frisch gepreßter
Zitronensaft
1 Prise Salz

1. Den Backofen auf 220° vorheizen.

2. Den Teig zubereiten: Mehl, Zucker, Salz und Zitronenschale in einer Küchenmaschine oder einer mittelgroßen Schüssel gründlich verrühren; dann die Eier und Butter dazugeben und gut alles durchmischen. Der Teig sollte die Konsistenz eines weichen Plätzchenteigs haben. Eine Kuchenform (vorzugsweise eine Springform) von 27 cm ∅ mit dem Teig auslegen. Den Rand des Teigs mit der stumpfen Seite eines Messers bogenförmig verzieren.

3. Den Teig mit einer Gabel einstechen und etwa 10 Minuten backen, bis er gerade eben zu bräunen beginnt. Aus dem Ofen nehmen und abkühlen lassen.

4. Etwa 2 Stunden vor dem Servieren die Schokoladenschicht zubereiten: Die Schokolade in einem kleinen Tiegel bei sehr schwacher Hitze zum Schmelzen bringen, dabei häufig rühren, damit nichts ansetzt. Sodann gleichmäßig über den Teig verstreichen. Abkühlen und fest werden lassen.

5. Die Zitronengarnierung zubereiten: Mit einem Elektromixer oder Schneebesen die Eigelb mit 50 g Zucker verrühren, bis sie blaßgelb sind. Zitronenschale und -saft untermischen.

6. Die Eiweiß mit der Prise Salz in einer anderen Schüssel schlagen, bis sie fest zu werden beginnen. Allmählich den restlichen Zucker einrieseln lassen und weiterschlagen, bis ein steifer, aber nicht trockener Eischnee entstanden ist. Die Eigelbmischung behutsam unter den Eischnee ziehen und das Ganze gleichmäßig über dem schokoladeüberzogenen Teig verteilen. Bis zu 2 Stunden in den Kühlschrank stellen.

Forcalquier *(Alpes de Haute-Provence)*

Aix-en-Provence 66 km, Apt 42 km, Digne 49 km, Manosque 23 km, Paris 772 km, Sisteron 44 km

Markt: Montag 9–12 Uhr, Place Bourquet, Place Martial-Sicard

RESTAURANT

AUBERGE CHAREMBEAU
04300 Forcalquier
℡ 92750569
Bestellungen werden bis
13.30 bzw. 20.30 Uhr
entgegengenommen
Geschlossen: Montag und
November bis Januar
Keine Kreditkarten
Man spricht Englisch
150 Francs
Restaurant nur für Hotelgäste
geöffnet

Diese *auberge* gehört zu den ansprechendsten ländlichen Eßlokalen der Region, und dazu trägt auch der große offene Speisesaal mit seinem gewaltigen Kamin bei. Der Service ist ungezwungen und zuvorkommend, und die gelockerte Stimmung überträgt sich auf die Gäste, die bald beginnen, sich über die Tische hinweg zu unterhalten. Häusliche provenzalische Küche bestimmt hier den Stil, und so wartet der Chef etwa mit einer saftigen *daube provençale* (generös portionierten, zunächst marinierten, dann mit aromatischen Gemüsen stundenlang in Rotwein gekochten Rindfleischstücken) auf, präsentiert einen Käseauflauf, der an mütterliche Kochkünste erinnert und überrascht mit einer *charlotte aux noix* – Löffelbiskuits mit feingehackten Walnüssen in einer Sahnecreme, von durchdringendem Nußaroma und äußerst sättigend (Anfahrt: Gleich östlich von Forcalquier an der N 100).

Golfe-Juan *(Alpes-Maritimes)*

Antibes 5 km, Cannes 6 km, Grasse 21 km, Nizza 27 km, Paris 915 km

RESTAURANT

TÉTOU
Boulevard des Frères
Roustau, 06220 Golfe-Juan
℡ 93637116
Bestellungen werden bis
14 bzw. 22 Uhr entgegen-
genommen
Geschlossen: Mittwoch,
Mitte Oktober bis zur dritten
Dezemberwoche und drei
Wochen im März
Keine Kreditkarten
Man spricht Englisch
350 Francs

Bei TÉTOU zu essen – einem beliebten, seit 1920 existierenden Familienrestaurant – bedeutet soviel wie einen Mittag am Strand zu verbringen, ohne sich um den Sand, die drückende Hitze, den ganzen lästigen Badebetrieb scheren zu müssen. Statt dessen installiert man sich in einem luftigen Etablissement, das als der vielleicht klassischste ›Fischschuppen‹ der Welt angesehen werden kann. Kommen Sie mit gutem Appetit zu diesem hellen, tadellos gepflegten Restaurant am Strand von Golfe-Juan, krempeln Sie die Ärmel hoch, und richten Sie sich darauf ein, hier einige Stunden zu verbringen, wenn Sie mit der *bouillabaisse* bekanntwerden wollen, denn diese wird in einer Folge von Gängen serviert. Zunächst wird die mit Fischsäften und Aromen angereicherte, dampfende Brühe aufgetragen, nicht ohne getoastetes Brot und die obligatorische *rouille* – also ›Rost‹, wegen der

Spezialitäten:
Bouillabaisse (Provenzalische Fischsuppe), *langouste* (Languste), *poisson* (Fisch)

Farbe so genannt –, eine pikante Knoblauch-Safran-Mayonnaise. Haben Sie diesen Suppen-Gang hinter sich, dann stellt die Kellnerin Platten mit gekochten Kartoffeln, mit dickfleischigem Seeteufel und prächtigen Langustinen vor Ihnen ab. Und wenn Sie dann glauben, eigentlich schon genug gehabt zu haben, bringt die Bedienung eine weitere Platte an, beladen mit *rascasse* und *galinette,* und fordert Sie auf, eine Runde zuzulegen.

Mengen von *Bouillabaisse,*
die Spezialität bei TÉTOU

Gonfaron *(Var)*

Brignoles 25 km, Draguignan 40 km, Nizza 100 km
Markt: Donnerstag 7.30–12 Uhr, Place de la Victoire

BÄCKEREI

L'HERMITAGE
83590 Gonfaron
✆ 94783166

Möglicherweise werden Sie nicht geneigt sein, wegen eines einzigen Laibes Sauerteigbrot, wie überragend er auch sei, so weit über Land zu fahren, aber wenn Sie eine

Geöffnet: 6–20 Uhr; geschlossen: Samstag, Sonntag, zwei Wochen um Weihnachten und die letzten beiden Augustwochen Auf Wunsch Versand innerhalb von Europa

familienbetriebene Großbäckerei in praxi sehen wollen, könnte es den Ausflug wert sein. Erst 1979 begann die Familie Dufaye, Sauerteigbrot für den eigenen Bedarf zu backen, doch rasch wurde aus der privaten Passion ein blühendes Geschäft. Heute arbeitet der riesige elektrische Backofen 15–18 Stunden am Tag. Das feuchtkrumige, borkige Bauernbrot, das er erzeugt, ist ausnahmslos aus biologisch angebautem Getreide hergestellt. Am meisten sagten mir das Roggen- und das Olivenbrot zu. Die charakteristischen, bei Nahrungsmittelwettbewerben prämierten Brote von L'HERMITAGE werden in den Reformhäusern der ganzen Gegend angeboten; sie fehlen auch nicht auf dem Mittwochs- und Samstagsmarkt in Saint-Tropez (Anfahrt: Biegen Sie bei der *gendarmerie*, der Polizeistation, von der Landstraße ab in Richtung »base de loisir«. Nach 3 Kilometern sehen Sie das »L'Hermitage«-Schild).

Grasse *(Alpes-Maritimes)*

Cannes 17 km, Digne 117 km, Draguignan 56 km, Nizza 42 km, Paris 918 km
Markt: Dienstag bis Samstag 7–12 Uhr, Place aux Aires

KÄSELADEN

LA FROMAGERIE
5, Rue de l'Oratoire,
06130 Grasse
✆ 93366123
Geöffnet: 7.30–12.30 und
15–19.15 Uhr (ab 14.30 Uhr
im Winter); geschlossen:
Sonntag und Montag

Ein mustergültiger Käseladen, der sich in einer der bezauberndsten gewundenen Altstadtgäßchen von Grasse verbirgt. Lassen Sie sich hier vor allem nicht das ungewöhnliche Sortiment von *brebis de pays*, örtlich erzeugtem Schafsmilchkäse, entgehen.

Mougins *(Alpes-Maritimes)*

Antibes 12 km, Cannes 7 km, Grasse 11 km, Nizza 32 km, Paris 908 km,
Vallauris 8 km

RESTAURANTS

L'ESTAMINET DES
REMPARTS
24, Rue Honoré-Henri,
06250 Mougins-Village
✆ 93900536

Für einen heißen Sommertag ist dies der richtige Schlupfwinkel: ein charmantes, dörfliches Café-Bistro, ganz echt, mit angenehm kühlen Steinwänden und gemütlichem Ambiente. Dieser Eine-Frau-Betrieb – die strapazierte Georgette ist Eignerin, Köchin und Bedienung in einer Person –

Bestellungen werden bis
13.30 bzw. 21 Uhr
entgegengenommen
Geschlossen: Montagabend,
Dienstag, die letzte Dezem-
berwoche und Januar
Keine Kreditkarten
Kleine Speiseterrasse

MOULIN DE MOUGINS
Quartier Notre-Dame-de
Vie, 06250 Mougins
✆ 93757824
Bestellungen werden bis
14 bzw. 22 Uhr entgegen-
genommen
Geschlossen: Donnerstagmittag, Montag und von der
dritten November- bis zur
dritten Märzwoche
Kreditkarten: AE, DC, V
Speiseterrasse; separater
Speiseraum für geschlossene
Gesellschaften bis zu
50 Personen
Man spricht Englisch
430-Francs-Menü,
à la carte 600 Francs

Spezialitäten:
provenzalische Gerichte je
nach Jahreszeit

bietet ganz einfache grüne Salate, prächtige Tomatenkuchen und eine üppige Feigentorte. Die Einrichtung gefällt mir in diesem Lokal – ein bißchen dies, ein bißchen das, geschickt ausgesuchte Flohmarktfunde, zu denen auch sehr schöne Tonschalen und Krüge gehören, die sogar teilweise im Restaurant mitbenutzt werden.

D er freundliche und verbindliche, dabei hart arbeitende Roger Vergé hat etwas erreicht, was nur wenigen an der ›Côte‹ gelungen ist: ausgesprochen klassische und zugleich unverfälscht urige provenzalische Küche in einem kultivier-ten, traumgleichen Rahmen zur Geltung zu bringen, der für romantische Seelen wie geschaffen ist. Er und seine Frau Denise haben ein besonderes Gespür für die Kombination von Luxus und Einfachheit, und diesen Stil versuchen sie ständig zu perfektionieren, hier in der Präsentation einer ein-zelnen frischen Orchidee, dort bei der Verbindung von preß-frischem Pfirsichsaft mit Jahrgangschampagner.

An einem sehr warmen Juliabend genossen wir im MOULIN eine der elegantesten, extravagantesten und vollkommensten Mahlzeiten unseres Lebens: mit ganzen Trüffeln gefüllte Zucchiniblüten, perfekt sautierte frische Steinpilze, ganz kleine violett getönte Spargel, mit Orange und Fenchel aro-matisierte Meerbarbe – und Lamm, das wirklich nach Lamm schmeckte. Und später, gerade als wir aufstehen wollten um zu gehen, ließ man uns noch ein Dessert probieren, das nicht provenzalischer sein konnte: frischgepflückte ganze Laven-delblüten, einzutauchen in gezuckertes Eiweiß (Anfahrt: Auf der D 3 südöstlich von Mougins).

Die Spezialitäten auf dem
Markt von Nizza: heiße *socca*
und heiße Oliven-Pizza

Moustiers-Sainte-Marie *(Alpes de Haute-Provence)*

Aix-en-Provence 86 km, Castellane 45 km, Digne 48 km, Draguignan 62 km,
Manosque 50 km, Paris 820 km
Markt: Freitag 8–16 Uhr, Place de l'Ecole

HAUSHALTSWAREN

ATELIER DE SÉGRIÈS
04360 Moustiers-Sainte-
Marie
✆ 92746669
Geöffnet: täglich 10.30–12.30
und 14–18 Uhr (19 Uhr im
Juli und August)
Kreditkarten: AE, EC, V
Auf Wunsch Versand ins
Ausland
Vertretung in Paris: ATELIER
DE SÉGRIÈS
31, Rue de Tournon,
75006 Paris
✆ 46346256

Das Dörfchen Moustiers mit seinen 602 Einwohnern ist zu Recht berühmt geworden durch seine milchigweiß glasierten, handbemalten Fayencen, die schon seit 1679 hier hergestellt werden. Die besten (und teuersten) der keramischen Arbeiten stammen aus dem ATELIER DE SÉGRIÈS, das eine breite Auswahl an Mustern bietet, viele von ihnen mit zarten provenzalischen Wildblumen.

Nizza *(Alpes-Maritimes)*

Cannes 32 km, Marseille 187 km, Paris 931 km
Märkte: Dienstag bis Sonntag 7–13.30 Uhr, Cours Saleya, Place Pierre Gauthier,
Place du Général de Gaulle
Fischmarkt: Dienstag bis Samstag 5–12 Uhr, Place Saint-François
Blumenmarkt: Dienstag bis Sonntag 7–17 Uhr (13.30 Uhr am Sonntag), Cours Saleya
Marktstraße: Rue Pairolière im alten Teil der Stadt – Käse, Trockenobst, Kuchen,
Fisch, Pasta, *porchetta*
Flohmarkt: Dienstag bis Sonntag von 8 Uhr bis Sonnenuntergang, Boulevard Risso

Weder die Stadtautobahn noch das Menschengewimmel der Côte d'Azur werden es fertigbringen, dem sich am Cours Saleya entlangziehenden offenen Markt von Nizza etwas von seinem Charme, seiner Authentizität und dem vergnüglichen Reiz zu nehmen, der ihm seit jeher zu eigen ist. Verstauen Sie Ihr Auto in der Tiefgarage unter dem Marktplatz, laufen Sie das Terrain zu Fuß ab, und richten Sie es so ein, daß Sie für Ihren Rundgang wenigstens den ganzen Vormittag zur Verfügung haben. Sie werden hier Dinge zu sehen und zu schmecken bekommen, die Sie nirgendwo sonst in Frankreich finden; Sie werden dabei nicht einmal viel Geld ausgeben, und Sie werden bald verstehen, weshalb es einer einzelnen Stadt immer noch gelingen kann, ihren spezifischen kulinarischen Stil zu kultivieren.

Geschützt vor der Morgensonne durch einen Wald von buntgestreiften, halbverschlossenen Sonnenschirmen, liegt da das Angebot eines der mit Frischobst und Frischgemüse am raschesten versorgten und betriebsamsten Märkte Frankreichs ausgebreitet: die Farben, die Formen, die Sortenvielfalt ergeben ein überwältigendes Stilleben. Exemplarisch schöne goldbraune Steinpilze sind, von feuchter dunkler Erde bedeckt, in einem abgeschabten Weidenkorb mit der allergrößten Sorgfalt auf ein Bett von Traubenblättern gesetzt. Gleich daneben liegen *cocos blanc*, die in blaßgrüne Schoten eingeschlossenen frischen weißen Bohnen, in robusten Lattenkisten übereinandergestapelt, und warten darauf, in der großartigen provenzalischen *Soupe au pistou* ihre tragende Rolle zu übernehmen. Paprika, leuchtendrot, grün und gelb, ist bereit für die Bratpfanne, und auf den Tischen türmen sich Knoblauchzöpfe aus dicken, *violets de Provence* genannten Knollen, rote Zwiebeln, weiße Zwiebeln, Schalotten und die von den Franzosen als *grelots* bezeichneten glockenförmigen Zwiebelchen. An einem anderen Stand scheinen die an einem kleinen Zucchino befestigten goldorangefarbenen Zucchiniblüten noch Leben in sich zu haben, scheinen sich langsam zu öffnen, als wollten sie die vorübergehenden Käufer auf sich aufmerksam machen. Weiße faustgroße Schachteln sind bis zum Rande mit Himbeeren und schwarzen und roten Johannisbeeren gefüllt, an denen noch Tautröpfchen haften.

Bis weit in den Juni hinein sieht man den seltenen *asperge violette*, jenen festen schlanken Spargel, dessen Färbung von der violetten Spitze bis zum elfenbeinweißen Stangenende immer mehr verblaßt, ein spektraler Effekt, der viel, und in Wirklichkeit dabei doch nichts, zum kulinarischen Vergnügen des Spargelessens beiträgt. Und weiter schweift der Blick über ein halbes Dutzend Kartoffelsorten, über Stachelbeeren und grüne Bohnen, deren Schoten schwarz-violett gefleckt sind und die hier *pélandrons* oder *haricots gris* heißen.

Und dann gibt es hier *socca*. Was für die Bresse die Hühner, für Arles die Würste, für Nyons die Oliven sind, das ist die *socca* für Nizza. Heiße *socca* ist eine Art provenzalischer Crêpe, wobei der hauchdünn in flache Pfannen von der Größe eines Traktorrades gegossene Teig aus Kichererbsenmehl besteht. Während des ganzen Markttages trifft etwa alle Viertelstunde eine brutzelnd heiße *socca* am Cours Saleya ein. Die orangegelbe Scheibe kommt von einer nur wenige Häuserblocks entfernten kleinen Bude.

Die *socca* wird, ebenso wie die *pissaladière* (eine mit Zwiebeln, Anchovis und schwarzen Oliven gemachte ›Pizza aus Nizza‹), auf einem Fahrrad mit Anhänger transportiert und am Markstand CHEZ THÉRÉSA abgeliefert. Kaum bringt der Junge auf seinem Gefährt die heißen Pfannen an, da fallen die Kunden auch schon über die Fladen her. »Kalt schmecken sie nicht mehr, man muß sie heiß essen«, ruft ein einheimischer Pizza-Enthusiast einigen Neulingen zu.

Wenn es Ihre Zeit erlaubt, tauchen Sie vom Markt aus ein wenig in die Straßen der Altstadt ein – die Rue de la Boucherie entlang, über den Fischmarkt an der Place Saint-François und die Rue Pairolière hinauf –, lange, gewundene Gassen, die von *charcuteries* mit ganzen, dekorativ ausgestopften Schweinen *(porchetta)*, von Pasta-Knetereien mit Dutzenden von Teigzubereitungen, kleinen Tanzschulen, billigen Kleiderläden und Restaurants flankiert sind, die in einfachen Lettern auf ihre *cuisine de famille* aufmerksam machen.

RESTAURANTS

L'ANE ROUGE
7, Quai des Deux Emmanuel,
06000 Nice
☎ 93894963
Bestellungen werden bis
13.30 bzw. 21.30 Uhr
entgegengenommen

Gleich einer *bouillabaisse* ist auch eine gute *bourride* schwer zu finden, selbst in ihrem ureigensten Revier. Beide Fischgerichte sind teuer, und ihre Zubereitung erfordert viel Zeit. Vielleicht sind es die schwelgerische Menge des Aufgetragenen und das damit verbundene Tamtam, die die meisten Gäste in Ehrfurcht erschauern und sie darüber das Naheliegendste vergessen läßt: sich selbst ein Urteil zu bilden über die Güte der Zutaten wie auch der Kochweise.

Geschlossen: Samstag, Sonntag, an Feiertagen und von der zweiten Juliwoche bis Ende August
Kreditkarten: AE, DC, V
Speiseterrasse
Man spricht Englisch
400 Francs

Spezialitäten:
Moules farcies (gefüllte Muscheln), *bourride provençale* (sämige Fischsuppe mit Knoblauch), Mittelmeerfisch und -schalentiere

Die beste in einem Restaurant gemachte *bourride* habe ich in L'ANE ROUGE gefunden, einem eleganten kleinen Restaurant am Hafen von Nizza, seitlich von der Ausfallstraße nach Monaco. In diesem Lokal wird der Genuß der *bourride* – einer mit Seeteufel, Barsch und Petersfisch bestückten sämigen Fischsuppe, zu der auch farcierte Muscheln, gegrillter Hummer und verschiedene Fisch- und Schalentierzubereitungen gehören – in angemessener Weise zelebriert. Geben Sie Ihre Bestellung auf, und der Kellner wird mit einer großen rosafarbenen, feierlich umzubindenden *serviette de bourride* ankommen sowie die klassischen *bourride*-Beilagen vor Ihnen ausbreiten: kleine runde Toastscheiben, Schälchen mit geriebenem, Gruyère, die Knoblauchmayonnaise *aïoli* und die rostfarbene *rouille*, beides pikante, dicke Saucen zum Würzen des Schmauses. Nun wird die große weiße Terrine gebracht, aus der der Kellner behutsam eine mit Knoblauch und Eigelb verfeinerte Fischbrühe in eine Suppenschale schöpft: Ihr erster Gang, in den Sie *aïoli*-beladene, mit Käse bestreute geröstete Scheiben Brot als schwimmende Inseln einsetzen dürfen.

Bevor Sie aber Ihre Suppe auch nur anrühren können, erscheint der Kellner erneut, diesmal mit einer Platte verschiedenartiger Fische, die man im Laufe des Essens Stück für Stück in die sättigende Brühe gibt. (Erwägen Sie aber nicht, sich für eine *bourride* zu entscheiden, wenn Sie keinen großen Appetit haben!) Nimmt man es sehr genau, dann läßt sich auch an der in L'ANE ROUGE servierten *bourride* etwas aussetzen: Die Würzsaucen könnten etwas geschmacksintensiver sein und das Brot nicht so altbacken.

Der ideale Wein zu diesem Gericht ist der *Bellet blanc* (den man außerhalb der Region kaum antrifft), ein leichter angenehmer Tropfen mit einer gewissen Finesse.

LA BARALE
39, Rue Beaumont,
06000 Nice
℡ 93891794
Bestellungen werden bis 21 Uhr entgegengenommen
Geöffnet: nur abends; geschlossen: Sonntag, Montag und im August
Keine Kreditkarten
Klimatisiert
Separater Speiseraum für geschlossene Gesellschaften bis zu 80 Personen
Nur ein 170-Francs-Menü, Wein und Bedienung inbegriffen

Kein anderes Restaurant in Nizza fängt die Würze der bodenständigen *cuisine niçoise* so ein wie LA BARALE, ein tolles tavernenartiges Lokal, das von der drahtigen energischen Achtzigerin Catherine-Hélène Barale dirigiert wird. Mit seinen allabendlichen Tischgesängen und dem ›Fließbandessen‹ ist LA BARALE wie ein Touristenrestaurant, in dem sich die Einheimischen wohlfühlen sollen, und das tun sie auch. Das Ganze gleicht einem Bühnenbild: rotkarierte Vorhänge und Natursteinwände, besetzt mit Nippes, die zusammenzutragen ein Lebenswerk gewesen sein muß. Ein Trupp von Kellnerinnen mittleren Alters erledigt seine Arbeit flink und wie auswendig gelernt, wobei ihre locker sitzenden Slipper unentwegt über den zusammengestoppelten Fliesenboden klappern. Der zum Haus gehörende Schäferhund hält Hof und läßt nichts unversucht, um jeden, der ihm in den Weg tritt, zum Stolpern zu bringen, was ihm auch hin und wieder gelingt.

Spezialitäten:
Gerichte aus Nizza

Das Menü hier ist festgelegt: Alle essen, den ganzen Abend lang, das gleiche zur selben Zeit. Als Ganzes betrachtet, fehlt es dem Essen an Frische und Spontaneität, aber andererseits besitzt es eine gewisse Deftigkeit, und das macht es so anziehend, daß wir alle immer wiederkommen. Das Abendessen beginnt mit einer sehr guten *pissaladière,* jener der Pizza-ähnlichen Spezialität, deren feine flockige Kruste mit einem Zwiebelpüree und eingestreuten Oliven belegt ist. Maisfarbene *socca* kommt als nächstes: heiß servierte, herzhafte Portionen einer mürben, aus Kichererbsenmehl, Olivenöl, Wasser und Salz bereiteten Teigmischung. Wenn Sie Ihr Stück rasch aufessen und dann immer noch etwas kribbelig erscheinen, wird die Kellnerin eine zweite Fuhre nachreichen, und zwar direkt von der dünnen flachen Pfanne herunter, in der die *socca* unter der Backofenhitze zu einer köstlichen Scheibe erstarrte. Es folgt eine witzlose *salade niçoise,* aber lassen Sie die aus, damit Ihnen Platz bleibt für die guten *ravioli niçoise,* grobe, dick mit Rind- und Schweinefleisch, Mangold und Käse gefüllte Pasta-Taschen. Als nächstes schweben riesige Platten mit *lou piech* an (mit Ei, Mangold und Käse gefülltes, pochiertes Kalbfleisch), das mit Löwenzahn serviert wird. Aber der beste Teil der ganzen Mahlzeit ist die *tourte de blettes,* ein dünner Kuchen mit doppelter Kruste, gefüllt mit Mangold, Pinienkernen und Rosinen, und mit einer Zuckerschmelze benetzt. Dieses Dessert ist äußerst wohltuend.

Ungefähr wenn Sie Ihren Nachtisch verspeist haben, zu dem auch reichlich gefüllte Schalen mit frischen Orangen und Äpfeln gehören, wird die vom Wein und vom guten Essen angeregte Menge begonnen haben, ihre allabendlichen Gesänge anzustimmen. Die Liedertexte werden auf Zetteln herumgereicht, damit auch die Nichteingeweihten in den allgemeinen Singsang einstimmen können.

La Mérenda
4, Rue de la Terrasse,
06000 Nice
Kein Telefon
Bestellungen werden bis
13.30 bzw. 21.30 Uhr
entgegengenommen
Geschlossen: Samstagabend,
Sonntag, Montag, im Februar
und August
Keine Kreditkarten
Man spricht Englisch
Ungefähr 150 Francs

Spezialitäten:
Gerichte aus Nizza: *pâtes au pistou* (frische Pasta mit Basilikum, Knoblauch und Oli-

Das vielleicht netteste und echteste Bistro von ganz Nizza ist La Mérenda, nur wenige Schritte vom Markt am Cours Saleya entfernt. Es ist dies ein winziges Lokal – nicht mehr als 24 Gäste finden auf den nackten Holzstühlen Platz. Dekor im eigentlichen Sinne gibt es nicht, auch kein Telefon, nur einfach ganz authentische, in Nizza erfundene Kost, zubereitet in einer briefmarkengroßen Küche, die direkt in den Speiseraum mündet.

Das Menü, das auf eine von Tisch zu Tisch wandernde Tafel geschrieben ist, wird Sie freudig überraschen: Außer Pizza gibt es ausgezeichnete gefüllte Sardinen, weiter Pasta mit *pistou,* der mit Basilikum und Knoblauch gemachten Sauce, und einen herrlichen frischen *mesclum*-Salat, aus acht verschiedenen Sorten gemacht und mit dem feinsten Olivenöl, das Nizza zu bieten hat, angerichtet; es kommt aus dem *moulin* von Ludovic Alziari. Die in Teig gedippten und fritierten Zucchiniblüten hier sind ein unglaublicher Genuß. Und dieses Lokal ist auch einer der wenigen Plätze auf der

venöl), *daube* (Rindsragout), *sardines farcies* (gefüllte Sardinen), *stockfish* (hier eine Mischung aus getrocknetem Schellfisch, Tomaten, Kartoffeln, Oliven und *pesto*)

Welt, wo man es versteht, aus getrocknetem (aber nicht gesalzenem) Schellfisch, aus Tomaten, Kartoffeln, kleinen Nizza-Oliven und einer Gabe *pesto* einen wirklich originären *stockfish* zu kochen. Seine Geruchseigenschaften erinnern sehr an die reizvollen Düfte eines in sommerlicher Hitze im Auto eingeschlossenen überreifen Käses; vom Geschmack her jedoch ist er eher mild und recht ansprechend.

Wenn Sie in diesem Restaurant noch nicht bekannt sind und *stockfish* bestellen – eine der in Nizza beliebtesten Speisen – müssen Sie sich einem Test unterziehen. Sie werden also Ihren Platz verlassen, sich in die Küche begeben und dort eine zusammen mit Brot verabfolgte Probe nehmen müssen. Nun wartet man auf Ihr Zeichen, mit dem Prozedere fortfahren zu können. Sagt Ihnen der gereichte Happen zu, dann haben Sie den Test bestanden, und der lange, hagere Küchenmeister schüttelt Ihnen die Hand. Später sollten Sie dann auch noch den jungen, mit Thymian und Olivenöl besprenkelten Ziegenkäse versuchen. Und hoffen Sie darauf, daß der Markt am Cours Saleya einige pflückfrische Beeren für Sie bereithält, damit Sie ein bis dahin perfektes provenzalisches Mahl würdig beenden können.

BAR RENÉ SOCCA
2, Rue Miralhétti, 06000 Nice
✆ 93623781
Bestellungen werden bis 20 Uhr entgegengenommen
Geschlossen: Montag, die letzte Oktober- und die erste Novemberwoche und die letzten drei Wochen im Mai.
Speisetische in der Fußgängerzone
50 Francs

Spezialitäten:
Gerichte aus Nizza; *pissaladière* (Zwiebelkuchen mit Oliven und Anchovis), *sardines farcies* (gefüllte Sardinen), *socca* (Kichererbsenkuchen)

Ganz am Ende der Rue Pairolière finden Sie René Socca, Nizzas König der *socca*. Hier werden, von gebackenen gefüllten Zucchiniblüten bis zur klassischen Pizza, alle möglichen Imbisse von einem immer umlagerten Schalterfenster aus auf den Gehweg hinaus verkauft. Stellen Sie sich einfach an, sichern Sie sich, wenn Sie drankommen, eine zusätzliche Papierserviette, und verlangen Sie eine Schnitte *socca:* Für etwa 8 Francs wird man Ihnen eine ordentliche Portion des brutzelnden goldgelben Kichererbsenkuchens auf einen einfachen Pappteller geben. Sie können sich auf einen der hier in der Fußgängerpassage herumstehenden Hocker setzen und sich ein Glas oder eine Karaffe von dem hier ausgeschenkten dünnen provenzalischen Rosé kommen lassen.

BÄCKEREIEN

ESPUNO
22, Rue Vernier, 06000 Nice
✆ 93888333
Geöffnet: 7–12.45 und 15.30–20 Uhr; geschlossen:

Sie werden es kaum glauben – aber bei ESPUNO und LE FOUR À BOIS gibt es nicht weniger als 30 verschiedene Brotsorten. Die Bäcker, André Espuno und seine Söhne, haben es sich sogar einfallen lassen, ein Brot-Menü anzubieten! Das dichtgebackene, vollaromatische Olivenbrot hat es

Sonntag, Montag, zwei
Wochen im Februar und drei
Wochen im August

LE FOUR À BOIS
35, Rue Droite, 06300 Nice
✆ 93805067
Geöffnet: 7–13 und 15.30–20
Uhr; geschlossen: Sonntagnachmittag und Montag

mir besonders angetan, aber es gibt auch schöne andere
Laibe, groß und klein, die mit Thymian, Knoblauch, Zwiebeln oder Roquefort gewürzt sind, weiter Walnußbrot und
natürlich die provenzalische Spezialität, die gitterartig gebakkene *fougasse*.

Thierry und Jean-Jacques
Auer, in Nizza ›Könige von
Schlaraffenland‹

SPEZIALITÄTEN
DER REGION

ALLÉES DE LA CÔTE
D'AZUR
1, Rue Saint-François-de-
Paule, 06000 Nice
✆ 93858730
Geöffnet: 7.30–19 Uhr;
geschlossen: Sonntagnachmittag, Montag und im Oktober

HENRI AUER
7, Rue Saint-François-de-
Paule, 06300 Nice
✆ 93857798
Geöffnet: 8–12.30 und
14.30–19.30 Uhr; geschlos-
sen: Montagmorgen
Kreditkarte: V
Auf Wunsch Versand ins
Ausland

Zu den überraschendsten – und absolut ungewöhnlichsten – Dingen, die ich je gegessen habe, zählen *capons*
(was im örtlichen Dialekt soviel wie ›ganz klein‹ bedeutet),
köstlich süße und intensiv fruchtig schmeckende getrocknete
Feigen, eingehüllt in Feigenblätter und verschnürt mit Bast.
Sie werden die *capons* in diesem seltsamen Gemischtwaren-
lädchen finden, das gleichermaßen Eisenwaren wie Süßigkeiten und Postkarten verkauft.

Ein hübschen Plätzchen zum Einlegen einer Tee- oder
Kaffeepause, auch um etwas Süßes zu schlecken oder ein
Päckchen *fruits confits*, kandierte Früchte, mit nach Hause zu
nehmen. Sehr beachtenswert ist hier die *confiture de clemen-
tines confites*, eine gehaltvolle, aus kandierten Clementinen
bereitete Marmelade. Wenn Sie sie gekostet haben, wird das
Wort ›Frühstück‹ eine neue Bedeutung erhalten.

ALZIARI
14, Rue Saint-François-de-
Paule, 06300 Nice
✆ 93857692
Ölmühle: 332–334,
Boulevard de la Madeleine,
06000 Nice
✆ 93444512
Öffnungszeiten des Geschäfts
und der Ölmühle: 8.15–12.30
und 14.15–21.30 Uhr;
geschlossen: Sonntag, Montag, ab zweite November-
woche bis erste Dezember-
woche
Auf Wunsch Versand ins
Ausland

Spezialität:
Huile d'olives (Olivenöl)

Aus der Presse von Ludovic Alziari kommt eines meiner bevorzugten Olivenöle, leicht, etwas fruchtig und abgefüllt in einen schmucken, leuchtendblauen Blechkanister, den man gerne als Andenken behält. Dieses Geschäft ist eine klassische Einkaufsquelle, voll der guten Gerüche und Aromen der Provence: Olivenöl, kleine eingelegte Nizza-Oliven, schmackhafte *olives vertes picholines de Provence*, Olivenölseife und Lavendelhonig.

Ludovic Alziari
und seine ›Ölquellen‹

Opio *(Alpes-Maritimes)*

Cannes 22 km, Grasse 7 km, Mougins 15 km, Vallauris 23 km

SPEZIALITÄTEN
DER REGION

HUILERIE DE LA BRAGUE
2, Route de Châteauneuf,
06650 Opio, ✆ 93772303
Geöffnet: 8.30–12 und 14–18
Uhr; geschlossen: Sonntag
und Mitte Oktober bis Mitte
November; Kreditkarte: V
Versand ins Ausland

Als eine Art Allround-Laden für die Spezialitäten der Provence offeriert diese Olivenölmühle erstklassiges Öl, Oliven, Olivenholzschüsseln, provenzalische Tischwäsche und Bekleidung.

291

Mesclum – was ist das?

Carros, 27. Juli – Manche sagen *mesclum*. Andere nennen es *mesclun*. Und nicht wenige bestehen darauf, daß dieser provenzalische Salat aus einem Dutzend verschiedener Sorten bestehen muß, alle zur jeweils gleichen Zeit gesät, kultiviert und geerntet. Doch die *maraîchers* Jean und Yvonne Tabo sind entschieden anderer Meinung. Yvonne Tabo ist ganz kategorisch: Es ist eine Mischung aus neun verschiedenen zarten Salaten (zehn im Winter), wovon jeder einzelne auf einer eigenen Rabatte wächst und die bei der Ernte zu etwa gleichen Teilen gepflückt und miteinander vermengt werden. Das muß, sollen die Blätter den richtigen ›Biß‹ und Geschmack haben, geschehen, solange sie noch klein und jung sind.

Die Gärtner Tabo, die in Carros leben, der Salat- und Gemüseanbauzone unmittelbar nördlich von Nizza, wurden vor ungefähr zehn Jahren von Händlern zu Erzeugern. Sie spezialisierten sich auf *mesclum*, weil diese Grundlage der traditionellen *salade niçoise* damals von niemandem unter kommerziellen Gesichtspunkten gezüchtet wurde. Inzwischen hat man ihre grüne Mischung nicht nur in Frankreich, sondern überall von Kopenhagen bis London, von Berlin bis Toronto, kennen- und schätzengelernt; dreimal pro Woche, rund ums Jahr, geht vom nahen Flughafen Nizza aus eine Luftfrachtsendung in die kanadische Stadt.

Das Tabosche *mesclum* wächst in makellos saubergehaltenen Salatreihen im Schutz niedriger, seitlich geöffneter Treibhäuser heran und besteht aus Eichblattsalat mit roten und grünen Spitzen, Senfkohl, römischem Salat, Kerbel, einer hellen krausen Endivie und einer weiteren Endivienart, dem härteren Eskariol und einem sehr bitteren Löwenzahn. Im Winter kommen dann noch einige Reihen des rotvioletten herben Radicchio dazu. »Aus einem unerfindlichen Grund entwickelt im Sommer gezogener Radicchio hier weder die rote Färbung noch den rechten Geschmack«, sagt Madame Tabo.

Der Salat wird früh am Morgen gepflückt, wobei man die jüngsten und zartesten Pflanzen aussucht. Dann taucht man alle Blätter zusammen in Wasser, läßt sie abtropfen und verstaut das verkaufsfertige *mesclum*, behutsam verpackt, in robusten Lattenkisten.

Über den Ursprung des *mesclum* scheint bei niemandem absolute Gewißheit zu bestehen. Einigen Kulturhistorikern zufolge stammt die Salatmischung aus Italien und breitete sich als Eßsitte von Ligurien nach Nizza aus, bevor dieses 1860 wieder an Frankreich kam. Hinfort wurde die Spezialität im Französischen *mesclun*, im Dialekt von Nizza, dem *nissarde*, *mesclum* genannt. Das Ehepaar Tabo und andere Einheimische erinnern sich daran, daß ihre Eltern und Großeltern im *potager*, im Küchengarten, stets eine Mixtur von Grünzeug anbauten, dem sie all die selbstgezogenen und wilden Kräuter beimengten, die in so verschwenderischer Fülle in der Gegend gedeihen.

In den späten vierziger Jahren, als an der Côte d'Azur die Restaurants nur so aus dem Boden schossen, gewann auch das *mesclum* an Popularität, und sein Ruf breitete sich über die Grenzen der Provence hinaus aus. Heute befinden sich *maraîchers* wie die Tabos in der Gesellschaft vieler anderer, die die Terrassenlandschaft nördlich von Nizza reihenweise mit Gewächshäusern überzogen haben, in deren warm-feuchtem Mikroklima rund ums Jahr Blattgemüse, Tomaten, Kräuter und Zucchiniblüten aus den Kompostbeeten sprießen. Wie auch immer *mesclum* angebaut oder in welcher Weise es zusammengestellt wird, die Grundidee bleibt, eine nach Aussehen und Textur differenzierte Salatmischung präsentieren zu können die einen fein abgestimmten Aromakontrast zwischen schmelzend zart einerseits und bitterscharf und eindringlich andererseits bietet.

Ein selbstgemachter *mesclum-Salat* kann durchaus auch pikante Brunnenkresse, hartblättrigen *pourpier* (Portulak), *mâche* (Feldsalat), *senneson* (Vogelmiere) und Petersilie enthalten, und auch ein paar Blätter Basilikum, Bohnenkraut und Ysop.

Puristen wie die Tabos vertreten dezidiert die Meinung, ihrer Salatkomposition dürften weder andere Sorten noch *croûtons* oder Käse beigegeben werden und die in sich schon komplette Mischung müsse – nach dem Benetzen mit einer ganz und gar unkomplizierten, nur als kaltgepreßtem Olivenöl, selbstgemachtem Rotweinessig, Salz, Pfeffer und vielleicht einem Stich Dijon-Senf zubereiteten Vinaigrette – mit den Händen angemacht werden. Die farbenfrohe Salatmischung erscheint sowohl als *mesclum* wie auch als *mesclun* auf den Speisekarten der ganzen Gegend und ist dort auch überall auf den Obst- und Gemüsemärkten zu finden. Die beste Einkaufsquelle für *mesclum* ist der Cours-Saleya-Markt von Nizza, der täglich abgehalten wird (außer montags; dann wird er durch einen beliebten und entsprechend belebten Flohmarkt abgelöst).

Die in den Handel kommenden *mesclum*-Samenmischungen – gewöhnlich fünf oder sechs Salatsorten – kann man in Samenhandlungen und auf Märkten überall in Frankreich erstehen. Ebensogut kann man aber auch die verschiedenen Samen einzeln kaufen. Einer der besseren Samenlieferanten ist Vilmorin (Ladenadresse: 4, Quai Mégisserie, 75001 Paris, ✆ 42336162).

Peillon *(Alpes-Maritimes)*

Contes 13 km, L'Escarène 13 km, Menton 33 km, Nizza 19 km, Paris 954 km, Sospel 35 km

RESTAURANT

AUBERGE DE LA MADONE
Peillon-Village,
06440 L'Escarène
✆ 93799117
Bestellungen werden bis
14 bzw. 21 Uhr entgegengenommen
Geschlossen: Mittwoch und Mitte Oktober bis Mitte Dezember
Keine Kreditkarten
Speiseterrasse; separater Speiseraum für geschlossene Gesellschaften von 10 bis 30 Personen
Man spricht Englisch
Menüs von 80 bis 160 Francs, à la carte 250 Francs einschließlich Wein und Bedienung

Spezialitäten:
Salade de primeurs au fromage blanc (gemischter Blatt- und Gemüsesalat mit

Wenn man in dieser ruhigen, hübsch altmodischen Landgaststätte beim Essen sitzt, möchte man nicht vermuten, nur wenige Kilometer vom geschäftigen Nizza entfernt zu sein. Im Schatten der Olivenbäume schaut man von der Terrasse der AUBERGE DE LA MADONE auf das Dörfchen Peillon, eines der malerischsten kleinen Bergnester im Hinterland von Nizza. Man hat plötzlich das Gefühl, weit, ganz weit von der Zivilisation entfernt zu sein, bis – ja, bis das Essen kommt: gute, mit Liebe und Hingabe zubereitete regionale Hausmannskost. Das Speiseangebot ändert sich mit der Jahreszeit, und es kann durchaus sein, daß der Kellner bei Ihrer Wahl ein bißchen Hilfestellung geben muß (denn es ist nicht immer alles zu haben, was an dem betreffenden Tag auf der Speisekarte steht), aber ich kann mir kaum vorstellen, daß jemand enttäuscht sein wird. Was uns hier sehr zusagte, war der *lapin à la grand-mère*, saftiges sautiertes Kaninchen mit einer *ratatouille* und einem feinen Gratin aus Kartoffeln, Zucchini und roter Paprika; außerdem die *pintade aux pêches*, gebratenes Perlhuhn, serviert mit ausgezeichneten pochierten Pfirsichen. Probieren Sie auch den vorzüglichen, in Öl eingelegten Ziegenkäse und den kräftigen Rotwein örtlicher Lagen. Dieser Wein wie auch das Olivenöl (von der Ölmühle am Ort selbst) können in der *auberge* gekauft werden.

293

Frischkäse), *daube de bœuf à l'orange et aux cèpes* (provenzalisches Rindsragout mit Orangenschale und Steinpilzen), *carré d'agneau au thym* (Lammkarree mit Thymian)

SENEQUIER, Saint-Tropez

Saint-Tropez *(Var)*

Aix-en-Provence 120 km, Brignoles 63 km, Cannes 75 km, Draguignan 50 km, Paris 878 km, Toulon 69 km
Markt: Dienstag und Samstag 8–12.30 Uhr, Place des Lices

RESTAURANT

MAS DE CHASTELAS
Domaine Bertraud,
83990 Saint-Tropez
✆ 94560911
Bestellungen werden bis
14.30 (mittags nur für Hotelgäste geöffnet) und 23 Uhr
entgegengenommen
Geöffnet: täglich; geschlossen: Oktober bis März
Kreditkarten: AE, DC,
EC, V
Speiseterrasse sowie Speisetische am Swimmingpool
Separater Speiseraum für
geschlossene Gesellschaften
bis zu 30 Personen
Man spricht Englisch
Nur ein 240-Francs-Menü

Spezialitäten:
Fisch der Region und
Paulettes Desserttisch

Wie sehr wünsche ich mich zurück an diesen romantischkleinen Ort mit seiner intimen, verhaltenen Atmosphäre, diese restaurierte, mit rosa Stuck verzierte *magnanerie*, ein Seidenraupenhaus gleich außerhalb von Saint-Tropez. Lassen Sie sich in den weißen Korbstühlen neben dem Schwimmbecken nieder, trinken Sie ein Gläschen Champagner, und naschen Sie, während Sie aus der nicht sehr umfangreichen, aber verführerischen Speisekarte Ihr Abendessen zusammenstellen, von den appetitanregenden, mit Thymian gesprenkelten schwarzen Oliven. Wenn Sie dann später im Jasminduft auf der dezent beleuchteten Veranda Platz nehmen, werden Sie sich bald dabei ertappen, daß Sie den Blick nicht von der Farbsinfonie der auf einem langen Tisch aufgebauten Desserts wenden können – wir zählten acht Obsttorten, belegt mit Erdbeeren, Walderdbeeren, Himbeeren, Aprikosen, Pfirsichen, Äpfeln, Zitronen, sowie Birnen-*clafoutis*.

Im Bemühen, etwas Platz zu lassen für spätere Gänge, werden Sie sich an einem ganz, ganz frischen Salat von mariniertem Lamm, angemacht mit einer Vinaigrette, die es in sich hat, gütlich tun; dann an kleinen Meerbarbenfilets *(rougets)*, aromatisiert mit entsteinten schwarzen Oliven, frischen dikken Bohnen, Zitronensaft und etwas Kerbel und schließlich an einem delikaten, geschmorten Hähnchen, das von einem spektakulären Gratin aus Zucchini und Ziegenkäse begleitet wird (Anfahrt: von Saint-Tropez aus auf der Route de Gassin 3 Kilometer nach Westen).

CAFES

CAFÉ DES ARTS
Place des Lices,
83990 Saint-Tropez
✆ 94970225
Geöffnet: 8.30–20.30 Uhr
(bis 4 Uhr im Juli und
August)

Kein Aufenthalt in Saint-Tropez, ohne nicht mal zum CAFÉ DES ARTS rüberzuschlendern, einer der Drehscheiben der Stadt, an denen es am lebhaftesten zugeht und wo man auf der von Bergahornbäumen beschatteten Terrasse sich die Zeit damit vertreiben kann, französischen Berühmtheiten beim *boule*-Spiel zuzuschauen. An den Samstagvormittagen im Sommer geht es hier besonders hoch her; dann beherrscht der Markt – mit Lebensmitteln, Kleidung und einigem recht brauchbarem Trödel – vorübergehend den Platz.

SENEQUIER
Quai Jean-Jaurès,
83990 Saint-Tropez
✆ 94970090
Geöffnet: täglich von 8 Uhr
bis Mitternacht

Im berühmtesten Café von Saint-Tropez einen Platz zu okkupieren, ist wie in Paris in Saint-Germain-des-Prés zu sitzen, mit dem Unterschied, daß man dort die Vorübergehenden beobachtet, während man hier einige der schönsten – und gehätscheltsten – Yachten der Welt bewundert. Ein sommerlicher Zauber ganz eigener Art.

KONDITOREI

SENEQUIER
4, Place aux Herbes,
83990 Saint-Tropez
✆ 94970090
Geöffnet: 8–12.30 und
14.30–20 Uhr; geschlossen:
Mitte November bis Mitte
Dezember
Auf Wunsch Versand ins
Ausland

Man sollte Saint-Tropez nicht den Rücken kehren, ohne SENEQUIERS berühmtes *nougat blanc* gekostet zu haben; es gehört zu den frischsten und am meisten ›selbstgemacht‹ schmeckenden Nougats, die mir je über die Zunge gekommen sind. Die zarte, nicht zu süße Masse ist durchdrungen von den wohltuenden Aromen des Honigs, weicher Mandelstücke und ganzer Pistazienkerne. Kein Wunder, daß man mit diesem Manna seit 1889 Medaillen einheimst. Ich versuchte, sie dazu zu bringen, mir das Rezept zu verraten, aber vergeblich. Liebenswürdig beschied man mir, es sei »Topppp Secrette«.

HAUSHALTSWAREN

GALERIES TROPEZIENNES
56, Rue Gambetta,
83990 Saint-Tropez
✆ 94970221
Geöffnet: 9.30–12.30 und
13.30–19.30 Uhr; geschlossen: Sonntag und Montag
von November bis Februar
Kreditkarten: AE, DC,
EC, V
Auf Wunsch Versand ins
Ausland

Ein Luxus-Kaufhaus mit einem bunten Sortiment sehr hübscher und hübsch gestalteter Artikel aus so unterschiedlichen Bereichen wie Küchenbedarf, Tischwäsche, Unterwäsche und Freizeitkleidung für Damen und Herren.

Sommerliche Szene in
Saint-Tropez

Sisteron *(Alpes de Haute-Provence)*

Barcelonnette 97 km, Digne 39 km, Gap 48 km, Paris 703 km
Markt: Mittwoch und Samstag 8–13 Uhr, Place du Docteur-Robert
(auch Place de l'Horloge genannt)
Messe: am zweiten Samstag eines jeden Monats

BÄCKEREI

R. BERNAUDON
37, Rue Droite,
04200 Sisteron, ✆ 92611233
Geöffnet: 6–13 und
14.30–19.30 Uhr; geschlossen: Sonntag und Montag
von Oktober bis Mai sowie
im Juni

Versuchen Sie, Sisteron am Markttag zu besuchen, wenn die Bauern sich rund um die malerische Place de l'Horloge einfinden, und gehen Sie dann mal rüber zu Monsieur Bernaudons Bäckerei, um seine herrliche *fougasse à l'anchois* zu goutieren, ein Pizza-artiges Blätterteiggebäck mit Anchovis.

KONDITOREI

CANTEPERDRIX
Place de la République,
04200 Sisteron, ✆ 92610841
Geöffnet: 9–12 und
14–19 Uhr täglich
Auf Wunsch Versand ins
Ausland

Überall in Frankreich werden Sie in Konditoreien die *calissons* von CANTEPERDRIX finden, deliziöse, aus Mandelcreme gemachte Pralinen. Ich finde sie geschmacksintensiver als die aus Aix-en-Provence kommende Version. Unterziehen Sie hier auch das Nougat einer Kostprobe.

Vallauris *(Alpes-Maritimes)*

Antibes 8 km, Cannes 6 km, Grasse 18 km, Nizza 31 km, Paris 915 km
Markt: Mittwoch und Sonntag 8–12 Uhr, Avenue de Cannes

HAUSHALTSWAREN

FOUCARD JOURDAN
65 bis, Avenue Georges
Clémenceau, 06220 Vallauris
✆ 93637492
Geöffnet: September bis Juni
10–12 und 15–17.30 Uhr; Juli
und August 9–19.30 Uhr;
geschlossen: Sonntag
Kreditkarten: AE, EC, V
Auf Wunsch Versand ins
Ausland

Ganz Vallauris ist ein einziger großer Töpferladen, aber dies ist eines der Geschäfte, die bei ihrer Auswahl am meisten Geschmack beweisen. Angeboten werden provenzalische Keramik, Küchengeschirr aus Ton, Korbwaren, Glasartikel und lokal erzeugte Textilien.

Villeneuve-Loubet *(Alpes-Maritimes)*

Antibes 12 km, Cannes 23 km, Grasse 23 km, Nizza 16 km, Paris 923 km,
Vence 12 km

MUSEUM

MUSÉE DE L'ART
CULINAIRE
06270 Villeneuve-Loubet
(Village)
✆ 93208051
Geöffnet: 14–18 Uhr;
geschlossen: Sonntag,
Montag und im November
Eintritt: Erwachsene
10 Francs; Schüler und Gruppen von mehr als 20 Personen
5 Francs

Wenn Sie an die Côte d'Azur kommen, nehmen Sie sich etwas Zeit, um dieses im Geburtshaus von Auguste Escoffier eingerichtete Museum anzuschauen, das ganz persönliche Züge trägt und dem einflußreichsten Küchenchef in der Geschichte der französischen Gastronomie gewidmet ist. Das entzückend eingerichtete Museum ist reich dotiert mit allen Arten von Küchenzubehör (der berühmte Mann hatte ein Faible für alles, was am offenen Feuer zu braten war und erfand selbst eine ganze Reihe von Grillutensilien) und alten Speisekarten, und gewiß werden Sie hier mit einigen verrückten Tatsachen bekannt werden. Monsieur Escoffiers Frau war so irritiert darüber, nur einen bescheidenen Koch geheiratet zu haben, daß sie, sobald er Kochbücher zu veröffentlichen begann, diese durch eigene Gedichtbeiträge geistig zu erhöhen suchte! In diesem Museum entdeckten wir auch, daß es Escoffier war, der gegen 1892 in London die berühmte Süßspeise *pêche Melba* für die Opernsängerin Nelly Melba kreierte. Wie man sich erzählt, war die berühmte Australierin ein solcher Eis-Fan, daß sie sich hin und wieder an dem kalten

Nachtisch überaß, der im übrigen auch ihren Stimmbändern nicht bekam. Der Küchenchef machte sich also daran, ein ›leichteres‹ kaltes Dessert zu komponieren, das geeignet war, die von dem Star verschlungenen Eiscreme-Mengen zu reduzieren und gleichzeitig die Leckerei etwas aufzuwärmen; das gelang durch eine Kombination aus pochierten Pfirsichen, einem Klacks Eiscreme und Himbeersauce.

Salade niçoise

Dies ist meine persönliche Version der salade niçoise. *Nehmen Sie stets nur die frischesten Zutaten und schichten Sie diese in einer großen, flachen Schüssel übereinander. Das kann eine gewisse Zeit im voraus geschehen. Die Zugabe der Salatsauce und das Durchmischen erfolgen dann erst in letzter Minute.*

Vinaigrette:
3 Knoblauchzehen, fein gewiegt
60 ml Rotweinessig
Salz und frisch gemahlener schwarzer Pfeffer
125 ml extrafeines, kalt gepreßtes Olivenöl

Salat:
4 bis 5 kleine Kartoffeln
500 g junge grüne Bohnen, geputzt
1 kleine Dose (etwa 60 g) Anchovisfilets
6 Schalotten oder kleine weiße Zwiebeln
1 rote Paprika, von Kernen und Stielansatz befreit
4 hartgekochte Eier
5 mittelgroße Tomaten
1 Dose (etwa 200 g) Thunfisch
1 Endivie oder Römischer Salat
125 ml (½ Tasse) in Öl eingelegte schwarze Oliven
Eine Handvoll gemischte frische Kräuter

1. Die Vinaigrette zubereiten: Knoblauch, Essig, Salz und Pfeffer in einer kleinen Schüssel verrühren. Das Öl hinzugießen und rühren, bis eine Emulsion entsteht.
2. Den Salat zubereiten: Die Kartoffeln eben gerade weich kochen. Abgießen und abkühlen lassen. Die grünen Bohnen blanchieren und sofort unter kaltem Wasser abspülen. Abtropfen lassen und beiseite stellen. Die Anchovis abgießen, ein paar Minuten in Wasser einweichen, abtropfen lassen und trockentupfen.
3. Kartoffeln, Schalotten, Paprika und die abgepellten Eier in Scheiben schneiden.
4. Die grünen Bohnen in mundgerechte Bissen und die Tomaten zu Keilen scheiden. Den Thunfisch zerpflücken.
5. Den Salat schichtweise in dieser Reihenfolge in eine große, flache Schüssel füllen: Blattsalat, Kartoffeln, Bohnen, Schalotten, Paprika, Tomaten, Thunfisch, Oliven, Eier, Anchovis und gewiegte Kräuter. Die Vinaigrette erst am Tisch dazugeben und behutsam, aber gründlich durchmischen. Sofort auftragen.
Für 8 Personen.

Provence

Ganz plötzlich taucht dieser Wind auf – zunächst aus dem Nichts scheinbar, dann bläst er unverkennbar von Norden. In aller Ruhe fährt man eben noch die gewundenen Straßen der nördlichen Provence entlang, betrachtet die purpurnen Lavendelteppiche zur Linken, das Sonnenblumenmeer zur Rechten, die abgezirkelten Felder der grünen, ach so grünen Weinberge im Hintergrund – da droht der Mistral, entfesselte Naturgewalt, das Auto auf die Seitenspur zu drücken. Und schon bald werden Sie sich in mitfühlendem Einvernehmen mit der Chronistin Madame de Sévigné wissen, die den vertrackten Mistral gar verwünschte, jene furiosen Böen der Provence, die sie als »eiskalten, beißenden Wind, der einem durch Mark und Bein geht« beschrieb.

In La Beaugravière zu Mondragon: Ehepaar Jullien mit Trüffel

Glücklicherweise ist dieser Mistral, der zwischen dem Zentralmassiv und dem Mittelmeer durch den schmalen Trichter des Rhônetals düst, das einzige, was es an dem zauberhaften Landstrich auszusetzen gibt, der sich von Montélimar im Norden bis nach Marseille hinunter erstreckt. Man kann hier einige herrliche Tage mit Überlandfahrten verbringen, den Trip irgendwo in der Umgebung von Montélimar beginnen, dann im Zickzack Teile der Drôme und der Vaucluse durchstreifen, sich zu den Bouches-du-Rhône hinabgleiten lassen, wobei sich beim Durchbummeln verschlafener Bergdörfer ausgiebig Gelegenheit ergibt, Ziegenkäse und Lokalweine durchzuprobieren, das famose Lamm und das geschätzte Perlhuhn der Region einem kulinarischen Vergleich zu unterziehen, Märkte, Weinkeller und Schlösser zu besuchen und diese *tour d'horizon* mit einer frühmorgentlichen Fahrt zum windumtosten Gipfel des Mont Ventoux in einem kühlen Akzent ausklingen zu lassen. Wo immer man hinschaut, sieht man, besonders im Sommer, Plakate, die auf Weinfeste, Flohmärkte und gastronomische *fêtes* hinweisen, Veranstaltungen, die glückliche Stunden und glückliche Funde versprechen.

Um in die Provence zurückzukehren, die ich unwiderruflich zu meiner französischen Lieblingsprovinz erkoren habe, bedarf es nie eines Vorwands. Wie könnte man auch eine Gegend nicht liebgewinnen, die uns den ersten Spargel der Saison, fruchtiges Olivenöl, fleischige schwarze Oliven und die hochgeschätzte und dabei so seltene Trüffel beschert!

Man unternehme also eine gemessene, bedachtsame Erkundungsreise, meide die Unrast der *autoroute* und wähle für seinen Weg ruhige, landschaftlich schöne *routes départementales*, die

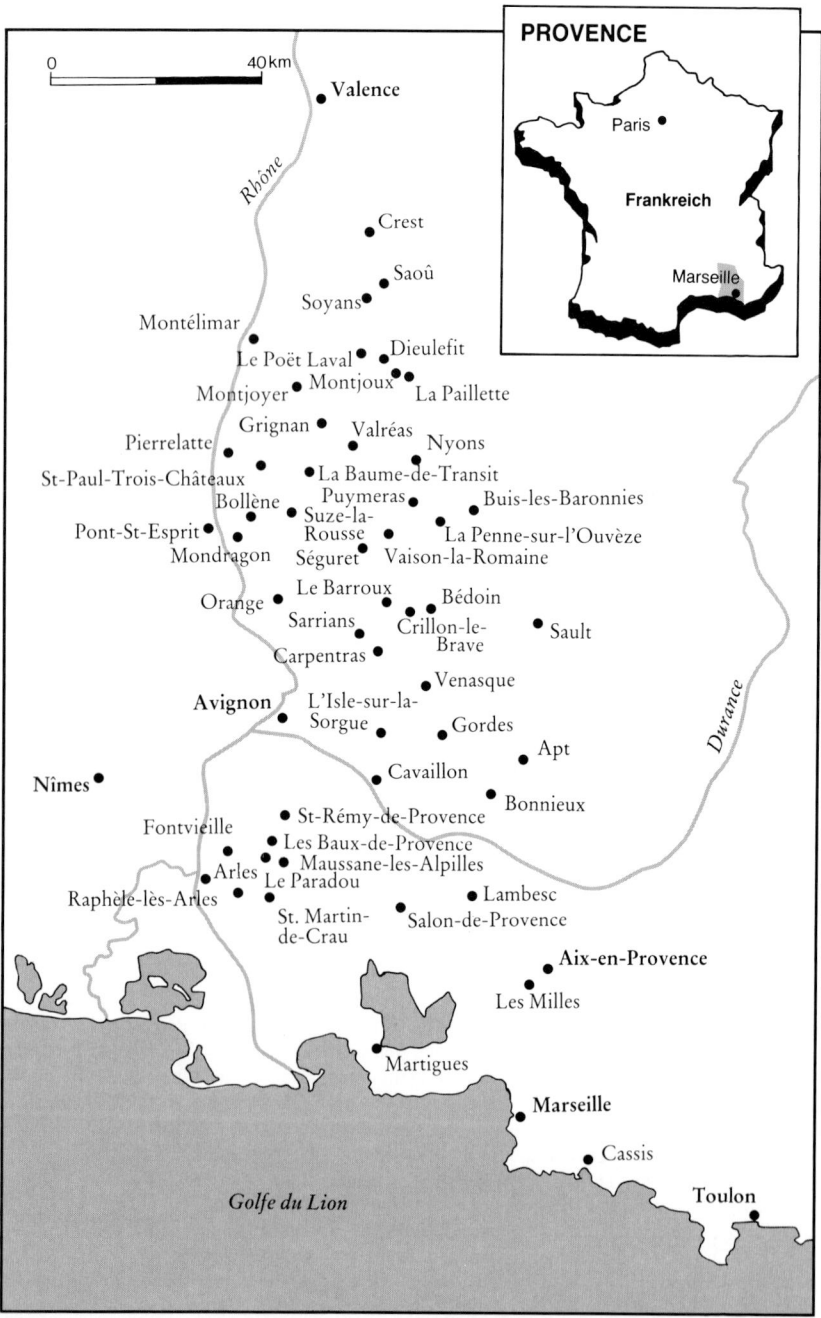

PROVENCE

Paris

Frankreich

Marseille

0   40 km

Valence

Rhône

Crest

Saoû

Soyans

Montélimar

Dieulefit

Le Poët Laval

Montjoyer   Montjoux

La Paillette

Grignan

Valréas   Nyons

Pierrelatte

St-Paul-Trois-Châteaux

La Baume-de-Transit

Bollène

Puymeras   Buis-les-Baronnies

Pont-St-Esprit

Suze-la-Rousse

La Penne-sur-l'Ouvèze

Mondragon   Séguret   Vaison-la-Romaine

Le Barroux

Bédoin

Orange

Sarrians   Crillon-le-Brave   Sault

Carpentras

Venasque

Avignon

L'Isle-sur-la-Sorgue

Gordes   Apt

Cavaillon

Bonnieux

Nîmes

St-Rémy-de-Provence

Fontvieille

Les Baux-de-Provence

Arles   Maussane-les-Alpilles

Le Paradou

Raphèle-lès-Arles

Lambesc

St. Martin-de-Crau   Salon-de-Provence

Aix-en-Provence

Les Milles

Durance

Martigues

Marseille

Cassis

Golfe du Lion

Toulon

auf der Michelin-Karte grün markiert sind. Morgens kann man, auf der Suche nach einem Mittagspicknick, über Märkte bummeln, die – einem regelmäßigen Wochenplan folgend – von Ort zu Ort wandern. Die Nachmittage sollten kleinen Streifzügen durch die Dörfer gehören, wo man hier einen Blick in eine alte Kirche, dort in ein halbrenoviertes Wochenendhaus wirft, oder einer selbstgewählten *route de vin* folgt, um die unglaubliche Vielfalt der Weine zu goutieren, die aus dem fruchtbaren Tal östlich der Rhône kommen.

Sie werden auf Ihrer kleinen Reise einige Städtchen, wie Mirabel-aux-Baronniers (südlich des Olivenanbauzentrums Nyons), entdecken, die so enge Durchfahrten haben, daß man meint, die Autos müßten die auf die schmale Hauptstraße hinausgerückten Tische umreißen. Andere, etwa das aus dem 12. Jahrhundert stammende Crestet (269 Einwohner) oder Séguret (687 Einwohner), scheinen wie nach Maß gemacht für den ungeduldigen Sightseer. Man kann solche winzigen Örtchen, treppauf, treppab durch eine Märchenkulisse von alten Natursteinhäusern trippelnd, bequem in 10–15 Minuten ›absolvieren‹. Es sind dies die Dörfer mit dem schönen Ausblick, den reizvollen Spazierwegen, die Dörfer der Ruhe und Gelassenheit, wo die Nordseite fast eines jeden Hauses eine Zypresse schmückt, Willkommenssymbol und Windschutz zugleich, und wo jeder Ort, der groß genug ist, um ein Dorf-Café zu besitzen, auch gleichzeitig einen alleeartigen *boules*-Platz sein eigen nennt; noch immer wird hier von alten Männern in abgetragenen marineblauen Baskenmützen stundenlang die Eisenkugel geworfen.

Rasch werden Sie erkennen, daß die Märkte der Provence ihr besonderes Gepräge haben, Eigenheiten, die einen faszinierenden Einblick in Kultur und Brauchtum dieser Region gestatten. Wenig ändert sich da von Dorf zu Dorf, während die Händler ihre wöchentliche Runde machen.

Wenn wir hier gerade in Vaison-la-Romaine sind, so lehrt ein Blick auf den Marktkalender, dann muß heute Dienstag sein. Purpurfarbene Knoblauchgirlanden fesseln das Auge, während sich das berauschende Aroma von Cavaillon-Melonen, *muscat de Hambourg*-Weintrauben und violetten Feigen in der warmen Sommerluft mischt. Ein drahtiger Verkäufer mit dem Mikrophon in der Hand preist bügelfreie Bettücher an, während ein Bauer der jenseits der Rhône liegenden Ardèche seine (grammweise berechneten) *mousserons* ausruft, knoblauchduftende Georgspilze, wobei er nicht vergißt, jeden Verkaufserfolg mit Rezeptvorschlägen zu begleiten. Gleich nebenan stehen Marktbummler an der Karre des Scherenschleifers an, um ihre Küchenmesser wetzen zu lassen, und eine magere Blondine reicht frische *croissants* aus einem mit eigenem Ofen ausgestatteten Lieferwagen.

Unterdessen hat sich eine clevere Hausfrau von gut und gerne 60 etwas zu dem Problem einfallen lassen, an die frischesten Eier des Marktes heranzukommen. »Bonjour, jeune homme«, redet sie einen wohlbeleibten Bauern ihres Alters an. Man gibt sich die Hand, blinzelt sich zu, dann zieht der Mann hinter einem mit Kräutern, Lauch, Salat und geraniengefüllten Töpfen beladenen Stand verstohlen einen Korb hervor, vergewissert sich durch einen raschen Rundblick, daß es keine augenfälligen Zeugen gibt und holt – abakadabra – ein halbes Dutzend Eier aus der Vertiefung, eingehüllt in *Le Provençal*, gestrige Ausgabe.

Beste Reisezeit

Die Provence ist das ganze Jahr über schön, obwohl die Sommermonate natürlich die besten sind. Der Mai kann noch regnerisch sein, im Juni aber beginnt es warm zu werden, und Juli und August, mit viel Umtrieb und mit vielen Urlaubern, bieten an den langen, heißen Sommertagen so viele Feste, daß diese Region effektiv mit zu den besten gehört, die man in dieser Jahreszeit besuchen kann. Auch der Herbst ist schön – und ruhiger –, denn noch ist es dann warm, und auch die Tage sind noch lang.

Märkte
(die attraktivsten sind mit einem Sternchen markiert)

Montag: *Aix-en-Provence, *Bollène, *Cavaillon, Châteaurenard-Provence, *Fontvieille.

Dienstag: *Aix-en-Provence, Avignon, Châteaurenard-Provence, La Ciotat, *Crest, Gordes, Grignan, Tarascon, *Vaison-la-Romaine, Vitrolles.

Mittwoch: *Arles, Avignon, Barbentane, Buis-les-Baronnies, Cassis, Châteaurenard-Provence, Courthézon, Crest, Die, Malaucène, Montélimar, Roussilon, *Saint-Rémy-de-Provence, *Salon-de-Provence, *Valréas, Violès.

Donnerstag; *Aix-en-Provence, Avignon, Beaucaire, Bourdeaux, Châteaurenard-Provence, Dieulefit, L'Isle-sur-la-Sorgue, Martigues, Maussane-les-Alpilles, Montélimar, Noves, *Nyons, *Orange, Vitrolles.

Freitag: *Aix-en-Provence, Avignon, Bonnieux, *Carpentras, *Cassis, Châteauneuf-du-Pape, Châteaurenard-Provence, Fontvieille, Lambesc, Pierrelatte, Saint-Martin-de-Crau, Salon-de-Provence, Suze-la-Rousse, *Vitrolles.

Samstag: *Aix-en-Provence, *Apt, *Arles, *Avignon, Châteaurenard-Provence, *Crest, *Die, Montélimar, Saint-Rémy-de-Provence, Salon-de-Provence, Valréas.

Sonntag: *Aix-en-Provence, *Avignon, *Beaucaire, Courthézon, *L'Isle-sur-la-Sorgue, *Martigues, Saillans, Salon-de-Provence, Sarrians, *Vitrolles.

Bauern-*chèvre* aus der Provence

Oliven, Peperoni, Perlzwiebeln – was der Gaumen begehrt

Messen und Volksfeste

Der dem 16. Mai nächstgelegene Sonntag: *Fête de la Saint-Gens*, Monteux-le-Baucet.
Drei Wochen im Juni: *Foire à l'Ail et aux Taraiettes* (Knoblauch- und Töpferwarenmesse), Marseille.
Letztes Wochenende im Juni: *Fête de la Tarasque*, Tarascon.
Letzter Sonntag im Juni: *Fête du Papagai* (Papageienfest), Bollène.
Anfang Juli: *Fête du Costume*, Arles.
Wochenende vor dem 14. Juli: *Foire du Tilleul, de la Lavande et de l'Olivier* (Lindenblüten-, Lavendel- und Olivenmesse), Buis-les-Baronnies.
8. bis 14. Juli: *Foire à l'Ail et aux Produits du Terroir* (Knoblauch- und regionale Spezialitätenmesse), Cabriès.
Zweiter Samstag im Juli: *Fête du Vin* (Weinfest), Visan.
Ein paar Tage um den 14. Juli: *Fête du Vin* (Weinfest), Vacqueyras.
Dritte Woche im Juli: *Fête du Picodon* (Käsefest, Ziegenkäsewettbewerb), Saoû.
Vierter Sonntag im Juli: *Fête du Vin* (Weinfest), Cairanne.
Letzte Woche im Juli und erste Woche im August: *Concours de Bêche au Thon* (Thunfischfang-Wettbewerb), Fos-sur-Mer.
Dritte Woche im August: *Festival Provençal*, Séguret.
Erstes Wochenende im September: *Fête d'Automne* (Herbstfest), Courthézon.

Aix-en-Provence *(Bouches-du-Rhône)*

Avignon 80 km, Marseille 31 km, Nizza 175 km, Nîmes 105 km, Paris 756 km,
Toulon 81 km
Märkte: täglich 8–12 Uhr, Place Richelme; Dienstag, Donnerstag und Samstag
8–12 Uhr, Place des Prêcheurs
Flohmarkt: Dienstag, Donnerstag und Samstag 8–12 Uhr
(in der Woche vor Weihnachten länger geöffnet; Weihnachten geschlossen),
Place de Verdun, nahe der Place des Prêcheurs

Wenn Sie in Aix sind, sollten Sie Ihren Besuch nicht auf die Cafés entlang des Cours Mirabeau beschränken, sondern ein wenig die Stadt erkunden. Durch enge Passagen gelangen Sie zu sommerlichen Märkten, wo faustgroße Cavaillon-Melonen auf den Verkaufstischen liegen, längliche, bananenförmige Zwiebeln, die hier *échalotes-bananes* heißen, angeboten werden, riesige Zucchiniblüten, kleine rote Pfefferschoten und körbeweise *tilleul*, getrocknete Lindenblüten, die ersten der Saison; man verkauft sie hundertgrammweise.

RESTAURANTS

AUBERGE D'AILLANE
Route de Robole,
13290 Les Milles
✆ 42242449
Bestellungen werden bis 15
(und im Juli bis 23 Uhr)
entgegengenommen
Geöffnet: Montag bis Freitag
nur mittags (außer im Juli),
im Juli von Montag bis Freitag mittags und abends;
Samstag nur abends;
geschlossen: Sonntag und im
August
Kreditkarte: V
Speiseterrasse im Juli
Man spricht Englisch
70- bis 200-Francs-Menüs,
à la carte 100 Francs

Spezialitäten:
provenzalische Küche

Mitunter sind Laufbahnwechsel nicht geplant, sondern ergeben sich aus einer Notwendigkeit. So geschah es im Falle von Fernand und Marcelle Curto, den neuen Eigentümern eines der ungewöhnlichsten Restaurants Frankreichs. Vor 21 Jahren begann die Familie Curto, zu der acht Kinder gehören, inmitten von Weizenfeldern und Weingärten nur wenige Minuten von Aix-en-Provence entfernt, Stufe für Stufe ihr Traumhaus zu errichten.

Aber sechs Jahre später hatte diese bukolische Landschaft ihr Gesicht gewandelt: Eine neue Gewerbezone war förmlich aus dem Boden geschossen. Angrenzende Bauernhöfe und Häuser wurden niedergewalzt, doch der Curto-Clan war entschlossen, das eigene Stein für Stein zusammengetragene Heim vor diesem Schicksal zu bewahren. Marcelle, die Mutter, verstand etwas davon, für eine vielköpfige Schar zu kochen, und ihr Mann Fernand hatte bereits als Maître d'Hôtel in Aix-en-Provence Erfahrung gesammelt. Die Kinder schließlich waren begierig, auf den gleichen Zug aufzuspringen, und so kam es, daß Curto & Compagnie mit den Gewerbebetrieben, die unfreiwillig zu ihren Nachbarn geworden waren, einen Pakt abschloß: Wir machen aus unserem Haus ein Restaurant für eure Angestellten, dafür dürfen wir unser Anwesen behalten.

Heute hält die Familie Curto ein ganzes Karrierebündel in der Hand: die drei attraktiven Töchter, die mittags den Tischdienst versehen, verfolgen in ihrer Freizeit (drei verschiedene) künstlerische Laufbahnen. Die Eltern teilen sich in die

Aufgaben der Küche. Nach Marcelles bescheidener Arbeitsbeschreibung ist es Fernand, »der das Brot bäckt und die großen Töpfe handhabt«, und sie diejenige, die als eine Art Küchenhilfe hinter ihm hertrottet«.

Das fürstlich gebaute, mehrstöckige provenzalische Haus mit seiner Einfriedung bildet eine grüne Enklave mitten im Zentrum einer gesichtslosen Industrielandschaft. Eine doppelte Baumreihe steht schützend vor dem lichten, gartenähnlichen Speisesaal, wo die Tische die Wände entlang gruppiert sind. Breite Bogenfenster geben den Blick frei auf einen blumenbestandenen Patio. Die Gäste – überwiegend Angestellte in kurzärmeligen Hemden – speisen zu den Klängen klassischer Musik und bedienen sich aus gläsernen Zwei-Liter-Krügen mit Wein, während sie von den munteren Schwestern Monique, Patricia und Brigitte bedient werden, alle in weißen Blusen, schwarzen Wickelröcken, schwarzen Netzstrümpfen und Plateausandalen. Nicht gerade das übliche Ambiente einer Werkskantine.

Die Wirtstöchter sorgen von Anfang an für eine angenehme, entspannte Stimmung, wenn sie zusammen mit der Speisekarte gleich ein Schälchen Appetithappen bringen (Kichererbsen, zu einem schmackhaften Salat angerichtet; Frühlingszwiebelchen; schwarze Oliven in Vinaigrette) und die *miche*, den Brotlaib, aufschneiden, den Papa am gleichen Morgen gebacken hat.

Das Essen hier ist bescheidene, rustikale, provenzalische Hausmannskost mit einer Speisenfolge, zu der etwa ein scharfgewürztes *socca* (Kichererbsen-Teig, zu einem großen Teller geformt und wie eine gekräuselte superleichte Crêpe in der Pfanne gebacken) und ein recht guter Rinderbraten mit einer butterweichen Beilage von Kartoffeln, Zucchini und Karotten gehören; oder ein *gigot d'agneau,* eine schmackhafte, saftige, in schmale Streifen geschnittene Lammkeule. Marcelles Apfeltorte ist ein Gedicht: der grobe Blätterteig ist ein bißchen zu dick, aber die Torte hat den köstlichen, unverwechselbaren Geschmack hausgemachten Backwerks.

Man erreicht dieses Lokal, wenn man bei der Ausfahrt Les Milles südlich von Aix-en-Provence von der Autobahn abfährt und beim Passieren des Ortes Les Milles an der Straßengabelung den nach links weisenden *zone industrielle*-Schildern folgt. Bei der Abzweigung nach Bouc-en-Belair muß man die Straße verlassen und unter der Autobahnbrücke hindurchfahrend auf Gegenrichtung gehen, sich dann rechts halten und dem Bogen der Landstraße nach links folgen. Biegen Sie sodann an der ersten Straßenkreuzung rechts ab und fahren Sie etwa ½ Kilometer weiter, bis Sie gleich vor dem ersten Verkehrskreisel zur Rechten eine Ansammlung von Bäumen und ein schmiedeeisernes Tor sehen werden. Dahinter liegt – ohne Hinweisschild – die *auberge.*

Bauernregel

Pluio d'aous / Duono
d'ooulovi eme de mous.
Regen im August / bringt
Oliven und Wein.

LE CLOS DE LA VIOLETTE

10, Avenue de la Violette,
13100 Aix-en-Provence
℡ 42233071
Bestellungen werden bis
13.30 bzw. 21.30 Uhr
entgegengenommen
Geschlossen: Montagmittag,
Sonntag, Mitte Februar bis
zur ersten Märzwoche und
die ersten beiden Wochen im
August
Kreditkarten: AE, V
Speiseterrasse; separater
Speiseraum für geschlossene
Gesellschaften bis zu
10 Personen
Man spricht Englisch
300-Francs-Menü, à la carte
etwa 350 Francs

Spezialitäten:
je nach Jahreszeit

Sogar in der Provence hat sich die *cuisine moderne* ein Plätzchen erobert, und einer der neueren Stars dieser Richtung ist Jean-Marc Banzo, der vom Zentrum von Aix-en-Provence (wo er im HENRI IV Küchenchef war) an den Stadtrand gezogen ist, wo er und seine Frau sich in einem reizenden neuen Haus – LE CLOS DE LA VIOLETTE genannt – niedergelassen haben. Der Rahmen und der Service wirken zwar noch etwas improvisiert, doch ist das Essen ansprechend, kreativ und gaumenbelebend.

Wenn Sie *barigoule d'artichaut en terrine* auf der Tageskarte finden, sollten Sie dieses überragende, aus übereinandergeschichteten, mit Pilzen und Weißwein gedünsteten Artischockenböden bestehende Gericht versuchen, das mit einem Püree aus roten Paprikaschoten serviert wird. Eine weitere köstliche Kreation ist Banzos *croûte de la brousse en persillade*. In dieser Speise sind frischer regionaler Ziegenkäse, Kräuter und leckere *palourdes*, Venusmuscheln, miteinander kombiniert. Geschmacklich ähnelt das Ganze eigenartigerweise einer gut gemachten Pizza, wenn auch die Zusammenstellung der einzelnen Elemente verschieden ist. Als Wein empfehle ich den schönen weißen, aus einem Fischerdorf bei Marseille kommenden *Cassis Domaine du Paternel*. Als Dessert bietet sich das vorzügliche, mit einer reichlichen Dosis frischer Minze gemachte Pfefferminz-Soufflé an.

CAFE

LES DEUX GARÇONS

53, Cours Mirabeau,
13100 Aix-en-Provence
℡ 42260051
Geöffnet: täglich 6–1 Uhr
Kreditkarten: AE, V
Terrasse auf dem Bürgersteig

Wenn ich meine Zeit nur in einem einzigen Café in ganz Frankreich verbringen dürfte, dann fiele meine Wahl auf LES DEUX GARÇONS. Klemmen Sie sich ein Buch mit Kurzgeschichten unter den Arm, machen Sie es sich im Schatten der Platanen bequem, und lassen Sie auf einer der bezaubernsten Avenuen der Provence den Nachmittag an sich vorüberziehen. Und werfen Sie auch einen Blick ins Innere, um die altmodisch-charmante Ausstattung zu bewundern.

Ein provenzalischer Brauch

Traditionsgemäß wurden in der Provence Kinder immer im Elternhaus unter der Mitwirkung von Hebammen zur Welt gebracht. Wenn dann nach der Entbindung Freunde und Familienangehörige zu Besuch kamen, brachten sie für Mutter und Kind ein Stückchen Brot, ein Ei, Salz und ein Streichholz als Geschenk mit, auf daß der neue Mensch *bon comme le pain, plein comme un oeuf, sage comme le sel et droit comme une allumette* aufwachse (gut wie Brot, füllig wie ein Ei, weise wie das Salz und geradlinig wie ein Streichholz).

BÄCKEREIEN

LA BOULANGERIE DU COIN
4, Rue Boulegon,
13100 Aix-en-Provence
✆ 42214969 und
LA BOULANGERIE
18, Rue Gaston de Saporta,
13100 Aix-en-Provence
✆ 42231863
Geöffnet: Mittwoch, Freitag
und Sonntag 7–13 und
16–20.30 Uhr; Dienstag,
Donnerstag und Samstag
7–20.30 Uhr; geschlossen:
Montag

Diese Bäckerei gehört zu den originellsten Brotläden, die ich kenne. Nicht weniger als 41 Sorten werden hier angeboten, darunter ein *petit Irlandais* genanntes Gerste-Roggen-Brot, ein Weizenvollkornbrot mit Zwiebeln, ein mit grünen Oliven gemachtes Brot und die *baguette paysanne* – eine der köstlichsten *baguettes*, die ich je aß, mit einer vollendeten Kruste und dichter, von grobgemahlenem Roggen und Weizen durchsetzter Krume. Auch eine ganze Serie phantasievoll geformter *fougasses*, gerippte flache, mit Oliven, Tomaten oder Grieben zubereitete Kuchen kommen hier aus dem Ofen. Wie ein Bistro bietet dieser Laden im Wochenturnus wiederkehrende Tagesspezialitäten an: Gibt es also Anchovis-Brot, dann muß Dienstag sein.

LE GIBASSIER
46, Rue Espariat,
13100 Aix-en-Provence
✆ 42275354
Geöffnet: 2–13 Uhr und
14–20 Uhr; geschlossen:
Sonntag und Mitte Juli
bis Mitte August

Eine gute Anlaufstelle für alle, die es sozusagen mitten in der Nacht nach Brot gelüstet. Aber auch tagsüber hat diese von Joachim Piantino geführte Bäckerei einige ansonsten selten zu findende regionale Brotsorten zu bieten; dazu gehören ein gutgebackenes *pain d'Aix* (Sauerteiglaibe unterschiedlicher Form, manchmal als Sonnenblume, manchmal als kettenartig aneinanderhängende Laibe ausgebildet) und die örtliche Spezialität *gibassier,* auch als *pompe à l'huile d'olive* bekannt, ein flaches süßes, mit Zitronenschale gesprenkeltes und mit Olivenöl aromatisiertes Brot.

JEAN RICHARD
46, Rue du Puits Neuf,
13100 Aix-en-Provence
✆ 42233463
Geöffnet: 5–13 und 16–19
Uhr; geschlossen:
Sonntag und Montag

Die besten der vielen köstlichen Brote, die ich in Aix durchprobiert habe, fand ich hier. Versuchen Sie, dienstags und freitags um fünf Uhr nachmittags im Laden zu sein, dann kommt Monsieur Richards zweifach gewölbtes *pain d'Aix* gerade frisch aus dem Ofen. Als wir ihn fragten, was es mit dieser Version des regionalen Spezialbrotes auf sich habe, sagte er entschuldigend, es sehe einem *paire de seins* (zwei Brüsten) ähnlich. An den übrigen Wochentagen begnügt man sich mit den extradünnen, krustenreichen als *ficelles* (Schnüre) bezeichneten *baguettes*. Einen guten Ruf genießen auch die nach Olivenöl duftenden *gibassiers*.

KÄSELADEN

GÉRARD PAUL
9, Rue Marseillais,
13100 Aix-en-Provence
✆ 42231684
Geöffnet: 8–12.30 und 16–19
Uhr; geschlossen: Sonntag
und Montag

Statten Sie diesem sauberen Laden einen Besuch ab, die Käseauswahl bietet Ihnen eine *tour de France:* schön gereiften *Beaufort d'alpage* (mit Almmilch gemacht) gibt es da, Schafskäse aus dem Baskenland, einen gepflegt aussehenden *Saint-Nectaire* und ein feines Ensemble lokaler Ziegenkäse. Jedenfalls eine Fundgrube für alle, die sich selektiv mit Proviant eindecken wollen.

Melonen aus Cavaillon

Cavaillon, 9. Juni – Der 15. November 1864 war gleichermaßen für Alexandre Dumas *père* wie für die Melonen aus Cavaillon, jene saftigen, prächtig duftenden und weltbekannten provenzalischen Früchte, ein historischer Tag. Es war das Datum, zu dem der produktive französische Schriftsteller mit der Stadtverwaltung der Gemüseanbau-Metropole am Ufer des Flüßchens Durance eine denkwürdige Vereinbarung traf: Im Austausch für 194 der örtlichen Bibliothek übereignete Bände seines Werks sollte Dumas auf Lebenszeit jährlich ein Dutzend frische Cavaillon-Melonen erhalten. »Nie habe ich frischere, aromatischere, schmackhaftere Melonen gegessen als die meiner Naturalrente«, schrieb Dumas später, und er fügte hinzu, er hoffe, die Leute in Cavaillon fänden seine Bücher ebenso anziehend wie er ihre Melonen.

Die Übereinkunft kam zustande, nachdem ein Bibliothekar Dumas angeschrieben und ihn um die Überlassung zweier oder dreier seiner Lieblingsromane gebeten hatte. Da der Autor von allen seinen Schöpfungen gleichermaßen angetan war, sandte er der Bücherei gleich sein ganzes Werk, nicht ohne die jährliche Melonenlieferung als Kompensat in die Waagschale zu werfen, um den Handel zu versüßen.

Die Melonen-Lieferungen endeten kurz nach dem Tode des Schriftstellers 1870, doch brachte ein Mitglied der Académie Française den Bürgermeister von Cavaillon dazu, die Vereinbarung wieder aufleben und Dumas' Erben die hochgeschätzten Kürbisgewächse zusenden zu lassen.

Tatsächlich hat Cavaillon seinen Erfolg mit den Melonen Franz I. zu verdanken. Denn es war der König, der anläßlich eines Besuchs des Dorfes im Jahre 1537 den örtlichen Bauern erlaubte, das Wasser der Durance auf die trockenen Felder umzuleiten, auf denen bisher nur Getreide gediehen war. Auf diese Weise wurde die Provence zu einer der ersten Agrarzonen Frankreichs, die von künstlicher Bewässerung profitierten, und rasch machte sie sich die Kultivierung der schnellwachsenden, sonnenhungrigen Melone zu eigen, die schon in vorgeschichtlicher Zeit in dieser Gegend zu Hause war. Heute kommt über die Hälfte der 200000 Jahrestonnen betragenden Melonenerzeugung Frankreichs aus der Cavaillon-Region, welche mit ihrer Bodenbeschaffenheit, der starken Sonneneinstrahlung und hohen Temperaturen ideale Anbaubedingungen bietet.

Die Geschichte wollte es so, daß die kleine Melone mit dem orangeroten Fleisch, wie wir sie heute kennen, nur mehr wenig Ähnlichkeit mit der Frucht, die Cavaillon schon früh berühmt machte. Damals war die Melone groß wie ein Rugby-Ball, besaß eine dicke dunkelgrüne Schale und rosa Fleisch. Im Laufe der Zeit geriet sie kleiner, ihre Farben verschoben sich, und die enorme Sortenvielfalt – es gab einmal über 500 Varietäten – schrumpfte auf die wenigen heute noch angebauten Spezies zusammen.

Am französischen Hof entwickelte man eine besondere Vorliebe für das sukkulente Gewächs: Ludwig XIV. ließ sieben Sorten anbauen, und bei mindestens einer Gelegenheit, so berichtet die Chronik, bekam Katharina von Medici Magengrimmen, nachdem sie der süßen Frucht zu sehr zugesprochen hatte.

Die bekannteste und beliebteste Sorte unter den heute in Frankreich kultivierten Melonen heißt *Charentais;* es ist die Frucht, die wir heute als *melon de Cavaillon* kennen. Mit ihrer gelbgrünen, leicht geriffelten Schale und dem leuchtend-orangefarbenen Fleisch gehört sie zur Kategorie der Netzmelonen.

Der Melonenanbau in Frankreich erfreut sich extrem langer Kultivationsperioden. In einem klimatisch günstigen Jahr erreicht die Frühernte bereits in der ersten Aprilwoche den Markt von Cavaillon und erzielt dort im Großhandel den umwerfenden Preis von 140 Francs pro Kilo. Aber selbst die Enthusiasten, die bereit sind, diese Eröffnungsnotierung zu honorieren, werden aller Wahrscheinlichkeit nach enttäuscht sein. Denn die frühen Melonen, großenteils unter Folienabdeckungen und mit Hilfe von etwas künstlicher Wärme aufgezogen, können einfach nicht das überwältigende Aroma und den intensiven Fruchtgeschmack entwickeln, den die *plein-champ-*, die Freiland-Melonen aufweisen, welche in der Zeit vom frühen Juli bis Mitte September überall auf den Märkten der Provence – nun zu 3 Francs das Kilo – auftauchen.

Den größten Genuß gewinnt man einer Melone ab, wenn sie – nur gerade eben – eisgekühlt ist. Bei einer reifen Melone sollte man das Gefühl haben, sie sei im Verhältnis zu ihrer Größe effektiv etwas zu schwer; gleichzeitig sollte sie am Stielansatz auf Fingerdruck leicht nachgeben und an der Blüte einen wunderbaren Duft verströmen. Unreife Melonen lagert man so lange bei Raumtemperatur, bis sie den nötigen Weichheitsgrad und Duft erreicht haben. Einmal reif, behalten die Melonen ihr Aroma und ihre Saftigkeit, wenn sie sorgfältig im Kühlschrank aufbewahrt werden.

SÜSSWAREN

A LA REINE JEANNE
32, Cours Mirabeau,
13100 Aix-en-Provence
✆ 42260233
Geöffnet: 8–12.30 und 14–19
Uhr; geschlossen: Sonntag
Kreditkarten: AE, DC, V
Auf Wunsch Versand ins
Ausland

Dieses ist eines der hübschesten Geschäfte auf dem Cours Mirabeau, und wenn man über die Schwelle tritt, fühlt man sich 125 Jahre zurückversetzt. Die ganze Provence ist voller Süßigkeiten historischen Ursprungs, und eine der allgegenwärtigsten ist das Mandelkonfekt, sind die diamantförmigen *calissons*, deren beste aus Aix kommen. Die Stadt war früher einmal der größte Umschlagplatz für Mandeln in der Provence. Es lag also nahe, sich etwas einfallen zu lassen, um die Trockenfrüchte in irgendeiner Form haltbar zu machen beziehungsweise zu verarbeiten. Das geschieht heute so, daß man die Mandeln mahlt und das Pulver mit kandierten Melonen zu einer Paste vermischt. Aus der Paste formt man kleine ›Diamanten‹, die auf einen dünnen Bogen eßbaren Reispapiers gesetzt und mit einem weißen Zuckerguß überzogen werden. Was dabei herauskommt, ist ein süßes Konfekt, von dem meiner Meinung nach zuviel Aufhebens gemacht wird (einfach zu süß; und dann geht auch bei diesem Prozeß das typische Mandelaroma unter; im übrigen käme man, wenn man nicht gerade die Angaben über die Zutaten liest, nie auf die Idee, daß die *calissons* Melonenfleisch enthalten). Nichtsdestoweniger: Sie bleiben ein netter kleiner Beitrag zur lokalen Folklore.

Sommerluft, Melonenduft

Sonnenblumen, das Gold der
Provence

HAUSHALTSWAREN

GALERIES TROPEZIENNES
31–33, Rue Mignet,
13100 Aix-en-Provence
✆ 42962085
Geöffnet: 8.30–12.30 und
14.30–19 Uhr; geschlossen:
Montag
Kreditkarten: EC, V
Auf Wunsch Versand ins
Ausland

Ein Luxusbasar mit sehr schönen und sehr formschönen Artikeln, wozu auch Küchengerät, Tischwäsche, Unterwäsche und Freizeitkleidung gehören.

MAISON UGHETTI
14, Avenue Pasteur,
13100 Aix-en-Provence
✆ 42232832
Geöffnet: 8–12 und 14–19
Uhr; geschlossen: Sonntag
Auf Wunsch Versand ins
Ausland

Ein besonders gut sortierter Eisenwarenladen mit Spezialwerkzeug und handgemachtem Gerät für Haus und Garten.

Apt *(Vaucluse)*

Aix-en-Provence 55 km, Avignon 52 km, Carpentras 49 km, Paris 730 km
Markt: Samstag 7–12 Uhr, Cours Lauze-de-Perret

HAUSHALTSWAREN

ATELIER BERNARD
Jean Faucon
12, Avenue de la Libération,
84400 Apt
✆ 90741531
Geöffnet: 8–12 und 14–18.30
Uhr; geschlossen: Sonntag,
Montag und zwei Wochen im
Januar
Kreditkarte: V
Auf Wunsch Versand ins
Ausland

Eine der provenzalischen Töpfereien mit dem besten Ruf. Jeder hübsch anzusehende Teller, jede Tasse und Untertasse in diesem seit Generationen bestehenden Geschäft ist mit der Hand geformt. Alle Gegenstände werden auf Bestellung angefertigt, aber die Wartezeit, die man dabei in Kauf nehmen muß, ist die Sache wert. Besonderen Gefallen finde ich an Jean Faucons einfachen ockerfarbenen Tellern, die den unverfälschten Stil der Provence wiedergeben.

Arles *(Bouches-du-Rhône)*

Aix-en-Provence 76 km, Avignon 37 km, Cavaillon 44 km, Marseille 95 km,
Nîmes 30 km, Paris 727 km
Markt: Mittwoch 7.30–12.30 Uhr, Boulevard Emile Combes;
Samstag 7.30–12.30 Uhr, Boulevard des Lices
Fête du Costume: Anfang Juli

Der Markt in Arles macht mir wahrscheinlich deshalb besonders viel Freude, weil er im Vergleich zur übrigen Provence so ganz anders ist. Obwohl der Ort mit seinen rund 50 000 Einwohnern schon eine ziemliche Größe hat, haben sich die Leute hier ein ganz bewußt gepflegtes kleinstädtisches Selbstgefühl bewahrt. Während Sie die rings um die Stadt sich windenden Marktstände durchstreifen, wird sich gewiß manch lebhaftes und interessantes Gespräch mit Einheimischen ergeben. Der Markt hat nicht nur eine Fülle von Käsen und Würsten zu bieten, sondern eben auch eine Menge sehr lebendiger Originale.

RESTAURANT

LOU MARQUES
Hôtel Jules César, Boulevard
des Lices, 13200 Arles
☎ 90934320
Bestellungen werden bis
13.30 bzw. 21.30 Uhr
entgegengenommen
Geschlossen: November und
die ersten drei Wochen im
Dezember
Kreditkarten: AE, DC,
EC, V
Speiseterrasse; separater
Speiseraum für geschlossene
Gesellschaften bis zu
40 Personen
Man spricht Englisch
250-Francs-Menü, à la carte
300 Francs

Spezialitäten:
*Mousse de rascasse au pistil de
safran* (mit Safran aromatisierte Drachenkopf-Mousse)

Ich weiß nicht, ob meine Anwesenheit spektakuläre Sonnenuntergänge bewirkt, oder ob ich so schrecklich viel Zeit darauf verwende, im Sommer in der Provence auf Terrassen zu soupieren, jedenfalls werde ich niemals jenen Juniabend vergessen, als wir die Sonne rotgolden versinken, die Sichel des Mondes aufsteigen und die Nacht mit ihrem Sternenhimmel hereinbrechen sahen, während wir *Château Simone rosé* schlürften, uns hingebungsvoll der von Küchenchef Michel Picq bereiteten *baudroie* widmeten, einer köstlich frischen, mit Seeteufel und Gemüse gemachten Fischsuppe (siehe Rezept Seite 312) und uns dann an pochiertem Rochen labten, der mit einem *raïto*, einer warmen, aus Rotwein, Kräutern, Oliven und Kapern komponierten provenzalischen Sauce überzogen war (siehe Rezept Seite 314). Der Service kann etwas schleppend und dabei maßvoll arrogant sein, aber das soll mich nicht davon abhalten, hierher zurückzukehren.

Aberglaube ums Brot

Lege einen Brotlaib nie mit der Unterseite
nach oben, sonst kommen die Hexen
und tanzen darauf.

BAUDROIE ›LOU MARQUES‹
Seeteufelsuppe ›Lou Marques‹

Ungleich den komplizierteren provenzalischen Fischsuppen, wie bouillabaisse *und* bourride, *ist dies eine sehr einfache Suppenzubereitung, bei der der Seeteufel die Hauptrolle spielt. Das nachstehende Rezept stammt von einem der renommiertesten Restaurants in Arles, dem* LOU MARQUES. Baudroie *ist übrigens nur der provenzalische Name für Seeteufel oder Anglerfisch.*

2 Navelorangen
3 mittelgroße Kartoffeln, geschält und in sehr dünne Scheiben geschnitten
3 mittelgroße Zwiebeln, in sehr dünne Scheiben geschnitten
16 kleine Champignonköpfe
2 Knoblauchzehen, in sehr dünne Scheiben geschnitten
3 frische Artischockenherzen, geviertelt
2 mittelgroße Tomaten, gehäutet, entkernt und grob gehackt
1 großer Zweig frischer Thymian
2 Lorbeerblätter
3 El extrafeines, kalt gepreßtes Olivenöl
2 l Wasser
1 kg ganz frischer Seeteufel, enthäutet und in 1,5 cm dicke Querscheiben geschnitten
Salz und frisch gemahlener schwarzer Pfeffer nach Geschmack
Eine knappe Handvoll glattblättrige Petersilie

Garnierung: 4 Scheiben helles Landbrot, vorzugsweise selbstgebacken
1 Knoblauchzehe, halbiert
1 El extrafeines, kalt gepreßtes Olivenöl

1. Die beiden Orangen schälen und dabei darauf achten, daß nichts der weißen Haut an der Schale hängenbleibt. Die Schale in großen Stücken lassen, da sie vor dem Servieren entfernt wird.
2. Orangenschale, Kartoffeln, Zwiebeln, Pilze, Knoblauch, Artischocken, Tomaten, Thymian, Lorbeerblätter und 2 Eßlöffel des Öls in einen großen Topf mit schwerem Boden geben. Das Wasser hinzufügen und bei starker Hitze zum Kochen bringen. 15 Minuten heftig kochen lassen. Den Seeteufel dazugeben und 5 weitere Minuten kochen lassen. Sorgfältig abschäumen, sobald der Fisch zu kochen beginnt.
3. Den Elektrogrill vorheizen.
4. Während der Fisch kocht, die Garnierung vorbereiten: Das Brot von beiden Seiten unter dem Grill toasten, mit Knoblauch einreiben und mit dem Öl bepinseln.
5. Lorbeerblätter und Orangenschale aus der Suppe entfernen und die Suppe salzen und pfeffern.
6. Zum Servieren die Gemüse und den Fisch auf 4 vorgewärmte Suppenteller verteilen, den Sud darüber schöpfen und mit Petersilie bestreuen. Den verbleibenden Eßlöffel Öl auf die 4 Teller verteilen. Mit dem gegrillten Knoblauchbrot servieren.

Für 4 Personen.

KÄSELÄDEN

LACHAFRANIÈRE
Auf dem Markt: Mittwoch am Boulevard Emile Combes nahe der Place Voltaire; Samstag auf dem Boulevard des Lices, auf der Viktualienseite gegenüber dem Gefallenendenkmal

Eine schöne Auswahl an ursprünglichen, vom Routineangebot abweichenden Käsen, die von einem genossenschaftlich betriebenen Bauernhof kommen. Ganz besonders sei hier der mit gemahlenem schwarzem Pfeffer und Thymian aromatisierte getrocknete *chèvre* empfohlen.

MONSIEUR BLEUZE
Auf dem Markt. Mittwoch: Ecke Rue Jean d'Alembert und Boulevard Emile Combes; Samstag: Boulevard des Lices, vor dem Café Vaux-hall

Dieser aufgeräumte, gesprächige Händler ist immer bereit, mal irgendwo eine Scheibe abzuschneiden und sie seinen Kunden zu kosten zu geben. Versäumen Sie nicht, hier den wunderbar sahnigen *Tomme de Camargue* (manchmal auch *Tomme Arlésienne* genannt) zu probieren; der mit Bohnenkraut bestreute Käse stellt eine seltene Mischung aus Ziegen- und Kuhmilch dar. Auch das überragende Wurstsortiment – mit dem *saucisson d'Arles* (hier eine Mischung aus gutgewürztem Rinder-, Schweine- und Eselsfleisch) und einem scharfen *saucisson camarguais* (hier aus Stier- und Wildschweinfleisch, Tomatensauce und Paprika zusammengestellt) – lohnt einen Versuch.

HAUSHALTSWAREN

TERRAILLES ET FAÏENCES DU MIDI
15, Rue Tour du Fabre, 13200 Arles
✆ 90930237
Geöffnet: 9.30–12 und 14–18.30 Uhr; geschlossen: Montag und im Februar

Dieser verstaubte Laden im Stadtzentrum ist teils Museum, teils Töpferwerkstatt, teils Keramikgeschäft. Eine bezaubernde Kollektion antiker provenzalischer Töpferwaren (überwiegend nicht zum Verkauf bestimmt) gibt es hier zu sehen sowie ein ordentliches Sortiment zeitgenössischer Keramik und modernen Geschirrs, grüne und ockerfarbene Omelett-Teller, Schüsseln und *daubières* – Schmortöpfe für die *daube provençale*.

Typenvielfalt
im Reich der Ziegenkäse

313

RAITO
Rotweinsauce mit Kräutern, Oliven und Kapern

Zu dieser prächtigen Sauce vereinigen sich die besten Ingredienzen, welche die Provence zu bieten hat: wuchtiger Rotwein, dicke Knoblauchzehen, vollreife Tomaten, schwarze Oliven und Kapern. Herkömmlicherweise wird der heiß zu essende raïto *zu gegrilltem Fisch gereicht, ich verwende ihn aber auch gerne als Sauce für Pasta. Erstmals begegnete mir diese provenzalische Spezialität in Arles, und zwar bei einem Essen auf der Terrasse des Restaurants* LOU MARQUES. *Küchenchef Michel Picq servierte den* raïto *zu Rochen, und das war einfach große Klasse. Während nach dem traditionellen Rezept Oliven und Kapern gleich in die Weinsauce eingearbeitet werden, verteilte Küchenchef Picq die Sauce selbst auf einem vorgewärmten Teller, legte den gebackenen Fisch darauf und schöpfte die heiße Oliven-Kapern-Einlage auf den Rochen; das sah sehr festlich aus und schmeckte einfach köstlich. Eine Freundin, die das Rezept nachstellte, schrieb mir begeistert zurück: »Bei diesem Gericht überkommt mich die Lust, Espadrilles zu tragen, mein blau-weißgestreiftes französisches Strandkleid anzulegen und mir einen weißen Strohhut aufzusetzen.«*

3 El extrafeines, kalt gepreßtes Olivenöl
2 Zwiebeln, gewiegt
2 Nelken
750 ml Rotwein, vorzugsweise *Côtes du Rhône*
500 ml Wasser
5 mittelgroße Tomaten, geviertelt
4 Knoblauchzehen, geschält und halbiert
Eine Handvoll frischer Kräuter, vorzugsweise Thymian, Rosmarin, Estragon und glattblättrige Petersilie
Salz und frisch gemahlener schwarzer Pfeffer nach Geschmack

Einlage:
1 Tl extrafeines, kalt gepreßtes Olivenöl
250 ml in Öl eingelegte schwarze Oliven, vorzugsweise aus Nyons, entkernt und gehackt
80 ml Kapern, abgegossen

1. Das Öl in einer tiefen Kasserolle mit schwerem Boden bei guter Hitze heiß werden lassen. Die Zwiebeln hinzufügen und leicht anbräunen. Nelken, Wein, Wasser, Tomaten, Knoblauch und Kräuter dazugeben. Etwa 1 bis 1½ Stunden kochen lassen, bis die Sauce ziemlich dick und nur noch wenig Flüssigkeit übrig ist. Durch ein feinmaschiges Sieb passieren und mit Salz und Pfeffer abschmecken. (Die Sauce kann im voraus zubereitet und wieder aufgewärmt werden.)
2. Die Einlage zubereiten:
Das Öl bei guter Hitze in einem kleinen Topf heiß werden lassen. Die Oliven und Kapern hinzufügen und kochen lassen, bis sie weich und gut durchgewärmt sind.
3. Zum Servieren die Weinsauce erhitzen, die Einlage hinzufügen und über heiße Pasta oder Grillspeisen, wie Fisch, Huhn oder Fleisch schöpfen.
Für 4 Personen.

MUSEUM

MUSEON ARLATEN
Rue de la République,
13200 Arles, ✆ 90960823
Geöffnet: 9 (10 im Juni)–12
und 14–17 Uhr (18 Uhr im
April, Mai und Oktober,
19 Uhr im Juni und Juli);
geschlossen: Montag von
Oktober bis Mai
Eintritt: 6 Francs für
Erwachsene, 4 Francs für
Kinder und Studenten

Daß Arles sich wirklich von der übrigen Provence unterscheidet, daß diese Stadt ihre eigene Mentalität besitzt, das versteht man ein bißchen besser, wenn man dieses antiquierte, aber gleichwohl amüsant anzuschauende Museum gesehen hat, das voller einheimischer Trachten ist und alle Arten von Gerätschaften beherbergt, die der große Sohn der Stadt, der Dichter Fréderic Mistral, einst stiftete (er war der Gründer des Museums und finanzierte das Unternehmen aus der Prämie, die ihm der Nobelpreis für Literatur eingebracht hatte), sowie einige anschauliche folkloristische Szenen aus dem Leben im alten Arles, nachgestellt mit Figuren und Möbeln jener Epoche.

Avignon *(Vaucluse)*

Aix-en-Provence 80 km, Arles 37 km, Marseille 100 km, Nîmes 43 km, Paris 686 km,
Valence 126 km

Märkte: Dienstag bis Samstag 8–12 Uhr, Markthalle, Place Pie; Samstag und Sonntag
8–12 Uhr, Stände im Freien, Ramparts Porte Magnanen

RESTAURANTS

LA FOURCHETTE II
17, Rue Racine,
84000 Avignon
✆ 90852093
Bestellungen werden bis 14
bzw. 21.30 Uhr entgegengenommen
Geschlossen: Samstag, Sonntag, zwei Wochen im Januar
und zwei Wochen im Juni
Keine Kreditkarten
Klimatisiert
Man spricht Englisch
85-Francs-Menü, à la carte
150 Francs

Spezialitäten:
Sardines fraîches marinées
(frische marinierte Sardinen);
daube de boeuf à l'avignonnaise (geschmortes Rindfleisch

Wen es nach erfrischender, bistro-artiger Kost gelüstet – zeitgemäß und trotzdem mit provenzalischem Einschlag –, der halte sich an LA FOURCHETTE II, ein zwangloses und auch nicht teures Lokal im Zentrum von Avignon. Zum Speisenangebot gehören ein sehr ansprechender Teller mit frischen, in Limonensaft und Estragon marinierten Sardinen; eine Gemüseterrine mit Sahnespinat; geschmortes Rindfleisch *(daube)* mit Makkaroni-Auflauf; und ein Perlhuhnfrikassee *(fricassée de pintade)* mit frischen Nudeln. Zu all diesen Speisen macht sich ein junger, in der Karaffe kommender *Châteauneuf-du-Pape* sehr gut.

Die Einrichtung des Lokals wirkt ein bißchen gesucht, und der Service dürfte manchmal etwas beweglicher sein, aber ansonsten ist das Restaurant kein schlechter Platz für alle Gelegenheiten, bei denen einem nicht nach einem ausgedehnten mehrgängigen Essen zumute ist.

HIÉLY
5, Rue de la République,
84000 Avignon
✆ 90861707
Bestellungen werden bis
13.15 bzw. 21.15 entgegengenommen
Geschlossen: Montag, Dienstag, die letzte Dezember-
woche bis Mitte Januar und
die beiden letzten Wochen im
Juni
Kreditkarten: AE, V
Klimatisiert
Man spricht Englisch
350 Francs

Spezialitäten:
*Gratin de moules aux épi-
nards* (Gratin von Muscheln
und Spinat), *râble de lapereau farci de son foie, sauce
poivrade* (mit seiner Leber
gefülltes Kaninchen in einer
Pfeffersauce), *mousseline de
brochet* (Hechtcreme), *ragout
de homard* (Hummerragout)

In der kulinarischen Tradition der Provence rangiert dieses Regionalrestaurant ganz weit oben, und obwohl ich als regelmäßiger Gast über die Jahre einige außerordentlich unterschiedliche Eßerfahrungen gemacht habe, komme ich immer wieder zurück.

Manchmal geraten die Speisen hier einfach zu schwer, sind zu sehr mit Sahne aufgeladen; dann wieder gelingt es ihnen, die frische, beschwingte Stimmung der Provence zu evozieren.

Mögen Sie also an einem der vielen guten Tage im HIÉLY landen – so wie ich bei meinem letzten Besuch –, und Sie werden auf ein ansprechendes Sortiment von echten Regionalgerichten stoßen, zu denen köstlich zartes, gegrilltes Lammfleisch gehört – es kommt von den Bergen um Les Baux und wird hier mit einem wohltuenden Gratin aus papierdünn geschnittenen, knusprigen Kartoffeln serviert –, sodann ein sehr ordentlicher *gratin de moules aux épinards,* Kaninchen *(lapereau)* aus der Gegend um Avignon, hier mit seiner eigenen, sehr schmackhaften Leber gefüllt und einer pikanten *sauce poivrade* gereicht, oder ein Teller frischer Pasta, garniert mit *palourdes* (Venusmuscheln) und Seezungenstreifen und Püree von roten Paprikaschoten.

Auch eine herrliche Auswahl lokaler *chèvres* findet man hier; beim Anblick des Dessert-Wagens gar schmilzt alle Selbstdisziplin dahin. Ein exzellenter *vacherin* bietet sich da an, dick mit Schokoladensauce bedeckt, ein erstaunlich guter Brotpudding und eine endlose Prozession von köstlichen Frucht-Sorbets.

Das HIÉLY kann auch mit Stolz auf seine Weinkarte verweisen. Sie ist eine der besten der Region und enthält eine fachkundig ausgewählte Selektion von vollblütigem *Châteauneuf-du-Pape,* samtenem, körperreichem *Hermitage* und berauschendem *Côte-Rôtie.* Von diesen Lagen wiederum gehören zu den besten Empfehlungen der *Bandol* von der Domaine Tempier und der dunkle, kirschrote *Châteauneuf-du-Pape* von Vieux Télégraphe. Immer wird man in diesem Restaurant freundlich empfangen und gewöhnlich auch lächelnd bedient.

BÄCKEREI

A. SOLAZ
49, Rue Joseph-Vernet,
84000 Avignon
✆ 90866287
Geöffnet: 6.30–19.30 Uhr;
geschlossen: Samstagnach-
mittag und Sonntag

Ein mit regionalen Brotspezialitäten großzügig sortierter Laden; als Beispiele seien das *pain aux noix* (Walnußbrot) und das *pain aux olives* genannt.

HAUSHALTSWAREN

JAFFIER PARSI
42, Rue des Fourbisseurs und
39, Place de la Principale,
84000 Avignon
✆ 90860885
Geöffnet: 8.45–12 und 14–19
Uhr; geschlossen: Sonntag,
Montagmorgen, im August
und eine Woche im Februar

Ich nenne dieses Geschäft einen Spielzeugladen für Köche, und insofern hat es mit der berühmten Küchengeräte-Handlung von DEHILLERIN in Paris viel gemeinsam. Ich könnte hier stundenlang die Regale auf- und abwandern und dabei von einem neuen Kupfertopf, einer Salatschüssel aus Olivenholz oder einem neuen Kochbuch schwärmen. Der Laden hat alles, was das Herz des Kochs begehrt, und noch viel mehr – bis zum elektrischen Austernöffner!

Le Barroux *(Vaucluse)*

Carpentras 12 km, Vaison-la-Romaine 16 km

BÄCKEREI

MONASTÈRE SAINTE-
MADELEINE
Le Barroux, 84339 Caromb
✆ 90625631
Für den Brotverkauf geöffnet: 8–9.15 und 11–11.45 und
14.30–17.15 Uhr; Mittwoch-
nachmittag, Donnerstag nur
miche (runde Brotlaibe),
Samstag und Sonntag *miche*,
pain aux olives (Olivenbrot)
und *demi-seigle aux noix*
(Halbroggen mit Walnüssen);
geschlossen: sechs Tage im
Jahr.

An einem Sommerabend nahm ich im Dörfchen Gigondas an einer Weinprobe teil, als mir eine Scheibe Walnuß-brot angeboten wurde, die köstlich schmeckte. Ich war ganz sicher, daß es von einem Brotlaib aus Lionel Poilânes weltbe-rühmter Bäckerei in Paris stammte. Aber nein, meinte mein freundlich lächelndes Gegenüber am Tisch, es kommt bestimmt von dem Kloster in Le Barroux. Brot von Mönchen also? Nun, wir wollten es genau wissen, und so fuhren wir in der Woche darauf zu dem Kloster hoch, um uns selbst zu überzeugen und eine Kostprobe zu nehmen. Für eine solche empfehlen sich auch das *pain aux olives* und der *croque-moines* (Honig-Mandel-Plätzchen).

La Baume-de-Transit *(Drôme)*

Orange 27 km, Pierrelatte 17 km, Saint-Paul-Trois-Châteaux 9 km

BAUERNHOF

FERME-AUBERGE
DOMAINE DE SAINT-LUC
La Baume-de-Transit, 26790

Vor einigen Jahren verliebten sich Eliane und Ludovic Cornillon in einen heruntergewirtschafteten Bauernhof aus dem 18. Jahrhundert. Sie restaurierten das Gebäude, bau-

Saint-Paul-Trois-Châteaux
℘ 75981151
Nur abends für Übernach-
tungsgäste des Bauernhofs
geöffnet; 5 Zimmer, maximal
12 Gäste; geschlossen:
Sonntag
Keine Kreditkarten
Speiseterrasse
Etwa 100 Francs

Spezialitäten:
Pintadeau à la purée d'ail
(Perlhühner mit Knoblauch-
püree), *ratatouille* (Kombina-
tion von in Olivenöl
geschmorten Gemüsen:
Auberginen, Zucchini, Zwie-
beln, Tomaten, Paprika und
Knoblauch), *purée de pêche*
(Pfirsichpüree)

ten zusätzliche Schlafzimmer und Bäder ein, bepflanzten den Garten mit Kräutern, Blumen und Gemüse und beschlossen, hinfort zahlende Gäste aufzunehmen. Heute kann man im Hof unter einem betagten Olivenbaum essen und sich dabei mit hausgemachter provenzalischer Kost vertraut machen: Da gibt es zunächst fleischige Oliven aus Nyons und den Roséwein des Hauses dazu; dann einen frischen Salat von grünen Bohnen, mit Basilikum und Oliven bestreut und mit Sahne angereichert; vollendet gebratenes Perlhuhn und ofen-heißen *gratin provençal.* Dieser aus schichtweise übereinan-dergelegten Tomaten- und Kartoffelscheiben gemachte Auf-lauf ist mit Knoblauch, provenzalischen Kräutern und Oli-venöl zubereitet. Madame Cornillon offeriert frischen Zie-genkäse, bekannt als *tomme de chèvre,* und auf den lokalen Märkten erkundet sie, wo sie frisches Obst bekommen kann, das sie in ansprechende, leichte Desserts verwandelt. Wenn Sie im Frühling als Gast kommen, werden Sie wahrscheinlich den selbstgezogenen Spargel auf dem Teller finden, während die *auberge im Sommer für ihre soupe au pistou,* eine mit einer Gabe Basilikum und Knoblauch gemachte Gemüsesuppe, bekannt ist. Selten verlassen die Gäste das Haus, ohne nicht wenigstens ein paar Flaschen des *Château du Tricastin* (rot und rosé) aus dem Hause Cornillon mitgenommen zu haben; Weine, die sich auf Landwirtschaftsmessen in Paris und Mon-télimar Medaillen holen konnten.

Ziegenkäse,
quadratmeterweise

Les Baux-de-Provence *(Bouches-du-Rhône)*

Arles 19 km, Avignon 31 km, Marseille 86 km, Nîmes 44 km, Paris 716 km,
Saint-Rémy-de-Provence 10 km, Salon-de-Provence 32 km

RESTAURANTS

OUSTAÙ DE BAUMANIÈRE
Les Baux-de-Provence,
13520 Maussane-les-Alpilles
✆ 90543307
Bestellungen werden bis 14
bzw. 21 Uhr entgegen-
genommen
Geschlossen: Donnerstagmittag und Mittwoch, Novem-
ber bis März und Mitte
Januar bis Februar
Kreditkarten: AE, EC, V
Speiseterrasse
Man spricht Englisch
395- und 485-Francs-Menüs,
à la carte 600 Francs

Spezialitäten:
Agneau d'Alpilles (Lamm aus
der Gegend von Les Baux),
rouget au basilic (rote Meerbarben mit Basilikum)

Seit Jahrzehnten schon hat man gastronomische Pilgerfahr-
ten nach Les Baux-de-Provence unternommen, zu dem
Dörfchen also, in dem dieses international renommierte
Luxusrestaurant zu Hause ist. Familien, Freunde, Liebes-
paare, Lebenspartner, Geschäftspartner, alles was hier
Geburtstage, Jubiläen und andere glückliche Ereignisse feierte, ließ auf der sonnenüberfluteten Terrasse neben dem
Pool die Champagnergläser klingen, verzehrte festliche Mengen an Les-Baux-Lamm, Auberginengratin und Ziegenkäse
und ließ sich den wuchtigen provenzalischen Roten durch die
Kehle rinnen.

Und doch gibt es hier Symptome, die den Gast enttäuschen
müssen. Ein Teil des Personals bedient mit außerordentlicher
Aufmerksamkeit, bei anderen aber, die schon lange das Inter-
esse verloren zu haben scheinen, ist der Service zur Pflicht-
übung degeneriert. Die Qualität des Essens kann von langweilig bis aufregend schwanken. Das *agneau d'Alpilles* beispielsweise müßte zu den besten Lammgerichten der Welt
zählen, aber hier schmeckt es oft recht fade. Was mir im
OUSTAÙ wirklich zusagt, ist das Auberginengratin mit seinen
pulsierenden Aromen (siehe Rezept Seite 320) und die fein
gewürzte *charlotte d'agneau au coulis de poivrons rouges*, von
dünngeschnittenen Auberginenscheiben umhüllte Lamm-
fleischstücke, serviert mit einer anregenden Rote-Paprika-
Sauce (siehe Rezept Seite 324). Und wenn man im BAUMA-
NIÈRE seinen guten Tag hat, wird hier wahrhaftig noch Groß-
zügigkeit geübt: Dann kann es passieren, daß einem Gast, der
einen Lammrücken für zwei Personen bestellt hat, nur eine
Portion berechnet wird. Und andere, die jeweils einzeln verschiedene Gemüsebeilagen geordert haben, mögen sich damit
überrascht finden, daß jeder auf seinem Teller eine Auswahl
von allem findet.

Die kleinen Ärgernisse einmal beiseite gelassen, kenne ich
keinen romantischeren Platz zum Essen in der Provence als
diesen, und sobald es darum geht, ein Ereignis im gastronomischen Sinne würdig zu begehen, kommt mir automatisch
das OUSTAÙ in den Sinn. Also besiegele ich meine Wahl mit
einem Glas Champagner und hoffe auf das Beste.

Wenn Sie dieses Restaurant besuchen, nutzen Sie die Gelegenheit, um mit den guten Regionalweinen Bekanntschaft zu
machen, die hier auf der Karte stehen. Versuchen Sie *Palette*
vom Château Simone, eine kleine *appellation*, die südlich von

Aix beheimatet ist und einen der besten provenzalischen Weine hervorbringt: Diesen lebendigen Weißen gießt man nicht einfach hinunter, er nötigt dem Gaumen Aufmerksamkeit ab. Und dann ist da noch der karmesinrote *Châteauneuf-du-Pape*, von dem Sie den ältesten Jahrgang bestellen sollten, den Sie sich leisten können.

LA RIBOTO DE TAVEN
Les Baux-de-Provence,
13520 Maussane-les-Alpilles
✆ 90973423
Bestellungen werden bis 14 bzw. 21.15 Uhr (21.30 Uhr im Juli und August) entgegengenommen

An romantischen Plätzen zum Speisen hat die Provence einiges aufzuweisen, aber wenige kommen an LA RIBOTO DE TAVEN heran, ein verschwiegenes landhausähnliches bäuerliches Anwesen, dessen ehrfurchtgebietende Steinmauern sich auf geheimnisvolle Weise an das Berggelände von Les Baux schmiegen. Der Speiseraum mit seinen Natursteinwänden, dem schwarz-weißen Schachbrettmuster des Fliesenbodens, den klassischen provenzalischen Bauernstühlen

GRATIN D'AUBERGINES BAUMANIERE
Auberginengratin ›Baumanière‹

Welcher Art auch immer, Gratins sind stets eine dankenswerte Sache. Mit ihrer knusprigen, blasenreichen Kruste finden sie bei allen Essern gleichermaßen Anklang. Die hier wiedergebene Version entspricht dem Gratin, wie es in dem berühmten Restaurant OUSTAÙ DE BAUMANIÈRE in Les Baux-de-Provence zu den Spezialitäten gehört. Ich versuchte dieses Gratin bei meinem ersten Besuch dort, und ich weiß noch sehr genau, daß ich mir mehr als einmal nachgeben ließ. Die hier angewandte Methode für das Bräunen der Auberginen – im Backofen statt in der Bratpfanne – erlaubt es, mit einer begrenzten Menge Öl zu arbeiten, was das Gericht leichter und bekömmlicher macht. Als einzige Vorsichtsmaßregel gilt dabei, daß man die Auberginenscheiben während des Backvorgangs im Auge behält und sie herausnimmt, sobald sie braun zu werden beginnen.

2 mittelgroße Auberginen (etwa 1 kg)
3 El extrafeines, kalt gepreßtes Olivenöl
750 ml (etwa 3 Tassen) Tomaten-Grundsauce (siehe Rezept Seite 517)
Eine Handvoll frischer Kräuter, vorzugsweise Basilikum, Kerbel, Thymian und glattblättrige Petersilie, gewiegt
Salz und frisch gemahlener schwarzer Pfeffer nach Geschmack

1. Den Backofen auf 230° vorheizen.
2. Die Auberginen schälen und kreuzweise in 3 mm dicke Scheiben schneiden. Beide Seiten der Scheiben mit Öl einpinseln und auf ein geöltes Backblech legen. 5 bis 10 Minuten backen, bis sie an der Unterseite leicht gebräunt sind. Die Scheiben wenden und auch von der anderen Seite etwa 5 Minuten bräunen lassen. Die Auberginen dabei häufig kontrollieren und aus dem Ofen nehmen, sobald sie braun sind.
3. Den Boden einer flachen (1,25 l) Auflaufform mit einer dünnen Schicht Tomatensauce ausstreichen. Mit einem Teil der gewiegten Kräuter bestreuen und mit einer Lage Auberginen bedecken. Leicht salzen und pfeffern. In dieser Reihenfolge weiter verfahren, bis alle Zutaten aufgebraucht sind. Den Abschluß muß eine Schicht Tomatensauce bilden.
4. Das Gratin etwa 30 Minuten überbacken, bis es Blasen wirft und knusprig ist. Warm oder bei Raumtemperatur servieren.
Für 4 Personen.

Geschlossen: Sonntagabend von Oktober bis Mai, Montag und die ersten drei Wochen im Januar bis zur dritten Februarwoche
Kreditkarten: AE, DC, V
Speiseterrasse; separater Speiseraum für geschlossene Gesellschaften bis zu 35 Personen
Man spricht Englisch
230-Francs-Menü, à la carte 280 Francs

Spezialitäten:
je nach Jahreszeit; *nage fine d'huîtres et de moules* (Austern und Muscheln im eigenen Kochsud), *agneau des Alpilles* (Lamm von den um Les Baux gelegenen Hügeln), Wild

und der pfirsichfarbenen Tischwäsche wirkt zugleich rustikal und elegant. Die Küche bietet angenehme regionale Kost. Hat es geregnet, dann findet man die in der Gegend wild wachsenden *mousserons*, ausgezeichnete Würzpilze, auf der Tageskarte, während das überragende Alpilles-Lamm das ganze Jahr über zu haben ist. Die selbsteingemachten schwarzen Oliven gehören zu den vollfleischigsten und am sorgfältigsten abgeschmeckten der ganzen Region.

Käseliebhaber sollten vormerken, daß La Riboto de Taven bei einem ansonsten selten zu findenden Käse fündig geworden ist: *tomme de Camargue*, einem festen, rahmigen, vollaromatischen Käse, der aus Ziegen- und Schafsmilch gemacht und reichlich mit Feldrosmarin besetzt ist; sein gutausgebildeter Gout ist zahm und wild zugleich. Als weitere Rarität bietet die Käseplatte den *Banon vrai*, den echten, in der Nähe von Banon in den Alpes-de-Haute-Provence erzeugten Ziegenkäse; man taucht den Bruch nach alter Art in *eau-de-vie* und läßt ihn dann in getrockneten Kastanienblättern reifen. Versuchen Sie zu einem solchen Essen mal den *Châteauneuf-du-Pape blanc* oder den runden roten Hauswein. Das Dessertangebot glänzt mit dem in der Region so populären *nougat glacé* (eine mit Mandeln, Haselnüssen und kandierten Früchten üppig angereicherte gefrorene Vanillecreme) und einem erfrischenden Orangenkompott.

HAUSHALTSWAREN

La Maison de Marion
Les Baux-de-Provence, 13520 Maussane-les-Alpilles
✆ 90973449
Geöffnet: von Ostern bis November und während der Weihnachtsfeiertage täglich 10–13 und 14–19 Uhr; von Dezember bis Ostern nur Samstag und Sonntag 10–13 und 14–18 Uhr
Kreditkarten: AE, DC, V

Eine entzückende Boutique mit einer kleinen, aber guten Auswahl an lokal hergestellten, handgeflochtenen Körben, von denen einige aus abgeschälter Pinienrinde gemacht und mit ganzen Pinienzapfen dekoriert sind. Zur Weihnachtszeit erwartet den Käufer eine hübsche Selektion schmuckvoll gewebter Ornamente.

Und noch mehr Ziegenkäse: provenzalischer *Pélardon* auf der Stohmatte

321

Bédoin *(Vaucluse)*

Avignon 39 km, Carpentras 15 km, Nyons 38 km, Sault 35 km,
Vaison-la-Romaine 22 km

RESTAURANT

L'OUSTAOU D'ANAIS
Route de Carpentras,
84410 Bédoin
✆ 90656743
Bestellungen werden bis
13.30 bzw. 21 Uhr (21.30
Uhr im Juli und August) entgegengenommen
Geschlossen: Montag und
Dienstag außer an Feiertagen,
eine Woche im Juni, die
letzte Septemberwoche sowie
im Oktober
Kreditkarten: AE, V
Separater Speiseraum für
geschlossene Gesellschaften
bis zu 80 Personen
140-Francs-Menü, à la carte
140 Francs

Spezialitäten:
Wild, *gratin de picodon à la
sarriette* (Ziegenkäse-Gratin
mit Bohnenkraut), *gratin de
pieds de porc aux truffes*
(gratinierte Schweinsfüße mit
Trüffeln)

Yannick Daubert, die Eigentümerin dieser modernen, in rosa Stuck gehaltenen provenzalischen *mas*, eines regionaltypischen Bauernhauses also, gibt sich alle Mühe, traditionelle Gerichte auf die Teller zu zaubern, die man nicht so leicht auf anderen Speisekarten findet, und das ist ihr phantastisch gelungen. Die Ausstattung dieses gleich nördlich von Carpentras gelegenen Restaurants ist für meinen Geschmack etwas zu süßlich geraten, aber das Essen hier gleicht das wieder aus. Wer könnte auch gegen so verlockend klingende Gerichte wie die dampfendheiße *terrine d'aubergines*, ein mit frischem Rosmarin gewürztes Lammragout, das mit Schweinsfüßen und Trüffeln gemachte herzhafte Gratin oder den pikant überbackenen, scharf-aromatischen Picodon-Ziegenkäse etwas einzuwenden haben?

Wenn ich die Augen schließe, kann ich diesen gaumenerregenden Käseauflauf förmlich schmecken, eine glühendheiß servierte Kombination aus herrlich gereiftem Picodon, einem leichten Sahneüberzug und Bohnenkraut, das hier unter vielen Namen – *sarriette, poivre d'ain* oder *poebre d'ain* – läuft. Das Gericht ist wie ein provenzalisches Fondue und wird auch tatsächlich so gegessen, indem man nämlich Brotscheiben in die sahnige Masse tunkt. Wenn Sie Glück haben, kommt das Brot am Tage Ihres Besuchs von der Dorfbäckerei im nahen Crillon-le-Brave. Doch selbst nach einem solchen Gericht fällt es nicht leicht, den auf dem Wagen anrollenden Käseplatten zu widerstehen, und inmitten der regionalen Sorten fordert ein mit frischer *sarriette* gefülltes Weidenkörbchen zum Nachwürzen nach Geschmack auf. Eine ganze Reihe hausgemachter Sorbets, aus irdenen Töpfen serviert, schließt den Reigen ab. Die Bedienung ist freundlich, effizient und, wenn gewünscht, auch gesprächig.

BÄCKEREI

BOULANGERIE
VIENNOISERIE
Crillon-le-Brave,
84410 Bédoin
✆ 90656830
Geöffnet: 7.30–12.30 und
15.30–21 Uhr; geschlossen:
Montag und Dienstag

Bäcker Didier Suran hat kürzlich einen sehr schönen alten Holzofen wiederhergerichtet, und nun bäckt er wundervolle provenzalische Brote darin, wie *pain aux raisins* (Rosinenbrot), *pain à l'anis* (Anisbrot), ein ordentliches *pain au levain* (Sauerteigbrot) und phantasievoll geformte *fougasses*. Nicht nur Monsieur Surans netter kleiner Bäckerladen, das ganze reizvoll restaurierte Dörfchen ist einen Ausflug wert.

Bonnieux *(Vaucluse)*

Aix-en-Provence 48 km, Apt 13 km, Avignon 47 km, Carpentras 43 km, Cavaillon
26 km, Paris 725 km
Markt: Freitag 8–12 Uhr, Place du Terrail

KONDITOREI

HENRI TOMAS
7–9, Rue de la République,
84480 Bonnieux
✆ 90758552
Geöffnet: 7–12.45 und
15–19.30 Uhr; geschlossen:
Montag von September bis
Juni, eine Woche im Oktober
und zwei Wochen im Februar

Ein französisches Sprichwort lautet: *Faute de grives on mange des merles* (Wenn man keine Drosseln hat, muß man Amseln essen). In Analogie hierzu könnte man sagen: Wenn Sie beim Verlassen des MUSÉE DE LA BOULANGERIE keine Bäckerei finden können, nehmen Sie mit einer Konditorei vorlieb. Als ich aus dem Museumseingang kam, lief ich schnurstracks in den Laden von Henri Tomas auf der anderen Straßenseite und verliebte mich sogleich in seine *galette provençale*, ein süßes Blätterteigtörtchen, mit geriebener Orangenschale erfrischt und gefüllt mit gebrannten Mandeln und Mandelcreme. Als wir ihn später anriefen, um mit ihm über die Aufnahme seiner Bäckerei in dieses Buch zu sprechen, versprach er aufgeregt, auch den Amerikanerinnen zu zeigen, wie man konditert.

MUSEUM

MUSÉE DE LA
BOULANGERIE
12, Rue de la République,
84480 Bonnieux
✆ 90758834
Geöffnet: 10–12 und
15–18.30 Uhr; geschlossen:
Dienstag von Juni bis
August; im Januar und im
Februar, nur an Wochenen-
den geöffnet: Von September
bis Mai
Eintritt: 5 Francs

Als fanatische Brotesserin würde ich wahrscheinlich um die halbe Welt reisen, um jedwede Einrichtung zu sehen, die sich ›Brotmuseum‹ nennt; dieses Museum in Bonnieux jedenfalls sollte Gleichgesinnte nicht enttäuschen. 1983 wurde die dörfliche *boulangerie* – mit ihrem 1844 in Stein gebauten Holzbackofen – sorgfältig und liebevoll zu einem hübschen Mini-Museum umgestaltet, das der in Frankreich stark verwurzelten, wenn auch allmählich aussterbenden Tradition des Brotbackens huldigt. Besucher können sich die *gloriette* von innen anschauen, den Raum, in dem das Brot geknetet wird; sie dürfen die *panouche* in Augenschein nehmen, jenes Instrument, mit dem der Bäcker den Backsteinboden der Ofenkammer säubert; sie haben Gelegenheit, sich die ausgestellten Erinnerungsstücke, das Gerät und eine Dokumentation über die lange Geschichte des Brotbackens zu betrachten; und sie werden etwas lernen über das *pain de l'egalité* (im Anschluß an die Französische Revolution wurde per Dekret ein Einheitsbrot geschaffen, das aus drei Teilen Weizen- und einem Teil Roggenmehl bestehen mußte).

323

CHARLOTTE D'AGNEAU AU COULIS DE POIVRONS ROUGES ›BAUMANIERE‹

Lammcharlotte mit roter Paprika-Sauce ›Baumanière‹

Ich habe diese Lammcharlotte in Restaurants in ganz Frankreich angetroffen, aber irgendwie scheint sie am besten in die Provence zu passen. Dies ist eine abgewandelte Version des Gerichts, wie es im Oustaù de Baumanière *in Les Beaux-de-Provence gereicht wird. Schon von den Farben her präsentiert sich diese Speise in einem verlockenden Aufzug, und das gilt besonders, wenn Sie sie auf einer ockerfarbenen (provenzalischen) Servierplatte zur Geltung kommen lassen können. Das Gericht kann heiß oder raumtemperiert aufgetragen werden.*

Rote-Paprika-Sauce:
4 rote Paprika
(etwa 500 g)
2 El extrafeines, kalt
gepreßtes Olivenöl
125 ml *crème fraîche* oder
saure Sahne, vorzugs-
weise nicht ultrahoch-
erhitzt
1 Prise Salz

Tomatensauce:
1 El extrafeines, kalt
gepreßtes Olivenöl
5 mittelgroße Tomaten,
gehäutet, entkernt und
grob gehackt
1 mittelgroße Zwiebel,
fein gehackt
1 Knoblauchzehe
Salz und frisch gemahle-
ner schwarzer Pfeffer
nach Geschmack
(oder 1 Tasse Tomaten-
Grundsauce nehmen,
siehe Rezept Seite 517)

Lamm:
750 g ausgebeinte Lamm-
keule, von Fett und Seh-
nen befreit (auf Wunsch
erledigt das Ihr Metzger
für Sie)
2 El Olivenöl
Eine Handvoll frische
Kräuter, vorzugsweise
Basilikum, Thymian,

1. Die rote Paprika-Sauce zubereiten: Die Paprikaschoten teilen, Stielansätze und Samenkörner entfernen. Sodann in sehr dünne Streifen teilen. Das Öl in einer mittelgroßen Pfanne bei mittlerer Hitze heiß werden lassen. Die Paprika-streifen hinzufügen und unter häufigem Rühren in etwa 30 Minuten weichdünsten. Die Paprika mit dem beim Dünsten ausgetretenen Saft in eine Küchenmaschine oder die Schüssel eines Handmixers umfüllen und pürieren. Die *crème fraîche* hinzufügen und erneut pürieren. Mit Salz abschmecken. Auf diese Weise erhält man ein rustikales Püree. Wünscht man eine feinere Sauce, das Püree im Mixer schlagen oder durch ein feinmaschiges Sieb streichen. (Dies kann etliche Stunden im voraus geschehen. Die Sauce in diesem Fall in den Kühl-schrank stellen und vor dem Servieren auf Raumtemperatur kommen lassen.)

2. Die Tomatensauce zubereiten: Öl, Tomaten, Zwiebeln und Knoblauch bei guter Hitze in einem großen Topf unter häufigem Rühren etwa 20 Minuten eindicken lassen. Mit Salz und Pfeffer abschmecken. (Dies kann etliche Stunden im vor-aus gemacht werden. In diesem Fall die Sauce in den Kühl-schrank stellen.)

3. Das Lamm vorbereiten: Das Lamm in 2,5 cm große Wür-fel schneiden. Das Öl in einer großen Pfanne bei guter Hitze heiß werden lassen. Das Lamm hinzufügen und von allen Seiten gut anbräunen. Die Hitze reduzieren, Kräuter, Knob-lauch und Tomatensauce dazugeben und unter häufigem Rühren alle Zutaten 5 bis 8 Minuten gut erhitzen. Mit Salz und Pfeffer abschmecken.

4. Den Backofen auf 230° vorheizen.

5. Die Auberginen zubereiten: Die Auberginen schälen und der Länge nach in etwa 3 mm dicke Scheiben schneiden. Diese Scheiben mit einem Tortenpinsel von beiden Seiten mit Öl einstreichen und dann auf ein geöltes Backblech legen. 5 bis 10 Minuten im Backofen lassen, bis die Unterseiten leicht gebräunt sind. Die Scheiben wenden und auch auf der ande-ren Seite etwa 5 Minuten braun werden lassen. Häufig kon-trollieren und die Scheiben, sobald sie braun sind, aus dem Ofen nehmen.

Kerbel, Oregano und glattblättrige Petersilie, gewiegt
3 Knoblauchzehen, gewiegt

Auberginen:
2 mittelgroße Auberginen (etwa 1 kg)
3 bis 4 El extrafeines, kalt gepreßtes Olivenöl

6. Eine 1,25 Liter Auflauf- oder Souffléform mit den Auberginen auslegen: Die Scheiben fächerförmig und einander überlappend anordnen, wobei die schmaleren Enden in der Mitte und die breiteren über den Rand der Form hinaus zu liegen kommen müssen. Sollten Auberginen übrigbleiben, diese grob hacken und zur Lamm-Mischung geben.
7. Die Lamm-Mischung in die Form füllen und mit den überstehenden Auberginenstreifen bedecken. Sodann fest mit Alufolie abdecken. Etwa 30 Minuten gut durcherhitzen. Aus dem Ofen holen und ein paar Minuten stehenlassen. Wenn das Gericht bei Raumtemperatur serviert wird, kann es einige Stunden im voraus zubereitet werden.
8. Wird das Gericht als warme Mahlzeit serviert, die rote Paprika-Sauce vorsichtig erwärmen. Die Charlotte auf eine große flache Platte stürzen. Die Sauce um die Charlotte schöpfen und sofort auftragen. Wird die Charlotte bei Raumtemperatur serviert, muß die rote Paprika-Sauce ebenfalls Raumtemperatur haben.
Für 8 Personen.

Die Provence gibt sich modern: ein Pizza-Wagen

KOCHSEMINAR

Nathalie Waag
La Sara, Route du Pont-Julien, 84480 Bonnieux
✆ 90758663
Geöffnet: von Mai bis Oktober

Seit 1983 wirbt Nathalie Waag für ihre »Acht Tage in der Provence«, einen dem Essen und der Kochkunst gewidmeten Informationsurlaub in La Sara, einem zwischen Eichen, Lavendelfeldern und Weingärten eingebetteten alten Bauernhaus am Fuße der Berge von Bonnieux. Sie nimmt jeweils nur vier Gäste pro Kurs. Gemeinsam besucht man dann die lokalen Obst- und Gemüsemärkte, studiert ein wenig den Weinanbau, unternimmt Ausflüge zu Ziegenfarmen, zu Olivenölmühlen, ins nahe Aix-en-Provence und nach Avignon. Das Programm ist locker gestaltet: Am Mittag nimmt man gewöhnlich einen Imbiß in einem örtlichen Café; für das Abendessen dürfen die Teilnehmer zusammen mit Madame Waag kochen. Oder auch nur mitzusehen. Oder nur mitessen!

325

Carpentras *(Vaucluse)*

Avignon 24 km, Orange 23 km, Paris 678 km, Vaison-la-Romaine 28 km
Markt: Freitag 8–12 Uhr, Allée Jean-Jaurès und in der Innenstadt

Jahraus, jahrein, besonders aber zur Sommerzeit, verwandelt sich Carpentras jeden Freitagmorgen in einen Mammutmarkt unter freiem Himmel. Dann strömen die Gemüsegärtner, die Bauern und die Käsehersteller aus der ganzen Umgebung in die Straßen und füllen die Stände mit allerfrischster Ware. Wer sich für antikes Töpfergeschirr und Tischwäsche interessiert, kann den gleichzeitig stattfindenden Flohmarkt besuchen.

SPEZIALITÄTEN DER REGION

FRANÇOIS LIARDET
Auf dem Markt, Place Verdun, jeden Freitag von Ostern bis September

Auf eine sehr schöne Auswahl lokaler Kräuter und Gewürzpflanzen trifft man hier; dazu gehören auch der leuchtend purpurne Ysop, die scharfriechende *sarriette* (Bohnenkraut) und die selten anzutreffenden, hier selbstgezogenen grünen Linsen.

Cassis *(Bouches-du-Rhône)*

Aix-en-Provence 46 km, Marseille 23 km, Paris 803 km, Toulon 44 km
Markt: Mittwoch und Freitag 8–13 Uhr in der Nähe der Post

RESTAURANT

CHEZ GILBERT
Quai Baux, 13260 Cassis
✆ 42017136
Bestellungen werden bis 13.45 bzw. 22 Uhr entgegengenommen
Geschlossen: Dezember bis Februar; Sonntagabend und Dienstag außerhalb der Saison; Dienstagmittag im Juli und August
Kreditkarten: AE, DC, V
Speiseterrasse; separater Speiseraum für geschlossene Gesellschaften bis zu 30 Personen

An gewissen Sommertagen, wenn die Sonne scheint und es warm ist, schließe ich die Augen und träume von der *ratatouille* bei GILBERT, einem zwanglosen Café-Restaurant über dem Quai, wo die Fischerboote dieses kleinen Küstenortes anlegen. Ich erinnere mich noch an den ersten Besuch in diesem Lokal vor einigen Jahren – damals muß ich wohl ein ganzes Pfund der eingelegten schwarzen Oliven und nochmal so viel von der berühmten *ratatouille* verdrückt haben, die hier so lange und so langsam geköchelt wird, daß die frischen Gemüsebatzen beinahe zu einer dicken ›Marmelade‹ verquellen.

Ich habe oft versucht, dieses Gemüsegericht auf gleiche Weise zu Hause nachzustellen. Daß es nicht gelang, soll mir recht sein, denn so kehre ich immer wieder zu CHEZ GILBERT zurück, trinke schlückchenweise meinen weißen *Cassis* der Domaine du Paternel, labe mich an frisch angelandetem Fisch

140-Francs-Menü, à la carte
230 Francs

Spezialitäten:
Meeresfrüchte, *ratatouille* (in
Olivenöl geschmorte
Gemüse: Auberginen, Zuc-
chini, Zwiebeln, Tomaten,
Paprika und Knoblauch)

(selbst vom Tisch aus kann man beobachten, wie die Fischerfrauen hereinkommen und dem Küchenchef den Fang des
Tages anbieten) und vertiefe mich in eine schüsselgroße Portion rundum wohltuender *ratatouille*.

Dieulefit *(Drôme)*

Crest 37 km, Montélimar 27 km, Nyons 31 km, Orange 58 km, Paris 633 km,
Valence 72 km
Markt: Freitag 8–12 Uhr, Place de l'Hôtel-de-l'Hôpital,
auch Place du Champ-de-Mars genannt

HAUSHALTSWAREN

POTERIE DE HAUTE
PROVENCE
Route de Nyons,
26220 Dieulefit
✆ 75464210
Geöffnet: 8–12 und 13.30–18
Uhr (20 Uhr Mitte Juni bis
September), geschlossen:
Samstag und Sonntag von
Oktober bis Mitte Juni
Auf Wunsch Versand ins
Ausland

Ein großartiger Laden für zeitgenössische, aber echte
regionale Töpferwaren. Lavendelzweige und Weintrauben, Gänseblümchen und Körbe mit wilden Blumen zieren
die ideenreich dekorierten und glasierten Gefäße. Handbemalte viereckige Platten mit Aquarellszenen von nahen Dörfern und Bergen bieten einen hübschen Hintergrund beim
Auftragen von Käsegängen und Desserts.

Fontvieille *(Bouches-du-Rhône)*

Arles 10 km, Avignon 30 km, Marseille 92 km, Paris 724 km,
Saint-Rémy-de-Provence 18 km
Markt: Freitag 7.30–12 Uhr, zwischen der Kirche und dem Rathaus

RESTAURANT

LA REGALIDO
13990 Fontvieille
✆ 90976022

Überall in der Region hat man aufgegebene alte, in Stein
gebaute Olivenölmühlen in Antiquitätengeschäfte,
Restaurants, Boutiquen und sogar Wohnungen verwandelt,

327

Bestellungen werden bis
13.30 bzw. 21.30 Uhr
entgegengenommen
Geschlossen: Dienstagmittag,
Montag und Mitte Dezember
bis Januar
Kreditkarten: AE, DC, V
Speiseterrasse; separater
Speiseraum für geschlossene
Gesellschaften bis zu
20 Personen
Man spricht Englisch
190- bis 350-Francs-Menüs,
à la carte 250 Francs

Spezialitäten: *Gratin de
moules aux épinards*
(Muschel- und Spinat-
Gratin), *foie de canard fait
maison* (hausgemachte Entenstopfleber), *feuilleté aux
morilles* (Morcheln in Blätterteig), *nage de loup* (Seewolf
im eigenen Kochsud), *pièce
d'agneau* (Lamm)

aber wenige Umbauten sind so effektvoll geworden wie der von La Regalido in dem stillen Dörfchen Fontvieille. Die alte Mühle mit der Gewölbedecke ist auf einfache und geschmackvolle Weise zu einem eleganten Speiseraum umgestaltet worden, der auf einen herrlich verwilderten provenzalischen Garten blickt. In Purpur leuchtender Rittersporn, schlanke Büschel duftenden Lavendels und mächtig drängende rosa Rosen bilden ein überschwengliches Gepränge im Hintergrund, während sich die Gäste vor dem Essen zu einem Drink oder nachher zu Kaffee und Pralinen auf der Terrasse niederlassen.

Das Speiseangebot hat eine erfreulich lokalbetonte Note. So findet man hier eine (leichtere) Spielart des traditionellen provenzalischen *gratin de moules* (diesmal mit frischem, blanchiertem Spinat, der mit einer *hollandaise* vermischt, mit Muscheln und einer zusätzlichen Gabe Sauce bedeckt und dann kurz übergrillt wurde – siehe Rezept Seite 329), sodann eine großzügig bemessene *tranche de gigot*, eine Scheibe ofengebackener Lammkeule, die von mitgebackenen ganzen Knoblauchzehen und dicken schwarzen Oliven begleitet ist. Die mit grünen Oliven garnierte Ente hingegen war bei einem unserer Besuche insofern mißlungen, als sie zu weit durchgegart auf den Tisch kam.

Zu dem Lamm kann der *Beaucastel Châteauneuf-du-Pape* empfohlen werden – einer der feinsten, wenn nicht gar *der* feinste Châteauneuf weit und breit.

Der Dessertwagen kommt mit einem eindrucksvollen Aufgebot angerollt: (In der Saison:) *clafoutis,* eine aus Pfannkuchenteig, Kirschen und Vanillesauce gemachte Süßspeise; gekühlte, schaumartige *gâteaux aux fraises,* Erdbeertörtchen; ein üppiges, schichtweise aus Meringue und *mousse au chocolat* zusammengesetztes Schokoladendessert, und anderes mehr.

HAUSHALTSWAREN

Marcel Fouque
Maison de Saint-Michel, 159
Route du Nord,
13990 Fontvieille
✆ 90977461
Geöffnet: 10–12 und 15–20
Uhr; geschlossen: Montag
Auf Wunsch Versand ins
Ausland

Ein hübscher Laden, um sich umzuschauen und vielleicht sogar, vor oder nach einem Essen etwas dazuzulernen. Monsieur Fouque hat sich auf Möbel, Fayencen und Bilder des 17., 18. und 19. Jahrhunderts – alles mit einem vornehmen provenzalischen Einschlag – spezialisiert.

GRATIN DE MOULES AUX EPINARDS ›LA REGALIDO‹
Muschel- und Spinat-Gratin ›La Regalido‹

Miesmuscheln und Spinat bilden eine vollendete Kombination, besonders wenn sie mit einer würzigen hollandaise *gebunden und dann kurz unter den Grill gekommen sind. Mit diesem Rezept vom* LA REGALIDO *in Fontvieille läßt sich ein schmackhafter, Auge und Gaumen schmeichelnder erster Gang bereiten, dem eine gebratene Lammkeule und einKartoffelgratin folgen mag.*

1 kg Miesmuscheln
125 ml trockener
Weißwein
1 kg frischer Spinat, entstielt, gewaschen und
trockengetupft
Salz und frisch gemahlener schwarzer Pfeffer
nach Geschmack
Frisch gemahlene Muskatnuß

Hollandaise:
3 große Eigelb
2 El vom Muschel-Kochsud
125 g Butter (Raumtemperatur)
¼ Tl Salz
1 Tl frisch ausgedrückter
Zitronensaft

1. Die Muscheln mehrmals in frischem Wasser bürsten und spülen. Die Bärte entfernen.
2. Die Muscheln und den Wein in einem großen tiefen Topf bei starker Hitze zum Kochen bringen. Zudecken und etwa 5 Minuten kochen lassen, bis die Muscheln sich zu öffnen beginnen. Nicht überkochen. Vom Feuer nehmen und durch einige Lagen Mull passieren. Den Kochsud aufheben. Muscheln, die sich nicht geöffnet haben, wegwerfen.
3. Die Muscheln abkühlen lassen, bis man sie anfassen kann, dann aus den Schalen nehmen und beiseite stellen.
4. Einen großen Topf mit Salzwasser zum Kochen bringen. Wenn das Wasser heftig wallt, den Spinat hineingeben und in 1 bis 2 Minuten weich werden lassen. Der Spinat sollte ein leuchtend frisches Grün behalten. Das erreicht man durch sofortiges Abgießen und mehrmaliges gründliches Spülen mit kaltem Wasser. Gut abtropfen lassen und überschüssige Flüssigkeit herausdrücken. Den Spinat grob hacken, mit Salz, Pfeffer und frisch geriebener Muskatnuß abschmecken und beiseite stellen.
5. Die *hollandaise* zubereiten: Die Eigelb und den Muschel-Kochsud im Wasserbad über heißem, aber nicht kochendem Wasser verrühren, bis eine lockere, homogene Mischung entsteht.
6. Ein paar Löffel Butter hinzufügen und ständig rühren, bis die Butter geschmolzen ist und die Sauce sämig zu werden beginnt. Unbedingt darauf achten, daß das Wasser zwar heiß bleibt, aber nicht kocht. Stückchenweise noch weitere Butter unterrühren. Salz und Zitronensaft hinzufügen. Abschmecken und falls nötig nachwürzen.
7. Den Elektrogrill vorheizen.
8. 2 Eßlöffel *hollandaise* auf den Spinat geben und vermischen. Den Spinat in 4 runde Auflaufförmchen von 15 cm Durchmesser verteilen und zu einer ebenen Unterlage abflachen. Die Muscheln gleichmäßig über dem Spinat verteilen, dann die restliche *hollandaise* über die Muscheln schöpfen.
9. Nur so lange unter dem Grill lassen, bis die Oberfläche knusprig-braun ist. Sofort servieren.
Für 4 Personen.

Gordes *(Vaucluse)*

Apt 20 km, Avignon 38 km, Carpentras 34 km, Cavaillon 17 km, Paris 716 km
Markt: Dienstag 8–13 Uhr, Place du Château

RESTAURANT

LES BORIES
Route de Sénanque,
84220 Gordes
✆ 90720051
Bestellungen werden bis
13.30 bzw. 21 Uhr entgegengenommen
Geschlossen: Sonntag, Montag und Dienstagabend, Mittwoch und im Dezember
Keine Kreditkarten
Speiseterrasse; separate Speiseräume für geschlossene
Gesellschaften bis zu 10, 25
oder 30 Personen
Man spricht Englisch
350 Francs

Spezialitäten:
Truffes (Trüffeln), *agneau*
(Lamm), *poissons méditer-*
ranéens (Mittelmeerfisch);
im Winter Wild

L ES BORIES, die kleine, in Naturstein gebaute *auberge* mit dem freundlichen, gemütlichen Speiseraum gehört zu den charmantesten, durch und durch regionalen Restaurants in der Provence. Sobald man sich an einem sonnigen Nach-mittag mit einer Karaffe des jungen, goldfarbenen *Château-neuf-du-Pape* unter den Feigen- und Olivenbäumen nieder-gelassen hat, möchte man diesen Ort mit keinem Platz auf der Welt mehr vertauschen.

Der Küchenfahrplan des Chefs Gabriel Rousselet folgt streng dem Lauf der Jahreszeiten: Im Frühjahr werden Sie Miesmuscheln aus dem Mittelmeer auf der Speisekarte fin-den, die mit dem in dieser Gegend sehr beliebten Mangold auf gelungene Weise kombiniert sind. Im Winter hingegen, wenn man in den Innenräumen speist, erwartet den Gast eine erle-sene Auswahl von Wildgerichten. Das Fleisch – *sanglier* (Wildschwein), *chevreuil* (Reh), *lièvre* (Hase), *faisan* (Fasan) oder *perdreau* (Rebhuhn) – wird am offenen Feuer gegrillt. Ein verblüffender Wein, der sich trefflich zum Wildge-schmack anläßt, ist der lebhafte rote *Château de Fonsalette,* eine der besten Côtes du Rhône-Lagen, die heute zu haben sind. Und vergessen Sie nicht, später noch ein wenig durch das betrachtenswerte Gordes mit seinen alten Steinhäusern zu bummeln.

MUSEUM

VILLAGE DES BORIES
84220 Gordes
✆ 90720348
Geöffnet: Täglich von 9 Uhr
bis Sonnenuntergang
Eintritt: etwa 11 Francs für
Erwachsene, für Kinder und
Jugendliche unter 18 die
Hälfte

E ine Fundgrube für alle, die sich für die altherkömmliche Brotbäckerei und ihre rudimentären Techniken begei-stern können. Dieses faszinierende Dorf – den mörtellosen Steinbauten nachgebildet, die hier im 17. Jahrhundert gestanden haben sollen – besteht aus gut 20 *pierre-sèche*-Kon-struktionen, also ohne Bindemasse trocken gefugten *bories,* die um einen von Olivenbäumen eingefaßten Hof gruppiert sind, in dessen Mitte ein wunderschöner alter Gemeinde-backofen steht. Lassen Sie hier auch nicht die rekonstruierte provenzalische Küche außer acht.

Grignan *(Drôme)*

Crest 47 km, Montélimar 28 km, Nyons 23 km, Orange 44 km, Paris 632 km,
Pont-Saint-Esprit 37 km, Valence 71 km
Markt: Dienstag 8–12 Uhr, Place du Mail

HAUSHALTSWAREN

POTERIE DU CHÂTEAU
Rue Montant-au-Château,
26320 Grignan
✆ 75465726
Geöffnet: 9–12 und 15–19
Uhr; geschlossen: Montag
und im Oktober
Auf Wunsch Versand ins
Ausland

Wenn Sie das *château* besichtigt haben und durch die enge Straße zurückwandern, sollten Sie einen Blick in diesen kleinen Töpfereiladen werfen. Das mit roten und grünen Blumenmustern zart dekorierte weiße Geschirr hat etwas liebenswürdig Provenzalisches. Auch an der hübschen Auswahl von *mazagrans* (hohen, wuchtigen, henkellosen Kaffeetassen aus Ton) und den kleinen Espresso-Täßchen kann man schlecht vorübergehen.

MUSEUM

CHÂTEAU DE GRIGNAN
26320 Grignan
✆ 75465156
Geöffnet: 9.30–11.30 und
14.30–17.30 Uhr; geschlossen: Mittwochmorgen,
Dienstag und im November
Eintritt: etwa 9 Francs für
Erwachsene, 5 Francs für
Kinder und pro Person für
Gruppen von mehr als 20

Wer immer Gelegenheit hatte, sich an den im 17. Jahrhundert von Madame de Sévigné verfaßten Briefen zu erbauen – viele von ihnen sind voller gastronomischer Kuriositäten –, wird den Wunsch haben, das *château* zu besuchen, das einmal ihrem Schwiegersohn und ihrer geliebten Tochter Françoise-Marguerite gehörte. Madame de Sévigné besuchte sie oft, genoß das für sie bereitete, mit Thymian und Majoran gewürzte Rebhuhn, den atemberaubenden Blick und den Gesang der Nachtigallen. Gehen Sie auch im Ortszentrum nicht an der bezaubernden Statue dieser bemerkenswerten Frau vorbei, ohne sie betrachtet zu haben.

L'Isle-sur-la-Sorgue *(Vaucluse)*

Apt 32 km, Avignon 23 km, Carpentras 17 km, Orange 41 km, Paris 697 km
Märkte: Donnerstag und Sonntag 8–12.30 Uhr, Place de l'Eglise, und am Sonntag
auch am Ufer der Sorgue
Flohmarkt: Sonntag 9 Uhr bis Sonnenuntergang (längere Öffnungszeit Ostern und
am 15. August), Avenue des 4-Otages

Reisen Sie nicht durch diese Region, ohne einen Sonntagmorgen in L'Isle-sur-la-Sorgue verbracht zu haben, wenn auf dem Straßenmarkt die besten Erzeugnisse feilgeboten werden, die die lokale Landwirtschaft und Viehzucht hervorbringen (darunter Ziegenkäse und großartige Oliven) und wenn der Flohmarkt unter freiem Himmel (abgesehen von den Läden, die noch überall im Ort verstreut sind und die es zu entdecken gilt) mit einem unglaublichen Sammelsurium von gebrauchten und nicht so gebrauchten Artikeln aufwartet.

RESTAURANT

Mas de Cure Bourse
Route de Caumont, D 25,
Cure Bourse,
84800 L'Isle-sur-la-Sorgue
✆ 90381658
Bestellungen werden bis
13.30 bzw. 21.30 Uhr
entgegengenommen
Geschlossen: Montag außerhalb der Saison und Sonntagabend
Kreditkarten: AE, DC,
EC, V
Speiseterrasse; separate Speiseräume für geschlossene
Gesellschaften von 6 und
60 Personen
Man spricht Englisch
88- bis 208-Francs-Menüs,
à la carte etwa 200 Francs

In einer Gegend der Provence, wo Restaurants ziemlich dünn gesät sind, ist dieser restaurierte *mas* eine richtiggehende Entdeckung. Das heimelige Bauernhaus bietet sich als entzückender Rahmen für ein sonntägliches Mittagessen an, vielleicht vor oder nach einem Besuch des Flohmarkts, der am Ufer des Flüßchens Sorgue seine Stände aufgeschlagen hat. Die Küchenchefin Françoise Donzé gehört zu Frankreichs talentiertesten Köchinnen. Gute Hausmannskost mit modernem provenzalischem Einschlag heißt die kulinarische Linie hier. Die Chefin selbst ist so energiegeladen, lebendig und individuell wie ihre Cuisine.

Zu den besten Gerichten, die ich probiert habe, gehören ein rundum wohltuender *caviar d'aubergines* (kaltes Auberginen-Püree), Salat von frischem Thunfisch, in ganz frischen *pleurotes*, Seitlingen, gedünstetes Hähnchen und ein himmlischer *gâteau de poire au caramel*, eine Süßspeise, die mich an die gestürzte Ananastorte meiner Kindheit erinnert. Im Sommer speisen die Gäste auf einer zwanglos hergerichteten Terrasse. Im *mas* sind die Portionen groß und die Preise bemerkenswert niedrig.

HAUSHALTSWAREN

Terrailles et faïences
du midi
Sonntag, auf dem Markt in
der Nähe der Post

Ein ansprechendes Sortiment zeitgenössischer provenzalischer Töpferwaren, die in Farben und Mustern auf traditionelle Vorbilder verweisen: Töpfe und Tischgeschirr, Omelettplatten in lebhaftem Grün und Ocker, Schüsseln und *daubières*, Schmortöpfe zum Zubereiten der *daube provençale*. Wenn Sie nach Arles kommen, finden Sie dort das Schwestergeschäft im Zentrum der Stadt (siehe Seite 313).

Mas de Curebourg
Route d'Apt,
84800 L'Isle-sur-la-Sorgue
✆ 90203006 oder 90203785
Geöffnet: 9–12 und 14–19
Uhr, Samstag und Sonntag
von November bis Februar;
das restliche Jahr täglich
9–19 Uhr
Auf Wunsch Versand ins
Ausland

Unter allen Antiquitätengeschäften der Provence ist dieses mein Lieblingsladen – ein Museum, besser gesagt, und zudem eines, dessen Auswahl an regionalen Artikeln, von Korbwaren bis zum Porzellan, vom Tischgeschirr bis zu den Möbeln, ständig wechselt (Anfahrt: Auf der N 100 sechs Kilometer südlich von L'Isle-sur-la-Sorgue).

VINCENT MIT L'ANE
Route d'Apt,
84800 L'Isle-sur-la-Sorgue
✆ 90206315
Geöffnet: täglich (Samstag
und Sonntag nur außerhalb
der Saison) 10–12 und
15–19 Uhr
Auf Wunsch Versand
innerhalb von Europa

Dies ist die Art von Antiquitätenladen, wo man nicht satt wird herumzustöbern: Vom Porzellan-Service bis zur Keramik-Platte, vom Gartenmöbel bis zum riesigen alten Waschbecken ist hier alles zu finden (Anfahrt: Auf der N 100 einen Kilometer südlich von L'Isle-sur-la-Sorgue).

Lambesc *(Bouches-du-Rhône)*

Aix-en-Provence 21 km, Apt 38 km, Cavaillon 30 km, Paris 730 km
Markt: Freitag 8–12 Uhr, Place des Etats Généraux

RESTAURANT

MOULIN DE TANTE
YVONNE
Rue Benjamin-Raspail,
13410 Lambesc
✆ 42280246
Geschlossen: offiziell von
Dienstag bis Donnerstag, im
August und im Februar; aber
versuchen Sie trotzdem Ihr
Glück – manchmal haben sie
nämlich auch dann gerne
Gäste
Keine Kreditkarten
Separater Speiseraum für
geschlossene Gesellschaften
bis zu 20 Personen
250 Francs

Spezialitäten:
›Fantaisie de la cuisinière‹
(Spezialitäten nach spontanen
Einfällen der Küchenchefin),
gibier (Wildbret), *soupe de
poissons* (Fischsuppe), *canard
en terrine* (Enten-Terrine),
poissons de petits bateaux
(Fische aus dem Fang kleiner
Fischerboote)

Ein Essen in der MOULIN DE TANTE YVONNE ist ein bißchen wie ein Essen in einem provenzalischen Museum oder in einem der wahren Küche der Provence geweihten Gourmet-Tempel. In einer gleich nördlich von Aix-en-Provence mitten im Dörfchen Lambesc gelegenen alten Olivenölmühle, die aus dem 15. Jahrhundert stammt und sorgfältig restauriert wurde, wartet Tante Yvonne mit einem ganzen Potpourri bodenständiger Kost auf; dazu gehört eine besonders schmackhafte Rinder-*daube*, ein Schmorbraten, der so zart ist, daß man ihn mit dem Löffel essen kann. Und das alles in einer Atmosphäre, die einen ganz und gar gefangenhält. Die Mühle – unter deren gewölbten Steinwänden ein enormer, von dick gepolsterten Sesseln flankierter Kamin ruht, ist mit Kupferkesseln, farbenfrohen alten Trachten und provenzalischen Figurinen dekoriert, die man *santons* nennt.

Obwohl Tante Yvonne – Yvonne Soliva – die 80 überschritten hat, bringt sie es immer noch fertig, die Region nach den besten Zutaten abzusuchen, die sie für Küche und Keller finden kann. Über ihre Entdeckungen berichtet sie dann mitunter am Tisch: etwa das köstliche Olivenöl von der Genossenschaft in Maussane-les-Alpilles bei Les Baux oder den deftigen Rotwein aus Visan bei Vaison-la-Romaine.

Marseille *(Bouches-du-Rhône)*

Aix-en-Provence 31 km, Avignon 100 km, Nizza 187 km, Nîmes 125 km,
Paris 776 km, Toulon 64 km
Markt: täglich 8–13 Uhr, Place Castellane
Fischmarkt: täglich 8–12 Uhr, Quai des Belges
Fisch-Großmarkt: täglich von Mitternacht bis 5 Uhr, Port de Saumatry,
13016 Marseille (Anfahrt: von der Stadtmitte aus Quai du Port, Richtung La Joliette
nehmen und den Quais zum Port de Saumatry folgen)
Flohmarkt: Sonntag 7.30–13 Uhr, Place du Capitane Gèze, 13014 Marseille
Foire à l'Ail et aux Taraïettes (Knoblauch- und Töpferwaren-Messe):
drei Wochen im Juni

RESTAURANTS

Maurice Brun
(Aux Mets de Provence)
18, Quai Rive-Neuve,
13007 Marseille
✆ 91333538
Bestellungen werden bis
13.30 bzw. 21 Uhr entgegengenommen; geschlossen:
Sonntag, Montag und an den
Feiertagen
Kreditkarte: DC
Ein 350-Francs-Menü, Wein
und Bedienung inbegriffen

Spezialitäten:
Einheitsmenü (regionale
Kost)

Man stelle sich ein echt provenzalisches Essen mit allem Drum und Dran vor. Zur Grundlage hätte es fruchtig-herbe Oliven und Öl aus der jüngsten Pressung, frischen, gegrillten Mittelmeerfisch, dann vielleicht eine gutgewürzte *daube*, auch Tomaten, Artischocken und gegrilltes Wildbret oder Geflügel könnten sich irgendwo dazwischenschieben; Ziegenkäse wäre unerläßlich (vorzugsweise ein junger, fri-scher, nach Kräutern duftender *chèvre*) und zum Nachtisch Kaskaden von weißem Nougat. Als Wein zunächst den trok-kenen weißen *Cassis* mit seiner ganzen Finesse, dann den stämmigen roten *Bandol*, kraftvoll genährt vom Saft der *mourvèdre*-Traube, und zum Dessert ein Glas des süßen *Beaumes-de-Venise* mit dem Muskat-Aroma. Das ist, in gro-ßen Zügen, die Menüfolge, die – seit 1936 – mittags wie abends das Repertoire bei Maurice Brun bildet, einem gemüt-lichen, von der Eigentümerfamilie selbst betriebenen Restau-rant, das die Atmosphäre eines provenzalischen Museums ausstrahlt und Marseilles malerischen alten Hafen überblickt. Maurice Bruns Menü hat sich bemerkenswert gut gehalten. Selbst Gäste, die in der provenzalischen Kochweise versiert sind, können hier noch etwas lernen. Doch seien Sie insofern gewarnt, als diese gastronomische Lektion ihre Zeit braucht: Für die Schlemmerfolge bei Maurice Brun müssen Sie gut und gerne drei Stunden ansetzen.

**Restaurant Vieux Port
New-York**
7, Quai des Belges,
13001 Marseille
✆ 91336098

Eine immer belebte Brasserie direkt am alten Hafen. Das Essen entspricht durch und durch der lokalen Küche – der köstlich schmeckende *mérou*, ein ganz mild zubereiteter, mit Tomaten, Zwiebeln und Oliven im Ofen gebackener Stockfisch ist ein gutes Beispiel dafür; ebenso die nur in dieser Gegend zu findende *poutarge*. Die Bedienung ist überfreund-

Bestellungen werden bis 14.30 bzw. 23 Uhr entgegengenommen. Geöffnet: täglich
Kreditkarten: AE, DC, V
Klimatisiert
Man spricht Englisch
Separater Speiseraum für geschlossene Gesellschaften bis zu 60 Personen
Etwa 160 Francs

Spezialitäten: Fisch

lich, und wenn man an einem warmen Sommertag ein bißchen Lokalkolorit einfangen will, kann man sich auf der hübschen Café-Terrasse vor dem Lokal niederlassen.

Stützpunkte für Feinschmecker

L A TASTE ist eine auf regionale Feinkost spezialisierte Ladenkette mit einem breitgefächerten Sortiment, zu dem unter anderem Olivenöle, Oliven, Kräuter, Essig, Kochbücher, Poster, Trockenblumen und Weine gehören.
Die normale Öffnungszeit für alle Läden ist 9–12.30 und 14–19 Uhr. Die meisten Geschäfte haben sonntags geschlossen, ebenso in der Zeit zwischen Jahresanfang und Ende Februar einen ganzen Monat. Kreditkarte: V. Auf Wunsch Versand innerhalb von Frankreich.

Aix-en-Provence
66, Rue Boulegon

Apt
14, Quai Léon Sagy

Arles
24, Boulevard des Lices

Avignon
50–52, Rue de la Balance

Les Beaux-de-Provence
2, Rue de l'Eglise

Carpentras
28, Rue des Halles

Cavaillon
15, Place aux Herbes

Gordes
Place du Château

Nyons
21, Place de la Libération

MUSEEN

MUSÉE DU VIEUX MARSEILLE
Maison Diamantée
2, Rue de la Prison,
13002 Marseille
✆ 91551019
Geöffnet: 10–12 und 14–18.30 Uhr; geschlossen: Mittwochmorgen, Dienstag und an Feiertagen
Eintritt: 3 Francs, Sonntagmorgen freier Eintritt

D as der Stadtgeschichte gewidmete Museum des Alten Marseille hat in besonderer Weise das Leben dokumentiert, wie es sich hier im 18. und 19. Jahrhundert abspielte. Ganze Räume sind mit provenzalischen Möbeln, traditionellen Trachten und Kleidungsstücken, Gerätschaften, Krippenszenen und *santons*, den typischen kleinen Tonfiguren der Provence, dekoriert.

MUSÉE DES ARTS ET
TRADITIONS
5, Place des Héros,
13013 Marseille
✆ 91681438
Geöffnet: Samstag, Sonntag,
Montag und Mittwoch 14–18
Uhr im Winter und 15–19
Uhr im Sommer
Eintritt: 5 Francs

Das im vornehmen Château Gombert untergebrachte Museum ist dem folkloristischen Kulturgut der Provence gewidmet. Trachten und Kleidermoden aus Marseille und Arles, Töpferwaren aus Marseille, Moustiers und Montpellier und viele andere Zeugnisse des regionalen Lebens sind hier ausgestellt.

Spargel ist wohl das Gemüse, das die Franzosen am meisten schätzen und dem sie auch – die ersten Spargelfelder wurden im 14. Jahrhundert verzeichnet – hartnäckig treu geblieben sind. Nahezu die Hälfte des im Gemeinsamen Markt erzeugten Spargels, rund 100 000 Tonnen im Jahr, stammt aus der Provence, aus dem Languedoc und dem Loire-Gebiet. Kleine Schößlinge, die aus dem Treibhaus kommen, erscheinen schon im Februar auf den Märkten, aber die Haupternte liegt zwischen Ende April und Mitte Juni. *Asperge* – dick oder schlank, weiß, grün oder purpur – wird, von buntfarbigen Streifbändern zusammengehalten, oft bündelweise verkauft. Die begehrtesten grünen Sorten werden in Villelaure in der Provence kultiviert, die hochwertigsten weißen Qualitäten baut man in der sumpfigen Sologne an. Der selten zu findende Spargel mit der purpurnen Spitze – die Art, die auf antiken *barbotine*-Platten als Dekoration immer wiederkehrt – erreicht erst im Juni die Märkte von Nizza und Cannes.

Das oft in eine weiße Leinenserviette gehüllte und auf einem Silbertablett gereichte Edelgemüse ißt man – gewöhnlich mit purer Butter oder einer Hollandaise – Stange für Stange mit der Hand. Das war nicht immer so. Einst galt es als *en vogue*, den Spargel mit Öl zu verspeisen, obwohl gewisse Gastronomen stets der reinen geschmolzenen Butter treu geblieben sind. In dieser wichtigen Frage Position zu beziehen, war Ehrensache eines jeden guten Franzosen, und so waren die Meinungen sehr geteilt. Wie man sich erzählt, lud der im 18. Jahrhundert lebende Schriftsteller Bernard le Bovier de Fontenelle, ein Verfechter der Öl-Theorie, einmal den Abt von Terrasson zum Essen ein, der ein treuer Anhänger der Butter-Sitte war. Als guter Gastgeber hatte der Dichter Vorsorge getroffen, die Hälfte des Spargels mit Butter, die andere Hälfte mit Öl auftragen zu lassen. Aber gerade als sie sich zu Tisch setzen wollten, überkam den Gottesmann ein Unwohlsein, und er fiel in Ohnmacht. Atemlos eilte Fontenelle zur Küche und änderte die Servieranweisung. »*Toute à l'huile maintenant*«, rief er den Chefs zu, »*toute à l'huile.*«

Maussane-les-Alpilles *(Bouches-du-Rhône)*

Arles 19 km, Marseille 92 km, Paris 716 km, Saint-Rémy-de-Provence 10 km,
Salon-de-Provence 28 km
Markt: Donnerstag 8–12.30 Uhr, Place Laugier-de-Monblan

SPEZIALITÄTEN DER REGION

COOPÉRATIVE OLEICOLE
DE LA VALLÉE DES BAUX
Rue Charloun, 13520 Maus-
sane-les-Alpilles
✆ 90973237
Geöffnet: November bis
Januar 8–12 und 14–18 Uhr
von Montag bis Samstag;
Februar bis Oktober
Dienstag und Samstag
Auf Wunsch Versand
innerhalb von Europa

Hier kommt das kernige, strengaromatische kalt gepreßte Olivenöl her, das sich auf Landwirtschaftsmessen ständig Preise holt und das gegenwärtig zu meinen Favoriten zählt. Ein Besuch dieser wunderschönen alten Mühle ist wie eine Reise in die Vergangenheit. Wenn Sie in der Zeit zwischen Ende November und Frühlingsanfang dort sein können, nehmen Sie einen Kübel *olives cassées* mit, zarte, grüne Oliven, die in einer kräftigen Fenchel-Lake frisch eingelegt sind. Zur gleichen Jahreszeit finden Sie diese Vallée-des-Baux-Oliven auch auf den Straßenmärkten der Region.

Mondragon *(Vaucluse)*

Bollène 6 km, Orange 16 km

RESTAURANT

LA BEAUGRAVIÈRE
Route Nationale 7,
84430 Mondragon
✆ 90408254
Bestellungen werden bis 14
bzw. 21 Uhr entgegen-
genommen
Geschlossen: Sonntagabend
und die letzten beiden
Wochen im September
Kreditkarte: V
Speiseterrasse
Man spricht Englisch
45- bis 195-Francs-Menüs,
à la carte 150 bis 300 Francs

Gleich südlich von Montélimar, innerhalb des Stadtgebietes von Mondragon, befindet sich eines meiner provenzalischen Lieblingsrestaurants, das bescheidene LA BEAUGRAVIÈRE. Hier hat Küchenchef Guy Jullien mit liebevoller Sorgfalt eine Speisekarte und eine Weinliste zusammengestellt, in denen sich der ganze Reichtum dieses gesegneten Landstrichs auf harmonische Weise miteinander verbindet: Rhône-Weine, Trüffeln, Kaninchen und Lamm. Gerne speise ich hier an einem Winterabend vor dem offenen Kamin und im Sommer unter der gewaltigen Krone des Ahornbaumes im Patio.

Meinen ersten Besuch in LA BEAUGRAVIÈRE im Winter 1984 hatte ich dem Tip zu verdanken, Monsieur Jullien besäße eine sagenhafte Kollektion lokaler Rhône-Weine. Das traf voll zu, aber nicht nur das: er macht nämlich eines der unvergeßlichsten Trüffel-Omeletts, die man überhaupt irgendwo finden kann. Sein Omelett ist nicht mit Trüffel-

Spezialitäten:
alle Gerichte auf Basis von
Trüffeln

Krümeln gesprenkelt, sondern es enthält ganze Stücke.
Andere regionale Spezialitäten des Hauses sind (schlachtfrisches) gebratenes Kaninchen mit einer großzügigen Beilage
ganzer, gebratener Knoblauchzehen, und dann ein zarter
Lammbraten, dessen Fleisch man anmerkt, daß es von den
kräuterreichen Weidegründen der nahen Drôme kommt.
Stunden könnte man damit zubringen, in der ausgedehnten
Weinkarte ›spazierenzugehen‹, aber um den Weg abzukürzen, empfehle ich irgendeinen der großen Rhône-Weine, wie
den *Saint Joseph* von Raymond Trollat und Gérard Chaves
rote und weiße *Hermitage*.

B ei seiner Produktion von nahezu zwei Millionen
Tonnen Äpfeln im Jahr ist Frankreich nicht nur der
größte Apfelexporteur der Welt, sondern zugleich auch
das Land mit dem höchsten Konsum. Der Pro-Kopf-Verbrauch der Franzosen liegt bei 13 Kilo im Jahr, wobei
zwei Drittel des Verzehrs auf Golden Delicious – *»les
golden«*, wie man sagt – entfällt. Wie fast überall auf der
Welt sind auch in Frankreich viele der früher gebräuchlichen Apfelsorten vom Markt verschwunden. 1973 etablierten sich die *Croqueurs de Pommes* (die Apfelesser),
eine Gruppe, die sich zum Ziel gesetzt hat, einige der
älteren, schmackhafteren Sorten wiederaufleben zu lassen
und die Einführung neuer, aus Kreuzungen gewonnener
aromatischer Spezies zu fördern. Auf dem Markt sollte
man sich deshalb nach den Sorten *Reinettes, Reine de
Reinettes, Belle de Booskoop, Starkcrimson* und *Melrose*
umschauen. Aus Äpfeln lassen sich köstliche Speisen
bereiten, von der karamelisierten *tarte Tatin* bis zum einfachen Kompott, zu dem man Butterplätzchen und Marmelade reichen kann.

Den Franzosen zufolge entwickelt sein Gedächtnis,
wer morgens auf nüchternen Magen einen Apfel ißt, und
gleichermaßen hilft es dem gesunden Schlaf, so man den
Tag mit dem Genuß eines Apfels beschließt. Der symbolische Wert der paradiesischen Frucht wird in Frankreich
nicht weniger geschätzt als der süße, knackige Bissen
selbst. *Pomme d'amour* nennt man eine rosige Tomate,
und wenn man einem nahen Freunde etwas schenkt, dann
ist es *pour ma pomme*. Ein sehr netter Mensch hat die
Eigenschaft, *aux pommes* zu sein. Der deutsche ›Drei-
Käse-Hoch‹ ist im Nachbarland ein *haut comme trois
pommes*, und der germanische ›Zankapfel‹ wird in Gallien
zur *pomme de discorde*. Und – liegt es an der berauschenden Wirkung der schönen Frucht? – ›in Ohnmacht fallen‹
heißt *tomber dans les pommes*.

Montélimar *(Drôme)*

Avignon 82 km, Aix-en-Provence 152 km, Nîmes 106 km, Paris 606 km
Märkte: Mittwoch und Samstag 8–12 Uhr, Place du Marché; Donnerstag 8–12 Uhr,
Place Saint-James

SÜSSWAREN

CHABERT ET GUILLOT
1, Rue André-Ducatez,
26200 Montélimar
℡ 75014722
Geöffnet: täglich 8–18 Uhr;
geschlossen: im Juli
Betriebsbesichtigung nach
Voranmeldung möglich
Kreditkarten: AE, V
Auf Wunsch Versand ins
Ausland

CHABERT ET GUILLOT, die gleich gegenüber der Bahnstation ihr Hauptgeschäft haben, stellen rund 3 Tonnen Nougat täglich her, und das alles mit der Hand: Mandeln und Eiweißpulver, Honig, Zucker und Vanille werden rund eineinhalb Stunden in riesigen Kupferkesseln erhitzt, wobei die Masse von kräftigen Arbeitern ständig gewendet wird. Wenn die schwere, duftende Paste gleichmäßig erwärmt und homogen geworden ist, wird sie auf rechteckige Platten gesetzt und durch schiebende, rollende, drückende Bewegungen in die richtige Form gebracht. Dann rollt man dünne Bogen Reispapier ab und bedeckt damit die Oberfläche, schneidet, trocknet und verpackt das Nougat. Nun kann es als prächtiges *souvenir de Provence* über die Theke gehen.

Nougatville

Obwohl der Name Montélimar bereits seit dem frühen 18. Jahrhundert mit Nougat identisch ist, war es der motorisierte Reisende des 20. Jahrhunderts, der, immer auf eine Leckerei erpicht, die Stadt berühmt machte. Bis zur Jahrhundertwende war das honigsüße Konfekt im wesentlichen eine auf die Region und die Weihnachtsfeiertage beschränkte, zu Hause oder in der Konditorei hergestellte Schleckerei. Sowohl das *nougat blanc*, das weiße Nougat, als auch *nougat noir*, sein dunkleres Pendant, bilden einen Teil der provenzalischen *treize desserts*, die vor dem Besuch der mitternächtlichen Christmette gereicht werden. Alten Rezepten zufolge war das ursprüngliche (dem heutigen *nougat noir* sehr ähnliche) Nougat aus gleichen Teilen Honig und Mandeln gemischt; moderne Kochbücher instruieren über ein sehr verlockendes *nougat blanc*, in dem Lavendelhonig, Pistazien, Mandeln, Vanille und Eiweiß enthalten sind.

Zurück zur Natur

La Penne-sur-Ouvèze, 15. August – Als ich Paul Tardieus robusten naturbelassenen Wein zum ersten Mal kostete, saß ich an einem glühendheißen Sommertag in seinem Rosengarten in der Provence. Mein Mann und ich, ausgerüstet mit einem vollen Picknick-Korb – knusprige Landbrote, mit hausgemachten *rilettes* bestrichen, saftige Cavaillon-Melonen, eine Flasche roter *vinsobres* – waren gerade auf dem Weg zu einem zwanglosen Imbiß. Aber wir wollten zuvor noch diesen zum Landwirt gewordenen Geschäftsmann besuchen, von dem uns ein Freund erzählt hatte und der in biologisch-dynamischen Anbauweise einen roten *petit vin* erzeugte, den zu probieren sich lohnen sollte. Ich war etwas skeptisch: bisherige Kostproben einiger französischer *vins biodynamiques* hatten auf mich wenig Eindruck gemacht.

Nachdem wir ein oder zwei Stunden in der glühenden Mittagshitze gesessen, die beiden letzten Jahrgänge von Monsieur Tardieus würzigem, kräftigem Wein probiert, seine fleischigen Nyons-Oliven, etwas von dem urigen Ziegenkäse des nahen Bauernhofes sowie lavendelduftenden Honig gegessen hatten, wäre aus unserem Picknick beinahe nichts mehr geworden. Wir plauderten mit Paul Tardieu und seiner Mutter Rose, spielten mit dem halben Dutzend im Garten herumstreichenden Katzen und hinterließen beim Abschied eine Bestellung über mehrere Kisten Wein, ein paar Liter Öl, ein Dutzend Gläser eingemachte Oliven, etwas Honig und ein paar Töpfe mit selbsteingelegten, unwiderstehlich guten Aprikosen.

Als wir wegfuhren, fragten wir uns denn doch, ob wir nicht ein wenig übereilt gehandelt hatten. War es der lebendige Fruchtgeschmack des Weines selbst, der ihm diese spezielle Note zu geben schien oder war es das freiheitliche Gefühl, in der Augustsonne durch die sanft geschwungenen Lavendelfelder der Provence zu rollen? Würde dieser wundervolle *petit vin* zu Hause in Paris nicht vielleicht genauso schmecken wie manch anderer Rachenputzer?

Unsere Sorge war unbegründet. Im Handumdrehen hatten wir die *Domaine de la Gautière* zu unserem roten Hauswein erkoren. Da ich eine ganze Menge Wein und Oliven verschenkte, sah es bald so aus, als würden uns alle drei Monate die Vorräte ausgehen und als müßten wir Rose anrufen, um uns per Eisenbahn eine neue Sendung kommen zu lassen.

Aber dann sahen wir uns selbst Sommer auf Sommer in die Provence zurückkehren, die Freundschaft persönlich erneuern und in Monsieur Tardieus Kellerei die wechselnden Jahrgänge seiner Weine verkosten, oft noch, bevor sie auf Flaschen aufgezogen waren.

Paul Tardieus Lebensgeschichte klingt uns vertraut. Er studierte Landwirtschaft und träumte immer davon, einmal einen eigenen Bauernhof zu besitzen, um Bienen zu züchten und – aus Trauben, die nicht mit Chemikalien und Insektiziden in Berührung gekommen waren – seinen eigenen Wein herzustellen. Seine Frau Georgette dachte an die einfachen, auf natürliche Weise haltbar gemachten Oliven ihrer Jugend in der Provence zurück und sehnte sich danach, den Ölfrüchten ihren unverfälschten Wohlgeschmack wiederzugeben, der heute, da so viele Oliven mit chemischen Hilfsmitteln behandelt werden, weitgehend verlorengegangen ist.

Aber anstatt aufs Land zu ziehen, stürzte sich Monsieur Tardieu ins Geschäft: Er ging nach Avignon und startete einen Obst- und Gemüse Im- und Export. Sein Traum jedoch lebte mit ihm fort, und endlich, 1973, bald nach seinem 40. Geburtstag, fand er einen Streifen Land im bergigen Gelände der nördlichen Provence. Das erworbene Terrain hatte im Laufe der vorhergehenden fünf Jahre dreimal den Besitzer gewechselt. Und obwohl ein großer Teil aus Wald bestand, der so gut wie sich selbst überlassen war, hatten einige Obst-

und Olivenbäume überdauert, der kalkreiche Lehmboden war wie geschaffen für den Weinanbau, und es ergab sich die Möglichkeit, angrenzende Olivenhaine und Lavendelfelder für die Bienenzucht dazuzupachten.

Als erstes machte sich Monsieur Tardieu daran, 22 Hektar Land zu säubern, um es für die Rebenpflanzung vorzubereiten. Er suchte den Rat des örtlichen Agrarsachverständigen. »Ich folgte seinen Empfehlungen aufs Wort«, sagt der robuste Landwirt heute, und auf seinem braungebrannten, gefurchten Gesicht erscheint ein breites sympathisches Lächeln.

1975 kamen dann die Weinstöcke in den Boden. Er pflanzte 50 Prozent *grenache*-Reben, um seinem Wein Strenge und Fruchtsäure zu geben. 35 Prozent der Fläche wurde mit *syrah* kultiviert, der gleichen Rebsorte, die im nahen Rhônetal sehr verbreitet ist und deren Traube dem Wein Kraft, Bouquet und die feine purpurne Farbe verleiht. Und schließlich empfahl der erfahrene Berater, die restlichen 15 Prozent der *cinsault*-Rebe vorzubehalten, um den Wein leichter und ausgewogener zu machen und ihm gleichzeitig Wärme und Fülle zuzuführen. Monsieur Tardieus erster erzeugter Jahrgang, 1979, erfüllte alle seine Hoffnungen. »Was ich erreichen wollte«, sagt er, »war ein dunkles, fülliges, fruchtiges Aroma«. Und genau das war ihm gelungen.

Die folgende Weinernte galt in gewisser Weise einem Experiment. Ein Teil des Ertrages wurde nach dem bewährten Rezept des Vorjahres verarbeitet, eine andere Partie mit einem erhöhten Anteil *cinsault*-Trauben gekeltert. Der Unterschied war beträchtlich. Die *cinsault*-intensive Mischung (bis zu 50 Prozent) war leicht und trank sich gut, ließ aber die typischen Tardieu-Merkmale – die solide Wucht und komplexe Fülle – vermissen, die der Winzer gerade zu erreichen sucht. Fortan sind alle Jahrgänge den allerersten Mischungsempfehlungen des Agrarexperten gefolgt, und heute wird jeder frischgewonnene Wein ein volles Jahr im Faß ausgebaut, bevor man ihn, im November darauf, auf Flaschen zieht.

Produktion und Anbaufläche haben inzwischen langsam, aber stetig zugenommen. Betrug die Erzeugung 1979 noch weniger als 1200 Kisten, so sind daraus inzwischen rund 8000 Kisten pro Jahr geworden. Diesen Ertrag liefern knapp 16 Hektar Rebenpflanzungen. *Domaine de la Gautière* hat vieles mit dem Beaujolais gemeinsam: das fruchtige Bouquet etwa und die Eigenschaft, sich dann von der besten Seite zu zeigen, wenn er jung und schön kühl getrunken wird. Gleichzeitig aber läßt der Gautière etwas von der strengen Herzhaftigkeit eines Côte-du-Rhône erkennen, was an der komplexen Traubenmischung und der zwölfmonatigen Lagerzeit vor dem Abfüllen liegt.

Paul Tardieus hartnäckigstes Problem, so sagt er heute, ist es, gegen den Fortschritt anzugehen. Was soviel heißt, daß er nicht viel davon hält; die einfachen, altmodischen Methoden der Weinherstellung, findet er, arbeiten ihm zu. Weil er seinem Wein so wenig ›antut‹ und sogar auf die letzte Filterung verzichtet, bildet sich ein wenig Depot auf dem Boden der Flasche. Am besten dekantiert man diesen Wein, bevor man ihn kredenzt, oder läßt die Flasche vorher ein paar Stunden aufrecht stehen. Anschrift der Pariser Vertretung: Soleil de Provence, 6, Rue du Cherche-Midi, 75006 Paris, ✆ 45481202.

Montjoux *(Drôme)*

Dieulefit 6 km, Montélimar 33 km

RESTAURANT

RESTAURANT MIELLE
La Paillette, Montjoux,
26220 Dieulefit
✆ 75464009
Bestellungen werden bis 13
bzw. 20 Uhr entgegengenommen (Ostern bis August)
Geschlossen: im Oktober;
von September bis Ostern am
Abend
Kreditkarten: V
70-Francs-Menü, à la carte
100 Francs

Spezialitäten:
Trüffel-Omeletts, Lamm,
Forelle, *Picodon* (scharfer
Ziegenkäse)

RESTAURANT MIELLE, voll von Arbeitern und urlaubmachenden Ehepaaren mit Hund, ist eine einfache Dorfgaststätte, die nicht viel hermacht. Von der handgeschriebenen Speisekarte gibt es nur ein Exemplar – die Stammgäste, so vermute ich, kennen sie auswendig –, wenn Sie also einen Blick hineinwerfen wollen, wird die Kellnerin sie aus dem Glaskasten im Fenster nehmen müssen. Außer dem sehr pikanten *Picodon*, den man hier auf der Käseplatte findet, gibt es noch zwei andere Spezialitäten, die man sich nicht entgehen lassen darf: das zarte, cremige Trüffelomelett, gefüllt mit richtiggehenden Stücken der in dieser Gegend gefundenen schwarzen Trüffel, und die absolut frische *truite meunière*, die von einem nahen Bauernhof kommt und im MIELLE einfach schnell mit Butter gebraten wird.

Bestellen Sie sich zu dem Reigen der Regionalgerichte einen grünen Salat und eine Flasche *Côtes-sur-Rhône* – der Rote kommt von der Winzergenossenschaft in Vinsobres und ist wirklich sehr ordentlich (Anfahrt: Von Dieulefit aus fährt man in Richtung Montjoux auf der D 538 vier Kilometer nach Osten. Dann nimmt man die D 130 und fährt zwei Kilometer in östlicher Richtung bis La Paillette).

Montjoyer *(Drôme)*

Grignan 13 km, Montélimar 17 km, Valréas 22 km

SPIRITUOSEN

DISTILLERIE
D'AIGUEBELLE
Monastère d'Aiguebelle,
Montjoyer, 26230 Grignan
✆ 75985233
Geöffnet: 8–12 und 14–18
Uhr; geschlossen: Samstag,
Sonntag und die letzten
beiden Wochen im August

Ein Gremium französischer Wein- und Spirituosenexperten stufte den im Kloster Aiguebelle destillierten *eau-de-vie de poire* (Birnenbranntwein) unter die besten seiner Art in Frankreich ein. Dieses Obstwässerchen verströmt einen herrlichen Duft, und wenn man davon trinkt, versetzt einem der Alkohol nicht diesen in die Adern fahrenden Schock, der einem die Luft wegnimmt. Auf eine genüßliche Art romantisch und altmodisch kommt man sich vor, wenn man durch uralte Wälder zu einem Kloster fährt, um sein Likörschränkchen – heute die ›Hausbar‹ – aufzufüllen. Jedenfalls haben wir daheim immer eine Flasche ›Mönchsbirne‹, wie wir unsere Entdeckung liebevoll nennen, zur Hand.

Nyons *(Drôme)*

Orange 42 km, Vaison-la-Romaine 16 km, Valréas 14 km
Markt: Donnerstag 8–12 Uhr, Place des Arcades, Place de la Libération,
Place Buffaven
Les Olivades (Olivenfest): zweiter Sonntag im Juli
Fête de l'Alicoque (Fest der Olivenernte und des neuen Olivenöls):
Ende Januar oder Anfang Februar, je nach der Zeit der Olivenernte

Wenn Sie gerade an einem Donnerstag in der Nähe sind, ist der Besuch des Marktes von Nyons ein absolutes Muß. Achten Sie in den Herbst- und Wintermonaten auf den Pilzverkäufer, der seinen Stand immer am Südwestende des sich die Place de Libération entlangziehenden Marktes, ganz in der Nähe des Fremdenverkehrsbüros, aufbaut. Auf diesem Markt findet man ein ansprechendes Angebot von lokalen Käsesorten, Oliven und einer modernen provenzalischen Spezialität: Pizza, die frisch aus einem Holzofen kommt, welcher in einen Lieferwagen eingebaut ist.

HAUSHALTSWAREN

La Scourtinerie
36, La Maladrerie,
26110 Nyons
✆ 75263352
Geöffnet: 9–12
und 14.30–19 Uhr

Scourtins – die Spezialität dieses Ladens – sind die robusten, rundgewebten Matten, die seit jeher in den Olivenölpressen als Filter dienen. Sie eignen sich auch hervorragend als Türmatten, besonds für Häuser auf dem Lande.

SPEZIALITÄTEN DER REGION

Coopérative Agricole
du Nyonsais
Place Olivier-de-Serres,
26110 Nyons, ✆ 75260344
Geöffnet: Montag bisFreitag
8.30–12 und 14–18 Uhr;
Samstag und Sonntag 15–18
Uhr
Kreditkarte: V
Auf Wunsch Versand inner-
halb von Europa

Lohnende Einkäufe bei dieser landwirtschaftlichen Genossenschaft: das prämierte, extrafeine, kalt gepreßte Olivenöl, eingelegte schwarze Oliven, Honig und Côtes-du-Rhône-Weine.

Spezialitäten: *Olives et huile d'olives* (Oliven und Olivenöl)

J. Ramade
Avenue Paul-Laurens,
26110 Nyons
℘ 75260818
Geöffnet: 9–12 und 14–19
Uhr; geschlossen: Sonntag

Spezialitäten:
Öle aller Art

Rund ums Öl geht es in diesem Laden: Olivenöl, *tapenade* (hier eine Mischung aus schwarzen Oliven und Olivenöl), *anchoïade* (ein Püree aus Anchovis, Olivenöl und Essig), Walnußöl und Haselnußöl.

Saint-Félicien –
schön reif und urig

Le Paradou *(Bouches-du-Rhône)*

Arles 16 km, Maussane-les-Alpilles 3 km

RESTAURANT

Le Bistro du Paradou
Avenue de la Vallée-des-Baux, 13125 Le Paradou
℘ 90973270
Bestellungen werden bis 13.30 bzw. 21 Uhr entgegengenommen
Geschlossen: Sonntag und zwei Wochen im Februar
Kreditkarten: EC
Separater Speiseraum für geschlossene Gesellschaften für bis zu 60 Personen

Die Welt ist voller ›Banker‹, aber es gibt nicht viele *bistrotiers* wie den schlanken, patenten, gutgelaunten Jean-Louis Pons. Das mag er sich, Sohn eines Bistro-Eigentümers, auch gesagt haben, als er als Bankangestellter in Arles arbeitete. Er wurde Leiter einer Großbäckerei, erwarb eines Tages ein Wochenendhaus in Le Paradou und beschloß, das Stadtleben an den Nagel zu hängen. Heute findet man das weiße Haus mit den königsblauen Fensterläden, wenn man von Maussane-les-Alpilles aus auf der D 17 nach Westen fährt, und hat man entsprechend reserviert, kann man hier auf Basis regionaler Kost sehr ordentlich zu Mittag essen.

Seit 1984 nun betreuen Jean-Louis Pons und seine Frau Mireille dieses wahrhaft ›demokratische‹ Bistro, denn hier

Man spricht Englisch
73-Francs-Menü Montag bis
Freitag; 100-Francs-Menü
Samstag

Spezialitäten:
Donnerstag: *pot-au-feu* (Suppeneintopf mit Rindfleisch und Gemüsen); Freitag: *aïoli* (hier: gesottene Schnecken, Stockfisch und verschiedene Gemüse mit Knoblauchmayonnaise); Samstag: *gigot d'agneau rôti aux herbes* (mit Kräutern gebratene Lammkeule); im Winter: *daube* (Rinderschmorbraten mit Oliven), *coq au vin* (Hähnchen in Rotwein), *pigeon aux gousses d'ail* (Taube mit ganzen Knoblauchzehen), *gratin d'aubergines* (Auberginengratin), *gratin de pommes de terre* (Kartoffelgratin)

fühlen sich alle wohl, Großmütter wie Feuerwehrmänner, Familien mit kleinen Kindern, Geschäftsleute und Reisende. Es gibt nur ein Menü, einen Preis, eine Sorte Wein (den lokalen Roten von der Winzergenossenschaft).

Während Jean-Louis ganz alleine den Tisch-Service versieht, bereitet seine Frau den *plat du jour*. Man nimmt in dem langen Speiseraum mit den Natursteinwänden Platz, und der *bistrotier* serviert, was immer an provenzalischen Spezialitäten an diesem Tag gerade an der Reihe ist: *lapin à l'ail nouveau* (Kaninchen mit jungem Knoblauch), *gratin d'aubergines*, *gigot d'agneau* und *gratin de pommes de terre* sind nur einige von diesen. Eine beeindruckende Auswahl lokaler Ziegenkäse – darunter ein vorzüglich gereifter, in getrocknete Kastanienblätter gehüllter *Banon* – erwartet den Gast, der wenig bekannte *gaudre*, ein sahniger Käse vom nahen Fontvieille, und ein ganz frischer Ziegenkäse, mit kaltgepreßtem Olivenöl (von der Genossenschaft im Nachbarort Maussane-les-Alpilles) besprenkelt, gehören auch dazu. Zum Nachtisch gibt es frisches Obst und vielleicht einen von Jean-Louis' Kuchen.

Die Stimmung ist aufgedreht, alle scheinen einander zu kennen, man wechselt auch mal die Plätze an den Tischen und witzelt hin und her. Und trotzdem gibt man auch dem Fremden das Gefühl, daß er sich hier zu Hause fühlen kann.

»Touristen haben wir hier keine, nur Freunde«, erklärt Jean-Louis, von dem man weiß, daß er einer sich im provenzalischen Nationalsport *boules* versuchenden Gruppe von Amerikanern bis spät in die Nacht hinein half, ihre Technik zu perfektionieren. Während des ganzen Nachmittags kommen Einheimische herein, nippen, an der gekachelten Theke stehend, ihren Pastis, durchstöbern die neben dem Erdnuß-Automaten gestapelten Zeitungen. Viel später, als sich das Lokal allmählich zu leeren beginnt, stellt ein Stammgast, der gut zwei Zentner auf die Waage bringt, die Frage, die allen schon auf der Zunge liegt: »Und was gibt es morgen zum Mittagessen?«

Jean-Louis Pons,
LE BISTRO DU PARADOU

Picodon: Von der ›Kuh des kleinen Mannes‹

Saoû, 19. Juni – Dies ist ein wildes zerklüftetes Fleckchen Erde, eine recht verlorene Ecke in der nördlichen Provence, wo purpurne Lavendelteppiche das Farbkaleidskop des blauen Himmels, der gelbgedörrten Felder und ziegelroten Dächer verschönern helfen.

Wenn man im Sommer die steilen, gewundenen Straßen dieser – Drôme genannten – Region entlangfährt und dabei Bäche überquert, die die Franzosen Flüsse nennen, wird man gewiß irgenwo von einer durch die Gegend streifenden Herde Ziegen aufgehalten, die auf der Suche nach den saftigen Kräutern und Gebirgsblumen sind, welche der so begehrten Milch ihr würziges Aroma geben. Dies ist das Land des *chèvre*, ein Land, in dem seit Urzeiten ein jeder Bauer, und lebe er noch so dürftig, zumindest eine ›Kuh des kleinen Mannes‹ sein eigen nannte. Vor nicht allzulanger Zeit noch, so erzählen die Einheimischen, wurden die Kinder hier mit Ziegenmilch aufgezogen, das Frühstück bestand aus *pain de campagne*, das mit frischer Ziegenbutter bestrichen war, und den *café au lait* bereitete man zwangsläufig mit dampferhitzter Ziegenmilch. Wann immer und wenn überhaupt Milch übrigblieb, machten die Bäuerinnen daraus Käse, und in der kalten Jahreszeit, wenn die Ziegen keine Milch mehr gaben, gingen die Familien an ihre im Weinkeller gelagerten Tontöpfe und gabelten den Picodon, den kleinen runden Ziegenkäse, heraus, den sie sich für die mageren Monate zurückgelegt hatten. Bevor sich diese Käse in ihren Dämmerzustand begaben, hatte man sie mehrmals mit selbstgebrannter *gnole*, einem Weinbrand, übergossen, zum Trocknen ausgesetzt und dann verstaut, auf daß sie reiften, aushärteten und ihren Herstellern halfen, durch einen langen, feuchten Winter zu kommen.

Heute erfreut sich dieser Bergkäse der Departements Drôme und Ardèche einer echten Wiedergeburt. Picodon – gewöhnlich als flacher Rundling von nicht mehr als 100 Gramm Gewicht auf den Markt kommend – ist einer der jüngsten französischen Käse, die sich ihre Appellation d'Origine Contrôlée (AOC) erworben haben, was soviel bedeutet, daß Herstellungsmethode und Produktionsgebiet streng definiert und eingegrenzt und damit die Entstehungsgeschichte und Tradition dieses Ziegenkäses entsprechend geschützt sind. Eigentlich müßte man annehmen, das AOC-Etikett bedeute erhöhte Qualitätsansprüche und damit besseren Käse. Aber Solange und Emile Magnet, Käseerzeuger, die 23 Jahre lang um die AOC-Anerkennung kämpften (die schließlich 1983 zugestanden wurde), bezweifeln heute, ob sich diese Anstrengungen überhaupt gelohnt haben. »Wir mußten einen Haufen Konzessionen machen«, sagt Monsieur Magnet achselzuckend, während er auf der Eingangsterrasse seines Bauernhofes an einem dunklen Pelforth-Bier nippt, hinter sich ein farbiges Plakat mit allen AOC-Käsen Frankreichs. Um das AOC-Gütesiegel zu erwerben, mußten sich die Picodon-Hersteller mit der geographischen Erweiterung des Produktionsgebietes über ihre kleine Ecke in der Drôme hinaus einverstanden erklären. Und bedauerlicherweise wichen sie auch dem Druck größerer Produzenten und willigten in eine kürzere Reifezeit ein. Ließ man den Picodon in früheren Zeiten monatelang ausreifen, so darf die heute vermarktete Version schon im zarten Alter von zwölf Tagen zum Verkauf kommen. Mit anderen Worten hat der harte, pikante, scharfe Rundling, den die Einheimischen nach wie vor als den authentischen Picodon ansehen, absolut nichts gemein mit dem frischen, zahmen, geruchsschwachen kleinen Ziegenkäse, der weitgehend wie jeder andere junge, überall in Frankreich zu findende *chèvre* aussieht. Anstelle eines einzigen Picodon mit Authentizitätsanspruch existieren heute viele Käse, die rechtmäßig die Ursprungsbezeichnung für sich in Anspruch nehmen können. Viele der örtlichen Bauern sind deshalb entmutigt; für sie ist der Dutzend-Tage-Käse fade und ohne jedes Geschmacksbild. Ein anständiger Picodon, beharrt Monsieur Magnet, benötigt mindestens *un petit mois,* einen knappen Monat, um seine charakteristischen Eigenschaften zu entwickeln.

Die Situation, in der sich die Picodon-Hersteller befinden, ist indessen kein Einzelfall; das gleiche Szenarium wiederholt sich an vielen Stellen in Frankreich. Überall versuchen lokale Erzeuger darauf hinzuwirken, daß ihr Produkt zu den alten Geschmackseigenschaften zurückfindet, was gewöhnlich eher eine Tendenz zur Strenge denn zur Milde bedeutet. Gleichzeitig sind die Händler in Paris bemüht, den Bauern klarzumachen, daß sie sich umstellen und Käse erzeugen müßten, die dem Wunsch ihrer Kundschaft nach leichteren, milderen Sorten entgegenkämen. Die Dinge komplizieren sich zusätzlich durch die Tatsache, daß die Geschmackspräferenzen heute schon von Dorf zu Dorf drastisch differieren. Wenn man Michèle Tariot, eine Käseherstellerin in Saoû, hört, die ihren Picodon auf den Märkten der Nachbarorte Crest und Saillans verkauft, dann schwankt der Geschmack von Kilometer zu Kilometer. »In Crest, weiß ich, werde ich mehr milden, sahnigen Käse verkaufen; im 15 Kilometer entfernten Saillans hingegen kann er den Leuten nicht alt genug sein«, sagt Madame Tariot, eine dralle, junge Blondine mit gewinnendem Lächeln. Wie viele ihrer Nachbarn in der Drôme, gaben Michèle und Guy Gariot vor einigen Jahren die Schweinezucht zugunsten der Ziegenhaltung auf, als der Appetit auf *chèvre* landesweit zunahm und die örtlichen Kreditinstitute zu der Einschätzung gelangten, die wirtschaftliche Zukunft der Region liege, agrarpolitisch gesehen wenigstens, beim Ziegenkäse und dem prickelnden Weißwein *Clairette de Die.*

»Wenn Sie die Leute hier chèvre machen sehen, dann bedeutet das nicht unbedingt, daß sie eine spezielle Vorliebe für die Käseerzeugung hätten«, erklärt ein Landwirt. »Vielmehr tun sie das, weil sie vom Verkauf von Ziegenmilch an die Genossenschaft nicht leben können. Ein Auskommen finden sie nur, indem sie den Käse selbst machen und auf den lokalen Märkten verkaufen.«

Um den örtlichen wie auch den allgemeinen Geschmackserwartungen zu entsprechen, bringen die meisten Bauern, und dazu gehören auch die Tariots und die Magnets, gleich mehrere Picodon-Variationen auf den Markt. Ganz junger Käse, erst ein oder zwei Tage alt, wird als *tomme de chèvre* verkauft; ist er acht bis zehn Tage alt, erhält er die Bezeichnung *tomme fraîche.* Der nach alter Art hergestellte, in glasierten Tontöpfen herangereifte Picodon findet als *picodon méthode Dieulefit* seine Abnehmer. Überall in dieser Region werden Sie einen anderen stark riechenden Spezialkäse namens *foudjou* antreffen. Madame Tariot macht und verkauft ihre eigene Version, eine Mischung aus Käserestmengen – gewöhnlich das, was von der vorhergehenden *foudjou*-Partie übrigblieb – mit Roquefort, *fromage blanc,* scharfem Pfeffer und *gnole.* Dabei kommt ein herrlicher Käse heraus, streichfähig und so scharf, daß einem die Augen tränen.

Die auf den Höfen der Tariot und Magnet erzeugten Käse kann man dortselbst (siehe Seite 354) oder auf verschiedenen Straßenmärkten kaufen.

Und was wäre beim Kauf eines authentischen Picodon zu beachten? Unglücklicherweise gibt es kein narrensicheres Rezept, aber nachdem ich Dutzende und Aberdutzende von Ziegenkäsen in ganz Frankreich durchprobiert habe, bin ich zu einer allgemeingültigen Regel gelangt: der beste junge *chèvre* ist gewöhnlich der, welcher im reinsten Weiß erstrahlt, sauber und frisch aussieht, seine Form behalten hat und fest genug ist, um frei zu stehen. Wenn Sie nach einem scharfen Picodon Ausschau halten, liegen Sie im allgemeinen richtig, wenn Sie einen Käse wählen, der vom Händler als *fromage fort, fromage affiné* oder *méthode Dieulefit* ausgezeichnet wurde. Sie werden des öfteren beobachten, daß diese kleinen runden Scheiben, etwa dutzendweise eng verpackt, nach Gewicht verkauft werden. Es sieht so aus, als würden sie sich unbeschränkt halten, obwohl ich es nie geschafft habe, sie so lange aufzuheben, daß ich die Probe aufs Exempel hätte machen können.

HAUSHALTSWAREN

L'ANTIQUAIRE DU
PARADOU
Le Paradou,
13520 Maussane-les-Alpilles
☎ 90543233
Geöffnet: 10.30–12 und
14.30–18 Uhr;
geschlossen: Sonntag
Auf Wunsch Versand ins
Ausland

Eine wunderschöne, alte restaurierte und zu einem museumsähnlichen Antiquitätengeschäft umgestaltete Olivenölmühle. Reizende Möbelstücke und dekorative Elemente der Region sind hier zu finden.

AU MAS SAINT-ROCH
13125 Le Paradou
☎ 90973123
Geöffnet: 8–19 Uhr
Auf Wunsch Versand ins
Ausland

Und noch ein Laden, der ein provenzalisches Museum abgeben könnte. Die hier zu sehenden Möbel vertreten Stilepochen, die vom Mittelalter bis ins 19. Jahrhundert reichen. Daneben gibt es Gemälde, Nippsachen, Trödel und Gartenmöbel, denen noch die Patina fehlt.

Zwiebeln sind ein edles Gemüse in Frankreich, und sie spielen im französischen Sprachgebrauch keine weniger wichtige Rolle als in der Küche (die Franzosen erzeugen rund 145000 Tonnen Zwiebeln im Jahr, die meisten davon in der Provence; gleichzeitig werden 1,5 Millionen Tonnen importiert, vorwiegend aus Italien, Holland und England). So wie der verdunstende Saft der Zwiebel in den Augen beißt, so bissig sind manche Redensarten, denen sich die Zwiebel als Metapher anbietet. Wenn jemand seine Nase in etwas hineinhängt, was ihn nichts angeht, dann mag er mit einem *occupe-toi de tes oignons* – kümmere dich um deine eigenen Angelegenheiten – zurechtgewiesen werden. Wer sich in viele Umhüllungen kleidet, ist *vêtu comme un oignon,* und wenn jemand eine Szene macht, dann ist das *un spectacle aux petits oignons.*
Leute, die Schlange stehen formieren sich *en rang d'oignon.* Wirklich freundlich in einen Satz eingebunden wird die Zwiebel dann, wenn man jemanden lobt, weil er etwas mit besonderer Sorgfalt – *aux petits oignons* – macht.
Und welcher Methode nun bedienen sich die Franzosen, um beim Zwiebelschneiden nicht weinen zu müssen? Man stecke einen dicken Weißbrotballen auf die Spitze des Messers, mit dem man die Zwiebeln schneiden will. Eine andere Empfehlung lautet, die Zwiebel erst für einige Minuten ins Tiefkühlfach zu legen und dann beim Schneiden darauf zu achten, daß man nicht in den Knollenboden ritzt, der als die Quelle der die Tränendrüsen reizenden Säfte gilt. Und noch einen Rat für alle, die rohe Zwiebeln zu schwer verdaulich finden: man blanchiere sie kurz oder lege sie einige Tage in Olivenöl ein.

La Penne-sur-l'Ouvèze *(Drôme)*

Buis-les-Baronnies 5 km, Carpentras 37 km

SPEZIALITÄTEN DER REGION

DOMAINE DE LA
GAUTIÈRE
La Penne-sur-l'Ouvèze,
26170 Buis-les-Baronnies
✆ 75280958
Geöffnet: 8–12 und 14–17.30
Uhr; geschlossen: Samstag
und Sonntag
Auf Wunsch Versand ins
Ausland

Eine erste Adresse für hervorragende Oliven, exquisiten Honig, naturbelassene getrocknete Aprikosen, Olivenöl, *tapenade* (hier eine nur aus schwarzen Oliven gemachte Paste), Kräuter und ausgezeichnete Rot- und Weißweine der eigenen Domaine. (Siehe hierzu auch den Essay »Zurück zur Natur«, Seite 340).

Le Poët-Laval *(Drôme)*

Crest 42 km, Dieulefit 5 km, Nyons 36 km, Paris 638 km

RESTAURANT

LES HOSPITALIERS
Le Poët-Laval,
26160 La Bégude-de-Mazenc
✆ 75462232
Bestellungen werden bis
14 bzw. 21 Uhr entgegen-
genommen
Geschlossen: Mitte Novem-
ber bis Februar
Kreditkarten: AE, DC,
EC, V
Speiseterrasse; separater
Speiseraum für geschlossene
Gesellschaften bis zu
25 Personen
Man spricht Englisch
200-Francs-Menü,
à la carte 300 Francs

Spezialitäten:
je nach Jahreszeit;
provenzalische Gerichte

Gleich nördlich von Dieulefit (was bedeutet: ›Gott schuf es‹) liegt Le Poët-Laval, ein winziges mittelalterliches Dörfchen, das man sorgsam restauriert hat. Hier findet man auch LES HOSPITALIERS – mit seinem geheizten Schwimmbecken, der Sommerterrasse, einem eleganten und einem etwas sportlicheren Speiseraum ein idealer Platz zum Ausruhen. Auch die Küche hat Ansprechendes, dem regionalen Speisezettel Entnommenes zu bieten: die beliebten *caillettes* (kleine Pasteten, bestehend aus durchgemahlenem Mangold, Spinat und Kräutern sowie einer Spur Schweinefleisch, umwickelt mit dem Fett vom Netz des Schweines und warm serviert), die *pintade aux lentilles* (hier ein zartes *confit* vom Perlhuhn mit grünen Linsen als Beilage) oder der *pot-au-feu d'agneau* (Lammfleischwürfel erster Güte auf einem Gemüsebett von Mangold, Zwiebeln, Karotten und Lauch). Auch an knusprig frischen *baguettes*, einer generösen Käseplatte und einer gut fundierten Weinkarte mit vielen regionalen Gewächsen fehlt es nicht. Besonders gut harmoniert der Rotwein der Domaine Saint-Sauveur von dem Dörfchen Aubignan mit der Geschmacksrichtung der Cuisine.

Puyméras *(Vaucluse)*

Buis-les-Baronnies 17 km, Nyons 18 km, Vaison-la-Romaine 7 km

SPEZIALITÄTEN DER REGION

PLANTIN
Le Saffre, Puyméras,
84110 Vaison-la-Romaine
℘ 90464144
Geöffnet: nur von April bis
September 8–12 und 14–17
Uhr; geschlossen: Samstag
und Sonntag

Spezialität: *Truffes*
(Trüffeln)

Eine der letzten noch existierenden Trüffel-*conserveries* der Region. Angeboten werden konservierte schwarze Trüffeln und in Trüffelsaft eingelegte *morilles* (Morcheln).

Georgette Tardieu auf der DOMAINE DE LA GAUTIÈRE

Raphèle-lès-Arles *(Bouches-du-Rhône)*

Arles 10 km, Saint-Martin-de-Crau 5 km, Salon de Provence 32 km

SPEZIALITÄTEN DER REGION

MOULIN LA CRAVENCO
Route d'Eyguières, Raphèle-
lès-Arles, 13200 Arles
℘ 90965082
Geöffnet: 8–12 und 14–18
Uhr, geschlossen: Samstag-
nachmittag, Sonntag und an
Feiertagen

Spezialitäten:
Olives et huile d'olives
(Oliven und Olivenöl)

Sobald es um Oliven und Olivenöl geht, spielen persönliche Geschmackspräferenzen eine ausschlaggebende Rolle. Ich selbst bin eine große Anhängerin der Olivenerzeugnisse, die aus dieser Ecke der Provence kommen, und dazu gehören insbesondere die *olives vertes cassées* (frische grüne Oliven in einer Fenchel-Lake) und *picholines du pays* (frisch eingelegte grüne *picholine*-Oliven, die man als *hors-d'œuvre* ißt), die man nur ab Ende November und dann auch nur so lange bekommt, bis die Vorräte etwa einen Monat später aufgebraucht sind. Das Olivenöl dieser Mühle, kalt gepreßt und extrafein, besitzt ein sehr lebhaftes, kernig-fruchtiges Aroma – mit einem Schuß Sherry-Essig gemischt, mache ich damit gerne meine grünen Salate an.

Saint-Martin-de-Crau *(Bouches-du-Rhône)*

Arles 17 km, Marseille 79 km, Martigues 40 km, Paris 726 km,
Saint-Rémy-de-Provence 23 km, Salon-de-Provence 24 km
Markt: Freitag 8–12 Uhr, Place du Marché

WURSTWAREN

J. MOUSSET
Route Nationale,
13310 Saint-Martin-de-Crau
✆ 90473040
Geöffnet: 7.30–12.15 und
15.30–19.30 Uhr; geschlossen: Sonntagnachmittag,
Montag, zwei Wochen im
Februar und drei Wochen im
September
Kreditkarte: V

So viel Wurst wird heute industriell erzeugt und ist mit Füllmitteln, Geschmacksverstärkern und Fettstückchen beladen, die einem zwischen den Zähnen hängenbleiben, daß die meisten von uns es beinahe schon aufgegeben haben, eine schön rosig-fleischige, gutgemachte, ehrliche Wurst zu finden, die verdaubar, richtig gewürzt und geeignet ist, in Scheiben auf eine mit Butter bestrichene *baguette* gelegt zu werden. Hier ist sie jedoch, diese Wurst, der *saucisson d'Arles*, eine gute, luftgetrocknete, aus Schweine- und Rindfleisch gemachte und bedachtsam gewürzte Wurst.

Saint-Paul-Trois-Châteaux *(Drôme)*

Montélimar 25 km, Orange 20 km, Suze-la-Rousse 10 km

MUSEUM

MAISON DE LA TRUFFE
ET DU TRICASTIN
Rue de la République, 26130
Saint-Paul-Trois-Châteaux
✆ 75966129
Geöffnet: 9.30 (10 am Sonntag) bis 12 und 14.30–18
Uhr; geschlossen: Montagmorgen
Eintritt: Erwachsene 12
Francs, Kinder unter 13 Jahren 6 Francs; frei für Kinder
unter 5 Jahren; bei Gruppen
von mehr als 10 Personen
10 Francs für Erwachsene
und 5 Francs für Kinder

Ein neues Mini-Museum in der Fremdenverkehrszentrale des Ortes selbst. Besucher können hier etwas über Anbau, Zucht und Pflege von Trüffeln lernen, außerdem eingelegte Trüffeln und regionale *Tricastin*-Weine kaufen.

Saint-Rémy-de-Provence *(Bouches-du-Rhône)*

Arles 25 km, Avignon 21 km, Marseille 91 km, Nîmes 42 km, Paris 706 km,
Salon-de-Provence 37 km
Markt: Mittwoch 6–11 Uhr, Place de la Mairie, Place de la République,
Rue Lafayette; Samstag 6–11 Uhr, Rue Lafayette

HAUSHALTSWAREN

BROCANTE DU PARAGE
19, Boulevard Gambetta und
10, Rue du Parage, 13210
Saint-Rémy-de-Provence
✆ 90922511
Geöffnet: von Ostern bis
Oktober 10.30–12 und
15–19.30 Uhr; geschlossen:
Donnerstagmorgen und
Montag; von November bis
Ostern nur Samstag von
15–19.30 Uhr und Sonntag
von 10.30–12 und von
15–19.30 Uhr geöffnet

Ein verstaubter kleiner Trödlerladen, voll bis unters Dach mit alten Glaswaren, mit Tischwäsche, Porzellan und Ansichtspostkarten aus allen Teilen Frankreichs.

Made in Provence

Nichts ist typischer für die Provence als die Souleia-do-Stoffe, die farbenfroh bedruckten Kattune, deren Muster auf volkstümliche Vorlagen des 18. und 19. Jahrhunderts zurückgehen. Heute sind diese folkloristischen Textilien als Tischwäsche, Lampenschirme, Sonnenschirme, Notizbuch-Einbände, Strandkleider und niedliche Geldbeutel in Gebrauch. Nachstehend eine Liste ausgewählter Souleiado-Läden der Region. Routinemäßige Öffnungszeiten: 9.30–12.30 und 14–19 Uhr. Die meisten Läden sind Montagmorgen und zwei Wochen im August geschlossen. Kreditkarten: AE, DC, EC, V; auf Wunsch Versand ins Ausland.

AIGUES-MORTES
16, Rue Jean Jaurès

AIX-EN-PROVENCE
Place des Tanneurs

APT
47, Rue Saint-Pierre

ARLES
4, Boulevard des Lices

AVIGNON
5, Rue Joseph Vernet

GORDES
Place du Monument

MARSEILLE
101, Rue Paradis

SAINT-RÉMY-DE-
PROVENCE
2, Avenue de la Résistance

VAISON-LA-RO-
MAINE
2, Cours J. H. Fabre

SPEZIALITÄTEN
DER REGION

MAISON LILAMAND
ET FILS
Route d'Avignon, 13210
Saint-Rémy-de-Provence
✆ 90921108
Geöffnet: 8–12 und 14–18
Uhr; geschlossen: Samstag
und Sonntag
Auf Wunsch Versand ins
Ausland

Spezialität:
Fruits confits (kandierte
Früchte)

Die beste mir bekannte Quelle für echte, von Hand kandierte Früchte, *fruits confits*. Seit 80 Jahren schon kauft dieser kleine Familienbetrieb die feinsten und erlesensten Früchte der Region – darunter die seltenen *rosé de Provence*-Aprikosen, Feigen aus Brignolles, Tarascon-Pflaumen und Pfirsiche, die aus der Gegend von Nîmes kommen – und konserviert sie sorgfältig in Zuckerlösung.

FRUITS CONFITS
Kandierte Früchte

Wie schimmernde Edelsteine sehen sie aus und sind zum Essen beinahe zu schade, diese farbenprächtigen *fruits confits* der Provence, die zu den ältesten und bekanntesten Zuckerwaren der Region gehören. Jahraus, jahrein sieht man die Stilleben aus kandierten Früchten in den Schaufenstern der feinsten Konditoreien. Freilich fällt es heutzutage schwer einzusehen, weshalb sich jemand der nicht geringen Mühe unterziehen sollte, den ganz und gar natürlichen Saft des Obstes durch reinen Zucker zu ersetzen. Um das zu verstehen, muß man sich in die Zeit zurückversetzen, da das Kandieren die einzige Möglichkeit war, den sommerlichen Erntesegen in Form und Farbgebung so zu erhalten, daß er ganzjährig Genuß versprach.

Bis zum heutigen Tag werden die besten *fruits confits* nach der alten Methode von Hand präpariert (ein großer Teil der angebotenen Ware kommt aus industrieller Fertigung). Dabei wird jede Obstart gesondert – also Aprikosen nur mit Aprikosen, Melonen mit Melonen – in Zuckersirup gekocht, wobei mitunter acht oder neun Kochvorgänge erforderlich sind. Nach jedem Kochen werden die Früchte aus den glatten Kupferschalen gehoben und zum Abkühlen in schwere runde Terrakottaschüsseln gelegt. Von Kochstufe zu Kochstufe reichert man den Sirup mit Zucker an, so daß er immer konzentrierter wird. Das stetig wiederholte, langsame Kochen und die langen Abkühlpausen gewährleisten einen kompletten Austausch des natürlichen Obstsaftes durch Zuckerlösung und erlauben der Frucht, ihre ursprüngliche Form zu behalten. In seinem Sirup ist das Kandiergut unbeschränkt haltbar; erst kurz bevor es zum Verkauf kommt, nimmt man es heraus, läßt es abtropfen und, nach einem letzten ›Anstrich‹ mit Zuckersirup, trocknen; dann wird es verpackt.

Von den in Frankreich hergestellten *fruits confits* – vor allem in der Gegend von Apt und Saint-Rémy in der Provence sowie in Nizza und an der Côte d'Azur – werden rund 70 Prozent in der Weihnachts- und Silvesterzeit verkauft, wenn kandierte Früchte in die Backwaren eingehen und auf den Gabentischen landen.

353

Saoû *(Drôme)*

Crest 13 km, Dieulefit 23 km

Fête du Picodon (Ziegenkäse-Wettbewerb): an einem Sonntag im Juli

KÄSEHERSTELLER

PICODON DE FLORÉAL
Guy und Michèle Tariot,
26400 Saoû, ✆ 75760370
Keine festen Öffnungszeiten,
ein vorheriger Anruf ist daher
empfehlenswert; geschlossen:
Oktober bis Ostern
Auf Wunsch Versand
innerhalb von Frankreich

Auf dem Bauernhof macht man einen ausgezeichneten, hier als *Picodon* bekannten Ziegenkäse (siehe dazu auch den Essay auf Seite 346). Anfahrt: Von Saoû – gesprochen ›Su‹ – aus fährt man auf der D 538 1 Kilometer in östlicher Richtung. Dann erkennt man auf der linken Seite das Schild *Ferme de Floréal* und ist am Ziel.

PICODON DE ROCHE
COLOMBE
Emile und Solange Magnet,
Soyans, 26400 Crest
✆ 76760046 oder 75760317
Keine festen Öffnungszeiten,
ein vorheriger Anruf ist daher
empfehlenswert; geschlossen:
Dezember bis Februar
Auf Wunsch Versand
innerhalb von Frankreich

Eine andere Quelle für exzellenten Picodon. Anfahrt: Von Saoû aus folgt man der D 538 in westlicher Richtung bis zur D 136, fährt auf dieser in Richtung Soyans 300 Meter weiter und biegt dann am Fuße des Berges Roche Colombe links zum Bauernhof ab.

Sarrians *(Vaucluse)*

Carpentras 8 km, Orange 15 km

Markt: Sonntag 8–12 Uhr, Place Jean Jaurès

BÄCKEREI

MARIUS DUMAS
Porte d'Amont,
84260 Sarrians
✆ 90654215
Geöffnet: 7–19 Uhr;
geschlossen: Sonntag, die
letzte Juliwoche und im
August

Es lohnt sich wirklich, einmal ganz früh morgens aus den Federn zu kriechen und sich zu Marius Dumas' uriger provenzalischer Backstube aufzumachen (Sie sind an der richtigen Tür, wenn Sie einen Haufen Brennholz davor aufgestapelt sehen). Monsieur Dumas, redselig und mitteilsam, ist ein passionierter Bäcker und absoluter Brotnarr, und es macht ihm Spaß, Besucher einzuladen, auf daß sie seinen 300 Jahre alten Holzofen bewundern. Wenn Sie ihm auch nur

halbwegs Gelegenheit dazu geben, wird er sein Reisenotiz-
heft herausziehen und von seinem Ausflug nach Japan berichten, wo er seine fernöstlichen Kollegen in die Geheimnisse
französischer Backtechniken einweihte.

Wenn Sie Glück haben, kommen Sie gerade in dem Augenblick an, wenn er seine schmackhafte *fougasse aux grattelons*
(gitterartig geformtes, mit Schweinegrieben besetztes Brot)
aus dem Ofen zieht. Ich kann nicht gerade behaupten, daß
Grieben die geeignete Füllung für einen leeren Magen sind,
aber an jenem frühen Samstagmorgen im Juli haben sie das
Wunder vollbracht. Bäcker Dumas' zweite Spezialität ist *pain
Beaucaire*, eine dieser regionalen Brotsorten, die fast von der
Bildfläche verschwunden sind. Dieses Backwerk erinnert
sehr an Blätterteig, wird jedoch aus Brotteig gemacht, wobei
der Teig gewendet und eingeschlagen, gerollt und dann
gebacken wird. Das Ganze sieht, wenn man zuschaut, nach
einer Menge Arbeit aus, aber wenn man in das warme, ofenfrische *Beaucaire* beißt, weiß man als Brotliebhaber, daß man
einen Leckerbissen in der Hand hält.

Kaffeestunde *à la provençale*

Séguret *(Vaucluse)*

Carpentras 23 km, Vaison-la-Romaine 10 km

RESTAURANT

LA TABLE DU COMTAT
Séguret,
84110 Vaison-la-Romaine
✆ 90469149
Bestellungen werden bis 14
bzw. 21 Uhr entgegen-
genommen
Geschlossen: Dienstagabend,
Mittwoch (außer im Juli,
August, Ostern und Weih-
nachten), die letzten beiden
Novemberwochen und im
Februar
Kreditkarten: AE, DC,
EC, V
Klimatisiert
Separater Speiseraum für
geschlossene Gesellschaften
bis zu 12 Personen
man spricht Englisch
175-, 220- und 300-Francs-
Menüs, à la carte 300 Francs

Spezialitäten:
*Filet de rouget à la crème de
romarin et foie gras* (Meer-
barben-Filet mit Rosmarin-
Sahne und *foie gras*)

Von diesem Restaurant aus, das den von Pinien- und Eichenwäldern überzogenen scharfgezackten Gebirgskamm der Dentelles de Montmirail überschaut, hat man einen der faszinierendsten Panoramablicke der ganzen Provence. An einem Sommerabend, wenn die Sonne untergeht und den Himmel in tausend verschiedenen Rot- und Orangetönen aufglühen läßt, ist LA TABLE DU COMTAT eine geradezu unschlagbare Lokalität. Was man leider nicht vom Essen sagen kann, denn dieses ist zwar *correct*, aber auf hoffnungslose Weise prätentiös. Wenn ich den Besuch dieses Restaurants trotzdem empfehlen kann, dann wegen des Blicks, wegen des mit Kräutern und Knoblauch zubereiteten Lammbratens, der Käseplatte (die gewöhnlich einen beachtlichen *Picodon* aufzuweisen hat) und der einige ältere Jahrgänge des *Châteauneuf-du-Pape* und eine Reihe schöner *Côtes-du-Rhône*-Lagen umfassenden Weinbestände.

Suze-la-Rousse *(Drôme)*

Bollène 7 km, Orange 17 km, Paris 642 km, Valence 80 km
Markt: Freitag 8–12.30 Uhr, Place du Champ-de-Mars

WEINSEMINAR

UNIVERSITÉ DU VIN
Château de Suze,
26130 Suze-la-Rousse
✆ Château 75048144;

Dieses hoch zu Berge sitzende mittelalterliche *château* dient als Instruktionszentrum auf dem gesamten Gebiet der Weinkultur, ist Schauplatz sommerlicher Konzerte und kann einfach auch nur als das besichtigt werden, was es ist: ein

Akademie: 75048609
Führungen um 14.30, 15.30,
16.30 und 17.30 Uhr;
geschlossen: Dienstag und im
November
Eintritt: Erwachsene
9 Francs, Kinder unter
15 Jahren 5 Francs, Gruppen
von mehr als 20 Personen 5
Francs pro Person

schönes Schloß. Besucher der Wein-Akademie – die als solche nur nach vorheriger Verabredung offensteht – können zur Vorbereitung einen raschen Rundgang durch die umfangreiche, mit Fachliteratur und Publikationen reich ausgestattete Bibliothek unternehmen, eine audiovisuelle Informationsschau (in Englisch) über die Aktivitäten der Akademie ansehen und einen Blick in die modernen Probierräume sowie die auf den letzten Stand der Technik gebrachten Laboratorien werfen, wo – speziell regionale – Weine von den Lebensmittelchemikern der Akademie analysiert werden. Die Wein-Bibliothek ist (nach Voranmeldung) für das Publikum geöffnet. Führungen in englischer Sprache können vereinbart werden. Die Seminare – Unterrichtssprachen sind Französisch und Englisch – umfassen die verschiedensten Aspekte der Weinkultur, gehen ebenso auf die Geschichte wie die Kommerzialisierung des Weines ein und widmen eine Reihe von Wochenenden auswärtigen Weinproben, wozu auch Besuche von Weingärten im Rhônetal gehören.

Vaison-la-Romaine *(Vaucluse)*

Avignon 47 km, Carpentras 28 km, Montélimar 65 km, Paris 669 km
Markt: Dienstag 8–12 Uhr, Avenue Jules-Ferry, Grande-Rue und im ganzen Stadtzentrum

Eine Reise in die Provence sollte auf jeden Fall den Besuch dieser lebensfrohen kleinen Stadt einschließen, die, genau genommen, aus drei ›Städten‹ besteht: der restaurierten römischen Siedlung, dem aktiven, modernen Zentrum und der mittelalterlichen *haute ville* an der südlichen Ecke der Ortschaft. Versuchen Sie es so einzurichten, daß Sie an einem Dienstagvormittag hier sind, wenn der hektische Marktbetrieb, ein festliches Gewimmel, die gewundenen Straßen überquellen läßt vor Menschen. An einem solchen Markttag im Winter kann man morgens gegen zehn in der BAR MODERNE auf der Avenue Jules-Ferry unter Umständen ein paar Bauern und Händler dabei beobachten, wie sie um den Preis frisch ausgegrabener schwarzer Trüffeln feilschen.

KÄSELADEN

LOU CANESTEOU
10, Rue Raspail,
84110 Vaison-la-Romaine
✆ 90363130
Geöffnet: 8–13 und
15.30–19.30 Uhr; geschlossen: Sonntag, Montagnachmittag und im Winter auch
Dienstagnachmittag

Die rothaarige temperamentvolle Nicole Dejoux ist eine mustergültige Ladenbesitzerin und eine Frau, die sich mit passioniertem Eifer ihrer Spezialität widmet: die besten Rohkäse, die sie finden kann, zu kaufen und dann selbst reifen zu lassen. Als sie ihr Geschäft 1970 eröffnete, so sagt sie, gab es kaum einen Käseladen in der ganzen Gegend, und selbst die Supermärkte verkauften nur industriell erzeugte Sorten. Im Laufe der Jahre hat sie sorgfältig ihre Kontakte zu lokalen Quellen ausgebaut, und heute ist sie in der Lage, ein

357

ausgesprochen gut sortiertes Angebot regionaler Käsesorten zu offerieren. Dazu gehören: ganz frischer weißer, sahniger Ziegenkäse aus dem Nachbarort Valréas, prickelnd-würziger *Picodon,* flache runde Scheiben von getrocknetem scharfem *Pélardon,* guter, schon zum Laufen neigender *Saint-Marcellin* und schließlich eine ganze Palette von Rohmilchkäsen, die aus den verschiedensten Gebieten Frankreichs kommen. Sie versteht auch etwas von Weinen und hält ein kleines Lager von gepflegten *crus* lokaler Provenienz. Besonders lohnenswert sind der *Gigondas* und *Vacqueyras Domaine ›La Garrigue‹,* beide ungefilterte Rotweine mit dem leicht verwegenen Geschmack, der den Besten unter den *Côtes-du-Rhônes* zu eigen ist.

Nicole Dejoux im Lou Canesteou

SPEZIALITÄTEN DER REGION

André Augier et Fils
Route d'Orange,
84110 Vaison-la-Romaine
✆ 90360321
Geöffnet: 9–12 und
14–18 Uhr
Auf Wunsch Versand
innerhalb von Europa

Stärken des Sortiments in diesem Laden: Konservierte schwarze Trüffeln und der bei Wettbewerben prämierte Honig, insbesondere der Lavendelhonig.

Au Coin Gourmand
14, Rue de Maquis,
84110 Vaison-la-Romaine
✆ 90363004
Geöffnet: 7.30–13 und
15.30–20 Uhr; geschlossen:
Sonntagnachmittag
Kreditkarte: V

Ein Spezialitätengeschäft ersten Ranges. Beachtenswert sind das selektive Verkaufsprogramm für regionale Weine, dann die Nyons-Oliven, am Ort konservierte schwarze Trüffeln, die hier mitgeführten Spezialitäten von Fauchon in Paris und vor allem auch die ganze Skala lokaler Ziegen- und Kuhmilchkäse, bei denen köstlicher *Picodon* in verschiedenen Reifestadien sowie der cremige *Saint-Marcellin* natürlich nicht fehlen.

Valréas *(Vaucluse)*

Grignan 9 km, Nyons 14 km, Vaison-la-Romaine 30 km
Märkte: Mittwoch 8–12 Uhr, Place de la Mairie und Place de la Poste;
Samstag 8–12 Uhr, Gefallenendenkmal

SPEZIALITÄTEN DER REGION

Revoul
84600 Valréas
✆ 90350126
Geöffnet: 8–12 und
14–18 Uhr; geschlossen:
Samstagnachmittag von Mai
bis September

Eine der wenigen auf das Einlegen von lokalen Trüffeln spezialisierten *conserveries,* die sich gehalten haben (auf der der Winzergenossenschaft gegenüberliegenden Straßenseite gelegen).

Spezialitäten:
Truffes (Trüffeln)

Venasque *(Vaucluse)*

Apt 33 km, Avignon 35 km, Carpentras 12 km, Cavaillon 32 km, Orange 35 km,
Paris 705 km

HAUSHALTSWAREN

Atelier de Faïence
Place de la Fontaine,
84210 Venasque
✆ 90660792
Geöffnet: von Ostern bis
September täglich 10–19 Uhr;
Rest des Jahres nach Vereinbarung
Kreditkarte: V

Mit Freuden sammle – und verschenke – ich die handbemalten, entzückend verspielt gemusterten Fayencen des Töpfers Etienne Viard. In seiner adretten kleinen Boutique im Dorfzentrum drängt sich ein unglaubliches Sortiment phantasievoll gestalteter zeitgenössischer Keramik in Weiß und Blau, von der riesigen Salatschüssel über Teller und Krüge bis zum niedlichen Kerzenleuchter.

359

WEINE DER PROVENCE

1. Château de Fonsalette: Zum ersten Mal machte ich mit diesem schweren feurigen Rotwein im Restaurant LA BEAUGRAVIÈRE in Mondragon Bekanntschaft. Er ist Guy Julliens Lieblingswein.

2. Domaine Tempier Bandol: Dieser große Wein, ein würziger Roter, der einem das Gefühl gibt, die Domaine Tempier hätte hier fermentierte Kräutersäfte der Provence auf Flaschen gezogen, gehört zu meinen persönlichen Favoriten. Man findet diesen Bandol in ganz Frankreich auf den Weinkarten, und fast immer trifft man mit ihm, die Preis-Qualitäts-Relation betrachtet, eine sehr gute Wahl.

3. Château Simone Palette: Auch dieser herbe schlanke Wein der Kellerei Château Simone in der Provence hätte einen höheren Bekanntheitsgrad verdient. Palette ist eine ganz kleine *appellation*, die einige unmittelbar südlich von Aix gelegene Weingärten umfaßt; Rot-, Weiß- und Roséweine kommen daher.

4. Muscat de Beaumes-de-Venise (Domaine des Bernardins): Eine der himmlischsten Geschmackspaarungen bildet der Genuß fruchtiger Cavaillon-Melone mit einem Schlückchen Beaumes-de-Venise. Dieser süße, kräftige, blumige Wein macht sich hervorragend als Aperitif sowie zu *foie gras* oder zu Obsttorten.

5. Côtes-du-Rhone (Rabasse-Charavin): Sie werden diesen Wein außerhalb der Region kaum antreffen, denn die Roten aus dem entzückenden, hoch auf dem Berg gelegenen Dörfchen Cairanne beginnen gerade eben erst entdeckt zu werden. Sie zeichnen sich durch ein reiches, vollmundiges, an dunkle Kirschen erinnerndes Bouquet aus.

6. Gigondas (Faraud): Georges Faraud erzeugt einen der traditionsreichsten und feinsten Gigondas, einen ungefilterten Rotwein, der zu Wildbret, Grillfleisch und Käse wie geschaffen ist.

7. Châteauneuf-du-Pape (Beaucastel Rouge): Wenn Sie mit all den vielen Weinsorten Frankreichs Ihr Gedächtnis überfordert fühlen, dann erinnern Sie sich bitte an den ausgeprägten, berauschend fruchtigen Châteauneuf-du-Pape. Beaucastels Gewächs ist gut ausgebaut, konzentriert und würzig im Geschmack. Weitere Kellereien, auf die man achten sollte, sind: Vieux Télégraphe, Château Rayas und Château Fortia.

8. Châteauneuf-du-Pape (Vieux Telegraphe Blanc): Weißer Châteauneuf-du-Pape ist selten (er macht weniger als 5 Prozent der Gesamtproduktion aus), doch findet ein großer Teil davon Eingang in die Weinkeller der Restaurants. Als rassiger, aromatischer Tropfen mit wenig Säure ist er ein perfekter Begleiter für Fisch und Schalentiere.

KÄSE DER PROVENCE

1. Picodon: Wenn er seine Hochform erreicht hat, ist dieser wunderbare Ziegenkäse aus der Bergregion der nördlichen Provence von fester Textur, ausgeprägt aromatisch und angenehm pikant.

2. Lou Pevre: Der köstlich pikante aus Ziegenmilch gemachte Lou Pevre ist in grobgemahlenem schwarzem Pfeffer gewälzt und besitzt ein milchiges mineralisches Aroma.

3. Poivre d'Ain: Dieser kleine, feste Ziegenkäse bezieht seinen Namen von dem dialektalisch eingefärbten Wort für Bohnenkraut, dem Kraut also, das in diesen frischen, duftenden Banon-Käse eingepreßt wird. Wie schon in alten Zeiten wird der Poivre d'Ain noch immer auf den einzelnen Bauernhöfen gemacht, obwohl es heute auch in kommerziellen Käsereien aus Ziegenmilch oder einer Mischung von Ziegen- und Kuhmilch hergestellte Versionen gibt.

4. Pélardon: Pélardon ist die generische Bezeichnung für eine Vielzahl fester, weißer Ziegenkäse, die in vielen Regionen Frankreichs noch auf Bauernhöfen erzeugt werden und auch überall in der Provence auf den Märkten zu finden sind.

5. Banon: Ursprünglich wurde dieser Käse, der seinen Namen von dem Dorf Banon in den provenzalischen Alpen hat, aus Ziegen- oder Schafsmilch in den einzelnen Bauernhäusern gewonnen. Man hüllte den Käse in getrocknete braune Kastanienblätter, verschnürte ihn mit Bast, marinierte ihn in *eau-de-vie* und ließ ihn dann bis zu einem Jahr in Tonkrügen ruhen, wobei er mit zunehmendem Alter schärfer und aromatischer wurde. Heute wird der Banon sowohl auf Bauernhöfen wie in Molkereien erzeugt, und man sieht ihn in vielen Versionen auf den Markt kommen. Die beiden gebräuchlichsten Formen sind der ganz weiße, junge, hefige Banon *frais* (der ohne oder mit Blattumhüllung – in diesem Falle frische, grüne Kastanienblätter – zum Verkauf kommt) und der Banon *vrai*, die ausgereifte, deftig schmeckende, scharf-aromatische Version, die in trockene Kastanienblätter eingeschlagen und mit Bast verzurrt ist. Weißen Banon wälzt man auch in getrocknetem Bohnenkraut und nennt ihn dann *Banon du Poivre d'Ain* oder einfach *Poivre d'Ain*.

Languedoc-Roussillon

Port-Vendres: ein Fischer beim Ausbessern seiner Netze

Dies ist das Land des Sonnenscheins und der Espadrilles, der Pfirsiche und roten Kirschen, der frisch gesalzenen Anchovis und der fleischigen Bouziges-Muscheln. Im Westen von Katalonien, im Osten von den sumpfigen Niederungen der Camargue begrenzt, umfaßt die Provinz Languedoc-Roussillon eine Unzahl von kleinen Kulturräumen, ein jeder mit seiner spezifischen mediterranen Eigenart. Daß die Cuisine sich hier vorzugsweise den Meeresfrüchten widmet, ist nicht verwunderlich, und doch sorgen bestimmte Gerichte für ein einzigartiges rustikales Flair: der als *cargolade* bekannte derbe katalanische Schnecken-Topf oder die berauschende *gardiane* der Camargue, ein Ragout aus Stierfleisch, Rotwein und schwarzen Oliven. Ergänzt man diese Skizze noch um Spezialitäten wie den kleinen pikanten *Pélardon*-Ziegenkäse und den weltberühmten *Roquefort*, dann bedarf es nur noch einer Flasche Rotwein (der samtige rote *Collioure* käme da in Frage), um das gastronomische Gesamtbild zu komplettieren.

Unter allen Regionen Frankreichs gehören Languedoc und Roussillon zu den Gebieten, die in sich selbst die stärksten Kontraste bergen. In katalanische Dörfer wie Céret und Collioure oder die Stadt Perpignan mit ihren ausgedehnten Kanälen und den von pastellfarbenem Oleander gesäumten Ufern bin ich richtiggehend verliebt. Andere Aspekte hingegen haben mir sehr mißfallen: die überfüllten Autobahnen dieser Region, die riesigen Campingplätze, die schäbige Fassade des Hafens von Sète, die sich an der Küste entlangziehende Kette neumodischer Ferienstädte in der Art von La Grande Motte mit ihren abweisenden pyramidalen Strukturen.

Wo immer Sie in dieser Region auch hinkommen, machen Sie sich auf Gegensätze von der Art gefaßt, wie ich sie bei meinem letzten Besuch eines Abends in dem alten Küstenort Aigues-Mortes erleben sollte. Nachdem ich in *gardiane* und Ziegenkäse geschwelgt hatte, machte ich mich zu einem Spaziergang im Mondlicht auf, fand mich indessen bald in einem Stadion wieder, wo ich den sommerlichen Lieblingssport der Region, *taureau piscine*, zu sehen bekam. Bei diesem eigenartigen ›Spiel‹ versuchen Amateurstierkämpfer, einen wütenden Stier in ein provisorisches Schwimmbecken zu locken, um sich dann, das eigene Leben riskierend, dazuzustellen.

Beste Reisezeit

Straßen, Dörfer und Märkte können im Juli und August, besonders an Wochenenden, hoffnungslos überfüllt sein. Das ist im Juni, September und Anfang Oktober nicht der Fall, dabei sind die Tage auch dann lang und sonnig.

Märkte

(die attraktivsten sind mit einem Sternchen markiert)

Montag: Alès, Béziers, Bourg-Madame, Castelnaudary, Elne, Montpellier, Perpignan, Sète.

Dienstag: Béziers, Carcassonne, Couiza, Cuxac-d'Aude, Fabrezan, Ganges, *Leucate, Montpellier, Nîmes, Perpignan, *Roquebrun, Saint-Jean-du-Gard, Villefranche-de-Conflent.

Mittwoch: Aigues-Mortes, *Bagnols-sur-Cèze, Collioure, Cuxac-d'Aude, Elne, Ille-sur-Têt, Manduel, Montpellier, Perpignan, Quillan, *Sète.

Donnerstag: *Agde, Anduze, Banyuls-sur-Mer, Beaucaire, Béziers, Carcassonne, Cuxac-d'Aude, *Fabrezan, *Frontignan, Mèze, Montpellier, *Narbonne, Perpignan, Saint-Gilles, Tuchan.

Freitag: *Béziers, Cuxac-d'Aude, *Elne, Fabrezan, *Ganges, Ille-sur-Têt, Leucate, Limoux, Montpellier, *Nîmes, Perpignan, Remoulins, *Roquebrun, Sète.

Samstag: Bagnols-sur-Cèze, *Carcassonne, *Céret, Cuxac-d'Aude, *Frontignan, Lodève, Montpellier, Perpignan, Pézenas, Pont-Saint-Esprit, Port-Vendres, Quillan, Sommières, Thuir, Uzès.

Sonntag: Aigues-Mortes, Banyuls-sur-Mer, Beaucaire, Collioure, Frontignan, Narbonne, *Perpignan, *Saint-Gilles.

Messen und Volksfeste

Pfingsten: *Fête de la Féria* (Stierkampf), Nîmes.
Erster Freitag im Juli: *Foire à l'Ail Rose* (Messe des rosa Knoblauchs), Lautrec.
Erster Sonntag im Juli: *Fête de la Mer* (Fest der Fischer), Palavas-les-Flots.
Die Woche, in die der 21. Juli fällt: *Foire de Beaucaire* (Stierkampf), Beaucaire.

Aigues-Mortes *(Gard)*

Arles 47 km, Montpellier 29 km, Nîmes 41 km, Paris 749 km
Markt: Mittwoch und Sonntag 7.30–12 Uhr, direkt außerhalb der Stadtmauern

Richten Sie es so ein, daß Sie an einem Sommermorgen zu früher Stunde auf dem Markt von Aigues-Mortes eintreffen, bevor sich die Straßen aufheizen und solange die Strandläufer noch im Bett sind! Mitte Juli ist die Luft vom Duft der Melonen erfüllt, *hirondelles* (Schwalben) umschwirren die Zinnen der Festungsmauern, die dieses im 13. Jahrhundert erbaute Städtchen umschließen, und die Einheimischen kommen aus ihren Häusern, um der täglichen Beschäftigung nachzugehen. Auf dem Markt füllen sich die Körbe haufenweise mit Aprikosen, Pfirsichen und Melonen, die so reif sind, daß sie aufplatzen.

RILLETTES DE THAU ›LA COTE BLEUE‹
Fischterrine ›La Côte Bleue‹

An einem heißen Sommernachmittag verließen wir die Hafenstadt Sête und bogen, in der Hoffnung, eine weniger befahrene Nebenroute zu finden, von der überfüllten Landstraße ab. Durch reinen Zufall stießen wir auf LA CÔTE BLEUE, *ein freundliches, auf Fischgerichte spezialisiertes Familienrestaurant, von dem aus man die weitflächige Salzwasserlagune Bassin de Thau mit ihren malerischen Muschel- und Austernzuchtparks überschaut. Da wir bereits zu Mittag gegessen hatten, ließen wir uns zu einem Kaffee auf der Terrasse nieder. Doch später, im Laufe der Woche, kam mir immer wieder dieses Lokal in den Sinn. Wir stellten also unsere Reisedispositionen um und bauten ein Essen in* LA CÔTE BLEUE *in unser Programm ein. Wir haben diesen Entschluß nicht bereut. An jenem Sonntagnachmittag im Juli kosteten wir als ersten Gang die* rillettes – *eine mosaikartig aussehende Fischterrine. Die ergiebige Pastete, die man in schmalen Scheiben serviert, besitzt einen frischen zitronigen Geschmack, und der Räucherlachs wirkt dabei nicht nur als Farbakzent, sondern sorgt auch für zusätzliche Aromatiefe. Küchenchef Olivier Lombard setzt für dieses Rezept eine ganze Reihe von Fischen ein, die man an den felsigen Ufern fängt:* rouget grondin, rascasse, rouget, barbet *und andere. Jedoch eignet sich jede Art von Fisch mit weißem Fleisch für diese Zubereitung. Stellen Sie für dieses Gericht einen eiskalten Weißwein oder einen kühlen Rosé bereit.*

1 Knurrhahn oder
Seebarbe oder etwa
750 g Filet eines festen
weißfleischigen Fischs
wie Barsch
360 g Butter
(Raumtemperatur)
3 große Eigelb
2 El extrafeines, kalt
gepreßtes Olivenöl
80 ml frisch gepreßter
Zitronensaft
Eine Handvoll frischer
Schnittlauch, gewiegt
100 g Räucherlachs, grob
gewürfelt
Salz
Frisch gemahlener
schwarzer Pfeffer nach
Geschmack

1. So viel Wasser in einen Fischkocher oder Bräter geben, daß es den Fisch bedecken kann. Pro 2 Liter Wasser 1 Eßlöffel Salz rechnen. Zum Kochen bringen, dann auf Mittelhitze stellen. Den Fisch hineingeben und pochieren. Dabei die Hitze so regulieren, daß die Flüssigkeit nur eben siedet. Nach etwa 10 Minuten beim ganzen Fisch oder 5 bis 6 Minuten bei Filets müßte das Fischfleisch nicht mehr glasig, sondern opak sein und sich leicht zerlegen lassen. Den Fisch abgießen und abkühlen lassen. Die Kochflüssigkeit wegschütten.

2. Mit der Küchenmaschine oder einem elektrischen Handrührgerät die Butter rühren oder schlagen, bis sie weich und glatt ist. Dann nacheinander die folgenden Zutaten hinzufügen und jedes Mal gut durchmischen: Eigelb, Öl, Zitronensaft und Schnittlauch.

3. Den pochierten Fisch filetieren, Haut und Gräten entfernen. Die Filets in 1-cm-große Stücke zerpflücken.

4. Mit einem Holzlöffel den Fisch und den geräucherten Lachs behutsam aber gründlich unter die Buttermasse heben, die den Fisch gut bedecken muß. Mit Salz und Pfeffer abschmecken.

5. Die Mischung in eine etwa 26 × 10 cm große Brotform füllen, die Oberfläche glattstreichen und fest abdecken. Etwa 6 Stunden, bis die Masse fest ist, in den Kühlschrank stellen. Dieses Gericht sollte am Tage seiner Zubereitung oder am darauffolgenden Tag gegessen werden.

6. Zum Servieren in dünne Scheiben schneiden und mit Toast und Zitronenkeilen reichen.
Für 12 bis 14 Personen.

RESTAURANT

La Camargue
19, Rue de la République,
30220 Aigues-Mortes
✆ 66538688
Bestellungen werden bis
22 Uhr entgegengenommen
Mittags geschlossen, außer
Sonntag; geschlossen: Montag außerhalb der Saison und
von der ersten Januar- bis zur
ersten Februarwoche
Kreditkarten: AE, DC, V
Speiseterrasse
90- und 132-Francs-Menüs,
à la carte 200 Francs

Spezialitäten:
Tellines (kleine Muscheln),
violets (weiche, stark jodhaltige Schalentiere), *gardiane*
(hier ein Stierragout mit
schwarzen Oliven)

Wenn Sie nach Aigues-Mortes kommen, versäumen Sie nicht, dieses ganz ungezwungene, freundliche Familienrestaurant für ein Abendessen vorzusehen. In den wärmeren Monaten des Jahres sitzt man im Freien unter den mit bunten Lichtern geschmückten Feigenbäumen und läßt sich die regionale Kost schmecken, die von freundlichen Kellnern aufgetragen wird. Die nette Bedienung, das Schauspiel an der riesigen offenen Grillstelle und die fröhlichen Großfamilien, die es sich an den Tischen gutgehen lassen, sorgen für die nötige Stimmung. Vor allem, wenn Sie einen Bärenhunger haben, ist dies die richtige Futterstelle, denn die einzelnen Gänge folgen rasch aufeinander.

Jeder ißt zuerst *crudités,* knackig frisches Grünzeug, das in großen Körben angebracht wird und das man in die bereitgestellten Schälchen mit Vinaigrette tunkt und zusammen mit den am offenen Feuer gegrillten Scheiben Landbrot vertilgt. Dann mögen *tellines* folgen (fingernagelgroße Muscheln, die mit viel Knoblauch und Olivenöl gesotten sind), mit *violets* (weichschalige, stark jodhaltige Meeresbewohner von ungewöhnlicher Form) gemachte Omeletts wie auch gegrillte Lammkoteletts, begleitet von *pommes de terre sous la cendre* (in Asche geröstete Kartoffeln). Die Mutigen unter den Gästen werden *gardiane* bestellen; dieses Ragout wird mit dem nußartig schmeckenden, in der Nähe angebauten Reis, dem *riz de Camargue,* serviert. Und dann werden Platten mit Ziegenkäse kommen, Schüsseln mit frischem Obst, und die ganze Zeit schon wird der kühle *gris de gris,* der lokale, leichte, rosé-artige Wein in Strömen geflossen sein. Und etwa wenn Sie beim Nachtisch sind, wird eine Gruppe von Zigeunergitarristen den munteren Gourmands ein Ständchen bringen.

Bouzigues *(Hérault)*

Agde 20 km, Montpellier 34 km, Paris 789 km, Sète 18 km

RESTAURANT

La côte bleue
34140 Bouzigues
✆ 67783087
Bestellungen werden bis
14 bzw. 21.30 Uhr entgegengenommen

Dieses auf Meeresfrüchte spezialisierte, zwanglose Familienlokal, von dessen lichtdurchfluteten großen Räumen aus man über die flimmernde Salzwasserlagune Bassin de Thau mit ihren Muschel- und Austernzuchtparks schaut, es mir angetan. Eines Sonntagnachmittags saßen wir im Schatten der Veranda und aßen plattenweise Fisch und Scha-

Geschlossen: Sonntagabend und Montag im Juli und August, Dienstagabend und Mittwoch von September bis Juni, im Februar und die dritte Oktoberwoche
Kreditkarten: EC, V
Speiseterrasse; separater Speiseraum für geschlossene Gesellschaften bis zu 16 Personen
Man spricht Englisch
Etwa 200 Francs

Spezialitäten:
Fisch und Schalentiere

lentiere von einer Frische, die nicht zu überbieten ist: die köstlichen, jodreichen flachen Austern von Bouzigues, kleine Venusmuscheln, süßsalzige Krabben, Langustinen, *bulots* und *buccins* (Wellhornschnecken) mit elastischem Fleisch und natürlich die hier aufgewachsenen Miesmuscheln. Die *moules de Bouzigues* sind große fleischige Muscheln, die sich am besten direkt mit dem Mund aus einer Schalenhälfte essen lassen. Selbst wer sich aus rohen Muscheln nichts macht, sollte diese hier auf jeden Fall probieren. Zu den anderen Spezialitäten des Hauses gehören *rilettes de Thau,* eine kompakte aus verschiedenen lokalen Fischen, geräuchertem Lachs, Kräutern und Zitrone bereitete Fischterrine, sowie mit Wurst gefüllte, in einer Tomatensauce gegarte Miesmuscheln, und außerdem die selten anzutreffenden kleinen *cigales de mer,* zartfleischige Heuschreckenkrebse, die nur einfach gegrillt werden.

In der Camargue:
Die Glut wird vorbereitet

MUSEUM

MUSÉE DE LA CONCHYLICULTURE
4, Rue Saint-Nicolas, 34140 Bouzigues
✆ 67783012
Geöffnet: täglich 10–12 und 14–19 Uhr
Eintritt: Erwachsene 10 Francs, Kinder unter 11 Jahren 7 Francs, Erwachsenengruppen 7 Francs pro Person

Das kleine Museum ist der Muschelzucht in den Gewässern des Bassin de Thau gewidmet, wo man seit hellenischen Zeiten Schalentiere kultiviert. Nach dem Zweiten Weltkrieg hat dieses traditionelle Metier weiteren Auftrieb erhalten, und heute leben 900 Fischer von der *conchyliculture,* der Muschel- und Austernzucht. Das Museum bietet eine faszinierende Übersicht über alle Gerätschaften und Utensilien, die bei der Aufzucht der begehrten Mollusken zum Einsatz kommen. Eine sehr gut geschnittene Videokassette instruiert (in Französisch) über die verschiedenen Aktivitäten im Lagunengebiet. Diskutiert werden dabei auch die neueren Versuche zur Züchtung von Garnelen in der permanenten Strömung des Flachwassers.

Castelnou *(Pyrénées-Orientales)*

Céret 29 km, Paris 926 km, Perpignan 19 km, Prades 37 km

RESTAURANT

L'HOSTAL
Castelnou, 66300 Thuir
✆ 68534542
Bestellungen werden bis 14
bzw. 21 Uhr von September
bis Juni entgegengenommen,
bis 22 Uhr im Juli und
August
Geschlossen: Montag,
Mittwochabend und von
Januar bis März
Keine Kreditkarten
Speiseterrasse im Juli und
August
Man spricht Englisch (im Juli
und August)
80- bis 150-Francs-Menüs,
à la carte 80 bis 200 Francs

Spezialitäten:
Cargolade (katalanisches
Grillgericht aus Schnecken,
Wurst und Lammkoteletts),
poulet à la catalane (Huhn
mit Tomaten und Paprika),
boules de Picoulat (Fleischklößchen mit gekochten weißen Bohnen)

Manche nennen das katalanische Bergdörfchen Castelnou ein »Saint-Paul-de-Vence ohne Menschengewühl«. Nun, das geht sicher ein bißchen zu weit, aber dieses Künstlerdorf am nördlichen Abhang der Pyrenäen südwestlich von Perpignan eignet sich perfekt zu einem Wochenendstreifzug – das steil aufsteigende Örtchen mit seinen 159 Einwohnern fordert einen förmlich zum Durchwandern seiner engen Gäßchen heraus, und daß man dabei am L'HOSTAL haltmacht, einem kleinen Familienbetrieb, ist beinahe obligatorisch. Wir befinden uns hier in einer einfachen rustikalen Gaststätte, von deren geräumiger Terrasse aus man den spektakulären Blick über das Roussillon genießt, während man im Inneren des Lokals ein anheimelndes, katalanisch inspiriertes Ambiente vorfindet. An den Wochenenden, wenn in entlegene Nester wie dieses hier am meisten Leben kommt, sind die Tische von Familien aus der Umgebung belagert, alles lechzt an diesem Tag nach etwas Besonderem, eine festliche Stimmung breitet sich aus.

L'HOSTAL ist mit Gewißheit eines der wenigen Restaurants in Frankreich, wo man das katalanische Freudenmahl *cargolade* bekommt, ein mehr als üppiges Grillgericht, zu dem kernig schmeckende, in der unmittelbaren Nähe gesuchte, frische Schnecken, dralle Schweinswürste und Lammkoteletts gehören. Wie zur Sommerzeit bei vielen festlichen Gelegenheiten wird auch hier die verlockend riechende *cargolade* auf riesigen Backstein-Grills über *sarments de vigne*, Rebenholz, im Freien zubereitet. Gäste sind, selbst wenn sie nur zuschauen wollen, herzlich eingeladen, sich an den Vorbereitungen zu dem Gelage zu beteiligen. Die kleinen Schnecken, als *petits gris* bekannt, werden mit einer Mischung aus Öl, Essig, Knoblauch, Kräutern und Brotkrumen gefüllt und dann auf einem selbstgemachten runden Drahtgitter gegrillt. Sie brutzeln noch weiter, wenn sie auf den Tisch kommen, und werden, heiß wie sie sind, in eine knoblauchduftende *aïoli* getunkt. Zur *cargolade monstre*, dem großen gemischten Grill, macht sich eine einfache, erfrischende *salade catalane* sehr gut; sie besteht aus verschiedenen Salaten, Anchovis vom nahen Collioure, Paprika und Tomaten. Eine andere örtliche Spezialität sind die *boules de Picoulat,* schön gewürzte Fleischklößchen, die mit gekochten weißen Bohnen serviert werden. Die Bedienung ist gewandt und freundlich, und der Preis für die *cargolade* (die man im voraus bestellen muß) schließt den Weinkonsum mit ein.

Nutzen Sie die Gelegenheit, um vor oder nach dem Essen der bezaubernden kleinen Eglise de Fontcouverte am unteren Ende des Dorfes einen Besuch abzustatten. Die Kirche ist von einem stimmungsvollen Friedhof unter dem gewaltigen Blätterdach einer alten Eiche umgeben.

Moules de Bouzigues

Bouzigues, 21. Juli – Bouzigues ist ein Ort, den man, wie Camembert oder Cognac, ›Marken-Stadt‹ nennen könnte – Plätze mit einem gastronomischen Ruf, der weit über ihren touristischen Stellenwert hinausgeht.

Bouzigues – wie in *moules de Bouzigues* manifestiert – könnte sich mit Recht als die Muschelkapitale von Frankreich bezeichnen. Das am Nordzipfel des Bassin de Thau gelegene Languedoc-Dorf kultiviert ein Drittel der in Frankreich geernteten Muscheln, und das sind 80 000 Tonnen pro Jahr.

Im Gegensatz zur benachbarten Hafenstadt Sète mit ihren überfüllten Straßen, den öden Restaurants am Uferkai, den umliegenden Raffinerien, ist das kleine Bouzigues mit seinen 904 Einwohnern ruhig, sauber und schön anzusehen. Eine romantische, stimmungsvolle Art von Schönheit ist das: die graublaue Meerwasserlagune, die sich langsam im sandigen Dunst unter dem blauen Himmel verliert, und Weingärten, welche sich bis unmittelbar an den Küstenrand vorschieben. Wie ein japanisches Gemälde, das mit ein paar Pinselstrichen seine wesentliche Aussage macht, so sagt Bouzigues das Wesentliche mit ein paar aus dem Wasser ragenden Stöcken. Fährt man gleich östlich der Stadt die N 113 entlang, dann sieht man, ordentlich hintereinandergesetzt, Reihe auf Reihe wie auf Stelzen stehende Holzrahmen über dem Wasser ruhen. Wüßte man nicht, daß an diesen Gestellen Muscheln und Austern gezogen werden, würde man etwas herumrätseln müssen, denn die bräunlichgrauen Rahmen ähneln seltsam sperrigen stationären Flößen. Zugleich erscheinen sie unzugänglich und irgendwie verlassen. Aber es sind diese unscheinbaren Rahmen, unter denen Frankreichs größte, fleischigste, dunkelfarbigste Muscheln – an Hunderte von Netzen und Stöcken angeklammert, die an langen, in die seichte Lagune hängenden Schnüren befestigt sind – reif zum Verzehr gemästet werden.

Ungleich den kleineren *moules de bouchot* der Atlantikküste, die an dicken, in den schlammigen Grund flacher Küstengewässer getriebenen Eichenpfählen gedeihen, wachsen die Bouzigues-Muscheln ›im Schwebezustand‹ heran. Mit ihren als Bart bezeichneten, haarähnlichen robusten Faserbüscheln heften sie sich an die im Wasser baumelnden Holzstäbe oder Metallrohre. Andere Muscheln werden in mehrere Meter langen Netzen gemästet, Netzen, die von Monat zu Monat in dem Maße bauchiger und schwerer werden, wie die blaubärtigen Mollusken mit den schwarzvioletten Schalen und dem leuchtend orangefarbenen Fleisch an Gewicht zunehmen. In ihrem verharrenden, hängenden Zustand kommt den Muscheln die von wechselnden Winden langsam hin- und hergetriebene Strömung zugute, die für ständige Nahrungszufuhr in Form von Plankton sorgt. Im Zuge der Nahrungsaufnahme filtern die Muscheln mit großer Geschwindigkeit Wasser durch, manche bringen es dabei auf 57 Liter am Tag. Alle paar Monate werden die Netze und Haftstöcke ausgedünnt, wobei die jüngeren Muscheln wieder ins Wasser zurückbefördert werden.

Langsam, sehr langsam nur wachsen die Zöglinge heran. Bis die Muschel verzehrbereit ist, vergeht ungefähr ein Jahr. An der ganzen Küste entlang stehen an diesem landschaftlich reizvollen Abschnitt der N 113 Austern- und Muschelstände; im betriebsamen Nachbarstädtchen Mèze lädt ein hübscher Strand zum Baden ein.

Céret *(Pyrénées-Orientales)*

Paris 936 km, Perpignan 31 km, Port-Vendres 36 km, Prades 55 km
Markt: Samstag 7–12 Uhr, Place de la Liberté und Place des Tilleuls

Versäumen Sie nicht, an einem Samstagmorgen diesen lebendigen Markt zu besuchen, der zwischen Reihen von gigantischen Bergahornbäumen unter freiem Himmel abgehalten wird. Sie finden hier Verkaufsstände mit hausgebackenem Vollkornbrot, prachtvollen Kirschen und Aprikosen und den volkstümlichen *espadrilles,* leichten Sommerschuhen mit Flechtsohlen und einem Oberteil aus Kattun. Und wenn ihnen nach einem Imbiß zumute ist, versuchen Sie mal die regionaltypische *chichi* – die katalanische Variante eines sahnegefüllten Krapfens, der an Ort und Stelle fritiert und in Zucker gewälzt wird.

Dieses Dorf gehörte zu den Lieblingsplätzen Pablo Picassos und seines Freundeskreises. Die um die größeren Plätze herum dichtgedrängt nebeneinanderliegenden Cafés sind perfekte Aussichtspunkte.

HAUSHALTSWAREN

Madame Janine Bonay-Agremon
6, Boulevard Jean-Jaurès,
66400 Céret
✆ 68870073
Geöffnet: 8.45–12 und
14.30–19 Uhr; geschlossen:
Sonntagnachmittag, Montag
und eine Woche im August
Auf Wunsch Versand ins
Ausland

Ein klassischer Laden für regionale Textilien mit einer großen Auswahl an farbenfrohen katalanischen Stoffen und an Tischwäsche.

Collioure *(Pyrénées-Orientales)*

Céret 32 km, Paris 931 km, Perpignan 27 km, Port-Vendres 4 km, Prades 64 km
Markt: Mittwoch und Sonntag 8–12 Uhr, Place du Maréchal Leclerc

RESTAURANT

Hostellerie la Frégate
24, Quai de l'Amirauté,
66190 Collioure
✆ 68820605
Bestellungen werden bis
14 bzw. 22 Uhr entgegengenommen

Wenn ich an meine Reisen durch Frankreich zurückdenke, dann gehört ein in diesem bezaubernden mittelalterlichen Dorf verbrachter Sommertag zu meinen liebsten Erinnerungen. Eine Nachmittagswanderung an der schroffen, zerklüfteten Felsenküste entlang, ein Abendessen unter dem weißen Baldachin des Restaurants La Frégate und ein später Spaziergang durch den Ort, wo man den Einheimi-

Keine festen Ruhetage
Kreditkarte: V
Speiseterrasse
Man spricht Englisch
150-Francs-Menü,
à la carte 250 Francs

Spezialitäten:
je nach Jahreszeit, regionale
Gerichte

schen noch beim *boules*-Spiel, Frankreichs beliebtestem Zeitvertreib unter freiem Himmel, zuschauen konnte, gehörten zu diesem erlebnisreichen Tag.

Wie das in schönen Restaurants manchmal so geht, ist das Essen in LA FRÉGATE keine große Sache, und der Service kann langsam und für den Gast etwas ärgerlich sein; dennoch genossen wir die fein marinierten frischen Anchovis, den gegrillten *calamar*, einen mit Olivenöl besprengten und mit Petersilie bestreuten Tintenfisch, und den ansonsten selten anzutreffenden, dabei sehr einschmeichelnden Collioure-Wein, einen schweren samtigen Roten mit vollem Bouquet. Als Dessert sei die sämige, reichlich sättigende *crème catalane* empfohlen (siehe Rezept Seite 373).

HAUSHALTSWAREN

LA CASA CATALANA
Quai de l'Amirauté,
66190 Collioure
☎ 68820974
Geöffnet: täglich 10–12 und
15–19 Uhr von April bis September, vor der Weihnachtssaison und an Feiertagen;
außerhalb der Saison unregelmäßige Öffnungszeiten
Kreditkarte: V

Ein netter kleiner Laden für regionale Artikel: handgetöpfertes katalanisches Geschirr, farbige *espadrilles*, Schürzen und kunsthandwerkliche Gegenstände.

Lebende Schnecken
an einem Marktstand

SPEZIALITÄTEN DER REGION

SOCIÉTÉ ROQUE
2bis, Rue des Treilles,
66190 Collioure
☎ 68820499
Geöffnet: Montag bis Freitag
8–12 und 13.30–18.30 Uhr;
Samstag sowie Sonn- und
Feiertage 10–12 und
14.30–18.30 Uhr
Keine Kreditkarten

Die beste mir bekannte Einkaufsquelle für *anchois au sel* (in Salz eingelegte Anchovis) und *anchois à l'huile* (in Öl eingelegte Anchovis). Hier wird noch nach den alten Konservierungsmethoden gearbeitet (siehe hierzu auch »Echte Anchovis aus Collioure«, Seite 378 f.).

Manduel *(Gard)*

Arles 24 km, Marguerittes 8 km, Nîmes 11 km
Markt: Mittwoch 8–12 Uhr, Cours Jean Jaurès

KÄSEHERSTELLER

LECOCQ
Chemin de Garons,
30129 Manduel
☎ 66202611
Geöffnet: 10–12 und 15–18
Uhr; geschlossen: Mittwoch
und Freitag

Yvonne und Michel Lecocq hängten ihre aufreibenden Karrieren in Paris an den Nagel und kehrten zur Scholle zurück. Und heute leben sie, ihre Kinder, die Enkel und 25 Ziegen glücklich am Stadtrand von Nîmes.

Ihre wunderbar gereiften, köstlich frisch schmeckenden, festen Scheiben *Pélardon*-Ziegenkäse haben sich bei Wettbewerben Medaillen geholt. Von der Familie Lecocq stammt auch ein guter Tip für die Winterlagerung von Käse: Nach einer alten Methode verwahren die Bauern ihren *Pélardon* in Gläsern, die mit Olivenöl und *eau-de-vie* gefüllt sind. Technisch gesehen erfüllt der *eau-de-vie* dabei die Funktion eines Frostschutzmittels, indem er das Öl daran hindert, steif zu werden, aber ich kann mir gut vorstellen, daß der Obstbranntwein dem edlen Landkäse dabei auch ein nicht unerwünschtes Aroma gibt (Anfahrt: Wenn man von Manduel aus 1 Kilometer in Richtung Bouillargues fährt, kommt man an eine Straßengabelung. Man folgt der linken Abzweigung und erreicht nach 500 Metern die Farm).

Perpignan *(Pyrénées-Orientales)*

Béziers 93 km, Montpellier 152 km, Paris 907 km
Markt: täglich 7–12.30 Uhr, Place de la République und Place Cassanyes
Flohmarkt: Sonntag 7–13 Uhr, Terrain Boure im Parc des Expositions
am Ufer der Têt

HAUSHALTSWAREN

THÉRÈSE NEPY
9, Place de la République,
66000 Perpignan
☎ 68344765
Geöffnet: 7.30–12.30 Uhr
täglich; Samstag 15–19 Uhr

Eine der wenigen Stellen in Frankreich, wo man lebende Schnecken kaufen kann, die hier zusammen mit einem ungewöhnlichen Sammelsurium von Lebensmitteln und Eisenwaren angeboten werden, von an Schnüren aufgefädelten Peperoni bis zu Spezialgrills für Schnecken (oder andere über offenem Feuer zuzubereitende Gerichte).

Roquefort-sur-Soulzon *(Aveyron)*

Montpellier 115 km, Paris 665 km, Rodez 82 km

KÄSEHERSTELLER

ROQUEFORT SOCIÉTÉ
12250 Roquefort-sur-Soulzon
℘ 65602305
Geöffnet: täglich (außer in
der Weihnachtswoche)
9–11 und 14–17 Uhr

Wo immer auf der Welt Roquefort-Käse auftaucht, ist er in den *caves* von Roquefort-sur-Soulzon herangereift. Besucher können die mustergültigen Reifungsräume der Société, des größten Herstellers am Ort, besichtigen. Es ist angebracht, sich für den Rundgang mit warmen Kleidungsstücken auszustatten (siehe auch »Roquefort: Mythos und Geheimkunst«, Seite 374 ff.).

CREME CATALANE
Katalanische Creme

Dieses ergiebige und schwelgerische Dessert kostete ich erstmals an einem warmen Sommerabend auf der Terrasse des Restaurants LA FRÉGATE *im bezaubernden katalanischen Küstenstädtchen Collioure. Die Aromen des Fenchels, der Vanille und der Zitrone verbinden sich in dieser Süßspeise zu einer hinreißenden Mischung, die den Gaumen zugleich stimuliert und besänftigt und ein wunderbar sättigendes Gefühl hinterläßt.*

250 ml süße Sahne,
vorzugsweise nicht
ultrahocherhitzt
80 ml Milch
1 El Fenchelkörner, im
Mörser zerstoßen
1 Vanilleschote
3 große Eigelb
65 g Zucker
Abgeriebene Schale einer
Zitrone

1. Sahne und Milch mit den Fenchelkörnern in einem mittelgroßen Tiegel bei starker Hitze aufkochen lassen. Vom Feuer nehmen, zudecken und 30 Minuten ziehen lassen.
2. Den Backofen auf 150° vorheizen.
3. Die Vanilleschote der Länge nach teilen und mit Hilfe eines kleinen Löffels das Mark herauskratzen.
4. Vanillemark, Eigelb, Zucker und Zitronenschale in einer kleinen Schüssel gründlich vermengen. Die Sahnemischung durchseihen und allmählich in die Eigelbmischung rühren.
5. Diese Masse in 6 runde Auflaufförmchen von 15 cm Durchmesser schöpfen. Etwa 30 Minuten, bis die Mischung in der Mitte zu zittern beginnt, im Backofen lassen.
6. Mindestens 1 Stunde oder bis zu 24 Stunden in den Kühlschrank stellen und erst 5 Minuten vor dem Servieren herausnehmen.
Für 6 Personen.

Roquefort: Mythos und Geheimkunst

Roquefort-sur-Soulzon, 24. Oktober – Es ist nur noch eine Frage von Wochen, bevor dieses abgelegene Dorf mit seinen roten Ziegeldächern und den engen steilen Gassen wieder zum Leben erwacht. Dann lassen die hierher zurückkehrenden Saisonarbeiter – für sieben Monate im Jahr – die Normalbevölkerung von 900 auf 2000 Einwohner anschwellen, denn in dieser Zeit wird der duftende Blauschimmel-Käse gemacht, der dem Kalksteinnest Roquefort seinen Weltruf eingebracht hat.

Bald werden die robusten Lacaune-Schafe herdenweise fette, sahnige Milch geben, die Schäfer werden ihre Gerätschaften zum Käsemachen aus den Verschlägen holen, und die *affineurs* können wieder den rhythmischen Zyklus der Verwandlung weißer, aus Vollmilch-Bruch gemachter Zylinder in blaugrün geäderten Roquefort aufnehmen. Bald wird auch das unbarmherzig kalte, feuchte offene Labyrinth der unter dem Dorf schlummernden elf Etagen tiefen Kalksteingewölbe sein geheimnisvolles Werk beginnen, wenn *penicillium*-Sporen mit der zugigen Luft unsichtbar durch die Kavernen driften und sich auf den mit Wasser vollgesogenen Felsen, in Treppenschächten und an den Eichenbohlen niederlassen, die diese natürlich entstandenen *caves* säumen.

Mittlerweile hat die ungewöhnliche Gilde der örtlichen Bäcker begonnen, Brote von bizarrer Größe zu backen: die zehn Kilo schweren, fest gekneteten Laibe werden im Ofen einer sengenden Hitze ausgesetzt, wobei sich eine dicke schwarze Kruste bildet, die das feuchte Innere schützend umschließt, und dann in die graufelsigen *caves* gebracht, wo sie zwei oder drei Monate vor sich hin schimmeln.

Wenn das Roggenbrot das rechte Fäulnisstadium erreicht hat, wird sich im Inneren eine pulverige, graugrüne Masse von *penicillium*-Sporen gebildet haben, Sporen, die man trocknet, zerstößt, filtert und dann, wie Salz oder Pfeffer, behutsam über die noch im Bruch-Stadium verharrenden Käse streut.

So wie die Dinge heute stehen, wird freilich nur noch ein gewisser Prozentsatz von Roquefort auf diese Weise erzeugt. Oft kommen die Schimmelpilze in flüssiger Form gebrauchsfertig aus einem Laboratorium; sie sind nicht mehr das rätselhafte, geheimnisumwitterte grüne Pülverchen, das einmal der Schlüssel zur Herstellung von Frankreichs drittbeliebtestem Käse – nach Camembert und *chèvre* – war. Und nicht jeder Tropfen Milch kommt heute von den 800000 Schafen, die das Weideland rings um dieses südwestfranzösische Dorf, eine gute Autostunde nördlich von Montpellier, bevölkern. Ein kleiner, wenn auch ständig abnehmender Prozentsatz der Milch mag, erlaubterweise, von Schafen in den Pyrenäen oder auf Korsika stammen.

Kein Zweifel, viel Mystisches und Geheimnisvolles umgibt den Roquefort und seine Herstellung. Jahr für Jahr reifen 17000 Tonnen dieses Käses in den windigen *caves* heran, und unter allen Käsen der Welt darf nur das aus diesen unterirdischen Verliesen kommende Produkt die Bezeichnung ›Roquefort‹ führen. Das Gesetz schreibt vor, daß der Käse aus roher (niemals pasteurisierter oder tiefgefrorener) Vollmilch gewonnen sein muß, die von Lacaune-Schafen in acht südfranzösischen Departements und auf Korsika abgemolken wurde. Etwa 80 Prozent des Roquefort wird industriell, das heißt mit entsprechenden Maschinen, erzeugt. Elf Firmen besitzen das Herstellungsrecht. Die SOCIÉTÉ ROQUEFORT und ihre Tochtergesellschaften (dazu gehören die Marken PAPILLON und MARIA GRIMAL) produzieren etwa 80 Prozent dieses Käses, während eine Handvoll kleinerer, handwerklich arbeitender Käsereien jeweils nur ungefähr 700 Tonnen pro Jahr herstellt (Namen, die man sich merken sollte: GABRIEL COULET, CARLES, CONSTANS-CROUZAT, BON BERGER).

Einer der besten Käseerzeuger am Ort ist GABRIEL COULET; dieses Haus, das seit vier Generationen Roquefort produziert, wird von den Brüdern André und Pierre Laur geleitet. Man bezieht seine Milch von etwa 200 Schafhaltern in der Umgebung und arbeitet im Betrieb ausschließlich mit der Hand. Die Milchlieferanten halten ausnahmslos Lacaune-Schafe – dümmlich aussehende Geschöpfe mit dreieckig geformten Köpfen und propellerartig abstehenden Ohren –, die nicht nur ihrer Milch wegen, und das sowohl hinsichtlich Quantität als auch Qualität, geschätzt sind, sondern auch wegen ihres Fleisches (die Schafe werden sieben Jahre lang gemolken, bevor man sie schlachtet). Im Laufe der letzten Jahrzehnte haben Selektion und Züchtungserfolge bei dieser Schafrasse für eine Verdoppelung des Milchertrags (und damit des daraus hergestellten Roquefort) gesorgt. Vor 20 Jahren noch gab ein Durchschnittsschaf 80 Liter Milch im Jahr; daraus ließen sich lediglich sieben ganze Roquefort-Räder von jeweils 2,5 Kilo gewinnen. Heute liefert, wenn alles gutgeht, jedes Schaf die erstaunliche Menge von 170 Litern.

Die Melkperiode dauert von Dezember bis Juli, und entsprechend ist dies auch die einzige Zeit, in der Roquefort erzeugt wird. Bei den Brüdern Laur beginnt der Herstellungsprozeß auf dem Bauernhof, wo die morgens und abends gemolkene Milch durch Baumwollgaze gefiltert und dann auf lauwarme Temperatur (30 Grad) gebracht wird. Man setzt natürliches Lab zu, und in etwa zwei Stunden ist die Milch geronnen.

Nun schneidet der Käsereiarbeiter die Quarkmasse in Würfel, drückt den wie Hüttenkäse aussehenden Brei mit der Hand in perforierte Formen, bestreut ihn mit dem Roggenbrotschimmel *penicillium roqueforti* – so der wissenschaftliche Name – und knetet das wundertätige Pulver ein. Drei oder vier Tage lang verweilt der frische Bruch in einem gekühlten Raum in seinen Formen, dann wird er dreimal täglich gewendet, um sicherzustellen, daß die kalte Luft allseitig die Oberfläche ventiliert, während noch überschüssige Molke aus der Form abtropft. Damit ist die erste Bedingung für eine schöne gleichmäßige Reifung erfüllt. Später wird der Bruch aus der Form genommen und drei Tage auf der einen, zwei Tage auf der anderen Seite mit Meersalz aus Narbonne behandelt, wiederum in der Hoffnung, diese Behandlung möge langsam und gleichmäßig wirken. Nach etwa zehn Tagen bringt man diese blaß elfenbeinfarbenen Laibe zu den GABRIEL COULET-Reifekellern im Ortszentrum, wo man in die zylinderförmigen Käse von allen Seiten Löcher sticht. Diese Lüftungskanäle sollen bewirken, daß der junge Käse atmen kann und das Wachstum des charakteristischen blaugrünen Schimmels angeregt wird.

Nun ist es an den berühmten *caves* – in denen das ganze Jahr über eine gleichbleibende Temperatur von 8 bis 9 Grad und eine konstante Luftfeuchtigkeit von 95 Prozent herrschen –, in Aktion zu treten. Die heranwachsenden Käselaibe (man nennt sie in diesem Stadium *pains*) werden reihenweise auf ihren runden Böden hochkant gestapelt, damit die kalte Luft für ungefähr zwei oder drei Wochen von allen Seiten an ihnen vorbeistreichen kann, genügend Zeit, um den wuchernden Schimmel eindringen zu lassen. Dann wird – um den Prozeß zu bremsen, jedoch nicht aufzuhalten – jeder Käsezylinder mit einer dicken verformbaren Hülle aus reinem Zinnblech (keine Aluminiumfolie) umgeben; das bewirkt, daß der Käse in den nächsten Monaten weiter reift, gedeiht und Blauschimmel ansetzt, jedoch nur ganz, ganz langsam. Der blechumhüllte Käse wandert in rings um den Ort liegende Kühlräume und lagert dort für eine Zeit von mindestens drei Monaten bis zu einem Jahr oder mehr. Danach wird er aus seinem Gefängnis befreit, auf seine Qualität hin untersucht und, wenn er soweit ist, originalverpackt; das Gütesiegel des roten Schafes verbürgt, daß es sich um echten Roquefort handelt.

Und was ist nun wirklich der Unterschied zwischen einem handgemachten und einem maschinell hergestellten Roquefort, und wie kann man sie rein optisch auseinanderhalten? Ein manuell erzeugter Roquefort sieht blaß elfenbeinfarben aus. Gelbfärbung zeigt an, daß der Käse mit *penicillium*-Flüssigkeit behandelt wurde; sie deutet nicht, wie man schlichterweise annehmen könnte, auf die Verwendung fetterer Milch hin. Bei einem guten handgemachten Roquefort sollten die ziemlich aggressiven blaugrünen Adern fast bis zu den Rändern des Käses durchlaufen. Die meisten apparativ erzeugten Versionen hingegen weisen blaßgrüne Adern auf, die mehr in der Mitte vernetzt sind.

Dadurch, daß bei der kleinbetrieblichen Herstellung der Bruch mit der Hand geformt und gepreßt wird, verdichtet sich der Käseteig und behält beim anschließenden Reifungsprozeß eine Restfeuchtigkeit zurück, die im Endeffekt einen Käse mit sauberer, glatterer Schnittfläche ergibt. (Der Bruch des maschinell erzeugten Roquefort hat hingegen eine püreeartige Konsistenz, trocknet durch die Offenporigkeit mehr aus und ergibt letztlich einen Käse, der krümelt und beim Schneiden auseinanderfällt.)

Und dann ist da noch die Frage des Salzes, des wunderkräftigen Konservierungsstoffes der Natur. Im allgemeinen verhält sich der mit Roggenschimmel versetzte Käse weniger heikel in bezug auf seine Haltbarkeit (zusammen mit dem natürlichen Schimmel erhält man all die guten schützenden Bakterien), so daß der Käse auch einer geringeren Menge zusätzlicher Konservierungsmittel bedarf, und das bedeutet: er benötigt weniger Salz.

Ganz einfach gesagt, sollte Roquefort riechen, nicht stinken. Das Aroma sollte frisch sein, ›milchig‹, angenehm. Der Gaumen sollte den Käse als sauber, lebendig, erfrischend und von der Textur her verschwenderisch empfinden. Eine gewisse Geschmeidigkeit und Feuchtigkeit sind erwünscht, so daß der Käse sich leicht verstreichen läßt. Daß Roquefort ein wenig schwitzt, ist ein natürlicher Vorgang und im ganzen ein Zeichen dafür, daß der Käse die rechte Flüssigkeitsmenge zurückbehalten hat. Ausgetrockneter Roquefort neigt dazu, bitter und ein wenig beißend zu werden.

Aufbewahrt werden sollte der Käse – zunächst in Alufolie, dann, um die Feuchtigkeit zu erhalten, in Plastikfolie gehüllt – im Kühlschrank. Um Roquefort den höchsten Genuß abzugewinnen, empfiehlt es sich, den eingehüllt bleibenden Käse zwei bis drei Stunden vor dem Verzehr bei Zimmertemperatur verweilen zu lassen.

Was trinkt man zu Roquefort? Die Käsehersteller selbst optieren für die leichten Rotweine ihrer Gegend, wie etwa den *Faugères,* aber eine der größten kulinarischen Hochzeiten feiern die Geschmackssinne, wenn man einen handgemachten Roquefort, einen *artisanal,* und einen goldenen *Sauternes* zusammenführt.

Pariser Vertretung: Die meisten guten Käsegeschäfte führen Roquefort von Gabriel Coulet, so ANDROUET, 41, Rue d'Amsterdam, 75008 Paris, ✆ 48742690, und FERME SAINT HUBERT, 21, Rue Vignon, 75001 Paris, ✆ 47427920.

Hafenszene im Languedoc

Sommières *(Gard)*

Aigues-Mortes 28 km, Montpellier 28 km, Nîmes 28 km, Paris 737 km
Markt: Samstag 8–12.30 Uhr, Place du Marché

RESTAURANT

ENCLOS MONTGRANIER
30250 Sommières
✆ 66809200
Bestellungen werden bis
13.45 bzw. 21.30 Uhr
entgegengenommen
Geschlossen: Sonntagabend,
Montag, außer im Juli und
August, und Mitte Novem-
ber bis Mitte März
Kreditkarten: AE, EC
Speiseterrasse; separate Spei-
seräume für geschlossene
Gesellschaften von 16 und 30
Personen
Man spricht Englisch
90- bis 340-Francs-Menüs,
à la carte 300 Francs

Spezialitäten:
je nach Jahreszeit, regionale
Küche

Eines dieser weltvergessenen Schatzkästchen draußen auf
dem Land. Es hätte Anspruch darauf, besser bekannt zu
sein. Dieses ungewöhnliche, geschmackvoll restaurierte
Naturstein-Bauernhaus verfügt über viele Qualitäten, die mir
bei einem Restaurant wichtig sind – ausgezeichnetes regionales Essen, einen sehr schönen, dezenten Rahmen, eine feine
Auswahl regionaler Weine und einen überragenden, freundlichen Service. Wenn man an einem Sommerabend auf der
sorgfältig, wenn auch einfach hergerichteten Terrasse des
ENCLOS MONTGRANIER sitzt und die Sonne geht gerade
unter, dann ist das eine Szenerie, die man nicht so leicht
überbieten kann.
Der Inhalt der Speisekarte paßt sich den wechselnden Jahreszeiten an; da gibt es z. B. frische Cavaillon-Melone mit selbst-
geräuchertem Thunfisch, ein aus *girolles* (Pfifferlingen)
gemachtes, mit Knoblauch und Kräutern gewürztes *fricassée,*
ein zartfleischiges Kaninchen mit einer *ratatouille* oder
Lamm mit gegrillten Tomaten und Zucchini. Ein anderes
Plus hier: der Speiseplan ist sehr flexibel und eröffnet praktisch unbegrenzte Möglichkeiten zum Kombinieren. Wenn
Sie also zwei oder drei erste Gänge als Speisefolge bestellen,
wird sich niemand darüber echauffieren. Unbedingt kosten
müssen Sie hier den *Faugères,* einen vehementen, wenig
bekannten lokalen Rotwein (Anfahrt: 3 Kilometer südlich
von Sommières an der D 12).

Rot wie eine Kirsche

Es muß um den feierlich begangenen 1. Mai 1922
herum gewesen sein, als sich eine Gruppe stolzer
Landwirte im katalanischen Dorf Céret dazu entschloß,
die ersten Kirschen der Saison Alexandre Millerand, dem
Präsidenten der Republik, zukommen zu lassen. Die
patriotische Geste erwies sich als erfolgreiche Image-
pflege für das Dorf, dessen Name man bis heute mit der
süßen, kräftig roten, früh reifenden Kirschsorte Saint-
Georges assoziiert – es sind die letzten Obstbäume, die
blühen, und die ersten, welche tragen. Unfehlbar ist jedes
Jahr der französische Staatspräsident die erste Person, die
die Kirschenernte von Céret zu kosten bekommt.

Echte Anchovis aus Collioure

Port-Vendres, 19. Juli – Die rotgoldene katalanische Sonne kroch gerade über die Hafenanlagen empor, als die ersten Sardinen- und Anchovisfangboote herantuckerten. Wie jeden Morgen zwischen März und Oktober hat sich Guy Roque Punkt 7 Uhr eingefunden, um dabeizusein, wenn die Fischer von ihrer elfstündigen Ausfahrt zurückkehren. Als die ramponierten blauen Boote in den nur wenige Minuten von der spanisch-französischen Grenze entfernten Hafen einlaufen, bricht Monsieur Roque – Eigentümer des größten Anchoviskonservenbetriebs im nahen Collioure – das Gespräch mitten im Satz ab. Seine Stimme klingt resigniert und hoffnungslos. »Keine Anchovis heute«, sagt er. »Sehen Sie, wie sie an den Anlegeplätzen vorbeilaufen? Nichts haben sie gefangen . . .«, die Worte ersterben ihm in der Kehle. Was sich in diesem Jahr ereignet, nennt er eine *rupture totale:* die Vorräte vom vergangenen Jahr sind nahezu erschöpft, neue Anlieferungen äußerst schleppend. Das Anchovis-Geschäft ist ein hartes Geschäft. Sich im Glücksspiel zu versuchen, erscheint beinahe nervenschonender und ebenso profitabel. Doch für den französischen Anchovis-Fischer Jean-Claude Siauvaud, der sein laufendes Fangergebnis exklusiv an Roque verkauft, ist das eine Art zu leben, und keine schlechte, wenn es nach ihm geht. »In einem guten Jahr bringen wir 200 Tonnen rein. In einem schlechten Jahr 30. In einer guten Fangnacht können wir 50 Tonnen in mein Boot holen, leicht. Gestern bin ich mit fast 4 Tonnen zurückgekommen, heute mit nichts«, sagt er, gerade eben vom Boot geklettert und mit einem Drei-Tage-Bart im sonnengebräunten Gesicht.

Das Ganze ist ein gewagtes Spiel. Man kann, wenn man von diesem Hafen aus etwa eine Stunde aufs Mittelmeer hinausfährt, auf Sardinenfang gehen. Es ist so gut wie sicher, daß man mit einer vollen Bootsladung silbriger, fetter, prachtvoller Sardinen zurückkehrt. Sind in der betreffenden Nacht nur wenige Boote ausgelaufen, bekommt man 2 Francs pro Kilo angelandeten Fisch. Sind aber viele andere Fischer in der gleichen Nacht unterwegs gewesen, dann kann es passieren, daß man seinen Fang gar nicht los wird. Bei Anchovis ist das ganz anders. Jeder will sie kaufen. Man zahlt den Fischern einen Großhandelspreis von 8, vielleicht sogar 10 Francs. Anchovis sind kleiner und empfindlicher als Sardinen; sie lassen sich gut einlegen und galten schon in Zeiten der alten Griechen und Römer als Delikatesse. Indessen, der Fang bedeutet ein größeres Risiko.

»Letzte Nacht hatten wir Anchovis rings um uns herum«, erklärt Monsieur Siauvaud bei einer frühen Tasse Kaffee in der kleinen Fischerkneipe. »Aber die See war zu aufgewühlt, um den Fisch reinzuholen. Hätten wir es versucht, wäre unser ganzer Verdienst wieder für Netzreparaturen draufgegangen.«

So sieht das also aus. Jeden Abend um 9 Uhr stechen Jean-Claude Siauvaud und seine 12köpfige Crew mit ihrem – 1961 in Casablanca aus Eichenholz gebauten – Motorboot in See. Sie fahren vier Stunden aufs Mittelmeer hinaus, bis sie die Anchovis-Fanggründe erreichen. Sie fischen *au lampero*, mit Acetylen-Lampen, deren Licht die Anchovis in Massen anlockt. Bei ruhiger See ist das kein Problem. Sie können zufrieden ihre vollen Netze einholen und sich auf den vierstündigen Rückweg machen. Doch oft ist das Meer ungestüm, und brächte man die Netze aus, so würden sie reißen und damit auch die Existenzgrundlage der Fischer gefährden. In solchen Nächten, den meisten Nächten, kehrt die Besatzung mit leerem Boot zurück, hungrig, müde, und doch bereit, am nächsten Abend erneut ihr Glück zu versuchen. Es kann daher nicht überraschen, daß vor rund 15 Jahren noch etwa 25 Boote allabendlich von Port-Vendres aus auf Fang gingen. Heute gibt es nur noch acht.

Ein Stückchen weiter, im angrenzenden Dorf Collioure, der traditionellen Anchoviskapitale, geht im *atelier* von Roque, wo die Anchovis geputzt, eingelegt, verpackt und verkauft werden, unterdessen alles seinen gewohnten Gang. Es ist dies ein noch ausgesprochen

Der Fang des Tages,
Port-Vendres

handwerklich ausgerichteter Betrieb, in dem ein paar einheimische Frauen in einem – angemessen marineblau gekachelten – lagerhausähnlichen Obergeschoß sitzen und ganze gesalzene Fische in Konservengläser verpacken oder aber Anchovis filetieren und auf saugfähigem braunen Papier ausbreiten. Derweil plaudern die Frauen übers Wetter, klatschen ein wenig und lächeln zwischendurch, während die Hände fleißig weiterarbeiten.

Unten im Keller, wo es kühl und feucht ist, lagert das Fangergebnis des letzten Jahres. Noch am gleichen Tag, wenn die kleinen, bläulich schimmernden Fische angelandet werden, schichtet man sie zusammen mit grobem Seesalz in großen Stahlfässern übereinander. Dort bleiben sie, bis sie – und das kann schon in vier Tagen oder erst nach einem Monat sein – mit der Verarbeitung an der Reihe sind. In der Salzeinlage sondern die Anchovis mit der Zeit ihren eigenen Saft ab, und bald schwimmen sie in einer eindringlich nach Meer und Fisch riechenden Salzbrühe.

Nach der ersten Salzkur werden die Anchovis von Hand ausgenommen und die Köpfe entfernt. Die gesäuberten Fischleiber wandern, zusammen mit einer frischen Ladung Salz, in die Fässer zurück, wo sie wenigstens drei Monate lagern sollten, aber der Konservierungsprozeß darf auch ohne weiteres bis zu einem Jahr dauern. Nach dieser zweiten Verweilzeit werden die Anchovis entweder so wie sie sind erneut mit Salz bestreut und verkaufsfertig verpackt oder aber filetiert und in Olivenöl oder Essig eingelegt. Die katalanischen Anchovis finden von der Küste aus den Weg in alle Teile Frankreichs und werden, zusammen mit Oliven und Pickles, auf den Märkten angeboten. Am besten kauft man sie natürlich an Ort und Stelle, im kleinen Ladengeschäft von Roque gleich an der Einfahrt zum entzückenden Hafenstädtchen Collioure, 20 Autominuten von Perpignan entfernt.

Worauf nun sollte man beim Kauf von Anchovis achten? Das Fleisch dieses kleinen Mittelmeerfischs ist, wenn er gefangen wird, zunächst weiß. Durch die Einwirkung des Salzes jedoch nimmt das Fleisch im Laufe der Konservierung eine feine rosarote, schinkenähnliche Färbung an. Die beste Wahl trifft man also, in Salz eingelegte Anchovis kauft. Zu Hause wäscht man das Salz ab, legt die Fische für etwa 15 Minuten in kaltes Wasser, filetiert sie und kann sie dann auf vielfältige Weise verwenden: für Salate, als Pizza-Belag, in Kombination mit Eiern, gebratenen roten Paprika und vielem anderen mehr.

In Collioure – dem ursprünglichen alten Anchovisfischerhafen, der erst 1960 von Port-Vendres abgelöst wurde, als die Fangmethoden sich änderten – findet man Anchovis an allen Ecken und Enden. Die meisten Restaurants hier warten mit einer ganzen Reihe von Zubereitungen auf, wozu *hors-d'œuvre*-Salate aus gesalzenen, mit Sherry-Essig beträufelten Anchovis gehören, die, zum Mildern, mit gehackten hartgekochten Eiern serviert werden, oder frische, mit Olivenöl und Kräutern gewürzte Anchovis.

Pariser Vertretung: Anchovis der Marke ROQUE sind häufig bei LEPIC SUR MER, 10, Rue Lepic, 75018 Paris (✆ 46061518) erhältlich.

WEINE DES LANGUEDOC-ROUSSILLON

Collioure (Domaine Mas Blanc): Ein samtiger Rotwein, aus Trauben gemacht, die von den terrassenförmig steil aufsteigenden Weinbergen nahe der spanischen Grenze kommen. Es handelt sich um eine sehr kleine *appellation*, die ihren Namen vom reizvollen Hafenstädtchen Collioure, einst die Anchoviskapitale Frankreichs, hat. Weine, denen man ebenfalls Beachtung schenken sollte, sind der wuchtige rote *Faugères* und der trockene weiße *Picpoul de Pinet*, ein perfekter Begleiter für die überall an der Küste servierten Fischgerichte und Meeresfrüchte.

KÄSE DES LANGUEDOC-ROUSSILLON

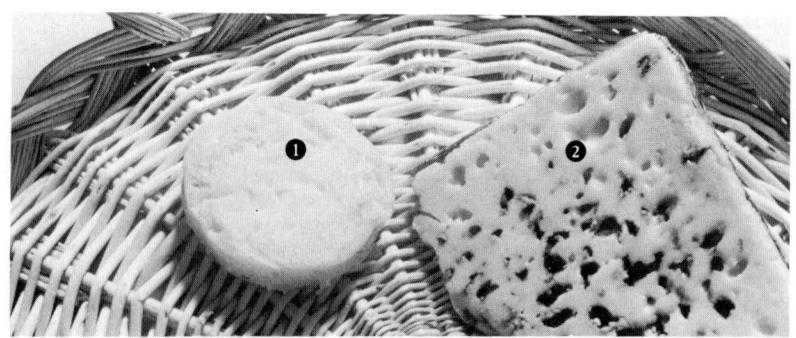

1. Cabecou: Dieser kleine rundgeformte Ziegenkäse aus dem Südwesten (er wird auch mit Schafsmilch oder einer Mischung aus Ziegen- und Kuhmilch gemacht) ist ein traditioneller Bauernkäse, der einem in verschiedener Form – von ganz jung, zart und geschmeidig bis fest, trocken, aromatisch und nußartig schmeckend – begegnet. Er ist auch als *Rocamadour* bekannt.

2. Roquefort: Dieser vielleicht bekannteste Käse der Welt, der samtweiche, blaugeäderte Roquefort, wird ausschließlich aus roher Schafsmilch gewonnen und reift im ausgedehnten Labyrinth der unterirdischen Felsenhöhlen des Dorfes Roquefort-sur-Soulzon. Der Käse wird in der Zeit von Dezember bis Juli hergestellt, wenn die Lacaune-Schafe Milch geben. Der beste Roquefort wird von Hand gemacht und nimmt in reifem Zustand eine blaß elfenbeinfarbene Färbung an.

Auvergne

Die Auvergne, dieser abgelegene Landstrich mit den tief eingeschnittenen grünen Tälern und gewundenen Flußläufen, den unter steilen Dächern kauernden grauen Steinhäusern, den sich durch das zerfurchte Profil der vulkanischen Berge schlängelnden schmalen Landstraßen, hat ein rauhes Gesicht. Und wenn man, wie das sehr oft geschieht, diese Region *rude* nennt, dann ist genau das gemeint: herb, hart, rauh. Wo auch sonst dürfte sich ein Restaurant LE BOUT DU MONDE nennen, was heißen soll: man befindet sich am Ende der Welt.

Auf die Gastronomie übertragen, bedeutet dies

Küchenchef Michel Bras in Laguiole

eine Cuisine, die auf den gesunden Hunger einer Landbevölkerung eingestellt ist, eine Bauernkost, in deren Mittelpunkt luftgetrocknete Schinken und Würste, durchgereifte rustikale Käse, große runde Roggenbrotlaibe und magenfüllende Gerichte, wie *aligot*, stehen, eine satte Mischung aus Kartoffelbrei, Knoblauch und *tomme*, dem frischen Quark, aus dem man den Cantal-Käse macht; oder *pounti*, ein schwerer mit Mangold, Pflaumen, Eiern, Milch und Kräutern angereicherter Schweinehackbraten. Bäche und Flüsse füllen die Töpfe mit Lachsforellen und dem begehrten festfleischigen *omble chevalier*, während die Wälder der Auvergne ganz Frankreich mit Heidelbeeren, Morcheln und dem *cocherelle* genannten, delikaten Riesenschirmpilz versorgen. Und aus dem Städtchen Le Puy kommen die berühmten grünen Linsen – die winzigen bohnenartigen *lentilles du Puy* –, die mit Würsten und gepökeltem Schweinefleisch, mit Scheiben von geräuchertem Schinken serviert oder als Einlage für herzhafte Suppen verwandt werden.

Wenig bekannt außerhalb der Region sind die Weine der Auvergne, doch halten sie einige angenehme Überraschungen bereit, und zu diesen gehören der erfrischende, leichte weiße *Saint-Pourçain* und der dickblütige *Chanturgue*, ein explosiver Rotwein, der rechte Tropfen zur deftigen regionalen Küche.

Wie abgeschieden die Auvergne auch sei, sie ist weit davon entfernt, als Besuchsregion abgeschrieben zu sein. Mit einer Bevölkerungsdichte von nur 28 Einwohnern pro Quadratkilometer (im Großraum von Paris drängen sich 20000 Bewohner auf der gleichen Fläche zusammen) ist dieses Bergland der richtige Ort, um sich einmal von allem loszulösen, tagelang durch Dörfer zu streifen und auf kleinen Märkten den Picknickkorb zu füllen. Die Auvergne ist eine Region der urigen Ortschaften, viele von ihnen Bilderbuchdörfer – wie Tournemire, *le plus beau village*, ein zwischen Salers und Aurillac angesiedelter Weiler; Dörfer, in denen man leicht eine

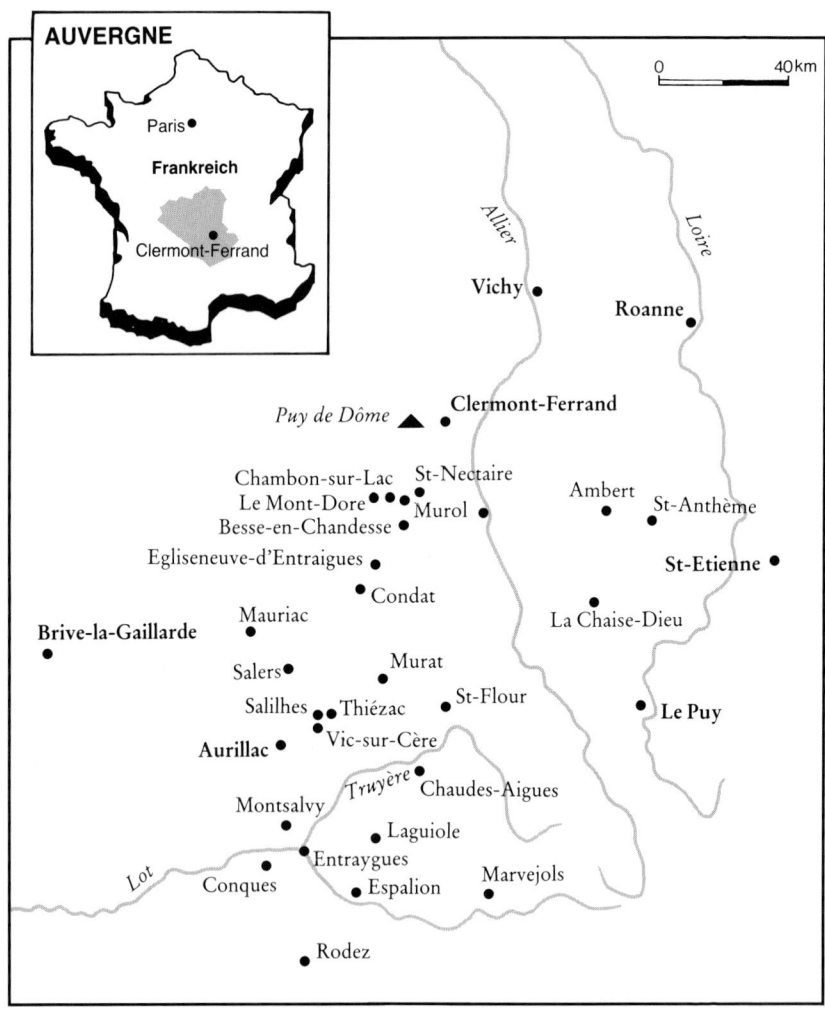

ganze Stunde damit zubringen kann, die restaurierten *auvergnat*-Häuser mit ihren grauen Schieferdächern, den steinernen Brotöfen und den kleinen Gemüsegärten zu bewundern, an denen Wildbäche vorbeigurgeln. Wenn Sie die Gegend besuchen, lassen Sie auf Ihrer Route Salers und Saint-Nectaire nicht aus – zwei Dörfer, die den berühmtesten Käsen der Auvergne ihre Namen geliehen haben –, und Besse-en-Chandesse, das bezaubernde mittelalterliche Dorf, dessen gewaltige graue Steinhäuser aus dem Basalt der vulkanischen Felsen gebaut sind.

Beste Reisezeit

Die zerklüftete, gebirgige Auvergne wird das ganze Jahr über gern besucht, im Frühjahr, Sommer und Herbst besonders von Autoreisenden, im Winter vorwiegend von französischen Familien wegen der Möglichkeiten zum Abfahrtslauf. Gastronomisch gesehen ist der September der beste Monat, denn dann gibt es Pilze und Kastanien in Hülle und Fülle. Beachten Sie, daß viele Restaurants sechs bis acht Monate des Jahres geschlossen sind.

Märkte
(die attraktivsten sind mit einem Sternchen markiert)

Montag: Besse-en-Chandesse, Billom, Clermont-Ferrand.
Dienstag: Châtelguyon, Clermont-Ferrand, Condat, Massiac (jede zweite Woche), *Le Monastier-sur-Gazeille, *Royat, *Vic-sur-Cère.
Mittwoch: Allègre, Aurillac, *Clermont-Ferrand, Egliseneuve-d'Entraigues, Laguiole, Murol, Salers.
Donnerstag: Ambert, Clermont-Ferrand, Mauriac (zweiter und vierter Donnerstag jeden Monats), Maurs, Yssingeaux.
Freitag: Champeix, Châtelguyon, *Clermont-Ferrand, Le Mont-Dore, Murat, Sauges, Vertaizon, Vic-sur-Cère.
Samstag: *Aurillac, Brioude, *Clermont-Ferrand, *Laguiole, Olliergues, Le Puy, Riom, Riom-ès-Montagnes, Royat, Saint-Flour.
Sonntag: Le Monastier-sur-Gazeille, Saint-Nectaire (Juni bis September).

Messen und Volksfeste

5. Juni: *Fête de la Cerise* (Kirschenfest), Vieillevie.
Zweiter Sonntag im Juni: *Fête aux Fraises* (Erdbeerfest), Saint-Geniez-d'Olt.
25. Juni: *Saint-Eloi des Fraises* (Nahrungsmittel-Fest), Thiers.
Erster Samstag im August: *Fête du Pain* (Brotfest), Auzeral.
Der Donnerstag nach dem ersten Sonntag im August: *Foire à la Bouffe* (Nahrungsmittel-Fest), Saint-Chély-d'Apcher.
Um den letzten Sonntag im August: *Fête Votive de Saint-Barthélémy* (Fest des Heiligen Bartholomäus), Najac.
Der dem 20. August nächstgelegene Sonntag: *Fête du Pain* (Brotfest), Olliergues.
Letztes Wochenende im August: *Foire des Vins* (Weinmesse), Saint-Pourçain-sur-Sioule.
14. September: *Foire du Pré* (traditionelle Messe), Thiers.
Erstes Wochenende im Oktober: *Journées de la Fourme* (Käsefest von Montbrison), Montbrison.
6. und 27. Oktober: *Foire aux Cèpes* (Steinpilzmesse), Sauges.
Dritter Sonntag im Oktober: *Fête de la Châtaigne et du Cidre* (Kastanien- und Cidrefest), Quézac.
Erster Samstag im November: *Foire aux Cèpes* (Steinpilzmesse), Saint-Bonnet-le-Froid.
12. November: *Foire du Saint-Martin* (Fest des Heiligen Martin), Allègre.
1. Dezember: *Saint-Eloi des Goges* (Nahrungsmittel-Fest), Thiers.
Letztes Wochenende im Februar: *Foire des Vins* (Weinmesse), Saint-Pourçain-sur-Sioule.

Ambert *(Puy-de-Dôme)*

La Chaise-Dieu 33 km, Clermont-Ferrand 89 km, Paris 434 km, Le Puy 72 km,
Saint-Anthème 22 km, Vichy 92 km
Markt: Donnerstag 8–12 Uhr, Place Saint-Jean, Place du Pontel,
Place Charles de Gaulle, Rue du Château

BÄCKEREI

JOSEPH MEY
4, Rouet de Lyon,
63600 Ambert
✆ 73820141
Geöffnet: Dienstag bis Samstag 9–12.30 und 14.30–19 Uhr; Sonntag 9–12 Uhr

Eine gute Adresse für alle Ausflügler, die ein Picknick planen: Monsieur Mey offeriert ein ganzes Bündel kräftiger Landbrote, wie *pain de seigle à l'ancienne* (Roggenbrot auf alte Art) und *pain bis*, ein Vollweizenbrot, das zu kosten wir Gelegenheit hatten, als es noch ofenwarm war; übrigens das richtige Brot zum *Saint-Nectaire* aus Michel Abonnencs Laden.

KÄSELADEN

MICHEL ABONNENC
4, Place Pompe,
63600 Ambert
✆ 73821119
Geöffnet: Dienstag bis Samstag 8–12.30 und 14.30–19 Uhr; Sonntag 9–12 Uhr

Einer dieser so angenehm freundlichen kleinen Läden, in denen man eine begrenzte, aber ausgezeichnet getroffene Auswahl von authentischen – und recht seltenen – gut gereiften Bauernkäsen findet: *Saint-Nectaire*, den lokalen *Fourme d'Ambert, Cantal* und verschiedene Käse aus der Bergregion.

Romantische Landschaft
in der Auvergne

Aurillac *(Cantal)*

Clermont-Ferrand 167 km, Paris 567 km, Salers 46 km, Vic-sur-Cère 19 km
Markt: Mittwoch und Samstag 5–12 Uhr, Place de l'Hôtel de Ville
Käsemarkt: Samstag 7–12.30 Uhr, Place des Tocks, in der Nähe der
préfecture de police

KONDITOREI

J. C. CRUCHANDEAU
21, Rue Victor Hugo,
15000 Aurillac
☎ 71481311
Geöffnet: 6.30–19 Uhr;
geschlossen: Montag und die
letzte Woche im Juni bis
Mitte Juli

Eine wunderbare Konditorei, die die köstlichen *crêpes jambon* verkauft, mit Landschinken gefüllte Crêpes, die sich sehr gut direkt aus der Hand essen oder im Picknick-Korb verstauen lassen. Auch das mit Roggen gebackene Rosinenbrot und die selbstgemachten Marmeladen kann man hier empfehlen.

BÄCKEREIEN

BOULANGERIE BARCELO
12, Rue des Frères,
15000 Aurillac
☎ 71486132
Geöffnet: 6.30–12.30 und
14.15–19.15 Uhr; geschlossen: Sonntag und vier
Wochen während des Jahres

Eine winzige Bäckerei, die ihr Brot in die ganze Welt verschickt. Kein Wunder, daß die Eigentümer rund um die Uhr arbeiten, um die Riesen-Roggenlaibe – zwei Kilo wiegt ein jeder – auf den Weg zu bringen.

L'EPI CANTALIEN
10, Rue du Buis,
15000 Aurillac
☎ 71484695
Geöffnet: 7–12.30 und 15–19
Uhr; geschlossen: Montag

Eine schön altmodisch wirkende *épicerie*, wo man eine herrliche *tarte encalat*, einen Käsekuchen nach lokaler Art, und das große runde Landbrot *pain de seigle* kaufen kann. Der Laden befindet sich gerade gegenüber vom Käsemarkt (samstagsvormittags) auf der anderen Straßenseite.

KÄSELADEN

CRÉMERIE LEROUX
15, Rue Emile-Duclaux,
15000 Aurillac
☎ 71482889
Geöffnet: Dienstag bis Sonntag 8–12 und 14–19 Uhr;
Montag 8–12 Uhr

Eine makellos saubere Käse-Boutique mit weißgekachelten Wänden, einer mit roséfarbenen Muscheln verzierten Decke, Marmortheken und auffälliger Bodenkachelung in Schwarz, Weiß und Blau. Zu den sehr gepflegten Bauernkäsen, die man hier bekommen kann, gehören *Salers, Saint-Nectaire* und frischer *Cantal*-Quark.

Besse-en-Chandesse *(Puy-de-Dôme)*

Chambon-sur-Lac 11 km, Clermont-Ferrand 51 km, Paris 440 km,
Saint-Nectaire 17 km
Markt: Montag 9–16 Uhr auf allen Plätzen der Stadt

RESTAURANT

LES MOUFLONS
Route de Super Besse,
63610 Besse-en-Chandesse
✆ 73795131
Bestellungen werden bis
13.30 bzw. 20.30 Uhr
entgegengenommen
Geöffnet: Juni bis September
Kreditkarten: AE, V
68- bis 135-Francs-Menüs,
à la carte etwa 250 Francs

Spezialitäten: *Salade de lape-reau au serpolet* (Kaninchen-salat mit Thymian), *saumon aux champignons sylvestres* (Lachs mit Wildpilzen)

Besse-en-Chandesse gehört zu den hübschesten Dörfern der Auvergne, eine Postkartenidylle und obendrein ein Städtchen, das voller ansprechender kleiner Käseläden und Konditoreien ist. Wenn man deren Heidelbeerkuchen *(tarte aux myrtilles)* in den Schaufenstern sieht, läuft einem schon das Wasser im Mund zusammen. Eine der besseren Über-nachtungs- und Eßgelegenheiten in der Gegend bietet LES MOUFLONS, was, wörtlich übersetzt, ›Die Wildschafe‹ be-deutet. Dieses große, moderne, eher kalt anmutende Hotel-Restaurant am Ortsrand war nicht gerade das, was ich vom Namen her erwartet hatte, aber die Romantik stellte sich mit Kuhglockengeläute und dramatischen Sonnenaufgängen beim Erwachen ein.

Die Küche macht einen etwas müden Eindruck, wobei Ausnahmen die Regel bestätigen. Was uns wirklich zusagte, war die aus der Region kommende leuchtend orangefarbene Lachsforelle, die mit sautierten Pilzen serviert wird, Steinbutt mit Steinpilzen und ein feiner Kaninchensalat. Als Wein soll-ten Sie sich den lokalen roten *Chanturgue* vornehmen: ein belebender Tropfen.

Chambon-sur-Lac *(Puy-de-Dôme)*

Clermont-Ferrand 37 km, Issoire 32 km, Le Mont-Dore 19 km, Paris 425 km

KÄSEHERSTELLER

DOMAINE BERLAIRE
Chambon-sur-Lac,
63790 Murol
✆ 73886075
Um 18.30 beginnt eine
45minütige Vorführung des
Prozesses der Käseherstellung
Geschlossen: Sonntag

Nicht oft kommt es vor, daß man von einer Bauersfrau dazu eingeladen wird, ihr bei der Käseherstellung zuzu-schauen, doch schon seit nunmehr 20 Jahren hat Madame Rigaud – auf ihrem wunderschön gelegenen Bauernhof – ihre kleine private Käserei Besuchern zugänglich gemacht. Die Fremden fühlen sich als Gäste, reden auf die Bäuerin ein, stellen Fragen, während sie, Nachmittag für Nachmittag, die Milch in etwa 30 flache, runde Scheiben des sahnigen *Saint-Nectaire fermier* verwandelt. Dieser Käse ist jung und erdhaft-deftig und mag nicht jedermanns Geschmack sein, aber mir sagte er zu (Anfahrt: Von Chambon-sur-Lac aus fährt man auf der D 996 drei Kilometer in nordwestlicher Richtung. An der Gabelung hinter Bressoulleile folgt man der rechten Abzweigung. Dort findet man ein Hinweisschild zur Domaine Berlaire).

Clermont-Ferrand *(Puy-de-Dôme)*

Aurillac 164 km, Paris 338 km, Saint-Etienne 146 km
Markt: Montag bis Samstag 9–17 Uhr, Place Saint-Pierre

RESTAURANT

RESTAURANT JEAN-YVES BATH
Place Saint-Pierre,
63000 Clermont-Ferrand
(Im September 1987 eröffnet)
Bestellungen werden bis
14 bzw. 22 Uhr entgegengenommen
Geschlossen: an Sonn- und Feiertagen und Mitte Juli bis Ende August
Kreditkarten: AE, V
Speiseterrasse; separater Speiseraum für geschlossene Gesellschaften bis zu 30 Personen
Man spricht Englisch
150-Francs-Menü (nur mittags), à la carte 280 Francs

Spezialitäten: *Salade de poisson vinaigrette aux truffes* (Salat mit gebackenem Fisch und Trüffelvinaigrette)

Zu den begabtesten jungen Küchenchefs der Auvergne zählt zweifellos Jean-Yves Bath. Wo andere versagen – nämlich gerade beim Kombinieren zeitgemäß zubereiteter Regionalkost mit eigenen modernen und dem saisonalen Angebot spontan folgenden Einfällen –, hat er Erfolg. Küchenchef Bath hat sein Restaurant, das zunächst in einer restaurierten *bergerie*, einem Schafstall mit Steinwänden und Gewölbedecke, außerhalb der Stadt untergebracht war, an die renovierte Place Saint-Pierre verlegt. Die neue Lage wird gewiß für einen dringend angebrachten höheren Bekanntheitsgrad sorgen.

Bath erweckt den Eindruck eines überaus engagierten Chefs, der so ungefähr alles selbst machen will, angefangen von hauseigenen Pralinen bis zu den selbstangesetzten Kräuterlikören oder im eigenen Keller ausgebauten Weinen. Zu meinen Lieblingsgerichten aus dem Bath-Repertoire gehört ein Salat, der einen anlacht: aus gebackenem Lachs gemacht, welcher auf einem mit Trüffelvinaigrette getränkten Salatbett ruht (siehe Rezept Seite 388); weiter der mit *lentilles du Puy,* in dieser Gegend gewachsenen grünen Linsen, servierte Lachs und dann die umwerfende, von einem Lavendel-Sorbet begleitete warme Torte aus frischen Feigen.

SALADE DE SAUMON VINAIGRETTE AUX TRUFFES ›JEAN-YVES BATH‹
Salat mit kurz überbackenem Lachs und Trüffelvinaigrette

Dies ist ein wahrhaft eleganter Salat und dazu einer, den man meiner Ansicht nach mit allen Sorten von frischem Fisch zubereiten kann. Ich nenne ihn jetzt nur noch einfach ›überbackenen Salat‹, denn das entspricht genau dem, was er ist. Dünne Scheiben Lachs werden auf ein mit Vinaigrette getränktes Salatbett gesetzt und dann kurz im sehr heißen Ofen überbacken. Es ist erstaunlich, wie schnell der Fisch durchgart (gewöhnlich in weniger als 2 Minuten) und wie dieser Backvorgang die Aromen von Vinaigrette, Salatmischung und Fisch augenblicklich miteinander verschmelzen läßt. Küchenchef Jean-Yves Bath ist ein sehr kreativer Koch, und ich werde ihm immer dankbar sein für dieses Rezept und für die Idee, einem Salat mit einer Prise geriebener Orangenschale noch etwas Pfiff zu geben.

Vinaigrette:
2 Tl Rotweinessig bester Qualität
2 Tl Sherryessig bester Qualität
Salz und frisch gemahlener schwarzer Pfeffer nach Geschmack
80 ml extrafeines, kalt gepreßtes Olivenöl
1 kleine schwarze Trüffel (Konserve) in Juliennestreifen geschnitten (nach Belieben)
Etwa 150 g gemischter grüner Blattsalat, gewaschen und trockengeschleudert
Abgeriebene Schale einer Orange
1 Schalotte, gewiegt
Eine Handvoll frische Petersilienblätter
2 kleine Tomaten, gehäutet, von Stielansätzen und Kernen befreit und in kleine Würfel geschnitten
250 g Lachsfilet, diagonal in 12 Scheiben geschnitten
Eine Handvoll frischer Schnittlauch, in 4 cm lange Stücke geschnitten

1. Den Backofen auf 250° vorheizen.
2. Die Vinaigrette zubereiten: Essig, Salz und Pfeffer in einer kleinen Schüssel vermengen, dann das Öl dazurühren. Gegebenenfalls die Trüffel hinzufügen und ziehen lassen.
3. Den Blattsalat in mundgerechte Happen zerpflücken, dann mit der Orangenschale, Schalotte, Petersilie und, bis auf 2 Teelöffel, der gesamten Vinaigrette in einer großen Schüssel anmachen. Den Salat auf 4 flache feuerfeste Teller verteilen und dabei etwas anpressen, damit ein flaches Salatbett entsteht.
4. Die Tomaten mit den restlichen 2 Teelöffeln Vinaigrette anmachen und mit Salz und Pfeffer abschmecken. Beiseite stellen.
5. Die Lachsscheiben auf beiden Seiten großzügig salzen und pfeffern. Je 3 Scheiben auf dem Salatbett jedes Tellers arrangieren.
6. Die Teller in den Ofen schieben und den Lachs in 2 Minuten gerade eben durchgaren lassen. Mit dem Schnittlauch und den Tomaten bestreuen und sofort mit getoastetem Landbrot servieren.

Für 4 Personen.

Egliseneuve-d'Entraigues *(Puy-de-Dôme)*

Besse-en-Chandesse 17 km, Clermont-Ferrand 67 km, Condat 11 km, Paris 457 km
Markt: Mittwoch 8–12.30 Uhr

MUSEUM

LA MAISON DES
FROMAGES
Place Forail, 63850 Eglise-
neuve-d'Entraigues
☎ 73719369
Geöffnet: täglich 10–18 Uhr
Mitte Juni bis Ende September; geschlossen: Oktober bis
Mitte Juni
Eintritt: Erwachsene
11 Francs, Kinder 5 Francs

Ein bescheidenes Regionalmuseum, das es sich zur Aufgabe gemacht hat, Entstehungsgeschichte und Verfahren der Käseherstellung in der Auvergne darzustellen. Hier kann man genau verfolgen, wie *Fourme d'Ambert, Bleu d'Auvergne* und *Saint-Nectaire* oder auch *Cantal* erzeugt werden. Zur Demonstration gehören eine Dia-Schau (in Französisch) und die Möglichkeit, Kostproben der Käse und lokaler Weine zu nehmen. Richten Sie Ihre Aufmerksamkeit vor allem auf die vielen Requisiten, die der Käseherstellung dienen und die die Räume unter diesem alten, für die Auvergne typischen schrägen Dach schmücken.

Laguiole *(Aveyron)*

Aurillac 82 km, Chaudes-Aigues 32 km, Espalion 24 km, Paris 552 km, Rodez 56 km,
Saint-Flour 64 km
Markt: Mittwoch und Samstag 8–12.30 Uhr, Place de la Mairie

RESTAURANT

MICHEL BRAS
12210 Laguiole
☎ 65443224
Bestellungen werden bis
13.30 bzw. 21 Uhr entgegengenommen
Geöffnet: April bis Mitte
Oktober; geschlossen: Sonntagabend und Montag (außer
im Juli und August, wo nur
Montagmittag geschlossen
ist)
Kreditkarten: AE, V
Man spricht Englisch
100- bis 310-Francs-Menüs,
à la carte etwa 350 Francs

Dieses unansehnliche, gottverlassene Dorf hat Frankreich im Sturm genommen, dank der innovativen und von den Medien nach Kräften publizierten Kochkunst des scheuen jungen Michel Bras, der sein Metier nicht bei Troisgros oder Bocuse, sondern bei seiner Mama erlernt hat. Noch kann ich nicht in den Tenor anderer einstimmen, die Monsieur Bras schon heute zu den Spitzenköchen in Frankreich zählen, aber gewiß lohnt es sich, ihn im Auge zu behalten. Wenn man sich dem dörflichen Hotel-Restaurant mit seiner stumpfen braunen, modernisierten Fassade nähert, ahnt man nicht, was einen im Inneren erwartet: Der Speiseraum, eine steinerne *cave* mit Gewölbedecke, in warmen Grau- und Brauntönen sehr geschmackvoll dekoriert und mit einem ganz am Ende winkenden Dachfenster versehen, offenbart sich als phantastisch restaurierter Käse-Reifungsraum.

Restaurantchef Bras bietet seinen Gästen ein fein orchestriertes Speisenprogramm, bei dem pure regionale Landkost

Spezialitäten:
Sauté de queues d'écrevisses (sautierte Krebsschwänze), *filet de lapin aux truffes* (Kaninchenfilet mit Trüffeln), *aligot* (Kartoffelbrei mit Knoblauch und frischem Cantal-Quark, serviert mit Bauernwürsten)

(von seinem *aligot* könnte ich, glaube ich, leben) mit vielen einfallsreichen Speisevorschlägen kombiniert sind. Seine in einem gewissen Ruf stehende, als erster Gang servierte Pilzpastete war, trocken und übersalzen wie sie ankam, eine Enttäuschung, wobei ich die Idee loben muß, die Steinpilze mit einer Prise geriebener Walnuß zu bestreuen. Mehr Glück hatten wir mit dem deftig zubereiteten Kaninchen: das entbeinte saftige Fleisch und die superb sautierten Kaninchennieren waren auf ein Beet von gewelltem Spinat gesetzt und mit feingehackten Trüffeln bestreut. Der Käse-Gang hier ist etwas, was man auf keinen Fall auslassen darf: Man versuche den köstlichen, örtlich gemachten Bauernkäse, der zur Hälfte aus Ziegenmilch, zur Hälfte aus Kuhmilch besteht und einem feinen *Saint-Marcellin* geschmacklich recht ähnlich ist; auch der hier beheimatete *Laguiole* und *Saint-Nectaire* vom Bauernhof sind, vor allem zusammen mit dem wunderbar krustigen Roggenbrot, befolgenswerte Empfehlungen.

Montsalvy *(Cantal)*

Aurillac 35 km, Conques 35 km, Entraygues 14 km, Paris 600 km

RESTAURANT

AUBERGE FLEURIE
15120 Montsalvy
℡ 71492002
Bestellungen werden bis 12.30 bzw. 19.30 Uhr (20 Uhr im Sommer) entgegengenommen
Geschlossen: Mitte November bis Mitte März
Kreditkarten: AE, DC, EC, V
Separater Speiseraum für geschlossene Gesellschaften bis zu 35 Personen
Speisekarte auch in Englisch erhältlich
40-, 60- und 90-Francs-Menüs, à la carte etwa 150 Francs

Spezialitäten:
Truite aux petits lardons (Speckforelle), *potée auvergnate* (Eintopf)

Ein freundlicher, klassischer Landgasthof, dessen Besitzerin und Küchenchefin aufträgt, was Ihr Herz begehrt, vom einfachen Omelett mit Steinpilzen bis hin zum knackig grünen Salat mit Tomaten, angemacht mit einer so spritzigen Vinaigrette, wie sie so wohl nur die französischen Großmütter zuwege brachten. Ein herrlich altmodisches Plätzchen, wo eine aufgeräumte internationale Gästeschar sich bald schon quer über die Tische hinweg angeregt unterhält und Reiseinformationen auszutauschen beginnt.

LENTILLES VERTES DU PUY AUX SAUCISSES FUMEES
Räucherwurst mit grünen Linsen aus Le Puy

Ab Anfang Oktober quellen die Marktstände überall in Südfrankreich geradezu über von lentilles vertes du Puy, nouvelle récolte. Und das heißt, daß man daran denken sollte, diese deftige Kombination aus frischen geräucherten Würsten und würzigen Linsen einmal wieder auf den Tisch zu bringen, ein Gericht, das wie gemacht ist für einen späten Samstags-Lunch vor dem Kamin. Zumal, wenn dazu noch ein kühler fruchtiger Beaujolais nouveau kredenzt wird.

15 g Butter
500 g frische geräucherte Schweinswurst oder
4 Bauernwürste
1 Zweig frischer Thymian oder ¼ Tl getrockneter Thymian
2 Lorbeerblätter
8 Knoblauchzehen, halbiert
2 mittelgroße Zwiebeln, grob gehackt
250 g grüne Linsen, vorzugsweise dunkelgrüne aus Le Puy
1 Flasche (750 ml) trockener Weißwein, wie beispielsweise Riesling

Salatsauce:
2 El Sherryessig bester Qualität
60 ml extrafeines, kalt gepreßtes Olivenöl
1 El Dijon-Senf
Salz und frisch gemahlener schwarzer Pfeffer nach Geschmack
Eine Handvoll frische Petersilie, gewiegt
1 kleines Bündchen frischer Schnittlauch, gewiegt

1. Die Butter in einer großen Kasserolle bei guter Hitze zergehen lassen. Die Wurst hinzufügen und von allen Seiten gut anbraten. Die Wurst dabei nicht anstechen. Thymian, Lorbeerblätter, Knoblauch, Zwiebeln, Linsen und den Wein dazugeben, umrühren und zum Kochen bringen. Die Hitze sofort reduzieren und den Topf zudecken. Unter gelegentlichem Rühren etwa 1 Stunde köcheln lassen. Die Linsen hin und wieder probieren und nur so lange kochen, bis sie nicht mehr knirschend-fest sind. Mehr Wein hinzufügen, falls er verkocht ist, bevor die Linsen gar sind.

2. Die Wurst auf eine warme Platte legen und unter Alufolie warmhalten.

3. Die Sauce zubereiten: Essig, Öl und Senf verrühren, über die warmen Linsen gießen und gründlich durchmischen. Großzügig salzen und pfeffern.

4. Die Wurst zum Servieren in dicke Scheiben schneiden und wieder auf die Platte legen. Die Linsen um die Wurst schöpfen, mit Schnittlauch und Petersilie bestreuen und sofort mit scharfem Dijon-Senf auftragen.

Für 4 Personen.

◁ Eingelegte Oliven

Saint-Flour *(Cantal)*

Aurillac 76 km, Espalion 80 km, Marvejols 68 km, Paris 489 km
Markt: Samstag 8–12 Uhr, im ganzen Stadtgebiet

CAFE

GRAND HOTEL DES
VOYAGEURS
25–27, Rue du Collège,
15100 Saint-Flour
✆ 71603444
Geöffnet: April bis Mitte
Oktober 11.30 (7.30 im Juli
und August) bis 1 Uhr

Ein schönes altmodisches Café mit *salon de thé,* in dessen Schaufenster lauter verführerische Obsttorten stehen.

BÄCKEREI

CHRISTIAN DANIAS
12, Rue du Collège,
15100 Saint-Flour
✆ 71600353
Geöffnet: 6.30–20 Uhr;
geschlossen: Montag,
September und Oktober

Von all den Broten, die ich in Frankreich kostete, gehörten diese hier wohl mit zu den zwölf besten: köstliche Roggen-*baguettes,* riesige, *tourtes* genannte Roggenmehl-Laibe und wirklich eines der feinsten Roggenbrote mit Rosinen, an das ich mich erinnern kann. Sehr verlockend sah auch die Heidelbeertorte aus.

KÄSELADEN

SALVAT-TRUYOL
53, Rue des Lacs,
15100 Saint-Flour
✆ 71600820
Geöffnet: 8–12.30 und
14–19.30 Uhr; geschlossen:
Montag

Ein schönes Geschäft für Käse dieser Region, in dem man *Cantal* in seinen verschiedenen Reifestadien, superben *Laguiole, Saint-Nectaire* vom Bauernhof und *Fourme d'Ambert* probieren kann.

SPEZIALITÄTEN DER REGION

AUX PRODUITS
D'AUVERGNE
Cours Spy-des-Ternes,
15100 Saint-Flour
✆ 71603187
Geöffnet: 9–12 und 15–19
Uhr; Sonntag 10–12 Uhr

Eine wahre Fundgrube für regionale Spezialitäten ist diese *épicerie.* Getrocknete Pilze *(cèpes, girolles, morels),* etliche Lebenswässerchen *(de prune, myrtille, framboise)* gehören ebenso zum Angebot wie die famosen *lentilles du Puy* und verschiedene luftgetrocknete Würste und Schinken.

Gute Freunde, gute Zeiten

Salers *(Cantal)*

Aurillac 49 km, Brive-la-Gaillarde 102 km, Mauriac 19 km, Murat 43 km,
Paris 505 km
Markt: Mittwoch 8–12 Uhr, Place Tissandier-d'Escous

Das Fremdenverkehrsbüro (Syndicat d'Initiative, Place Tissandier-d'Escous, 15410 Salers, ☎ 71407068) informiert über Möglichkeiten, in der Zeit zwischen Mai und Oktober die für die Auvergne typischen *burons,* in Stein gebaute Sennhütten, zu besuchen (siehe hierzu auch »Cantal aus dem Felsengebirge«, Seite 394 f.).

Thiézac *(Cantal)*

Aurillac 26 km, Clermont-Ferrand 249 km, Paris 527 km

KÄSEHERSTELLER

AU BURON
Salilhes, 15450 Thiézac
☎ 71475216
Geöffnet: 9–12 und 14–18 Uhr; geschlossen: Sonntagnachmittag

François und Catherine Verdier, ein patentes junges Ehepaar, machen ihren eigenen *Cantal,* den sie in einem winzigen an der Straße gelegenen Ladengeschäft direkt vom Bauernhof aus verkaufen. Gäste, die bei der Herstellung dieses echten, würzigen Kuhmilchkäses zuschauen möchten, sind willkommen (Anfahrt: Über die N 122. Salilhes liegt 3 km nordöstlich von Vic-sur-Cère; ein Richtungsschild weist den Weg zum Bauernhof).

393

Cantal aus dem Felsengebirge

Salers, 18. September – Hier, in der nebelverhangenen, zerklüfteten Bergregion der Auvergne, hat der Herbst gerade den Sommer abgelöst, wenn der alljährliche Ritus der *transhumance* – des Almabtriebs – wieder mal das Ende einer Käsereisaison verkündet. Die stämmigen, mahagonifarbenen Salers-Kühe haben die im Frühjahr üppig sprießenden Weiden bis auf die Stoppeln abgefressen – Zeit also, in die Täler hinabzuwandern, um im Stall zu überwintern. Der Viehhalter, der besonnene blauäugige Raymond Durrery, hat soeben sein 35. Berufsjahr als Käseerzeuger hinter sich, ein Metier, auf das er mit Recht stolz ist. Steht er auch täglich um 5 Uhr auf, um bis spätestens 6 Uhr oben in den Bergen zu sein – wo er, unterstützt von zwei Assistenten und einer einzigen Hilfsmaschine, eine Herde von 24 Kühen betreut, die zweimal am Tag mit der Hand gemolken werden –, so muß er doch bis spät in den Abend hinein arbeiten, um das Tagespensum zu erledigen, denn die frisch gewonnene Milch wird sofort an Ort und Stelle zu dem Almkäse *Salers* verarbeitet, einem rustikalen, erdhaft-deftigen *Cantal.*

Einige wenige in Gesellschaft von Monsieur Durrery verbrachte Stunden erklären, warum fast niemand mehr auf diese Weise arbeitet; warum der handgemachte Salers dem milderen, standardisierten, fließbandmäßig hergestellten Cantal gewichen ist; warum die edle Rasse der Salers-Kühe, ihrer fetten, nach Bergkräutern schmeckenden Milch wegen weithin bekannt, ihrer Kopfzahl nach langsam, aber stetig reduziert wird. Mag ihre Milch auch wertvoll sein, die Ausbeute ist zu gering, als daß sie einer auf zunehmende Mechanisierung ausgerichteten Molkereiwirtschaft genügen könnte.

Hier im Gebirge, unweit des mittelalterlichen Bergdorfs Salers, wird der einsam gelegene *buron*, ein zweistöckige, saubere Sennhütte, für fünf sommerliche Monate zum Lebensmittelpunkt. In dem grauen Steinhaus wohnen die beiden Melker von Anfang Mai bis Ende September: die einzige (den Normen der Schutzgesetze entsprechende) Zeit, in der der zu 10 bis 40 Kilogramm schweren Rädern ausgeformte, in der Region schon seit 2000 Jahren bekannte Käse hergestellt werden darf.

Der *buron* verfügt über keinen Stromanschluß; für Heizung sorgt lediglich ein offener Natursteinkamin; Wasser kommt von den nahen Gebirgsbächen. Und doch ist dieses Leben hoch droben auf dem Berg von einem innerlich bereichernden und beneidenswert natürlichen Rhythmus erfüllt: keine Spur von Spannung liegt auf den Gesichtern, und der Gleichklang der Kuhglocken ist wie eine bukolische Sinfonie.

»Unsere Arbeit ist nichts für gehetzte Leute. Die Milch braucht eine Stunde zum Gerinnen«, sagt der Gastgeber. »Salers ist der einzige Käse, den ich überhaupt esse«, stellt er sachlich fest, »als Imbiß, nach dem Abendessen, zum Frühstück.«

Sobald die Milch geronnen ist, langt er mit der Hand ins Dachgebälk und angelt ein Instrument herunter, das aussieht wie ein abgesägter Schistock. Behutsam läßt er das Gerät in den Quark gleiten und bewegt es dann gleichmäßig durch die dicker werdende Masse. Als nächstes nimmt er ein Holzpaddel zur Hand – mit dem in der Mitte ausgestanzten Kreuz sieht es aus wie ein kirchliches Requisit –, taucht es in den Bruch und rührt und rührt, bis die schwere Masse zum Faßboden sinkt.

Jetzt senkt Monsieur Durrery einen Eimer in das Faß und beginnt, die Molke herauszuschöpfen. Geschwind schüttet ein junger Helfer – während man sich nur durch stumme Gesten verständigt – die glasige Brühe in eine handbetriebene Zentrifuge und kurbelt und kurbelt, jeden Muskel seiner kräftigen Arme anspannend, bis das Molkewasser in raschem Strahl austritt, während Tropfen für Tropfen die Sahne hervorsickert.

Unterdessen hat der Meister den aromatisch riechenden puddingartigen Bruch auf eine schräg angeordnete, mit Filtertuch ausgeschlagene Holzpresse gekippt. Diese einem riesigen Waffeleisen ähnelnde Presse dient dazu, widerspenstige Restmolke aus dem Bruch zu treiben. Durch den Druck verfestigt sich die lockere Masse zu einem großen viereckigen Preß-kuchen, der während er unaufhörlich abtropft, immer wieder zerschnitten und erneut gepreßt, zerschnitten und gepreßt wird, den ganzen Abend lang, bis kein Tropfen Molke mehr herauskommt.

Am nächsten Morgen schneidet Monsieur Durrery den Preßkuchen in Scheiben, passiert diese durch eine wie eine riesige Raspel aussehende Maschine und salzt den neugeformten Käsebruch, um ihn anschließend in große zylindrische Holzformen hineinzudrücken. Tage vergehen, bis der halbfeste Käseteig firm genug ist, um aus eigener Kraft aufrecht zu stehen. Ist es soweit, dann werden die weißen Zylinder in den kühlen feuchten Kellerraum neben dem Wohnteil des Gebäudes gebracht. Dort werden die Jungkäse monatelang bleiben, Tag für Tag gepflegt, sachgemäß gewendet, abgepinselt, wieder gesalzen und mit Molke einge-rieben, bis sie eine goldgelbe, wie frisch geschnittener Weizen aussehende Kruste bilden. Geht alles gut, dann wird der reife Käse ein frisches Milcharoma verströmen und nach Gebirgskräutern schmecken.

WEINE DER AUVERGNE

Saint Pourçain Blanc (Petillat): Diesen Weißwein, der so perfekt zur herzhaften Kost der Region paßt, lernte ich im Restau-rant AMBASSADE D'AUVERGNE in Paris ken-nen. Wer aber in der Auvergne ist, sollte an Ort und Stelle vor allem die Weine im Auge haben, die diese Region nur selten verlassen; dazu gehört auch der rote *Chanturgue:* in seiner besten Form ein schwerer Wein mit dem vollen Aroma von Beerenfrüchten.

KÄSE DER AUVERGNE

1. Bleu d'Auvergne: Man könnte den Bleu d'Auvergne einen ›mit Kuhmilch gemachten Roquefort‹ nennen, denn in beiden Fällen werden traditionell die aus verschimmeltem Roggenbrot gewonnenen *penicillium*-Sporen eingesetzt, um den Käse zu ›bläuen‹. Heute wird dieser zylinderförmige, blaugeäderte Almkäse saisonunabhängig, also das ganze Jahr über, in Bauernhöfen ebenso wie in Molkereien aus Rohmilch oder aus pasteurisierter Milch gewonnen. Bei einem guten Bleu d'Auvergne ist die Äderung gleichmäßig verteilt und reicht fast durchgehend bis zu den äußeren Enden. Das Aroma sollte scharf und von appetitanregender Würze sein. Man achte darauf, daß der Käse nicht zu stark gesalzen ist.

2. Cantal-Laguiole: Dieser blaß strohfarbene Käse, der nach Gebirgskräutern und Wildblumen schmeckt, wird aus der Rohmilch von Kühen gemacht, die die in einer Höhe von 800 bis 1400 Metern liegenden Almen von Aubrac abweiden. Nach alter Sitte wird der Laguiole nur in der Zeit von Mai bis September auf den *burons*, in Stein gebauten Sennhütten, auf den Almen gewonnen, wo Hirten und Kühe während der Hauptmelkzeit leben. Die Zylinder dieses festen Käses mit dem ausgeprägten Milcharoma können bis zu 50 Kilo wiegen und reifen in den *burons* mindestens vier Monate lang. Auf den Wochenmärkten dieser Gegend kann man sehr wuchtige scharfe Exemplare dieser Käsesorte antreffen, die bis zu zwei Jahren Reifezeit hinter sich haben. Verwandte Varietäten: Cantal, Salers, ausgereifter Cheddar.

3. Bleu des Causses: Wie der Bleu d'Auvergne wird auch der Bleu des Causses aus der (rohen oder pasteurisierten) Vollmilch der Kuh erzeugt, er ist jedoch feinkörniger und weit weniger geädert. Die gesetzlich vorgeschriebene Reifezeit beträgt mindestens 70 Tage, aber seinen besten Zustand erreicht der Käse, wenn er zwischen drei und sechs Monaten gereift ist. Wegen seiner besonderen Eigenschaften – der Bleu des Causses ist fest, fett und besitzt ein starkes Aroma – wird er oft in der Küche eingesetzt: für Omeletts, Pasta oder Kartoffelzubereitungen.

4. Fourme d'Ambert: Einer der großen Käse Frankreichs und, in seiner Eigenschaft als ›bleu‹, von vielen Connaisseurs über den Roquefort gestellt. Der hohe, blaugeäderte Zylinder, aus Kuhmilch gewonnen, hat seinen Namen vom Dorf Ambert in der Auvergne. Gesetzlich vorgeschrieben für den Fourme d'Ambert ist eine Reifezeit von mindestens 40 Tagen, aber die besseren Exemplare bleiben vier bis fünf Monate lang in den feuchten Kellern. Unter seiner orangegrauen Rinde ist dieser Käse von buttriger Konsistenz. Er besitzt ein zartes, beinahe fruchtiges Aroma und einen ganz leichten, vom Reifungskeller herrührenden Schimmelgeruch. Verwandt ist er dem Fourme de Montbrison.

5. Salers: Dieser auch als Cantal Salers bekannte Käse wird zu riesigen, aus roher Kuhmilch gemachten Zylindern von 10 bis 40 Kilo Gewicht ausgeformt. Nach den Vorschriften für das Salers-Gütesiegel darf dieser Käse nur in einem bestimmten Gebiet der Auvergne aus der Milch der dort in 700 bis 1000 Meter Höhe weidenden Kühe gewonnen werden. Die beste Qualität erreichen die in der Zeit von Mai bis September in den *burons* hergestellten Salers. Verwandte Käsesorten: alle Arten von Cantal und ausgereiftem Cheddar.

6. Saint-Nectaire: Dieser waschechte Gebirgskäse, der in seiner vollendetsten Form aus roher Kuhmilch direkt auf dem Bauernhof entsteht, leidet heute, was seinen Ruf anbetrifft, unter einer gewissen Banalisierung, weil die meisten zum Verkauf kommenden Exemplare nicht die qualitätsverbürgende lange Reifezeit hinter sich haben. Der Saint-Nectaire vom Bauernhof trägt einen charakteristischen elliptischen grünen, der in der Molkerei produzierte einen rechteckigen grünen Prägestempel. Ein guter Saint-Nectaire präsentiert sich als flache runde Scheibe mit gekräuselter gelber bis rostfarbener Rinde, einem geschmeidigen strohfarbenen Inneren und gibt sich durch sein Pilzaroma und einen Geschmack nach gerösteten Haselnüssen zu erkennen.

Vier leichte Sätze

Was tun, wenn Sie in netter Runde beim Essen sitzen und freundlich zum Nachnehmen aufgefordert werden? Wenn Sie so satt sind, daß Sie vermutlich keinen Bissen mehr schaffen, können Sie mit einem der folgenden vier Sätze elegant danken:

Non merci, c'était parfait. (Nein, vielen Dank, es war vorzüglich.)

Vraiment non, mais c'était délicieux. (Wirklich nicht, aber es war köstlich.)

Non merci, j'ai très bien mangé, je n'ai vraiment plus faim. (Nein, vielen Dank; es war sehr gut, aber ich habe wirklich keinen Hunger mehr.)

Non merci, je ne pourrais pas avaler une seule bouchée de plus. (Nein, vielen Dank; jetzt könnte ich wirklich keinen Bissen mehr essen.)

Die Dordogne

Die Dordogne, diesen heiteren, üppig grünen Landstrich im Südwesten Frankreichs liebzugewinnen, fällt wahrhaftig nicht schwer. Eine sichtbare Harmonie liegt über dieser romantischen Gegend, die während eines großen Teils des Jahres von einem malerischen Dunstschleier verklärt ist. Dann schimmert eine gefilterte Sonne zwischen den Pappeln und Trauerweiden hindurch, welche die Uferbänke der Dordogne und ihres Nebenflüßchens Vézère säumen, zweier Gewässer, die auf dem Weg nach Westen durch diese heute noch oft bei ihrem historischen Namen Périgord genannte Region fließen.

René Neuville, der Bäcker von Terrasson-la-Villedieu

Hier kann man in einem Bauernhof zu Abend essen, am nächsten Mittag in einem *château* oder in einer umgebauten Mühle speisen, einen Kaffee oder *citron pressé* in unzähligen winzigen an der Fahrtroute liegenden Dörfern nehmen und sich nachts beim Geflüster eines Baches im Schlaf wiegen. Und zwischen den Mahlzeiten lassen sich historische und prähistorische Stätten besichtigen, denn alle paar Minuten stößt man auf feudale Schlösser und sorgfältig gehütete steinzeitliche Höhlen, Zeugen einer reichen und bewegten Vergangenheit.

Als kleine Region, die die guten Seiten des Tourismus schätzt, ohne sich um Fremde zu reißen, ist die Dordogne schon lange ein beliebtes Urlaubsziel für Franzosen, Deutsche und Engländer, die sich in restaurierten Mühlen, Bauernhäusern und *châteaux* etabliert haben. Amerikaner sind hier erst in jüngster Zeit in größeren Gruppen aufgetreten. Diesen wohltuenden touristischen ›Rückstand‹ hat die Region möglicherweise dem Fehlen eines – die Marschroute manch eines Frankreichreisenden bestimmenden Drei-Sterne-Restaurants zu verdanken. Oder aber die Dordogne blieb einfach im Schatten glanzvollerer Namen zurück: der sonnigen Provence, den lockenden Gestaden der Bretagne, der Glitzerwelt der Côte d'Azur, den Weinstraßen Burgunds.

Wie dem auch sei, die Dordogne hat so viel zu bieten, daß es selbst bei einer vollen Woche Zeit schwerfallen dürfte, alle Schätze dieses kleinen Reiches zu heben, ein Reich, um das es einmal – im 13., 14. und 15. Jahrhundert – zwischen Engländern und Franzosen ein großes Tauziehen gab. An beinahe alles Sehenswerte kommt man leicht heran, Autofahren wird wieder zum

Vergnügen. Die Dörfer entlang der Straße liegen eng beieinander, und die Verkehrswege mögen schmal und kurvenreich sein, aber tatsächlich sind sie nur selten stark befahren. Die Dordogne ist eine reiche Agrarzone. Schon von den Landstraßen aus erblickt man die kleinen Bauernhöfe, wo Gänse und Enten zur Gewinnung der berühmten Stopflebern gezogen werden, wo Mais, Tabak und Walnüsse die wichtigsten Ernten darstellen und wo rasch dahinströmende Gewässer immer noch eine ganze Reihe von Mühlen antreiben, in denen wunderbar duftendes Walnußöl gepreßt, Futtergetreide gemahlen und von Zeit zu Zeit Weizen für das unvergänglich gute Landbrot ausgemahlen wird.

In gastronomischer Hinsicht besitzt die Dordogne gute Dinge im Überfluß. Zu den klassischen Glanzlichtern der Tafel – seidenzarter *foie gras*, würzig duftenden schwarzen Trüffeln und herzhaften Gänse- und Enten-*confits* – gesellen sich handfeste Scheiben des scharfen Ziegenkäses *Cabécou*, glasklares, betäubend schön in die Nase steigendes *eau-de-vie de prune*, destilliert aus den im Spätsommer gepflückten purpurnen Pflaumen, baumfrische, kernige Walnüsse und – sobald der Herbst da ist – Pilze in Hülle und Fülle. Gar mancher Dordogne-Wein geht bis auf das Mittelalter zurück, kommt aber erst jetzt wieder in Mode, wie der *Bergerac* in seiner fruchtigen leichten, alkoholschwachen roten und der trockenen, spritzigen weißen Version. Besser noch als *Bergerac* ist der wenig bekannte *Pécharmant*, ein vollmundiger kardinalroter Tropfen, der sich zu einer *charcuterie*-Platte, zu Wild oder dunklem Fleisch ausgezeichnet anläßt. Auch der weiße *Monbazillac*, der von den Weingärten am linken Ufer der Dordogne kommt, feiert ein Comeback. Als feiner süßer Dessertwein ist er ein dankbarer Begleiter zu jeder Art von Nachtisch auf Obstbasis und – sehr kalt kredenzt – zu *foie gras*.

Ein Paradies für Höhlenforscher und Freunde der Archäologie ist die Dordogne schon immer gewesen. Sie kann sich zahlreicher prähistorischer Höhlen und Felswohnungen rühmen. Dazu gehört auch die Font-de-Gaume-Höhle in Les Eyzies-de-Tayac, die Stätte, wo man 1868 die Knochenfunde des Cro-Magnon-Menschen machte. Was den Freizeitwert der Region anbetrifft, so kann man Paddelboote mieten und die tiefen Flußschleifen der Dordogne entlangschippern, auf abseits der Straße gelegenen Wander- und Radfahrwegen alte, in Stein gemauerte Taubenschläge und liebevoll restaurierte Backöfen entdecken oder, in Sorges, auf einer knapp zwei Kilometer langen Strecke durch Eichengehölz und Wälder mit Haselnußbäumen ein halbes Dutzend Trüffelpflanzungen besuchen, in denen der begehrte schwarze Pilz wächst. Und wer ein bißchen unternehmungslustig ist, mag auch auf einem vollbewirtschafteten Bauernhof ein Wochenende verbringen und zum Anlegen der Wintervorräte beim Konservieren von *foie gras*, Schweinswürsten und gepökeltem Schinken helfen.

Und dann sind da noch die Dörfer. Gottseidank gab es Leute, die sich dafür einsetzten, das geschichtliche Erbe und den Charme solcher Orte zu erhalten wie Domme, La Roque-Gageac, Collonges-la-Rouge, Beynac und Monpazier, von denen jeder einzelne zu den ›Plus Beaux Villages de France‹ gehört, eine Auszeichnung, die in ganz Frankreich weniger als 100 Dörfern und Städtchen zuteil wird, und zwar historisch gewachsenen und bis heute aktiven Ortschaften auf dem Land, die man restauriert hat – also nicht kulissenhaften Geisterstädten, die, um zu überleben, alleine auf den Tourismus setzen. All diese schönsten Dörfer sind sehr adrett und ordentlich und erstrahlen sozusagen im Stolz ihrer Bürger. Selbst die anderenorts aus vorgefertigten Metallteilen errichteten Telefonzellen sind hier – landschaftsbezogen – aus wuchtigem Holz gebaut. Manch eines der ›Plus Beaux Villages‹ – wie etwa Domme, eine alte *bastide*, also eine von Schutzmauern umgebene Stadtfeste – kann mit einem lebhaften Straßenmarkt, mit einem guten Hotel und einem Restaurant aufwarten, während andere – wie La Roque-Gageac, an einer sanften Flußschleife unter den dramatisch aufsteigenden Kalksteinfelsen in den Berg eingenistet – dazu bestimmt zu sein scheinen, dem Grunde ihres Wesens nach *citron pressé*-Dörfer zu bleiben, ideale Flecken also, um in Ruhe eine Limonade zu schlürfen und dankbar dafür zu sein, wie gut es einem geht. Im besonders hübschen Dorf Collonges-la-Rouge (305 Einwohner) bilden die roten Sandsteinhäuser einen reizvollen Kontrast zum Grün der Hügellandschaft, der sauber angelegten Walnußbaumhaine und der Weingärten. Monpazier, eine

bastide aus dem 13. Jahrhundert, ist eines der besterhaltenen Dörfer der Region. Voll von der Sonne ausgeleuchtet, wirkt diese von König Edward I. von England 1284 errichtete Bastion wie ein in hellem Ocker erstrahlendes Steinmonument. Der Grundriß des Ortes ist als strenges Rechteck ausgelegt; eine eindrucksvolle Phalanx steinerner Bögen leitet zum zentralen Marktplatz hin.

Daß eine erste Reise durch die Dordogne schon gleich zu einem zweiten Besuch inspiriert, ist geradezu unvermeidlich. Wer hier einmal das erwachende Morgenlicht im Frühling erlebt, die fabelhaft langen, ausgedehnten Sommertage genossen hat, wird ganz gewiß zurückkehren in diese bezaubernde Region, allein schon um der erregenden Erfahrung willen, eine erdfrische Wintertrüffel zu verspeisen oder um an der Walnußernte teilzunehmen oder um bei einer Paddeltour durch ein Stück bukolischer Flußlandschaft den Lenz willkommen zu heißen.

Beste Reisezeit

Mai und Juni sowie September und Oktober. Juli und August sind normalerweise wunderschön, heiß, aber zeitweise ist die Region dann auch unerträglich überfüllt.

Märkte
(die attraktivsten sind mit einem Sternchen markiert)

Montag: Les Eyzies-de-Tayac (Ostern bis September), Hautefort (erster Montag des Monats), Saint-Cyprien (zweiter Montag des Monats), Souillac.
Dienstag: Bretenoux, Brive-la-Gaillarde, Gourdon, Puy-l'Evêque, Saint-Céré.
Mittwoch: Bergerac, Cahors, Figeac (vierter Mittwoch des Monats), Hautefort, Martel, Montcuq (zweiter Mittwoch des Monats), *Montignac, Périgueux, Saint-Céré (erster und dritter Mittwoch des Montas), Sarlat-la-Canéda, Souillac.
Donnerstag: Brive-la-Gaillarde, Domme, Gramat (zweiter und vierter Donnerstag des Monats), Terrasson-la-Villedieu.
Freitag: *Brantôme, Sorges (nur im Sommer), *Souillac.
Samstag: *Bergerac, *Bretenoux, *Brive-la-Gaillarde, *Cahors, Figeac (zweiter Samstag des Monats), *Gourdon, *Martel, Montignac, Nontron, *Périgueux, *Saint-Céré, *Sarlat-la-Canéda, Thiviers, Villefranche-du-Périgord.
Sonntag: Issigeac, *Saint-Cyprien.

Messen und Volksfeste

April: *Journées Gastronomiques de la Noix* (Walnußfest), Martel.
Juni: *Journées Gastronomiques* (Gastronomische Tage), Martel.
Erster Sonntag im August: *Fête de la Moisson* (Erntefest), Gourdon.
Anfang August: *Foire des Produits Régionaux* (Messe regionaler Produkte), Caminel in der Nähe von Fajoles.
Weihnachtszeit: *Foire au Foie Gras* (foie gras-Fest), Martel.

Brantôme *(Dordogne)*

Angoulême 58 km, Limoges 90 km, Paris 502 km, Périgueux 27 km
Markt: Freitag 9–12 Uhr, Place du Marché
Foie gras- und Trüffelmarkt: drei oder vier Freitage nacheinander in der
Weihnachtszeit, 9–12 Uhr, Place du Marché

Sollten Sie an einem Freitag in der Dordogne sein, dürfen Sie auf keinen Fall den vormittags in Brantôme stattfindenden Obst- und Gemüsemarkt versäumen. In diesem romantischen Städtchen am Ufer der Dronne trachten alle Landwirte und Fischhändler, Käsehändler und Schuhverkäufer danach, einen Platz an der Flußbrücke zu ergattern, aber so viele haben hier etwas anzubieten, daß sich die Stände in die Seitenstraßen und bis in den Schatten der berühmten, von Karl dem Großen 769 gegründeten Abtei hineinziehen. Heute findet man auf diesem Markt Käseerzeuger, die etwa einen sahnigen, weißen, in Geschenkpackungen aus purem weißem Papier präsentierten Kuhmilchkäse verkaufen; es ist die Art von Käse, wie er von Bäuerinnen noch tagtäglich zu Hause mit der Hand gemacht wird. Auch den deftigen *tomme de vache* mit seiner faltigen, fahlgrauen Rinde und den feinaromatischen *fromage Echourgnac* (auch unter der Bezeichnung *trappe* bekannt) – er kommt von dem gleichnamigen nahen Trappistenkloster – findet man auf diesem Markt. Forellen gibt es in den windungsreichen Gewässern der Dordogne im Überfluß, und überall auf den Wochenmärkten der kleinen Ortschaften sieht man selbständige Fischhändler lebende Forellen direkt aus dem Tank von einem Kleinlaster oder offenen Lieferwagen herunter verkaufen.

RESTAURANT

Le Moulin du Roc
24530 Champagnac-de-Belair
∅ 53548036
Bestellungen werden bis 14
bzw. 22 Uhr entgegen-
genommen
Geschlossen: Dienstag, Mittwochmittag, Mitte Novem-
ber bis Mitte Dezember und
Mitte Januar bis Mitte
Februar
Kreditkarten: AE, DC,
EC, V
Speiseterrasse; separater Speiseraum für geschlossene
Gesellschaften bis zu
20 Personen
Man spricht Englisch
190- und 250-Francs-Menüs,
à la carte 350 bis 450 Francs

Spezialitäten:
*Foie gras chaud en feuille de
choux* (warme *foie gras* in
Kohlblättern), *confit de
canard à l'oseille* (im eigenen
Fett eingelegte Ente mit
Sauerampfer)

D iese umgebaute Walnußmühle quillt geradezu über vor Charme, wenn Chefin Solange Gardillou und ihr Mann Lucien Gastgeber für eine internationale Pilgerschar spielen, die dieses Restaurant zu ihrem Hauptquartier in der Dordogne erkoren hat. Le Moulin du Roc ist ein durch und durch romantischer Ort – in der wärmeren Jahreszeit speisen die Gäste auf der Terrasse über dem Flüßchen Dronne, das durch eine dichte Schilfwand verdeckt ist –, und die Speise-

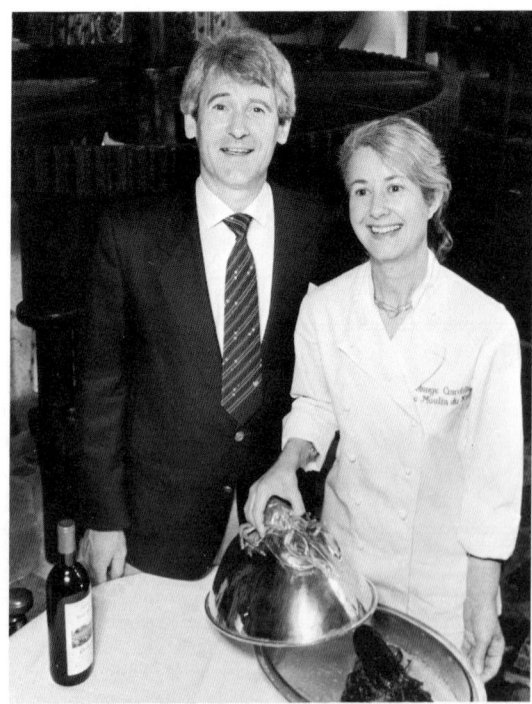

Lucien und Solange Gardillou
in Le Moulin du Roc

karte des Hauses bietet eine ausgewogene Selektion von klassischer und moderner Kost. Madame Gardillous Küche fehlt es zwar an Brillanz, aber das schließt nicht aus, daß einige Speisen höchst empfehlenswert sind: zartgeräucherte Lachsforelle, beträufelt mit kernigduftendem Walnußöl, und gegrilltes *confit d'oie* mit einer Garnitur von überragend gutem Sauerampferpüree und bestreut mit rohem, geschnitzeltem Sauerampfer. Die Entenwurst *(saucisson de canard)* und die recht fade *pintade* (Perlhuhn) in Senfsauce hingegen hinterließen keinen bleibenden Eindruck (Anfahrt: Auf der D 78 und der D 83 sechs Kilometer nordöstlich von Brantôme).

SPEZIALITÄTEN DER REGION

DEBORD
Rochevideau, 24530 Champagnac-de-Belair
✆ 53548142
Geöffnet: 8–18 Uhr; geschlossen: Sonntag und von Dezember bis Ende März

Spezialität:
Huile de noix (Walnußöl)

Hat man das exquisite Walnußöl in LE MOULIN DU ROC erst einmal kennengelernt, dann bleibt einem eigentlich nichts anderes übrig, als sich direkt an die Quelle zu begeben und eine Flasche mit nach Hause zu nehmen. Schon während man sich der an einem Bachlauf gelegenen 700 Jahre alten Mühle nähert, umweht einen das Aroma frisch gerösteter Walnüsse. Wenn etwas schon so gut riecht, sagt man sich, muß es erst recht großartig schmecken, und tatsächlich gehört das hier gepreßte Walnußöl zum besten und frischesten, das man in Frankreich bekommen kann.

Vor nicht allzuvielen Jahren noch gab es auf der 13 Kilometer langen Strecke zwischen Brantôme und Saint-Jean-de-Côle zehn Walnußölmühlen. Heute ist nur die Mühle von Marcel Debord übriggeblieben. Immer noch wird das Öl auf die allereinfachste herkömmliche Art gepreßt. Die von ihrer Schale befreiten Nüsse werden gemahlen, dann in einem Kessel über Holzfeuer erhitzt, um das Ausschwitzen des Öls zu begünstigen, und anschließend gepreßt. Die Debords übernehmen auch die Pressung für ihre Nachbarn, die die ganze Ernteperiode hindurch mit ihren entschalten Walnüssen anrücken. An einem guten Tag kommen aus Debords Presse ungefähr 200 Liter Öl, wobei man pro Liter etwa mit einem Einsatz von 5 Kilogramm Walnüssen (mit Schale) rechnet. Die meisten Kunden bringen, wenn sie hier Öl kaufen, ihre eigenen Behältnisse mit, hat man aber nichts bei sich, so steigen die Eigentümer auch schon mal in den Keller, kommen mit irgendeiner Flasche hoch und füllen sie mit dem flüssigem Gold.

Wenn Sie reisen, ist es empfehlenswert, sich das Öl in eine (Kunststoff-)Flasche mit Schraubverschluß abfüllen zu lassen. Und sorgen Sie auf jeden Fall dafür, daß das Öl zu Hause sofort in den Kühlschrank kommt, dann bleibt es frisch im Geschmack bis zu einem Jahr Lagerzeit (Anfahrt: Von Brantôme aus fährt man auf der D 78 nach Osten; dann ist es das erste Bauernhaus auf der linken Seite kurz vor Erreichen des Weilers Rochevideau. Kein Hinweisschild.)

Cabrerets *(Lot)*

Cahors 33 km, Figeac 44 km, Gourdon 44 km, Paris 593 km, Saint-Céré 64 km,
Villefranche-de-Rouergue 42 km

RESTAURANT

LA PESCALERIE
46330 Cabrerets
✆ 65312255
Bestellungen werden bis 13
bzw. 21 Uhr entgegen-
genommen
Geschlossen: November bis
Ende März
Kreditkarten: AE, DC, V
Speiseterrasse
Man spricht Englisch
90-Francs-Menü ohne Wein,
à la carte 300 Francs

Spezialitäten:
je nach Jahreszeit; Gerichte
mit *foie gras, confit* (im eigenen Fett eingelegte Enten und
Gänse), *truffes* (Trüffel)

Eine meiner angenehmsten kulinarischen Entdeckungen
im Verlaufe von Jahren ist LA PESCALERIE. Die bukolische Stimmung, der naturgegebene Rahmen und die gepflegte
Cuisine machen dies zu einem Ort, an den ich, ohne auch nur
zu überlegen, auf der Stelle zurückkehren würde. Gesunde,
dralle Hühner sieht man hier im Gras picken, wenn man zu
diesem im 18. Jahrhundert in Stein gebauten und geschmackvoll restaurierten Anwesen hochfährt, das von Terrassen und
dicht bewachsenen Blumen-, Obst- und Gemüsegärten
umgeben ist.

Der Eigentümer, Roger Belcour, führt ein Doppelleben:
Tagsüber arbeitet er als Chirurg in Cahors, abends ist er aufmerksamer Gastgeber. Daß das Abendessen ein Erfolg werden würde, war mir schon klar, als ich an der hellglänzenden,
blau-weiß-gekachelten Küche vorbeikam und den Chef bei
seiner Arbeit fröhlich vor sich hinpfeifen hörte. Eine Mahlzeit hier gelingt so wie das ganze Ambiente gelungen ist:
Versuchen Sie die *salade au cou d'oie* (warm servierter,
gegrillter gefüllter Gänsehals, in Scheiben geschnitten und auf
einem Bett von Gartenkräutern und -salaten gereicht) und das
wunderbar saftige, mit einer Prise Salbei gebackene Landhähnchen. Dem Sauerteigbrot werden Sie kaum widerstehen

Ein Milchwagen
in der Dordogne

können, und die Käseplatte ist wie eine Lektion in bodenständiger Einfachheit – nur drei, aber wirklich gute regionale Käse sind hier ausgewählt: ein gewöhnlich nicht leicht zu findender, schön gereifter *Saint-Nectaire*, ein junger *Cabécou*-Ziegenkäse und ein scharfaromatischer *Cantal.*

Wenn noch Platz für einen Nachtisch bleibt, sollten Sie sich an die leckeren Obst-*tartelettes* oder das selbstgemachte, rustikale, säuerlich prickelnde Limonen-Sorbet machen, das mit frischer Minze und kleinen Spritzern abgeriebener Limonen- und Orangenschale aromatisiert ist. Da es in diesem Restaurant nur eine Handvoll Tische gibt, ist eine Reservierung empfehlenswert.

CONFITURE DE VIEUX GARCON
Junggesellenkonfitüre

Ich mag die lustige Bezeichnung für diese ›Obstmischung‹ so gerne; als vieux garçon bezeichnet man in Frankreich nämlich den ewigen Junggesellen, und ich stelle mir dann immer vor, wie eine Gruppe alter Herren bei ihrer ›Abend-Konfitüre‹ beisammensitzt und die Stimmung sich zusehends hebt. Aber auch wir angeln uns, wenn wir spät abends mit unseren Freunden Dany und Guy Dubois, Landwirten in der Dordogne, am Kaminfeuer sitzen, nur zu gern ein paar dieser Obststücke aus dem großen Glaskrug. Die in Wodka oder einem klaren eau-de-vie und Zucker angesetzten frischen Früchte der Jahreszeit sollten, für ein Höchstmaß an Geschmacksintensität, mindestens zwei Monate mazerieren. Dann hat man stets ein Dessert auf Vorrat, das zu Eis oder einer Vanillecreme oder ganz einfach nature gleichermaßen köstlich schmeckt.

1 kg gemischtes frisches Obst, wie Pfirsiche, Pflaumen, Aprikosen, Birnen, Äpfel, Feigen, Himbeeren, Erdbeeren, Kirschen, Weintrauben (und Rosinen)
750 ml Wodka, unter Umständen auch mehr
1 kg Zucker
1 große Zitrone, in sehr dünne Scheiben geschnitten

1. Das Obst vorbereiten: Die Pfirsiche häuten, die Kerne entfernen und in Achtel schneiden. Pflaumen und Aprikosen entsteinen und in Sechstel schneiden. Birnen und Äpfel halbieren, von den Kerngehäusen befreien und in Achtel schneiden. Die Feigen halbieren. Das restliche Obst ganz lassen.

2. Den Wodka in ein großes Glasgefäß mit Deckel gießen. Den Zucker unter Rühren darin auflösen. Das Obst und die Zitronenscheiben hinzugeben. Falls nötig, mehr Wodka nehmen, damit das Obst vollständig bedeckt ist. An einem kühlen, trockenen Platz mindestens 2 Monate stehenlassen, gelegentlich umrühren und mehr Wodka, Obst, Zucker und Zitrone hinzufügen, wenn der Bestand aufgefüllt werden soll.

La Dornac *(Dordogne)*

Brive-la-Gaillarde 20 km, Cahors 108 km, Larche 8 km, Paris 549 km,
Sarlat-la-Canéda 36 km, Terrasson-la-Villedieu 10 km

SPEZIALITÄTEN DER REGION

DANY UND GUY DUBOIS
La Dornac, 24120 Terrasson-la-Villedieu
✆ 53510424
Foie gras-Wochenenden während des ganzen Jahres
Schweinefleisch-Wochenenden von November bis April

Spezialität:
Wochenende auf dem Bauernhof

Gänse auf der DUBOIS-Farm

Dies ist die beste mir bekannte Adresse für ausgezeichnete selbstgemachte *foie gras d'oie* (Gänsestopfleber) wie auch zahlreiche Produkte aus Schweinefleisch (praktisch alles, vom Schinken bis zur Kopfsülze). Die Hauserzeugnisse werden täglich verkauft, aber es ist schon besser, man ruft vorher an, um sicher zu sein, daß jemand da ist. Die freundliche, offenherzige Familie Dubois bietet auch Wochenend-Aufenthalte auf ihrem Bauernhof an, bei denen man selbst mit anpacken, sich seine eigene *foie gras* zubereiten, eine Gans als *confit* einlegen oder sogar ein ganzes Schwein verarbeiten kann, um es mit nach Hause zu nehmen. Anfahrt: Von Brive-la-Gaillarde aus fährt man auf der N 89 in westlicher Richtung nach Larche und folgt dann der D 60 fünf Kilometer in Richtung Sarlat. In Chavagnac biegt man rechts ab nach La Dornac. Von dort aus fährt man nach La Cassagne, wo man Hinweisschilder zur Dubois-Farm findet (siehe »Wochenende auf dem Bauernhof«).

Wochenende auf dem Bauernhof

La Dornac, 28. Oktober – Dany Dubois sperrte die Flügel des Eingangstores zu ihrem modernen, weitläufig angelegten Bauernhof weit auf und begrüßte die Mittagsgäste: »Sie kommen gerade recht zum Essen. Hereinspaziert und, bitte, fühlen Sie sich hier ganz wie zu Hause.« Pommes frites brutzelten auf dem Herd, Steaks warteten darauf, in der Pfanne gebraten zu werden, Terrinen mit Schweine- und Gänse-*rillettes* und Schweine-Pâté standen auf dem langen Tisch bereit, und die 37jährige Landfrau aus dem Périgord war fleißig dabei, ein Bauernbrot mit krachiger Kruste aufzuschneiden. Ein paar Minuten später kam ihr Mann Guy von der Scheune herüber und begann, Flaschen mit selbstgekeltertem herbem Rotein zu entkorken. Auf der Weide nebenan brachte eine Kuh gerade ein Kälbchen zur Welt.

Drunten im Tal war eine Pirschjagd nach *palombes,* Wildtauben, im Gang. Die nächsten 72 Stunden gab es auf dem auf einer grünen Anhöhe in der Dordogne gelegenen Hof der Dubois keinen ruhigen Moment. Wir, die wir zu *Les Journées du Cochon* hierhergekommen waren, stellten die ersten Wochenendgäste des Jahres dar. Im Verlaufe der nächsten vier Tage intensiver Arbeit würden wir alles Erdenkliche über die Kunst lernen, ein 150-Kilo-Schwein zu verarbeiten, das auf der Dubois-Farm mit einem aus Rüben, Mais und Gerste bestehenden Mastfutter aufgezogen worden war. Und am Sonntagmittag würden wir, kiloweise mit *boudin noir,* Blutwurst, und Dutzenden von Gläsern mit Schweinskopfsülze, *pâté de foie de porc, rillettes* und *confit* beladen, die Heimreise antreten. Der Schinken – fest in Musselin eingewickelt, gepökelt, mit reichlichen Mengen frisch gemahlenen schwarzen Pfeffers und mit Lorbeerblättern aus dem eigenen Garten gewürzt – würde, bis zur Abholung ein paar Monate später, auf dem Bauernhof bleiben. Wir hinterließen zwei Prachtschinken, die zum Reifen in ein großes Holzfaß gesenkt und mit frischer Holzasche bedeckt wurden. Nach sechs Wochen sollten sie zum Lufttrocknen und Durchreifen aufgehängt werden, bevor sie als fertiger *jambon cru,* in papierdünne Scheiben geschnitten, auf den Mittagstisch oder die Picknickdecke kämen.

Vom Lebensmittelbedarf der Selbstversorger Dubois werden nur Brot, Butter, Kaffee und Zucker hinzugekauft. Alles andere, was auch die Gäste hier vorgesetzt bekommen, ist auf dem Bauernhof erzeugt oder konserviert worden. Zu dieser Eigenproduktion gehören auch das frische aromatische Walnußöl, mit dem die Gartenkräuter und Salate angemacht werden, die Steinpilze, die sich in einem als erster Gang servierten herzhaften Omelett wiederfinden, der deftige *magret d'oie* (in der Pfanne gebratene Mastgänsebrust mit einer kräftigen Sauce aus grünem Pfeffer) und selbst die Cidres und Obstweine – aus Äpfeln, Pfirsichen und Orangen gemacht –, welche hier als Aperitifs gereicht werden. Zum Frühstück füllt man die Kaffeehumpen mit frisch gemolkener Milch auf, und wenn nach dem Abendessen alle ihre müden Glieder am Kamin ausstrecken oder sich Gesellschaftsspielen widmen, dann werden die Walnüsse der letzten Ernte geknackt.

Dany und Guy Dubois sind ein typisches Beispiel für viele französische, auf dem Land lebende Paare, die ihr Haus im Betrieb mitarbeitenden Wochenendgästen geöffnet haben; sie bieten auch *foie gras*-Wochenenden an, bei denen die jährlich 1000 hier aufgezogenen, zwangsgefütterten Mastgänse verarbeitet werden. Zu diesen Wochenendprogrammen gehören keine regelrechten Kochkurse, vielmehr haben die Teilnehmer Gelegenheit, das französische Landleben und seine Traditionen aus erster Hand kennenzulernen. Die Gäste werden in die Familie integriert, was bedeutet, daß sie sich mit einem Besen in der Hand oder an einem sonnigen Nachmittag beim Viehtreiben auf der Weide wiederfinden mögen.

Les Eyzies-de-Tayac *(Dordogne)*

Brive-la-Gaillarde 62 km, Paris 532 km, Périgueux 45 km, Sarlat-la-Canéda 21 km
Markt: Montag, von Ostern bis September, 8–17 Uhr auf der Hauptstraße

RESTAURANT

CRO-MAGNON
24620 Les Eyzies-de-Tayac
✆ 53069706
Bestellungen werden bis 14
bzw. 21 Uhr entgegen-
genommen
Geschlossen: Mitte Oktober
bis Mitte April
Kreditkarten: AE, DC,
EC, V
Speiseterrasse
Man spricht Englisch
110- bis 300-Francs-Menüs,
à la carte 300 Francs

Spezialitäten:
Foie gras maison (haus-
gemachte Enten- oder Gänsestopfleber), *pigeonneau au
verjus* (junge Tauben mit
Sauce aus unreifen Trauben)

Ganz verliebt bin ich in dieses lauschige, weinumrankte Restaurant, an dem sich, zumindest rein äußerlich, seit vielen Jahren kaum etwas geändert zu haben scheint: die schweren Eichenbalken an den Decken, die hellen orangefar-benen Wände, der riesige Kamin – all das macht dieses Plätz-chen so gemütlich und romantisch; das Essen aber ist absolut up-to-date, und die regionale Küche kommt dabei auch nicht zu kurz.

Ganz besonders gut hat uns das *confit d'oie à l'oseille* geschmeckt, ein Gericht, das aber dreimal leichter ist als es klingt, sowie die sättigende *daube de mouton,* die ich, so köstlich wie sie ist, ganz bestimmt mindestens einmal in der Woche essen könnte. Auch der Käsewagen ist sehr anspre-chend und enthält einen ganz frischen, mit Walnüssen ser-vierten Kuhmilchkäse sowie den lokalen *Cabécou*-Ziegen-käse. Zum Nachtisch sollten Sie sich die wirklich exquisite *tarte Tatin* gönnen.

Gramat *(Lot)*

Brive-la-Gaillarde 57 km, Cahors 56 km, Figeac 37 km, Gourdon 39 km,
Paris 549 km, Saint-Céré 20 km
Markt: Zweiter und vierter Donnerstag des Monats, 9–17 Uhr, Place de la Halle

SPIRITUOSEN

MAISON VIGOUROUS
9, Place de la République,
46500 Gramat
✆ 65387030
Geöffnet: 8–12 und 14–19
Uhr; geschlossen: Sonntag

Das edle, goldene *eau-de-vie de prunes du Vieux Pigeon-nier* aus der Brennerei SÉGALA hat eine solche Frische, entfaltet ein so intensives Aroma nach vollreifen Pflaumen und herb-würzigen Pflaumenkernen, daß es für mich zu den besten Pflaumenschnäpsen gehört, die Frankreich zu bieten hat.

DAUBE DE MOUTON ›RESTAURANT CRO-MAGNON‹
Geschmortes Lamm ›Restaurant Cro-Magnon‹

Diese sättigende daube aß ich estmals im CRO-MAGNON, *einem verträumt-romantischen Restaurant in Les-Eyzies-de-Tayac, und beschloß umgehend, sie sehr bald schon meinen Gästen vorzusetzen. Ich liebe Lamm und Oliven und Rotwein und Knoblauch. Warum also diese Ingredienzen nicht in einem köstlichen Ragout kombinieren? Die eingesetzte Weinmenge mag zunächst exzessiv erscheinen, aber irgendwie köchelt sie sich schließlich zu einer herrlich kräftigen, von Lamm- und Olivenaroma durchdrungenen Sauce zusammen.*

2 Flaschen (je 750 ml) Rotwein, vorzugsweise *Gigondas*
1,5 kg Lamm- oder Hammelschulter, in 10 cm große Stücke geschnitten, sorgfältig vom Fett befreit
Salz und frisch gemahlener schwarzer Pfeffer nach Geschmack
60 ml extrafeines, kalt gepreßtes Olivenöl
2 mittelgroße Zwiebeln, grob gehackt
1 Karotte, geschält und grob gehackt
1 Bouquet garni: einige Blätter Basilikum, je 2 Zweiglein Petersilie und Thymian, 1 kleine Lauchstange, gründlich gewaschen, 2 Selleriestangen, alles mit Garn zusammengebunden
1 ganze Knoblauchknolle, die Zehen geschält und halbiert
250 g schwarze Oliven, vorzugsweise aus Nyons
Eine Handvoll frisches Basilikum, gewiegt

1. Einen Tag vor Servieren der *daube* den Wein in einem großen Topf zum Kochen bringen, 2 bis 3 Minuten kochen, beiseite stellen und abkühlen lassen.
2. Das Lamm salzen und pfeffern. Das Öl in einer großen emaillierten Kasserolle bei guter Hitze heiß werden lassen. Das Lamm hinzufügen und von allen Seiten gut anbraten. Die Kasserolle dabei nicht zu voll machen, sondern lieber in mehreren Schüben braten. Die angebratenen Lammstücke aus dem Fett nehmen und beiseite stellen.
3. Die Zwiebeln und die Karotte in die Kasserolle geben und sautieren. Sie sollen weich werden, dabei aber nicht bräunen. Das gesamte Fett abgießen, dann die angebratenen Lammstücke, das *bouquet garni* und den Knoblauch hinzufügen und gut miteinander vermengen. Etwa 5 Minuten, bis der Knoblauch gebräunt ist, dünsten. Den Wein und die Oliven dazugeben, rühren, bis alles gut vermischt ist, vom Feuer nehmen und über Nacht kaltstellen.
4. Am nächsten Tag die Sauce sorgfältig abschäumen, dabei alle kleinen Partikel und das Fett entfernen. Die *daube* zum Sieden bringen und unter gelegentlichem Rühren etwa 2 Stunden, bis das Lamm sehr zart ist, köcheln lassen.
5. Zum Servieren das *bouquet garni* entfernen und die Sauce abschmecken. Über gebutterte Nudeln schöpfen und mit etwas Basilikum bestreuen.
Für 6 Personen.

Montfort *(Dordogne)*

Brive-la-Gaillarde 58 km, Gourdon 20 km, Paris 534 km, Sarlat-la-Canéda 10 km, Vitrac 3 km

RESTAURANT

LA FERME
Caudon-de-Vitrac,
24200 Montfort-Caudon
✆ 53283335
Bestellungen werden bis 13
bzw. 20.30 Uhr entgegen-
genommen
Geschlossen: Montag und im
Oktober
Keine Kreditkarten
Separater Speiseraum für
geschlossene Gesellschaften
bis zu 30 Personen
Man spricht etwas Englisch
Vier Menüs von 55 bis 120
Francs, à la carte 180 Francs

Spezialitäten:
Soupe paysanne du Périgord
(Roggenbrotsuppe), *confit de
canard* (im eigenen Fett ein-
gelegte Ente), gegrilltes
Fleisch

Nur wenige Restaurants sind so unverfälscht in ihrer Art und so generös in ihrer Bewirtung wie LA FERME, ein mit allerlei antikem Trödel und den Lauten des Wohlergehens erfülltes restauriertes Bauernhaus. Kaum zu glauben, was man hier bei einem 55-Francs-Menü vorgesetzt bekommt: Durch Terrinen voll deftiger Roggenbrotsuppe, Scheiben von Landschinken, mit Gänse-*rillettes* gefüllte Töpfe, dicke gegrillte Lammkoteletts und Käse darf man sich durcharbei-ten und dazu so viel von dem dunkelroten *Cahors* trinken, wie man glaubt, vertragen zu können. Ganz zu schweigen von den Körben voll borkigem Landbrot, die hier anrollen. Maurice Escalier, der Eigentümer, ist ein Brummbär mit einem guten Schuß Humor. »Nicht zuviel davon essen«, warnt er einen Brotverschlinger. »Essen Sie Ihre Suppe«, bekommt ein anderer zu hören, der langsam und hingebungs-voll vor sich hinlöffelt. Jedenfalls paßt der Chef genau zur Stimmung von LA FERME.

A la carte-Esser finden nur eine beschränkte Auswahl (es gibt gutes Grillfleisch, die Omeletts sind ziemlich trocken, die *pommes sarladaises* annehmbar), aber die dicke, sätti-gende Roggenbrotsuppe darf man hier nicht auslassen: Lange und sanft geköchelte weiße Bohnen, Karotten und Kartoffeln werden mit ihrer Brühe über Roggenbrot geschüttet, das

---

Erdbeeren

Eine eklatante und überdies jahrhundertealte Liebesbeziehung besteht zwischen Franzo-sen und Erdbeeren. Die im 18. Jahrhundert zur Pariser Hautevolée gehörende Thérèse Tallien, Gattin des Revolutionärs Jean Lambert Tallien, pflegte in Erdbeersaft zu baden, um ihre Haut weich und geschmeidig zu erhalten. In den Früchten direkt zu baden, mag etwas zu weit gehen, aber wer könnte sich dem Reiz einer frischgepflückten dicken Erdbeere entziehen, deren saftiges Fleisch noch die eingefangene Sonnenwärme ausstrahlt? Zwei Grundsorten von Erdbeeren haben sich in Frankreich durchgesetzt: die kleine, aus den Walderdbeeren entstandene *fraise des quatre-saisons*, die Monatserdbeere, und die größere Form, die ursprünglich aus dem Süden der Vereinigten Staaten kam.

Übrigens: Wenn in Frankreich ein Pärchen in den Wald geht, dann kneift man ein Auge zu und sagt, sie würden *aller aux fraises* – also etwa: Erdbeeren suchen gehen.

einen Tag alt ist, wobei jeder Gast seine eigene Terrine erhält, damit er sich – selbstverständlich – nachnehmen kann (siehe Rezept Seite 413). Anfahrt: Von Sarlat aus fährt man auf der Straße nach Bergerac bis Vitrac. Hier nimmt man die Straße nach Souillac und folgt ihr einen Kilometer. Dort steht ein großes Haus mit einem Schild nach La Fagne-Caudon. Man biegt rechts ein und folgt der Straße bis zum Restaurant.

Rocamadour *(Lot)*

Brive-la-Gaillarde 55 km, Cahors 59 km, Figeac 46 km, Gourdon 36 km, Paris 545 km, Saint-Céré 29 km, Sarlat-la-Canéda 66 km

KÄSEHERSTELLER

FERME JEAN LACOSTE
Les Alix, 46500 Gramat
℆ 65336266
Geöffnet: täglich 9–19 Uhr; geschlossen im Januar oder Februar, falls es keine Milch geben sollte

In diesem alten, aus Naturstein gebauten Bauernhaus mit den ehemals weißen Fensterläden melkt die freundliche Marcelle Lacoste immer noch ihre 70 Ziegen mit der Hand. Solange sie überhaupt nur zurückdenken kann, hat sie die lokale Spezialität, den Ziegenkäse *Cabécou,* gemacht – delikate runde Scheiben, die sie für gerade eben zwei Wochen in ihrem kühlen, feuchten Keller reifen läßt. Was den *Cabécou* von anderen Ziegenkäsen unterscheidet, ist die Methode seiner Herstellung: Sobald Bruch und Molke voneinander getrennt sind, wird dieser Bruch nämlich mit der Hand zu einem festen Käseteig geknetet, bevor er in die Formen eingedrückt wird; das Ergebnis ist ein weniger nasser, dichterer, schwererer Käse. Wenn man die kleinen Scheiben sieht, möchte man kaum glauben, daß man einen halben Liter Milch benötigt, um einen einzigen Käse herzustellen. Anfahrt: Von Rocamadour aus nimmt man die Straße nach Mayrignac-le-Francal. Der durch ein Schild bezeichnete Bauernhof LACOSTE ist das zweite Gehöft nach dem Weiler Les Alix.

Saint-Cirq-Lapopie *(Lot)*

Cahors 33 km, Figeac 45 km, Paris 607 km, Villefranche-de-Rouergue 36 km

SPEZIALITÄTEN DER REGION

CHRISTIAN DESTIEN
Saint-Cirq-Lapopie,
46330 Cabrerets
Keine festen Verkaufszeiten;
nur im Sommer geöffnet

Eine Quelle für leuchtendgelbe Töpferwaren, gelbe und grüne Omelettplatten, elegante zeitgenössische Platten und Vasen in Ochsenblut-Rot.

Saint-Cirq-Lapopie

Saint-Cyprien *(Dordogne)*

Beynac 10 km, Paris 539 km, Périgueux 54 km, Souillac 51 km
Markt: Sonntag und der zweite Montag im Monat, 9–13 Uhr, Place Gambetta

SPEZIALITÄTEN DER REGION

AUGUSTE CYPRIEN
Place de l'Eglise,
24220 Saint-Cyprien
✆ 53292512
Geöffnet: nur von Juni bis
September, 9–12 und 14–18
Uhr; geschlossen: Samstag
und Sonntag

Das südwestfranzösische Pendant zum berühmten Pariser Delikatessengeschäft PETROSSIAN. In dem stilvoll restaurierten Laden im Zentrum dieses Bilderbuch-Dorfes wird von eingemachten Trüffeln über Sauternes eine ganze Palette von Spezialitäten geboten. *Foie gras* und *confit* sind aus eigener Herstellung.

Sainte-Nathalène *(Dordogne)*

Gourdon 26 km, Paris 555 km, Périgueux 75 km, Sarlat-la-Canéda 9 km,
Souillac 21 km

SPEZIALITÄTEN DER REGION

HUILERIE DU MOULIN DE LA TOUR
Sainte-Nathalène,
24200 Sarlat-la-Canéda
✆ 53592208
Geöffnet: täglich 9–12.30 und 14–19 Uhr

Die bekannteste, meiner Meinung nach aber nicht die beste Walnuß-Ölmühle dieser Region. Immerhin ist das Öl hier vermutlich frischer als auf den meisten Märkten und halb so teuer. Außerdem bietet sich hier die Gelegenheit, eine echte Walnuß-Ölmühle in Betrieb zu sehen – eine der letzten in Frankreich (Anfahrt: über die D 47. Die Mühle liegt neun Kilometer nordöstlich von Sarlat und ist ausgeschildert).

SOUPE PAYSANNE DU PERIGORD ›LA FERME‹
Bauernsuppe nach Art des Périgord

Sie sollten nicht gleich die Nase rümpfen, wenn Sie ›Bauernsuppe‹ lesen. Sie gehört zu den preiswertesten und, besonders an kalten Wintertagen, magenfreundlichsten Gerichten, die ich kenne. Eine der letzten Anweisungen in dem mir von Restaurateur Maurice Escalier übersandten Rezeptes lautet: »Bis zum Mittag köcheln lassen«; genau das macht er nämlich in seinem rustikalen Restaurant LA FERME gleich außerhalb von Sarlat. Wenn Sie zufällig köstliches hausgemachtes Roggenbrot zur Hand haben – um so besser.

500 g getrocknete weiße Bohnen
500 g (etwa 2 mittelgroße) Kartoffeln, geschält und in dünne Scheiben geschnitten
250 g Karotten, geputzt und in dünne Scheiben geschnitten
250 g Lauch, gründlich gewaschen, getrocknet und in dünne Scheiben geschnitten
1 El Entenschmalz oder Butter
Salz und frisch gemahlener schwarzer Pfeffer nach Geschmack
12 sehr dünne Scheiben Roggenbrot vom Vortag

1. Einen Tag vor Servieren der Suppe die Bohnen in reichlich kaltem Wasser einweichen.
2. Drei Stunden vor dem Servieren die Bohnen abgießen. 5 Liter Wasser in einem großen Suppentopf zum Kochen bringen. Bohnen, Kartoffeln, Karotten, Lauch, Entenschmalz, Salz und Pfeffer hinzufügen. Wieder zum Kochen bringen, dann die Hitze zurücknehmen und die Suppe bei halb aufgelegtem Deckel 3 Stunden nur gerade eben sieden lassen. Abschmecken.
3. Zum Servieren eine Scheibe Roggenbrot in jeden vorgewärmten Suppenteller legen, die Suppe über das Brot schöpfen und mit Pfeffer abschmecken.
Für 12 Personen.

Sarlat-la-Canéda *(Dordogne)*

Bergerac 74 km, Brive-la-Gaillarde 51 km, Cahors 61 km,
Paris 539 km, Périgueux 66 km
Markt: Mittwoch 9–12 Uhr, Place de la Mairie; Samstag 9–17 Uhr, Place de la Mairie

An Markttagen, besonders im Herbst und im Winter, wird das ohnehin schon bezaubernde Sarlat zu einem geradezu fesselnden Schauplatz, zu einem quicklebendigen Ort, der vielen Landwirten der Dordogne als Hauptumschlagplatz für ihre Walnüsse, für *foie gras,* Mastgänse und Mastenten dient und wo die Bauern an den besonders bewegten Samstagen mitunter auch schwarze Trüffeln zum Markt bringen. Selbst wenn die verfügbare Zeit begrenzt sein sollte, Sarlat müssen Sie unbedingt in Ihren Routenplan aufnehmen. Die vom Licht weichgezeichneten gelben Steinbauten, ihre robusten Grausteindächer und die steilen Gassen mit dem Kopfsteinpflaster gehören zu den schönsten und am besten erhaltenen Elementen des Périgord.

BÄCKEREI

B. Pauliac
Madrazes, 24200 Sarlat
∅ 53593713
Geöffnet: 7.30–12.30 und
16–19.30 Uhr; geschlossen:
Montag

Haben Sie erst einmal die Roggenbrotsuppe in der nahen La Ferme kennengelernt, wird es Sie danach gelüsten, sich Ihr eigenes köstliches Roggenbrot von Pauliac zu besorgen, das nur mittwochs gebacken wird. Das *pain de seigle* ist so gut, daß man es beinahe als gesondertes Mahl in zwei Gängen verspeisen kann: zunächst die kräftige Kruste und dann die weiche Krume, die *mie.* Diese *boulangerie* liegt einigermaßen entrückt am Ortsrand von Sarlat im Vorderzimmer eines Hauses. Anfahrt: Von Sarlat aus nimmt man die Straße in Richtung Gourdon-Souillac; die Bäckerei liegt auf der rechten Seite in einem Haus, das ein *Chambres à louer*-Schild – ›Zimmer zu vermieten‹ – trägt.

Sorges *(Dordogne)*

Brantôme 25 km, Limoges 77 km, Nontron 45 km, Paris 470 km, Périgueux 24 km,
Thiviers 13 km, Uzerche 174 km
Markt: Im Sommer, Freitag 9–12 Uhr, auf der Hauptstraße

MUSEUM

Ecomusée de la Truffe
24420 Sorges
∅ 53059011
Geöffnet: 14–17 Uhr (10–12
und 14–17 Uhr im Juli und
August); geschlossen:
Dienstag

Ein Minimuseum, das der berühmten schwarzen Trüffel des Périgord gewidmet ist, jenem hochgeschätzten Pilz, von dem es in dieser Region immer weniger gibt. Das Museum bietet einen guten Überblick über Trüffelwachstum und -zucht und organisiert, nach entsprechender Voranmeldung, auch Besichtigungen der Trüffelzuchtanlagen der Umgebung.

Terrasson-la-Villedieu *(Dordogne)*

Brive-la-Gaillarde 21 km, Paris 510 km, Périgueux 52 km, Sarlat-la-Canéda 42 km
Markt: Donnerstag 9–12 Uhr, Quai du 4 Septembre

BÄCKEREI

RENÉ NEUVILLE
Terrasson,
24120 Terrasson-la-Villedieu
℡ 53516840
Geöffnet: 9–12 und
14–19 Uhr; geschlossen:
Montag und Mittwoch

René Neuville ist wirklich ein ganz besonderer Bäcker; er macht seine gigantischen krustigen Landbrote nämlich aus schierem Spaß an der Sache. Wenn Sie gegen 4 oder 5 Uhr nachmittags in der in seiner Garage installierten Behelfsbäckerei auftauchen, ist das halbe Dorf schon da. Da wird dann geguckt und geschwätzt, und alles wartet darauf, daß die würzigen Laibe aus dem riesigen Holzofen purzeln.

Roggenbrot aus Sarlat-la-Canéda

415

Bordeaux
und Atlantikküste

Von Arcachon bis La Rochelle, von Cognac bis Poitiers reicht dieses urgesunde, von der Natur begünstigte Land, eine flach hingestreckte, lichterfüllte Region, die Frankreich mit köstlichen grünen Austern, mit bernsteinfarbenem Weinbrand, einer unvergleichlich sahnigen, lieblich duftenden Butter und edlen Weinen versorgt, die zu den namhaftesten der Welt gehören. Wir treffen hier auf eine Cuisine, die zugleich mit dem Boden verwachsen und elegant ist, eine Küche, die ihre Wurzeln in den Rebenpflanzungen, an den Stränden und in den Häfen hat – traditionsträchtige Kost, welche aus dem Reichtum der sich unmittelbar anbietenden Zutaten das Beste gemacht hat. In Bordeaux war es, wo ich zum ersten Mal die raffinierte und köstlich mundende Kombination aus frischen Austern, scharfgewürzten Würsten und Weißwein kostete, die man dort als *huîtres à la charentaise* kennt. Zuerst schlürft man die kühle Auster, dann nimmt man etwas Wurst und schickt einen eiskalten Wein hinterher. Heutzutage findet man Austern und Würste in den Cafés und Restaurants der ganzen Region. Ich mag diese Spezialität am liebsten mit richtig scharfen Würsten und einem blonden *Graves*.

La Tupiña in Bordeaux entbietet einen Willkommensgruß

In der Küstenzone und nach dem Sumpfgebiet von Poitou-Charentes zu gehen die Köche verschwenderisch mit Knoblauch um. Kleine Schößlinge des lieblichen Winterknoblauchs erscheinen schon im Januar auf den Tischen und werden dann meist gebratenem *chevreau*, Ziegenlamm, beigegeben – eine köstliche, saftig-zarte lokale Delikatesse. Muschelliebhabern lacht das Herz, wenn sie ihr Lieblingsessen hier in jeder nur erdenklichen Gestalt auftreten sehen: etwa als *éclade*, ein beliebtes Picknick, bei dem die Muscheln in Piniennadelglut gegrillt werden, oder als *mouclade*, eine mit Safran und Curry bereitete goldgelbe Muschelcremesuppe, die besonders raffiniert schmeckt, wenn sie kurz vorm Auftragen noch mit einem Schuß Cognac gewürzt wird. Aale und Landschnecken – keine alltägliche Kost, wo immer man auch sei – werden in elegantester kulinarischer Form serviert. Die winzigen spaghettiähnlichen Glasaale,

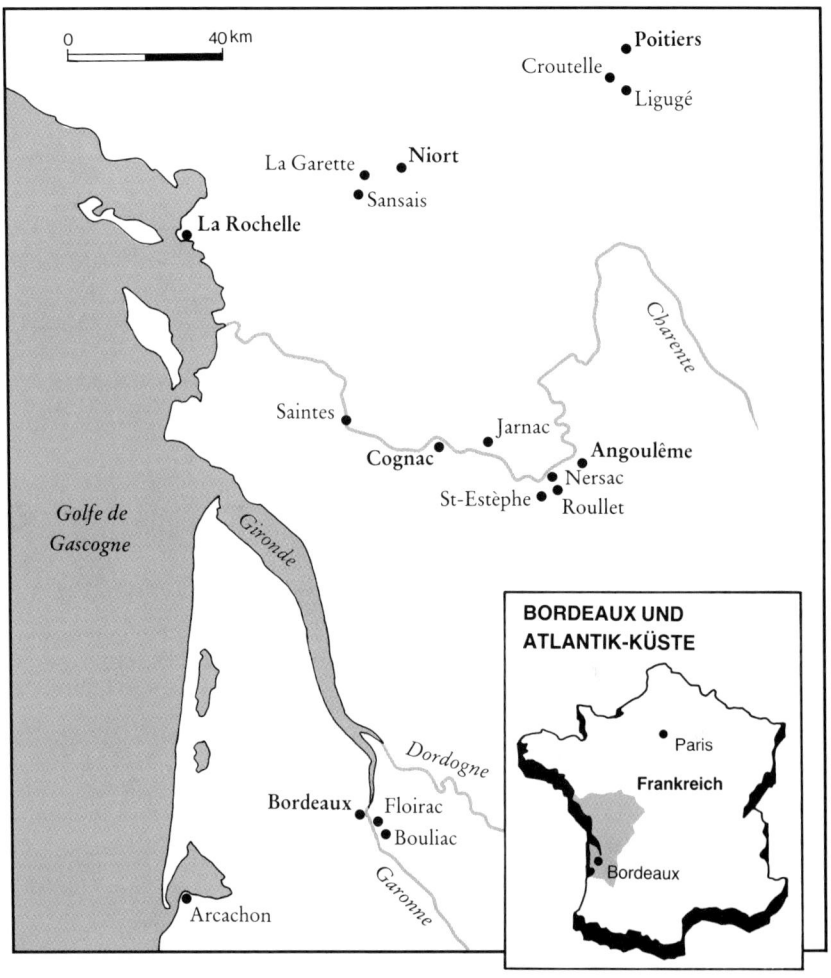

die man hier *pibales* nennt, gibt es jedes Jahr nur einige wenige Wochen lang (von Mitte Januar bis März); dann werden sie in kleinen Tiegeln in Öl und Knoblauch kurz gesotten und sprudelnd heiß aufgetragen. Die Schnecken, hier als *lumas* oder *cagouilles* bekannt (zwischen Bordeaux und Poitou scheint jedes zweite Restaurant LA CAGOUILLE zu heißen), werden in verschiedenen Zubereitungsformen serviert – mit Knoblauchbutter gefüllt, in Tomaten und Rotwein gekocht, und mit dem lokalen Süßwein *Pineau de Charentes* aromatisiert. Doch die ungewöhnlichste regionale Spezialität sind weiße Bohnen: nicht irgendeine Art von weißen Bohnen freilich, sondern die sahnig-zarten, nußähnlich schmeckenden weißen *mojettes,* sowohl frisch als auch in getrocknetem Zustand zubereitet und fast immer von Scheiben köstlichen frischen Schinkens begleitet, der so schmeckt, wie frischer Schinken meiner Ansicht nach schmecken sollte, nämlich wie Schweinefleisch, das zu Schinken wird.

417

Beste Reisezeit

Am schönsten ist dieses Gebiet von Mai bis September, will man sich aber an vielen ihrer gastronomischen Spezialitäten delektieren (*pibales,* winzige Jungaale, und *chevreau à l'ail vert,* Ziegenlamm mit frischem grünen Knoblauch), muß man den Besuch in die letzten Januar- oder die ersten Februartage legen.

Märkte
(die attraktivsten sind mit einem Sternchen markiert)

Montag: Arcachon, Bordeaux, Chalais, Lencloître (erster Montag des Monats), Meschers, La Roche-Posay, La Rochelle, Les Sables-d'Olonne.

Dienstag: Angoulême, Arcachon, Bordeaux, *Bressuire, *Challans, Civray (erster Dienstag des Monats), Cognac, l'Ile-d'Yeu (Mitte Mai bis Mitte September), *Jarnac, Lezay, Marennes, Meschers, *Mont-de-Marsan, Poitiers, *La Roche-Posay, Rochefort, La Rochelle, Royan, Les Sables-d'Olonne, Saint-Gilles-Croix-de-Vie, Saintes.

Mittwoch: Angoulême, *Arcachon, Blaye, Bordeaux, Bourcefranc-le-Chapus, Le Château-d'Oléron, Fontenay-le-Comte, Gujan-Mestras, Jarnac, Luçon, *Meschers, Parthenay, Poitiers, Pons, La Roche-Posay, *La Rochelle, Royan, *Saint-Gilles-Croix-de-Vie, Saintes.

Donnerstag: Angoulême, Arcachon, Bordeaux, Le Château-d'Oléron, Jarnac, Marennes, Meschers, *La Mothe-Saint-Héray, *Niort, Poitiers, La Roche-Posay, Rochefort, La Rochelle, Royan, Les Sables-d'Olonne, Saint-Gilles-Croix-de-Vie, Saint-Macaire, Saintes.

Freitag: Angoulême, Arcachon, Bordeaux, Challans, Le Château-d'Oléron, Civray, Cognac, *Jarnac, Meschers, Noirmoutier-en-l'Ile, La Roche-Posay, La Rochelle, Royan, Les Sables-d'Olonne, Saintes.

Samstag: *Angoulême, *Arcachon, *Blaye, *Bordeaux, Bressuire, Le Château-d'Oléron, *Chauvigny, *Cognac, *Confolens, *Fontenay-le-Comte, Jarnac, *Lencloître, Luçon, *Marennes, *Meschers, Niort, Pauillac, *Poitiers, Pons, La Roche-Posay, *Rochefort, *La Rochelle, *Royan, Les Sables-d'Olonne, *Saint-Gilles-Croix-de-Vie, Saint-Savinien, Sainte-Foy-la-Grande, *Saintes.

Sonntag: *Angoulême, Arcachon, Barsac, *Bourcefranc-le-Chapus, *Le Château-d'Oléron, Jarnac, Meschers, Poitiers, La Roche-Posay, La Rochelle, Royan, Les Sables-d'Olonne, Saint-Emilion, Saint-Gilles-Croix-de-Vie, *Saintes.

Messen und Volksfeste

Donnerstag vor Fastnachtsdienstag: *Foire des Bœufs Gras* (Mastochsen-Messe), Bazas.

Letzter Sonntag im April: *Journée Gastronomique* (Gastronomische Messe), Lezay.

Ein Sonntag im Juni: *Fête de la Cagouille* (Schneckenfest), Angoulême.

Drittes Wochenende im Juli: *Fête de l'Huître* (Austernfest), Andernos-les-Bains.

Drei Tage etwa Ende August: *Foire aux Melons* (Melonenmesse), Saint-Georges-des-Coteaux.

Ein Wochenende im August: *Foire aux Huîtres* (Austernmesse), Gujan-Mestras.

Ein Sonntag im August oder September: *Fête du Goret* (Fest mit Schwein am Spieß), Ranton.

Vierter Montag im Oktober: *Foire aux Marrons* (Kastanienfest), Chevanceaux.

Angoulême *(Charente)*

Bordeaux 116 km, Niort 112 km, Paris 450 km

Märkte: Dienstag bis Sonntag 7–12.30 Uhr, Markthalle, Place des Halles; Samstag
7–12.30 Uhr, Markt unter freiem Himmel, Place Victor Hugo.

Fête de la Cagouille (Schneckenfest): ein Sonntag im Juni

RESTAURANT

AUBERGE DU PONT DE LA
MEURE

Route Hiersac, Nersac,
16440 Roullet-Saint-Estèphe
∅ 45906048
Bestellungen werden bis 14
bzw. 21 Uhr entgegen-
genommen
Geschlossen: Freitagabend,
Samstag und im August
Kreditkarten: AE, DC, V
Separate Speiseräume für
geschlossene Gesellschaften
bis zu 6, 10 und 25 Personen
85- und 130-Francs-Menüs,
à la carte 160 Francs

Spezialitäten:
Anguille aux poireaux (Aal
mit Lauch), *chevreau à l'ail-
let* (Zicklein mit Knoblauchsprossen), *salade de cresson
aux foies de volaille* (Brunnenkresse-Salat mit Geflügelleber)

Die Speisen dieses direkt am Charente-Ufer gelegenen kombinierten Café-Bar-Restaurants hätten eine Auszeichnung für regionale Zutaten und Zubereitungsweisen verdient: ein überragend frischer Brunnenkresse-Salat, bedeckt von gewürfelten, kroß gebackenen Hühnerlebern, örtlich gefangener Aal, mit Lauchspänen zu einem zarten Ragout bereitet, und ein Teller mit köstlich saftigem Ziegenlammfleisch, bestreut mit jungen Knoblauchsprossen – eine ebenso eigenartige wie gelungene lokale Spezialität, bei der Zicklein und der geschmacklich an weiße Frühlingszwiebeln erinnernde Winterknoblauch zusammengebracht werden.

Leider ist der äußere Rahmen des Lokals öde, die Begrüßung ist frostig, und man ahnt, was die gelangweilten Kellner denken mögen (»Uns interessiert es nicht, daß Sie hierhergekommen sind«). Seien Sie also vorgewarnt. Versuchen Sie an einem Sonnentag dorthin zu kommen, bestellen Sie sich eine Flasche vom eiskalten roten *Gamay de Haut Poitou,* und genießen Sie alles, was da kommt (Anfahrt: Das Lokal liegt fünf Kilometer südwestlich von Angoulême an der D 699).

Zitronen werden von Frankreich aus der ganzen Welt importiert, und ihr wundervoll prickelndes Aroma verleiht, von Sorbets bis zu Suppen, allen möglichen Speisen ihren belebenden Geschmack. Von der gelben Zitrusfrucht, die in einer Menge von 115 000 Tonnen alljährlich die Marktstände schmückt, haben die Franzosen einige Ausdrücke abgeleitet. Wer sich ›den Kopf zerbricht‹, *se presse le citron,* und wer einen anderen ausbeutet, tut das, was man *presser quelqu'un comme un citron* – ›jemanden wie eine Zitrone auspressen‹ – nennt. Schließlich heißt ›einen auf die Rübe zu bekommen‹: *recevoir un coup sur le citron.* Der Schmerz ist zwar derselbe, doch steht offenbar der Kopf im gastronomischen Vergleich in Frankreich eine Stufe höher.

Bordeaux *(Gironde)*

Angoulême 116 km, Cognac 119 km, Niort 183 km, Paris 579 km, La Rochelle
187 km, Toulouse 244 km
Märkte: Montag bis Samstag 7–13 Uhr, Markthallen, Cours Victor-Hugo, Place des
Grands-Hommes, Place du Marché des Chartrons, Place de Lerme; Mittwoch 7–13
Uhr, Place Stehelin
Flohmärkte: täglich, Quartier Saint-Michel; Samstag, Sonntag und Montag Place
Meyard unterhalb der Kirche Saint-Michel, auf den Quais de la Monnaie, de la Grave
und Salinières; Samstagmorgen Esplanade des Quinconces; Sonn- und Feiertage
Place Saint-Pierre
Antiquitätenläden befinden sich vornehmlich im Viertel Notre-Dame

RESTAURANTS

Le Chapon Fin
5, Rue de Montesquieu,
33000 Bordeaux
Ø 56791010
Bestellungen werden bis
14.15 bzw. 21.30 Uhr
entgegengenommen
Geschlossen: Sonntag, Montag, während der Schulferien
im Februar, und die letzten
drei Wochen im Juli
Kreditkarten: AE, DC, V
Man spricht Englisch
Separater Speiseraum für
geschlossene Gesellschaften
von 10 bis 40 Personen
180- (nur mittags), 265- und
290-Francs-Menüs, à la carte
350 Francs

Spezialitäten:
mit den Jahreszeiten wechselnde regionale Küche;
pibales (kleine Jungaale, nur
Mitte Januar bis März), *lamproie à la bordelaise* (Neun-
augen-Ragout auf die Art von
Bordeaux), *bisque de palombes aux marrons* (Wildtau-
bensuppe mit Kastanien),
tarte fine aux pommes
(Apfeltorte)

Francis García, der in Spanien geborene Küchenchef, der,
damals noch ein Kind, in den fünfziger Jahren in die
Gegend von Bordeaux kam, gefällt mir. Er besitzt eine solide
Ausbildung, wirkt ebenso passioniert wie besonnen, und vor
allem ist seine Cuisine von einer erregenden Kraft, Klarheit
und Individualität, die ich bei vielen französischen Star-
köchen vermisse. Monsieur Garcías Schöpfungen sind nichts
für schwache Gaumen, wer aber pointierte, nachhaltige
Geschmackseindrücke liebt, wird seine *bisque de palombes
aux marrons*, eine kräftige, dicke, mit gebratenem Wildtau-
benfleisch und Kastanien gemachte Suppe, ausgesprochen
mögen; oder die *lamproie à la bordelaise*, ein aus dem hier an
der Küste gefangenen, fetten Neunaugen und Rotwein
gemachtes Ragout, oder die feinsinnigere, gepflegte *soupe
d'huîtres au cresson*, eine auf der Basis von Sahne und Wein
gemachte, wunderbar wohltuende Suppe, die Karotten- und
Lauchspäne, dicke lokale Austern und eine belebende *chiffonade* enthält, bestehend aus feingeschnittener Brunnenkresse
mit einer Prise Safran (siehe Rezept Seite 423).

Wenn Sie Bordeaux zwischen Mitte Januar und Ende
Februar besuchen, kommen Sie genau in die *pibale*-Saison
hinein, und wenn die winzigen, in den Flußmündungen
gefangenen Glasaale auf dem Markt sind, können Sie sicher
sein, daß García sie auch servieren wird: in kleinen Schälchen
mit siedendheißem Olivenöl und viel Knoblauch. Mein einziger Einwand gegen Garcías Kochweise ist seine etwas zu lok-
kere Hand beim Umgang mit dem Salzstreuer.

CHEZ PHILIPPE
1, Place du Parlement,
33000 Bordeaux
✆ 56818315
Bestellungen werden bis
13.30 bzw. 22.30 Uhr
entgegengenommen
Geschlossen: Sonntag,
Montag und im August
Kreditkarten: AE, DC, V
Speiseterrasse
Klimatisiert
Separater Speiseraum für
geschlossene Gesellschaften
bis zu 12 Personen
160-Francs-Menü (nur mittags), à la carte 350 Francs

Spezialitäten:
Frischer Fisch und
Schalentiere

Bitten Sie irgend jemanden in Bordeaux, Ihnen das beste Fischrestaurant zu nennen, so wird seine Antwort sehr wahrscheinlich CHEZ PHILIPPE lauten. Es ist ein Restaurant, in dem es ungezwungen, lebhaft und fröhlich zugeht und wo man bei schönem Wetter auch Tische hinaus auf die Terrasse rückt. Innen wirken die Räume ein bißchen zu sehr vollgestellt und überladen, aber der Service ist unaufdringlich und professionell. Mir schmeckten hier besonders gut die gegrillten, fangfrischen *rougets* und die köstlichen, rasch in der sehr heißen Pfanne gebräunten und dann mit gehacktem Knoblauch und mit Petersilie bestreuten *chipirons*. Viele Gäste schwärmen für die *mousse au chocolat,* aber für meinen Geschmack ist sie etwas zu locker.

SAINT-JAMES
3, Place Camille-Holsteins,
Bouliac, 33270 Floirac
✆ 56205219
Bestellungen werden bis 14
bzw. 22 Uhr entgegen-
genommen
Kreditkarten: AE, DC, V
Speiseterrasse; separater
Speiseraum für geschlossene
Gesellschaften von 10 bis 20
Personen
120- und 330-Francs-Menüs,
à la carte 500–600 Francs

Spezialitäten: *Salade d'huitres au caviar* (Austernsalat mit Kaviar), *agneau de Pauillac* (Pauillac-Lamm), *civet de canard à la cuillère* (Entenragout)

Gelegentlich verspürt man – nach einer Mahlzeit, die viel verspricht und wenig hält – Lust, mit dem Küchenchef einmal durch die Hintertür rauszugehen und ihn ein wenig wachzurütteln. Das war jedenfalls meine Empfindung, als ich das letzte Mal im SAINT-JAMES zu Mittag aß, ein strahlend elegantes Hotel-Restaurant der *Relais-et-Châteaux*-Kette in wunderschöner Waldlage gleich außerhalb von Bordeaux. Zunächst lernte ich Küchenchef Jean-Marie Amats Speisenpalette – zartes Pauillac-Lamm mit Knoblauchsauce, Austern und Kaviar, Salat von Taubenfleisch und Trüffeln, delikates Entenragout mit Pasta, mit Honig und Safran veredelte *crème brûlée* – mit derartig verlockenden Akzenten kennen, daß ich dem nächsten Besuch schon erwartungsvoll entgegensah. Dies, so sagte ich mir, war wirklich ein Ort, um gerne wiederzukommen, so richtig entspannt vor dem prasselnden Kaminfeuer zu sitzen und eine festliche Parade von Farben, Düften und Aromen abzunehmen. Dann kam das Essen, reizend anzusehen und wunderschön präsentiert, aber Gang für Gang ließen die Speisen ein gemeinsames Schicksal erkennen: sie waren ohne Geschmack. Es war, als hätte jemand eine Nadel in die einzelnen Zutaten injiziert und ihnen alles Aroma entzogen. Die vielversprechende Knoblauchsauce besaß nicht einen Hauch dieser zungenprickelnden magischen Würze. Das Entenragout war so nichtssagend, daß man hätte heulen mögen. Die mit so viel Vorfreude erwartete *crème* schmeckte nach Stärkemehl.

Das war allerdings nicht das erste (und gewiß nicht das letzte) Mal, daß ich in einem ›großen‹ französischen Restaurant einer solchen Dissonanz begegnet bin. Sollte es daran liegen, daß wirkliche Geschmackstreue Anstoß erregt, daß edle Speisen auf ihren Charakter verzichten müssen, um den entwöhnten Geschmacksvorstellungen der Allgemeinheit zu genügen? Die Frage ist nicht in einem Satz zu beantworten; dennoch sei den Küchenchefs empfohlen, sich weniger oft im kaiserlichen Gewand zu zeigen, sondern vielmehr der feinen französischen Küche ihren Gout zurückzugeben (Anfahrt: 9 Kilometer südöstlich von Bordeaux an der D 10).

LA TUPIÑA
6, Rue Porte-de-la-Monnaie,
33000 Bordeaux
℘ 56915637
Bestellungen werden bis 14 bzw. 23 Uhr entgegengenommen
Geschlossen: Sonn- und Feiertage
Kreditkarte: V
Separater Speiseraum für geschlossene Gesellschaften bis zu 20 Personen
250 Francs

Spezialitäten:
Die Küche Südwest-Frankreichs: *bœuf du Bazas* (Rindfleisch der Region), *agneau du Pauillac* (Pauillac-Lamm), *magret grillé* (gegrillte Mastentenbrust), *brochette de cœurs de canard* (gegrillte Entenherzen), *mignons de canard vinaigrette à l'échalote* (Entenfilets mit Schalotten-Vinaigrette), *foie gras frais cuit au four* (im Ofen gebakkene Entenstopfleber)

L A TUPIÑA ist ein Bistro ganz nach meinem Geschmack. Die Gerichte werden am offenen Feuer zubereitet, der Service ist lässig, aber gekonnt, und die Gästeschar darauf eingestellt, es sich wohlgehen zu lassen. Die gedrungenen, tadellos gepflegten Räumlichkeiten sind mit rot-weiß-blauer Tischwäsche dekoriert, und an den Wänden stehen so viele Cognacflaschen aufgereiht, wie sie ein einzelner nicht einmal in mehreren Leben austrinken könnte. Wer aber einen guten Tropfen liebt, der halte sich hier an die mit feinem Bordeaux reichhaltig bestückte Weinkarte.

Immer wieder komme ich in dieses Lokal zurück und ergötze mich an den frischen, im Ofen gebackenen *pétoncles,* kleinen Kammuscheln, an der *macaronade,* einer fülligen, sehr aromatischen Mischung von Wald- und Zuchtpilzen mit *foie gras*-Stücken, geschmort, mit frischer Pasta, dem auf dem Holzkohlegrill bereiteten *magret* und den erfrischenden *mignons de canard.* Für was ich mich hier nicht begeistern kann, ist der geschichtete Kartoffelkuchen, den Küchenchef Jean-Pierre Xiradakis anbietet; mir erscheint das Backwerk immer zu roh und zu wenig gewürzt. Hinwiederum mögen manche anderen Speisen unter zu starken Gaben Salz leiden.

Grillen am offenen Holzfeuer in LA TUPIÑA, Bordeaux

SOUPE D'HUITRES AU CRESSON ›FRANCIS GARCIA‹
Austern- und Brunnenkresse-Suppe ›Francis García‹

Soupe à la minute nennt Küchenchef Francis García aus Bordeaux seine köstlich leichte, angenehm frisch schmeckende Kreation, eine Mischung aus Austern, Lauch, Karotten und Brunnenkresse, die, wenn die Austern erst geöffnet und die Gemüse gehackt und blanchiert sind, effektiv ›à la minute‹ gemacht werden kann. Als ich dieses Gericht bei García aß, war ich ganz sicher, daß es mit Eigelb verfeinert worden war, aber nein, der Hauch Safran war es, der meine Augen und meinen Gaumen genarrt hatte. Die frischen Farben dieser Suppe – grün, gold und orange – erinnern mich immer an den Frühling.

1 Dutzend große Austern, mit ihrem Wasser

2 mittelgroße Lauchstangen, gründlich gewaschen und getrocknet

2 Karotten, geputzt

Eine Handvoll Brunnenkresse, gewaschen, trockengetupft und geputzt

250 ml *crème fraîche* oder saure Sahne, vorzugsweise nicht ultrahocherhitzt

250 ml trockener Weißwein wie weißer *Graves*

¼ Tl Safranpulver

Salz und frisch gemahlener schwarzer Pfeffer nach Geschmack

1. Die Austern aus der Schale nehmen und beiseite stellen. Das Wasser durch drei Lagen Mull passieren und beiseite stellen.

2. Lauch und Karotten in 5 cm lange Stücke und diese in feine *julienne*-Streifen schneiden. Die Blätter der Brunnenkresse zu einer *chiffonade* schneiden: die Blätter übereinanderlegen und mit einem langen Küchenmesser in sehr feine Streifen schneiden.

3. Die *crème fraîche* und den Weißwein in einen mittelgroßen Topf geben und bei starker Hitze zum Kochen bringen. Nur so lange kochen, bis die Mischung leicht dickt (etwa 3 Minuten). Auf mäßige Hitze herunterdrehen, das Austernwasser und den Safran hinzufügen und gut umrühren. Die Gemüse dazugeben und unter Rühren durcherhitzen. Mit Salz und Pfeffer abschmecken.

4. Unmittelbar vor dem Servieren je 3 Austern auf den Boden von 4 vorgewärmten Suppenschalen legen. Mit der Suppe auffüllen und sofort auftragen.

Für 4 Personen.

CAFES

BAR DES GRANDS HOMMES
10, Place des Grands Hommes, 33000 Bordeaux
✆ 56811826
Geöffnet: 7–21.30 Uhr; geschlossen: Sonn- und Feiertage

Wenn Sie genug herumgeschlendert sind auf dem quirligen Markt an der fashionable Place des Grands Hommes, dann ist dieses altmodische winzige Café mit seiner hübschen Belle-Epoque-Fassade gerade richtig, um sich bei einer *grand crème* in die neuesten Meldungen einer druckfrischen Zeitung zu vertiefen.

BRASSERIE DE NOAILLES
12, Allées de Tourny, 33000 Bordeaux, ✆ 56819445
Geöffnet: 9–23.30 Uhr; geschlossen: Mittwoch und drei Wochen im Juli

Wenn Sie sich nach dem Theaterbesuch bei einem frischen Weißwein an frischen Austern mit scharf gewürzten Würstchen gütlich tun möchten (einer *huîtres à la charentaise* genannten regionalen Spezialität), sollten Sie sich in diese im Zentrum gelegene, schön altmodische Brasserie begeben.

TEESALON/HAUS-HALTSWAREN

LE PETIT DROUOT
39, Rue des Remparts,
33000 Bordeaux
℘ 56810022
Geöffnet: 11–19 Uhr;
geschlossen: Sonntag und
Montag
Kreditkarte: V

Eine phantastische Idee – warum sind bloß noch nicht mehr Leute darauf gekommen? In dieser Kombination aus Antiquitätengeschäft, Geschenkartikelladen und Teestube können Sie bei einem Espresso in aller Ruhe überlegen, ob Sie nun die dekorative Spargelplatte, den antiken handbestickten Schal oder doch lieber die Art-Déco-Lampe kaufen.

SÜSSWAREN

CADIOT-BADIE
26, Allées de Tourny,
33000 Bordeaux
℘ 56442422
Geöffnet: 8.30–12.30 und
14–19 Uhr; geschlossen:
Sonn- und Feiertage

Ein herrlich kitschiger Oma-Laden, der förmlich überquillt von köstlichem Naschwerk. Hier können Sie Bonbons mit Kirschgeschmack in dekorativen blau-roten Dosen erstehen oder deliziöse Mandelmakronen von Michel Poupin aus dem nahen Saint-Emilion, und auch die Auswahl an handgefertigten Pralinen ist sehenswert.

KÄSELADEN

JEAN D'ALOS
4, Rue de Montesquieu,
33000 Bordeaux
℘ 56442966
Geöffnet: 8.30–12.45 und
15.30–19.15 Uhr; geschlossen: Montagmorgen
Auf Wunsch Versand innerhalb von Europa

Ein Traum von einem Käseladen: tip-top, ganz echt – und eine wahre Verführung. Affineur Jean d'Alose ist geradezu ein Käsenarr und behandelt seine mehr als 150 Bauernhof- und Rohmilchkäse wie Juwelen. Und das sind sie auch. Unbedingt probieren müssen Sie den *Beaufort d'alpage,* einen Kuhmilchkäse, der im Sommer direkt in den Almhütten Savoyens gemacht wird, den *Brébis des Pyrénées,* den ungebärdigen Schafskäse aus dem Baskenland, und den *Rigotte,* einen Kuhmilchkäse aus der Lyoner Gegend, der schon dermaßen läuft, daß er in einer Tasse serviert werden muß.

SPIRITUOSEN

LA VINOTHÈQUE
8, Cours du 30 Juillet,
33000 Bordeaux
℘ 56523205
Geöffnet: 9.15–19.15 Uhr;
geschlossen: Sonntag
Auf Wunsch Versand ins
Ausland

Dieses Geschäft von der Größe eines Warenhauses mutet wie ein Süßwarenladen für Weinliebhaber an. Man hat die Wahl zwischen mehr als 200 verschiedenen Bordeauxs, aber selbst wer nichts kauft – die Preise sind hoch –, wird allein schon seine Freude daran haben, durch die Gänge zu schlendern, sich in die Etiketten zu vertiefen, ein bißchen zu träumen und sich in Gedanken seinen eigenen, natürlich exemplarischen Weinkeller einzurichten. Zumal man das erforderliche Zubehör auch gleich an Ort und Stelle bekäme.

BUCHHANDLUNG

LIBRAIRIE MOLLAT
9–15, Rue Vital-Carles,
33000 Bordeaux
✆ 56448487
Geöffnet: 9–12 und 14–18.45
Uhr; geschlossen: Sonntag
und Montagmorgen
Kreditkarte: V

Mollat ist eine der eindrucksvollsten Buchhandlungen, die ich überhaupt jemals gesehen habe, ein riesiger Ladenkomplex, der, eher einer Bibliothek gleich, tausenderlei Bücher zu wohl jedem Thema bietet. Die Gastronomie-Abteilung ist eine Fundgrube für sonst fast nirgends aufzutreibende Bücher (praktisch durchweg in französischer Sprache) über die regionale Küche Frankreichs, und die britische und französische Literatur zum Thema Wein ist sehr beachtlich. Der Eingang zur Abteilung für Koch- und Weinbücher befindet sich in der Rue Vital-Carles Nr. 13.

HAUSHALTSWAREN

HUMBERT
38, Cours Victor-Hugo,
33000 Bordeaux
✆ 56917005
Geöffnet: 9–12 und 15–18.30
Uhr; geschlossen: Samstagnachmittag und Sonntag
Auf Wunsch Versand ins
Ausland

Ein Laden, in dem man so schön wühlen kann und wo man bestimmt fündig wird, wenn man seinen eigenen *petit vin* machen will und das entsprechende Zubehör sucht. Vom Holzfäßchen, in dem first-class Essig reifen muß, bis hin zu Körben für die Weinlese (die sich aber auch als dekorative Zeitungsablage oder als Ständer für Trockenblumengestecke sehr gut machen) fehlt wohl nichts in dem beeindruckenden Sortiment.

Kaffeezeit in Bordeaux

Cognac *(Charente)*

Angoulême 44 km, Bordeaux 119 km, Niort 83 km, Paris 479 km, Poitiers 128 km
Markt: Dienstag, Freitag und Samstag 8–12.30 Uhr, Boulevard Denfert-Rochereau

SPIRITUOSEN

LA COGNATHÈQUE
10, Place Jean-Monnet,
16100 Cognac, ✆ 45824331
Geöffnet: 10–13 und
14–18.45 Uhr; geschlossen:
Sonntag

Dieses Geschäft nahe des größten Platzes der Innenstadt bietet unter einem Dach die wohl größte Auswahl an Cognac. Hier gibt es auch die ungewöhnlichen, kobaltblauen Probiergläser, wie sie die professionellen Cognac-Prüfer benutzen.

MUSEUM

MUSÉE MUNICIPAL
40, Boulevard Denfert-
Rochereau, 16100 Cognac
✆ 45320725
Geöffnet: 10–12 und 14–18
Uhr von Juni bis Mitte September; 14–17 Uhr Mitte
September bis Mai; geschlossen: Dienstag und an Feiertagen

Ein nettes, kleines Heimatmuseum, das dem Brauchtum der Gegend um Cognac gewidmet ist. Handbemalte Keramik, Gläser und Karaffen gehören ebenso zu den Ausstellungsstücken wie die Nachbildung des aus dem Jahre 1875 stammenden Hauses eines Weinbauern und eine Sammlung regionaler Hauben und anderer Kopfbedeckungen. In einer speziell dem Cognac gewidmeten Ausstellung wird zudem ein guter Einblick in die traditionsreiche Kunst der Cognac-Herstellung vermittelt, sogar das Modell eines *alambic*, des Destillierapparates, ist zu sehen. Ein weiterer Raum birgt Cognac-Poster und -Werbematerial.

Butter spielt in der französischen Sprache eine ähnlich bedeutende Rolle wie in der Küche. Wenn Geld wie ein ›warmer Regen‹ niedergeht und dazu verhilft, etwas in Gang zu bringen, dann sagt man: *Ça met du beurre dans les épinards.* Geht etwas ›wie geölt‹, dann läuft es in Frankreich *comme dans du beurre.* Auf hinreichend ehrliche Weise viel Geld zu verdienen, bedeutet *faire son beurre* – also etwas mehr, als sich die Butter nicht vom Brot nehmen zu lassen. Aber auch die gebutterte Brotscheibe hat ihre Kehrseite: Wer nicht besonders begabt ist – also ›das Schießpulver nicht erfunden‹ hat –, hat in Frankreich nicht *découvert le fil à couper le beurre.* Nicht viel zu bedeuten haben, heißt: *compter pour du beurre.* Wer zuviel trinkt, läuft Gefahr, *beurré* und in diesem Zustand in eine Keilerei verwickelt zu werden, aus dem er mit einem *œil au beurre noir* hervorgeht – ›blau‹ zu werden, würden wir sagen, und ein ›blaues Auge‹ davontragen.

Jarnac *(Charente)*

Angoulême 27 km, Cognac 12 km, Saintes 45 km
Markt: Dienstag bis Sonntag 7.30–13 Uhr, Rue du Chêne-Vert

SPIRITUOSEN

COGNAC DELAMAIN
7, Rue Jacques-et-Robert-
Delamain, 16200 Jarnac
✆ 45810824
Geöffnet: 8.30–12 und
13.30–17 Uhr (nur mit Vor-
anmeldung), geschlossen:
Samstag, Sonntag und drei
Wochen im August
Kreditkarten: AE, V

Einen Cognac gibt es, über den sind sich nahezu alle Experten einig in ihrem Urteil, und das ist der von DELA-MAIN, ein sehr edler, eleganter und außergewöhnlich milder Cognac. Während der meiste Markencognac sonst nur vier bis sechs Jahre reift, lagert der von DELAMAIN für mindestens 25 Jahre, und zwar in alten Eichenfässern, die ihr herbes Tannin verloren haben, so daß der Cognac weicher, ›runder‹ wird. Die Führung des alteingesessenen Familienbetriebes obliegt Alain Braastad-Delamain. Die im Schatten der schönen Kirche Saint Pierre in Jarnac gelegenen Reifungsräume können, nach Voranmeldung, besichtigt werden; die Besucher haben Gelegenheit, Cognac wie professionelle Prüfer zu testen – indem sie nämlich schnüffeln statt schlürfen. Und natürlich kann Cognac verschiedener Reifegrade auch gleich an Ort und Stelle käuflich erworben werden.

Niort *(Deux-Sèvres)*

Angoulême 108 km, Bordeaux 183 km, Paris 406 km, Poitiers 74 km,
La Rochelle 63 km
Markt: Donnerstag und Samstag 8.30–18 Uhr, Place des Halles

RESTAURANT

LES MANGEUX DU LUMAS
La Garette, 79270 Sansais
✆ 49359342
Bestellungen werden bis 14
bzw. 21 Uhr entgegen-
genommen
Geschlossen: Montagabend,
Dienstag, die ersten beiden
Januarwochen und eine
Woche im Februar, im Juli
und August täglich geöffnet
Kreditkarten: AE, V
Speiseterrasse; separater
Speiseraum für geschlossene

Dieses freundliche, adrette Restaurant mit dem altertüm-lichen Flair, das sich in den *marais*, der bezaubernden, von vielen Kanälen durchzogenen Sumpflandschaft Marais-Poitevin versteckt, hat eine echte Auswahl an regionalen Spe-zialitäten zu bieten. *Les Mangeux du Lumas* bedeutet: Die Schneckenesser. Die köstlich-zarten kleinen *petits gris*-Land-schnecken, die man hier unter der Bezeichnung *lumas* kennt, sind eine Lieblingsspeise der Einheimischen und werden auf drei verschiedene Weisen zubereitet: mit Sahne, mit Butter und in dem hier sehr populären Aperitif *Pineau des Charen-tes.*

Dieses Lokal ist auch der rechte Platz, um die als *mojettes* bekannten, großen, weißen getrockneten Bohnen zu verspei-sen. Sie kommen in zwei Versionen auf den Tisch: als Salat-

Gesellschaften bis zu
60 Personen
Man spricht Englisch
50- bis 100-Francs-Menüs,
à la carte 150 Francs

Spezialitäten:
Jambon grillé aux mojettes
(gegrillter Schinken mit weißen Bohnen), *lumas à la
crème, au beurre, au pineau
des Charentes* (verschiedene
Schnecken-Zubereitungen),
*poulet fermier sauté aux écre-
visses* (sautiertes Masthähnchen mit Krebsen)

mischung, die aus warmen Bohnen und geschmorten *gésiers,*
Entenmägen, besteht, oder als Beilage zu dem zartfleischigen, delikat gesalzenen Saftschinken, der in dieser Gegend
erzeugt wird (Anfahrt: Über die N 11 und D 1, 13 Kilometer
südwestlich von Niort).

Poitiers *(Vienne)*

Niort 74 km, Paris 334 km
Markt: Dienstag, Donnerstag und Samstag 6–15 Uhr, Place du Marché

RESTAURANT

PIERRE BENOIST
Croutelle, 86240 Ligugé
✆ 49571152
Bestellungen werden bis
14.15 bzw. 21.30 Uhr entgegengenommen
Geschlossen: Sonntagabend,
Montag, während der Schulferien im Februar und ab
letzte Juliwoche bis Ende der
ersten Augustwoche
Kreditkarten: DC, EC, V
Separater Speiseraum für
geschlossene Gesellschaften
bis zu 20 Personen
Man spricht Englisch
140-Francs-Menü, à la carte
etwa 275 Francs

Spezialitäten:
*Coquilles Saint-Jacques au
Vouvray* (Jakobsmuscheln in
Weinsauce, Oktober bis
April), *huîtres chaudes à*

Dieses fröhliche, die Poitevin-Anhöhen überschauende
Provinzbauernhaus lege ich jedem ans Herz, der den
aufregenden Geschmack kompromißloser Kost liebt. Wenn
man die phantasielos nachahmende, einsilbige Cuisine so vieler Restaurants ausprobiert hat, empfindet man Pierre Benoists Küche als angenehme Erlösung. Es ist die gleiche spon-
tane Frische, die auch seine *salade de langouste* auszeichnet:
ein knackiger, mit erbsengroßen Avocado-Stückchen und
großen, saftigen Stücken Hummerfleisch besetzter grüner
Salat. Noch in vielen Jahren werde ich von Benoists *fondant
de lapereau au romarin* träumen, einem der vollendetsten
Kaninchengerichte, die ich je gekostet habe. Feist und feucht
kommt dieser Braten auf den Tisch, garniert mit saftigen
geschmorten Nieren und der ergiebigen, *foie gras*-ähnlichen,
in Scheiben geschnittenen Kaninchenleber, darunter ein buttriges Artischockenbett. Dabei gehen die einzelnen Ge-
schmackskomponenten eine ideale Verbindung ein, und der
betäubende Duft des wilden Rosmarins erweist sich als Aro-
mabrücke.

Weniger begeistert war ich von der geschmacklichen Zusammensetzung bei der an sich wunderbaren *consommé en
gelée aux queues de langoustines et crème de poivrons,* einer
eiskalt servierten, cremigen Suppe, die exzeptionell gewesen
wäre, hätte nicht der alle anderen Nuancen abstumpfende

l'émincé de poireaux (warme Austern mit Lauch, Oktober bis April), *cul de chevreau à l'ail vert* (Zicklein mit Knoblauchsprossen, Februar bis April)

Geschmack des grünen Pfeffers so dominiert. Die Desserts – und dazu gehört das magenfüllende *chaud-frois de poires à la glace au miel* (warme, mit einer sämigen Honig-Eiscreme servierte, glasierte Birnenscheiben) – sind hervorragend.

Nehmen Sie, um mal abzuwechseln, den leicht moussierenden, feinen *Vouvray pétillant* zum Essen. Und denken Sie daran, daß Sie sich hier in einem Land der Ziegenkäse befinden; Küchenchef Benoist hält eine Auswahl delikater *chèvres* lokaler Provenienz parat.

La Rochelle *(Charente-Maritime)*

Angoulême 141 km, Bordeaux 187 km, Niort 63 km, Paris 468 km
Markt: täglich 8–13 Uhr, Place du Marché

RESTAURANT

RICHARD COUTANCEAU

Plage de la Concurrence,
17000 La Rochelle
℡ 46414819
Bestellungen werden bis 13.30 bzw. 21.30 Uhr entgegengenommen
Geschlossen: Sonntagabend und Montag
Kreditkarten: AE, DC, V
160- und 330-Francs-Menüs,
à la carte 350–400 Francs

Spezialitäten:
Mouclade rochelaise (Muschelsuppe mit Curry, nur im Herbst und Winter), *ravioli de langoustines* (Langusten-Ravioli), *salade de goujonnettes de sole et langoustines* (Seezungen- und Langustinen-Salat), *blanc de turbot et bigorneaux à la crème de curry* (Steinbutt mit Schnecken in Curry-Creme)

Richard Coutanceau, der in La Rochelle geborene junge ambitiöse Küchenchef, gehört zweifellos zu den Aufsteigern. Sein strahlend schönes, großes Restaurant, das die Strände von La Rochelle überblickt, bietet eine von der Fülle der hier angelandeten Meeresfrüchte inspirierte Cuisine. Morgen für Morgen besucht sein Vater die örtliche *criée,* die Fischauktion am Hafen, um aus dem Fang des Tages das Beste für die Restaurantküche auszusuchen. Die Kochweise des jungen Chefs könnte gewiß noch etwas mehr Raffinement vertragen (ich fand zum Beispiel, daß die Saucen zu schwer sind und sich auch in ihrer Grundform wiederholen), aber das sollte mich nicht davon abhalten, mir hier auch künftig eine Tischreservierung zu sichern.

In der Fangsaison – also während der Herbst- und Wintermonate – sei Ihnen die *mouclade rochelaise* empfohlen, die bei COUTANCEAU als klassische und sehr ausgiebige Version der eleganten, hier beheimateten Muschelsuppe – in diesem Falle mit Sahne und Curry angemacht – offeriert wird (siehe Rezept Seite 430); und das ganze Jahr hindurch lockt eine *salade de goujonnettes de sole et langoustines,* ein als erster Gang gedachter Salat, der so reichhaltig ist, daß er eine ganze Mahlzeit ersetzt. Was sich außerdem zu kosten lohnt, sind die riesigen *ravioli de langoustines,* aus zartem Teig gemachte, papierdünne Pasta-Taschen, die ordentliche Stücke saftigen, federleichten Langustenfleisches enthalten.

MOUCLADE
Sahnige Muschelsuppe

Bei einer Reise in den Poitou-Charentes stieß ich auf ein Kochbuch, nur ein kleines Taschenbuch, mit über 200 Muschelrezepten, von denen mehr als 20 allein auf die mouclade entfielen, eine sahnige Muschelsuppe, die in dieser Gegend fast überall auf der Karte steht. Muscheln, Butter, Sahne und Eigelb enthält jedes dieser Rezepte, aber während bei einigen mit Curry gewürzt wird, zieht man bei anderen Safran vor, und noch wieder andere fügen den lokalen Cognac oder den süßen Aperitifwein Pineau des Charentes hinzu. Ich gebe hier meine Lieblingsversion wieder; sie ist etwas leichter als die meisten anderen und mit einer Spur Safran gewürzt, eine Aromanote, die ich weniger aggressiv finde als Curry. Bei uns daheim, wo ich sie häufig mit Fadennudeln serviere (köstlich!), ist die mouclade schnell zu einem Lieblingsessen avanciert. Die Suppe wird traditionell in individuellen Suppentellern gereicht, wobei die sahnige Brühe über die in mehreren Lagen in ihrer Schalenhälfte angeordneten Muscheln geschöpft wird. Ich präsentiere die Muscheln jedoch lieber auf einer großen, weißen Platte, auf der sie sich, vor allem, wenn sie mit der duftenden goldgelben Brühe bedeckt sind, besonders elegant und verlockend ausnehmen.

1,5 kg frische Miesmuscheln
375 ml trockener Weißwein, wie Riesling
125 ml *crème fraîche* oder saure Sahne
2 große Eigelb
¼ Tl Safran
30 g Butter
2 Schalotten, sehr fein gewiegt
2 El frisch gepreßter Zitronensaft

1. Den Backofen auf 105° vorheizen.

2. Die Muscheln gründlich bürsten und mehrmals in frischem Wasser waschen. Die Bärte entfernen (dies darf nicht im voraus geschehen, da die Muscheln sonst eingehen und verderben).

3. Muscheln und Wein in einen 6-Liter-Topf geben und bei starker Hitze zum Kochen bringen. Zudecken und etwa 5 Minuten kochen lassen, bis sich die Muscheln öffnen. Nicht überkochen. Vom Feuer nehmen und durch mehrere Lagen Mull seihen. Die Kochflüssigkeit aufheben; alle Muscheln, die sich nicht geöffnet haben, entfernen.

4. Die gekochten Muscheln in der Schale lassen; die obere Schale aber entfernen. Die Muscheln auf einer sehr großen feuerfesten Servierplatte arrangieren, falls erforderlich in mehreren Lagen. Lose mit Alufolie abdecken und zum Warmhalten in den Ofen stellen.

5. In einer kleinen Schüssel *crème fraîche*, Eigelb und Safran verrühren.

6. Die Butter in einem mittelgroßen Tiegel zergehen lassen und die Schalotten in etwa 5 Minuten gerade eben weich und glasig dünsten. Den Zitronensaft und die Kochflüssigkeit der Muscheln dazugießen und auf sehr schwache Hitze stellen. Die *crème fraîche*-Mischung einrühren und darauf achten, daß sie nicht gerinnt. Abschmecken und unter Umständen mehr Zitronensaft oder Safran hinzufügen und noch etwa 5 Minuten köcheln lassen. Die Suppe sollte noch ziemlich dünn sein und die Konsistenz einer Brühe haben.

7. Die Suppe über die Muscheln gießen und sofort auftragen. Dazu Fingerschalen reichen.

Für 4 Personen.

Butter

W undervoll goldene Butter ist und bleibt eines der Fundamente französischer Koch-
und Konditorkunst: Vom buttrigen *croissant* bis zum großen Repertoire der mit
Butter veredelten Saucen ist sie ein unverzichtbares Element der französischen Cuisine.
Überall im Lande rühmen Konditoreischaufenster ihre ausgestellten Butterkuchen und
Gebäckstücke – *toute au pur beurre* –, und die Speisekarten der Restaurants beehren sich
anzuzeigen: *La cuisine est fait entièrement au beurre,* was in beiden Fällen bedeutet, daß Öl
und Margarine als zweitrangiger Ersatz auf die Plätze verwiesen wurden. Allerdings waren
es, historisch gesehen, überall die Ressourcen, die die Rezeptgewohnheiten bestimmten. Im
Norden Frankreichs – wo die meiste Butter erzeugt wird – stützte sich die Küche schon
immer auf Butter und Sahne; der Süden verließ sich beim Kochen weitgehend auf Olivenöl;
und anderswo rangieren Gänse-, Enten- und Schweinefett an erster Stelle.

Die Normannen gehörten zu den ganz frühen französischen Butter-Gourmands, und
zwar in einem solchen Maße, daß sich die Kirche im 15. Jahrhundert zu einem Sonderdis-
pens veranlaßt sah: auch in der Fastenzeit, wenn der Genuß tierischer Fette normalerweise
untersagt war, durfte hier Butter gegessen werden. Von der in dieser Periode eingenommenen Verkaufssteuer auf Butter wurde der Turmbau der Kathedrale zu Rouen finanziert – bis
auf den heutigen Tag heißt das Werk *la tour de beurre.* Dennoch wurde der flämische Teil der
Bevölkerung bis ins 16. Jahrhundert hinein vom übrigen Frankreich als ›Butterfresser‹ ver-
höhnt, aber 100 Jahre später schon war die einstige gelbe Schmiere im ganzen Lande zum
Edelfett avanciert. Sogar Marie-Antoinette hatte beim Trianon-Palast in Versailles ihre
private kleine Molkerei eingerichtet und überwachte selbst das Buttern der Milch.

Heute erzeugt Frankreich 10 Prozent des Weltbutteraufkommens, und jeder Franzose
verbraucht durchschnittlich 20 Kilo pro Jahr. Im Gegensatz zu der ›süßen‹, in anderen
Landesteilen hergestellten Butter ist das bretonische Erzeugnis seit jeher leicht gesalzen. Das
kommt daher, daß man örtlich gewonnenes Seesalz ursprünglich als Konservierungsmittel
zusetzte; inzwischen gilt diese Besonderheit als eine in dieser Region hochgepriesene
Geschmacksnuance, und hier gemachte Konditorspezialitäten, wie *kouign-amann,* zeichnen sich durch das sehr angenehme Aroma der fetten, delikat gesalzenen Butter aus.

Die beste ungesalzene französische Butter kommt aus den Poitou-Charentes, der einzigen
Region, die über das Gütesiegel der *appellation d'origine controlée* (AOC) für ihre Butter
verfügt. Jede als *Beurre Charentes-Poitou, Beurre des Charentes* oder *Beurre des Deux-
Sèvres* bezeichnete Buttersorte garantiert hohe Qualität und einen milden, nußartigen
Geschmack. Daß die Poitou-Charentes-Region zum Buttererzeuger wurde, verdankt sie
einem Zufall: Als in den siebziger Jahren des letzten Jahrhunderts die hier stehenden Weinstöcke der Reblaus zum Opfer fielen, verwandelte man die Weinkulturen in Weideland und
hielt normannische Kühe, die für ihre erstklassige sahnige Milch bekannt sind. Ein forscher
kleiner Butterhersteller war seinerzeit so begeistert von seinem Produkt, daß er mit drei
Klumpen Butter nach Paris zog, um sie zu Geld zu machen. Im Handumdrehen gewann er
die Gaumen der hauptstädtischen Gastronomen. Heute gehen 80 Prozent der in den Poitou-
Charentes gewonnenen Milch in die Butterherstellung, und die feinsten Käseläden lassen es
sich angelegen sein, die goldgelbe Charentes-Butter für Küche und Tafel zu verkaufen.

Fast die gesamte französische Butter wird jetzt aus pasteurisierter Milch gemacht, obwohl
jeweils im Frühjahr auch kleinere Mengen aus der Normandie und der Bretagne auf den
Markt kommen, die aus roher Sahne hergestellt sind und gewöhnlich nicht *à la motte* (vom
Block), sondern aus Konservierungsgründen als folienverpackte Portionen angeboten
weden. Man verwechsle nicht *beurre cru,* aus roher Sahne gewonnene Butter, mit *beurre du
cru* – das sind die durchweg aus pasteurisierter Sahne hergestellten Buttersorten mit der
appellation d'origine controlée-Auszeichnung.

WEINE VON BORDEAUX UND DER ATLANTIKKÜSTE

Unter den Hunderten von ausgezeichneten Weinen der Region Bordeaux habe ich hier eine begrenzte persönliche Auswahl getroffen. Einige dieser Gewächse sind nicht unbedingt sehr bekannt, aber es lohnt sich, sie kennenzulernen.

1. **Château Potensac** (Medoc): Ein klassischer, vollblütiger, gerbsäurereicher Medoc, der aus dem Hause Léoville-Las Oases kommt. Dieser rote Bordeaux ist so gut wie noch gar nicht entdeckt und im allgemeinen eine ausgenommen preisgünstige Erwerbung.

2. **Château Lanessan** (Haut Medoc): Ein wuchtiger, fruchtiger, ausgezeichneter Roter, der ganz in der Nähe der *commune* Saint-Julien gedeiht. Gewöhnlich ein sehr guter Kauf.

3. **Château Cantemerle** (Haut Medoc): Diese rekultivierte Rebenpflanzung beginnt, von sich reden zu machen. Auf die Jahrgänge 1982 und 1983 sollte man ein Auge haben.

4. **Château Montrose** (Saint-Estèphe): Dieser Wein hat sich im Laufe der Jahre eine immer gleichbleibende Qualität bewahrt. Der Château Montrose verkörpert für mich die Eleganz und zuverlässige Güte eines großen Bordeaux.

5. **Château Doisy-Daëne** (Barsac): Ich erinnere mich gut an das erste Verkosten dieses trockenen Weißweins in einem Pariser Fischrestaurant – ein wahrer Genuß. Seitdem gehört der sprühlebendige Château Doisy-Daëne zu den Weißen, auf die ich ständig wieder zurückgreife (zumal er preiswert ist). Dieselbe Kellerei erzeugt einen feinen süßen Barsac.

6. **Château Ducru-Beau-Calliou** (Saint-Julien): Dieser Wein ist das, was konservative Engländer einen klassischen Claret nennen – ein überragend guter, gleichbleibend edler heller Roter. Zitieren wir den Weinkritiker Robert Parker: »Alt zu werden, ist keine so schlechte Aussicht, wenn man weiß, daß einen solch erhabene Weine erwarten.« Dem kann man nur zustimmen.

7. **Sauternes** (Château Raymond Lafon): Wir alle kennen den Château d'Yquem, einen der berühmtesten und zu Recht teuersten Weine der Welt. Doch wenn Ihr Budget eine angemessenere Preisklasse erfordert, sollten Sie sich an diesen lieblichen, vollmundigen, fruchtigen Sauternes halten. Ihr Gaumen wird es Ihnen danken.

Gascogne, Toulouse
und Quercy

Immer noch gibt es in
Frankreich Regionen,
in denen man, fast ohne
einem anderen Auto zu
begegnen, stundenlang
unterwegs sein kann.
Das gilt jedenfalls für die
sanftgeschwungene Hü-
gellandschaft der Gas-
cogne und des Quercy,
wo, selten genug, ein
paar daherwatschelnde
weiße Gänse oder eine
herumstreunende graue
Katze die einzigen Zei-
chen von Leben sind. Es
ist dies ein ausgespro-
chen landwirtschaft-
liches Gebiet, in dem die
Bauernfamilien an bo-
denständige, ausgiebige
und bis heute von der
arabischen Küche beein-
flußte Kost gewöhnt
sind. Fast 800 Jahre lang

Christine und Michel Guérard in Eugénie-les-Bains

hielten die Mauren beträchtliche Teile Spaniens unmittelbar jenseits der Pyrenäen besetzt und
hinterließen ihre Spuren in allen Kulturbereichen. Das läßt sich in der Gastronomie heute noch
an einheimischen Gerichten wie der *tourtière*, einem nicht allzu entfernten Verwandten der
baklava, ablesen oder beim *cassoulet*, einer Mischung aus weißen Bohnen, Würsten und einge-
machtem Fleisch, vermutlich nur eine Adaptation des nordafrikanischen Hammelragouts mit
Saubohnen.

Der fruchtbare Boden versorgt die reichgedeckte Tafel Südwestfrankreichs mit allem Wesentlichen: mit Gänsen und Enten, die *foie gras* liefern und deren Fleisch als *confit* eingelegt wird;
Pflaumen, die man in *eau-de-vie* mazeriert; Waldpilzen und Trüffeln für festliche Gelegenheiten und Trauben für Tisch und Keller – ein derber roter *vin du pays* wird daraus gekeltert. Diese
stille, sanfte Gegend liebe ich vor allem im Herbst, wenn allerorten die Erntefülle in ihrer ganzen
Farbenpracht zur Geltung kommt.

Draußen auf dem Land bieten Stände am Straßenrand das Kilo Steinpilze für 60 Francs an (auf
den Pariser Märkten zahlt man das Dreifache dafür), munteres Geflügel bevölkert die gepflegten
Bauernhöfe, und die schmalen Getreidespeicher sind bis unters Dach gefüllt.

433

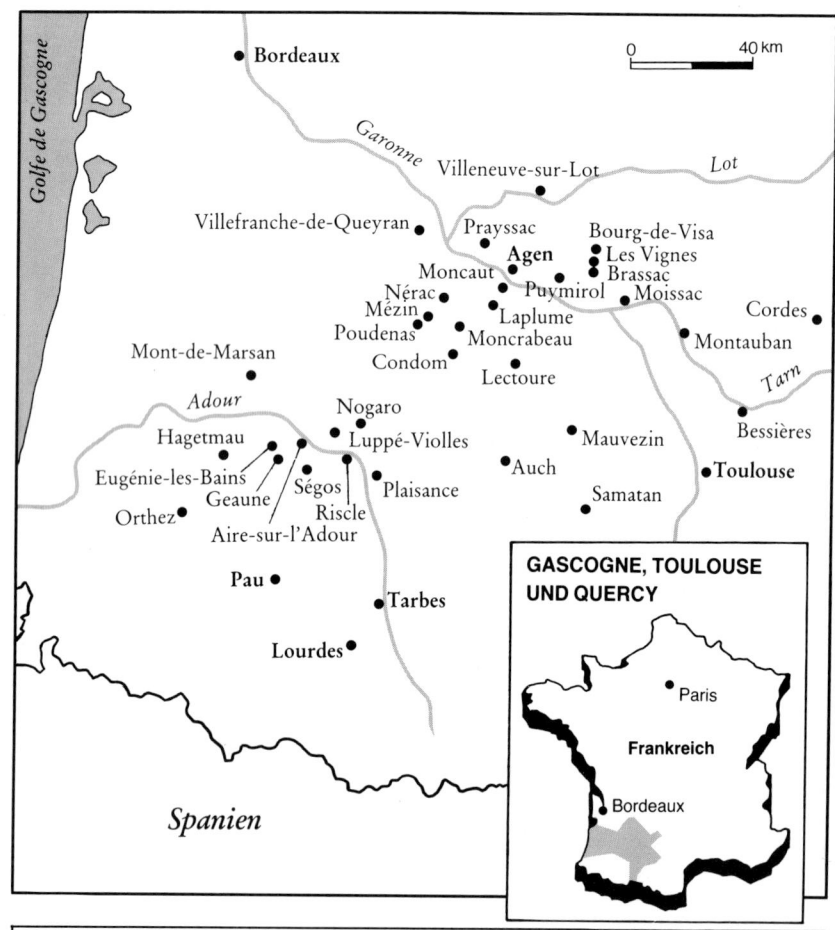

Beste Reisezeit

Mai, Juni, September und Oktober. Da die regionale Küche recht herzhaft ist, vermeide ich es gewöhnlich, in den heißen Monaten, also Juli und August, hierher zu fahren.

Märkte

(die attraktivsten sind mit einem Sternchen markiert)

Montag: Mauvezin, Mirande, Samatan.
Dienstag: Aire-sur-l'Adour, Albi (jeweils am zweiten und vierten Dienstag des Monats), Aurignac, *Casteljaloux, Castres, Colomiers, Fleurance, Marmande, Mont-de-Marsan, Muret, Toulouse.
Mittwoch: *Castres, *Condom, Gimont, Hagetmau, Peyrehorade, Toulouse, Valence-d'Agen.

Donnerstag: Auch, Castelsarrasin, Castres, Colomiers, Eauze, Marmande, Mézin, Plaisance, Saint-Clar, Saint-Gaudens, Toulouse.
Freitag: Castres, Gaillac, Lautrec, Monflanquin, Riscle, *Toulouse, Verdun-sur-Garonne, Vic-Fézensac.
Samstag: Albi, Auch, Beaumont-de-Lomagne, Casteljaloux, *Castres, *Colomiers, Condom, Cordes, Grenade, *Marmande, Moissac, Mont-de-Marsan, Montauban, *Muret, Nérac, Tournon-d'Agenais (Juli, August, September), Toulouse.
Sonntag: *Mézin, *Moissac, Toulouse.

Spezialitätenmärkte

Die verschiedenen regionalen *marchés au gras* und *marchés aux foies gras* bieten sowohl Mastgeflügel (wie Enten und Gänse) als auch Stopfleber an.
Montag: Caussade (*foie gras* – Dezember bis Ende Februar), Mauvezin (*ail*, Knoblauch, erster oder zweiter Montag, von Juli bis Dezember), Samatan (*foie gras* – 9.45–10.45 Uhr, von November bis März).
Dienstag: Fleurance (*foie gras* – 10–11 Uhr, von November bis Januar oder Februar, je nach Wetterlage), Valence-d'Agen (*foie gras* – November bis Ende Januar).
Mittwoch: Montauban (*foie gras* – vom 11. November bis Mitte März).
Donnerstag: Eauze (*foie gras* – 9–10 Uhr, von November bis Ende Januar oder Februar), Castelsarrasin (*foie gras* – Dezember bis Februar), Saint-Clar (*ail*, Knoblauch, von 10–11 Uhr, vom zweiten Donnerstag im Juli bis in die ersten Januartage hinein).
Freitag: Riscle (*foie gras* – November bis Ende März), Vic-Fézensac (*foie gras* – November bis Ende Februar).

Messen und Volksfeste

Zweiter Montag nach Fastnachtsdienstag: *Foire au Gras* (Mastgeflügel- und Stopfleber-Messe), Agen.
Erster Montag nach Ostern: *Omelette Géante* (Fest des Riesenomeletts), Bessières.
Letzte Woche im Mai: *Foire Nationale d'Agen et du Lot et Garonne*, Agen.
Ende Juni: *Fête du Bœuf* (Rinderfest), Montauban.
13. und 14. Juli: *Festival de la Gastronomie Lot et Garonnaise*, Villefranche-du-Queyran.
Nationalfeiertag 14. Juli: *Journées Gastronomiques*, Hagetmau; *Foire aux Fromages de Chèvres* (Ziegenkäse-Fest), Plaisance.
Sonntag Mitte Juli: *Fête du Grand Fauconnier* (Falkner-Fest), Cordes.
Zweiter Sonntag im August: *Fête du Melon* (Melonenfest), Lectoure.
Mitte August: *Election du Roi des Menteurs* (Wettbewerb der Erzähler von Lügengeschichten und Wahl des Lügenkönigs), Moncrabeau.
Montag nach dem 15. August: *Fête de l'Ail* (Knoblauchmesse), Mauvezin.
Eine Woche im September: *Fête du Chasselas* (Rebenfest), Moissac.
Samstag vor dem ersten Montag nach dem 15. September (oder 22. September, wenn der 15. ein Montag ist): *Foire de la Prune* (Pflaumenmesse), Agen.
Oktober: *Fête du Chasselas et des Vendanges* (Reben- und Weinlesefest), Prayssas.

Aire-sur-l'Adour *(Landes)*

Auch 82 km, Condom 67 km, Dax 76 km, Mont-de-Marsan 31 km, Orthez 59 km,
Paris 721 km, Pau 49 km, Tarbes 69 km
Markt: Dienstag 8–17 Uhr, Place de l'Hôtel de Ville

RESTAURANT

DOMAINE DE BASSIBE
Ségos, 32400 Riscle
∅ 62094671 und 62094355
Bestellungen werden bis
14 bzw. 21.30 Uhr entgegengenommen
Geschlossen: November bis
Ostern
Kreditkarten: AE, DC, V
Separate Speiseräume für
geschlossene Gesellschaften
bis zu 15 und 30 Personen
Man spricht Englisch
170- und 210-Francs-Menüs,
à la carte 300 Francs

Spezialitäten:
Soupe en croûte aux cèpes
(mit einer Teigplatte abge-
deckte Steinpilzsuppe), *escalope de foie de canard aux
poires* (aufgeschnittene
Entenstopfleber mit Birnen)

Wer ländliche Stille sucht und sich dabei gleichzeitig ver-
wöhnen lassen will, der ist in diesem *Relais et Château*
gut aufgehoben. Das helle, freundliche Restaurant ist graziös
in einem an Hotel und Schwimmbecken angrenzenden eigenen Gebäude untergebracht. Die in Weiß gehaltenen Balkendecken und der erhabene Kamin vermitteln den Räumlichkeiten etwas zugleich Modernes und Anheimelndes. Das Essen
ist relativ einfach und dabei ansprechend. Versuchen sollte
man hier die aromatische *soupe en croûte aux cèpes* und den
ganz speziellen *bœuf de Bazas à la ficelle*, Rindfleisch, das am
Faden hängend gekocht und mit Bergen von gleichfalls
gekochtem Gemüse serviert wird. Jedenfalls ist das ein ideales
Essen für alle, die – wenigstens vorübergehend – vor schwererer Kost zurückschrecken (Anfahrt: Von Aire-sur-l'Adour
aus fährt man auf der N 134 neun Kilometer in südlicher
Richtung. Dann biegt man nach links auf die D 260 ab; Schilder machen auf das Restaurant aufmerksam).

Südwestfrankreich, insbesondere die Gegend nördlich
von Toulouse, ist das Land der Pflaumen. Hier werden die saftigen blauen Früchte – im Französischen sowohl in frischem wie auch in getrocknetem Zustand *prunes* genannt – zu vollaromatischen Trockenpflaumen ge-
dörrt, entweder in Eierkuchenteig gehüllt und als süßes,
labendes Dessert ausgebacken oder halbiert und auf
einem knusprigen Tortenboden arrangiert. Soviel die
Pflaumen in der französischen Küche auch zu bedeuten
haben mögen, im Volksmund ist ihr Stellenwert eher gering: Wenn sich jemand umsonst angestrengt hat, dann
war es *pour des prunes* – also ›für die Katz‹. Dafür darf
man mit gleicher Wort-Münze heimzahlen, wenn man
sich bei zu erweisenden Gefälligkeiten überfordert fühlt.
Man sagt *de prunes!*, und jeder versteht, daß man nicht
erneut gebeten werden möchte.

Auch *(Gers)*

Agen 71 km, Lourdes 92 km, Montauban 86 km, Paris 768 km, Tarbes 73 km
Märkte: Donnerstag 8.30–12 Uhr, Avenue Hoche; Samstag 9.30–18 Uhr,
Place de la République
Flohmarkt: zweiter Samstag im Monat, 8–12.30 Uhr und 14–20 Uhr,
Place Jean-David

RESTAURANT

HOTEL DE FRANCE
Place de la Libération,
32000 Auch
✆ 62050044
Bestellungen werden bis
13.30 bzw. 21.30 Uhr
entgegengenommen
Geschlossen: Sonntagabend,
Montag und im Januar
Kreditkarten: AE, DC, V
Klimatisiert
Separate Speiseräume für
geschlossene Gesellschaften
bis zu 10 bzw. 90 Personen
Man spricht Englisch
250- und 375-Francs-Menüs,
à la carte 400 Francs

Spezialitäten:
Foie gras, confit (Gans, Ente
oder Schwein, im eigenen
Fett eingelegt)

Man mag sich mit Recht fragen, was die Küche der Gascogne ohne André Daguin wäre, den Mann, der die urwüchsige Cuisine Südwestfrankreichs zweifellos am meisten gefördert hat. Der kontaktfreudige, jungenhaft gutaussehende Küchenchef reist gerne durch die Welt und propagiert dabei die Spezialitäten seiner Heimatregion, wozu so berühmte Delikatessen wie *foie gras, confit* und *Armagnac* gehören. Kein Wunder, daß er zu einer Art Idol für die Hausfrauen im Südwesten geworden ist, die stolz darauf sind, ihn ganz einfache Gerichte populär machen zu sehen, welche seit vielen Generationen in den Bauernküchen dieser dünn besiedelten Region gekocht werden.

Dies ist der rechte Platz, um in *foie gras* zu schwelgen (die hier nicht nur in einer Zubereitungsart, sondern gleich in einem Dutzend Kombinationen angepriesen wird: mit Trüffelsaft und Austern, mit Algen, mit Kapern, und sogar mit Quitten) oder in einer Linsensuppe mit einem aus Kaldaunen zubereiteten *confit* oder in den – sprichwörtlichen – gebratenen Tauben, die von einem unvergeßlichen Knoblauch-*confit* begleitet sind. Leider muß ich sagen, daß das Essen im Laufe der Jahre, in denen ich im HÔTEL DE FRANCE gespeist habe, doch recht unterschiedlich war. Ganz offensichtlich und manchmal ärgerlich zu beobachten ist, wie Stammgäste eindeutig besser bedient werden als Gelegenheitsbesucher.

Tous les jours? Pas exactement!
Täglich (geöffnet)? Nicht ganz!

Wenn Sie die Öffnungszeiten von Geschäften oder Restaurants vormerken wollen, sollten Sie die Ankündigung *Ouvert Tous les Jours* – Täglich geöffnet – nicht allzu wörtlich nehmen. Meist bedeutet eine solche Zeitangabe nur, daß das betreffende Lokal montags bis freitags, nicht aber an Samstagen, Sonntagen, Feiertagen oder während der Schulferien geöffnet ist. Im Zweifel: bitte vorher anfragen.

Eugénie-les-Bains *(Landes)*

Aire-sur-l'Adour 14 km, Dax 69 km, Mont-de-Marsan 26 km, Orthez 53 km,
Paris 731 km, Pau 53 km

RESTAURANT

LES PRÉS D'EUGÉNIE
Eugénie-les-Bains,
40320 Geaune
℡ 58511901
Bestellungen werden bis
13.30 (oder, bei Voranmeldung, bis 14 Uhr) bzw. 21.30
(22 Uhr im Sommer)
entgegengenommen
Geschlossen: Dezember bis
Ende Februar
Kreditkarten: AE, DC
Separater Speiseraum für
geschlossene Gesellschaften
bis zu 14 Personen
Man spricht Englisch
360- und 380-Francs-Menüs,
Wein und Bedienung nicht
inbegriffen, à la carte 600
Francs

Spezialitäten:
mit den Jahreszeiten
wechselnde Speisekarte,
einschließlich Diät- bzw.
Kurkost *(cuisine minceur)*

Gibt es so etwas wie das perfekte französische Landgast-
haus? Perfektion ist natürlich ein relativer Begriff, aber
wenn es nach mir ginge, dann wäre das Wunschziel immer
wieder spontan Eugénie-les-Bains, denn in Michel und Christine Guérards Gasthof vereinen sich auf selten gelungene
Weise Komfort, ländliche Behaglichkeit und eine eben sehr
echte Form der Eleganz. Im Laufe der Jahre bin ich stets
wieder hierher zurückgekehrt, um die gepflegte Schlank-
heitsdiät dieser namhaften *cuisine minceur* zu probieren, die
als *gourmande* bekannte, deutlich veredelte Version zu genießen und mich an den mit leuchtenden Blumen und duftenden
Kräutertees (frisch aus dem Garten) lockenden Frühstücksta-
bletts zu erbauen.

Wie Christine Guérard jedem freien Plätzchen auf diesem
weitläufigen Landsitz eine persönliche Note zu geben ver-
standen hat, das gefällt mir: hier alte Ölgemälde, Körbe und
Gewürztöpfe aus Keramik, dort kleine antike Tische, viele
Palmen und kleine Brunnen. Nicht weniger bewundere ich
Michel Guérards kulinarischen Stil, der sich auf die Zutaten
konzentriert, auf die ich am meisten versessen bin. Verschwenderisch geht er mit Kräutern und Salaten um, die
frisch aus dem sauberen Gärtchen hinterm Haus kommen.
Fisch, Schalentiere und Wild grillt er über der großen offenen
Feuerstelle in der Küche, und zwar stets noch in ihrer eigenen
Haut oder Schale, um das Fleisch zu schonen und das Aroma
zu erhalten.

Guérards Cuisine hat zugleich rustikale und urbane Wurzeln, denn obwohl auf der Speisekarte landfrische Hähnchen,
foie gras und der lokal erzeugte *Armagnac* dominieren, verleihen schwarze Trüffeln, Hummer, Muscheln und frischer
Lachs dem Mahl einen Hauch von Luxus und runden es ab.
(Anmerkung: Die Mahlzeiten der *cuisine minceur* werden nur
auf Bestellung und auch nur an Hotelgäste abgegeben. Wer an
diesem Essen teilnimmt, speist vor den Gästen, die dem *gourmande*-Speisenplan folgen.)

Luppé-Violles *(Gers)*

Aire-sur-l'Adour 11 km, Auch 70 km, Mont-de-Marsan 37 km

RESTAURANT

LE RELAIS DE
L'ARMAGNAC
Luppé-Violles, 32110 Nogaro
✆ 62089522
Bestellungen werden bis 14
bzw. 21 Uhr entgegen-
genommen
Geschlossen: Sonntagabend,
Montag und im Januar
Kreditkarten: AE, V
Separate Speiseräume für
geschlossene Gesellschaften
für 8 bzw. 24 Personen
Man spricht Englisch
65-, 130-, 180- und 230-
Francs-Menüs, à la carte
200 Francs

Spezialitäten: je nach Jahreszeit; *pigeonneau désossé et
farci à ma façon* (gefüllte
junge Taube), *filet de sole au
beurre rouge et aux morilles*
(Seezunge mit roter Buttersauce und Morcheln), *filets
mignons de veau aux cèpes*
(Kalbfilets mit Steinpilzen)

Dieses direkt an der Straße gelegene kleine Dorfrestaurant
mit seinen femininen Farben, mit seinem blumigen
Rosa und Weiß ist herausgeputzt wie ein niedliches Puppen-
haus. Dem Essen hier fehlt es an Schliff, aber die rechtschaf-
fene Kochweise von Marie-Martine Duffour und die insgesamt nicht schlechte Erfahrung mit diesem Restaurant halten
den Wunsch wach, hierher zurückzukommen. Das bei weitem beste Gericht der Küchenchefin sind die *demoiselles
assaisonnées*, als *filet mignon* servierte Streifen rohen Enten-
fleischs (zarte, dünne Filetspitzen), die kurz in Sherry-Essig
mariniert und dann erst unmittelbar vor dem Auftragen mit
einer Mischung aus Schalotten, grünem Pfeffer, Öl und Salz
aromatisiert werden. Diese Würzung war genau abgestimmt,
das heißt raffiniert genug, um dem Gericht noch etwas Pep zu
geben, doch ohne es zu erschlagen und den Genuß an dem
seidenzarten saftigen Entenfleisch zu schmälern. Eine andere
herausragende Speise ist die *papillote de cœurs d'oies aux cerises*. Bevor Sie bei dem Gedanken an ein vollständiges, aus
Gänseherzen bestehendes Hauptgericht die Nase rümpfen,
sollten Sie die Version dieses Hauses versucht haben: die von
der Textur her wunderbar fleischigsaftigen Gänseherzen
sind, zusammen mit einer aromatischen Mischung aus Ganzkornsenf, Orangenblütenwasser und Kirschen, in Folie
gebacken, ein Gericht für gefräßige Mäuler und südwestfran-
zösischen Riesenappetit.

Eine weniger glückliche Hand hatte die Küchenchefin
beim *magret de canard* (Mastentenbrust); die Speise kam zu
weit durchgegart und trocken auf den Tisch und schmeckte,
als sei sie wieder aufgewärmt. Wie der Name des Relais verrät, können sich Armagnac-Liebhaber hier gütlich tun: ein
ganzer Eßtisch ist mit einer Batterie von Flaschen beladen, die
alle Marken, Jahrgänge, Größen und Preise repräsentieren.

Moncaut *(Lot-et-Garonne)*

Agen 11 km, Nérac 20 km

SPIRITUOSEN

SAINT-GAYRAND
Moncaut, 47310 Laplume
℡ 53971383
Geöffnet: täglich 9–17 Uhr
Auf Wunsch Versand in fast
alle Länder

Wenn Sie in der Gegend sind, lohnt sich der kleine Umweg zu dieser noch weitgehend manuell betriebenen Brennerei, die eine breite Auswahl von feinen Obstbranntweinen anbietet, viele mit endlosen Lobeshymnen und Auszeichnungen durch *sommeliers* in ganz Frankreich bedacht. Erstmalig hatte ich in einem Pariser Restaurant Gelegenheit, mit dem bouquetreichen *eau-de-vie-de-muscat* von SAINT-GAYRAND, einem köstlichen Muskatbranntwein, Bekanntschaft zu machen; dann tastete ich mich, als ich nach Agen kam, bis zur Quelle vor und fand das wunderbar fruchtige *eau-de-vie-de-prunes* ebenso ergötzlich wie die in diesem Zwetschgenwasser eingelegten Backpflaumen, eine deliziöse Garnierung für Vanille- oder Pflaumeneis. Anfahrt: Man fährt von Agen aus auf der D 656 nach Süden, durchquert Roquefort und bleibt auch nach der dann kommenden Gabelung auf der D 656. Drei Kilometer hinter der Gabelung erreicht man Pléchac. 800 Meter weiter findet man ein Schild der Domaine de Pouzergues (die zugleich die Domaine de Serguillon ist, und das bedeutet: hier ist SAINT-GAYRAND).

Plaisance *(Gers)*

Aire-sur-l'Adour 30 km, Auch 55 km, Condom 64 km, Paris 701 km, Pau 65 km,
Tarbes 44 km
Markt: Donnerstag 9–17 Uhr, Place du 11 Novembre
Foire aux Fromages de Chèvre (Ziegenkäsemesse): Nationalfeiertag 14. Juli

RESTAURANT

RIPA-ALTA
3, Place de l'Eglise,
32160 Plaisance
℡ 62693043
Bestellungen werden bis 14
bzw. 22 Uhr entgegen-
genommen
Geöffnet: täglich von Juni bis
Ende September; geschlos-
sen: Sonntagabend und Mon-

Einfach, ursprünglich und echt regional – so kann man dieses Lokal beschreiben, das sich einer der bodenständigsten Küchen im Südwesten rühmen darf. Der schmucklose, in dunklem Holz gehaltene, altmodisch wirkende Speiseraum versetzt Sie in die dreißiger Jahre zurück, und das tun auch die mehr als zumutbaren Preise. Krempeln Sie also die Ärmel hoch, und machen Sie sich über die rohen Austern und heißen Würste her, über die mit Steinpilzen gewürzten Gänseherzen und das klassische – wenn auch weit entfernt von allem üblichen – *confit* mit weißen Bohnen, das man gar nicht

tag von Oktober bis Ende
Mai und im November
Kreditkarten: AE, DC,
EC, V
Separater Speiseraum für
geschlossene Gesellschaften
bis zu 30 Personen
Man spricht Englisch
66-, 125- und 230-Francs-
Menüs, à la carte 200 Francs

schmackhafter zubereiten kann als Maurice Coscuellas: die
leise geköchelten Bohnen haben sich vollgesogen mit Entenschmalz.

Als Nachtisch sind die frische, flockigzarte *croustade aux
pruneaux* (ein mit Armagnac-getränkten Äpfeln und Pflaumen gefülltes Mürbeteigtörtchen) und das enorm aromastarke Pflaumeneis nicht zu verachten.

MACARONADE ›LA BELLE GASCONNE‹
Frische Pasta mit *foie gras* und Wildpilzen

*In Würfel geschnitten und mit frischer Pasta vermengt – in dieser Zubereitungsart mag ich
warme* foie gras *mit am liebsten. Diese im charmanten Restaurant* LA BELLE GASCONNE *in
Poudenas servierte* macaronade-*Version ist reichlich mit Morcheln bestückt, die, mit* crème
fraîche *angereichert, wunderbar würzig nach Wildpilzen schmecken. Man kann aus diesem
Gericht enorm viel ›herausholen‹, denn selbst mit einer relativ geringen* foie gras- *und
Morchelmenge kommt das intensive Aroma dieser Ingredienzen wirklich voll durch. Und
wollen Sie ein Fest aus diesem Mahl machen, dann können Sie die Pasta nach dem Durchmischen und unmittelbar vor dem Servieren noch mit Spänen schwarzer Trüffeln bestreuen.*

60 g getrocknete Mor-
cheln
500 ml heißes Wasser
›500 ml *crème fraîche* oder
saure Sahne, vorzugs-
weise nicht ultra-
hocherhitzt
2 El extrafeines, kalt
gepreßtes Olivenöl
500 g kleine Pilze (Köpfe
in dünne Scheiben
geschnitten; die Stiele für
ein anderes Gericht auf-
heben)
Salz und frisch gemahle-
ner schwarzer Pfeffer
nach Geschmack
300 g frische Pasta
125 g *foie gras,* in kleine
Würfel geschnitten
1 kleine schwarze Trüffel
(nach Belieben)

1. Die Morcheln 15 Minuten in dem heißen Wasser einweichen, dann abgießen, die Flüssigkeit aufheben, durchseihen,
damit eventuell vorhandener Sand zurückbleibt. Zusammen
mit den Morcheln in einen mittelgroßen Topf geben und bei
guter Hitze zum Kochen bringen. Die Flüssigkeit reduzieren, bis etwa ½ Tasse übrigbleibt, dann die *crème fraîche*
dazugeben und etwa 15 Minuten kochen, bis die Morcheln
etwa die Hälfte der Sahne aufgenommen haben. Bei schwacher Hitze warmhalten.
2. Das Olivenöl bei guter Hitze in einer großen Pfanne heiß
werden lassen, die geschnittenen Pilze dazugeben und etwa 5
Minuten, bis sie gerade eben weich werden, sautieren. Zu den
Morcheln geben und mit Pfeffer und Salz abschmecken.
3. Einen großen Topf Salzwasser zum Kochen bringen, die
Pasta hineingeben und etwa 5 Minuten *al dente* kochen.
Abgießen und in den Topf zurückschütten. Die Pilzmi-
schung und die *foie gras* hinzufügen und behutsam mischen,
bis alle Zutaten gründlich miteinander vermengt sind. Auf 4
vorgewärmte Teller verteilen und gegebenenfalls über jede
Portion die gleiche Trüffelmenge schneiden. Sofort servieren.
Für 4 Personen.

Poudenas *(Lot-et-Garonne)*

Agen 47 km, Aire-sur-l'Adour 62 km, Condom 19 km, Nérac 17 km, Paris 666 km

RESTAURANT

La Belle Gasconne
Poudenas, 47170 Mézin
∅ 53657158
Bestellungen werden bis 14
bzw. 21.30 Uhr entgegen-
genommen
Geschlossen: Sonntagabend,
Montag, die ersten beiden
Dezemberwochen und die
beiden Wochen nach dem
1. Januar
Kreditkarten: AE, DC, V
Man spricht Englisch
98-, 150- und 220-Francs-
Menüs, à la carte 220 Francs

Spezialitäten:
Foie gras de canard (frische
Entenstopfleber), *civet de
canard au sang* (Entenpfef-
fer), *gâteau au chocolat*
(Schokoladentorte)

Wenn man das Füllhorn der Gascogne ausgeschüttet sehen will, muß man sich in das Dörfchen Poudenas begeben, wo die Eigentümer des Restaurants La Belle Gasconne, die aufgeschlossene, engagierte Marie-Claude und ihr Mann Richard Gracia, zu Hause sind. Die rothaarige, dynamische Madame Gracia, eine der führenden Küchenchefinnen Frankreichs, führt hier vor, wie Hausmacher-Küche schmecken sollte, und das fängt ganz unten an: stammen die Zutaten nicht aus ihrem oder der Nachbarn Garten, so gelangen sie nicht auf den Tisch.

Zum Selbstverständnis der konsequenten Hausherrin gehört auch, daß sie sich nicht nur für das leibliche, sondern auch für das seelische Wohl ihrer Gäste verantwortlich fühlt. Aufgetischt werden hier etwa eine mit *foie gras* und Waldpilzen veredelte Pasta (siehe Rezept Seite 441), eine mit Behagen zu verspeisende, ausgiebige *tourte* in Form einer mit lieblich zartem Lauch und Steinpilzen gefüllten, feinschuppigen Blätterteigpastete, ein Salat aus mürbem, gebratenem Wachtelfleisch, angerichtet mit einem selbstgemachten fruchtsauren Melonenessig, oder ein *civet de canard*, ein ganz schlicht und ohne Accessoires zubereiteter Entenpfeffer – so saftig, so zart, so unverfälscht ›hausgemacht‹, daß Sie gewiß darum bitten werden, man möge Ihnen nachlegen.

Nicht anders als ihre Mutter vor ihr, als Großmutter und Urgroßmutter schon, hat Madame Gracia es sich zur Lebensaufgabe gemacht, andere Leute zu bewirten, und das macht sie mit besonders viel Hingabe und Grazie. Das kleine gemütliche Restaurant – belebt von Gartenblumen, klassischer Musik und der stets aufgeräumten Stammkundschaft – ist aus dem ehemaligen Anwesen eines Müllers entstanden. Bald hofft das Ehepaar Gracia, auch die Arbeiten an der auf der gegenüberliegenden Straßenseite stehenden Mühle abgeschlossen zu haben; dann werden die dort in die alten Wände eingelassenen Panoramafenster des neuen Speiseraums den Blick auf dieses Bilderbuchdorf mit seiner antiken Steinbrücke und dem unter ihr durchrauschenden Bach freigeben, und im ersten Stock werden (dringend benötigte) Gästezimmer zur Verfügung stehen.

Puymirol *(Lot-et-Garonne)*

Agen 17 km, Moissac 43 km, Paris 642 km, Villeneuve-sur-Lot 30 km

RESTAURANT

L'AUBERGADE
52, Rue Royale,
47270 Puymirol
☎ 53953146
Bestellungen werden bis 14
bzw. 21 Uhr entgegen-
genommen
Geöffnet: täglich im Juli und
August; geschlossen: Montag
von Mitte April bis Ende
Oktober; Sonntagabend und
Montag von November bis
Mitte April
Kreditkarten: AE, DC, V
Speiseterrasse im Sommer;
separate Speiseräume für
geschlossene Gesellschaften
bis zu 10, 20 und
50 Personen
Man spricht Englisch
120-Francs-Menü nur an
Wochentagen mittags; 240-
und 380-Francs-Menüs,
à la carte 350 Francs

Spezialitäten:
*Lasagne de homard au persil
simple* (Hummer-Lasagne mit
Petersilie), *terrine de poireaux à la vinaigrette et
julienne de truffes* (Lauch-
terrine mit Trüffeln), *truite
de mer et sa peau croustillée*
(Lachsforelle), *pigeonneau
aux épices* (junge Taube mit
Gewürzen), *larme de chocolat au Banyuls* (›Schokoladen-
träne‹, mit Schokoladen-
mousse und Kirschen
gefüllt), *mille-feuille de nou-
gatines glacées au pralin*
(Blätterteig mit gefrorenen
Krokantschichten)

Michel und Maryse Tramas stiller Landgasthof L'AU-
BERGADE gehört heute zu den feineren Adressen in
Frankreichs Restaurants. Seit 1979 hat das Gastronomenehe-
paar daran gearbeitet, dieser aus dem Mittelalter stammenden
Residenz der Grafen von Toulouse den freundlichen, stilvol-
len Rahmen zu geben, der Michels exquisiter Cuisine angemessen ist. Erstaunlicherweise besitzt Trama keinerlei beruf-
liche Vorbildung für sein delikates Metier; und ›erstaunlich‹
darf man dies durchaus nennen, denn angesichts der kultivierten, gepflegten Speisen, die hier perfekt aus der Küche
kommen, erscheint es kaum glaublich, daß der Chef nicht
schon jahrzehntelang am Herd gestanden hat.

Das Menü ist nicht offenkundig regional – gegrillte Gänseherzen und *cassoulet* sind also nicht gerade das, weshalb man
hierherkommt –, doch gehören so feine, aus der unmittelbaren Umgebung stammende Leckerbissen wie Taube, Ente,
Kaninchen und Kapaun sowie eine ganze Palette von Wild-,
Pilz- und Gemüsespezialitäten zum ständigen Repertoire.
Nehmen Sie sich einen kräftigen Wurstsalat besonderer Art
vor: Die Wurst ist aus Wildente gemacht und mit Pistazien-
kernen bestückt und liegt in dicken Scheiben auf einem ring-
förmigen Bett gekochter Kartoffeln, das einen gutgewürzten,
gemischten grünen Salat umschließt. Oder noch besser: Gönnen Sie sich die ungewöhnliche, sehr gelungene Kombination
von frischem (hier *morue* genanntem) Kabeljau mit darum-
herum gehäuften waldfrischen *cèpes* – den feinsten Steinpilzen, die ich in Jahren gegessen habe. Für die glückliche
Geschmacksverbindung zwischen dem köstlichen Fischfleisch und dem reinen Pilzaroma sorgt eine kraftvolle, aus
Schalotten, Essig und einer ordentlichen Dosis reduzierter
Pilzbrühe bereitete Sauce.

Wer gerne Wild ißt, wird sich an dem ganz schlicht zubereiteten *col vert au citron vert* gütlich tun, einer einfach gebratenen Stockente, zartrosa und voller Wildgeschmack, zu der
gewellter Spinat die einzige Beilage bildet. Gleichermaßen
ansprechend sind die Desserts. Die den humorvollen Namen
larme de chocolat tragende Süßspeise besteht aus einer ›Träne‹
Edelbitterschokolade, gefüllt mit einer *mousse*-artigen Schokoladencreme, in der sich eine leckere Kirsche versteckt.

Wie bei vielen kreativen jungen Küchenchefs mit etwas
ambitiöseren Vorstellungen zeichnet sich Tramas Kochweise
durch eine gewisse Kühnheit und Aggressivität aus. Trüffel-
und Pilzsaucen schmecken also auch wirklich nach Trüffeln

Maryse und Michel Trama
in L'Aubergade

und Pilzen, und die Vinaigrettes betonen ihre herbe Säure.
Doch das beste von allem ist, daß die Speisen einen besonderen Schliff haben, eine vollendete Qualität, die anderenorts
auch den elegantesten Gerichten gewöhnlich fehlt. Man hat
das Gefühl, daß dieser Küchenchef sich um eine bestimmte
Art der Verfeinerung bemüht, daß er darum ringt, einem
Gericht ›Klasse‹ zu geben, und jedesmal wenn er das erreicht
hat, seine Ansprüche eine Stufe höherschraubt.

Toulouse *(Haute-Garonne)*

Agen 76 km, Bordeaux 244 km, Montauban 52 km, Paris 705 km, Samatan 50 km
Märkte: Dienstag bis Sonntag 9–13 Uhr, Markthallen, Place des Carmes und Place
Victor Hugo; Dienstag bis Sonntag 9–13 Uhr, Markt unter freiem Himmel,
Boulevard de Strasbourg; Mittwoch 9–17 Uhr, Markt unter freiem Himmel,
Place du Capitole
Flohmarkt: Sonntag 8–13 Uhr, Place Saint-Sernin

RESTAURANTS

Darroze
19, Rue Castellane,
31000 Toulouse
℡ 61623470
Bestellungen werden bis
13.30 bzw. 21.30 Uhr
entgegengenommen

Darroze ist ein Restaurant der Gegensätze und schein-
baren Widersprüchlichkeiten. So farblos und nüchtern-
modern sich die Ausstattung gibt, so lebendig und aufregend
sind die würzigen Speisen. Folgen Sie also meinem Rat, und
besuchen Sie dieses Lokal des Essens wegen; es ist ein Musterbeispiel für südwestfranzösische Kochkunst. In Knoblauch
geschmorte Steinpilze zuhauf, eine sehr schöne klassische

444

Geschlossen: Samstagmittag
und Sonntag
Kreditkarten: AE, DC, V
Klimatisiert
225- und 280-Francs-Menüs,
à la carte 250 Francs

Spezialitäten:
je nach Jahreszeit; in der
Saison Fisch und Wild

VANEL
22, Rue Maurice Fontvieille,
31000 Toulouse
✆ 61215182
Bestellungen werden bis
13.30 bzw. 21.45 Uhr
entgegengenommen
Geschlossen: Sonntag,
Montagmittag und im
August
Kreditkarten: AE, EC
Klimatisiert
Man spricht Englisch
350 Francs

Spezialitäten:
täglich wechselnd

pipérade (hier Rührei mit roten und grünen Paprika, Tomaten und Zwiebeln, belegt mit einer Scheibe Schinken) und ein aus ungewöhnlich rosafleischigen Wildbretnüßchen, einer pikanten Heidelbeerwürze und schwerer, dunkler Wildfleischsauce harmonisch komponiertes Gericht – all das macht ein erinnerungswertes Mahl aus in einer Stadt, die ohnehin einen Umweg wert ist.

W enn Sie in Gesellschaft der Schickeria von Toulouse zu speisen wünschen, gehen Sie zu VANEL. Es weckt die Lebensgeister, sich unter die Leute zu mengen, die sich hier, wo man sie freundlich und wie alte Bekannte bedient, glücklich und zu Hause fühlen. Und was das (ein wenig enttäuschende) Essen selbst anbetrifft, so reicht seine Kategorie immer noch aus, dieses großräumige Speiselokal auf meiner Liste von Restaurants zu führen, die ich auf jeden Fall wieder besuchen würde.

Wie das bei so vielen erfolgreichen gastronomischen Betrieben in Frankreich der Fall ist, scheint Lucien Vanels Cuisine es mit der ländlichen wie mit der urbanen Kost gleichermaßen halten zu wollen, wobei das Ergebnis dann am Ende besser aussieht als es schmeckt. In vielen Fällen wäre dieser Mangel einfach durch eine etwas leichtere Hand beim Würzen in der Küche zu beheben. Zu den Gerichten, an denen wir hier Gefallen fanden, gehören ein klassischer, sehr schmackhafter und sättigender *civet de lièvre* (Hasenpfeffer), der mit ein klein wenig Kaninchenwurst, einer herrlich pochierten Birne und Kastanien serviert wird, und ein aus pochierten, mit Mandelbutter gratinierten Birnen bestehendes Dessert, das mit frischen Makronen serviert wird. Als weniger befriedigend erwiesen sich Lamm mit weißen Bohnen und das ganze Sortiment hübsch anzusehender, aber weitgehend fader Salate. Hingegen ist das, was die Weinkarte zu vermelden hat, für sich genommen schon die Exkursion wert – das umfangreiche Dokument ist nicht nur nett erläutert, sondern kann sich mit seinen Preisen auch sehen lassen.

Wenn er bei Ihrem Besuch vorrätig ist, köpfen Sie eine Flasche *Prieuré-de-Saint-Jean-de-Bébian*, ein vehementer roter Coteaux-du-Languedoc. Vanel lockt auch mit einem netten kleinen Kaffee- und Tee-Menü und läßt aus frischen Pflanzen gebraute Kräutertees auftragen.

CAFES

BIBENT
5, Place du Capitole,
31000 Toulouse
✆ 61238903

D as BIBENT ist eines dieser prächtig herausgeputzten Belle-Epoque-Cafés mit hohen Decken und ornamentalem Stuckwerk an den Wänden, wo die Kellner schwarze Westen und eine Fliege tragen. Versuchen Sie, die Rockmusik

445

Geöffnet: 8–0.30 Uhr;
geschlossen: Sonntag
Kreditkarten: AE, DC, V
Terrasse auf dem Bürgersteig

GRAND CAFÉ FLORIDA
12, Place du Capitole,
31000 Toulouse
✆ 61214992 oder 61218759
Geöffnet: täglich 7.30–2 Uhr
Terrasse auf dem Bürgersteig

und den Rauch zu ignorieren, machen Sie sich's in einem Korbsessel auf der Terrasse bequem, und bewundern Sie die großzügig angelegte Place du Capitole mit der nahen Toulouser Oper. Mittags kann man im BIBENT Platten mit rohen oder gekochten Muscheln bekommen.

Ein *grand café,* das, recht geschmackvoll restauriert, mit den gemütlichen roten Samtbänken, Korbsesseln, Riesenspiegeln und einem langen Bartresen effektiv aus der Zeit der Jahrhundertwende stammen könnte.

KÄSELÄDEN

LA PASTORALE
10, Place des Carmes,
31000 Toulouse
✆ 61554966
Geöffnet: 9–12.30 und
15.30–19.15 Uhr; geschlossen: Sonntag, Montag und im Juli oder August

Ein nettes Käselädchen, gleich neben den Markthallen gelegen. Die Auswahl ist zwar nicht riesig; aber das, was es gibt, ist sachkundig ausgewählt und gut gereift.

XAVIER
6, Place Victor-Hugo,
31000 Toulouse
✆ 61215326
Geöffnet: 8.15–12.30 und
15.30–19.15 Uhr; geschlossen: Sonntag, Montagmorgen und im Juli oder August

Eines jener im Almhüttenstil gehaltenen rustikalen Käsegeschäfte, das – geschmackvoll präsentiert – eine Auswahl von mehr als 250 appetitlich duftenden Käsesorten aus ganz Frankreich und auch aus anderen Ländern bereithält. Dekoriert ist der Laden mit neuen und antiken Gerätschaften für die Käseherstellung und -veredlung.

SÜSSWAREN

CONFISERIE OLIVIER
27, Rue Lafayette,
31000 Toulouse
✆ 61232187
Geöffnet: 9–12.30 und
13.30–19 Uhr; geschlossen:
Sonntag
Kreditkarten: AE, V

Spezialität:
Violettes de Toulouse
(kandierte Veilchen)

Hier gibt's sie, die zarten, glitzernden – und ziemlich belanglos schmeckenden – kandierten Veilchen aus Toulouse, die einst als Mittel gegen Halsentzündungen und Magendrücken gepriesen wurden. Sehr hübsch machen sich die kleinen, violetten Bonbons als Verzierung auf Kuchen und Torten, und die farbenfroh dekorierten Geschenkpackungen sind ein nettes Souvenir. Die Idee, Veilchen und andere Blumen zu kandieren, war in Toulouse um 1880 aufgekommen, als es sogar als chic galt, grünen Salat mit frischen Veilchen zu garnieren. Soviel also zum Thema der innovativen *nouvelle cuisine!*

SPEZIALITÄTEN DER REGION

SAMARAN
Am Markt Victor Hugo,
Stand 139–140, Dienstag bis
Sonntag
✆ 61212691

Bei Ihrem Rundgang über den *marché* Victor Hugo müssen Sie an diesem Stand unbedingt die Auswahl an frischem Geflügel bewundern und sich gleich mit *jambon de magret* (geräucherter Entenbrust) eindecken – zum Picknick oder als Reiseproviant ist sie geradezu ideal.

Spezialität:
frisches Geflügel der Region

GERARD CUQ
Am Markt Carmes, Stand 20,
Dienstag bis Sonntag
✆ 61537337

Auch dieser Geflügelstand bietet eine unglaubliche Auswahl an Geflügel, an Enten-*confit* und – Entenkarkassen! Wahrlich, vom Federvieh läßt man in dieser Region buchstäblich nichts umkommen!

Spezialität:
frisches Geflügel der Region

SALADE DE JAMBON DE PAYS GRILLE A L'ECHALOTE
Salat mit gegrilltem Landschinken und Schalotten

Es ist schwer zu verstehen, warum dieses schlichte, ansprechende Gericht aus Agen nicht schon längst ein Klassiker geworden ist. Die Einheimischen setzen für dieses ländliche Mahl statt der sonst gebräuchlichen Zwiebel lieber die ihrer etwas verhalteneren Würze wegen sehr geschätzte échalote grise, eine Schalottenart, ein. Man läßt die échalotes aufgeschnitten einige Stunden marinieren, damit sie weich und leicht süßlich werden und so den warmen gegrillten Schinken um eine feinaromatische Geschmacksnote bereichern.

8 Schalotten, in dünne
Scheiben geschnitten
125 ml extrafeines,
kalt gepreßtes Olivenöl
8 sehr dünne Scheiben
luftgetrockneter Schinken
60 ml Rotweinessig bester
Qualität
Eine Handvoll frischer
Schnittlauch, gewiegt
Salz und frisch gemahlener schwarzer Pfeffer
nach Geschmack
1 Kopf Endivie oder
Eskarol, geputzt, gewaschen und trockengeschleudert

1. Die Schalotten bei Raumtemperatur etwa 24 Stunden ziehen lassen.
2. Unmittelbar vor dem Servieren die Schinkenscheiben unter dem Elektrogrill, über Holzkohlenglut oder in einer gußeisernen Grillpfanne mit Riefen etwa 15 Sekunden von jeder Seite, bis die Ränder gerade eben zu bräunen beginnen, grillen.
3. Den gegrillten Schinken in eine Salatschüssel legen, mit den Schalotten und Öl bedecken, mit dem Essig beträufeln, Schnittlauch, Salz und Pfeffer dazugeben und durchmischen. Die Schüssel 5 Minuten zudecken, so daß die Sauce in den Schinken eindringen kann.
4. Den Schinken aus der Schüssel nehmen, die Salatblätter hinzufügen und gut durchmischen. Den angemachten Salat auf 4 Teller verteilen, obenauf je 2 Schinkenscheiben legen und sofort auftragen.
Für 4 Personen.

Kochstudien in der Bauernküche

Brassac, 4. Juli – In Jeanne-Marie Mourières Bauernhausküche ist es schon fast Mittag, als das dralle Hähnchen im Backsteinofen bräunt und ein *clafoutis* zum Abkühlen auf der Fensterbank steht, aber die Gedanken der Köchin sind nicht bei der Mahlzeit des Tages. »Jetzt wollen wir uns an die Bohnen für das morgige *cassoulet* machen«, sagt sie, während sie sich methodisch durch die Küche bewegt, in der sie seit 50 von 75 Jahren ihres Lebens den Ton angibt. Sie tröpfelt einige Löffel Gänsefett über die Bohnen, die gerade auf dem Herd zu brodeln beginnen. »Das geschieht, um die Bohnen zu sättigen«, erklärt sie wie zu ihrer Verteidigung und mit der leichten Verlegenheit eines Kindes, das zu viele Plätzchen gefuttert hat. Hier in diesem versonnenen kleinen Städtchen verkörpern Madame Mourière und ihr Mann Jean-Marie die kulinarische Tradition des Quercy. Die Kinder sind längst erwachsen und in alle Winde verstreut, die Gänse, die man früher hielt, schon lange verkauft, aber die liebgewordene Gewohnheit, für eine kleine Gruppe dankbarer Esser zu kochen, ist bei Madame Mourière immer noch wach. Und so öffnet sie von Zeit zu Zeit ihre Küche für alle, die sich wie sie für die Gaumenfreuden des Quercy begeistern können.

Während sie geschäftig zwischen Herd und Tisch hin- und herpendelt, steht ihr Mann stets bereit, die Weingläser nachzufüllen. Wie bei den meisten Ehepaaren, die seit einem halben Jahrhundert miteinander verheiratet sind, ist ihr Ton von humoriger, gewohnheitsmäßiger Unduldsamkeit. Sie schickt ihn nach draußen, um ein halbes Dutzend Eier zu holen; zerstreut kommt er mit der doppelten Menge zurück. Er geht in den Garten, nur um Sauerampfer zu pflücken und ward eine halbe Stunde nicht gesehen. »In fünfzig Jahren«, sagt er mit einer Resignation, die ihm offensichtlich nichts mehr anhaben kann, »habe ich noch nie etwas recht gemacht.«

Madame Mourière kocht mit dem Sachverstand, der aus jahrzehntelanger Erfahrung am Herd geboren wird, und die dabei entstehende Kost ist herzhaft, ohne plump zu sein. In der ganzen Region ist sie für ihre imposanten bodenständigen Gerichte bekannt: in buttrige Brioche eingebackener, gefüllter Gänsehals, erstaunlich leicht verdauliches *cassoulet,* Gänse-*confit* und die frisch aus dem Backsteinofen im hinteren Anbau kommende *tourtière*, die mit großer Regelmäßigkeit auf lokalen Hochzeiten und anderen Festlichkeiten erscheint. Dieses federleichte Backwerk, anderenorts als *pastis* oder *croustade* bekannt, ist eine vielschichtig aufgebaute Pastete aus hauchdünnem, mit Äpfeln und Pflaumen vom nahen Agen gefüllten Strudelteig, der mit Zucker bestreut und einem ordentlichen Schuß Armagnac aus der benachbarten Gascogne verfeinert wird. Wie jeder Koch in Südwestfrankreich hat Madame Mourière ganz bestimmte Vorstellungen von einem richtig gemachten *cassoulet*, das ihrer Meinung nach weder fettig schmecken noch übermäßig kompliziert sein darf. Ihr eigenes *cassoulet* besteht lediglich aus Bohnen, Tomaten, *confit* und Toulouser Wurst.

Während die Köchin munter *patois,* also Mundart, redet, absolviert sie systematisch ihr Arbeitspensum. Bis zum Wochenende hat sie wie im Fluge eine Serie von Mahlzeiten hinter sich gebracht, die zu machen halb so alte Frauen wie sie in die Knie gehen ließen. Sie kocht in glasierten Tontöpfen, um die Speisen durch leises Garen zu schonen, backt in holzbefeuerten Backsteinöfen, um den Gerichten einen zarten Rauchgeschmack zu vermitteln. Dickleibige gedeckte Apfelkuchen setzt sie ihren Eleven vor und magerfleischige Terrinen von Schwein und Kalb, mit Armagnac und grünen Oliven, mit Petersilie und Thymian gewürzt. Und zu jeder Mahlzeit reicht sie einen wohltuenden grünen Salat, angerichtet mit dem selbstgemachten Essig, der den alten Tonkrug auf der Küchentheke immer mehr imprägniert.

Les Vignes *(Tarn-et-Garonne)*

Bourg-de-Visa 2 km, Brassac 4 km, Moissac 24 km, Puymirol 21 km

KOCHSEMINAR

ANDRÉ POCHAT
Agence de Voyages
Midi-Pyrénées, Les Vignes,
82190 Bourg-de-Visa
✆ 63942430

Spezialität:
Wochenende auf dem
Bauernhof

André Pochat, der patente, freundliche Inhaber eines lokalen Reisebüros, vermittelt gut organisierte, über eine ganze Woche oder auch nur über ein Wochenende laufende Kochkurse bei hier auf dem Lande lebenden Hausfrauen, bei denen man lernt, rustikale Kost, Suppen, Ragouts, gefülltes Huhn *(galantine de poule)* und dann natürlich das famose regionaltypische *cassoulet* zuzubereiten, ein sattes Gemisch aus Bohnen, Würsten und Fleisch (siehe »Kochstudien in der Bauernküche«). Im Programm eingeplant sind Besuche von Weinkellern sowie Armagnac-Proben. Die Kursteilnehmer wohnen in Monsieur und Madame Pochats wunderschön restauriertem Herrenhaus, das aus dem 17. Jahrhundert stammt und inmitten des Grüns der stillen Landschaft des Quercy liegt (auf besonderen Wunsch kann bei den Kursen ins Englische übersetzt werden).

ARMAGNAC

Als ›der andere Weinbrand‹ wird der Armagnac manchmal bezeichnet, wenn es darum geht, ihn vom Cognac zu unterscheiden. Armagnac ist rustikaler, erdhafter im Bouquet, aber welchem der beiden Artgenossen man nun den Vorzug gibt, ist eine Frage des Geschmacks. Gleich dem Cognac darf sich auch der Armagnac noch einer Reihe achtbarer kleiner Produzenten rühmen. Zu den Namen, auf die man achten sollte, gehören eine von Francis Darroze vorgenommene Auswahl von *château*-Abfüllungen, der *Château de Lassalle* der Baronne de Pampelonne und der *Laberdolive*.

449

Baskenland

Immer wenn ich mich ins Baskenland zurückversetzen will, schließe ich einfach die Augen und sehe dann vor mir ein prächtiges Kaleidoskop von leuchtendem Rot, Weiß und Grün – Signalfarben, die in diesem Land wieder und wieder erscheinen, an fröhlich-bunten Espadrilles und bei den roten Baskenmützen, auf neugestrichenen Fensterläden vor blendend weiß gekalkten Häusern, in Form von Tischdecken, Flaggen und Plakaten, fast überall in dieser stolzen, sich an die spanische Grenze anlehnenden Bergregion Frankreichs. Und weiter sehe ich, Blau in Blau, den Fischerhafen von Saint-Jean-de-Luz vor mir, die grünen, immergrünen Weiden oben in den Pyrenäen und die Herden weißer Schafe, deren dichte Wolle mit roten Farbtupfen markiert ist, Schafe, die durch die Dörfer trotten, wenn der Frühnebel einem erregend blauen Himmel weicht.

Lauch und frische Eier auf dem abendlichen Markt von Bayonne

Von all den mannigfaltigen Landschaften Frankreichs ist das Baskenland eine der fremdartigsten Regionen des Landes. Ist es die ungewöhnliche baskische Sprache – mit Worten wie *larunbat* (Samstag) oder *itsaso* (Ozean) –, die uns so stutzig macht, oder ist es einfach die Tatsache, daß die Kultur, die sich da vor uns auftut, weder die vertrauten französischen noch die erwarteten spanischen Züge trägt, sondern eben ganz einfach baskisch ist? Die Einheimischen müssen, um sich in allen Lebensbereichen bewegen zu können, dreisprachig sein; zu Hause wird baskisch gesprochen, während im Geschäftsleben Französisch und Spanisch unumgänglich sind. Viele Straßen- und Ladenschilder tragen zugleich baskische und französische Aufschriften, und manche Speisekarten bieten für die baskischen Bezeichnungen gleich Übersetzungen in mehreren Sprachen an.

Der französische Teil des Baskenlandes, der sich von der Hafenstadt Saint-Jean-de-Luz am Golfe de Gascogne bis zu den felsigen Pyrenäen im Osten erstreckt, besteht aus vielen kleinen, leicht zu erreichenden Dörfern, deren typische weißgetünchte Häuser mit dem Rücken zum Meer stehen und deren Eingangstüren sich der Morgensonne öffnen. Ein Land der Fischer und Bauern, Schäfer und Winzer ist dies, ein Land, in dem sich eine bodenständige Kultur widerspiegelt.

Ich besuchte dieses gesegnete Land zum ersten Mal an einem Spätsommertag, einem Samstag Ende September. Als ich im sauberen, heiteren Städtchen Bayonne mitten am Vormittag eintraf, fand ich mich unversehens in den Strudel festlicher Wochenendstimmung hineingezogen. In der Markthalle wimmelte es nur so von Besuchern, die sich an *gâteaux basques,* mit dunklen Kirschen gefüllten Kuchenhappen, labten, während die Metzger die ersten *palombes* der Saison anpriesen, Wildtauben, die man noch am gleichen Abend draußen auf dem Land in Holzöfen backen würde. Von dem goldenen Schafskäse der Region, dem *brébis,* zählte ich mindestens ein Dutzend verschiedene Sorten, bewunderte die reihenweise aufgehängten Bayonne-Schinken mit ihrer pudrigen Haut von rotem Pfeffer (als Farbeffekt wie auch der Konservierung dienlich) und widerstand heldenhaft der Versuchung, mir eine *tourtière landaise,* eine warme, mit Äpfeln und Pflaumen gefüllte und mit Armagnac getränkte Pastete, als spätes Frühstück einzuverleiben.

Ganz in der Nähe standen schnurrbärtige Männer mit Baskenmützen nebeneinander auf der Marengo-Brücke und hielten ihre Angelruten ins Wasser in der Hoffnung, einen der kleinen Barsche zu fangen, die auf dem Weg vom schmalen Flüßchen Nive in den breiten Strom des Adour hier durchschwimmen. Und just zur gleichen Zeit zog in lockerer Formation ein Musikzug vorbei, wie Rattenfänger von Hameln gefolgt von fröhlichen Spaßmachern. Die Musikanten spielten auf alten Instrumenten, die Flöten, kleinen Trommeln und Tamburinen ähnlich sahen. Jedenfalls war mir schon in dieser ersten Stunde klar, daß ich mich im Baskenland wohlfühlen würde, wo ein gewöhnlicher Tag so festlich begangen wurde. Und so füllte sich die Zeit wie von selbst aus: Marktbesuche, Ausflüge, lange Plaudereien mit Schäfern und Thunfischfängern, Weinbauern, Bäckern und Schnapsbrennern. Bald nahm unser Mietwagen den Fermentationsgeruch des reifenden *brébis* an, der sich im Kofferraum staute, denn wir konnten an keinem dieser goldenen Käseräder, an dem unser Auge hängenblieb, vorübergehen, ohne es für zu Hause mitzunehmen. Und Brot- und Kuchenkrümel auf dem Boden des Autos zeugten bald davon, daß wir unseren Widerstand gegen mittägliches Schlemmern von Maisbrot und *gâteau basque* aus dem 50 Jahre alten MOULIN DE BASSILOUR bei Biarritz aufgegeben hatten.

Hin und her fuhren wir zwischen Hafenstädten und Binnendörfern, vorbei an charakteristischen niedrigen, langen Bauernhäusern, die über die Hügellandschaft verstreut sind. Wir verliebten uns in Ainhoa, das idyllischste aller baskischen Dörfer, schön wie im Märchen und voll natürlichem, ungezwungenem Charme. Wenn man durch die Straßen dieses Dörfchens geht – 543 Einwohner hat es –, erkennt man bald, daß nirgendwo in Frankreich die Menschen mehr an ihrem Heim hängen als im Baskenland. In Ainhoa, wie in vielen anderen Dörfern, hat jedes Besitztum seinen liebevoll gepflegten Hausnamen, ähnlich wie wir heute gewohnt sind, Ferienwohnungen oder Landsitze zu taufen. An manchem baskischen Haus trägt sogar der karmesinrote Türsturz eine Inschrift; das können die Namen des Hausherrn und der Hausherrin sein, das Datum, zu dem der Bund des Lebens geschlossen wurde, oder auch der Todestag eines Familienmitglieds. Tatsächlich werden, wie uns Einwohner baskischer Ortschaften erzählten, die Leute eher mit dem Hausnamen als mit ihrem bürgerlichen Namen bezeichnet. Ein sehr häufig vorkommender Hausname: *Etxe-Eder* – schönes Haus.

Wir fuhren durch Espelette (die französische Heimat des scharfen Paprika), wo Girlanden von roten, feurigscharfen Paprikaschoten an den Bauernhäusern hängen und in der Sonne trocknen, und trieben uns stundenlang im winzigen Saint-Jean-Pied-de-Port umher, wo auf dem Montagsmarkt Lebendvieh gehandelt wird und wo Dutzende von Landwirten an primitiven Ständen Obst, Gemüse und selbstgemachten Käse verkaufen. Wir wunderten uns hier über all die vielen großen Lastwagen, die den kleinen Ort passierten, und erfuhren von mehreren Leuten, daß die Haupstraße von Saint-Jean-Pied-de-Port noch immer einen Teil des Schmuggelweges zwischen Spanien und Frankreich bildet (früher bestand die Schmuggelware aus Spitzen, heute sind es Pferde und Kälber). Nach dem, was man uns augenzwinkernd berichtete, wurde in den stets kinderreichen baskischen Familien der älteste Sohn Pfarrer, die älteste Tochter pflegte ins Kloster zu gehen, das dritte Kind versuchte in Amerika sein Glück, das vierte übernahm Haus und Hof, und dem fünften blieb – im wahrsten Sinne des Wortes – ›nichts anderes übrig‹, als Schmuggler zu werden.

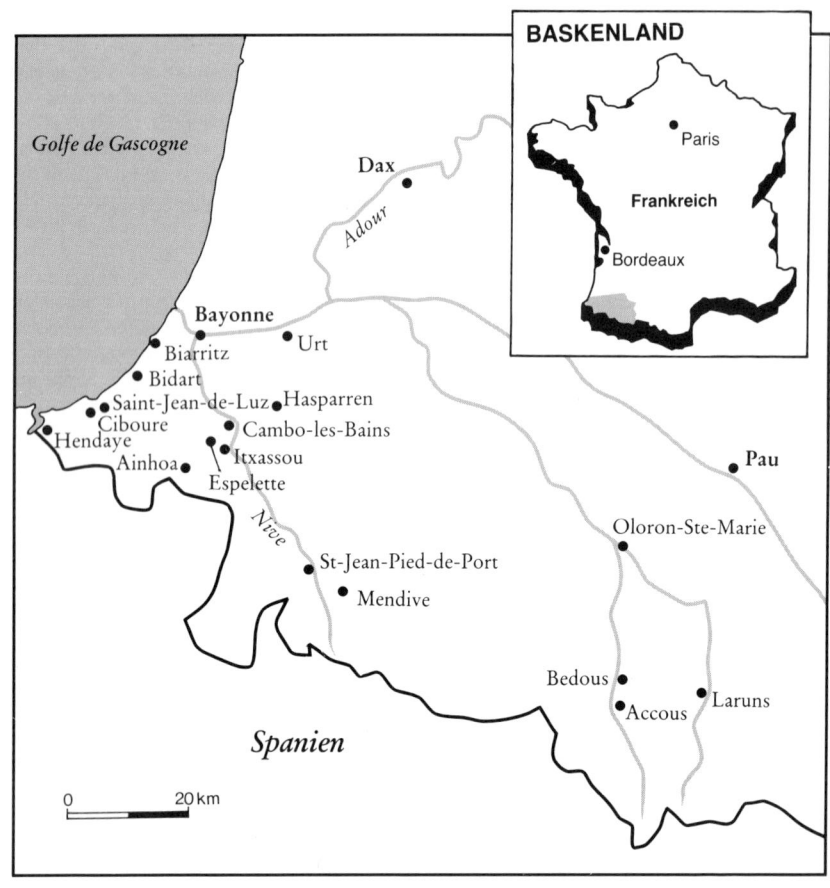

Viel Zeit hatten wir nicht zur Verfügung, aber wir stopften unser Programm derartig voll mit Aktivitäten, daß uns am Ende das Gefühl blieb, in einem Monat enorm viel gesehen und erlebt zu haben. Im kurortähnlichen Fischerstädtchen Saint-Jean-de-Luz erhoben wir uns an einem Morgen bei Sonnenaufgang und konnten es kaum abwarten, die heimkehrenden Thunfisch-Fangboote in den lichten blauen Hafen einlaufen zu sehen. Später dann verspeisten wir den frisch gefangenen *thon blanc*, den gegrillten weißen Thunfisch, im ARRANTZALEAK, dem Fisch-schuppen jenseits der Straße.

Was uns beim Durchwandern der Fußgängerstraßen dieses beliebten Erholungsortes auffiel, waren die vielen sich Tür an Tür drängenden Süßwarengeschäfte. Wir beschlossen daraufhin, Saint-Jean-de-Luz zur heimlichen Hauptstadt der Leckermäuler Frankreichs zu erklären. Als wir dann später an diesem Tag nach Paris aufbrachen, wußten wir, daß wir bald in dieses von so vielen Eigenheiten geprägte Land zurückkehren und dann über die spanische Grenze setzen würden, um auch den anderen Teil der wundersamen Welt des Baskenlandes kennenzulernen.

Beste Reisezeit

Die schönsten Monate sind Mai und Oktober.

Märkte

(die attraktivsten sind mit einem Sternchen markiert)

Montag: Bayonne, Biarritz, Pau, *Saint-Jean-Pied-de-Port.
Dienstag: Bayonne, Biarritz, Pau, Saint-Jean-de-Luz.
Mittwoch: Bayonne, Biarritz, Hendaye, *Pau.
Donnerstag: *Bayonne, Biarritz, Pau.
Freitag: Bayonne, Biarritz, Oloron-Sainte-Marie, *Pau, Saint-Jean-de-Luz, Saint-Palais.
Samstag: *Bayonne, *Biarritz, Hendaye, Laruns, Pau.
Sonntag: Biarritz (im Sommer).

Messen und Volksfeste

Die drei Tage vor Ostern: *Foire aux Jambons* (Schinkenmesse), Bayonne.
Ein Tag im Juni: *Fête des Cerises* (Kirschenfest), Itxassou.
Ein Donnerstag im Juli und zwei Donnerstage im August: *Foire aux Fromages* (Käsemesse), Saint-Jean-Pied-de-Port.
Um den 4. Juli: *Fête du Thon* (Thunfischfest), Saint-Jean-de-Luz.
September: *Foire aux Fromages* (Käsemesse), Saint-Jean-Pied-de-Port.
Erstes Wochenende im Oktober: *Foire aux Fromages* (Käsemesse), Laruns.
Letztes Wochenende im Oktober: *Fête du Piment* (Paprikafest), Espelette.

Accous *(Pyrénées-Atlantiques)*

Bedous 3 km, Oloron-Sainte-Marie 27 km, Pau 50 km

KÄSEHERSTELLER

LES FERMIERS BASCO-BÉARNAIS
64490 Accous
☎ 59347606
Geöffnet: 8–12 und 14–18 Uhr; geschlossen: Samstag und Sonntag.

Diese rührige 1982 gegründete, etwa 60 Mitglieder zählende Molkereigenossenschaft bietet ein schönes Sortiment hochqualitativer Rohmilchkäse aus reiner Schafs- oder Kuhmilch wie auch einen weniger intensiven *fromage mixte* aus einer Mischung beider Milchsorten. Der Käse wird auf Bauernhöfen im vielgerühmten Aspe-Tal erzeugt und von dort aus zum Reifen in die Kooperative gebracht, die auch Versand und Vermarktung des in ganz Europa unter der Marke *Pyrénées Fermier de la Vallée d'Aspe* angebotenen Käses übernommen hat. In Frankreich fehlt er in fast keinem Käsegeschäft. Ich persönlich schätze besonders den vollen, geschmacklich sehr intensiven reinen Schafskäse, der meist als *pur brébis fermier au lait cru entier* verkauft wird.

453

Ainhoa *(Pyrénées-Atlantiques)*

Bayonne 26 km, Cambo-les-Bains 11 km, Paris 798 km, Saint-Jean-de-Luz 23 km

RESTAURANT

ITHURRIA
Ainhoa, 64250 Cambo-les-Bains
✆ 59299211
Bestellungen werden bis 14 bzw. 21 Uhr entgegengenommen
Geschlossen: Dienstagabend, Mittwoch und Mitte November bis Mitte März
Kreditkarten: AE, DC, V
Separate Speiseräume für geschlossene Gesellschaften bis zu 30 bzw. 100 Personen
120- und 190-Francs-Menüs, à la carte 220 Francs

Spezialitäten:
Darne de louvine beurre blanc (Wolfsbarsch-Filets in einer Butter-Wein-Sauce)

Ein gemütliches, typisch baskisches Restaurant mit Balkendecken und einigen ausgesuchten regionalen Antiquitäten, der charmante Treff mitten im Zentrum dieses wohl malerischsten Dorfes im Baskenland. Das Essen hier zeigt eher eine Tendenz zum Eleganten denn zum Rustikalen, doch das köstliche Lamm dieser Gegend oder frische gegrillte *louvine* vom nahen Saint-Jean-de-Luz oder auch die hauseigene Version des *piment farci de morue,* mit knoblauchduftendem, würzigem Stockfischpüree gefüllte rote Paprikaschoten, fehlen gewiß nie auf der Speisekarte. Der *gâteau basque* war nicht überwältigend, es gab aber ein leckeres Birnensorbet und einen gut ausgereiften *brébis du pays,* den Schafskäse der Region. An heißen Sommertagen ist der Hauswein ein Labsal, ein durstlöschender *Rioja* rosé, der gut zur regionalen Küche paßt.

KUNSTGEWERBE

ARTS POPULAIRES
Maison Kantorenia
Ainhoa,
64250 Cambo-les-Bains
✆ 59299016
Geöffnet: Juli, August und die ersten beiden Septemberwochen täglich 10–19.30 Uhr (die ersten beiden Septemberwochen montags geschlossen); Mitte September bis Ende Juni 15–19.30 Uhr, montags geschlossen
Kreditkarte: V

Ein hübsches Kunstgewerbe-Geschäft, in dem es die robusten, großen blauen Hirtenschirme gibt und handgeflochtene Körbe und dicke Schafwolle aus den Pyrenäen, mit der man sich warme Pullover stricken kann.

Bayonne *(Pyrénées-Atlantiques)*

Biarritz 7 km, Bordeaux 183 km, Paris 771 km
Märkte: Montag bis Samstag 7–12.30 Uhr, neue Markthallen, Quai de la Nive;
Dienstag, Donnerstag und Samstag 14.30–20.30 Uhr, Markt unter freiem Himmel,
an den Brücken Marengo und Pannecau
Foire aux Jambons (Schinkenmesse) an den drei Tagen vor Ostern

In Bayonne bauen die Landwirte in den frühen Morgenstunden ihren *marché première main*, den ›Markt der ersten Hand‹, im Freien auf und verkaufen an Restaurantbesitzer wie auch an Hausfrauen. Gegen 8.30 Uhr begeben sie sich dann in die neue Markthalle und erhöhen ihre Preise!

RESTAURANT

EUSKALDUNA
61, Rue Pannecau,
64100 Bayonne
✆ 59592802
Bestellungen werden bis 14 bzw. 21.30 Uhr entgegengenommen
Geöffnet: mittags von Dienstag bis Freitag und Sonntag; mittags und abends am Samstag; geschlossen: Montag, zwei Wochen im Oktober und zwei Wochen im Mai
Keine Kreditkarten
Etwa 125 Francs

Das wahrscheinlich beste Paprikaomelett von Frankreich findet man in einem der echtesten und charmantesten Bistros der Region, dem EUSKALDUNA – was im Baskischen einfach ›baskisch‹ bedeutet. Das Lokal ist nicht nur freundlich und bequem, sondern auch adrett hergerichtet: Blau-weiß-gemusterte Kattun-Vorhänge und Tischdecken, Kupfertöpfe, alte Ricard-Karaffen und Plakate verleihen diesem Bistro eine häusliche Atmosphäre. Vom Speiseraum aus sieht man ungehindert in die mit einer Kollektion von blau-weißem Porzellan ausgeschmückte Küche, von der aus die junge blonde Chefin Aroxxa Aguirre das Restaurant beinahe einhändig dirigiert. Madame Aguirre, jetzt über dreißig, begann hier im Alter von 13 Jahren, am Tisch zu bedienen, während ihre Mutter kochte. Heute führt die patente Baskin das Lokal

Küchenchefin Aroxxa Aguirre vom EUSKALDUNA

455

Spezialitäten:
Omelette aux piments (Paprikaomelett), *haricots rouges* (ein baskisches *cassoulet* von roten Bohnen, Würsten, Paprika, Schweinefleisch und Blutwurst), *soupe de poissons* (Fischsuppe), *moules vinaigrette* (Muscheln in Vinaigrette), *chipirons à l'encre* (Tintenfisch in der eigenen Tinte), *thon frais aux oignons et aux piments* (frischer Thunfisch mit Zwiebeln und Paprika), *gâteau au chocolat et aux noix* (Schokoladen- und Walnußtorte)

alleine und präsentiert eine gemischte Auswahl von deftigen lokalen Spezialitäten, die mit den Jahreszeiten wechseln.

Das Paprikaomelett – nicht nur seiner frischen, milden grünen *piments* wegen, sondern auch durch die Verwendung ganz farmfrischer Eier so lecker – steht von Juni bis Oktober auf dem Speiseplan; dann verdrängen frische *cèpes* (Steinpilze) und Stockfisch die Paprika. Zu anderen Jahreszeiten werden die Eier mit Kartoffeln und frischen Zwiebeln kombiniert und nur so lange gebacken, bis sie gerade zu stocken beginnen und innen noch leicht cremig sind.

Zu den anderen empfehlenswerten Gerichten im EUSKALDUNA gehören frischer weißer Thunfisch von Saint-Jean-de-Luz, der mit zarten, süßen, in Öl und Essig gekochten Zwiebeln und wiederum mit herrlichem grünem Paprika in der Kasserolle geschmort wird (siehe Rezept Seite 457), sowie *chipirons à l'encre,* Tintenfisch in Ringe geschnitten und langsam und lange in der eigenen Tinte geköchelt.

TEESALON

CHOCOLAT CAZENAVE
19, Rue Port-Neuf,
64100 Bayonne
☏ 59590316
Geöffnet: 9–12 und 14–19 Uhr; geschlossen: Sonntag, Montag (außer während der Schulferien) und im Oktober
Auf Wunsch Versand ins Ausland

Sie dürfen Bayonne auf keinen Fall verlassen, ohne in dem von den mächtigen Arkaden der Stadt beschirmten CAZENAVE gewesen zu sein, dem altehrwürdigen, eleganten Teesalon der Stadt. Dort saßen wir, in zierlichen Korbsesseln, an einem Spätsommer-Nachmittag, schlürften Schokolade, betrachteten die Passanten und ergingen uns in bewundernden Äußerungen darüber, wie elegant jeder einzelne von ihnen gekleidet war (nahezu alle in Weiß). Besonders entzückt waren wir von sechs um einen Tisch gescharten niedlichen Mädchen, die, alle in rüschenbesetzten weißen Röckchen von Anno Dazumal, mit ihren Großmamas zu einer Tasse Schokolade hierher gekommen waren. Sie bekamen ganz glänzende Augen, als sie dampfendheiß gebracht wurde, mit Schaumkappen, die über den Rand der Tassen hinausragten wie bei einem prächtig gelungenen Soufflé.

Wahrhaft königlich geht es zu, wenn man der (exzellente) Filterkaffee und der Tee serviert werden: Ihre Bestellung kommt auf einem zarten weiß-rosa Porzellantablett mit dazu passenden Porzellantäßchen. Ein wunderbares, längst entschwunden geglaubtes Refugium, eine elegante kleine Welt zum Entspannen und zum Genießen.

KONDITOREIEN

J. ARRASTIA
In der neuen Markthalle,
Samstag, am Quai de la Nive
Geöffnet: 7–13 Uhr

Hier können Sie sich den köstlichen hausgemachten *gâteau basque,* mit schwarzen Kirschen oder mit Konditor-Creme gefüllt, gleich an Ort und Stelle zu Gemüte führen oder aber für das Picknick einpacken lassen.

THON FRAIS AUX OIGNONS ET AUX PIMENTS ›EUSKALDUNA‹

Frischer Thunfisch mit Zwiebeln und Paprika ›Euskalduna‹

Ich habe dieses Gericht ›Thunfisch Euskalduna‹ getauft, weil es zu den Spezialitäten des gleichnamigen netten Bistros in Bayonne gehört. Küchenchefin Aguirre serviert nach typisch baskischer Art Thunfisch mit Zwiebeln und den leicht scharfen Paprikaschoten der Region, den piments d'Espelette. *Die Zwiebeln werden in diesem Fall wie ein Gemüse eingesetzt; wundern Sie sich also nicht über die angegebenen Mengen. Man kann, als Faustregel, davon ausgehen, daß gewichtsmäßig 1½mal soviel Zwiebeln wie Thunfisch verwandt werden. Ein guter Schuß Essig sowie ein Hauch Cayennepfeffer verleihen dem Gericht den gewissen Pfiff.*

6 El extrafeines, kalt gepreßtes Olivenöl
1 kg Zwiebeln, in sehr feine Ringe geschnitten
60 ml destillierter weißer Essig
½ Tl Salz, eventuell etwas mehr zum Abschmecken
¼ Tl gemahlener Cayennepfeffer, eventuell etwas mehr zum Abschmecken
6 Knoblauchzehen, leicht zerdrückt
4 Scheiben frischer weißer Thunfisch oder Bonito zu je 180 g, gehäutet
1 Tasse trockener Weißwein oder Wasser
4 kleine, leicht scharfe grüne Paprika oder 2 grüne scharfe Chili

1. Den Backofen auf 230° vorheizen.
2. 4 Eßlöffel Öl in einer großen Kasserolle mit schwerem Boden bei guter Hitze heiß werden lassen. Die Zwiebeln hinzufügen, auf mäßige Hitze zurückdrehen und rühren, bis sie völlig mit Öl überzogen sind. 10 Minuten unter gelegentlichem Rühren dünsten. Essig, Salz und Cayennepfeffer hinzufügen. Die Zwiebeln noch 10 Minuten weiterdünsten, bis sie ganz weich sind.
3. Während die Zwiebeln dünsten, den Thunfisch vorbereiten: die restlichen 2 Eßlöffel Öl in einer Pfanne mit schwerem Boden bei guter Hitze heiß werden lassen. Den Knoblauch hinzufügen und etwa 2 Minuten leicht bräunen lassen. Den Fisch dazugeben und eine Seite 2 bis 3 Minuten bräunen. Umdrehen, die gebratene Seite leicht mit Salz und Cayennepfeffer würzen. Den Fisch in einer einzigen Lage in eine Kasserolle legen. Den Knoblauch aus der Pfanne nehmen, das Öl jedoch zum Braten der Chili bzw. leicht scharfen Paprika aufheben.
4. Den Thunfisch mit den Zwiebeln bedecken und genug Wein hinzufügen, so daß Fisch und Zwiebeln bis zur Hälfte bedeckt sind. Zudecken und in etwa 40 Minuten durchgaren.
5. Ein paar Minuten, bevor Thunfisch und Zwiebeln fertig sind, die Kerne und weißen Zwischenwände der Paprika bzw. Chili entfernen (werden Chili benutzt, sind Gummihandschuhe zum Schutz der Hände erforderlich). Das aufgehobene Öl bei guter Hitze heiß werden lassen. Paprika bzw. Chili in 1 bis 2 Minuten rasch sautieren. Sie sollten fest und hellgrün bleiben.
6. Den Fisch aus der Kasserolle nehmen und alle Gräten entfernen, sodann auf 4 vorgewärmte Teller verteilen, die Zwiebeln und ganz obenauf die Paprika legen. Sofort servieren.
Für 4 Personen.

Markt auf den Brücken von Bayonne

LABORDE
66, Rue d'Espagne,
64100 Bayonne
✆ 59592086
Geöffnet: Montag 14–19.30
Uhr; Dienstag bis Samstag
7.45–12.30 und 14–19.30
Uhr; Sonntag 7–13 und
15.30–19.30 Uhr.

Ein blitzblanker, wunderhübsch dekorierter Laden voller regionaler Spezialitäten, einschließlich Pralinen und natürlich *gâteau basque.*

LE MOULIN DE BASSILOUR
In der neuen Markthalle,
Montag bis Samstag am Quai
de la Nive
Geöffnet: 7–13 Uhr;
geschlossen: Sonntag und ab
zweite Woche im Oktober
bis Ende der dritten Woche
im November

Ein kleiner Verkaufsstand, an dem es meine Lieblings*pastiza* (eine andere Bezeichnung für *gâteau basque*) gibt. Versuchen Sie vor allem die herrlich saftige mit schwarzen Kirschen gefüllte Version (siehe Rezept Seite 459).

BÄCKEREI

LE FOUR A BOIS
Boulangerie Francis Hubert
6, Rue Pannecau,
64100 Bayonne
✆ 59593697
Geöffnet: 6–13.30 und 15–20
Uhr; geschlossen: Sonntag,
zwei Wochen im Februar und
drei Wochen im Juli–August

Eine kleine, aber großartige Bäckerei, deren Holzofen direkt in den Verkaufsraum ragt. Sie können also zuschauen, wie das knusprige *pain aux noix* (Walnuß-Brot) und das köstliche *pain paillé* (Landbrot) entstehen. Und beim Zuschauen werden Sie es nicht belassen!

GATEAU BASQUE
Baskischer Kuchen

Im Baskenland wird man kaum an einer Konditorei vorbeikommen, die nicht ihren gâteau basque präsentiert, ein wunderbares Dessert aus in eine Art Plätzchenteig gebetteten eingemachten schwarzen Kirschen. Dazu wurden traditionell die dunklen Kirschen der Region genommen, aber da diese sich heutzutage ziemlich rar machen, werden die Kuchen vielfach auch mit Konditor-Creme gefüllt, einem Ersatz, der bei weitem nicht an das Original heranreicht. Das hier vorliegende Rezept stammt aus dem Moulin de Bassilour *in der Nähe von Biarritz, in dem man, glaube ich, den besten gâteau basque von ganz Frankreich macht.*

Teig:
280 g Mehl
200 g Butter (Raumtemperatur), in Würfeln
1 großes Ei
2 große Eigelb
175 g Puderzucker
Abgeriebene Schale einer Zitrone
Eine Prise Salz

Füllung:
235 g eingemachte schwarze Kirschen (oder Konfitüre) bester Qualität
1 großes Eigelb, leicht geschlagen

1. Den Teig zubereiten: Das Mehl in eine große flache Schüssel geben und in die Mitte eine Vertiefung machen. Butter, das Ei, die Eigelb, Zucker, Zitronenschale und Salz in die Vertiefung geben und gründlich mit den Fingern durchmischen. Nach und nach das Mehl mit den Händen unterkneten, dabei rasch arbeiten. Der Teig sollte weich und geschmeidig, fast wie ein weicher Plätzchenteig, sein. Den Teig in zwei Portionen im Verhältnis ein Drittel zu zwei Drittel teilen, daraus zwei dicke Scheiben formen, in Wachspapier wickeln und mindestens 1 Stunde in den Kühlschrank legen.

2. Den Backofen auf 190° vorheizen.

3. Die größere Portion des Teigs zwischen 2 mit Mehl bestäubte Wachspapierbogen legen, sorgfältig zu einer kreisförmigen Platte von 30 cm ausrollen, den oberen Bogen Wachspapier entfernen und den Teig in eine Springform von 27 cm Durchmesser geben. Einen Teil des Teigrandes so an der Form hochziehen, daß die Naht zwischen Rand und Boden abgedeckt wird.

4. Die eingemachten Kirschen gleichmäßig auf dem Teig verteilen, dabei 3 cm bis zum Rand der Form hin frei lassen. Die zweite Teigscheibe zu einer kreisförmigen Platte von 27 cm Durchmesser ausrollen und auf die Kirschen legen. Den Rand der ersten Teigscheibe über die zweite ziehen und behutsam andrücken, um sie zu versiegeln. Es macht nichts, wenn die Ränder etwas uneben sind, das gleicht sich beim Backen aus. Die Oberfläche mit dem Eigelb bestreichen.

5. Etwa 50 Minuten backen, bis der Teig gar und tief goldbraun ist. Mit einem Messer um den Kuchenrand fahren, um ihn von der Form zu lösen. Gründlich auskühlen lassen, bevor die Springform geöffnet wird. Bei Raumtemperatur servieren.

KÄSELADEN

LA FROMAGERIE
71, Rue d'Espagne,
64100 Bayonne
℘ 59592604
Geöffnet: 7–12.30 und
15.30–19.30 Uhr; geschlossen: Sonntag und Montag
außerhalb der Saison

Ein hübsches Lädchen, in dem man sich auf Bauernkäse der Region spezialisiert hat. Ich zählte allein acht verschiedene Sorten *brébis,* den intensiven, schweren Käse aus reiner Schafsmilch.

Viel Süßes im CAZENAVE

SÜSSWAREN

DARANATZ
15, Rue Port-Neuf,
64100 Bayonne
℘ 59590355
Geöffnet: 9–12.15 und
14–19.15 Uhr; geschlossen:
Sonntag und die ersten beiden Wochen im Februar

Wenn Sie sich aus Bayonne *touron* (eine Mandelmasse) oder Pralinen mitnehmen wollen, sind Sie hier genau richtig.

HAUSHALTSWAREN

BERROGAIN
Carrefour des Cinq-Cantons,
64100 Bayonne
℘ 59591618
Geöffnet: Montag, Dienstag
und Mittwoch 9–12 und
14.30–19 Uhr; Donnerstag,
Freitag und Samstag 9–12
und 14–19 Uhr; geschlossen:
Sonntag
Kreditkarte: V

Ein elegantes, hübsches Geschäft, in dem man Stunden damit zubringen könnte, das breitgefächerte Angebot farbenfroher baskischer Leinenstoffe zu bewundern. Die Auswahl geht von traditionellen rustikalen Sets in Rot-Weiß-Blau bis hin zu feineren Unistoffen aus reiner Baumwolle.

MUSEUM

MUSÉE BASQUE
1, Rue Marengo,
64100 Bayonne
℅ 59590898
Geöffnet: Juli bis Ende
September 9.30–12.30 und
14.30–18.30 Uhr; Oktober
bis Ende Juni: 10–12 Uhr;
geschlossen: an Sonn- und
Feiertagen
Eintritt: Erwachsene 6
Francs, Gruppen von mehr
als 10 Personen 4 Francs,
Schüler 2 Francs, Kinder
unter 7 frei

Eines der bestgemachten Heimatmuseen von ganz Frankreich, gleich seitlich von der Marengo-Brücke gelegen. Der Besuch des MUSÉE BASQUE ist geradezu unerläßlich, will man die baskische Lebensweise in Vergangenheit und Gegenwart wirklich verstehen. Dieser makellos saubere Hort ist wie ein baskisches Dorf angelegt: mit einem besonderen Konfektionsraum für die Schokoladenherstellung einschließlich der dazugehörigen Geräte, mit einer Werkstatt zur Anfertigung von Espadrilles und vielen geschmackvoll eingerichteten Räumen, die mit blau-weißen Kattun-Vorhängen, blau-weiß gepunkteten Krügen und Suppenterrinen dekoriert sind, bis hin zu Schlafgemächern, deren Betten mit zartblau- und weißgestreifter Wäsche bezogen sind.

Im oberen Stockwerk erweist man dem baskischen Nationalsport, dem *pelote*, Reverenz. In einer bunten Schau wird alles dem Schlagballsport gewidmete Gerät gezeigt. In jedem baskischen Dorf, so klein es auch sei, findet sich ein Pelota-Platz (üblicherweise gleich bei der Dorfkirche, wobei es ländliche Flecken gibt, in denen das Spielfeld buchstäblich in der Ortsmitte liegt; schlecht für durchfahrende Automobilisten, falls da gerade ein Match im Gang ist). Das Museum zeigt historische Pelota-Sportkleidung, eine Reihe von Bällen, die die Signaturen berühmter Spieler tragen, sowie eine ausgedehnte Sammlung von Fangschlägern, Lederhandschuhen und Trophäen.

Die einzigen Exponate, die mich ein wenig stutzig machten, waren die in einem befremdlich wirkenden Raum aufgestellten, ziemlich bedrohlich aussehenden schwarzen Eisenkäfige, in die zwischen 1215 und der Revolution ›Weibsleute zweifelhaften Charakters‹ (gerne wüßte ich, wer die Ärmsten einlieferte) eingesperrt und öffentlich zur Schau gestellt wurden, bevor man sie ihres Fehltritts wegen in den Fluß Nive warf!

Die traditionelle offen Feuerstelle der baskischen Küche (MUSÉE BASQUE)

Biarritz *(Pyrénées-Atlantiques)*

Bayonne 7 km, Bordeaux 194 km, Paris 780 km

Markt: Montag bis Samstag (im Juli und August täglich) 8–13.30 Uhr,
Rue Victor Hugo

TEESALON

MIREMONT
1 bis, Place Georges Clémenceau, 64200 Biarritz
∅ 59240138
Geöffnet: täglich 9–12.45
und 15–19.30 Uhr

Ein leicht abgewetztes, plüschiges Etablissement mit einem atemberaubenden Blick auf den Atlantik und das imposante Casino. Nehmen Sie also Platz und nippen Sie, umgeben von Spiegelwänden und Louis-XVI-Mobiliar, genüßlich an einer hervorragenden heißen Schokolade, zu der ein Schälchen Schlagsahne separat gereicht wird, in der als Krönung ein Schokoladenröllchen steckt.

KONDITOREI

PARIÈS
27, Place Georges Clémen-
ceau, 64200 Biarritz
∅ 59220752
Geöffnet: 9.30–12.30 und
14.30–19 Uhr; geschlossen:
Sonntag, außer im Sommer

Hier gibt's die besten Karamelbonbons, die Sie sich überhaupt vorstellen können. Und Schokoladentrüffel. Und dann das Marzipan!

BÄCKEREI/
KONDITOREI

LE MOULIN DE
BASSILOUR
64210 Bidard
∅ 59419449
Geöffnet: 8–20 Uhr;
geschlossen: ab zweite
Woche im Oktober bis zur
dritten Woche im November

Die Irrfahrten, um überhaupt hierher zu finden, sind gern vergessen an einem so außergewöhnlichen Ort. Wir trafen an einem Herbsttag gegen 11 Uhr 30 hier ein, begrüßt von den sich mischenden Düften nach gebratenem Knoblauch (Madame bereitete gerade das Mittagessen) und frisch gemahlenem Mais. Es war gerade Zeit, die phantastischen, goldgelben Maismehllaibe (*métures,* siehe Rezept Seite 463) aus dem Ofen zu holen, als Henri Amati, der Bäcker, der des Müllers Tochter geehelicht hat, uns begrüßen kam. Rings umher knisterten und knackten Brotkrusten in der klaren, kühlen Luft, und durch die weit geöffneten Fenster drang das Rauschen des Mühlbachs zu uns herein.

Dies ist keine Bäckerei im herkömmlichen Sinne, sondern eine Getreidemühle mit einer Vielzahl von Backöfen und langen Holztischen, auf denen die Mais- und Weizenvollkornbrote, die außergewöhnliche *miche,* ein eher kuchenartiges Brot mit Anisgeschmack, und die besondere Spezialität des

Hauses, eine *véritable pastiza* oder *gâteau basque* (siehe Rezept Seite 459) auskühlen müssen. Anfahrt: Über die N 10 von Saint-Jean-de-Luz in Richtung Biarritz bis Bidart. Am auf der rechten Seite gelegenen Restaurant ATHERBEA nach rechts auf die D 455 in Richtung Arbonne abbiegen.

PAIN DE MAIS ›MOULIN DE BASSILOUR‹
Maisbrot aus dem Moulin de Bassilour

Jahrelang war ich auf der Suche nach einem goldgelben Hefeteig-Maismehlbrot von guter Textur und mit eben diesem unvergleichlich köstlichen Maisgeschmack. Im MOULIN DE BASSILOUR, *einer jahrhundertealten Mais- und Weizenmühle nicht weit von Biarritz, habe ich es gefunden. Seit 1934 schon macht Bäcker Henri Amati dieses Weizen-Mais-Mischbrot, das er in kleinen runden Formen backt (die herkömmlichen rechteckigen Brotformen gehen aber genauso gut). Diesen Teig braucht man praktisch kaum zu kneten, und die leichte Masse scheint eher für einen Pfannkuchen als für ein normales Brot bestimmt zu sein. Getoastet ist es eine ganz besondere Köstlichkeit.*

Vorteig:
500 ml lauwarmes Wasser
2½ Tl Trockenhefe
280 g Mehl

Maismischung:
450 g grobes gelbes Maismehl
1 El Salz
500 ml heißes Wasser
2 Tl Butter zum Einfetten der Formen

1. Den Vorteig zubereiten: Wasser, Hefe und Mehl in eine große Rührschüssel geben und 1 bis 2 Minuten rühren. Mit einem Tuch abdecken und bei Raumtemperatur eine Stunde gehen lassen.
2. Die Maismischung zubereiten: Maismehl, Salz und Wasser in eine andere große Schüssel geben und rühren, bis das Wasser vollkommen aufgesogen ist. Mit einem Tuch abdekken und bei Raumtemperatur 1 Stunde weich werden lassen.
3. Den Vorteig herunterdrücken, dann die Maismehlmischung hineinrühren und gründlich mischen, bis alle Zutaten gut miteinander vermengt sind. Der Teig wird sehr feucht und pfannkuchenartig sein. Mit einem Tuch abdecken und bei Raumtemperatur etwa 2 Stunden gehen lassen. Der Teig wird blasig sein und nur leicht aufgehen.
4. Den Teig umrühren und in zwei gut ausgebutterte runde Backformen von etwa 19 cm Durchmesser und 5 cm Höhe gießen oder löffeln. Das Brot kann auch in zwei rechteckigen Brotformen von etwa 23 × 10 cm gebacken werden. In beiden Fällen sollten die Formen nur zu etwa drei Viertel gefüllt sein. Mit einem Tuch abdecken und bei Raumtemperatur etwa 2 Stunden gehen lassen. Der Teig wird nur leicht aufgehen.
5. Den Backofen auf 220° vorheizen.
6. Die Laibe goldbraun backen; das wird etwa 50 bis 60 Minuten dauern. Aus den Formen nehmen und auf einem Rost gründlich auskühlen lassen, bevor sie angeschnitten werden. Wer ein krustigeres Brot liebt, kann es, sobald es gebacken ist, aus den Formen nehmen und dann noch weitere 5 Minuten backen.

Mahlpause im MOULIN DE
BASSILOUR

KÄSELADEN

MILLE ET UN FROMAGES
8, Avenue Victor Hugo,
64200 Biarritz
✆ 59246788
Geöffnet: 8–13 und
15.30–19.45 Uhr;
geschlossen: Sonntag

Nun, tausendundeinen Käse vielleicht nicht ganz, aber nichtsdestoweniger eine Riesenauswahl, gerade recht, um sich mit Käse, *foie gras* und Räucherlachs sein Mittagspicknick zusammenzustellen. Hier gibt es auch den relativ selten zu findenden *brébis fermier croûte brûlée*, einen frischen Schafskäse der Region mit einer leicht angegrillten Rinde.

SÜSSWAREN

DARANATZ
12, Avenue Maréchal Foch,
64200 Biarritz, ✆ 59242191
Geöffnet: 9–12.30 und
14.30–19.30 Uhr; geschlosen
Sonntag und zwei bis drei
Wochen im Februar

Wenn Sie auf der Suche sind nach *touron* (eine Mandelmasse), Pralinen oder Gebäck, dann ist in Biarritz die CHOCOLATERIE DARANATZ genau die richtige Anlaufstelle.

SPEZIALITÄTEN
DER REGION

AROSTEGUY
5, Avenue Victor Hugo,
64200 Biarritz
✆ 59240052
Geöffnet: Montag bis Samstag 9–13 und 15.30–20 Uhr;
Sonntag 11–13 Uhr
Kreditkarten: AE, V.

Ein Spezialitätengeschäft, das 350 Spirituosensorten (die 125 Whiskysorten nicht mitgerechnet) bietet und 140 Gewürze und 70 Teesorten und Lachs und Kaviar. Auch der außergewöhnlich gute Birnenschnaps *(eau-de-vie de poire)* des Hauses ETIENNE BRANA (siehe Seite 474) ist vertreten.

Espelette *(Pyrénées-Atlantiques)*

Bayonne 20 km, Biarritz 23 km, Cambo-les-Bains 6 km, Saint-Jean-de-Luz 25 km

Viehmarkt (Schafe): Mittwoch

Fête du Piment (Paprikafest): letztes Wochenende im Oktober

RESTAURANTS

EUZKADI
Espelette, 64250 Cambo-les-Bains
✆ 59299188
Bestellungen werden bis 14 bzw. 21 Uhr entgegengenommen
Geschlossen: Montag und Dienstag von Mitte September bis Mitte Juni; eine Woche im Februar und Mitte November bis Mitte Dezember
Kreditkarte: V
Vier Menüs von 50 bis 120 Francs, à la carte 120 Francs

Spezialitäten:
Pipérade basquaise (Rührei mit Tomaten, Paprika, Zwiebeln, Knoblauch), *axoa* (sautierte Kalbswürfel mit Zwiebeln und Paprika, vorzugsweise den kleineren, etwas scharfen Paprika), *tripoxa* (Kalbsblutwurst mit scharfen roten Espelette-Paprika), *pot-au-feu* (Fleisch- und Gemüseeintopf) und *poule au riz* (pochiertes Huhn mit Reis)

Am Nive-Ufer in Bayonne: Markt bei Mondschein

Das von Weinlaub umrankte EUZKADI ist einer der geeignetsten Orte, um der lokalen Spezialität, den *piments d'Espelette* zu frönen. Der langgestreckte, familiär eingerichtete Speiseraum ist in einem der typischen, alten baskischen Häuser der Innenstadt entstanden. Hier treffen sich die Einheimischen zur *fête* und zum Schmaus, besonders am Mittwoch, wenn alles zum Schafmarkt strömt.

Küchenchef André Darraïdou bringt eine eindrucksvolle *pipérade au jambon* auf den Tisch, ein sehr gutes, mit frischen Paprika gemachtes lockeres Omelett, und *tripoxa*, eine nicht alltägliche Kalbsblutwurst, die mit einer dunklen, leicht scharfen Tomatensauce serviert wird. In den Herbst- und frühen Wintermonaten heißt die Wahl hier: *salmis de palombes*, ein schweres, sehr schmackhaftes Wildtaubenragout, mit Rotwein und Gemüsen zubereitet; dies ist ein mildes Gericht, geeignet für alle, die keinen strengen Wildgeschmack mögen.

Zu den Tagesspezialitäten des EUZKADI gehören: samstags *saucisse confite aux choux* und sonntags *pot-au-feu grand-mère*. Die Weinauswahl erstreckt sich vom lokalen *Irouléguy* bis zu den vollblütigen spanischen *Rioja*-Weinen.

465

LE RELAIS DU LABOURD
Route de Souraïde, Espelette,
64250 Cambo-les-Bains
✆ 59299070
Bestellungen werden bis
14.30 bzw. 22 Uhr entgegengenommen
Geöffnet: Oktober bis Ende
Juni nur mittags; mittwochs
geschlossen; Juli bis September: mittags und abends;
Sonntagmittag und Montag
geschlossen
Kreditkarten: AE, DC, V
Speiseterrasse; separate Speiseräume für geschlossene
Gesellschaften bis zu 50 bzw.
250 Personen
120 Francs

Spezialitäten:
Magret de canard (Mastenen-
ten-Brust), *agneau chilindron*
(sautiertes Lamm mit Kartoffeln und Knoblauch)

Dieser traditionelle weißgekalkte große Bauernhof bietet einfache regionale Hausmacherkost. Mir sagten besonders die fleischigen, würzigen, mit reichlich Petersilie bestreuten *cèpes* zu, bei denen man mit ganzen Knoblauchzehen und gehacktem Knoblauch nicht gegeizt hatte, und auch die ebenfalls gut mit Knoblauch bedachten riesigen Lamm-
chops aßen sich hervorragend (obgleich die Brotkrumen auf dem Kartoffelgratin durchaus verzichtbar wären).

Die Desserts dagegen sind nicht eben aufregend, und die Weinkarte bedürfte einer Revision. Immerhin: ein gutes Fa-
milienrestaurant für einen ausgiebigen Sonntagmittags-
Schmaus (Anfahrt: Auf der D 918 in Richtung Saint-Jean-de-
Luz unmittelbar am Ortsende von Espelette gelegen).

Baskische Brote und Kuchen

Paprika aus Espelette

Espelette, 27. September – In jeder anderen Gegend Frankreichs erschienen solche Girlan-
den aus feuerroten Paprikaschoten fehl am Platze. Doch in diesem malerischen baskischen Dorf, das nicht einmal eine eigene Postleitzahl besitzt, hat man das Gefühl, hier gehören diese Paprikaschnüre einfach hin. Sie trocknen an den Außenwänden weißgetünchter Bau-
ernhäuser, schmücken die offenen Kamine der Restaurants und die Schaufenster der Metz-
gereien und haben es sogar fertiggebracht, sich mit einem eigenen Fest, der *Fête du Piment* am letzten Oktoberwochenende, feiern zu lassen.

Überall im Baskenland trifft man auf den *piment d'Espelette,* sei er grün oder rot, frisch oder getrocknet. Er wird gemahlen und gehackt, gefüllt und in Würztunken eingelegt und taucht in der einen oder anderen Form in jeder Speise auf, die es darauf angelegt hat, den Gaumen zu kitzeln. Die langegeübte Gewohnheit geht dahin, die jungen und noch wenig scharfen grünen Paprika, frisch und ganz wie sie sind, zur Zubereitung von Omeletts zu verwenden oder aber sie in kleingehacktem Zustand zum Aromatisieren jener famosen

Rührei-Gemüse-Mixtur einzusetzen, die man als *pipérade* kennt. Sind die Schoten aber reif und rot und ›heiß‹, dann werden sie getrocknet, gemahlen und anstelle von schwarzem Pfeffer zum Würzen verwandt.

Bei einer berühmten baskischen Spezialität, dem *jambon de Bayonne,* erfüllt die getrocknete, gemahlene Paprika einen doppelten Zweck: einmal reibt man den Knochen des reifenden Schinkens damit ein, um diesen zu konservieren; zum anderen frottiert man die Außenhaut mit dem rosigroten Pulver, verleiht dem Schinken damit ein festliches Aussehen und dem Fleisch auch noch einen, wenn auch kleinen, letzten Stich Aroma.

Der *piment d'Espelette* stellt sich als schlanke, 7,5 bis 10 Zentimeter lange Schote dar, die zwar scharf, aber nicht beißendscharf schmeckt – Chili von ausgeprägter, beinahe süßer Pikantheit und einer Art Schärfe, die nicht am hinteren Gaumen oder in der Kehle brennt, sondern lediglich auf der Zunge ein angenehmes, noch länger nachklingendes Prickeln hinterläßt. Vergleichsweise ist der zungenlähmende Cayenne-Pfeffer dreimal so scharf.

›Heiße‹ Paprika gedeiht im Baskenland schon seit den Zeiten der Konquistadoren, vielleicht sogar bereits seit 1493, als Kolumbus von Haiti zurückkam und diese Gewürzpflanze in Europa einführte. Obwohl das dunstige, feuchte Klima des Baskenlandes dem Anbau des tropischen Gewächses eigentlich entgegensteht, ist *piment* in der baskischen Eßkultur zu einem so wichtigen Faktor geworden, daß die Landwirtschaft alle Anstrengungen unternahm, die mehr als ein Dutzend verschiedenen Paprikasorten zu züchten, die es heute gibt. Einige Wissenschaftler führen die Lust, scharfe Paprika zu essen, auf eine physiologische Kettenreaktion zurück: das Brennen auf der Zunge beantwortet das Hirn reflexartig mit der Sekretion eines Opiats, das dem Esser ein euphorisches Gefühl vermittelt.

Was immer Paprika an Lustempfindungen zu verschaffen vermag, die Kultivierung der Pflanze erforderte einen enormen manuellen Aufwand. Bis 1983 gab es keine organisierte baskische Produktion. Die einzelnen Landwirte zogen die Früchte nach Belieben, trockneten und mahlten sie für den eigenen Bedarf und verkauften ihre Überschußmengen an Gewürzhändler im nahen Bayonne oder bis hinüber ins ferne Marseille. Es ist einige Jahre her, da sahen Restaurantbesitzer und Händler von Mal zu Mal weniger Häuser mit den septemberlichen roten Gewürzgirlanden geschmückt; immer weniger Bauern waren bereit, die viele Zeit aufzuwenden, die notwendig ist, um die Paprika zu pflücken, auf Schnüre zu fädeln, zu trocknen und zu mahlen, denn solcherlei Arbeiten hielten gewöhnlich die ganze Familie von September bis zum ersten Frost in Trab.

Um das Überleben des *piment d'Espelette* sicherzustellen, schlossen sich die Erzeuger zu einer BIPERRA – das baskische Wort für Piment – genannten Genossenschaft zusammen. Erst auf diesem Wege war es möglich, die etwa ein Dutzend Varietäten ausfindig zu machen, die die einzelnen Mitglieder gezüchtet hatten; denn jeder *cultivateur* hob von Jahr zu Jahr Samen für die nächste Aussaat auf. »Wir haben aus dem Dutzend Sorten die vier unserer Meinung nach besten herausgesucht«, erklärt Léon Darraïdou, der Vertriebsleiter der Genossenschaft. Die Paprikaerzeuger behandeln ihre Varietäten nicht anders als Winzer oder Kellermeister ihre Weinsorten, indem sie die für die jeweilige Region charakteristischste Mischung zusammenzustellen versuchen.

50 Landwirte liefern heute jährlich rund 40 Tonnen Paprika an die Genossenschaft ab. In der Zentrale verarbeitet man die Ernte zu Pulver oder zu Püree, legt ganze Früchte in Essig ein und stellt sogar, in der Mischung mit Tomaten und anderen Gewürzen, eine ketchupähnliche Würzpaste, die baskische *ketchupade* her. Einer der besten Plätze zum Kosten der *piments d'Espelette* ist am Ort selbst, und zwar in dem weinumrankten Restaurant EUZKADI, wo man auch BIPERRA-Produkte zum Mitnehmen kaufen kann (siehe Seite 465). Vertretungen in Paris: BIPERRA-Erzeugnisse erhält man bei FAUCHON, 26, Place de la Madeleine, 75008 Paris, ✆ 47426011 und im COMPTOIR ALIMENTAIRE LANDAIS ET BASCO BÉARNAIS, 52, Rue Montmartre, 75002 Paris, ✆ 42369341.

Hasparren *(Pyrénées-Atlantiques)*

Bayonne 24 km, Cambo-les-Bains 10 km, Paris 779 km, Saint-Jean-Pied-de-Port 33 km

KÄSEHERSTELLER

ABBAYE DE BELLOC
Urt, 64240 Hasparren
✆ 59296555
Geöffnet: täglich 8–12 und 13.30–18.30 Uhr

Gäste sind willkommen in diesem weiträumigen, modernen Kloster, wo Benediktinermönche einen sehr beliebten, unter der Marke *Abbaye de Belloc* verkauften *brébis* machen.

Saint-Jean-de-Luz *(Pyrénées-Atlantiques)*

Bayonne 21 km, Biarritz 15 km, Paris 793 km
Markt: Dienstag und Freitag 7.30–12.30 Uhr, Boulevard Victor Hugo
Thunfischauktion: täglich um 7 Uhr, am Hafen
Fête du Thon (Thunfischfest): um den 4. Juli
Fête du Horo (Fischsuppenfest): erster oder zweiter Sonntag im September

Saint-Jean-de-Luz besitzt einen echten Bauernmarkt und obendrein einen der geschäftigsten in der ganzen Region. Mit offensichtlich am Morgen frischgeernteten Feigen und Quitten gefüllte Weidenkörbe sieht man hier, so viele Sorten Paprika, daß man es bald aufgibt, sie zu zählen; Dutzende von kleinen Ständen, die selbstgebackene Brote und Konditorwaren anbieten, und Bäuerinnen, welche hausgemachte Räder goldgelben Käses feilbieten.

RESTAURANT

ARRANTZALEAK
Avenue Jean Poulou,
Ciboure, 64500 Saint-Jean-de-Luz
✆ 59471075
Bestellungen werden bis 14 bzw. 22 Uhr entgegengenommen
Geschlossen: Montagabend und Dienstag von Oktober bis Ende Juni; Montag von Juli bis Ende September sowie Mitte Dezember bis Mitte Januar
Kreditkarten: AE, DC
Etwa 100 Francs

Wenn man auf der Suche nach den einfachen, wirklich echten, den von ihrem ganzen Wesen her guten Dingen unterwegs ist, dann wird man am Ende unweigerlich die Feststellung machen: es fällt enorm schwer, solche Schätze zu finden. Und doch, dieses in einem Fischschuppen installierte Restaurant im Dörfchen Ciboure gleich neben dem Hafen von Saint-Jean-de-Luz, ist ein solcher Fund.

Brücken, Quais und Einbahnstraßen, alles scheint sich gegen den mit dem Gelände nicht vertrauten Ankömmling verschworen zu haben, aber das ARRANTZALEAK ist alle Irrfahrten wert, und sei es nur um des frisch gegrillten *thon blanc* willen, das zartfleischigen weißen Albacore-Thunfischs, der hier von Juni bis September auf die mit Wachstuch überzogenen Tische kommt. Denn dies ist ein Lokal ohne Schnörkel, nur die unvermeidlichen Bojen und Fischernetze baumeln über den blaugestrichenen Holzbänken von der Decke. Doch

Spezialitäten:
Fisch und Meeresfrüchte

seien Sie auf ein kleines Festessen gefaßt. Noch bevor das Bestellte aufgetragen wird, bringen die Kellner Schalen voller frisch gebrühter *bigorneaux* (Seeschnecken), die man mit langen Nadeln aus ihrem Gehäuse angelt. Wenn Sie die *louvine*, einen sehr feinen, dem Wolfsbarsch verwandten Fisch mit schneeweißem Fleisch auf der Speisekarte finden, sollten Sie sich diesen Leckerbissen nicht entgehen lassen. Dieser im Golf von Biscaya frisch gefangene Fisch wird an der großen, das ganze Restaurant beherrschenden offenen Feuerstelle gegrillt, entgrätet und mit feingehacktem Knoblauch, Petersilie, frischgemahlenem schwarzem Pfeffer und einer leichten Vinaigrette angerichtet.

KONDITOREIEN

MAISON ADAM
6, Place Louis XIV und 49, Rue Gambetta, 64500 Saint-Jean-de-Luz
✆ 59260354
Geöffnet: 7.45–12.30 und 14–19.30 Uhr; geschlossen: Montag außerhalb der Saison und Mitte Januar bis Mitte Februar

Gar manchen Nachmittag, wenn mir bei der Arbeit der Magen knurrt, wandern meine Gedanken zur MAISON ADAM und den herrlichen mürben *macarons aux amandes* (Mandelmakronen). Für mich sind es die besten der Welt!

J. ARRASTIA
In der Markthalle, Dienstag und Freitag, Boulevard Victor Hugo

Hier können Sie sich den köstlichen hausgemachten *gâteau basque*, mit schwarzen Kirschen oder mit Konditor-Creme gefüllt, gleich an Ort und Stelle zu Gemüte führen oder aber für das Picknick einpacken lassen.

LE MOULIN DE BASSILOUR
In der Markthalle, Dienstag und Freitag, Boulevard Victor Hugo; geschlossen: ab zweite Woche im Oktober bis dritte Woche im November

In dieser Verkaufsstelle von BASSILOUR wird meine Lieblings*pastiza* gemacht. Unbedingt versuchen sollten Sie hier die saftige, mit schwarzen Kirschen gefüllte Version (siehe Rezept Seite 459).

PARIÈS
9, Rue Gambetta, 64500 Saint-Jean-de-Luz
✆ 59260146
Geöffnet: täglich 6–18 Uhr im Sommer; 7–20 Uhr im Winter
Kreditkarte: V

Wenn Sie die verführerischen, intensiven, weichen Karamelbonbons von PARIÈS probiert haben, werden Sie sagen: »Ganz genau so müssen Karamelbonbons schmekken!« Die (dort ›Othello‹ genannten) Schokoladentrüffel und die köstliche *pâte d'amande* (Marzipan) dürfen Sie sich aber auch nicht entgehen lassen. Und dann müssen Sie noch einen Blick in PARIÈS' Schokoladen‹manufaktur‹ werfen, wo Besucher sich ›aus erster Hand‹ über die Kunst der Süßwarenherstellung informieren können (Zugang durch das riesige Panorama-Fenster in der Rue Tourasse).

469

SPEZIALITÄTEN DER REGION

DUPIN
41, Rue Gambetta,
64500 Saint-Jean-de-Luz
℡ 59260085
Geöffnet: 7.30–12.45 und
15–19.30 Uhr; geschlossen:
Sonntag

Das hervorragende Angebot hier umfaßt Käse der Region und die exzellenten *eaux-de-vie (poire,* Birne, und *framboise,* Himbeere) des Hauses ETIENNE BRANA (siehe Seite 474)

HAUSHALTSWAREN

MAISON CANDAU
11, Rue Gambetta,
64500 Saint-Jean-de-Luz
℡ 59261099
Geöffnet: 10–12.30 und
15–19.30 Uhr; geschlossen:
Sonntag und Montag
Kreditkarten: EC, V

Ein schönes Angebot von gewebtem baskischem Leinen, Platzgedecken, Tischdecken und Servietten.

FRIP'OU NET'
21, Rue Loquin,
64500 Saint-Jean-de-Luz
℡ 59269289
Geöffnet: im Sommer täglich
10–12.30 und 15–19.30 Uhr;
im Winter 11–12.30 und
15–19 Uhr; geschlossen:
Sonntag, Montagmorgen und
im Oktober

Ein kleines Juwel von einem Geschäft, voller hübscher, nach antiken Mustern erstellter baskischer Leinenstoffe. Man führt auch eine große Auswahl traditioneller regionaltypischer Kleidung.

IPARRALDE
2, Rue Gambetta,
64500 Saint-Jean-de-Luz
℡ 59263009
Geöffnet: im Winter täglich
9.30–12.30 und 14.30–19.30
Uhr; im Sommer 9.30 bis
Mitternacht

Hier gibt es baskisches Leinen und sehr hübsche, handgefertigte Espadrilles in volkstümlichen Mustern und Stilarten.

SOULEIADO
51, Rue Saint-Jacques,
64500 Saint-Jean-de-Luz
℡ 59510524
Geöffnet: 10–12 und
15–19 Uhr
Kreditkarten: AE, DC, V

Eines der schönsten Souleiado-Geschäfte in ganz Frankreich: die Provence mit einem Hauch Baskenland. Hier gibt's auch die weit und breit hübschesten und dabei robustesten Espadrilles.

Saint-Jean-Pied-de-Port *(Pyrénées-Atlantiques)*

Bayonne 52 km, Day 86 km, Paris 823 km, Pau 98 km
Markt: Montag 9–17 Uhr (19 Uhr im Juli und August), im Stadtzentrum
Foire aux fromages (Käsemesse): ein Donnerstag im Juli und zwei Donnerstage im
August (die Daten schwanken)

Dieses volkstümliche Städtchen von noch nicht einmal 2000 Einwohnern platzt förmlich aus den Nähten, wenn montags die Bauersfrauen aus der Umgebung ihre Weidenkörbe voll Käse, Eier, Paprika und Gemüse anschleppen. Sie übernehmen den Verkauf, während die Männer mit ihren *bérets Basques*, den Baskenmützen, auf dem Kopf, sich zum wöchentlichen Klatsch in die Cafés begeben.

RESTAURANTS

CHALET PEDRO
Mendive, 64220 Saint-Jean-
Pied-de-Port
☏ 59370252
Geöffnet: Juni bis
11. November täglich;
an Wochenenden und wäh-
rend der Ski-Saison
Keine Kreditkarten
90-Francs-Menü, à la carte
etwa 100 Francs

Spezialitäten:
Frische Forelle, *jambon de
pays* (Landschinken), *omelette aux cèpes* (Omelette mit
Steinpilzen)

Eine abwechslungsreiche Wegstrecke führt zu diesem kleinen bescheidenen Chalet den Berg hinauf (folgen Sie einfach den Schildern zu den Iraty-Skipisten). Man kommt an
Zäunen mit dichten Brombeerhecken vorbei, an gelbmarkier-
ten Pelota-Spielplätzen, an Schafherden, endlosen Stapeln
von Farnkraut (das hier das Stroh für das Viehlager ersetzt)
und zahlreichen Bauernhöfen, die selbstgemachten Schafskäse verkaufen.

CHALET PEDRO, das gleichermaßen von Wanderern, Ski-
läufern, Bauarbeitern und hungrigen Reisenden angelaufen
wird, ist ein Berggasthof, der sich selbst treu bleibt. Die
Forellen kommen hier aus dem nahen Wildbach, frische
Steinpilze werden als üppige Beilage so serviert, als handele es
sich – man stelle sich das vor – lediglich um *pommes frites,* und
wenn man das mit Steinpilzen und Knoblauch gemachte
Omelett kostet, wird man gewahr, daß es nur wenige
Gerichte gibt, die zugleich so anspruchsvoll wie einfach wie
raffiniert sind.

Die Bedienung ist sagenhaft langsam, und es kann durchaus passieren, daß es die Kellnerin ist, die darüber entscheidet, was Sie an dem betreffenden Tag essen werden. Versuchen Sie also, sich nicht zu ärgern, falls Sie gerade in Eile oder
nicht bei bester Laune sind. Der Restaurantchef hat seine
eigene Forellenzucht, macht hervorragenden Schafskäse
selbst, trocknet hausgemachten Schinken an der Luft und
backt *gâteau basque;* all das kann entweder an Ort und Stelle
verzehrt oder mitgenommen werden. In der wärmeren Jahreszeit stellt man die Tische hinaus ins Freie unter die Pinien.
Dann wird jede Mahlzeit hier zum Picknick im Grünen.

471

LOTTE A LA BASQUAISE
Seeteufel nach baskischer Art

Bei nur wenigen Gerichten kommt der baskische Patriotismus so augenfällig zum Ausdruck wie bei diesem mit Knoblauch bereiteten und mit roten Tomaten, grünen Paprika und weißen Zwiebeln, den überall in dieser Region auftauchenden baskischen Farben also, geschmückten Seeteufel. Im Herbst sieht man die frischen grünen Paprika, zusammen mit Knoblauchzöpfen und schönen lotte-*Portionen, überall auf den Märkten; die leicht pikanten kleinen Schoten können aber ohne weiteres durch normale grüne Paprika ersetzt werden. Das Schöne an diesem Gericht: Es schmeckt am nächsten Tag, als eiskalter Salat serviert, noch mindestens genauso köstlich.*

6 El plus 1 Tl extrafeines, kalt gepreßtes Olivenöl
4 mittelgroße Zwiebeln, grob gehackt
10 mittelgroße Tomaten, gehäutet, von Stielansätzen und Kernen befreit, zerkleinert
Salz und frisch gemahlener schwarzer Pfeffer nach Geschmack
1 Prise Zucker
4 kleine mittelscharfe grüne Chili oder 2 grüne Paprika
20 Knoblauchzehen, geschält und in dünne Scheiben geschnitten
1 kg Seeteufel, enthäutet, kreuzweise in 8 dicke Scheiben geschnitten

1. 3 Eßlöffel des Öls mit den Zwiebeln in eine große Pfanne geben und bei schwacher Hitze rühren, bis die Zwiebeln gut mit Öl überzogen sind. Zudecken und unter häufigem Schütteln der Pfanne 30 Minuten dünsten. Die Zwiebeln sollten zartweich und schwach goldgelb sein.

2. Tomaten, Salz, Pfeffer und Zucker zu den Zwiebeln geben, auf Mittelhitze stellen und unbedeckt dünsten, bis die Tomaten weich, aber noch in ganzen Stücken sind; das dauert etwa 15 Minuten. Beiseite stellen.

3. Falls Chili benutzt werden, müssen zum Schutz der Hände Gummihandschuhe getragen werden. Die Enden von den Chili abschneiden, längs halbieren und alle Kerne herauslösen. Die Chili in sehr dünne Scheiben schneiden. Falls Paprika eingesetzt werden, diese von den Kernen befreien und in dünne Streifen schneiden. 1 Teelöffel des Öls in einer kleinen Pfanne bei guter Hitze heiß werden lassen; es soll aber nicht den Rauchpunkt erreichen. Die Chili oder Paprika hineingeben und schnell etwa 1 bis 2 Minuten sautieren. Sie sollten an den Rändern goldgelb, ansonsten aber hellgrün sein. Vom Feuer nehmen und beiseite stellen.

4. Die restlichen 3 Eßlöffel Öl in einer großen Pfanne bei guter Hitze heiß werden lassen; es soll aber nicht den Rauchpunkt erreichen. Den Knoblauch dazugeben und schnell sautieren. Den Seeteufel hinzufügen und etwa 6 Minuten auf jeder Seite braten. Der Fisch soll opak und noch elastisch, nicht aber weich oder zu fest sein. Den Fisch salzen und pfeffern, nachdem er gewendet wurde. Es macht nichts, wenn der Seeteufel dabei sehr viel Flüssigkeit abgibt.

5. Zum Servieren die Tomatensauce wieder erhitzen und auf 4 vorgewärmte Teller verteilen. Den Seeteufel mit dem Knoblauch auf die Sauce legen und mit den Chili oder Paprikaschoten garnieren.

Für 4 Personen.

Les Pyrénées
19, Place du Général de
Gaulle, 64220 Saint-Jean-
Pied-de-Port
℡ 59370101
Bestellungen werden bis 14
bzw. 21 Uhr entgegen-
genommen
Geschlossen: vier Wochen im
November/Dezember/
Januar, Montagabend von
November bis März und
Dienstag von Mitte Septem-
ber bis Juni, außer an Feier-
tagen, die auf einen Dienstag
fallen
Kreditkarten: AE, V
Separate Speiseräume für
geschlossene Gesellschaften
bis zu 30 bzw. 40 Personen
120-, 170-, 220- und 280-
Francs-Menüs, à la carte 350
Francs

Spezialiäten:
*Foie gras aux pommes (foie
gras* mit Äpfeln), *saumon
frais grillé de l'Adoubs*
(gegriller frischer Lachs),
*assiette des grands desserts au
chocolat* (verschiedene Nachspeisen auf Schokoladenbasis)

Sie können nicht sagen, Sie seien im Baskenland gewesen, solange Sie nicht diesem charmanten Dörfchen einen Besuch abgestattet und in Les Pyrénées gespeist haben. Vielleicht wird in bezug auf das Essen etwas viel dahergemacht, und der Service kann ein bißchen steif sein, auf alle Fälle aber werden Sie etliche gute regionaltypische Gerichte auf der Speisekarte finden.

Versuchen Sie unbedingt die rustikale *garbure aux choux,* eine hier mit Bohnen, Lauch, Karotten, Kartoffeln und Enten-*confit* gemachte Krautsuppe, und die erfrischende, wohltuende *lotte à la basquaise* (siehe Rezept Seite 472), die lokale Version von in Tomaten, Zwiebeln, Knoblauch und leicht pikanten, chili-ähnlichen Paprika geschmortem Seeteufel.

Bayonne: Marktschwätzchen auf der Brücke

SPEZIALITÄTEN
DER REGION

CHARCUTERIE J. AGUIRRE
Place du Général de Gaulle,
64220 Saint-Jean-Pied-de-
Port
✆ 59370358
Geöffnet: Montag bis Samstag 8–12.30 und 14–19.30
Uhr, Sonntag 9–12 und
15–19 Uhr
Auf Wunsch Versand inner-
halb von Frankreich

Ein kleiner Lebensmittelstand im Stadtzentrum, der regionale Dauerware bietet, einschließlich Schinken, Käse,
Fleisch- und Wurstkonserven und getrocknetem, gemahlenem *piment d'Espelette.*

SPIRITUOSEN

ETIENNE BRANA
23, Rue du 11 Novembre,
64220 Saint-Jean-Pied-de-
Port
✆ 59370044
Geöffnet: 8–12 und 14–19
Uhr; geschlossen: Samstagnachmittag, Sonntag und im
Januar oder Februar
Auf Wunsch Versand inner-
halb von Frankreich

Dies ist keine seelenlose Fabrik, sondern ein kleiner, tra-
ditioneller Familienbetrieb, in dem jeder Angehörige
Hand anlegt – vom Anbau der aromatischen Williams Christ-
Birne für den superben Birnenschnaps bis hin zum sorgfälti-
gen Destillieren des *eau-de-vie de prune,* eines deliziösen
Pflaumenschnapses, der in den fünf bis sechs Jahren seiner
Faßreifung selbst die warme Farbe des Eichenholzes ange-
nommen hat.

HAUSHALTSWAREN

MAISON CANDAU
Rue Eglise, 64220 Saint-Jean-
Pied-de-Port
✆ 59370003
Geöffnet: Montag bis Sams-
tag 9.30–12 und 14–19 Uhr;
Sonntag 10–12.30 und 15–18
Uhr
Kreditkarte: V
Auf Wunsch Versand inner-
halb von Frankreich

Dieses Geschäft bietet baskisches Leinen, regionaltypische Meterware, baskische Wollstrickjacken, Wolle,
Decken und Badeartikel an.

KÄSE AUS DEM BASKENLAND

L'Ossau-Iraty-Brébis-Pyrénées: Ein gewichtiger Name für einen solch einfachen, wenn auch raffiniert feinen Schafskäse. Das dicke konvexe, zwei bis sieben Kilo schwere Rad wird in den Bergregionen des Baskenlandes sowohl auf Bauernhöfen als auch in gewerblichen Molkereien erzeugt. In früheren Zeiten ging viel von der im Pyrenäengebiet gemolkenen Schafsmilch in die Roquefort-Produktion, doch heute wird diese Milch zur Gewinnung sehr verschiedener Sorten von reinen Schafskäsen oder sowohl aus Kuh- als auch aus Schafsmilch hergestellten Käsen ganz unterschiedlicher Größe, Textur, Färbung und Geschmacksgebung verwandt. Das hängt ganz von den örtlichen Bedingungen und den Reifungsmethoden ab. Die besten Käse dieser Gattung fühlen sich fest an, entwickeln einen charakteristischen Duft und ein schweres, mineralisches Aroma.

Glossar
Französisch/Deutsch

Für nicht wenige ausländische Restaurantgäste in Frankreich bedeutet die Speisekarte eine verwirrende und geradezu einschüchternde Sprachbarriere, die die Freuden des Auswärtsessens erheblich schmälern kann. Mit ihren vielen ähnlich klingenden, ihrer Bedeutung nach aber durchaus verschiedenen Worten kommt einem die Landessprache nicht gerade entgegen. Sehr leicht kann man *tourteau* (Taschenkrebs) mit *tortue* (Schildkröte), *ail* (Knoblauch) mit *aile* (Flügel), *chevreau* (Ziegenlamm) mit *chevreuil* (Reh) verwechseln.

Der Artenreichtum der in französischen Gewässern vorkommenden Fische und Schalentiere ist ebenfalls geeignet, den Esser in Verlegenheit zu bringen, besonders wenn man ein und dieselbe Spezies zudem mit einer Vielzahl von regionaltypischen oder lokalen Namen belegt findet. Der große, wegen seines ausgiebigen Fleisches beliebte Seeteufel etwa mag, je nach Gegend und Küchenchef, *baudroie, lotte* oder *gigot de mer* genannt werden. Bei der Zusammenstellung dieses Glossars war ich bemüht, mich auf zeitgenössische Termini zu beschränken, damit der Frankreichreisende von heute einen praxisnahen Führer in die Hand bekommt. Die hier übersetzten Bezeichnungen für Speisen und Nahrungsmittel sowie die übertragenen Spezialausdrücke sind in der Regel die, welchen man auf Speisekarten, in Läden und auf Märkten am ehesten begegnet. Ergänzt habe ich dieses Glossar noch um regionale Wortschöpfungen oder Redewendungen, die der Leser an anderer Stelle vielleicht nicht erklärt findet.

A

A point halbgar gebraten

Abats Innereien

Abati(s) Geflügelklein (auch von Federwild)

Abondance fester Kuhmilchkäse in Form eines dicken Wagenrads aus dem Savoyen

Abricot Aprikose

Acajou Cashewnuß

Achatine aus China und Indonesien importierte Landschnecke *(escargot),* weniger begehrt als andere Landschneckenarten

Addition Rechnung

Affinage Reifeprozeß beim Käse

Affiné(e) gereift oder veredelt

Agneau (de lait) Lamm (Milchlamm)

Agneau Chilindron Lammragout mit Kartoffeln und Knoblauch; Spezialität des Baskenlandes

Agneau de Pauillac Zuchtlamm aus Südwestfrankreich

Agnelet junges Milchlamm

Agnelle Schaflamm

Agrumes Zitrusfrüchte

Aïado mit Petersilie, Kerbel und Knoblauch gefüllte gebratene Lammschulter

Aiglefin, aigrefin, églefin Schellfisch

Aïgo bouido eine auf Brotscheiben zusammen mit Öl servierte Knoblauchsuppe; Spezialität der Provence

Aïgo saou ›Wasser-Salz‹ (provenzalisch); eine Fischsuppe, die Wasser und Salz sowie eine Mischung aus kleinem weißfleischigem Fisch, Zwiebeln, Kartoffeln, Tomaten, Knoblauch, Kräutern und Olivenöl enthält; Spezialität der Provence

Aigre sauer

Aigre-doux süßsauer

Aigrelette (Sauce) sauer oder herb schmeckende Sauce

Aiguillette   langes dünnes Geflügel-, Fleisch- oder Fischfilet; in feine Streifen geschnittenes Fleisch (gewöhnlich bei Entenbrust); auch der obere Teil beim Ochsenschwanz

Ail   Knoblauch

Aile   Flügel (bei Geflügel oder Federwild)

Aile et cuisse   Wortpaar zur Beschreibung von weißem Brustfleisch *(aile)* und dem dunkleren Fleisch an der Keule *(cuisse)*, meist beim Huhn

Aillade   Knoblauchsauce; auch eine Bezeichnung für mit Knoblauch zubereitete Gerichte

Aillé(e)   mit Knoblauch

Aillets   Sprossen des jungen milden Winterknoblauchs; Spezialität der Region Poitou-Charentes

Aïoli, ailloli   Knoblauchmayonnaise; ferner die Bezeichnung für eine Spezialität der Provence, bestehend aus Stockfisch, hart gekochten Eiern, gekochten Schnecken und Gemüse, mit Knoblauchmayonnaise

Airelle   Heidelbeere

Aisy cendré   dicke Scheibe Kuhmilchkäse, die mit *eau de vie* bestrichen und mit Holzfeuer-Asche eingerieben wurde, auch *cendre d'aisy* genannt; Spezialität aus Burgund

Albuféra   Béchamelsauce, mit rotem Paprika zubereitet

Algue(s)   eßbare Meeralge(n)

Aligot   Kartoffelbrei mit *tomme*, dem für die Herstellung des Cantal verwendeten Quark, und Knoblauch; Spezialität der Auvergne

Alisier, alizier   *eau de vie* mit dem Geschmack nach Bittermandeln, hergestellt aus den roten Beeren des Weißdorn

Allumette   ›Streichholz‹, Gebäckstreifen aus Blätterteig; auch Streichholzkartoffeln

Alose   Alse (Süßwasserhering, vor allem der Loire und der Gironde)

Aloyau   Rückenstück vom Rind; nach dem Schnitt der französischen Metzger schließt es Leiterstück, Roastbeef (Lende), Filet und Nuß mit ein

Alsacienne (à l')   nach elsässischer Art; oft Sauerkraut, Wurst oder *foie gras* als Zutaten betreffend

Amande   Mandel

Amande de mer   ›Meermandel‹; kleine, lieblich und haselnußartig schmeckende Muschel mit weicher Schale

Amandine   mit Mandeln

Ambroisie   Ambrosia

Amer (amère)   bitter; wie beispielsweise Bitterschokolade

Ami du Chambertin   ›Freund des Chambertin-Weins‹, ein buttrig-feuchter Kuhmilchkäse in Form eines kurzen Zylinders mit rostfarbener Rinde; in der Nähe des Dorfes Gevrey Chambertin in Burgund hergestellt; dem *Epoisses* ähnlich

Amourette(s)   Rückenmark vom Kalb oder Rind

Amuse-bouche oder *amuse-gueule*   wörtlich: ›vergnüge den Mund‹; eine appetitanregende Vorspeise, Appetithäppchen

Anchoïade   Sauce auf Olivenöl-, Anchovis- und Knoblauchbasis, häufig mit rohem Gemüse serviert; Spezialität der Provence; auch ein Püree aus Anchovis, Olivenöl, Essig und Knoblauch, das auf Toast gestrichen wird

Anchois (de Collioure)   in Frankreich sehr beliebte, in Salz eingelegte Anchovis; vorkommen: im Mittelmeer und im Atlantik

Ancienne (à l')   nach alter Art

Andouille   kalte, geräucherte Schlackwurst (aus Schweine- oder Kalbskaldaunen; sie wird normalerweise kalt gegessen)

Andouillette   kleine Bratwurst, oft aus Innereien, meist gegrillt serviert

Aneth   Dill

Ange à cheval   ›Engel zu Pferde‹; mit Schinken umwickelte, gegrillte Auster

Anglaise (à l')   nach englischer Art, in (Salz-)Wasser gekocht

Anguille   Aal

Anis   Anis oder Anissamen

Anis étoilé   Sternanis

AOC   Appellation d'origine contrôlée (mit geprüfter Herkunftsbezeichnung); mit diesem Etikett werden Zucht- und Anbauverfahren, -gebiete, -techniken sowie die genaue Zusammensetzung, Beschaffenheit und besondere Charakteristika von z. B. bestimmten Käse-, Butter-, Obst-, Wein- oder Geflügelsorten, früher von Generation zu Generation weitergegeben, durch den Gesetzgeber genau geregelt

Arachide (huile d'; pâté d') Erdnuß(-öl; -butter)

Araignée de mer Seespinne

Arc en ciel (truite) Regenbogen(-forelle)

Ardennaise (à l') nach Ardennen-Art, bedeutet oft: mit Wacholderbeeren

Ardi gasna baskische Bezeichnung für Schafskäse

Arête Fischgräte

Argenteuil mit Spargel (etwa in Suppe); der Name stammt von dem Pariser Vorort Argenteuil, der einmal Zentrum des Spargelanbaus war

Arlésienne (à l') nach der Art von Arles; mit Tomaten, Zwiebeln, Auberginen, Kartoffeln, Reis und manchmal mit Oliven

Armagnac Weinbrand aus dem gleichnamigen Gebiet in Südwestfrankreich

Armoricaine Sauce aus Weißwein, Cognac, Tomaten und Butter

Aromates Gewürze und Kräuter

Arômes à la gêne Oberbegriff für eine Reihe von scharfen Käsen aus der Gegend von Lyon, die in *gêne (marc)* mazeriert werden, einem aus dem Trester destillierten Branntwein, der nach dem Pressen der Trauben übrigbleibt. Diese Käse werden sowohl aus Kuh- wie auch aus Ziegenmilch oder auch aus einer Mischung dieser beiden Milchsorten hergestellt

Arrosé(e) mit einer Flüssigkeit besprengt, benetzt, befeuchtet

Arpajon Stadt im Gebiet der Ile-de-France, ›Hauptstadt‹ der getrockneten Bohnen; auch ein Gericht, das getrocknete Bohnen enthält

Artichaut (violet) Artischocke

Artichaut à la Barigoule in ihrer einfachsten Zubereitungsart mit Pilzen und Öl gegarte Artischocken; auch mit Zwiebeln, Brät und Knoblauch gefüllte, mit Speck und Zwiebeln in Öl gebräunte und sodann in Brühe und Weißwein geschmorte Artischocke, Spezialität der Provence

Asperge (violette) Spargel (Spargel mit violetten Spitzen, Spezialität der Côte d'Azur)

Assaisonné(e) gewürzt

Assiette anglaise Aufschnitt-Platte; häufig als erster Gang gereicht

Assiette de pêcheur Teller mit gemischtem Fisch

Assorti(e) ausgewählt, passend zusammengestellt

Aulx eine Pluralform von *ail* (Knoblauch)

Aumônière wörtlich: ›Almosentasche‹; dünne Crêpe, gefüllt und bündelartig zusammengefaltet

Aurore Tomaten- und Sahne-Sauce

Auvergnat(e) nach der Art der Auvergne, oft mit Weißkohl, Wurst und Schinkenspeck

Aveline Haselnuß, bekannter unter der Bezeichnung *noisette*

Avocat Avocado

Avoine Hafer

Axoa ein auf Kalbfleisch basierendes Gericht mit Zwiebeln und den frischen grünen, etwas scharfen Paprika der Region, den *piments d'Espelette,* eine Spezialität aus dem Baskenland

Azyme, pain ungesäuertes Brot, Matzen

B

Badiane Sternanis

Baeckeoffe, baekaoffa, backenoff ›Bäckers Ofen‹; Ragout aus Rind, Lamm und Schwein in Weinsauce, mit Kartoffeln und Zwiebeln; Spezialität aus dem Elsaß

Bagna caudà Sauce aus Anchovis, Olivenöl und Knoblauch, in die rohe Gemüse getunkt werden; Spezialität aus Nizza

Baguette ›Stab‹, das klassische französische Stangenbrot

Baguette au levain oder *à l'ancienne* Baguette mit Sauerteig

Baie Beere

Baie rose rosa Pfefferkorn

Baigné(e) gebadet, eingetaucht, getränkt

Ballotine gewöhnlich Geflügel; entbeint, farciert und bridiert

Banon Dorf in den Alpes de Provence, Herkunftsort der getrockneten Kastanienblätter, in die man traditionsgemäß den mit *eau-de-vie* bestrichenen und mehrere Monate lang gereiften Ziegenkäse einwickelte; heute Bezeichnung für verschiedene

BROTTEIG
(Grundrezept)

Für diesen Hefeteig gibt es eine ganze Reihe von Verwendungsmöglichkeiten; man kann damit Brotkuchen, Pizza, eine fougasse oder ganz einfach ein Brot backen. Ich lege mir oft etwas Teig auf Vorrat in den Kühlschrank, denn in einem dicht schließenden Behältnis bleibt er einige Tage frisch. Dieses Rezept ergibt zwei mittelgroße Torten- bzw. Pizzaböden oder ein Brot.

250 ml lauwarmes Wasser
2½ Tl Trockenhefe
315 bis 350 g Mehl
1 Tl Salz

1. Wasser, Hefe und 1 Tasse des Mehls in eine große Schüssel geben und rühren, bis alles gut vermengt ist. Etwa 5 Minuten stehenlassen, damit die Hefe sich entwickeln kann.
2. Das Salz hinzufügen und dann nach und nach das Mehl untermischen, bis der Teig zu steif zum Rühren ist. Den Teig auf eine leicht gemehlte Platte legen und etwa 10 Minuten kneten. Sollte der Teig zu sehr kleben, muß mehr Mehl untergerührt werden, bis er glatt und seidig ist.
3. Den Teig in eine Schüssel geben, abdecken und bei Raumtemperatur etwa 1 Stunde gehen lassen, bis er sein Volumen verdoppelt hat.
4. Den Teig erneut durchkneten, bedecken und etwa 1 weitere Stunde gehen lassen, bis er sein Volumen verdoppelt hat.
5. Nach diesem zweiten Aufgehen ist der Teig gebrauchsfertig. Soll er gelagert werden: in ein luftdicht zu verschließendes Gefäß geben und tiefgefrieren.
Ergibt etwa ein 500-g-Brot.

---

aus Ziegenmilch bzw. einer Kuh- und Zigenmilchmischung gefertigte Käse dieser Region, die teils in frische, teils in getrocknete Kastanienblätter gewickelt und mit Raffiabast verschnürt werden

Bar Seebarsch, an der Mittelmeerküste *loup* (Wolfsbarsch oder Seewolf) genannt, in Südwestfrankreich als *louvine* oder *loubine*, in der Bretagne als *barreau* bezeichnet

Barbouillade gefüllte Aubergine oder Auberginenragout; auch Bezeichnung für ein Gericht mit Bohnen und Artischocken

Barbue Butt, ein mit *turbot*, Steinbutt, verwandter Plattfisch, kommt im Atlantik wie im Mittelmeer vor

Barder bardieren (Geflügel oder Fleisch mit Streifen oder Scheiben frischen Specks bedecken, um ein Austrocknen des Bratguts zu vermeiden)

Baron Hinterteil und Hinterkeule vom Lamm

Barquette ›Schiffchen‹, kleines, schiffchenförmiges Gebäck

Basilic Basilikum

Basquaise (à la) nach baskischer Art; gewöhnlich mit Schinken oder Tomaten oder roten Paprika

Bâtarde Brot, klassischer dünner, langer weißer Brotlaib, größer als die *baguette*

Batavia Eissalat

Bâton kleine Weißbrotstange, dünner als die *baguette*

Bâtonnet in kleine Stäbchen geschnittene Gemüsegarnitur

Baudroie provenzalische Bezeichnung für Seeteufel oder Anglerfisch; der große, festfleischige Seefisch wird in Frankreich auch *lotte* bzw. *gigot de mer* genannt; ferner Bezeichnung für eine Spezialität der

Provence, eine Fischsuppe, die mit Kartoffeln, Zwiebeln, frischen Pilzen, Knoblauch, frischer oder getrockneter Orangenschale, Artischocken, Tomaten und Kräutern bereitet wird

Bavaroise Bayerische Creme; ein geeistes Dessert, auf Basis von Sahne (mit Vanille) oder Fruchtpüree mit Gelatine hergestellt

Bavette Lappen oder Flanke (beim Rind)

Baveuse ›sabbernd‹; nur leicht durchgebackenes Omelett, so daß es saftig-feucht bleibt

Béarnaise eine mit Estragon aromatisierte Sauce auf der Basis von Eigelb, Butter, Schalotten, Essig, Weißwein und anderen Kräutern (nach der Region Béarn in den Pyrenäen benannt)

Béatilles ›Leckerbissen‹; eine Garnitur aus delikaten Innereien, wie Kalbsbries, Hahnenkämme usw.

Bécasse Schnepfe

Bécassine Sumpfschnepfe

Béchamel weiße Grundsauce, aus Butter, Mehl und Milch gemacht und gewöhnlich mit Zwiebeln, Lorbeer, Pfeffer und Muskatnuß gewürzt

Beignet Krapfen

Beignet de fleur de courgette ausgebackene Zucchiniblüte, ursprünglich aus der Provence stammend, heute in ganz Frankreich verbreitet

Belle Hélène (Poire) klassisches Dessert (auf Vanille-Eis servierte pochierte Birne, mit heißer Schokolade überzogen)

Bellevue (en) Bezeichnung für einen auf einer Platte servierten ganzen Fisch in Aspik

Belon sehr begehrte, flachschalige *plate*-Auster von der Mündung des gleichnamigen Flusses in der Bretagne

Berawecka, bierewecke, bireweck, birewekka sehr kompaktes, feuchtes Früchtebrot mit getrockneten Birnen, Feigen und Nüssen gemacht; eine Weihnachtsspezialität aus Kayserberg im Elsaß

Bercy Sauce aus Fischgrundbrühe, mit Mehl und Butter gedickt und mit Schalotten, Weißwein, Zitronensaft und Petersilie aromatisiert

Bergamot Bergamotte (sowohl eine Orangen- wie auch eine Birnensorte)

Berrichonne Garnierung aus geschmortem Weißkohl, Perlzwiebeln, Kastanien und magerem Schinkenspeck, benannt nach der ehemaligen Provinz Berry

Betterave Rote Rübe

Beurre Butter

demi-sel leicht gesalzene Butter

blanc auf Butter, Schalotten, Weißwein und Essig aufgebaute, reduzierte Sauce

cru aus dem Rahm frischer Rohmilch gemachte Butter

des Charentes die beste französische Butter, aus der Gegend Poitou-Charentes

de Montpellier klassische, mit Olivenöl, Kräutern, Knoblauch und Anchovis gewürzte Sauce auf Butter-Basis

du cru Butter mit geschützter Herkunftsbezeichnung *(appellation d'origine contrôlée-Etikett)*

Echiré Handelsmarke der besten französischen Butter mit AOC-Etikett aus der Gegend Poitou-Charentes, die von den französischen Küchenchefs bevorzugt verwandt wird

noir Sauce aus gebräunter Butter, Zitronensaft oder Essig, Petersilie, manchmal Kapern; wird traditionell zu *raie* (Rochen) gereicht

noisette leicht gebräunte Butter

vierge aufgeschlagene Buttersauce mit Salz, Pfeffer und Zitronensaft

Bibelskäs, bibbelskäse mit Meerrettich, Kräutern und Gewürzen aromatisierter Käse; Spezialität aus dem Elsaß

Biche Hirschkuh

Bien cuit(e) gut durchgebraten

Bierre (en bouteille, à pression) Bier (Flaschenbier, Bier vom Faß)

Bifteck Steak

Bigarade braune, aus dem Saft und der Schale der Orange gemachte Sauce (zu Entengerichten)

Bigarreau Herzkirsche

Bigorneau(x) Uferschnecke(n)

Bigoudène (à la) in der Art des Bigouden, einem Gebiet in der Bretagne; *(pommes)* Bratkartoffeln von ungeschälten Kartoffeln; *(ragout)* Wurstragout mit Speck und Kartoffeln

Billy Bi, Billy By Muschelcremesuppe; Spezialität der Atlantikküste

Biscuit à la cuillère (oder à la cuiller) Löffelbiskuit

Bisque Krebssuppe

Bistrotier Bistroinhaber

Blanc (de poireau) weiße Partie (des Lauchs)

Blanc (de volaille) (Geflügel-)Brustfleisch

Blanc-manger Mandelcreme, eine mit Mandelmilch und Gelatine bereitete, eiskalt servierte Süßspeise

Blanquette klassisches mildes Ragout aus gekochtem Kalb-, Lamm- oder Hühnerfleisch, bzw. aus Fisch und Meerestieren, serviert mit einer hellen Sauce aus Ei mit Sahne; häufig als Schonkost offeriert

Blé (noir) Weizen (Buchweizen)

Blette, bette Mangold

Bleu nur angebraten, so daß das Fleisch noch kaum Saft gezogen hat (besonders bei Rinderbraten). Siehe auch *truite au bleu;* ferner Bezeichnung für blaugeäderte Käsearten

Bleu d'Auvergne ein scharfer, fester und feuchter Kuhmilchkäse aus der Auvergne, ein blaugeäderter, abgeflachter Zylinder, der noch heute auf einigen Bauernhöfen gemacht wird und in Folie gewickelt zum Verkauf kommt

Bleu de Bresse ein milder blaugeäderter Kuhmilchkäse in Zylinderform aus der Bresse; wird industriell gefertigt

Bleu de Gex ein dicker, geschmacksintensiver blaugeäderter scheibenförmiger Kuhmilchkäse aus dem Jura, der nur noch von einigen wenigen Molkereien im Departement Ain hergestellt wird

Bleu des Causses ein fester, scharfer, blaugeäderter Kuhmilchkäse in Form eines flachen Zylinders; man läßt ihn in Gewölben reifen, die denen zur Reifung des verwandten Roquefort ähneln

Blini kleiner, hoher Pfannkuchen aus Buchweizenmehl (russische Küche), häufig zu Kaviar gereicht

Bœuf à la ficelle ›Ochse an der Schnur‹ zusammengebundenes, in Brühe gekochtes Rindfleisch

Bœuf à la mode in Rotwein marinierter und geschmorter Rinderbraten, begleitet von Karotten, Pilzen, Zwiebeln und weißen Rüben

Bœuf gros sel gekochtes Rindfleisch, mit grobem Salz und Gemüsen serviert

Bohémienne (à la) auf Zigeunerart; gewöhnlich mit Reis, Tomaten, Zwiebeln, roten und grünen Paprika und Paprikapulver in verschiedenen Kombinationen

Boissons (non) comprises Getränke (nicht) eingeschlossen

Bolet (Dickfuß-)Röhrling

Bombe aus mehreren sahnigen Schichten bestehende Eisbombe

Bon-chrétien ›guter Christ‹; Williams Christbirne

Bondon ein zart nach Pilzen schmeckender Kuhmilchkäse in Form eines kleinen Zylinders, der in der Nähe von Neufchâtel in der Normandie hergestellt wird

Bonite Echter Bonito

Bonne femme (cuisine) einfach zubereitetes Gericht (Hausmacherart); auch Fleischgarnierung, bestehend aus Kartoffeln, Schinkenspeck, Pilzen und Zwiebeln; oder Fischgarnierung, bestehend aus Kartoffeln, Schalotten, Pilzen und Petersilie; oder eine Weißweinsauce mit Pilzen, Schalotten und Zitronensaft

Bordelaise (à la) nach der Art von Bordeaux; oft auf eine aus gebräunter Butter, Schalotten, Rotwein, Thymian, Lorbeerblatt und Pfeffer bestehende Sauce bezogen, die mit Rindermark garniert ist

Bouchée Bissen, Appetithappen; kann sich auch auf eine kleine Meringue (Baiser) oder einen *vol-au-vent* beziehen

Bouchoteur Muschelzüchter; auch Gericht mit Muscheln

Boudin strenggenommen eine mit Fleisch gefüllte Wurst, gewöhnlich eine Blutwurst; praktisch aber alle eßbaren Mischungen, die Wurstform haben

Boudin blanc helle, aus Kalb-, Geflügel- oder Schweinefleisch gemachte Wurst

Boudin noir Blutwurst (vom Schwein)

Bouillabaisse provenzalische Fischsuppe, ursprünglich ein Gericht aus Marseille, im Idealfall zubereitet aus dem frischesten, vorzugsweise in Felsnischen lebenden Fisch, der örtlich verfügbar ist

Bouilliture in Wein gegartes Aalragout mit Pflaumen; eine Spezialität des Gebietes Poitou-Charentes

Bouillon Fleisch- oder Fischbrühe

Boulangère (à la) nach Bäckerart, mit Zwiebeln und Kartoffeln gebratenes oder geschmortes Fleisch bzw. Geflügel

Boule ›Kugel‹, großer runder Weißbrotlaib, auch als *miche* bezeichnet

Boule de Picoulat aus Rind- und Schweinefleisch sowie Knoblauch und Eiern bestehendes Fleischklößchen aus dem Languedoc, wird traditionell zu gekochten weißen Bohnen gereicht

Boulette Fleisch- oder Fischklößchen

Boulette d'Avesnes mit Pfeffer und Estragon gewürzter Käse aus bei der Herstellung angefallenen Maroilles-Resten; nach Avesnes, einem Dorf in Nordfrankreich, benannt

Bouquet große rötliche Garnele (siehe auch *Crevette rose)*

Bouquet garni mit Küchengarn zusammengebundener Kräuterstrauß, gewöhnlich aus etwa 6 Petersilienstengeln, einem Lorbeerblatt und einem Thymianzweig bestehend; häufig für Ragout-Gerichte verwandt; wird vor dem Servieren herausgenommen

Bouquetière mit Gemütesträußchen garniert

Bourdaloue pochierte (manchmal in einem Teigmantel) heiß (häufig mit Vanillesauce) servierte Früchte (besonders Birnen)

Bourgeoise (à la) mit Karotten, Zwiebeln, Kopfsalat, Sellerie und Speck

Bourguignonne (à la) nach Burgunderart, oft mit Rotwein, Cognac, Zwiebeln, Champignons und Speck

Bouribot würziges Entenragout in Rotwein

Bourride Fischsuppe vom Mittelmeer, angedickt mit Eigelb und *aïoli* (Knoblauchmayonnaise), die gewöhnlich eine Mischung aus kleinen weißfleischigen Fischen, Zwiebeln, Tomaten, Knoblauch, Kräutern und Olivenöl enthält

Bourriole süßer oder auch würziger Pfannkuchen aus Roggenmehl; Spezialität der Auvergne

Boutargue, poutargue aus getrocknetem mit Öl püriertem Rogen der Seebarbe oder des Thunfischs hergestellte salzige Paste; Spezialität der Provence

Bouton de culotte ›Hosenknopf‹, kleiner, knopfartiger Ziegenkäse aus der Gegend um Lyon; wurde traditionell auf den Bauernhöfen hergestellt, wo man ihn reifen ließ, bis er steinhart war; wird heute in vielen Formen, von jung und weich bis hart und brüchig angeboten

Braiser schmoren

Branche (en) bezieht sich auf ganz gelassene Gemüse oder Kräuter

Brandade (de morue) Stockfisch-Püree; aus Stockfisch, Kartoffeln, Sahne oder Milch, Knoblauch und Olivenöl; Spezialität der Provence; bezeichnet gewöhnlich auch verschiedene Gerichte auf Basis von würzigem Kartoffelpüree

Brassado gekochter und dann gebackener Krapfen; Spezialität der Provence

Brayaude, gigot mit Knoblauch besetzte, in Weißwein gegarte Hammelkeule, die mit roten Bohnen, geschmortem Kohl oder Kastanien serviert wird

Brébis (fromage de) Schafskäse

Brési geräuchertes, gepökeltes und getrocknetes Rindfleisch aus dem Jura

Bretonne (à la) nach bretonischer Art, d. h. mit weißen Bohnen serviert; kann sich auch auf eine Weißweinsauce mit Karotten, Lauch und Sellerie beziehen

Brie de Meaux ›König der Käse‹, ein aus roher Kuhmilch hergestellter, mindestens vier Wochen gereifter Käse in Form einer flachen Torte aus Meaux; mit pasteurisierter Milch hergestellter Brie darf nicht *brie de Meaux* genannt werden

Brie de Melon kleiner als der *brie de Meaux*, ein ebenfalls aus roher Kuhmilch hergestellter und mindestens einen Monat gereifter Käse mit schrundiger, rostfarbener Rinde

Brillat-Savarin (1755–1826) berühmter Gastronom, Verfasser des Buches »Die Physiologie des Geschmacks«; der hochfette, geschmeidige Kuhmilchkäse aus der Normandie ist nach ihm benannt

Brioche butter- und eireiches Hefegebäck

Broche (à la) am Spieß gebraten

Brochet(on) Hecht

Brochette kleiner Bratspieß mit Fleisch- oder Fischstückchen (und Zwiebeln und Paprika)

Brouet ehemals die Bezeichnung für Suppe

Brouillade eine Mischung von Zutaten, beispielsweise in einem Ragout oder einer Suppe; auch Bezeichnung für Rühreier

Brouillé(e) vermischt, verrührt (z. B. bei Rühreiern)

Brousse ein sehr frischer, ungesalzener (folglich milder) Ziegen- oder Schafskäse, dem italienischen Ricotta nicht unähnlich; Spezialität von Nizza und Marseille

Broutard junge Ziege; auch Kalb, das draußen geweidet hat

Brugnon Nektarine

Brûlé(e) wörtlich: verbrannt; bezieht sich gewöhnlich auf eine dunkle Karamelisierung

Brunoise in sehr kleine Würfel geschnittenes Gemüse

Brut sehr trocken oder ungezuckert; besonders im Zusammenhang mit Champagner gebrauchte Bezeichnung

Buccin siehe Bulot

Bûche de Noël traditioneller Weihnachtskuchen aus Biskuitteig in der Form eines Baumstammes; häufig mit Kastanien und Schokolade aromatisiert

Buffet froid kaltes Büffet

Bugne in Fett ausgebackene Krapfen oder Pfannkuchen, mit Puderzucker bestäubt; in und um Lyon zur Osterzeit sehr beliebt

Buisson wörtlich: Busch; gewöhnlich ein Gericht, bei dem Gemüse strauchförmig auf dem Teller arrangiert sind (eine klassische Präsentation bei der Languste)

Bulot Trompetenschnecke (lebt im Meer); auch *buccin* genannt

Buron Sennhütte in der Auvergne

C

Cabécou(s) kleiner runder Ziegenkäse aus der Region von Béarn (Pyrenäen), manchmal auch aus einer Kuh- und Ziegenmilch-Mischung hergestellt

Cabillaud Kabeljau, häufig auch *morue* genannt; in Nordfrankreich unter der Bezeichnung *doguette*, im Baskenland als *bakalua* und als *eglefin* in der Provence bekannt

Cabri Zicklein

Cacahouète, cacahouette, cacachuète getrocknete, geröstete oder gesalzene Erdnuß; die Erdnußpflanze und Frucht heißen *arachide*

Cachat ein sehr strenger Ziegenkäse; gewöhnlich eine Mischung verschiedener Käsereste, die vermengt und mit einer Würze aus z. B. Salz, Pfeffer, Weinbrand und Knoblauch versehen und in einem irdenen Topf aufbewahrt werden; Spezialität der Provence

Cachir koscher

Caen (à la mode de) nach der Art von Caen; bezieht sich gewöhnlich auf ein in Calvados und Weißwein (und/oder Cidre) gekochtes Gericht

Café sowohl Caféhaus als auch Kaffee

   allongé abgeschwächter Espresso, häufig mit einer kleinen Kanne heißen Wassers serviert, so daß sich die Gäste ihren Kaffee selbst verdünnen können

   crème Milchkaffee (gewöhnlich zu allen Tageszeiten nach dem Frühstück) mit dampferhitzter Milch

   déca oder décaféiné koffeinfreier Kaffee

   express Espresso

   faux koffeinfreier Kaffee

   filtre ähnelt dem deutschen Filterkaffee; nicht in allen Cafés erhältlich

   glacé geeister Kaffee

   au lait Milchkaffee (gewöhnlich morgens zum Frühstück)

   liégeois Eiskaffee

   noir Espresso

   serré besonders starker Espresso, mit der halben Wassermenge bereitet

Caféine Koffein

Cagouille kleine *petit-gris*-Landschnecke, die aus der Region von Saintonge in Westfrankreich kommt

Caille Wachtel

Caillé(e) geronnen; Dickmilch

Caillette runde Schweinswurst, die gehackten Spinat oder Mangold, Knoblauch, Zwiebeln, Petersilie, Brot und Ei enthält und mit Fett vom Netz (Bauch) des Schweins umhüllt ist; wird heiß oder kalt serviert; Spezialität der nördlichen Provence

Caisse Kasse oder Zahltresen

Caissette wörtlich: ›Kästchen‹, wie ein Kästchen geformtes Brot bzw. Brioche oder Schokolade

Cajasse eine Art *clafoutis* aus der Dordogne, hergestellt mit schwarzen Kirschen

Cajou Cashewnuß

Calmar kleiner Tintenfisch, ähnlich dem *encornet*, besitzt im Inneren durchsichtige Knorpel anstelle von Gräten; im Südwesten auch *chipiron* genannt

Calvados ein Departement in der Normandie, bekannt für den berühmten Apfelbranntwein

Camembert (de Normandie) Dorf in der Normandie, nach dem ein geschmeidiger, feinduftender Kuhmilchkäse benannt ist

Camomille Kamille

Campagnard(e) (assiette) wie auf dem Lande, rustikal, häufig Aufschnittplatte mit kaltem Braten, Terrinen usw.

Campagne (à la) wie auf dem Lande

Canada Kochapfel

Canapé dreieckige Toastschnitte, gewöhnlich mit Wildbret belegt; auch alle Arten von pikant belegten Appetithäppchen auf einer Brotunterlage

Canard Ente
à la presse gebratene Ente, mit einer Sauce serviert, die aus dem durch Auspressen des rohen Fleisches und der Karkasse mit einer speziellen Entenpresse gewonnenen Blut sowie Rotwein und Cognac hergestellt wird
de Barbarie eine von den Berbern kommende Entenart (Flugente), die in Südwestfrankreich gezüchtet wird; ihr Fleisch schmeckt strenger; gewöhnlich zum Schmoren genommen
de Nantes auch *canard de Challans* genannt, eine kleine, sehr delikat schmeckende Ente
de Rouen eine Kreuzung aus Haus- und Wildente; traditionell werden diese Enten durch Ersticken getötet; durch das im Fleisch verbleibende Blut bekommen solche Enten einen besonderen Geschmack
sauvage Wildente

Cancoillotte Weichkäse aus dem Jura, der zum Servieren gewöhnlich mit Milch, Gewürzen oder Weißwein verrührt wird

Caneton junge Ente (Erpel)

Canette junge Ente (weiblich)

Cannelle Zimt

Cannoise (à la) nach der Art von Cannes

Cantal großer zylindrischer Kuhmilchkäse aus der Auvergne

Cantalon eine kleinere Version des Cantal

Cantaloup Zucker- oder Cantaloup-Melone

Capre Kaper

Capucine Kapuzinerkresse, ihre Blätter und Blüten werden manchmal Salaten beigemischt

Carafe (d'eau) eine Karaffe (Wasser); Hauswein wird oft in Karaffen serviert

Caramélisé(e) bei starker Hitze zum Karamelisieren gebrachter Zucker; auch zur Geschmacksverstärkung

Carbonnade geschmorter Rostbraten vom Rind, mit Bier und Zwiebeln zubereitet (eine flämische Spezialität)

Cardamome Kardamom

Carde bezeichnet die weiße Rippe von Mangold oder den Blattstiel der Gemüseartischocke

Cardon Karde, oder auch Kardone, sie gleicht einer riesigen Artischocke; sehr beliebt in Lyon, in der Provence und im übrigen Mittelmeergebiet

Cargolade reichhaltiges Gericht, bestehend aus Lamm, Schnecken, Schweins- und manchmal Blutwürsten; alles über Rebenholz gegrillt; katalanische Spezialität des Roussillon

Carpe Karpfen

Carpe à la juive geschmorter Karpfen in Aspik

Carré d'agneau Lammkarree; Vorderviertel (Rippen) oder Lendenstück vom Lamm

Carré de porc Schweinskarree; Vorderviertel (Rippen) oder Lendenstück vom Schwein

Carée de veau Kalbskarree; Vorderviertel (Rippen) oder Lendenstück vom Kalb

Carrelet Scholle oder Flunder (im Sommer)

Carte (à la) Speisekarte (aus der man sein Mahl individuell zusammenstellt)

Carte promotionelle oder conseillée ein einfaches, nicht teures Festpreis-Menü

CREME FRAICHE

Crème fraîche bedeutet zwar, wörtlich genommen, frische Sahne, ist aber in Wirklichkeit eine schon ziemlich reife dicke Sahne mit einem nußartigen, säuerlichen Einschlag. Die Bezeichnung crème fraîche *geht auf Zeiten zurück, als es noch keine Kühlsysteme gab und die Einwirkung natürlich vorkommender Bakterien die Sahne sauer werden ließ, bevor sie verbraucht werden konnte. Gerade in Paris entwickelte man eine besondere Vorliebe für* crème fraîche, *denn dort kam die aus den Landgebieten herbeitransportierte fette Sahne stets schon mit ihrem charakteristischen süßsauren Aroma an. Heute freilich hat man aus der Not eine Tugend gemacht und läßt die frische Sahne unter kontrollierten Bedingungen den gewünschten Reifegrad erreichen.*

500 ml süße Sahne (nicht ultrahocherhitzt)
2 Eßlöffel Buttermilch

1. Sahne und Buttermilch in einer mittelgroßen Schüssel gründlich miteinander verrühren. Lose mit Plastikfolie abdecken und bei Raumtemperatur stehenlassen, entweder über Nacht oder bis die Mischung recht dick ist.
2. Fest abdecken und mindestens 4 Stunden in den Kühlschrank stellen. Die Sahne wird dabei weiter eindicken. Man kann sie ein paar Tage aufheben, wobei ihr ausgeprägter Geschmack sich noch weiter entwickeln wird.

Carvi (grain de)   Kümmel
Cary   Curry
Casse-croûte   wörtlich: ›Brich die Kruste‹; Imbiß
Casseron   Tinten-, Kuttelfisch
Cassis (crème de)   schwarze Johannisbeere (daraus gemachter Likör)
Cassolette   Räucherpfanne; gewöhnlich ein in einer kleinen Kasserolle gereichtes Gericht
Cassonade   Rohzucker (aus Zuckerrohr), brauner Zucker
Cassoulet   in einer Kasserolle servierter Eintopf aus weißen Bohnen und Kombinationen von verschiedenen Wurstsorten, Ente, Gans, Lamm, Hammel und Schwein (Südwestfrankreich)
Cavaillon   Stadt in der Provence, bekannt für ihre kleinen geschmacksintensiven, orangefleischigen Melonen
Caviar d'Aubergine   kaltes Auberginenpüree
Cébette   ein mildes, lauchähnliches Gemüse, in Scheiben geschnitten und roh, in Salaten, gegessen; ursprünglich aus der Provence, heute gelegentlich auch in anderen Gebieten zu finden

Cebiche, ceviche   in Limonensaft und Gewürzen marinierter roher Fisch
Cédrat   Zitronat, Zitrone
Célerie (en branche)   Sellerie (Bleich-, Staudensellerie)
Célerie-rave   Knollensellerie
Céleri rémoulade   beliebter erster Gang eines Bistro-Essens, aus in Streifen geschnittenem Sellerie mit Remouladensauce
Cendre (sous la)   Asche (in Asche gebakken); in Weingegenden läßt man einige Käse in der Asche verbrannter Weinstöcke reifen
Cèpe   Steinpilz
Céréale   Getreide
Cerf   Hirsch
Cerfeuil   Kerbel
Cerise   Kirsche
Cerise noire   schwarze Kirsche
Cerneau   Walnuß (ohne Schale); kann auch eine unreife Nuß bezeichnen
Cervelas   mit Knoblauch gewürzte Zervelatwurst (aus Schweinefleisch); kann sich auch auf Wurst beziehen, die aus Fisch oder dem Fleisch von Krustentieren gemacht ist

Cervelle Hirn

Cervelle de canut ein milder, frischer Kräuterkäse, bekannt als ›Hirn der Seidenarbeiter‹, eine Spezialität aus Lyon

Céteau(x) junge Schollenart, auch *solette* genannt, die im Golfe de Gascogne und an der Atlantikküste gefischt wird

Cévenole (à la) nach der Art der Cevennen; gewöhnlich mit Kastanien oder Pilzen garniert

Chalutier jeder Plattfisch aus dem Fang mit dem Schleppnetz

Champêtre ländlich (zur Bezeichnung einfach präsentierter Gerichte)

Champignon Pilz
à la bague Riesenschirmpilz mit delikatem Geschmack, auch *coulemelle, cocherelle* und *grisotte* genannt
de bois Waldpilz
de Paris kultivierter Champignon
sauvage nichtkultivierter, wildwachsender Pilz

Champvallon, côtelette d'agneau in Lagen von jeweils Kartoffeln und Zwiebeln gebratene Lammkoteletts, nach einem Dorf im nördlichen Burgund benanntes traditionelles Gericht

Chanterelle Pfifferling oder Eierschwamm, auch *girolle* genannt

Chantilly Schlagsahne

Chaource mild-fruchtiger zylindrischer Kuhmilchkäse mit 50 Prozent Fettgehalt; nach einem Dorf in der Champagne benannt

Chapeau ›Hut‹; kleiner runder Brotlaib mit kleinem Hut aus Teig

Chapelure Paniermehl

Chapon Kapaun, auch Bezeichnung für in Fleischbrühe gelegtes bzw. mit Knoblauch eingeriebenes Weißbrot

Chapon de mer ›Meer-Kapaun‹ zur Familie der *rascasses* gehörender Mittelmeerfisch

Charbon de bois (au) auf Holzkohle gegrillt

Charentais (Zuckermelone) süße Melonenart ursprünglich aus der Charente

Charlotte ein mit Löffelbiskuits und Vanillefüllung in einer Form gebackenes, kalt serviertes Dessert; es kann auch aus Fruchtmus und gebutterten Weißbrot-

scheiben bestehen und wird dann nach dem Backen heiß serviert

Charolais von den Weiden der Region Charolais kommende Rindersorte, die wegen ihres Fleisches besonders geschätzt ist; auch Bezeichnung für einen festen weißen Käse in Zylinderform, der aus Ziegen- oder Kuhmilch oder einer Mischung beider Milchsorten gemacht sein kann

Chartreuse wörtlich ›Kartäuser‹; geschmortes Rebhuhn mit Weißkohl; auch Bezeichnung für einen bekannten Kräuterlikör der Kartäusermönche in Savoyen

Chasseur Jäger; Jägersauce (aus Weißwein, Champignons, Schalotten, Tomaten und Kräutern gemacht)

Châtaigne Kastanie, kleiner als ein *marron*

Châteaubriand doppelt dicke Rinderlende, gegrillt oder in der Pfanne gebraten

Châtelaine (à la) kunstvolle Garnitur, bestehend aus Artischockenherzen, Kastanienpüree, geschmortem Kopfsalat und sautierten Kartoffeln

Chaud(e) heiß oder warm

Chaud-froid kalt serviertes Geflügel (oder Fisch), von einer kalten Sauce aus Sahne und Gelatine überzogen und mit Aspik bestreut

Chaudrée Fischragout, das häufig Seezunge, Rochen, kleine Aale, Kartoffeln, Butter, Weißwein und Gewürze enthält

Chausson gefüllte Hefeteigtasche (süß oder mit würziger Füllung)

Chemise (en) wörtlich: Hemd; von einem Teigmantel umgeben

Cheval Pferd, Pferdefleisch

Cheveux d'ange ›Engelshaar‹, dünne Fadennudeln

Chèvre (fromage de) Ziegenkäse

Chevreau Zicklein

Chevreuil Rehwild

Chevrier kleine, blaßgrüne nierenförmige getrocknete Bohne, eine Art *flageolet*

Chichi in Fett ausgebackene mit Zucker bestreute Teigspiralen, häufig auf Jahrmärkten aus Lieferwagen heraus verkauft; Spezialität der Provence und des übrigen Mittelmeergebietes

Chicons du Nord römischer Salat, Sommerendivie

Chicorée (frisée) (krause) Endivie (umgekehrt bezeichnet man in Frankreich die bei uns Chicorée genannte Salatpflanze mit den gelblich-weißen Blättern als *endive*); auch Zichorien-Kaffee

Chicorée de Bruxelles Sommerendivie

Chiffonnade (gewöhnlich roh) geschnitzelte Kräuter oder Gemüse

Chinchard Stöckerfisch, Bastardmakrele, auch *saurel* genannt

Chipiron (à l'encre) Bezeichnung für eine kleine Tintenfischart, *encornet* (in der eigenen Tinte), in Südfrankreich

Chipolata kleine Wurst

Chips, pommes Kartoffelchips

Chocolat Schokolade, Praline
  amer Zartbitter-Schokolade mit nur sehr wenig Zuckeranteil
  au lait Milchschokolade
  chaud heiße Trinkschokolade
  mi-amer Zartbitter-Schokolade, die mehr Zucker enthält als *chocolat amer*
  noir wie *chocolat amer* gebraucht

Choix (au) (nach) Wahl

Chorizo stark gewürzte spanische Wurst

Choron (sauce) Sauce Béarnaise, die zu einem Viertel konzentriertes Tomatenmark enthält

Chou Kohl
  de Bruxelles Rosenkohl
  de Milan Wirsingkohl
  -fleur Blumenkohl
  frisé Krauskohl
  -navet Gelbe Kohlrübe
  -rave Kohlrabi
  rouge Rotkohl
  vert krauser Wirsingkohl

Choucroute (nouvelle) Sauerkraut (das erste neue Sauerkraut der Saison, noch etwas knirschig und säuerlich); auch das mit verschiedenen Wurstsorten, gepökeltem und geräuchertem Schweinefleisch und Speck zubereitete Gericht; Spezialität des Elsaß und aller Brasserien in ganz Frankreich

Choux (pâte à) Brandteig

Ciboule Winterlauch

Ciboulette Schnittlauch

Cidre Apfelwein (auch unter Beimengung von Birnen gewonnen) aus der Bretagne oder der Normandie mit geringem Alkoholgehalt

Cigale de mer zartfleischiger Heuschreckenkrebs

Cîteaux von den Zisterziensermönchen in der Abbaye de Cîteaux in Burgund in Form einer großen Scheibe gemachter sahniger Kuhmilchkäse mit rostfarbener Rinde

Citron, orange oder pamplemousse pressé(e) frisch gepreßter Zitronen-, Orangen- oder Pampelmusensaft, der mit einer Karaffe Wasser und Zucker serviert wird

Citron vert Limone

Citronelle Zitronenkraut

Citrouille Kürbis; auch *courge*, *potiron*, *potimarron* genannt

Cive Frühlingszwiebel

Civelles fingerlange, spaghettidünne Glasaale, auch *pibales* genannt

Civet Wildbret-Ragout mit einer Sauce aus dem Blut des Tieres, aus Cognac und Sahne

Civet de lièvre Hasenpfeffer

Civet de tripes d'oies Ragout aus Gänseinnereien: in Fett mit Zwiebeln, Schalotten und Knoblauch angebraten, dann in mit Wasser verdünntem Weinessig gekocht und mit dem Gänseblut angedickt; aus der Gascogne

Clafoutis Obstkuchen (meist dunkle Kirschen) aus einer Art Pfannkuchenteig; Spezialität aus dem Limousin

Claires Austern, so bezeichnet, wenn sie, bevor sie auf den Markt kommen, in einem der im Wattengebiet gelegenen Austernparks gemästet worden sind

Clamart Erbsen-Garnierung bei einem Gericht; nach dem Pariser Vorort genannt, der für seine grünen Erbsen bekannt war

Clouté(e) gespickt

Clovisse provenzalischer Name für Venus-, Teppichmuschel

Chocherelle Riesenschirmpilz mit delikatem Geschmack, auch *champignon à la bague*, *coulemelle* und *grisotte* genannt

Cochon (de lait) Schwein (Spanferkel)

Cochonnaille(s) aus Schweinefleisch hergestellte Produkte; gewöhnlich eine als Vorgericht servierte Auswahl von Würsten und/oder *pâtés*

Coco kleine weiße Bohnensorte; die Bezeichnung wird sowohl für die frische wie auch für die getrocknete Bohne verwandt; sehr beliebt in der Provence, wo sie als traditionelle Zutat in die Gemüsesuppe *soupe au pistou* gegeben wird; ferner Bezeichnung für die Kokosnuß

Cœur Herz

Cœur de filet dickster (und bester) Teil des Rinderfilets; gewöhnlich für Châteaubriand-Steaks verwandt

Cœurs de palmier Palmherzen, als delikates Vorgericht, meist mit einer Vinaigrette serviert

Coffre ›Kasten, Truhe‹, bezeichnet den Körper eines Hummers oder anderer Krustentiere oder auch eines geschlachteten Tieres

Coiffe im klassischen Sinne eine Spitzenhaube, bezeichnet eine vom Netz (Bauchfett) des Schweines umhüllte Wurstpastete

Coing Quitte

Colbert Zubereitungsart für Fisch, der mit Ei und Brotkrumen bestreut und dann gebraten wird

Colère (en) ›zornig‹; Serviermethode, bei der Fisch so aufgetragen wird, daß der Schwanz im Maul steckt, was den Eindruck hervorruft, er bewege sich

Colin Seehecht; ein dem Kabeljau verwandter Fisch, im Norden als *merluche,* in der Bretagne als *merluchon* und am Mittelmeer als *bardot* oder *merlan* bekannt

Colombe Taube

Col vert Wildente (mit grünem Hals)

Colza Raps, eine zur Senf-Familie gehörende Pflanze von leuchtendgelber Farbe, die in ganz Frankreich angebaut und zu Öl gepreßt wird

Commander avant le repas (à) Desserts, die schon gleich mit dem ersten und dem Hauptgang bestellt werden sollten, da sie eine längere Zubereitungszeit benötigen

Complet besetzt; es stehen keine weiteren Gästetische zur Verfügung

Compote Kompott

Compotier Obstschale; gekochtes Obst

Compris siehe *Service (non) compris*

Comté großes Käserad aus gekochter und gepreßter Kuhmilch; der beste ist aus Rohmilch gemacht und sechs Monate gereift

Concassé(e) grob gehackt

Concombre Gurke

Conférence eine Birnensorte

Confiserie (Herstellung von) Süßwaren; Süßwarengeschäft

Confit Ente, Gans oder Schwein, im eigenen Fett eingelegt (Spezialität Südwestfrankreichs); auch in Zucker mit Alkohol oder Essig konserviertes Obst oder Gemüse

Confiture Konfitüre

Confiture de vieux garçon verschiedene, in Alkohol mazerierte Früchte

Congeler einfrieren

Congre Meeraal; oft für Fischragouts verwandt

Conseillé(e) empfohlen

Consommation(s) ›Verzehr‹, bedeutet, daß in einem Café oder einer Bar Getränke, Mahlzeiten oder auch ein Imbiß erhältlich sind

Consommé Kraftbrühe

Contre-filet (oder **faux-filet**) Lende

Conversation Blätterteiggebäck mit Zuckerglasur und einer Mandel- oder Cremefüllung

Copeau(x) Späne oder Schnitzel (etwa von Schokolade oder Gemüsen)

Coq (au vin) Hahn – auch Huhn – (in Rotwein)

Coq au vin jaune ein in dem Sherry-artigen *vin jaune,* mit Sahne, Butter und Estragon gegartes, häufig mit Morcheln garniertes Hähnchen; eine Spezialität des Jura

Coq de bruyère Auerhahn

Coque kleine, zart schmeckende Herzmuschel

Coque (à la) weichgekochtes Ei oder etwas anderes in einer Schale Serviertes

Coquelet junges Hähnchen

Coquillage(s) Schalentiere

Coquille Schale

Coquille Saint-Jacques Jakobsmuschel (Kamm-Muschel)

Corail (korallenroter) Geschlechtsteil von

Krusten- oder Schalentieren; als Leckerbissen geschätzt

Corb Mittelmeerfisch

Coriandre Koriander

Corne d'abondance ›Füllhorn‹, schwärzlich aussehender Würzpilz, auch *trompette de la mort*, Herbst- oder Totentrompete genannt

Cornet in Form eines Horns, bezieht sich gewöhnlich auf konisch aufgerollte Speisen; auch Eistüte oder hörnchenförmiges, mit Creme gefülltes Gebäckstück

Cornichon Pfeffergürkchen

Côte d'agneau Lammkotelett

Côte de bœuf Ochsenrippe

Côtelette (dünneres) Kotelett

Cotriade Fischragout, das Sardinen, Makrelen und Goldbrassen enthalten kann und mit Butter, Kartoffeln, Zwiebeln und Kräutern zubereitet wird (Spezialität aus der Bretagne)

Cou d'oie (de canard) farci die wurstähnlich mit Fleisch und Gewürzen gefüllte Haut vom Hals der Gans (Ente)

Coulant bezieht sich auf verlaufenden Käse

Coulemelle Riesenschirmpilz mit delikatem Geschmack, auch *champignon à la bague, cocherelle* und *grisotte genannt*

Coulibiac Kulibiak; eine scharfgewürzte, gewöhnlich mit Lachs gefüllte und mit Brioteig überzogene Pastete, die auch hartgekochte Eier, Reis, Pilze und Zwiebeln enthält

Coulis Püree aus rohen oder gekochten Früchten oder Gemüsen

Coulommiers Stadt im Gebiet der Ile de France, nach der ein geschmeidiger, würziger Kuhmilchkäse benannt ist, er sieht ähnlich aus wie der Camembert, ist aber etwas größer

Courge (muscade) (Flaschen-)Kürbis

Courgette Zucchino

Couronne ›Kranz‹; etwas ringförmig Gebackenes

Court-bouillon Sud; gewürzte Brühe, in der etwas gekocht wird

Couscous Gries oder Hartweizenmehl; meist ist jedoch ein nordafrikanisches Gericht gemeint, das aus gedämpftem Gries mit Rosinen und Kichererbsen,

Gemüsen, Hammel- und Geflügelfleisch, der Brühe und einer sehr scharfen Sauce besteht

Couvert Gedeck

Couverture Kuvertüre; Überzugsmasse für Gebäck oder Pralinen aus Zartbitterschokolade mit einem besonders hohen Anteil an Kakaobutter, damit der Überzug besonders glänzend wird

Crabe Taschenkrebs

Crambe Meerkohl, auch *chou de mer* genannt

Cramique Brioche mit Rosinen oder Korinthen, eine Spezialität des Nordens

Crapaudine Zubereitungsart, bei der vor dem Grillen von Geflügel oder Federwild die Wirbelsäule entfernt wird

Craquelot geräucherter Hering

Crécy ein mit Karotten zubereitetes Gericht (nach der nordfranzösischen Stadt Crécy, die für ihre guten Mohrrüben bekannt ist)

Crème Creme, Sahne

  aigre saure Sahne

  anglaise dicke Vanillesauce, leichte Creme auf Vanille-Ei-Basis

  brûlée reichhaltiges, von einer karamelisierten Zuckerkruste bedecktes Vanille-Dessert

  caramel auf Karamelsauce im Backofen gestockte Vanillecreme

  catalane Creme mit leichtem Anisgeschmack; eine Dessert-Spezialität des Roussillon

  chantilly (süße) Schlagsahne

  épaisse dicke Sahne

  fleurette flüssige Schlagsahne

  fouettée Schlagsahne

  fraîche dicke, säuerliche Sahne

  pâtissière Konditor-Creme, (meist mit Vanille aromatisierte) Gebäck- und Tortenfüllung

  plombières Vanillesauce mit frischen Früchten und Eiweiß

Crêpe dünner Pfannkuchen

Crêpes Suzette mit Orangenlikör flambierte Dessertcrêpes

Crépine Fett vom Netz (Bauch) des Schweines

Crépinette vom Netz umhülltes kleines Wurstpastetchen, heute auch Bezeichnung für vom Netz umhülltes entbeintes Geflügel

Cresson(nade) (Sauce aus) Brunnenkresse

Crête de coq Hahnenkamm

Creuse länglich geformte Auster mit unregelmäßig gewellter Schale

Crevette Garnele

Crevette grise kleine zartfleischige Garnele (›Sandgarnele‹), die beim Kochen graubraun wird

Crevette rose kleine, festfleischige Garnele, die beim Kochen rot wird; die größeren Garnelen dieser Art heißen *bouquets*

Crique Kartoffel-Pfannkuchen aus der Auvergne

Criste marine Strandfenchel, eßbare Algenart

Croque au sel (à la) rohes Gemüse, mit einem Schüsselchen groben Salzes gereicht, wie beispielsweise rohe Selleriestangen oder Paprika

Croque-madame mit Schinken, Käse und einem Ei belegtes und dann getoastetes Sandwich

Croque-monsieur mit Schinken und Käse belegtes, getoastetes Sandwich

Croquembouche, Croque en bouche Krachgebäck aus Windbeuteln, kleine runde Gebäckstücke aus Brandteig, die mit Sahne gefüllt und mit einer Zuckerglasur überzogen werden; man serviert sie zu besonderen Anlässen häufig, mit etwas Zuckerguß zusammengeklebt, in Form eines hoch aufgetürmten spitzen Kegels

Croquette zerkleinertes Fleisch, Geflügel, Gemüse oder zerkleinerter Fisch, mit Ei oder Sauce gebunden, geformt, paniert und fritiert

Crosne Knollenziest, Pflanze mit feinem Artischockengeschmack; auch als chinesische oder japanische Artischocke bekannt

Crottin de Chavignol kleiner Ziegenkäse von fester Konsistenz in Form eines abgeflachten Balls (aus Chavignol, im Loire-Tal)

Croustade meist kleine, warme Pastete mit knuspriger Rinde; auch mit Pflaumen und/oder Äpfeln gefülltes Gebäck (Spezialität Südwestfrankreichs)

Croûte (en) im Teigmantel

Croûte de sel (en) in Salzkruste (gebacken)

Croûtons kleine Würfel (auch Scheiben) getoasteten, in Butter oder Öl gebackenen Brotes

Cru roh

Crudités Rohkost (häufig als erster Gang in Form von geriebenen Karotten, Rotkohl, Sellerie usw. mit einer Vinaigrette gereicht)

Crustacés Krustentiere

Cuisse (de poulet) Keule (Hühnerschenkel)

Cuissot, cuisseau Keule (Wildbret, Wildschwein, Kalb)

Cuit(e) gekocht oder gebacken

Cul Keule oder Hinterteil (von Großvieh)

Culotte Schwanzstück (gewöhnlich vom Rind)

Cultivateur Landwirt, Gemüsebauer, frische Gemüsesuppe

Curcuma Kurkuma, Gelbwurz

Cure-dent Zahnstocher

D

Damier ›Schachbrettmuster‹; Bezeichnung für ein schachbrettartig angeordnetes Arrangement von Gemüsen verschiedener Farbe; kann sich auch auf einen Kuchen mit aus hellen und dunklen Teilen angeordnetem Muster beziehen

Darne eine rechteckige Portion vom Fischfilet; auch Fischscheibe, besonders bei Lachs

Dartois rechteckiges Gebäckstück aus Blätterteig, das, als Dessert, mit Mandelcreme oder, als *hors d'œuvre*, mit Fleisch oder Fisch gefüllt sein kann

Datte (de mer) sehr begehrte, dattelförmige Mittelmeer-Muschel

Daube gewöhnlich Rind-, Lamm- oder Hammelfleisch, das mit Gemüsen, Zwiebeln und/oder Tomaten in einem zugedeckten Topf in Rotwein geschmort wird; eine Spezialität vieler Gebiete, besonders der Provence und der Atlantikküste

Dauphin Kuhmilchkäse in Form eines Delfins; aus Nordfrankreich

Daurade Goldbrasse

Décaféiné oder **déca** koffeinfreier Kaffee

Décortiqué(e) von der Schale oder Haut befreit

Dégustation Kostprobe

Déjeuner Mittagessen

Demi(e) halb; kann sich auf eine halbe Flasche Wein und auch auf ein Viertelliter-Glas Bier beziehen

Demi-Deuil wörtlich: ›Halbtrauer‹; der Name rührt von den (der Poularde) unter die Haut geschobenen schwarzen Trüffelscheiben her; auch Bries mit getrüffelter weißer Sauce wird so bezeichnet

Demi-glace konzentrierte, auf Rindfleisch aufgebaute Sauce, die mit *consommé* oder einer anderen dünneren braunen Sauce aufgehellt ist

Demi-sec bezieht sich gewöhnlich auf Ziegenkäse, der einen Reifeprozeß erreicht hat, bei dem er weder weich und frisch noch hart und scharf ist

Demi-sel (beurre) leicht gesalzen (Butter)

Demi-tasse kleine Tasse, in der der Kaffee nach der Mahlzeit serviert wird

Demoiselle de canard mariniertes rohes Entenfilet, auch *mignon de canard* genannt

Demoiselles de Cherbourg kleine Hummer aus Cherbourg, die in einem *court-bouillon* gekocht und mit dem Kochsud serviert werden. Auch die Bezeichnung der Restaurateure für bretonische Hummer zwischen 300 und 400 Gramm

Dentelle ›Spitze‹, eine Fisch- oder Fleischportion, die so dünn geschnitten wurde, daß sie wie Spitze wirken soll. Auch die Bezeichnung für eine hauchdünne süße Crêpe

Dent, denté ein zur Familie der *dorades* gehörender Mittelmeerfisch

Dents-de-lion Löwenzahnsalat, auch *pissenlit* genannt

Dés in Würfel geschnitten

Désossé(e) entbeint

Diable ›Teufel‹; Zubereitungsart bei Geflügel, das von einer stark gepfefferten Sauce (oft auf Senf-Basis) begleitet wird; auch Bezeichnung für eine runde Kasserolle aus Ton

Dieppoise nach der Art der Küstenstadt Dieppe; gewöhnlich von einer Krabben-,

Muscheln und Champignonköpfe enthaltenden Weißweinsauce begleitet

Digestif generelle Bezeichnung für alle nach dem Essen gereichten ›Verdauungs‹-Alkoholika, wie *Armagnac, Cognac, Marc, eau-de-vie*

Dijonnaise nach der Art von Dijon; gewöhnlich mit Senf zubereitet

Dinde Pute

Dindon (neau) Puter (junger Puter)

Diner Abendessen

Diot in Wein gekochte Schweinswurst, häufig mit einem Kartoffelgratin serviert; eine Spezialität von Savoyen

Discrétion (à) bezieht sich auf der Speisekarte gewöhnlich auf Wein; der Gast kann in diesem Falle die Trinkmenge selbst bestimmen

Dodine kalte, farcierte Ente

Dorade generischer Name für eine Gruppe von Meeresfischen, von denen die *daurade* am meisten geschätzt wird

Doré(e) goldbraun gebraten

Dos Rücken; bezieht sich auch auf die fleischigste Partie beim Fisch

Doucette siehe **Mâche**

Douceurs Süßigkeiten oder Nachtisch

Douillon, duillon eine ganze in einen Teigmantel gehüllte und gegarte Birne; eine Spezialität der Normandie

Doux, douce süß

Doyenné de Comice Butterbirne

Dugléré eine Sauce zum Dünsten von Fisch auf der Basis von Weißwein, Schalotten, Tomaten, Butter und Petersilie (von dem Pariser Küchenchef Dugléré erfunden)

Dur (œuf) hart (hartgekochtes Ei)

Duxelles feingehackte Champignons und Schalotten, in Butter sautiert und mit Sahne vermischt (nach einem Küchenchef des 17. Jahrhunderts benannt)

E

Eau du robinet Leitungswasser

Eau de source Quellwasser

Eau-de-vie Obstbranntwein, wörtlich ›Lebenswasser‹

Eau gazeuse Mineralwasser mit Kohlensäure

Eau minérale Mineralwasser

Echalote (grise) längliche, rötliche Schalotte, die sehr begehrt ist

Echalote banane bananenförmige Schalotte

Echine Nackenstück

Eclade de moules in Piniennadelglut geröstete Muscheln

Ecrasé(e) zerdrückt, wie bei Obst, damit es Saft abgibt

Ecrevisse (Süßwasser-)Krebs

Effiloché(e) zerfasert, in dünnen Scheiben

Eglantine Hagebutten-Marmelade; eine Spezialität aus dem Elsaß

Eglefin, égrefin, aiglefin Schellfisch

Elzekaria eine mit grünen Bohnen, Kohl und Knoblauch gemachte Suppe; Spezialität aus dem Baskenland

Embeurré de chou buttrig gekochter Kohl

Emincé(e) dünne Scheibe (meist bei Fleisch)

Emmental großes Rad aus Kuhmilchkäse von sehr mildem Geschmack

Emondé(e) durch Blanchieren häuten, wie Mandeln oder Tomaten

En sus siehe Service en sus

Enchaud Schweinefilet mit Knoblauch; Spezialität der Dordogne

Encornet kleiner Tintenfisch, auch *calmar;* entspricht dem *chipiron* in der baskischen Region

Encre die Tinte des Tintenfischs

Endive Chicorée

Entier, entière vollständig, ganz

Entrecôte Rostbraten (Zwischenrippenstück)

   maître d'hôtel Rostbraten mit Kräuterbutter

   marchand de vin Rostbraten mit einer Sauce aus Rotwein und Schalotten

Entrée erster Gang

Entremets Süßspeise

Epais(se) dick

Epaule Schulterstück (von Kalb, Lamm, Hammel oder Schwein)

Eperlan Stint; gewöhnlich gebraten; oft importiert, kommt gelegentlich aber noch in der Loire-Mündung vor

Epi de maïs Maiskolben

Epice Gewürz

Epigramme klassisches Gericht aus gegrilltem paniertem Lammkotelett und einem Stück geschmorter Lammbrust, die wie ein Kotelett geschnitten, paniert und gegrillt wurde; erscheint heute auf Speisekarten als ein elegantes Gericht von panierten und gebratenen Milchlammkoteletts, die zusammen mit Lammbries und -zunge aufgetragen werden

Epinards Spinat

Epoisses Dorf in Burgund, nach dem ein buttriger Kuhmilchkäse mit strengem, rundem Geschmack und rostfarbener Rinde benannt ist

Epoisses blanc frischer weißer Epoisses

Equille Sandaal; langer silbriger Fisch, der sich in den Sand eingräbt; wird gebraten gegessen, besonders an der Atlantikküste

Escabèche eine provenzalische Zubereitungsart für kleine Fische, gewöhnlich Sardinen oder *rougets,* wobei die Fische in Öl gebräunt, in Essig und Kräutern mariniert und sehr kalt serviert werden; die Bezeichnung wird auch auf rohen, in Zitronen- oder Limonensaft mit Kräutern gebeizten Fisch angewandt

Escalope Schnitzel (Fleisch oder Fisch)

Escargot Landschnecke

Escargot de Bourgogne Burgunderschnecke; mit Butter, Knoblauch und Petersilie zubereitet

Escargot petit-gris kleine (Land-) Schnecke

Escarole Escariol, Winterendivie

Espadon Schwertfisch; kommt im Golfe de Gascogne, im Atlantik und im Mittelmeer vor

Espagnole (à l') nach spanischer Art; mit Tomaten, Paprika, Zwiebeln und Knoblauch

Estoficado mit Olivenöl, Tomaten, Paprikaschoten, schwarzen Oliven, Kartoffeln, Knoblauch, Zwiebeln und Kräutern pürierter Stockfisch; auch *stockfish niçoise* genannt; Spezialität aus Nizza

Estofinado Püree aus Stockfisch, Kartoffeln, Knoblauch, Petersilie, Eiern, Walnußöl und Milch; wird auf Toast-Ecken serviert; Spezialität der Auvergne

Estouffade geschmortes Rinds- und

Schweineragout mit Rotwein, Zwiebeln und Pilzen

Estouffade à la provençale geschmortes Rindsragout mit Zwiebeln, Knoblauch, Karotten und Orangenschale

Etoffé(e) gestopft

Etoile Stern, sternförmig

Etouffé(e), étuvé(e) in Dampf gegart; Methode, bei der das Kochgut in einem fest abgeschlossenen Topf mit sehr wenig Flüssigkeit gegart wird

Etrille Samtkrabbe

Express Espresso

Eventail (en) fächerförmig (z. B. beim Einschneiden oder Garnieren)

F

Façon (à ma) nach meiner Art der Zubereitung

Fagot ›Bündel‹, zu einem kleinen Ball geformtes Fleisch

Faisan(e) Fasan

Faisandé(e) Wildfleisch, das man abhängen ließ, bis es Hautgout angenommen hat

Fait(e) bezieht sich gewöhnlich auf einen gut gereiften Käse mit ›Charakter‹ – bedeutet auch verzehrbereit

Fait (pas trop) bezieht sich auf einen Käse, den man nur kürzere Zeit reifen ließ und der deshalb noch zarter ist; auch für einen Käse, den man bei sich zu Hause reifen lassen will

Falette mit Speck und Gemüsen gefüllte Kalbsbrust, die angebräunt und in Brühe pochiert wurde; eine Spezialität der Auvergne

Fanes das grüne Kraut von Wurzelgemüsen, wie Karotten, Rettichen, Rüben

Far bretonischer süßer oder würziger Kuchen; der bekannteste, dem *clafoutis* der Dordogne ähnlich, wird mit Pflaumen gemacht

Farci(e) gefüllt; farciert

Farigoule(tte) provenzalische Bezeichnung für Thymian

Farine Mehl
　complète Vollwert-Mehl

d'avoine Hafermehl

de blé Weizenmehl

de maïs Maismehl

de sarrasin Buchweizenmehl

de seigle Roggenmehl

de son Kleiemehl

Faux-filet Lende, Roastbeef

Favorite d'artichaud klassisches Gemüsegericht aus mit Spargel gefüllten Artischocken, die mit einer Käsesauce überzogen und gebräunt werden

Favou(ille) kleine Krabbe, die in der Provence häufig in Suppen gegeben wird

Fenouil Fenchel

Fer à cheval ›Hufeisen‹, Bezeichnung für eine so geformte *baguette*

Féra, feret Felche; sie kommt im Genfer See, im Morvan in Burgund und in der Auvergne vor

Ferme (fermier, fermière) Bauernhof, ›landfrisch‹; bedeutet im Zusammenhang mit Käse, daß dieser auf dem Bauernhof gemacht wurde, häufig aus Rohmilch; bei Geflügel bezieht es sich auf Freilandhühner

Fermé(e) geschlossen

Fernkase junger, wie eine fliegende Untertasse geformter Käse, der mit grobem Pfeffer bestreut ist; Spezialität des Elsaß

Feu de bois (au) über Holzfeuer gebraten, geröstet oder gegrillt

Feuille de chêne Eichblatt (Salat)

Feuille de vigne Weinblatt

Feuilletage (en) in Blätterteig

Feuilletée Blätterteig

Fève Bohne (Saubohne, Kaffee- oder Kakaobohne; auch die in die *galette des rois* eingebackene Porzellanfigur wird so bezeichnet

Fiadone korsischer, aus Käse und Orangen gemachter Pudding

Ficelle (bœuf à la) (an der) Schnur (z. B. bei eingeschnürtem Rinderfilet, das, an einem Faden aufgehängt, in Brühe gegart wird); kann auch eine ganz dünne *baguette* bezeichnen

Ficelle picarde dünne crêpe, die um eine Scheibe Schinken gewickelt und mit einer mit Käse bereiteten Sahnesauce bestrichen wurde; eine Spezialität aus der Picardie

Figue Feige

Financier kleines rechteckiges Mandel-
gebäckstück

Financière als Sauce: Madeira-Sauce mit
Trüffelsaft; als Garnierung: Trüffeln, Oli-
ven, Champignons, Hahnenkämme und
Kalbfleischklößchen

Fines de claire länglich geformte Austern
mit unregelmäßig gewellter Schale, die bis
zu zwei Monaten in Mastparks bleiben

Fines herbes Mischung aus feingewiegten
frischen Kräutern (gewöhnlich aus Petersilie, Schnittlauch, Kerbel und Estragon)

Flageolet kleine, blaßgrüne, nierenförmige
Bohne

Flamande (à la) nach flämischer Art;
gewöhnlich mit gefüllten Kohlblättern,
Karotten, weißen Rüben, Kartoffeln und
Speck

Flamber flambieren; häufig werden die zu
flambierenden Alkoholika zunächst etwas
erwärmt, dann angezündet und über das
Gericht gegossen

Flamiche (au Maroilles) würzig-pikanter
Lauchkuchen mit einer Käse-Sahne-Fül-
lung und brotähnlicher Kruste; Spezialität
der Picardie (mit Sahne, Eiern, Butter und
Maroilles-Käse gefüllt)

Flammekueche ein Pizza-ähnlicher Zwiebelkuchen mit dünnem Boden, mit Sahne,
Zwiebeln und Speck belegt, auch *tarte
flambée* genannt; Spezialität des Elsaß

Flan kleines, süßes oder würzig-pikantes
Stück Gebäck; kann sich auch auf einen
kleinen Vanillepudding beziehen

Flanchet (de veau) Bauchlappen (vom
Kalb), häufig für Ragouts benutzt

Flagnarde, flaugnarde, flognarde warm
servierter, mit Zucker bestreuter Obstkuchen aus Eierteig, eine Spezialität aus
Südwestfrankreich

Flétan Heilbutt; ein Fisch, der besonders
im Ärmelkanal und in der Nordsee vor-
kommt

Fleur (de sel) Blume (feines Meersalz)

Fleur de courgette Zucchiniblüte

Fleuron Blätterteig-Hörnchen

Florentine (à la) auf Florentiner Art; mit
Spinat; auch Gebäckstück aus Mandelkrokant mit kandierten Früchten und Scho-
koladenüberzug

Flûte ›Flöte‹, sehr dünne *baguette*

Foie Leber

blond de volaille Geflügelleber,
manchmal auch Geflügelleber-Mousse

gras d'oie (de canard) Gänse- (Enten-)
Stopfleber

Foin (dans le) in Heu pochiert; z. B.
Schinken

Fond als Grundbrühe zum Aufbauen von
Saucen gewonnener Bratensaft (Jus);
bezeichnet auch den Boden eines Gefäßes

Fond d'artichaut Herz und Boden einer
Artischocke

Fondant wörtlich ›schmelzend‹, ›im
Munde zergehend‹; aromatisierte Zucker-
masse zum Glasieren; auch Bitterschokolade mit einem hohen Kakaobutteranteil
zur Herstellung von besonders glänzenden Schokoladenüberzügen; auch
pürierte, zu Kroketten geformte Fleisch-,
Fisch- oder Gemüsemasse

Fondu(e) geschmolzen

Fontainebleau sahniges Dessert aus
Frischkäse; Spezialität aus dem Gebiet der
Ile-de-France

Forestière aus Waldpilzen, Schinkenspeck
und Kartoffeln bestehende Garnierung

Fouace eine Art *brioche;* Spezialität der
Auvergne

Foudjou scharfer, streichfähiger Ziegenkäse; eine Mischung aus frischem und
gereiftem Käse, geraspelt, mit Salz, Pfeffer, Branntwein und Knoblauch vermischt
und in Steinkrügen aufbewahrt; Spezialität der nördlichen Provence

Fougasse ein wie ein Gitterwerk aus Blät-
terteig- oder *baguette*-Teig gebackenes
Brot, häufig mit Anchovis, schwarzen
Oliven, Kräutern, Zwiebeln und Gewür-
zen aromatisiert; Spezialität der Provence
und des Mittelmeers; auch ein süßes, mit
Orangenblütenwasser, Öl und mitunter
Mandeln gewürztes Brot aus der Provence

Four (au) im Ofen gebacken

Fourme d'Ambert ein zylindrischer Bleu
aus Kuhmilch, der in den Molkereien in
der Gegend von Ambert (Auvergne) hergestellt wird

Fourré(e) gestopft, gefüllt

Foyot klassische Sauce aus *sauce béarnaise*
mit Fleischfond

Frais, fraîche frisch oder eiskalt

Fraise (de bois) (Wald-)Erdbeere

Framboise Himbeere

Française (à la) klassische Garnierung aus Erbsen mit Salat, kleinen weißen Zwiebeln und Petersilie

Frangipane Mandelcreme(-Füllung)

Frappé(e) bezieht sich gewöhnlich auf ein eiskalt oder mit Eis gereichtes Getränk

Frémi zitternd, bebend; bezieht sich oft auf nur gerade angegarte Austern

Friandises Süßigkeiten; *petits fours*

Fricandeau dünne Scheibe von der Kalbsnuß, in Weißwein mit Gemüsen geschmort

Fricasssée Frikassee; im klassischen Sinne: in Weinsauce oder Butter unter Zusatz von Sahne Geschmortes; im heutigen Sinne: aus irgendeiner Art von Fleisch oder Fisch bereitetes Ragout

Frisé(e) gekräuselt; meist ist Endivie gemeint, der bittere grüne Salat aus der Zichorienfamilie, der in enorm großen Köpfen auf den Markt kommt

Frit(e) fritiert

Frites Pommes frites

Fritons grobe Schweine*rillettes* oder unter Verwendung von Innereien bereitetes fettes Hackfleisch vom Schwein oder von der Gans, das ausgebraten ist

Fritot (Friteau) kurz gegarte und dann in Öl, Zitronensaft und Kräutern marinierte Fisch- oder Gemüsestückchen und auch Innereien, die in Ausbackteig getaucht und unmittelbar vor dem Servieren fritiert werden

Friture Fritiertes; kann sich auch auf ein aus kleinen fritierten Fischen (meist Stinte oder Sprotten) bestehendes Gericht beziehen

Froid(e) kalt

Fromage Käse

    blanc Frischkäse (in der Art eines Quarks oder Hüttenkäses

    d'alpage Almkäse

    de tête Kopfsülze (meist vom Schwein)

    Echourgnac von den Mönchen im Kloster Echourgnac in der Dordogne hergestellter delikater Käse mit ockerfarbener Rinde

    fort würzig-scharf

    maigre Käse der Magerstufe

Fruits confits eingelegte Früchte, meist sind ganze kandierte Früchte gemeint

Fruits de mer Meeresfrüchte

Fumé(e) geräuchert

Fumet durch langsames Auskochen von Fisch (manchmal auch Fleisch und Gemüse) gewonnene Brühe

G

Galantine eine mit Aspik überzogene Geflügel-, Fleisch- oder Fischpastete, die kalt aufgeschnitten wird

Galette rundes flaches Blätterteig-Törtchen oder Pfannküchlein; bezieht sich auch auf pfannkuchenförmiges würzigpikantes Backwerk; in der Bretagne wird damit gewöhnlich die herzhafte *crêpe* aus Buchweizen bezeichnet, der als *blé noir* bekannt ist

Galette bressane, galette de Pérouges Sahne-Zucker-Torte aus der Gegend der Bresse und der Rhône-Alpen-Region

Galette des rois mit Mandelcreme gefülltes Blätterteiggebäck, das traditionell zum Dreikönigsfest serviert wird

Galinette Knurrhahn, ein Mittelmeerfisch

Gamba große Garnele

Ganache ursprünglich eine aus Schokolade und *crème fraîche* bestehende üppige Masse zur Füllung von Torten und Schokoladentrüffeln; kann heute zum Aromatisieren auch Walderdbeeren und Zimt enthalten

Garbure ein herzhafter, dickflüssiger Eintopf, meist aus Kohl, weißen Rüben, Bohnen, Brustspeck sowie *confit* (von Ente, Gans, Truthahn oder Schwein) gemacht; Spezialität der Region Béarn

Gardiane Ochsen- oder Stier-(toro)Ragout mit Speck, Zwiebeln, Knoblauch und schwarzen Oliven, das mit Reis serviert wird; Spezialität der Camargue

Gargouillau Birnenkuchen oder -torte; Spezialität der nördlichen Auvergne

Garni(e) garniert

Garniture Beilage; Garnierung;

Gasconnade gebratene Lammkeule mit Knoblauch und Anchovis; Spezialität aus Südwestfrankreich

Gâteau Kuchen oder Torte
    basque ein mit Konditorcreme oder,
ursprünglich, mit Konfitüre aus schwarzen Kirschen gefüllter Kuchen, auch
pastiza genannt; eine Spezialität des
Baskenlandes
    breton ein reichhaltiger Früchtekuchen;
eine Spezialität der Bretagne
    opéra klassischer Mandelcreme-Kuchen
mit Mokka- und Schokoladenbutter-
creme-Schichten und einer Schokoladen-
glasur
    Saint-Honoré St. Honoratius-Torte,
eine klassische Torte aus Brandteig-Wind-
beuteln, die in karamelisierten Zucker
getaucht und auf einen auf Auslegteig
gespritzten Brandteigring gesetzt sind.
Der Brandteigring selbst ist mit einer
Creme gefüllt

Gaude dicker Maismehl-Brei, der heiß
oder kalt und aufgeschnitten mit Sahne
serviert wird

Gaufre Waffel

Gave Bezeichnung Südwestfrankreichs für
die Sturzbäche der Zentral-Pyrenäen und
den daraus stammenden Fisch

Gayettes kleine, mit Schweineleber und
Schinkenspeck gemachte und in Speck
eingehüllte Wurstpastetchen

Gelée Aspik

Gendarme gesalzener und geräucherter
Hering

Genièvre Wacholder

Génoise ›Genueser Kuchen‹, eine Art
Sandkuchen

Gentiane Enzian (auch Schnaps)

Germiny Garnierung mit Sauerampfer;
auch Sauerampfer-Rahmsuppe

Germon Weißer Thunfisch

Gésier Kropf

Gibassier rundes süßes, häufig mit Zitro-
nen- oder Orangenschale, Orangenblütenwasser und/oder Mandeln aromatisiertes rundes Brot aus der Provence,
manchmal auch *fougasse* oder *pompe à
huile* genannt

Gibelotte Kaninchen-Frikassee in Rot-
oder Weißwein

Gibier Wildbret

Gigot (de pré salé) gewöhnlich eine
(Lamm-)Keule von Tieren, die auf den bei
Flut vom Meer überspülten ›salzigen Wie-
sen‹ am Ärmelkanal und an der Atlantikküste gegrast haben; sie besitzen dadurch
einen ausgeprägten würzigen Geschmack

Gigot de mer wie Lammkeule im Ofen
gebratene große Stücke Fisch, meist Seeteufel

Gigue (de) Keule (vom Reh oder anderem
Wildbret)

Girofle Nelke

Girolle Pfifferling; auch *chanterelle* genannt

Givré(e) (orange givrée) geeist (in der
ausgehöhlten Orangenschale serviertes
Orangensorbet)

Glace Speiseeis

Galcé(e) geeist, glasiert, überzuckert

Gnocchi aus Brandteig, Kartoffeln oder
Grieß gemachte Klößchen

Goret Ferkel

Gougère mit Käse gewürztes Brandteig-
gebäck

Goujon Gründling; häufig werden auch
andere kleine Fische so genannt; kann
auch eine Zubereitungsart bezeichnen, bei
der die mittlere Partie eines größeren
Fisches in Brotkrumen paniert und dann
fritiert wird

Goujonnette dient gewöhnlich zur
Bezeichnung kleiner, meist gebratener
Fischscheibchen

Gourmandise Nascherein; Leckerbissen

Gousse d'ail Knoblauchzehe

Gousse de vanille Vanilleschote

Goût Geschmack

Goûter (le) kosten, probieren (Vesper für
Kinder)

Graine de moutarde Senfkorn

Graisse Fett

Graisserons knusprig gebratene Stücke
Enten- oder Gänsehaut; Grieben

Grand crème großer oder doppelter
Espresso mit Milch

Grand cru Spitzenwein

Grand veneur ›Großer Jäger‹; eine braune
(Pfeffer-)Sauce mit Wildextrakt und
rotem Johannisbeergelee

Granité zerstoßenes Eis, mit Tee, Kaffee
oder Fruchtsaft aufgefüllt

Grappe (de raisins) Traube (Wein-)

Gras (marché au) Fett (Markt für Mastgeflügel und deren Stopfleber)

Gras-double (Ochsen-)Pansen; mit Weißwein und Zwiebeln zubereiteter Pansen

Gratin mit einer Kruste überbackenes Gericht; kann sich auch auf eine Kasserolle beziehen

Gratin dauphinois Kartoffelauflauf nach der Art der Dauphiné, aus dünngeschnittenen Kartoffelscheiben, Milch, Ei und Knoblauch und mit Käse, Butter (und Sahne) überbacken

Gratin savoyard dem *gratin dauphinois* ähnlich, statt Milch wird aber Bouillon eingesetzt

Gratiné(e) gratiniert; (vom Überbacken) mit einer braunen Kruste bedeckt

Gratinée lyonnaise mit Portwein aromatisierte Fleischbrühe, die mit einer Einlage aus geschlagenem Ei versehen und mit Käse überstreut ist und unter dem Elektrogrill überbacken wird

Grattons, grattelons knusprig-hart gebratene Stücke Haut von Gans, Ente oder Schwein; Grieben

Gratuit(e) gratis

Grecque (à la) kalt serviertes Champignon- (oder Lauch-, Blumenkohl-, Artischocken usw.) Vorgericht, das mit Öl, Zitronensaft und Gewürzen zubereitet wird

Grelette (sauce) kalte Sauce auf Schlagrahm-Basis

Grelot kleine, weiße, glockenförmige Zwiebel

Grenade Granatapfel

Grenadin gespicktes Schnitzel von der Kalbsnuß

Grenouille (cuisse de) Frosch(-schenkel)

Gressini kleine Brotstäbchen (an der Côte d'Azur zu finden)

Gribiche (sauce) Mayonnaise mit Kapern, *cornichons*, hartgekochten Eiern und Kräutern

Grillade gegrilltes Fleisch

Grillé(e) gegrillt

Griotte Sauerkirsche

Grisotte Riesenschirmpilz mit delikatem Geschmack, auch *champignon à la bague*, *cocherelle* und *coulemelle* genannt

Grondin Knurrhahn, wird gerne in Fischragouts, auch in der Bouillabaisse verwendet

Groin d'âne ›Eselsmaul‹, Lyoner Bezeichnung für einen bitteren grünen, dem Löwenzahn ähnlichen Wintersalat

Gros sel grobkörniges Salz (als grobkörniges Meersalz im Reformhaus erhältlich)

Groseille rote Johannisbeere

Gruyère ein milder Hartkäse aus dem Gruyère-Gebiet in der Schweiz; in Frankreich generelle Bezeichnung für eine Reihe von ähnlichen Hartkäsen aus dem Jura, einschließlich *Comté, Beaufort* und *Emmental*

Gyromitre Speisemorchel

H

Hachis Haschee; Zubereitung aus feingehacktem Fleisch oder Fisch

Haddock geräucherter Schellfisch

Hareng Hering; kommt vor allem im Atlantik und im Ärmelkanal vor (und der beste zwischen Dünkirchen und Fécamp) sowie in der Mündung der Gironde

  à l'huile in Öl eingelegter Hering, gewöhnlich mit einem Salat aus warmen Kartoffelscheiben serviert

  baltique, bismarck marinierter Hering

  bouffi gesalzener, dann geräucherter Hering

  pec frisch gesalzener junger Hering

  rollmops Rollmops

  saur Bückling

Haricots Bohnen

  beurre Wachsbohnen

  blancs (à la Bretonne) weiße Bohnen, gewöhnlich getrocknet (weiße Bohnen in einer Sauce aus Zwiebeln, Tomaten, Knoblauch und Kräutern)

  de mouton Hammelragout mit weißen Bohnen (auch *halicots* genannt)

  gris grüne, schwarz-rot gefleckte Stangenbohne, auch *pélandron* genannt; eine Spezialität der Côte d'Azur

  rouges Feuerbohnen; auch Bezeichnung für eine Zubereitungsart solcher Bohnen in Rotwein

  secs getrocknete Bohnen

  verts (gewöhnlich frische) grüne Bohnen

Hâtelet, attelet dekorativer Spieß; häufig Bezeichnung für am Spieß gebratene Fleisch- oder Fischgerichte

Herbes de Provence Gewürzstrauß aus Thymian, Rosmarin, Bohnenkraut und Lorbeerblatt; die Kräuter werden häufig auch getrocknet, verrieben und miteinander vermischt

Hochepot dickes Fleischragout, meist mit Ochsenschwanz (manchmal auch unter Verwendung von Kastanien oder Rüben), eine Spezialität aus Flandern

Hollandaise Holländische Sauce; aus Butter, Eigelb und Zitronensaft

Homard (à l'Armoricaine) Hummer; ein klassisches Gericht mit vielen Varianten, bei dem der Hummer zerteilt, angebraten, dann mit Schalotten, gewiegten Zwiebeln, Tomaten, Cognac und Weißwein geköchelt und mit dem reduzierten, mit Butter verfeinerten Sud serviert wird

Hongroise (à la) nach ungarischer Art; gewöhnlich mit Paprika und Sahne

Hors d'œuvre appetitanregende Vorspeise

Hortillon Gemüseanbaufläche auf von Kanälen durchzogenem Sumpfboden im Umland von Amiens

Huile Öl
d'arachide Erdnußöl
de colza Rapsöl
de maïs Maisöl
de noisette Haselnußöl
de noix Walnußöl
d'olive (extra vierge) (kalt gepreßtes) Olivenöl (bester Qualität; aus erster Pressung)
de pépins de raisin Traubenkernöl
de sésame Sesamöl
de tournesol Sonnenblumenöl

Huître Auster

Hure de porc oder **de marcassin** Kopf vom Schwein oder Wildschwein; bezieht sich gewöhnlich auf eine fertige Kopfsülze

Hure de saumon ›Kopfsülze‹ vom Lachs; in Wirklichkeit eine aus dem Fleisch, nicht dem Kopf des Lachses hergestellte Pastete

Hysope Ysop

I

Ile flottante ›schwimmende Insel‹; fast immer ist damit auch das *œufs à la neige*, Schnee-Eier, genannte Dessert gemeint: pochierte Eiweißbällchen, die auf einer *crème anglaise* schwimmen; eine *île flottante* im klassischen Sinne ist eine Art Sahneschichttorte mit Vanillesauce

Impératrice (à l') gewöhnlich ein Reispudding mit kandierten Früchten

Impériale (à l') Beilage der klassischen *haute cuisine* aus Muscheln, Hahnenkämmen, Krebsen und ähnlichen extravaganten Ingredienzen

Impériale Pflaumentorte; auch Bezeichnung für eine große Flasche Wein von etwa 4 Liter Inhalt

Indienne (à l') nach ostindischer Art, d. h. gewöhnlich mit Curry

Infusion Kräutertee

J

Jalousie ein klassisches, kleines Blätterteiggebäckstück in Form eines Gitters, das mit Mandelpaste gefüllt und mit Konfitüre bestrichen ist

Jambon Schinken; bezieht sich auch auf Hüft- oder Schulterfleisch, meist beim Schwein; auch auf die Keule (vom Schwein und auch vom Huhn)
à l'os Knochenschinken
blanc leicht gesalzener, ungeräucherter oder nur sehr leicht geräucherter gekochter Schinken, in den *charcuteries* als *jambon de Paris, jambon glacé* oder *jambon demi-sel* verkauft
cru roher, luftgetrockneter oder geräucherter Schinken
cuit gekochter Schinken
de Bayonne roher, luftgetrockneter Schinken von sehr heller Farbe
de Bourgogne siehe Jambon persillé
de montagne Gebirgsschinken generell; jeweils nach den lokalen Gebräuchen gereift
de Paris leicht gesalzener gekochter Schinken von sehr blasser Farbe

de Parme Parmaschinken

de pays Landschinken generell; jeweils nach den lokalen Gebräuchen gereift

de poulet entbeinte und gefüllte Hühnerkeule

de Westphalie westfälischer Schinken

d'York geräucherter und gewöhnlich pochierter Schinken englischen Stils

d'oie (oder **de canard**) geräucherte oder in Salz oder Zucker gereifte Gänse- (oder Enten-)Brust; ähnlich wie ein Rollschinken, aber von sehr intensivem Geschmack

fumé geräucherter Schinken

persillé gekochter Schinken, der in Würfel geschnitten und mit Petersilienaspik überzogen ist; er wird gewöhnlich aus einer Terrine heraus geschnitten; eine Spezialität aus Burgund

salé gepökelter Schinken

sec luftgetrockneter Schinken

Jambonneau Eisbein

Jambonnette Schinken (oder Kniestück vom Geflügel), entbeint und gefüllt

Jardinière (à la) nach Gärtnerin-Art; Beilage aus verschiedenen frisch gekochten Gemüsen

Jarret (de veau, de porc, de bœuf) (Kalbs-, Schwein-, Ochsen-)Haxe

Jerez Sherry

Jésus de Morteau dralle geräucherte Schweinswurst aus Morteau, einer Stadt im Jura; sie unterscheidet sich von anderen durch einen an einem Ende in der Wursthaut steckenden Holzstab; üblicherweise ein Weihnachtsgericht, daher rührt auch der Name; wird auch *saucisson de Morteau* genannt

Jonchée Bezeichnung für Weidenkörbchen, in denen gewisse frische Schaf- oder Ziegenkäse des Poitou reifen; auch Name des Käses selbst

Joue Backe

Julienne in streichholzdünne Streifen geschnittenes Gemüse, manchmal auch Fleisch (die Bezeichnung geht auf Jean Julien, einen Küchenchef aus dem 18. Jahrhundert, zurück)

Jurançon Distrikt im Béarn, Südwestfrankreich, das für seine süßen und würzigen Weißweine bekannt ist

Jus (Braten-)Saft

K

Kaki Kakipflaume

Kari andere Schreibart von *cary* = Curry

Kiev fritierte, mit Kräutern und Knoblauchbutter gefüllte Hühnerbrust

Kir ein aus *crème de cassis* (schwarzer Johannisbeerlikör) und Weiß- (seltener Rot-)wein gemachter Aperitif

Kir royal ein mit Champagner gemachter Kir

Kirsch Kirsch-Branntwein

Knepfla elsässische Knödel, manchmal gebraten

Kougelhoph, Kougelhof, kouglof, kugelhoph Gugelhupf: Hefe-Napfkuchen mit Mandeln und Rosinen; Spezialität des Elsaß

Kouign-amann süßes, buttriges Gebäckstück aus der Bretagne

Kummel Kümmellikör

L

Laguiole Cantal-Käse aus dem Gebiet um Laguiole, einem Dorf in der südlichen Auvergne, wo der Käse noch in traditionellen Sennhütten gemacht wird

Lait Milch

demi-écrémé teilentrahmte Milch

écrémé Magermilch

entier Vollmilch

ribot Buttermilch, die mit *crêpes* serviert wird; eine Spezialität der Bretagne

stérilisé höher erhitzte als pasteurisierte und daher auch wochenlang haltbare Milch

Laitance Milchner (oft vom Hering); auch Rogen wird manchmal so bezeichnet

Laitier aus oder mit Milch gemacht; bezeichnet auch das – im Gegensatz zu auf Bauernhöfen *(fermier)* gemachte – kommerziell hergestellte Produkt

Laitue Kopfsalat

Lamelle ganz dünnes Blättchen

Lamproie (à la bordelaise) Neunauge, ein Meeresfisch, der im Frühling in die Flüsse am Atlantik wandert (herzhaftes Ragout aus Neunauge mit Lauch in Rotwein)

Lançon   Sandaal, wird fritiert serviert

Landaise (à la)   nach den Landes in Süd-westfrankreich bezeichnet; traditionell eine Garnitur aus Knoblauch, Pinienkernen und Gänseschmalz

Langouste   Languste

Langoustine   Langustine (in der Mehrzahl oft Scampi genannt)

Langres   geschmeidiger, milder Kuhmilchkäse in Zylinderform mit rostfarbener Rinde; nach dem gleichnamigen Ort in der Champagne benannt

Langue (de chat)   ›Katzenzunge‹, schmales, dünnes Plätzchen, häufig mit Sorbet oder Eiscreme serviert

Languedocienne (à la)   nach der Art des Languedoc; eine meist aus Tomaten, Auberginen und Steinpilzen bestehende Garnierung

Lapereau   junges Kaninchen

Lapin   Kaninchen

Lapin de garenne   Wildkaninchen

Lard   Speck (frisch oder geräuchert)

Larder   mit Speckstreifen spicken

Lardon   Speckwürfel; auch Speckstreifen, mit dem ein Fleischstück gespickt ist

Larme   wörtlich: Träne; ein Tröpfchen einer Flüssigkeit

Laurier   Lorbeerstrauch oder -blatt

Lavaret   Felchen (aus den Seen Savoyens)

Lèche   dünne Scheibe Fleisch oder Brot

Légume   Gemüse

Lentilles (du Puy)   grüne Linsen aus Le Puy, eine Spezialität der Auvergne

Lieu jaune   Polack (Kabeljau-ähnliche Dorsch-Art)

Lieu noir   Köhler (Seelachs), eine Dorsch-Art; angenehmer, preisgünstiger Speisefisch des Atlantik und des Ärmelkanals

Lièvre (à la royale)   Hase (auf königliche Art); in Rotwein, Schalotten, Zwiebeln und Zimt gegart, dann gerollt und mit *foie gras* und Trüffeln gefüllt

Limaces à la suçarelle   mit Zwiebeln, Knoblauch, Tomaten und Würstchen sautierte Schnecken; Spezialität der Provence

Limaçon   Landschnecke

Limande   Kliesche (schollenähnlicher, aber weniger festfleischiger Fisch); lebt im Ärmelkanal, im Atlantik, nur selten im Mittelmeer

Lingot   nierenförmige getrocknete weiße Bohne

Lisette   kleine Makrele

Livarot   Dorf in der Normandy, nach dem ein elastischer, scharfer Kuhmilchkäse benannt ist; er besitzt die Form einer dikken Scheibe und hat rotgoldene Streifen um den Rand

Lotte   Seeteufel oder Anglerfisch; festfleischiger Meeresfisch

Lotte de rivière (oder de lac)   Quappe, Dorsch-Art; Süßwasserfisch, der wegen seiner großen geschmacksintensiven Leber sehr geschätzt ist; nicht verwandt mit dem Meeresfisch *lotte*

Lou magret   Brust von der Mastente

Loup (de mer)   Seewolf oder Wolfsbarsch

Louvine   baskische Bezeichnung für Wolfsbarsch

Lucullus   klassische, sehr kunstvoll bereitete Garnierung aus in Madeira gegarten Trüffeln, die mit einer Hühnerfarce versehen sind

Lumas   Name einer Landschnecke in der Region Poitou-Charentes

Luzienne (à la)   nach der Art von Saint Jean de Luz

Lyonnaise (à la)   nach Lyoner Art, d. h. mit Zwiebeln

M

Macaron   Makrone; Plätzchen aus Mandeln, Eiweiß und Zucker

Macaronade   eine Zubereitungsart, bei der Wild- und Zuchtpilze und *foie gras*-Späne mit frischer Pasta gemischt werden; eine Spezialität aus Südwestfrankreich; auch Makkaroni mit Pilzen, Speck, Weißwein und Parmesan; eine Beilage zu einem Rindsragout; Spezialität der Provence

Macédoine   gemischter Obst- (seltener Gemüse-)salat

Mâche   Feldsalat, Rapunzel (auch *doucette* genannt)

Mâchon   Frühimbiß aus Würstchen, Wein, Käse und Brot; auch Bezeichnung für das Café, das diesen Frühimbiß anbietet; typisch für Lyon

Macis   Muskatblüte

MÜRBETEIG
(Grundrezept)

200 g Mehl 100 g Butter, gewürfelt (Raumtemperatur) 1 El Zucker 1 großes Ei 1 Prise Salz ca. 1 El Wasser	Das Mehl in eine große flache Schüssel sieben und in die Mitte eine Mulde drücken. Butter, Zucker, Ei und Salz in diese Vertiefung geben und mit den Fingern vermischen. Nach Bedarf das Wasser über die Mehlmischung spritzen und dann kneten, bis alles gut miteinander vermengt ist. Den Teig in Plastikfolie wickeln und etwa 30 Minuten im Kühlschrank ruhen lassen. Ergibt eine Teigmenge für eine Kuchenform von 27 cm Durchmesser.

Madeleine (de Commercy) Magdalenen-kuchen, muschelförmiges Teeküchlein

Madère Madeira

Madrilène (à la) nach der Art von Madrid; mit Tomaten; in der klassischen Version eine Garnitur von gehäuteten, gehackten Tomaten für eine Consommé

Magret de canard (d'oie) Brust der Mastente (-gans)

Maigre mager, dünn

Maïs Mais

Maison (de la) ›des Hauses‹; bezieht sich auf eine hauseigene Marke oder Spezialität (z. B. Hauswein)

Maître d'hôtel Oberkellner; auch Sauce aus Butter, Petersilie und Zitronensaft

Maltaise Malteser Sauce; Holländische Sauce mit Blutorangensaft und einer Spur Curaçao

Malvoisie (vinaigre de) Essig aus der Malvasier-Traube, aus der auch der süße, schwere Malmsey Madeira gemacht wird

Mange-tout wörtlich; ›iß alles‹; eine fadenlose, grüne Stangenbohne; Zucker-erbse; auch eine Apfelsorte

Mangue Mango

Manière (de) nach Art der (des)

Maquereau Makrele; eine kleine Makrele ist die *lisette*

Maraîchère (à la) ›nach Art der Gemüse-gärtnerin‹; bezieht sich gewöhnlich auf ein Gericht oder einen Salat mit verschiedenartiger Rohkost

Marbré(e) marmoriert; Brassenart aus dem Mittelmeer; exzellent zum Grillen

Marc aus dem Trester (Preßkuchen aus Schale und Kernen nach dem Abfließen des Saftes aus der Wein- oder Obstpresse) destillierter Weinbrand (der italienischen Grappa entsprechend)

Marcassin Frischling, junges Wildschwein

Marchand de vin wörtlich: ›Weinhändler‹; die so genannte Sauce enthält vor allem Rotwein, Fleischbrühe und gehackte Schalotten

Marée (la) wörtlich: (die) ›Gezeiten‹; meist eine Zusatzbezeichnung, die darauf hin-weist, daß Meeresfrüchte frisch sind

Marennes flachschalige, grünlich ausse-hende *plate*-Austern (nach dem gleichna-migen Fischerdorf in der Charente-Mari-time benannt)

Mariné(e) mariniert

Marinière (à la) Zubereitungsart, bei der Muscheln in Weißwein, Zwiebeln, Scha-lotten, Butter und Kräutern gedünstet werden

Marjolaine Majoran; auch mehrschichtige Schokoladen-Nuß-Torte

Marmelade ursprünglich im Sinne von Früchte-Marmelade gebraucht; bezeichnet heute ein Gemüsepüree oder -ragout

Marmite kleiner Topf mit Deckel; auch ein in der Kasserolle gekochtes Gericht z. B. Rindfleischtopf mit Gemüsen (*petite marmite*)

Maroilles Dorf im Norden Frankreichs, nach dem ein streng schmeckender, dik-ker, quadratischer Kuhmilchkäse mit blaßroter Rinde benannt ist

Marquise (au chocolat)   eine *mousse*-artige Schokoladencreme, die als eiskaltes Dessert gereicht wird

Marron (glacé)   große (kandierte) Kastanie

Matelote (d'anguilles)   ›Matrosengericht‹; ein Ragout aus Süßwasserfischen (oder speziell: aus Aal)

Matignon   eine Garnierung aus verschiedenen gedünsteten Gemüsen

Médaillon   rund geschnittenes Filetstück (wie das *tournedo*, nur etwas dünner); auch rundgeformte Backwaren

Mélange   Mischung oder Beimischung

Méli-mélo   wörtlich: ›Mischmasch‹, ein Potpourri aus Fisch und/oder Meeresfrüchten, meist als Teil eines Salates serviert

Melon de Cavaillon   kleine sehr aromatische Cantaloupe- (Zucker-)Melone der Herkunft und Sorte Cavaillon

Ménagère (à la)   (nach) Hausfrauenart; gewöhnlich eine einfache Art der Zubereitung mit Zwiebeln, Kartoffeln und Karotten

Mendiant (fruits du)   traditionelle Feigen-, Mandel-, Haselnuß- und Rosinenmischung (Studentenfutter), deren Farbe an die Kutte der Bettelmönche erinnert, nach denen sie benannt ist

Menthe   Minze

Menthe poivrée   Pfefferminze

Merguez   kleine pikant gewürzte Wurst aus Hammelfleisch

Meringue   Baiser, Gebäck aus Eischnee und Zucker

Merlan   Merlan oder Wittling (schuppenarme Schellfisch-Art mit zartem Fleisch

Merlu   Seehecht, Hechtdorsch; in Paris fälschlich häufig als *colin* (aus der Merlan-Familie) verkauft; lebt im Ärmelkanal, im Atlantik und im Mittelmeer

Mérou   eine große Barsch-Art; lebt vornehmlich in oder nahe tropischen Gewässern und wird gewöhnlich aus Nordafrika importiert; wird manchmal auch im Atlantik und im Mittelmeer gefunden

Merveille   wörtlich ›Wunder‹; heißes, krapfenartiges Zuckergebäck

Mesclum, mesclun   Mischung aus mindestens 7 verschiedenen Salatsorten, aus der Provence

Mets   Gericht; Speise; Gang; bestimmte Zubereitungsart

Mets selon la saison   mit den der Jahreszeit entsprechenden Zutaten zubereitet

Méture   Maisbrot aus dem Baskenland

Meule   ›Mühlstein‹; Bezeichnung für ein Käserad aus dem Jura

Meunière (à la)   ›nach Müllerin Art‹; Fischzubereitung, bei der der Fisch in Mehl gewälzt, in Butter gebraten und mit Petersilie, Zitronensaft und heißer, zerlassener Butter serviert wird

Meurette (à la)   in oder mit einer Rotweinsauce; kann auch ein Fischragout nach Burgunder Art bezeichnen

Mi-cru   halb roh

Mi-cuit   halb durchgegart

Miche   großer runder Brotlaib nach Bauern Art; auch die baskische Bezeichnung für ein mit Anis aromatisiertes kuchenähnliches Brot

Mie   Brotkrume

Miel   Honig

Mignardises   wörtlich: ›Liebkosungen‹; das Wort steht als Synonym für *petits fours*

Mignon de canard   siehe *Demoiselle de canard*

Mignonette   kleine (Rind)-Fleischwürfel; grob gestoßener Pfeffer

Mijoté(e) (plat)   langsam gekochtes oder langsam geschmortes (Teller-)Gericht

Mille-feuille   Blätterteiggebäck; oft vierekkig und mit einer Creme gefüllt oder in Form eines Napoleon

Mimosa   Garnierung aus hartgekochtem, kleingehacktem Eigelb

Minute (à la)   etwas schnell (in letzter Minute) Gegrilltes; auch in Butter gebraten und mit Zitrone und Petersilie abgeschmeckt

Mique   gewöhnlich ein großer panierter Knödel, der pochiert und zu Ragouts und Fleischgerichten serviert wird; eine Spezialität aus Südwestfrankreich

Mirabeau   Garnierung mit Anchovis, entkernten Oliven, Estragon und Anchovis-Butter

Mirepoix   feingewürfelte Karotten, Zwiebeln oder gemischte Gemüsesorten, langsam in Butter und Gewürzen gedünstet; dient zur Geschmacksverbesserung vor allem bei Fleischgerichten, aber auch bei Suppen und Füllungen

Miroir ›Spiegel‹, Gerichte mit einer glänzenden Oberfläche; gewöhnlich eine Früchtemousse-Torte, die mit Obstgelee überglänzt wurde

Miroton (de) Scheiben (von); bezeichnet auch ein mit Zwiebeln und Gewürzen zubereitetes Rindsragout

Mitonnée ein suppenähnliches, langsam gekochtes Gericht

Mode de (à la) modern, beliebt (*bœuf à la mode*: Rinderschmorbraten in Wein); ferner: nach der Art von

Moëlle Rindermark

Mogette, mojette, mougette Bezeichnung für eine getrocknete weiße Bohnen-Art an der Atlantikküste

Moka Mokka (als Kaffee oder als Aromabezeichnung)

Montagne (de) ›von den Bergen‹; *fromage de montagne:* Gebirgskäse, Almkäse

Mollusque Molluske

Mont blanc klassisches Gebäckstück aus Meringue, Kastanienpüree und Schlagsahne

Montmorency mit Kirschen garniert; nach dem gleichnamigen, für seine Kirschen bekannten Dorf; heute ein Vorort von Paris

Morbier geschmeidiger Kuhmilchkäse aus dem Jura; durch eine in der Mitte aufgetragene dünne Aschenschicht erhält er den ihn kennzeichnenden typischen schwarzen Streifen und einen leichten Rauchgeschmack

Morceau Stück; Bissen

Morille Morchel

Mornay Béchamelsauce mit geriebenem Käse

Morue Stockfisch; häufig auch für frischen Kabeljau *(cabillaud)* gebrauchte Bezeichnung

Morvandelle (jambon à la) nach der Art des Morvan: Schinken in einer pikanten Sahnesauce auf der Basis von Weißwein, Essig, Wacholderbeeren und Schalotten

Morvandelle (râpée) mit Eiern, Sahne und Käse gemischte geriebene Kartoffeln, die goldbraun gebraten werden

Mostèle kleine Dorsch-Art des Mittelmeers

Mouclade sahniges Muschelragout aus dem Poitou-Charentes-Gebiet, gewöhnlich mit Curry oder Safran gewürzt

Moufflon Wildschaf

Moule(s) Pfahl- oder Miesmuschel(n); auch ein Muschel-Förmchen und eine (Back-)Form allgemein

d'Espagne große, scharfkantige Miesmuscheln, die als Teil einer Meeresfrüchte-Platte oft roh serviert werden

de bouchot kleine, sehr beliebte Muscheln, die in flachen Küstengewässern an Zäunen kultiviert werden

de Bouzigues stark jodhaltige Muscheln aus Bouzigues, einem Dorf an der Mittelmeerküste

de Parques meist in offenen Mastparks oder in künstlichen Teichen kultivierte holländische Muscheln

à la marinière siehe *marinière (à la)*

Moulin (à poivre) Mühle (Pfeffermühle); bezeichnet auch Öl- oder Getreidemühlen

Mourone baskische Bezeichnung für rote Paprikaschoten

Mourtayrol, mourtai'rol *pot-au-feu* aus gekochtem Rindfleisch, Hühnerfleisch, Schinken und Gemüsen, mit Safran gewürzt und über Brotscheiben geschöpft; eine Spezialität der Auvergne

Mousse eine süße (mit Eischnee und/oder Schlagsahne) oder pikante (aus püriertem Fisch oder Fleisch gemachte) Schaumspeise

Mousseline bezieht sich auf Komponenten einer Speise, die (gewöhnlich mit Schlagsahne oder Eischnee) leicht gemacht wurde, wie bei einer Sauce oder (mit Butter) eine *brioche mousseline*

Mousseron Maischwamm, Georgspilz, Moospilz; ein kleiner, delikat und leicht nach Knoblauch schmeckender Pilz (kommt in Deutschland nicht vor)

Moutarde (à l'ancienne, en graines) Senf (auf althergebrachte Art, mit Körnern)

Mouton Hammel

Muge Meeräsche

Mulard eine in Südwestfrankreich wegen ihrer delikaten Leber und *foie gras* gezüchtete Mastenten-Art

Mulet Meerbarbe, kommt im Ärmelkanal und im Mittelmeer vor

Munster Stadt im Elsaß, nach der ein weicher, scharfer Kuhmilchkäse mit rostroter Rinde und durchdringendem Aroma benannt ist; man läßt diesen Käse auch manchmal mit Kümmelkörnern reifen

Mûre (de ronces) Brombeere (Brombeerstrauch)

Muscade Muskat(nuß)

Muscat de Hambourg eine beliebte rote Tafeltrauben-Sorte, die in der Provence angebaut wird

Museau de porc (de bœuf) in Essig mariniertes Schweine-(Rinder-)maul

Myrtille Heidelbeere

Mystère konusförmiges Eis-Dessert oder Baiser mit Eis und Schokoladensauce

N

Nage (à la) (im) Kochsud (serviert)

Nantua (sauce) Sauce aus Krebsbutter, Sahne und Trüffeln; kann auch eine Garnierung mit Schalentieren bezeichnen

Nappé(e) bedeckt; mit Sauce überzogen

Natte Brot-Zopf

Nature ohne geschmacksverändernde Zutaten

Navarin Lamm- oder Hammelragout (mit Zwiebeln und Kartoffeln)

Navarraise nach der Art von Navarra, mit Edelpaprika, Zwiebeln und Knoblauch

Navet (weiße) Rübe

Navette ›Schiffchen‹, Gebäckstück in Schiffchen-Form

Nèfle Mispel

Neufchâtel weicher, sahniger Kuhmilchkäse (häufig in Herzform) von delikatem Geschmack, benannt nach dem gleichnamigen Dorf in der Normandie, wo er hergestellt wird

Nivernaise (à la) nach der Art von Nevers; mit Karotten und Zwiebeln

Noilly eine Sauce auf Wermutbasis

Noisette Haselnuß; kann auch ein haselnußförmiges Stück Kartoffel oder Karotte (siehe *Parisienne, à la*) sowie aus dem Filet (vom Kalb oder vom Lamm) herausgeschnittene runde Stücke (›Nüßchen‹) bezeichnen; auch haselnußbraune geschmolzene Butter oder ein Dessert mit Haselnußgeschmack können so heißen

Noix Walnuß; auch eine Mengenangabe, wie bei *une noix de beurre*, ein walnußgroßes Stück Butter

Non compris siehe *Service (non) compris*

Nonat kleiner Flußfisch der Provence; gewöhnlich gebraten. Auch unter der Bezeichnung *poutine* bekannt

Normande (à la) nach normannischer Art; als Zubereitungsart: mit Cidre, Sahne und Calvados; als Garnitur im klassischen Sinne: mit Schalen- und Krustentieren, Seezungenfilets, Champignons und Trüffeln; eine *sauce normande* besteht aus einer Fisch-*velouté* mit Sahne, Champignons und Trüffelsaft; schließlich kann ein Apfel-Dessert, meist mit Sahne serviert, so bezeichnet werden

Note eine andere Bezeichnung für *addition*, Rechnung

Nougat Süßigkeit aus gerösteten Mandeln, Eiweiß und Honig; eine Spezialität aus Montélimar; nicht mit dem in Deutschland unter Verwendung von Schokolade und Sahne hergestellten Nougat zu verwechseln

Nougat glacé Eisdessert aus Schlagsahne mit kandierten Früchten

Nouilles Nudeln

Nouveau, nouvelle neu oder jung

Nouveauté Neuheit, neuartiges Angebot

Noyau Kern oder Stein (Obst)

O

Œuf(s) Ei(er)

à la coque (in der Schale) weichgekochte Eier

brouillés Rühreier

durs hartgekochte Eier

en meurette pochierte Eier in Rotweinsauce

mollets wachsweiche Eier

pochés pochierte oder verlorene Eier

poêlés oder *sautés à la poêle* Setzeier (wie Spiegeleier, die in einer heißeren, brauner gewordenen Butter gebraten wurden)

sur le plat Spiegeleier

à la neige ›Schnee-Eier‹ (in Milch pochierte süße Eischneebällchen, mit einer Vanillesauce serviert)

Offert angeboten, Gratiszugabe
Oie Gans
Oignon Zwiebel
Olive noire (verte) schwarze (grüne) Olive
Olives cassées in einer mit Fenchel aromatisierten Lake eingelegte frische grüne Oliven
Omble (ombre) chevalier Saibling (sehr feine, große Forellenart, die in den Alpenseen – in Frankreich in Savoyen – heimisch ist; das Fleisch, das hellrosa bis rot sein kann, ist fest und dabei doch flockig-zart
Omelette norvégienne ein mit Eiscreme und einer Schaumomelett-Masse (aus Eischnee, Zucker, Eigelb und Likör) belegter Biskuitkuchen, der im Ofen schnell überbacken wird
Onglet Kronfleisch; wird manchmal auch als *biftek* oder *entrecôte* angeboten
Oreilles (de porc) mit einer Panade überzogene, gegrillte (Schweins-)ohren
Oreillette dünnes, knusprigès, mit Orangenblütenwasser aromatisiertes Dessert von rechteckiger Form; Spezialität der Provence
Orge (perlé) Gerste (Perlgraupen)
Orientale (á l') gewöhnlich Bezeichnung für asiatische Gerichte, die mit Safran, Tomaten und Paprika bereitet werden
Origan Oregano
Os Knochen
Oseille Sauerampfer
Osso buco à la niçoise mit Tomaten, Knoblauch, Zwiebeln und Orangensauce geschmortes Kalbfleisch (Kalbshaxe); Spezialität der Mittelmeerregion
Oursin Seeigel
Oursinade sahnige Seeigel-Suppe
Ouvert(e) geöffnet, offen

P

Pageot eine Brassenart; *pageot rouge* ist am delikatesten und eignet sich hervorragend zum Grillen; *pageot blanc* hat ein trockeneres Fleisch und muß vor der Zubereitung in Öl ziehen

Paillarde (de veau) dicke Scheibe (Kalbfleisch)
Paille (pommes) Stroh-Kartoffeln (Kartoffel-Juliennes)
Paillettes kleine Blätterteig-Stangen (meist mit Käse oder Anchovis gewürzt
Pain Brot
  aux cinq céréales Fünfkornbrot
  aux noix (aux noisettes) mit Wal- oder Haselnüssen angereichertes Brot, häufig aus Roggen- oder Weizenmehl
  aux raisins mit Rosinen gebackenes Weizen- oder Roggenbrot
  azyme ungesäuertes Brot; Matzen
  bis Graubrot
  brié sehr dichtes, ungesalzenes längliches Weißbrot; Spezialität der Normandie
  complet ganz oder teilweise aus Vollweizenmehl gebackenes Brot, wobei der jeweilige Anteil vom persönlichen Geschmack des Bäckers bestimmt wird
  cordon regionales Landbrot, das mit einem Teigband verziert ist; wird relativ selten angeboten
  d'Aix zu Figuren (z. B. als Sonnenblume) geformtes Sauerteigbrot
  de campagne Landbrot; es kann sich um einfach mit Mehl bestäubtes Weißbrot handeln (das macht es rustikaler – und läßt einen höheren Preis erzielen) wie auch um herzhaft-echtes Mischbrot aus Vollweizen- und vielleicht Roggenmehl unter Zusatz von Kleie. Wird in den verschiedensten Formen angeboten
  de fantaisie im allgemeinen jede Art von Brot, das eine ausgefallene oder phantasievolle Form besitzt; sogar die *baguette de campagne* fällt in diese Kategorie
  de Gênes Genueser Brot, klassischer, mit Mandeln angereicherter Biskuit
  de mie eckig geformtes weißes Sandwich-Brot, das fast keine Kruste hat und beinahe nur aus *mie* (Krume) besteht; es ist so gemacht, daß es sich lange hält, und ist von Textur und Geschmack her speziell für Sandwiches geeignet. Im Gegensatz zu den meisten französischen Broten enthält es Milch, Zucker, Butter und möglicherweise Konservierungsstoffe
  d'épices Honig-, Pfeffer- oder Lebkuchen, eine Spezialität aus Dijon

de seigle zu 60 bis 70 Prozent aus Roggen- ud zu 30 bis 40 Prozent aus Weizenmehl

de son nach dem Gesetz ein aus Weißmehl unter Zusatz von 20 Prozent Kleie hergestelltes Diätbrot, das der amtlichen Qualitätskontrolle unterliegt

grillé Toast

paillé Landbrot aus dem Baskenland

sans sel salzloses Brot

viennois wie eine *baguette* geformt, mit regelmäßigen horizontalen Einschnitten; dieses Brot besteht gewöhnlich aus Weißmehl, Zucker, Milchpulver, Wasser und Hefe

Paleron Schulterstück vom Rind

Palestine eine Garnierung mit Jerusalem-Artischocken

Palmier wörtlich: ›Palme‹; in der Konditorei: aus Blätterteig gemachtes ›Schweinsohr‹

Palmier (cœurs de) Palmherzen

Palombe Ringeltaube

Palourde Venus- oder Teppichmuschel; von Feinschmeckern sehr geschätzte mittelgroße Seemuschel

Pamplemousse Pampelmuse, Grapefruit

Panbagna eine große Brotrolle, die aufgeschnitten, mit Olivenöl eingepinselt und mit wechselnden Füllungen versehen wird, zu denen gewöhnlich Anchovis, Zwiebeln, schwarze Oliven, grüne Paprika, Tomaten und Sellerie gehören; Spezialität der Cafés in Nizza

Panaché bunt gemischt; gebräuchliche Bezeichnung für Mischspeisen aller Art

Panade Brotsuppe; bezeichnet auch einen gewöhnlich mit Mehl und Butter (Eigelb, Sahne) angereicherten Milchaufguß über Brot- oder Kartoffelwürfeln oder Reis; eine solche *panade* dient auch zum Binden von Fleischfüllsel oder von *quenelles*

Panais Pastinak (ein Wurzelgemüse)

Pané(e) paniert

Panisse ein dicker gebratener Pfannkuchen aus Kichererbsenmehl; wird als Beilage zu Fleisch gereicht; Spezialität der Provence

Pannequets kleine, hohe, gefüllte oder belegte Pfannkuchen (süß oder pikant)

Pantin kleine Schweinspastete

Papeton gebratene, pürierte und in einer Ringform gegarte Auberginen; Spezialität der Provence

Papillon ›Schmetterling‹, kleine *creuse*-Auster mit unregelmäßig gewellter Schale von der Atlantikküste

Papillote (en) ›in Papierhülle‹; in Backpapier oder Pergamentpapier (fettundurchlässiger und hitzebeständiger als normales Butterbrotpapier) gegart

Paquets (en) in Päckchen oder Paketen

Parfait als Dessert: Gefrorenes, Eiscreme; pikant zubereitet: eine schaumige Mischung aus Hühner-, Enten- oder Gänseleber

Parfum Aroma

Paris-Brest (gâteau) klassischer Brandteigkuchen in Kranzform, mit Krokant-Buttercreme gefüllt und mit Mandelsplittern bestreut

Parisienne (à la) Garnitur aus verschiedenen Gemüsen, bei denen jedoch nie die ausgestochenen haselnußgroßen Kartoffelbällchen fehlen, die mit einem Fleischfond überzogen sind

Parmentier mit Kartoffeln (Antoine-Auguste Parmentier führte 1786 die Kartoffel in Frankreich ein)

Passe Crassane Bergamotte, aromatische Winterbirnen-Sorte

Passe-Pierre (oder Perce-pierre) Meerfenchel (eßbarer Seetang)

Pastèque Wassermelone

Pastis Anisschnaps; durch Bezeichnung für die mit Äpfeln und/oder Pflaumen gefüllte und mit Armagnac beträufelte Süßspeise aus Südwestfrankreich

Pastiza siehe *gâteau basque*

Pâte Teig (oder das daraus gemachte Gebäckstück)

à chou Brandteig (Gebäck; etwa Windbeutel)

d'amande Marzipan

brisée Mürbeteig

sablée eine mit zusätzlichen Mengen Zucker, Butter und Eiern angerührte *pâte sucrée;* manchmal auch mit Hefe angesetzt

sucrée süßer Kuchenteig

Pâté Pastete; durchgedrehtes, gewürztes Fleisch, geformt, gebacken und heiß oder kalt serviert

Pâté en croute Pastete in der Teigkruste

Pâtes (fraîches) (frische) Pasta

Pâtisserie feines Gebäck, Konditorei

Pâtissier Konditor

Patte Pfote; Klaue; Fuß (eines Tieres)

Patte blanche kleines Krustentier, 60 bis 75 g schwer

Patte rouge großes Krustentier

Pauchouse, pochouse Ragout aus Süßwasserfischen, das gewöhnlich *tanche* (Schleie), *perche* (Flußbarsch) und *anguille* (Aal) enthält; Spezialität aus Burgund

Paupiettes Rouladen

Pavé wörtlich: ›Pflasterstein‹, gewöhnlich wird damit eine dicke Scheibe Rindfleisch mit Knochen oder ein entsprechendes Stück Kalbsleber bezeichnet; auch auf eine bestimmte Art Gebäck wendet man den Begriff an

Pavé d'Auge dicker quadratischer Kuhmilchkäse mit ockerfarbener Rinde aus der Gegend um Auge

Pavot (graine de) Mohn(-samen)

Paysan(ne) (à la) nach ländlicher Art zubereitet; bezeichnet auch eine aus Karotten, weißen Rüben, Zwiebeln, Sellerie und Speck bestehende Garnierung

Peau Haut

Pèbre d'ail siehe *Poivre d'ain*

Pêche Pfirsich; auch Fischfang

Pêche Alexandra Dessert aus pochierten Birnen mit Eiscreme und pürierten Erdbeeren

Pêche Melba Pfirsich Melba; pochierte Pfirsiche mit Vanille-Eis und mit Kirschwasser aromatisierter Himbeersauce

Pêcheur Fischer; dient oft als Zusatzbezeichnung für Fischgerichte

Pélandron siehe *haricot gris*

Pélardon flache, trockene, scharfe Ziegenkäse-Scheibe; Spezialität des Languedoc

Pèlerine eine andere Bezeichnung für *coquille Saint-Jacques*, Jakobsmuschel

Pelure abgeschälte Stücke (etwa von Trüffeln); sie werden oft zum Aromatisieren verwandt

Perce-pierre (oder Passe-pierre) Meerfenchel (eßbarer Seetang)

Perche Barsch

Perdreau junges Rebhuhn

Perdrix Rebhuhn

Périgourdine (à la) oder *Périgueux* mit schwarzen Trüffeln (aus dem Périgord); die entsprechende Sauce besteht aus *demiglace*, Trüffelsaft, Trüffelscheiben (un *foie gras*)

Persil (simple) (glattblättrige) Petersilie

Persillade Petersilie und Knoblauch, gehackt

Persillé Bezeichnung für einige Bleu-Käsesorten. Siehe auch *jambon persillé*

Pets de nonne ›Nonnenfürzchen‹; kleine Brandteig-Krapfen

Pétale ›Blütenblatt‹; sehr dünne Scheibe

Petit beurre Butterkeks

Petit déjeuner Frühstück

Petit-gris kleine Landschnecke

Petit-pois Erbse

Petit salé frisch gepökelter magerer Schweinebauch; häufig mit Linsen serviert

Petite marmite Tonkasserolle; das daraus servierte Fleisch in Gemüsebrühe

Petits fours (sucrés oder **salés)** kleine verzierte Küchlein und Törtchen; werden in eleganten Restaurants vor dem Essen zum Cocktail oder nach dem Essen zum Kaffee serviert; auch *mignardises* genannt

Pétoncle bunte Kamm-Muschel

Pibales Glasaale; auch *civelles* genannt

Pichet Krug; offene oder Hausweine werden gewöhnlich im *pichet* serviert

Picholine, pitchouline eine grüne Olivensorte, die gewöhnlich zur Zubereitung von *olives cassées*, einer Spezialität der Provence, verwandt wird

Picodon (méthode Dieulefit) kleiner, runder Ziegenkäse; der Beste (mit der Bezeichnung *méthode Dieulefit*) ist hart, pikant und scharf, da er mit Branntwein ›gewaschen‹ und zum Reifen für mehrere Monate in irdene Krüge gelegt wurde; Spezialität der nördlichen Provence

Pièce Stück, Portion

Piech pochierte, mit Gemüsen, Kräutern und manchmal mit Reis, Schinken, Eiern oder Käse gefüllte Kalbsbrust; Spezialität des Mittelmeers

Pied de cheval ›Pferdefuß‹, große Austernart

Pied de mouton Steinschwamm; Semmelstoppelpilz (dem Pfifferling ähnlich); auch: Hammelfuß

Pied de porc Schweinsfuß

Pieds et paquets ›Füße und Pakete‹; Hammelkaldaunen, die aufgerollt und mit Schafsfüßen, Weißwein und Tomaten gegart werden; Spezialität der Provence

Pierre-Qui-Vire ›Stein, der sich dreht‹, ein geschmeidiger, stark würziger, flacher, runder Kuhmilchkäse mit rötlicher Rinde, der von den Benediktinermönchen der Abtei de la Pierre-Qui-Vire in Burgund gemacht wird

Pigeon(neau) Taube oder junge Taube (oder Vogel, der noch nicht flügge ist)

Pignons Pinienkerne

Pilchard große Sardine

Piment Paprika(schote)

(poivre) de Jamaique Piment, Nelkenpfeffer

d'Espelette kleine, leicht scharfe Paprikaschote aus Espelette, einem Dorf im Baskenland

doux Gemüsepaprika

Pimenté(e) scharf, pfeffrig

Pimprenelle Pimpernell

Pince Schere (auch bei Krustentieren); auch die Zangen, die man beim Essen von Schnecken und Krustentieren benutzt

Pineau des Charentes ein mit Alkohol verstärkter Aperitifwein aus dem Gebiet um Cognac

Pintade(au) (junges) Perlhuhn

Pipérade Rührei mit Paprika, Zwiebeln, Tomaten und Schinken (baskische Küche)

Piquant(e) scharf, pikant

Piqué(e) gespickt; würzig gemacht

Piquenchagne, picanchagne ein Birnentorte mit Walnuß- oder Brioche-Kruste; eine Spezialität des Bourbonnais

Pissaladière flache, Pizza-ähnliche Teigunterlage, belegt mit Zwiebeln, Oliven und Anchovis

Pissenlit Löwenzahn(-blätter)

Pistache Pistazienkern

Pistil de safran (die getrocknete Narbe des) Safran

Pistou aus Basilikum, Knoblauch und Olivenöl bereitete Sauce; auch eine mit *pistou* aromatisierte Gemüsesuppe wird so bezeichnet

Pithiviers Blätterteig-Torte mit Mandelcreme-Füllung, nach der gleichnamigen Stadt im Loire-Tal benannt

Plaice Scholle, Goldbutt; auch als *plie franche* oder *carrelet* bezeichnet

Plat cuisiné von vielen *charcuteries* oder *traiteurs* angebotenes Fertiggericht zum Mitnehmen

Plat du jour Tagesgericht

Plat principal Hauptgericht

Plate flachschalige Auster

Plateau Tablett, großer Teller

Plateau de fruits de mer kombinierte Platte mit Meeresfrüchten (rohen und gegarten Krusten und Schalentieren)

Plates côtes (plat de côtes) Ochsenbrust (Schälrippe); gewöhnlich im *pot-au-feu* mitgekocht

Pleurote Seitling (Pilz mit sehr zartem Fleisch und gefiederten Rändern); wird heute in einigen Regionen Frankreichs auch als Zuchtpilz angeboten

Plie siehe *Plaice*

Plombière aus Vanille-Eis, kandierten Früchten, Kirschwasser und süßer Schlagsahne bestehendes Dessert

Pluches Blätter von Kräutern und anderen Pflanzen (gewöhnlich zum Garnieren)

Poché(e) pochiert (ohne Schale gekocht)

Pochouse, Pauchouse Süßwasserfisch-Ragout in Weißwein

Poêlé braungedünstet, d. h. ganz langsam nur in Butter und im eigenen Saft gebraten

Pogne mit Orangenblütenwasser aromatisierte und Früchten gefüllte Brioche; eine Spezialität aus Romans-sur-Isère bei Valence

Pointe (d'asperge) (Spargel-)Spitze

Point (à) halb gar gebraten (besonders bei Rindfleisch); auch Käse oder Obst im richtigen Reifezustand wird so bezeichnet

Poire Birne

Poire William's Williams Christ-Birne; auch der aus dieser Sorte bereitete Birnenbranntwein, *eau de vie*, wird so genannt

Poireau Lauch

Pois (chiche) Erbse (Kichererbse)

Poisson Fisch

d'eau douce Süßwasserfisch

de lac Fisch aus dem Binnensee

de mer Meeresfisch

de rivière Flußfisch

de roche an Felsen lebender Fisch

fumé geräucherter Fisch
noble bezieht sich auf besonders
begehrte, und daher teure, Fischarten
Poitrine Brust
demi-sel frischer Speck
d'oie fumée geräucherte Gänsebrust
fumée geräucherter Frühstücksspeck
Poivrade eine mit Pfefferkörnern, *mirepoix*, Weißwein, Essig und Wildbret-Sud
gemachte braune Sauce (zu Wildgerichten)
Poivre Pfeffer
d'ain provenzalischer Name für Bohnenkraut, (Pfefferkraut, Eselspfeffer);
auch kleiner, mit Bohnenkrautzweigen
belegter Ziegenkäse. Auch als *pèbre d'ail*
und *pèbre d'ase* bekannt
en grains Pfefferkörner
frais de Madagascar grüner Pfeffer
gris schwarzer Pfeffer
moulu gemahlener Pfeffer
noir schwarzer Pfeffer
rose rosa Pfeffer
vert grüner Pfeffer
Poivron (doux) Paprika(schote)
Pojarski gebratenes Hacksteak aus Fleisch
oder Fisch
Polenta gekochter Maisbrei (gewöhnlich
mit Käse und Butter gereicht); auch Maismehl
Pommade (beurre en) bezieht sich
gewöhnlich auf eine dicke, weiche Paste,
die zu einem Gericht gehört
Pomme Apfel
Pommes de terre Kartoffeln
à l'anglaise gekochte Kartoffeln
allumettes Streichholz-Kartoffeln, halb
so dünn geschnitten wie *pommes frites*
boulangère Kartoffeln auf Bäcker-Art,
(vorzugsweise ganze) kleine Kartoffeln
zusammen mit Zwiebeln (und Fleisch) im
Ofen gegart; oder, in Scheiben geschnitten, mit Zwiebelringen (und manchmal
Speck und Tomaten) gratiniert
darphin wie ein Kuchen geformte, gratinierte Kartoffeln
dauphine Kronprinzessin-Kartoffeln;
aus einer Mischung von Kartoffelteig und
Brandteig zu Bällchen geformte, in heißem Fett fritierte Kroketten
dauphinoise mit Milch, Knoblauch und

Käse gratinierte Kartoffelscheiben
duchesse Herzogin-Kartoffeln; aus Kartoffelteig (trockener Kartoffelbrei mit
Butter und Ei, hier mit Muskatnuß
gewürzt) geformte und im Ofen golden
überbackene Klößchen oder Figuren
en robe des champs, en robe de chambre Pellkartoffeln
frites Pommes frites
gratinées (oft zusammen mit Käse)
goldbraun überbackene Kartoffeln
lyonnaise (à la) Bratkartoffeln auf
Lyoner Art; mit gebratenen Zwiebeln
(gehackter Petersilie und Knoblauch)
angerichtet
macaire klassisches Gericht von im
Ofen gebackenen, dann pürierten,
gewürzten und als Bällchen ausgebackenen oder als Fladen in der Pfanne gebratenen Kartoffeln
mousseline mit Butter, Eigelb und
Schlagsahne verfeinerte pürierte Kartoffeln
paillasson fritierter Pfannkuchen aus
geriebenen Kartoffeln
paille Stroh-Kartoffeln; in *juliennes*
geschnittene, fritierte Kartoffeln
Pont-Neuf klassische *pommes frites* (die
Stäbchen sind nicht mehr als 1 cm breit)
sarladaise in Scheiben geschnittene und
mit Gänsefett oder Stopfleberfett und
(nach Belieben) Trüffeln im Ofen gebakkene Kartoffeln
soufflées aufgeblasene Kartoffeln (sie
sehen kissenförmig aus); kleine, dünngeschnittene Kartoffelscheiben werden in
einem Fritierbad gegart und in einem
zweiten aufgeblasen und knusprig gebakken
sous la cendre in Asche gebackene Kartoffeln
vapeur gekochte oder gedämpfte Kartoffeln
Pommes en l'air karamelisierte Apfelscheiben, die oft zum *boudin noir* serviert
werden
Pompe à huile, pompe de Noël siehe
Gibassier
Pompe aux grattons Grieben enthaltendes
Brot
Pont l'Evêque Städtchen in der Norman

die, nach dem ein sehr zarter, wohl-
riechender rechteckiger Kuhmilchkäse
benannt ist

Porc (carré de)   Schweinelende

Porc (côte de)   Schweinskotelett

Porcelet   Spanferkel

Porchetta   mit Innereien, Kräutern und
Knoblauch gefülltes und gebackenes
Spanferkel; in *charcuteries* von Nizza zu
finden

Porto (au)   (mit) Portwein

Portugaises   eine Austernart mit länglicher, runzliger Schale

Potage   Suppe

Pot-au-feu   ›Topf auf dem Feuer‹; großer
Fleisch- und Gemüseeintopf, der oft,
nach Brühe, Fleisch und Gemüse
getrennt, in zwei oder mehr Gängen
serviert wird

Pot bouilli   andere Bezeichnung für *pot-
au-feu*

Pot-de-crème   ein Dessert, das dem persönlichen Geschmack entsprechend verschieden ausfallen kann: als Vanillepudding oder *mousse*-ähnlich, oft auch als
Schokoladencreme

Potée   herzhafter Suppen-Topf mit Schweinefleisch und Gemüse, im allgemeinen
auch Kartoffeln und Kohl

Potimarron   siehe Citrouille

Potiron   siehe Citrouille

Potjevleisch   Fleischterrine, gewöhnlich
aus Kalb-, Schweine- und Kaninchen-
fleisch; Spezialität aus Nordfrankreich

Poularde   Masthühnchen

Poule   Suppenhuhn

Poule au pot   gefülltes, gekochtes Hähnchen mit Gemüsen; Spezialität der Stadt
Béarn

Poule d'Inde   Pute

Poule faisane   Fasanenhenne

Poulet (rôti)   Brathuhn, Brathähnchen

Poulet basquaise   Hühnchen nach baskischer Art; mit Tomaten und Paprika

Poulet de Bresse   Hühnchen aus der Bresse
(körnergefütterte Hühner bester Qualität)

Poulet de grain   mit Körnerfutter aufgezogenes Huhn

Poulet fermier   Huhn direkt vom Bauernhof, aus Aufzucht mit freiem Auslauf

Pouligny-Saint Pierre   Dorf im Loire-Tal,

nach dem ein innen weich-körniger,
elfenbeinfarbener Ziegenkäse mit grau-
marmorierter Rinde und der Form eines
Pyramidenstumpfes benannt ist

Poulpe   größerer Tintenfisch

Pounti   ein gewöhnlich mit Mangold oder
Spinat, Eiern, Milch, Kräutern und Pflaumen gefüllter Hackfleischbraten; Spezialität der Auvergne

Pousse-pierre   eßbarer Seetang

Poussin   Küken

Poutargue, boutargue   gesalzener und
gepreßter Seebarben-Rogen; im allgemeinen als Appetithäppchen auf Toast geboten; Spezialität der Provence und des Mittelmeers

Poutine   siehe *Nonat*

Praire   kleine (warzige) Venusmuschel

Pralin   gemahlene, karamelisierte Mandeln

Praline   karamelisierte Mandeln (Krokant)

Pré-salé (agneau de)   auf den salzigen Mar-
schen der Normandie und der Atlantikküste aufgezogenes Lamm von zartwürzi-
gem, delikatem Geschmack

Presskoph   Preßkopf, häufig mit Vinaigrette serviert; Spezialität des Elsaß

Primeur(s)   bezeichnet die erste Zeit der
Reife bei Obst und Gemüse (etwa: Früh-
kartoffeln) und auch bei Wein

Printanière   ›frühlingsartig‹; eine Garnitur
aus gewürfeltem Frühlingsgemüse mit
sautierten Kartoffelbällchen oder
Abwandlungen dieser Kombination; kann
auch eine klare Fleischbrühe mit Erbsen,
Karotten, Spargelstückchen usw. bezeichnen

Prix fixe   Menü (mit Kombinationsmög-
lichkeiten) zu einem festen Preis

Prix net   Preis einschließlich Bedienung

Profiteroles   wie Windbeutel aus Brandteig
hergestelltes, meist mit einer Eiscreme
gefülltes, von Schokoladensauce gekröntes Dessert; in einer Kraftbrühe: hasel-
nußgroße ›Backerbsen‹

Provençal(e)   nach Art der Provence; das
bedeutet meist: mit Knoblauch, Petersilie,
Tomaten und Olivenöl

Prune (d'ente)   Pflaume (Pflaumensorte
aus dem für seine Pflaumen bekannten
Gebiet um Agen in Südwestfrankreich)

Pruneau   Backpflaume

Puits d'amour ›Liebesbrunnen‹, mit Creme oder Johannisbeergelee gefülltes Blätterteigtörtchen

Q

Quasi (de veau) (Kalbs-)Keulenstück aus der Unterschale

Quatre-épices Gewürzmischung aus gemahlenem Ingwer, Muskatnuß, weißem Pfeffer und Nelken

Quatre-quarts ›vier Viertel‹; eine Art Sandtorte, hergestellt aus gleichen Gewichtsanteilen von Eiern, Mehl, Butter und Zucker

Quenelles Klößchen aus Fleisch, Geflügel oder Fisch

Quetsch(e) aus Zwetschen gemachtes (elsässisches) *eau-de-vie;* Zwetsche

Queue (de bœuf) (Ochsen-)Schwanz

Quiche lorraine Lothringer Specktorte

R

Râble de lièvre (lapin) Hasen- (Kaninchen-)Rücken

Raclette schweizerisches Gericht, bei dem am offenen Feuer geschmolzener Käse abgestreift und mit Cornichons, Mixed Pickles und Pellkartoffeln serviert wird

Radis Radieschen, Rettich

Radis noir schwarzer Rettich; oft mit Sahne als Salat angemacht

Rafraîchi(e) kalt, geeist oder frisch

Ragoût Ragout, Stew, Eintopf

Raie (bouclée) Rochen (Nagel-, Dornrochen), lebt im Ärmelkanal, im Atlantik und im Mittelmeer

Raifort Meerrettich

Raisin (Wein-)Traube
  de Corinthe Korinthen
  de Smyrne Sultaninen
  sec Rosinen

Raïto Rotweinsauce; gewöhnlich mit Zwiebeln, Tomaten, Knoblauch, Kräutern, Oliven und Kapern gemacht und warm zu gegrilltem Fisch gereicht; Spezialität der Provence

Ramequin Käsetörtchen oder kleine feuerfeste Kasserolle/Portionsförmchen; auch ein kleiner Ziegenkäse aus dem Bugey im nördlichen Rhône-Tal

Ramier Ringeltaube

Râpé(e) gerieben, geraspelt

Rascasse Drachenkopf oder Skorpionfisch (der Goldbarsch gehört zu dieser Gattung), ein wesentlicher Bestandteil der *bouillabaise*

Ratafia Likör, der mit in Branntwein mazerierten Nüssen oder Früchten gemacht wird

Ratatouille eine Kombination von in Olivenöl geschmorten Gemüsen: Auberginen, Zucchini, Zwiebeln, Tomaten, Paprika und Knoblauch; Spezialität der Provence

Ratte de Grenoble bissengroße helle Kartoffeln

Ravigote eine Art dicke *vinaigrette* aus Weißwein, Essig, Schalotten und Kräutern; kann auch eine Mayonnaise mit Kapern, Zwiebeln und Kräutern bezeichnen

Raviole de Royans mit Ziegenkäse gefüllte kleine Ravioli; aus dem Rhône-Alpen-Gebiet

Ravioli à la niçoise quadratische oder runde Pastastückchen mit Fleisch und/oder Mangold gefüllt und mit geriebenem Käse überbacken

Reblochon sahniger, milder, weicher Kuhmilchkäse aus Savoyen

Réglisse Lakritz

Reine-Claude ›Königin Claude‹ (Gemahlin François' I.); Reneclaude oder ›Reneklode‹ (grüne Pflaumenart)

Reinette, reine de Renette süße, saftige Apfelsorte

Religieuse (petite) ›kleine Nonne‹, die kleinere Version eines klassischen Gebäckstücks, das aus zwei mit Schokoladen-, Mokka- oder Vanillecreme gefüllten Windbeuteln besteht, die übereinandergelegt und mit einer Schokoladen- oder Mokkaglasur überzogen werden, so daß sie einer Nonne in ihrer Ordenskleidung ähnlich sehen

Rémoulade (céleri) Remoulade; hergestellt aus Mayonnaise, Kapern, Senf, Kräutern,

Anchovis und Gewürzgurken (aus Stangen- oder einer Knolle Sellerie gemachter Salat mit Remoulade)

Repas Mahlzeit

Rhubarbe Rhabarber

Rhum Rum

Rigotte kleiner Kuhmilchkäse aus der Gegend von Lyon

Rillettes (d'oie) aus Fleisch- und Fettstückchen vom Schwein (von der Gans) zusammen mit Gewürzen eingekochte (und in Steingutgefäße gefüllte) Pastetenmasse, die als Brotaufstrich dient; kann auch mit Ente, Kaninchen oder Fisch gemacht werden

Rillons Grieben; meist vom Schwein (Bauchspeck); auch von Enten, Gänsen oder Kaninchen

Ris d'agneau (de veau) Lamm-(Kalbs-) bries

Rissolé(e) durch Braten gebräunt, wie Kartoffeln

Riz Reis
   à l'**Impératrice** ›Kaiserin-Reis‹; kalter Reispudding mit in Sirup pochierten Früchten (und mit einer Frucht-Sauce oder einem Sabayon überzogen; nach Kaiserin Eugénie benannt)
   complet ungeschälter brauner Reis
   de Camargue im Sumpfgebiet der Camargue gewachsener schmackhafter Reis von kräftigem Aroma
   sauvage wilder Reis

Rizotto, risotto mit Fett (und eventuell Zwiebeln) angebratener, dann mit Brühe aufgefüllter Reis, dem dann weitere Zutaten wie Käse oder Pilze zum Garen hinzugefügt werden

Robe des champs, robe de chambre (pommes en) Pellkartoffeln

Rocamadour Dorf in Südwestfrankreich, nach dem ein kleiner runder, einst nur aus reiner Ziegen- oder Schafsmilch, heute auch mit einer Mischung aus Ziegen- und Kuhmilch hergestellter Käse benannt ist; wird auch *cabécou* genannt

Rognonnade (eine Art) Kalbsnierenbraten

Rognons Nieren

Rollot würziger Kuhmilchkäse in Form von kleinen Zylindern oder Herzen mit ockerfarbener Rinde; aus Nordfrankreich

Romanoff in Likör mazeriertes und mit Schlagsahne serviertes Obst, häufig Erdbeeren

Rosmarin Rosmarin

Rondelle runde Scheibe

Roquefort ein Bleu aus roher Schafsmilch, der in Roquefort-sur-Soulzon, einem Dorf in Südwestfrankreich, reift

Roquette Rauke, Senfkohl, ein würziger grüner Salat

Rosé zartrosa gebraten (Fleisch); Rosé-Wein

Rosette (de bœuf) luftgetrocknete (Rinds-) Wurst, wie sie vorwiegend aus dem Beaujolais kommt

Rôti(e) Braten, (gebraten)

Rouelle (de) schräggeschnittene Fleisch- oder Wurstscheibe *(Rouelle de veau:* Kalbs-Beinscheibe)

Rouennaise (canard à la) nach der Art von Rouen; klassisches Gericht aus mit ihrer Leber farcierter Ente, die mit einer mit ihrem Blut angedickten Sauce serviert wird

Rouget barbet, rouget de roche Meer- oder Seebarbe, ein sehr begehrter Fisch mit süßlichem Fleisch und roter Haut; seine geschmacksintensive Leber wird für Saucen verwandt

Rouget grondin Knurrhahn; weniger begehrt als der *rouget barbet;* er ist gewöhnlich in der *Bouillabaisse* enthalten, mit der *galinette* verwandt

Rougette kleiner rotblättriger Kopfsalat; Spezialität der Provence

Rouille (Eisen-)Rost; braunrote, dicke, pikante kalte Sauce, die gewöhnlich zur *soupe de poisson* wie zur *bouillabaisse* serviert und auf den eingeweichten *croûtons* gegessen wird; die Sauce besteht aus Olivenöl, Knoblauch, Tomaten, Paprika, Chilischoten und Brotbröseln

Roulade (gefüllte) Roulade

Roulé(e) gerollt

Roussette Hunds-, Katzenhai, wegen seiner rosa Haut auch *salmonette* genannt; ein wohlschmeckender Fisch, wenn er sehr frisch ist

Roux Einbrenne aus Butter und Mehl (zum Binden von Saucen)

Royale (à la) ›nach königlicher Art‹; eine

üppige, klassische Zubereitungsart, bei der gewöhnlich Trüffeln und eine Sahnesauce verwandt werden

Russe (salade à la)   russischer Salat

S

Sabayon, zabaglione   leichte, süße Weinschaum-Creme, oft als Sauce zu einem Dessert gereicht; sie besteht aus Zucker, Eigelb, Wein und Aroma; die Masse wird im Wasserbad zur Creme geschlagen

Sabodet   kräftige, heiß servierte Wurst aus Schweinefleisch, auch Schweinskopf und Haut, und Rindfleisch; Spezialität aus Lyon

Saignant(e)   blutig-saftig (gebratenes Fleisch)

Saintdoux   Schmalz

Saint-Germain   mit frischen grünen Erbsen (nach dem Pariser Vorort benannt)

Saint-Hubert   ein Wildgericht, das gewöhnlich mit einer *poivrade*, Champignons oder Kastanien serviert wird

Saint-Jacques (coquilles)   Jakobsmuschel, Pilgermuschel

Saint-Marcellin   kleiner runder Kuhmilch- (früher Ziegenmilch-)Käse aus den Molkereien der Region Isère; er ist am besten, wenn er gut durchgereift ist und zu laufen beginnt; in dieser Art findet man ihn offenbar nur in der unmittelbaren Umgebung von Lyon

Saint-Nectaire   Dorf in der Auvergne, nach dem ein geschmeidiger Kuhmilchkäse in Form einer dicken Scheibe mit marmorierter grauer Rinde benannt ist

Saint-Pierre   Heringskönig (Peters- oder Christusfisch); im Norden als *soleil* und *Jean Doré*, an der Atlantikküste als *poule de mer* bekannt

Saint-Vincent   feucht-buttriger Kuhmilchkäse mit rostfarbener Rinde in der Form eines dicken Zylinders (aus Burgund); dem *Epoisses* ähnlich, jedoch etwas strenger im Geschmack, da er länger reift

Saint-Maure   Dorf im Loire-Tal, nach dem ein weicher länglicher Ziegenkäse in Zylinderform benannt ist; man erkennt ihn an dem eingelegten charakteristischen

Strohhalm und seiner naturblauen, marmorierten Rinde

Saison (suivant la)   der Jahreszeit entsprechend

Salade folle   wörtlich: ›verrückter Salat‹; gemischter, gewöhnlich auch grüne Bohnen und *foie gras* enthaltender Salat

Salade lyonnaise   grüner Salat mit gewürfeltem Schinken und weichgekochten Eiern, häufig mit Hering und Anchovis und/oder Hammelfüßen und Hühnerlebern serviert; eine Lyoner Spezialität, auch *saladier lyonnais* genannt

salade niçoise   ein grüner Salat mit vielen Variationsmöglichkeiten, gewöhnlich jedoch mit Tomaten, grünen Bohnen, Anchovis, Thunfisch, Kartoffeln, schwarzen Oliven, Kapern und Artischocken serviert

Salade panachée   gemischter Salat

Salade russe   russischer Salat

Salade verte   grüner Salat

Saladier lyonnais   siehe *Salade lyonnaise*

Salé(e)   gesalzen, salzig

Salers   Cantal-ähnlicher Käse, der nur von Mai bis September direkt in den Almhütten der Auvergne gemacht wird

Salicorne   Queller; Glasschmalz; eßbares Meeresgewächs der Küstenzonen; oft mariniert und dann wie Pickles gegessen

Salmis   ragout-ähnliche Zubereitung von Federwild oder Geflügel, wobei der aus dem Fleisch gepreßte Blutsaft die Grundlage für die Sauce bildet

Salpicon   eine Art Fleisch- (oder Fisch-) und Gemüse-Salat

Salsifis   Schwarzwurzel

Sandre   Zander

Sang   Blut

Sanglier   Wildschwein

Sangue   dunkler Pudding, eine korsische Spezialität, gewöhnlich mit Trauben oder Kräutern

Sanguine   Blutorange

Sar, sargue   kleiner Plattfisch aus der Familie der Brassen; gegrillt oder gebakken schmeckt er besonders gut

Sarcelle   Krickente

Sarladaise   nach der Art von Sarlat, einer Stadt in der Dordogne, bereitet (mit Trüffeln)

Sarrasin Buchweizen

Sarriette Bohnenkraut, Pfefferkraut (auch *poivre d'ain*, Eselspfeffer, genannt); wird als pikantes Vorgericht im Sommer gegessen

Saucisse kleine frische Wurst; auch Bratwurst

  chaude heiße Wurst

  de Francfort Frankfurter Würstchen

  de Strasbourg dem Frankfurter Würstchen ähnlich, aber mit roter Haut

  de Toulouse milde Bauernwurst aus Schweinefleisch

Saucisson eine meist große, luftgetrocknete Wurst; wird kalt aufgeschnitten zum Aperitif, Hors d'œuvre oder auf Wurstplatten gereicht; wird, wenn sie noch frisch ist, gewöhnlich *saucisson chaud,* warme Wurst, genannt

  à l'ail Knoblauchwurst; wird gewöhnlich gekocht und heiß serviert

  d'Arles luftgetrocknete, mild gewürzte Wurst aus Rind- und Schweinefleisch; eine Spezialität aus Arles, Provence

  de campagne Landwurst im weiteren Sinne

  de Lyon luftgetrocknete Schweinswurst mit Fettwürfeln und Trüffeln, die mit Knoblauch und Pfeffer gewürzt ist

  de Morteau siehe *Jésus de Morteau*

  en croûte im Teigmantel gegarte Wurst

  sec jede Art von luftgetrockneter Wurst

Sauge Salbei

Saumon (sauvage) (in freien Gewässern gefangener) Lachs, Salm

  d'Ecosse Schottischer Lachs

  de fontaine kleiner Zuchtlachs

  fumé geräucherter Lachs

  norvégien norwegischer Lachs

Saumonette siehe *Roussette*

Saupiquet klassische, feinaromatische Sauce, die mit Brot angedickt ist

Sauté(e) sautiert; kurz (in der Pfanne) braungebraten

Sauvage wild

Savarin kranzförmiges Küchlein aus lockerem Brioche-Teig, getränkt in einem mit Rum, Kirsch oder anderen Alkoholika aromatisierten Sirup (benannt nach dem französischen Gastronom Brillat-Savarin)

Savoie (biscuit de) Biskuitkuchen

Savoyard(e) nach der Art der Savoie (Savoyens), das bedeutet gewöhnlich: mit Gruyère

Scarole Eskariol (Winterendivie)

Schieffele, schieffala, schifela geräucherte Schweineschulter, die heiß serviert und mit eingelegten Rüben oder einem Kartoffel-Zwiebel-Salat garniert wird

Sec (sèche) trocken oder getrocknet

Seiche großer Tintenfisch

Seigle (pain de) Roggen(-brot)

Sel (gros) (grobkörniges) Salz (als grobes Meersalz im Reformhaus erhältlich)

  gris ungereinigtes, graues Meersalz

  marin Meersalz

Selle Sattel (beim Fleisch)

Selles-sur-Cher Dorf im Loire-Tal, aus dem der kleine, flache Ziegenkäse mit grau-blau gesprenkelter Rinde kommt, (die manchmal mit Holzkohle bestäubt wird); sein Inneres ist makellos weiß

Selon arrivage je nach Lieferung (z. B. bei frisch angelandeten Seefischen)

Selon grosseur (S. G.) je nach Größe

Selon le marché je nach Marktlage, nach dem, was der Jahreszeit entsprechend gerade angeboten wird

Selon poids (S. P.) je nach Gewicht; häufig bei Meeresfrüchten gebrauchter Ausdruck

Serpolet Feldthymian

Service Bedienung, Service, das Auftragen der Speisen; ein Restaurant, das Mittag- und Abendessen serviert, hat zwei *services;* ein Gericht, das in zwei Gangfolgen serviert wird (wie canard pressé), kommt *en deux services*

Service (non) compris Bedienung im Preis (nicht) eingeschlossen

Service en sus Bedienung nicht eingeschlossen

Simple einfach, rein, ungemischt; auch für eine einzelne Eiskugel

Smitane aus Zwiebeln, Weißwein, dicker Sahne und Zitronensaft gemachte Sauce

Socca eine sehr dünne, aus Kichererbsenmehl gemachte *crêpe;* in den Straßen von Nizza als Imbiß verkauft

Soissons getrocknete oder frische weiße Bohnen aus der Gegend um Soissons, nordöstlich von Paris

Soja (pousse de) Sojabohne (-sprosse)

Soja (sauce de) Sojasauce

Solette kleine Seezunge

Sorbet aus Fruchtsaft (und aromatisierenden Alkoholika, wie Südwein oder Likör) hergestelltes Halbgefrorenes, das als Dessert gereicht wird

Soubise Zwiebelsauce

Soufflé süßer oder würziger Auflauf, dessen Hauptbestandteil Eischnee ist; Soufflé kann kalt oder warm serviert werden

Soumaintrain flacher, runder würziger Kuhmilchkäse von geschmeidiger Konsistenz mit rotbrauner Rinde; aus Burgund

Soupir de nonne ›Seufzer einer Nonne‹, kleine mit Puderzucker bestäubte Brandteig-Krapfen; von einer Nonne einer elsässischen Abtei ersonnen, auch *pet de nonne* (›Nonnenfürzchen‹) genannt

Souris ›Maus‹; Fleischstück an der Hammelkeule

Spoom etwas festere Sorbet-Art

Stockfish, stocaficada, estoficada, estoficado, morue plate Stockfisch, auch Bezeichnung für mit Olivenöl, Tomaten, Paprika, schwarzen Oliven, Kartoffeln, Knoblauch, Zwiebeln und Kräutern pürierten Stockfisch; Spezialität aus Nizza, wird manchmal mit *pistou* serviert

Strasbourgeoise (à la) mit für Straßburg typischen Zutaten, einschließlich Sauerkraut, *foie gras* und gepökeltem Schweinefleisch

Succès à la praline eine aus Meringue- und Krokantlagen bestehende, mit Meringue und Buttercreme überzogene Torte

Sucre Zucker

Supioun, suppion Kuttelfisch (im Languedoc)

Supplément Aufpreis

Suprême mit Sahne angereicherte Sauce aus Geflügel- oder Kalbs-*velouté;* kann auch eine Hühnerbrust oder ein Fischfilet verfeinern (*suprême:* das Beste)

Surgelé(e) tiefgefroren

T

Table d'hôte Privathäuser (häufig auf dem Lande) mit ein bis zwei Fremdenzimmern, in denen (auch für Durchreisende) ein Einheitsmenü serviert wird

Tablier de sapeur ›Schürze des Feuerwehrmanns‹; marinierte, panierte und gegrillte Kutteln; eine Spezialität aus Lyon

Tacaud ein kleiner, preiswerter Fisch des Atlantik und des Mittelmeers; gewöhnlich fritiert

Tagine scharf gewürztes Ragout aus Lamm-, Kalb-, Hühner- oder Taubenfleisch mit Gemüsen (oder Pflaumen oder Trauben); nordafrikanische Küche

Talmouse würziges dreieckiges Gebäckstück aus Blätterteig mit Käse

Tamié flacher runder Kuhmilchkäse, der im Trappistenkloster der Stadt Tamié in Savoyen gemacht wird; dem Reblochon ähnlich

Tanche Schleie; wird gern bei der Zubereitung von Ragouts aus Süßwasserfischen, wie *matelote* oder *pauchouse,* genommen

Tapenade Mischung aus schwarzen Oliven, Anchovis, Kapern, Olivenöl, Zitronensaft (und manchmal Weinbrand und Thunfisch)

Tarama Rogen von der Meerbarbe, oft als Brotaufstrich *(taramasalata)* bereitet

Tartare (de poisson) bezeichnet ursprünglich das Tartar aus rohem gehacktem Rindfleisch, das mit Eigelb, Kapern, gehackten Zwiebeln und Petersilie garniert wird; heute auch für ein beliebtes stark gewürztes Gericht aus rohem Fisch

Tarte Torte; Pizza-artige Pastete; auch *flan;* meist süß

   encalat Bezeichnung für einen Käsekuchen der Auvergne

   flambée ein Pizza-ähnlicher Zwiebelkuchen mit dünnem Boden, mit Sahne, Zwiebeln und Speck belegt; auch *flammekueche* genannt

   Tatin karamelisierte, gestürzte Apfeltorte; ein beliebtes Dessert, das praktisch auf allen Speisekarten erscheint

Tartine bestrichene Brotschnitte

Telline fingernagelgroße Platt-, Sonnen-, Tellmuschel mit violetten Streifen; Vorkommen: in der Provence und der Camargue, wo sie häufig in der Schale gekocht und mit Olivenöl und Knoblauch serviert wird

Tendre zart

Tendron Brustspitze vom Kalb oder Rind (eigentlich: Knorpel); die Rippen enden in gelatinösen Knorpeln, die einen besonderen Geschmack besitzen, wie er z. B. für ein gelungenes Kalbsfrikassee wichtig ist

Teurgoule süßer Reispudding mit Zimt; eine Spezialität der Normandie

Terrine tiefe irdene Schüssel oder eine in einer solchen Schüssel gebackene Pastete; sie unterscheidet sich dadurch von der eigentlichen Pâté, daß sie aus dieser Schüssel heraus aufgeschnitten wird, während die Pâté aus der Form gestürzt wird

Tête de veau (porc) Kalbs- (Schweins-) Kopf; gewöhnlich zur Herstellung von Kopfsülze verwandt

Tétragone Neuseeländer Spinat (Provence)

Thé Tee

Thermidor (homard) klassisches Hummergericht, bei dem der Hummer der Länge nach geteilt, gebacken, mit einer sahnigen Sauce bedeckt und nochmals kurz überbacken wird

Thon (blanc), (germon) Weißer Thunfisch

Thon rouge Roter Thunfisch

Thym Thymian

Tian irdene Schüssel zum Gratinieren; bezeichnet auch die in einer solchen Schüssel gratinierte Gemüsemischung; aus der Provence

Tiède lauwarm

Tilleul Linde, Lindenblütentee

Timbale Becher mit senkrechter oder schräger Wandung; das Wort bezeichnet auch, was darin gereicht wird: die Becheroder die Füllpastete selbst

Tomates à la provençale mit Knoblauch, Petersilie und Brotkrumen überbackene Tomatenhälften

Tomme generische Bezeichnung für einige Käsearten aus Savoyen; auch für den zur Cantalherstellung verwandten Frischkäse gebräuchlich

Tomme arlésienne aus einer Mischung von Ziegen- und Kuhmilch hergestellter Käse, der mit Pfefferkraut bestreut wird; auch *tomme de Camargue* genannt; Spezialität des Languedoc und der Stadt Arles

Tomme fraîche Bruch aus geronnener Frischmilch; für regionale Gerichte der Auvergne verwandt

Topinambur, Topinambur subtropisches Knollengemüse, Erdartischocke, ›Jerusalem-Artischocke‹

Toro (taureau) Stier; Stierfleisch wird in den Metzgereien des Languedoc und des Baskenlandes angeboten; man findet es dort manchmal auch auf den Speisekarten der Restaurants

Tourteau au fromage Käsekuchen aus Ziegenmilch; der runde, schwärzliche Laib wird in Käseläden in ganz Frankreich verkauft; einst eine hausgemachte Delikatesse; wird heute industriell hergestellt

Tortue Schildkröte

Toucy Dorf in Burgund, nach dem ein lokaler frischer Ziegenkäse benannt ist

Toulousaine (à la) nach der Art von Toulouse; gewöhnlich mit Trüffeln oder Bries, mit Hahnenkämmen, Pilzen oder auch *quenelles*

Tourain, tourin, tourrin ursprünglich ein ›Arme-Leute-Gericht‹ der Kleinbauern: Suppe aus Zwiebeln, Knoblauch (manchmal Tomaten) und Brühe oder Wasser, die mit Eigelb angedickt und mit Essig gewürzt wurde; eine Spezialität aus Südwestfrankreich

Tournedos aus der Mitte des Rinderfilets herausgeschnittene Steaks, die gegrillt oder kurzgebraten werden

Tournedos Rossini kurzgebratene Tournedos, garniert mit *foie gras* und Trüffeln

Touron Zucker-Mandelmasse oder Kuchen aus Marzipan; häufig mit Nüssen oder kandierten Früchten durchsetzt oder überzogen; wird scheibenweise verkauft; Spezialität des Baskenlandes

Tourte (aux blettes) gewöhnlich ein Gebäckstück aus Blätterteig; hier mit Mangold, Eiern, Käse, Rosinen und Pinienkernen gefüllt; Spezialität aus Nizza, auch Bezeichnung für riesige

TOMATENSAUCE
(Grundrezept)

Tomatensauce liebe ich über alles, und ich finde es irgendwie beruhigend, ein paar Einmachgläser mit dieser köstlichen roten Sauce gebrauchsfertig für Pizza, Pasta oder wonach einem sonst der Sinn stehen mag, im Vorratsregal zu haben. Ich mag diese Sauce gern recht würzig, und deshalb füge ich manchmal, wenn ich das Gefühl habe, daß ihr vielleicht etwas Pep fehlt, sogar ein bißchen geriebene Orangenschale hinzu. Dieses Rezept ist für etwa 1 Liter berechnet, aber wenn Sie größere Quantitäten benötigen, können Sie die Zutatenmenge selbstverständlich auch entsprechend erhöhen.

2 El extrafeines, kalt gepreßtes Olivenöl
4 mittelgroße Zwiebeln, grob gehackt
3 Knoblauchzehen, grob gehackt
2 kg reife Tomaten, geviertelt oder 3 große Dosen italienische Tomaten zu je etwa 800 g
1 Lorbeerblatt
Eine Handvoll frische Kräuter, vorzugsweise Basilikum, Kerbel, Thymian und glattblättrige Petersilie, geputzt und gewiegt
½ Tl getrocknete rote Chili (nach Belieben)
Schale von 1 Orange, abgerieben (nach Belieben)
Salz und frisch gemahlener schwarzer Pfeffer nach Geschmack

1. Das Öl bei mittlerer Hitze in einem großen Bräter heiß werden lassen. Zwiebeln und Knoblauch hinzufügen und unter häufigem Rühren weich dünsten, dabei aber nicht bräunen lassen. Die Temperatur auf gute Mittelhitze erhöhen und die restlichen Zutaten dazugeben. Leicht salzen und pfeffern. Unbedeckt und unter häufigem Rühren bei mittlerer Hitze in 30 bis 45 Minuten dicken lassen. Abschmecken.
2. Die Mischung durch ein feinmaschiges Sieb passieren oder mit einem elektrischen Küchengerät pürieren.
3. Im Kühlschrank hält sich die Sauce einige Tage, tiefgefroren einige Monate.
Ergibt etwa 1 Liter.

Landbrotlaibe, wie sie in der Auvergne und in Südwestfrankreich gemacht werden
Tourteau Taschenkrebs
Tourtière flache Form für Pasteten; kann auch eine mit Äpfeln und/oder Pflaumen gefüllte und mit Armagnac beträufelte Süßspeise bezeichnen (eine südwestfranzösische Spezialität)

Train de côtes Rinderrippe
Traiteur Feinkostgeschäft, in dem auch fertige Gerichte verkauft werden
Tranche Scheibe
Trappiste nach dem Trappistenkloster in Echourgnac, Südwestfrankreich, benannter milder, sahniger Kuhmilchkäse
Travers de porc Schweinerippchen
Trévise Radicchio

Tripes à la mode de Caen Kutteln nach der Art von Caen; Rinderkutteln, mit Karotten, Zwiebeln, Lauch und Gewürzen in Cidre, Calvados und Wasser gekocht

Triple crème gesetzliche Bezeichnung für Käse mit mehr als 75 Prozent Fettgehalt, wie Brillat-Savarin

Tripoux Hammelkutteln

Tripoxa Baskischer Name für eine Schafs- oder Kalbsblutwurst, die mit pikanten roten Espelette-Paprikaschoten serviert wird

Trompette de la mort Herbst- oder Totentrompete; schwärzlich aussehender Würzpilz, auch als *corne d'abondance* bekannt

Tronçon Stummel; abgeschnittenes Ende; bezieht sich auf entsprechend geschnittene Fleisch- oder Fischstücke

Trouchia mit Mangold oder Spinat gefülltes Omelett; Spezialität der Provence

Truffade großer Schicht-Pfannkuchen aus Kartoffeln, Speck und frischem Cantal; eine Spezialität der Auvergne

Truffe (truffé) Trüffel (getrüffelt)

Truffes sous la cendre in Pergament oder Alufolie gewickelte, in Asche gegarte Trüffel

Truite (au bleu) Florelle (blau)
de lac Seeforelle, Meer-, Lachsforelle
de rivière Flußforelle
saumonée Lachsforelle

Ttoro Fischsuppe aus dem Baskenland; in der historischen Version wurde der vom Pochieren des Kabeljaus üriggebliebene Sud mit Kräutern gewürzt und dann zum Kochen von Gemüsen und Kartoffeln verwandt, in seiner heutigen, raffinierteren Form enthält das Gericht auch *lotte*, Seeteufel, Muscheln, Meeraal, Langustinen und Wein

Tuile wörtlich: ›Dachziegel‹; als *tuiles aux amandes* ein sehr aromatisch schmeckendes Gebäck

Tulipe tulpenförmiges Gebäck zum Servieren von Eis oder Sorbet

Turban gewöhnlich eine Mischung aus verschiedenen Komponenten, die in einer Kranzform gebacken werden

Turbot(in) (kleiner) Steinbutt

V

Vache Kuh

Vacherin eine mit Eis und Sahne verzierte Meringue (Baiser); auch ein zylindrisch geformter Winterkäse von strengem Geschmack, der von einem Fichtenholz-Band umgeben ist

Vallée d'Auge eine Garnierung aus gekochten Äpfeln und Sahne oder Calvados und Sahne (nach der gleichnamigen Region in der Normandie benannt)

Vapeur (à la) gedämpft

Varech Seetang

Veau Kalb

Velouté ›Samtsuppe‹; sie beseht in ihrer klassischen Version vor allem aus Kalbs-, Hühner- oder Fischbrühe und wird mit einem *roux,* einer Einbrenne, mit Butter und Mehl angedickt; bezieht sich auch auf verschieden gewürzte klassische Suppen, die mit Sahne und Eigelb legiert werden

Venaison Wildbret

Ventre Bauch oder Magen

Vénus Venusmuschel

Verdure (en) Garnierung aus grünen Gemüsen

Verdurette Kräuteressig

Vernis große fleischige Venusmuschel mit kleiner roter Zunge und einer wie lackiert wirkenden Schale

Véronique (à la) Garnitur von gehäuteten weißen Trauben

Vert-pré ›mit grüner Beilage‹; eine Garnierung aus Brunnenkresse, Kräuterbutter und manchmal Strohkartoffeln zu gegrilltem Fleisch

Verveine (Verbena officinalis) Eisenkraut, ein aromatischer Kräutertee

Vessie (en) in einer Schweinsblase gegart (gewöhnlich ein Hühnchen)

Viande Fleisch

Vichy mit glacierten und mit Petersilie bestreuten Karottenscheiben, die in Vichy-Wasser (oder Wasser mit Vichy-Salz oder Karlsbader Salz) gekocht worden sind; auch Markenbezeichnung eines Mineralwassers, nach der gleichnamigen Thermalstadt benannt

Vichyssoise kalt servierte, sahnige Lauch- und Kartoffelsuppe

Viennoise in Ei gewendet, paniert und gebraten

Vierge (huile d'olive) Bezeichnung für bestes, kalt gepreßtes Olivenöl aus erster Pressung

Vieux (vieille) alt

Vieux Lille dicker, quadratischer Kuh-milch-Käse, benannt nach dem alten Teil der größten Stadt in Nordfrankreich; sein Herstellungsprozeß gleicht dem des *Maroilles;* er wird nur stärker gesalzen und muß dann sechs Monate reifen, bis er förmlich stinkt; wird auch *vieux puant,* ›alter Stinker‹, genannt

Vinaigre (vieux) (abgelagerter) Essig

Vinaigre de xérès Sherry-Essig

Vinaigrette aus Essig, Öl, Senf und Gewürzen bereitete (Salat-)Sauce

Viognir (sorbet du) weiße Traubenart aus dem Rhône-Tal bzw. das daraus bereitete Sorbet

Violet oder *figue de mer* zur Familie der Seescheiden gehörendes Tier mit weicher Schale und gelblichem Inneren, eine stark jodhaltige Delikatesse (an der Mittelmeer-küste, besonders in Marseille)

Violet de Provence ein Knoblauchzopf

Violette Veilchen; kandierte Veilchen sind eine Spezialität aus Toulouse

Viroflay klassische Spinatgarnierung für pochierte oder weichgekochte Eier

Vive oder vipère de mer Petermann, klei-ner festfleischiger Fisch, der gegrillt oder zu Fischsuppen (wie *bouillabaisse)* ver-wandt wird. Der giftige Stachel wird vor dem Kochen herausgelöst

Vol-au-vent Blätterteigpastetchen

Volonté (à) nach Belieben (des Gastes oder des Kunden)

Vonnaissienne (à la) nach der Art von Vonnais, einem Dorf im Rhône-Alpen-Gebiet; auch mit Kartoffeln gemachte *crê-pes*

X

Xérès (vinaigre de) Sherry-Essig

Y

Yaourt Joghurt

Z

Zeste Außenschale von Orangen oder Zitronen (ohne die darunterliegende weiße Haut)

Zewelmai, zewelwai elsässischer Zwiebel-kuchen

Zingara (à la) nach Zigeunerart; mit Tomatensauce; in der klassischen Version auch eine Garnierung aus Schinken, Zunge, Pilzen und Trüffeln

Dank

Dieses Buch wäre ohne die Unterstützung vieler freundlicher Helfer nie zustande gekommen. Vor allem möchte ich daher den Bäckern und Käseherstellern, den Restaurantchefs und Weinbauern und vielen anderen danken, die sich die Zeit nahmen, mich über Gastlichkeit und Gastronomie in Frankreich zu informieren. Ich habe unendlich viel von ihnen gelernt. Mein besonderer Dank gilt Pierre, Jany und Arlette Gleize vom Restaurant LA BONNE ETAPE in Château-Arnoux; Jules Roux-Daigue, dem Hersteller des *Beaufort* in Bellecombe-Tarentaise; den Schokoladenfabrikanten Maurice und Jean-Jacques Bernachon aus Lyon; Maurice und Paule Bal, den Brotbäckern von Flaxieu; Marie-Claude Gracia, vom Fremdenverkehrsbüro in Bourg-en-Bresse; Adrien Sordello vom RESTAURANT BACON in Cap d'Antibes; Philippe Garrigue vom Fremdenverkehrsbüro in Salers und Paul Bocuse, der in seiner ganz persönlichen Art alle Liebhaber der französischen Küche ermutigt hat, diese besser kennenzulernen.

Es gibt keine Beschreibung für die verschiedenen Aufgaben, die Jane Sigal während der Arbeit an diesem Buch übernommen hat. Auf den Fahrten durch Frankreich chauffierte sie uns über Bergstraßen und Feldwege, um die richtige *auberge* zu finden. Sie half mir in der Normandie, einen Leihwagen aus dem Straßengraben zu holen; im Jura, Eis von der Windschutzscheibe zu kratzen, und sie sang lauthals in einer dunklen, regnerischen Nacht an der Loire, um mich wachzuhalten. Zurück in Paris, spielte sie Detektiv, um Handwerker und Künstler in den verschiedenen Regionen aufzuspüren, verbrachte dabei endlose Stunden am Telefon und füllte ganze Ordner mit Notizen. In Seattle testete derweil meine begeisterte Kollegin Susan Herrmann Loomis die von mir notierten Rezepte, bis sie nachkochbar waren.

Viele andere halfen mir beim Zustandekommen des Buches. Ich danke Colette Seiler, Dewey Markham jr. und Kevin Ryan für ihre Teilnahme an diesem Projekt. Meinem guten Freund, dem Weinhändler Kermit Lynch, verdanke ich vieles, was ich über Wein weiß – nicht zu vergessen den Genuß daran.

Jedoch ohne das Vertrauen meines Verlegers Peter Workman und meiner Lektorin Suzanne Rafer wäre dieses Buch nicht publiziert worden. Ich danke auch Paul Hanson, Susan Aronson Stirling und Barbara Scott-Goodman sowie Kathie Ness.

Einige wichtige Adressen bekam ich von Ghislaine Bavoillot von FLAMMARION in Paris und von Carole Bannett in New York. Mein Dank gilt auch Henry Voy von der FERME SAINT-HUBERT in Paris, der mir die verschiedensten Käse für die Abbildungen in diesem Buch zur Verfügung stellte, und Steven Spurrier von den CAVES DE LA MADELEINE in Paris, der zahlreiche Weine stiftete.

Im Lauf der Jahre haben viele Menschen – wissentlich oder unwissentlich – meine Arbeit unterstützt, und ich möchte mich dafür bedanken, und zwar besonders bei Arthur Gelb, Mike Leahy und Nora Kerr von THE NEW YORK TIMES sowie bei Lee Huebner von der INTERNATIONAL HERALD TRIBUNE. Speziellen Dank persönlicher und beruflicher Art möchte ich Julia Child und Craig Claiborne abstatten, die meiner Arbeit den Weg bereiteten, sowie meinen Agenten Susan und Robert Lescher für fortgesetzte Ermutigung und Förderung.

Viele meiner Freunde spielten eine große Rolle als Reisebegleiter, sie probierten mit mir neue Gerichte und waren mir jahrelang moralische Unterstützung; ich möchte besonders Susy Davidson, Rita Kramer, Dr. Yale Kramer, Catherine O'Neill und Richard Reeves für ihre beständige Freundschaft danken. Am allermeisten danke ich jedoch meinem Mann Walter, dessen unendliche Geduld, Unterstützung und Liebe auch den schwersten Tag überstehen ließen.

Register

B Cafés, Restaurants, Läden, Märkte etc.

Haushaltswaren

Käsehersteller/-läden

Kochseminare/Weinseminare

Kunstgewerbe

Märkte

Museen

Restaurants

Sehenswürdigkeiten

Spezialitätenläden

Spirituosen

Süßwaren

Winzer

Weinstuben/Weinbistros

Wurstwaren

C   Rezepte

1. Französisch

2. Deutsch

D Wissenswertes über:

Feinschmecker-Menus aus Frankreich

»Feste in meiner Mühle«
Von Roger Vergé. Fotografien von Pierre Hussenot. 311 Seiten mit 138 farbigen Abbildungen, Leinen

»Mit diesem Buch kann man sich wegträumen in einen sonnigen Tag in Südfrankreich – pure Philosophie des Genießens.« *Frankfurter Rundschau*

»Beeindruckend sind schon die reinen Äußerlichkeiten dieses Prachtbandes. Am Beispiel von 20 sorgfältig zusammengestellten Menus präsentiert Spitzenkoch Roger Vergé, wie man ein Festessen vorbereitet, die einzelnen Arbeitsgänge plant.«
VIF Gourmet Journal

Die Kultur der französischen Küche

Ein Begleiter durch 14 kulinarische Provinzen
Von Robert Freson. 288 Seiten mit 375 farbigen Abbildungen und 100 Rezepten, Leinen

»Eines der schönsten Kochbücher überhaupt.« *annabelle*

»Ein Traumbuch, zu genießen als Apéritif und Anreger für neue Entdeckungsfahrten in Gegenden abseits der Drei-Sterne-Restaurants.« *VIF Gourmet Journal*

»Ein Schlüssel zur ursprünglichen französischen Küche, ein Begleiter durch 14 kulinarische Provinzen und ein herausragender Foto-Band.« *architektur & wohnen*

Cuisine Naturelle

Die Entdeckung einer neuen Kochkunst
Von Georges Blanc. Fotografien von Christopher Baker. 320 Seiten mit 305 farbigen Abbildungen, Leinen

Georges Blanc stellt in diesem Band 150 seiner erlesensten Rezepte vor, die speziell auf ihre Zubereitung in normalen Privatküchen hin bearbeitet sind. Alle Gerichte basieren auf Obst und Gemüse, ergänzt durch Fisch und Eier: gesunde Ernährung, gewürzt mit dem Erfindungsgeist französischer Grande Cuisine. Die Fotos von Christopher Baker stellen eine adäquate Wiedergabe der Rezepte dar und ergänzen den Band durch stimmungsvolle Bilder von Land und Leuten.

Eine kulinarische Reise durch die Provence

Klassische Rezepte aus dem Süden Frankreichs
Von Leslie Forbes. 160 Seiten, durchgehend farbig illustriert, Leinen

»Man spürt auf jeder Seite, daß Leslie Forbes in diesem Stück Frankreich nicht nur gegessen, sondern gelebt hat. So hat sie die leckersten Rezepte zusammengetragen, wurde zum Stammgast in Nobelrestaurants und kleinen Lokalen und hat ganz nebenbei den Köchen und Köchinnen ihre Geheimrezepte entlockt.«
Augsburger Allgemeine

Die Kultur der italienischen Küche

Ein kulinarischer Begleiter durch zwanzig Regionen
Von Giuliano Bugialli. Fotos von John Dominis. 304 Seiten mit 250 Farbtafeln und
125 Rezepten, Register, Leinen

»Ein wahrhaft gelungenes ästhetisches Meisterwerk, welches dem Rang und der
vielfältigen Kultur der italienischen Küche auf fast schwelgerische Weise gerecht
wird.«   *Wiesbadener Tagblatt*

»Hobby- und Profiköche können bei diesem Buch gleichermaßen ins Schwärmen
geraten. Giuliano Bugialli stellt in seinem Buch 125 erlesene Speisen vor. Zu jedem
Gericht erzählt er Geschichten über Anbau, Ernte, Vorbereitung und Zusammenstellung der Zutaten – bis hin zur Zubereitung. Die stimmungsvollen Fotos von John
Dominis tun ein übriges und lassen das Buch zu einem wahren Augenschmaus werden.«   *MADAME*

Eine kulinarische Reise durch die Toscana

Klassische Rezepte aus dem Herzen Italiens
Von Leslie Forbes. 160 Seiten, durchgehend farbig illustriert, Leinen

»Auf eine besondere Art reizvoll ist das Buch, das eine kulinarische Reise durch die
Toscana unternimmt. Die Autorin, begeisterte Köchin und Künstlerin, hat ihre
Rezeptsammlung nämlich durchgehend mit sehr hübschen aquarell-farbigen Zeichnungen illustriert. Begeistert von der abwechslungsreichen Landschaft und der tosca-
nischen Küche hat sie ein sehr persönliches Bild dieser Landschaft und seiner Eßkultur gezeichnet.«   *Augsburger Allgemeine*

Kräuter

Gärten – Küche – Dekors
Von Emelie Tolley und Chris Mead. 232 Seiten mit mehr als 450 farbigen Abbildungen, Leinen

»Dieser zauberhafte Bildband ist den Kräutern gewidmet – ihrem Duft und ihrem
Aroma, dem Anbau im Garten und in Blumentöpfen, der Verwendung für Sträuße,
Kränze und Kräutermischungen und den vielen Möglichkeiten, mit Kräutern zu
würzen. Mit seinen meisterhaften Fotos breitet es die ganze Vielfalt der Kräuter vor
uns aus und möchte zu einem neuen Umgang mit diesen Pflanzen anregen.«
                                                                   Passauer Neue Presse

Die Kultur der marokkanischen Küche

Von Robert Carrier. Mit Fotos von Michelle Garrett und John Stewart. 224 Seiten
mit 184 farbigen Abbildungen. Leinen (Erscheint September 1988)
Begleitet von großartigen Fotos, vermittelt das Buch wahrhaftig einen Eindruck von
der Kultur der marokkanischen Küche.

DuMont Kunst-Reiseführer

»Kunst- und kulturgeschichtlich Interessierten sind die DuMont Kunst-Reiseführer unentbehrliche Reisebegleiter geworden. Denn sie vermitteln, Text und Bild meist trefflich kombiniert, fundierte Einführungen in Geschichte und Kultur der jeweiligen Länder oder Städte, und sie erweisen sich gleichzeitig als praktische Führer.«   *Süddeutsche Zeitung*

Alle Bände mit vielen, zum Teil farbigen Abbildungen; dazu Zeichnungen, Karten, Grundrisse, praktische Reisehinweise.

»Richtig reisen«